Eu sou eu e minha circunstância, e se
não salvo a ela, não me salvo a mim.
Ortega y Gasset (1883-1955)
- ativista político, jornalista e filósofo espanhol.

Luiz Roberto da Costa Júnior

Volume 3

Henrique Mecking

A Volta do Mito do Xadrez Brasileiro

2ª Edição
Revista e Ampliada

EDITORA
CIÊNCIA MODERNA

Henrique Mecking - A Volta do Mito do Xadrez Brasileiro - Volume 3 – 2ª edição Revista e Ampliada

Editor: Paulo André P. Marques
Produção Editorial: Dilene Sandes Pessanha
Capa: Daniel Jara
Diagramação: Carlos Arthur Candal
Copidesque: Equipe Ciência Moderna

FICHA CATALOGRÁFICA

COSTA JÚNIOR, Luiz Roberto Guimarães da.

Henrique Mecking - A Volta do Mito do Xadrez Brasileiro - Volume 3 – 2ª edição Revista e Ampliada

Rio de Janeiro: Editora Ciência Moderna Ltda., 2022.

1. Xadrez
I — Título

ISBN: 978-65-5842-140-5 CDD 794.1

Editora Ciência Moderna Ltda.
R. Alice Figueiredo, 46 – Riachuelo
Rio de Janeiro, RJ – Brasil CEP: 20.950-150
Tel: (21) 2201-6662/ Fax: (21) 2201-6896
E-MAIL: LCM@LCM.COM.BR
WWW.LCM.COM.BR

02/22

SUMÁRIO

APRESENTAÇÃO
.... *página 9*

Henrique Mecking: A Volta do Mito do Xadrez Brasileiro
.... *página 11*

PARTIDAS
.... *página 31*

(1) Mecking, Henrique – Nikolic, Predrag [A84]
São Paulo (m/1), 02.03.1991 .... ***página 33***

(2) Nikolic, Predrag – Mecking, Henrique [D77]
São Paulo (m/2), 03.03.1991 .... ***página 38***

(3) Mecking, Henrique – Nikolic, Predrag [D16]
São Paulo (m/3), 05.03.19911 .... ***página 43***

(4) Nikolic, Predrag – Mecking, Henrique [E17]
São Paulo (m/4), 06.03.1991 .... ***página 50***

(5) Mecking, Henrique – Nikolic, Predrag [A85]
São Paulo (m/5), 08.03.1991 .... ***página 54***

(6) Nikolic, Predrag – Mecking, Henrique [E18]
São Paulo (m/6), 09.03.1991 .... ***página 57***

(7) Seirawan,Yasser – Mecking, Henrique [D85]
São Paulo (m/1), 11.03.1992 .... ***página 60***

(8) Mecking, Henrique – Seirawan, Yasser [E16]
São Paulo (m/2), 12.03.1992 .... ***página 66***

(9) Seirawan, Yasser – Mecking, Henrique [D85]
São Paulo (m/3), 14.03.1992 .... ***página 70***

(10) Mecking, Henrique – Seirawan, Yasser [D20]
São Paulo (m/4), 15.03.1992 .... ***página 73***

(11) Seirawan, Yasser – Mecking, Henrique [D85]
São Paulo (m/5), 17.03.1992 .... ***página 81***

(12) Mecking, Henrique – Seirawan, Yasser [E16]
São Paulo (m/6), 19.03.1992 .... ***página 84***

(13) Soppe, Guillermo – Mecking, Henrique [B90]
Brasília (zonal), 1993 .... ***página 89***

(14) Disconzi, Rodrigo – Mecking, Henrique [E70]
Indaiatuba (Jogos Regionais), 1994 .... ***página 95***

(15) Dreev, Alexey – Mecking, Henrique [A65]
Tilburg (m/1), 10.09.1994 .... ***página 103***

(16) Mecking, Henrique – Dreev, Alexey [D15]
Tilburg (m/2), 11.09.1994 .... ***página 109***

(17) Dreev, Alexey – Mecking, Henrique [A46]
Tilburg (m/3–rápido), 12.09.1994 .... ***página 113***

(18) Mecking, Henrique – Dreev, Alexey [D47]
Tilburg (m/4–rápido), 12.09.1994 .... ***página 122***

(19) Mecking, Henrique – Braga, Cicero [E81]
Campinas (Jogos Abertos), 1994 .... ***página 128***

(20) Mecking, Henrique – Sega, Carlos Alberto [D36]
Campinas (Jogos Abertos), 1994 .... ***página 132***

(21) Mecking, Henrique – Zapata, Alonso [E84]
Campinas (Jogos Abertos), 1994 .... ***página 137***

(22) Mecking, Henrique – del Rio, Salvador [E90]
Linares (open), 1995 .... ***página 141***

(23) Mecking, Henrique – San Segundo, Pablo [D44]
Linares (open), 1995 .... ***página 145***

(24) Mecking, Henrique – Matsuura, Everaldo [D44]
São Paulo (zonal), 1995 ... ***página 150***
(25) Vescovi, Giovanni – Mecking, Henrique [D00]
São Paulo (zonal), 1995 ... ***página 157***
(26) Granda Zuñiga, Julio – Mecking, Henrique [E09]
São Paulo (zonal), 1995 ... ***página 165***
(27) Sunye Neto, Jaime – Mecking, Henrique [E73]
São Paulo (zonal), 1995 ... ***página 173***
(28) Mecking, Henrique – Correa, Aron [D46]
São Paulo (zonal), 1995 ... ***página 178***
(29) Mecking, Henrique – Vescovi, Giovanni [E14]
São Paulo (m/1), 07.08.2000 ... ***página 183***
(30) Vescovi, Giovanni – Mecking, Henrique [B33]
São Paulo (m/2), 08.08.2000 ... ***página 186***
(31) Mecking, Henrique – Vescovi, Giovanni [A26]
São Paulo (m/3), 10.08.2000 ... ***página 192***
(32) Vescovi, Giovanni – Mecking, Henrique [B33]
São Paulo (m/4), 11.08.2000 ... ***página 197***
(33) Mecking, Henrique – Vescovi, Giovanni [E15]
São Paulo (m/5), 14.08.2000 ... ***página 200***
(34) Vescovi, Giovanni – Mecking, Henrique [B31]
São Paulo (m/6), 16.08.2000 ... ***página 206***
(35) Mecking, Henrique – Brasil [D38]
Internet, 2001 ... ***página 212***
(36) Mecking, Henrique – Korchnoi, Viktor [E11]
Buenos Aires (Memorial Najdorf), 2001 ... ***página 218***
(37) Karpov, Anatoly – Mecking, Henrique [D11]
Buenos Aires (Memorial Najdorf), 2001 ... ***página 224***
(38) Radjabov, Teimour – Mecking, Henrique [D10]
Buenos Aires (Memorial Najdorf), 2001 ... ***página 230***
(39) Gasperini, Antonio – Mecking, Henrique [D03]
Lages (Jogos Abertos), 2002 ... ***página 237***
(40) Irwanto, Sadikin – Mecking, Henrique [A75]
Bled (ol), 2002 ... ***página 242***
(41) Mecking, Henrique – Crosa,Martin [E81]
São Paulo (Interclubes), 2003 ... ***página 246***
(42) Mecking, Henrique – Vescovi,Giovanni [A61]
São Paulo (Interclubes), 2003 ... ***página 251***
(43) Leitão, Rafael – Mecking, Henrique [B90]
São Paulo (zonal), 2003 ... ***página 255***
(44) Mecking, Henrique – Rocha, Wellington [E83]
Santos (Jogos Abertos), 2003 ... ***página 262***
(45) Mecking, Henrique – Vera Insfran, Luis [D37]
Rio de Janeiro (Panamericano), 2003 ... ***página 268***
(46) Mecking, Henrique – Dominguez, Leinier [D47]
Rio de Janeiro (Panamericano), 2003 ... ***página 276***
(47) Matamoros, Carlos – Mecking, Henrique [D41]
Rio de Janeiro (Panamericano), 2003 ... ***página 284***
(48) Abbas, Baha – Mecking, Henrique [B92]
Calvia (ol), 2004 ... ***página 290***
(49) Mecking, Henrique – Nevednichy, Vladislav [D80]
Calvia (ol), 2004 ... ***página 296***
(50) Matamoros, Carlos – Mecking, Henrique [A20]
Calvia (ol), 2004 ... ***página 303***
(51) Rodríguez, Andrés – Mecking, Henrique [B23]
Botucatu (Jogos Abertos), 2005 ... ***página 312***

(52) Cordova, Emilio – Mecking, Henrique [A73]
São Paulo (zonal), 2005 ... *página 319*
(53) Mecking, Henrique – Leitão, Rafael [A70]
São Paulo (zonal-play-off), 2005 ... *página 326*
(54) Mecking, Henrique – Schmitz, Andreas Arnold [D22]
Festival Lodi (open), 2006 ... *página 333*
(55) Mecking, Henrique – Vajda, Levente [A59]
Festival Lodi (open), 2006 ... *página 338*
(56) Mecking, Henrique – Lupulescu, Constantin [A34]
Festival Lodi (open), 2006 ... *página 342*
(57) Mecking, Henrique – Fedorchuk, Sergei [A22]
Festival Lodi (open), 2006 ... *página 346*
(58) Mecking, Henrique – Saptarshi, Roy [D08]
Montcada (open), 2006 ... *página 351*
(59) Mecking, Henrique – Fier, Alexandr [A17]
Guarapuava, 2006 ... *página 355*
(60) Mekhitarian, Krikor – Mecking, Henrique [B87]
Guarapuava, 2006 ... *página 366*
(61) Izquierdo, Daniel – Mecking, Henrique [E48]
Ayamonte (Ibero-Americano), 2006 ... *página 378*
(62) Narciso, Marc – Mecking, Henrique [B56]
Ayamonte (Ibero-Americano), 2006 ... *página 386*
(63) Vera, Reynaldo – Mecking, Henrique [E37]
Ayamonte (Ibero-Americano), 2006 ... *página 390*
(64) Vaganian, Rafael – Mecking, Henrique [D78]
King's Tournament Bazna, 2007 ... *página 394*
(65) Khalifman, Alexander – Mecking, Henrique [D18]
King's Tournament Bazna, 2007 ... *página 401*
(66) Mecking, Henrique – Timman, Jan [D97]
King's Tournament Bazna, 2007 ... *página 408*
(67) Mecking, Henrique – Suba, Mihai [E11]
King's Tournament Bazna, 2007 ... *página 415*
(68) Sokolov, Andrei – Mecking, Henrique [C99]
King'sTournament Bazna, 2007 ... *página 420*
(69) Diamant, André – Mecking, Henrique [C92]
São Paulo (m/1), 28.09.2007 ... *página 426*
(70) Mecking, Henrique – Diamant, André [A65]
São Paulo (m/2), 29.09.2007 ... *página 433*
(71) Diamant, André – Mecking, Henrique [C96]
São Paulo (m/3-rápido), 30.09.2007 ... *página 438*
(72) Mecking, Henrique – Diamant, André [E62]
São Paulo (m/4-rápido), 30.09.2007 ... *página 443*
(73) Greenfeld, Alon – Mecking, Henrique [E17]
Passo Fundo (m/1), 16.04.2008 ... *página 448*
(74) Mecking, Henrique – Greenfeld, Alon [D16]
Passo Fundo (m/2), 17.04.2008 ... *página 453*
(75) Greenfeld, Alon – Mecking, Henrique [E17]
Passo Fundo (m/3), 19.04.2008 ... *página 457*
(76) Mecking, Henrique – Greenfeld, Alon [E54]
Passo Fundo (m/4), 20.04.2008 ... *página 463*
(77) Mecking, Henrique – Timman,Jan [E15]
King'sTournament Bazna, 2008 ... *página 466*
(78) Vaganian, Rafael – Mecking, Henrique [D78]
King's Tournament Bazna, 2008 ... *página 474*
(79) Mecking, Henrique – Khalifman, Alexander [D17]
King's Tournament Bazna, 2008 ... *página 478*

(80) Flores, Diego – Mecking, Henrique [E54]
Brasília (m/5), 05.12.2008........ **página 483**
(81) Mecking, Henrique – Flores, Diego [E64]
Brasília (m/6), 06.12.2008........ **página 487**
(82) Mecking, Henrique – Sasikiran, Krishnan [D45]
Corus B Wijk aan Zee, 2009........ **página 492**
(83) Fier, Alexandr – Mecking, Henrique [A13]
São Paulo (m/1), 23.09.2009........ **página 498**
(84) Mecking, Henrique – Fier, Alexandr [E43]
São Paulo (m/2), 24.09.2009........ **página 505**
(85) Fier, Alexandr – Mecking, Henrique [D31]
São Paulo (m/3), 26.09.2009........ **página 511**
(86) Mecking, Henrique – Fier, Alexandr [D13]
São Paulo (m/4), 27.09.2009........ **página 514**
(87) Lima, Darcy – Mecking, Henrique [C95]
São Caetano do Sul (Jogos Abertos), 2009........ **página 520**
(88) El Debs, Felipe – Mecking, Henrique [E04]
São Caetano do Sul (Jogos Abertos), 2009........ **página 525**
(89) Mecking, Henrique – Milos Jr, Gilberto [E42]
Caxias do Sul (open), 2010........ **página 532**
(90) Mecking, Henrique – Santos, Marcus Vinicius [E43]
I Memorial Antonio Rocha, 2011........ **página 539**
(91) Flores, Diego – Mecking, Henrique [A36]
I Memorial Antonio Rocha, 2011........ **página 546**
(92) Mecking, Henrique – Mareco, Sandro [E54]
I Memorial Antonio Rocha, 2011........ **página 554**
(93) Mecking, Henrique – Vallejo Pons, Francisco [E42]
Garbo's (C.C. Bahía Feliz) Av, 2011........ **página 560**
(94) Nyzhnyk, Illya – Mecking, Henrique [D76]
Garbo's (C.C. Bahía Feliz) Av, 2011........ **página 570**
(95) Fier, Alexandr – Mecking, Henrique [E97]
Brasil (ch), 2011........ **página 576**
(96) Mecking, Henrique – Santiago, Yago [D36]
Brasil (ch), 2011........ **página 581**
(97) Mecking, Henrique – Di Berardino, Diego [E58]
Brasil (ch), 2011........ **página 587**
(98) El Debs, Felipe – Mecking, Henrique [E92]
Brasil (ch), 2011........ **página 593**
(99) Mecking, Henrique – Vescovi, Giovanni [A53]
Brasil (ch), 2011........ **página 600**
(100) Barbosa, Evandro – Mecking, Henrique [C45]
Brasil (ch), 2011........ **página 609**
(101) Mecking, Henrique – Hungaski, Robert [A67]
Caxias do Sul (open), 2012........ **página 617**
(102) Granda Zuñiga, Julio – Mecking, Henrique [A29]
Campinas (m/1), 11.09.2012........ **página 621**
(103) Mecking, Henrique – Granda Zuñiga, Julio [D30]
Campinas (m/2), 12.09.2012........ **página 626**
(104) Granda Zuñiga, Julio – Mecking, Henrique [B51]
Campinas (m/3), 13.09.2012........ **página 629**
(105) Fier, Alexandr – Mecking, Henrique [A45]
Bauru (Jogos Abertos), 2012........ **página 638**
(106) Coelho, Luis Henrique – Mecking, Henrique [B51]
Bauru (Jogos Abertos), 2012........ **página 649**

(107) Mecking,Henrique – Granda Zuñiga,Julio [E19]
III Floripa Chess Open 2017 .... **página 655**
(108) Mecking,Henrique – Shirov,Alexei [D79]
III Floripa Chess Open 2017 .... **página 663**
(109) Mecking,Henrique – Rodi,Luis Ernesto [A77]
I Open Internacional DUCHAMP 2017 .... **página 669**
(110) Nery Junior,José Antonio – Mecking,Henrique [B96]
Brasil (ch) 2017 .... **página 675**
(111) Toth,Christian – Mecking,Henrique [A47]
Brasil (ch) 2017 .... **página 681**
(112) Mekhitarian,Krikor Sevag – Mecking,Henrique [A30]
Brasil (ch) 2017 .... **página 687**
(113) Della Morte,German – Mecking,Henrique [B81]
XIV American Continental 2019 .... **página 693**
(114) Mecking,Henrique – Perdomo,Leandro [E81]
XIV American Continental 2019 .... **página 701**

HENRIQUE MECKING - 70 ANOS (2ª EDIÇÃO) .... **página 709**

REFERÊNCIA BIBLIOGRÁFICA .... **página 711**

Henrique Mecking: A Volta do Mito do Xadrez Brasileiro

O xadrez brasileiro tinha tido uma grande projeção internacional desde meados da década de 1960 até o fim da década de 1970, quando sua estrela internacional do xadrez deixou de brilhar nos tabuleiros. O afastamento de Henrique Mecking, por motivo de doença, provocou uma grande lacuna no xadrez brasileiro, pois este permaneceu vários anos sem um grande mestre ativo.

Henrique Mecking nasceu em 23 de janeiro de 1952, na cidade de Santa Cruz do Sul (estado do Rio Grande do Sul). Aos 5 anos de idade, Mecking aprendeu a jogar xadrez com a mãe Maria José. Mecking era aluno no Colégio das Irmãs em São Lourenço do Sul. O clube de xadrez de São Lourenço do Sul foi fundado em 1958 e, na época, contava com mais de cem sócios. Muitas crianças entre 7 e 12 anos, interessadas em jogar xadrez, apareciam no clube e Mecking era uma dessas crianças. Mecking aprendeu muito sobre finais de partidas com Menna Barreto que foi seu primeiro instrutor.

Mecking passou a estudar no Colégio Gonzaga de Irmãos La Sallistas de Pelotas, quando o pai (Paulo Hugo) foi transferido para o Banco do Brasil em Pelotas. Na nova cidade, Mecking conheceu Dirk Dagobert van Riemsdijk e passou a estudar xadrez com seu amigo, que tinha vindo da Holanda e possuía muitos livros de xadrez. Estes livros auxiliaram Mecking em seus estudos enxadrísticos.

O Clube de Xadrez Pelotense, fundado na cidade de Pelotas em 1934, era um celeiro de jogadores para o Rio Grande do Sul. Carlos Rodrigues Peixoto era um destacado jogador: tricampeão gaúcho e vice-campeão brasileiro. Carlos Peixoto assinava 10 revistas internacionais de xadrez e o contato de Mecking com ele foi fundamental para assimilar as variantes de várias aberturas. Ambos analisavam partidas juntos, quando iam disputar torneios, e isso ajudou Mecking a aprimorar a parte analítica.

Esta importante rede de contatos e o rico ambiente enxadrístico daquela época no Rio Grande do Sul foram fundamentais para, aos 13 anos de idade, Mecking ganhar pela primeira vez o campeonato brasileiro. Aos 14 anos, ele terminou empatado de 1º/4º lugares no zonal sul-americano. Este acontecimento levou Mecking a receber o convite para jogar o prestigiado Torneio de Hastings (Inglaterra). Aos 15 anos, Mecking venceu o quadrangular desempate do sul-americano e conquistou pela segunda vez o campeonato brasileiro. Mecking tornou-se assim uma estrela internacional do xadrez.

Mecking tinha então o título de mestre internacional e passou a ganhar experiência fora do Brasil: jogar no primeiro tabuleiro pela equipe do Brasil na Olimpíada de Lugano (Suíça) em 1968; disputar torneios internacionais como Palma de Mallorca (Espanha) em 1969, Bogotá (Colômbia) em 1970 e Buenos Aires (Argentina) em 1970; participar dos Interzonais (classificatório para o Torneio de Candidatos) realizados em Sousse (Tunísia) em 1967 e Palma de Mallorca (Espanha) em 1970. Para jogar este último, Mecking havia ganhado o match-desempate contra Raimundo Garcia pela terceira vaga do zonal sul-americano de 1969, evento vencido por Najdorf e Panno em Mar del Plata (Argentina).

Em 1970, Mecking deixou a cidade de Pelotas e foi morar em Porto Alegre, capital do estado do Rio Grande do Sul, após passar no vestibular em Física na Universidade Federal do Rio Grande do Sul (UFRGS). Mecking morou com três amigos num apartamento na rua Riachuelo, à meia quadra da avenida Borges de Medeiros, perto da Praça Marechal Deodoro onde fica o histórico Theatro São Pedro, inaugurado com noite de gala em 27 de junho de 1858.

O apartamento, em cima de uma churrascaria chamada "Churrasquito", tinha três quartos sociais e um quarto pequeno e isolado. Mecking optou por ficar com este quarto numa extremidade do apartamento e, portanto, do lado oposto aos três quartos sociais. No uso de talhares e da geladeira, as coisas de Mecking também eram separadas dos amigos.

Paulo Hugo, pai de Mecking, era um homem austero e tinha acompanhado o filho em vários torneios nesta época, pois não permitia que ele fosse sozinho em viagens internacionais. Nesta época em que Márcio Elísio de Freitas e depois Dr. Luiz Tavares da Silva foram presidentes da CBX, ambos conseguiram apoio federal para custear as viagens de Mecking. Quando o pai de Mecking deixou de acompanhá-lo, o Dr. Luiz Tavares da Silva passou a assumir esta função e viajava às próprias custas.

Mecking foi obrigado, entretanto, a recusar vários convites de países sul-americanos por causa da pressão dos pais e dos estudos secundários (o ensino médio era dividido em curso normal, curso clássico e curso científico). Mecking formou-se nesta última opção. Apesar de passar no vestibular para cursar Física e mudar-se para Porto Alegre, as pressões familiares continuaram e Mecking estava diante de uma encruzilhada. Sua genialidade para o xadrez consumia todo o seu tempo, pois seu sonho (tornar-se campeão mundial) exigia uma dedicação total para atingir este objetivo. Devido à enorme pressão psicológica da família, Mecking conversou com os três amigos com quem morava e consultou um psicólogo para tomar uma decisão tão difícil em sua vida.

Após contatos políticos dos meios enxadrísticos com o governo federal, Mecking conseguiu do presidente Emílio Garrastazu Médici (1905-1985) a aprovação de um emprego federal, no Ministério da Educação e Cultura (MEC), no Rio de Janeiro para onde se mudou em 1971. Mecking não só deixou a Faculdade de Física, após cursar dois semestres, como também se distanciou da família. No curto prazo, essa mudança causou um grande efeito em Mecking. Ele estava livre da pressão familiar e o salário garantiria uma relativa tranquilidade para dedicar-se ao xadrez.

A carreira de Mecking no xadrez deu um grande salto em 1971. Mecking disputou o torneio internacional Hoogovens, em Wijk aan Zee (Holanda), o torneio internacional de Mar del Plata

(Argentina), venceu o torneio memorial "Boris Kostic", em Vrsac (Iugoslávia), conseguindo sua primeira norma de grande mestre e, finalmente, jogou novamente o prestigiado torneio de Hastings que terminou no início de 1972, onde obteve a sua segunda norma de grande mestre e, assim, ele tornou-se o primeiro grande mestre brasileiro (dois dias antes de completar 20 anos de idade). De volta ao Brasil, Mecking foi recepcionado pela bateria da Escola de Samba da Mangueira no Aeroporto Internacional do Galeão no Rio de Janeiro. Posteriormente, Mecking foi recebido em audiência no Palácio do Planalto, em Brasília, pelo presidente Emílio Garrastazu Médici e também recebeu uma homenagem durante a realização de um jogo da seleção brasileira de futebol, no estádio do Maracanã, no Rio de Janeiro.

Em 1972, o zonal sul-americano foi disputado em São Paulo. Mecking venceu com enorme facilidade ao obter 17 pontos (+15=4-1), uma vantagem de 2,5 pontos sobre Panno e Quinteros. Entretanto, sua ascensão foi interrompida por uma atuação apenas regular no torneio internacional de San Antonio (Estados Unidos) em 1972. Mecking terminou em 9º lugar com 8,5 pontos (+5=7-3).

Nenhum analista apontava Mecking como favorito para conseguir uma vaga no Interzonal de Petrópolis em 1973. Entretanto, sua grande preparação para o evento surpreendeu os mais céticos. Mecking tinha uma fé inabalável em si mesmo e a convicção que conseguiria classificar-se para o Torneio de Candidatos, ainda mais por estar jogando em casa no Brasil. Seu triunfo invicto com 12 pontos (+7=10), no Interzonal de Petrópolis, levou-o a ser capa da revista Veja (22/08/1973). Gligoric escreveu na revista Chess Life and Review (Dezembro de 1973): Há somente três grandes mestres fora de série hoje no mundo - Fischer, Karpov e Mecking!

A ascensão de Mecking rumo ao título de campeão do mundo parecia não ter obstáculos. Entretanto, tanto o isolamento social como o enxadrístico talvez tenham contribuído para sua derrota no match contra Korchnoi pelas quartas-de-final do Torneio de Candidatos.

O resultado do match de Mecking contra Korchnoi mostra que faltou um planejamento estratégico. Korchnoi tinha sido semifinalista no Torneio de Candidatos, em 1971, e finalista no Torneio de Candidatos, em 1968. Mecking não tinha experiência em matches longos. Dada a característica do match em disputada (3 vitórias ou a realização de todas as 16 partidas programadas), podia-se elaborar o seguinte plano de trabalho em três fases: 1) conseguir experiência em match amistoso contra um grande mestre veterano (por exemplo, Najdorf ou Reshevsky), além disso analisar minuciosamente com Reshevsky as partidas do match de 1968 em que este perdeu para Korchnoi. Estes dois experimentados grandes mestres poderiam ajudar na preparação psicológica e com a troca de ideias e de experiência; 2) na coletiva de imprensa, antes de iniciar o match, Mecking poderia anunciar de maneira realista que Korchnoi era muito mais experiente, mas saíra derrotado ao ser pressionado na parte final dos matches do Torneio de Candidatos, tanto em 1968 como em 1971. Ao anunciar que seriam jogadas todas as 16 partidas match, Mecking colocaria pressão até o final do match; 3) tendo brancas nas partidas pares, Mecking poderia optar por empatar as partidas de pretas, pois sempre teria a vantagem de ter uma partida de brancas a mais para tentar ganhar. Sendo assim, a partir do delineamento deste planejamento estratégico, que visaria controlar a ansiedade e impulsividade do jogador brasileiro, esperaria que ele lutasse todas as 16 partidas do match, pois uma desvantagem inicial poderia ser revertida ao longo do match, pois ele enfrentaria um adversário muito forte, mas 21 anos mais velho do que ele. O prognóstico de empate em 8 a 8 (sem a terceira vitória de qualquer dos lados) levaria a uma decisão da vaga por sorteio. Isto teria de ser considerado como uma possível hipótese de resultado final neste planejamento estratégico.

Ao se analisar o match disputado em Augusta (Estados Unidos), percebe-se a falta de coordenação de Mecking para a análise de posições suspensas que resultaram no empate na primeira partida (quando ele tinha uma posição ganha) e na derrota na sétima partida (quando ele tinha uma posição empatada). Se, por um lado, não dar xeque perpétuo na quinta partida e recusar empate na sétima partida (Mecking perdeu ambas as partidas de pretas) demonstra uma ansiedade em lutar mesmo de pretas para conseguir uma vitória. Por outro lado, a brilhante vitória de brancas na décima segunda partida abriu espaço para uma reação e, portanto, a análise da décima terceira partida é decisiva para a compreensão de todo o match. Mecking poderia ficar com um peão de vantagem, mas este ficaria dobrado. Não haveria possibilidade de ataque de mate, mas a posição poderia ser manobrada calmamente para levar a partida até a suspensão no lance 40, com o objetivo de fazer uma transição para um final favorável às pretas. Entretanto, Mecking decide não ganhar o peão, depois não dá xeque perpétuo (ele ainda teria as brancas em duas das três partidas que faltavam para terminar o match) e, finalmente, decide atacar tendo uma posição inferior. Ao superestimar a posição, Mecking perdeu o match de maneira cabalística por 1 a 3 (em número de vitórias), no dia 13 de fevereiro, após a 13ª partida.

De volta ao Brasil, Mecking deu entrevista dizendo que ninguém o compreendia nem mesmo sua família e ainda colocou parte da culpa da derrota em Herbert Carvalho e no GM Andersson. O que faltou na última partida e, portanto, no momento decisivo? Só o talento e a genialidade não bastariam para ganhar o match, era necessário reconhecer a ajuda e o apoio que tinha tido até decidir isolar-se no Rio de Janeiro. Poderia lembrar ensinamentos que recebera desde garoto quando, por exemplo, fizera uma leitura voraz do livro Jogo de Posição de Erich Eliskases que, na página 47, escreveu: "É importante a colocação dos peões dobrados e a situação geral. Se o equilíbrio da posição não está perturbado, uma fraqueza, muitas vezes, é facilmente suportada; senão, até pontos fortes podem tornar-se fracos". Talvez, ele tivesse conduzido a última partida de maneira diferente, quando a posição atingiu o momento crítico e este mostrou-se decisivo para o desfecho do match e, portanto, do resultado final.

Em 1975, Mecking disputou dois torneios internacionais, sendo o primeiro deles na Europa (Las Palmas, Espanha) e o segundo deles na Ásia (Manila, Filipinas). Ambos os torneios foram vencidos pelo iugoslavo Ljubojevic com um ponto de vantagem. Mecking ficou empatado de 2º/4º em Las Palmas e empatado de 2º/5º em Manila.

Em 1976, no Interzonal de Manila, nas Filipinas, Mecking ganhou convincentemente com 13,0 pontos (+8=10-1), perdendo apenas para o ex-campeão mundial Spassky. Mecking classificou-se novamente para disputar o Torneio de Candidatos. Em 1977, Mecking sofreu nova derrota no match pelas quartas-de-final do Torneio de Candidatos ao perder por 5,5 a 6,5 para Polugaevsky.

Na primeira partida, Polugaevsky tinha uma posição completamente ganha antes do controle de tempo do lance 40, mas um erro no lance 37 permitiu que Mecking conseguisse um salvador empate na sequência da partida suspensa. Na segunda partida, Mecking tinha uma posição ganha antes do controle de tempo, mas um erro no lance 29 permitiu que Polugaesvky equilibrasse a posição. No dramático apuro de tempo, Polugaesvky cometeu um grave erro no lance 39, mas Mecking não aproveitou a oportunidade de ganhar a partida no lance 40. A posição voltou a estar equilibrada, mas Mecking continuou a jogar e cometeu um erro no lance 42, isso o levou a suspender a partida numa posição sem esperança de defesa no lance 43. Mecking abandonou a segunda partida no lance 63. Na terceira partida, Mecking aproveitou um erro de Polugaevsky no meio-jogo e conseguiu uma posição ganhadora, mas deixou escapar a vitória por causa de um erro no lance 34 durante o apuro de tempo. Era o início de uma série de dez empates até o final do match. O outro único momento de emoção aconteceu na sexta partida quando ambos os jogadores cometeram uma série de erros que poderia levar tanto a uma vitória das brancas como das pretas.

A análise do match mostra que, apesar de ter perdido por apenas um ponto, Mecking poderia ter ganhado o match por um ponto. A grande questão que se coloca é que uma revanche na semifinal contra Korchnoi seria uma tarefa muito mais difícil em 1977 do que foi a disputa pelas quartas-de-final em 1974. Korchnoi tinha decidido pelo exílio político em 1976.

O dissidente soviético, que se sacrificou para ficar longe da esposa e do filho, era um jogador muito mais temível por estar determinado a enfrentar Karpov pelo título mundial em 1978. Tanto é verdade que Korchnoi eliminou sucessivamente Petrosian, Polugaevsky e Spassky no Torneio de Candidatos de 1977. Na final do campeonato mundial, após estar perdendo por 5 a 2, Korchnoi chegou a empatar em 5 a 5 (em número de vitórias), sem contar os 21 empates, o que levou o match para um momento dramático. De brancas, Karpov acabou vencendo a 32ª partida do match e, assim, ganhou o match por 6 a 5. Mais de uma década depois, foi revelado que a KGB planejara matar Korchnoi, no caso de ele ganhar o match. Korchnoi perdeu a partida e, sem saber, salvou a própria vida.

Diante deste tenso quadro político de 1977/1978, deve-se voltar a 1974 para perceber que a grande chance de Mecking de chegar até a final do Torneio de Candidatos tinha sido em 1974. Levar o match até o final das 16 partidas contra Korchnoi e decidi-lo por sorteio era uma hipótese possível. Basta ver o exemplo que ocorreu em 1983, quando Smyslov empatou o match contra Hübner e a classificação foi decidida nas cores vermelha e preta de uma roleta de cassino. Na semifinal Smyslov derrotou Ribli e depois jogou contra Kasparov na final do Torneio de Candidatos.

Ainda sobre o Torneio de Candidatos de 1974, Korchnoi criticou duramente seu próprio nível de jogo no match contra Mecking. Sua autocrítica mostrou determinação em melhorar e corrigir seus próprios erros. A vitória de Korchnoi contra Petrosian na semifinal contou com o fato de seu adoentado adversário ter abandonado o match após estar perdendo por 1 a 3 (sem contar o único empate - eram necessárias 4 vitórias no limite de 20 partidas). Korchnoi jogou então o maratônico match de 24 partidas na final do Torneio de Candidatos. Karpov venceu por 12,5 a 11,5 (+3=19-2) e tornou-se campeão mundial em 1975, quando Fischer desistiu de defender o título mundial. O nível de jogo e de experiência de Korchnoi em matches estava, portanto, muito mais alto em 1977.

Em abril de 1977, após a derrota para Polugaesvky no

match de Lucerna (Suíça), um abatido Mecking voltou ao Brasil e os sinais de sua doença começaram a manifestar-se com uma rouquidão. Pal Benko encontrou-se com Mecking no Rio de Janeiro após o match. Mecking parecia doente com dificuldades para falar: uma rouquidão permanente sem causa. Mecking consultou vários médicos mas não melhorava, pois sua garganta inflamava e desinflamava e a voz sumia ao longo de 1977. Mecking andava com papel e caneta para comunicar-se com as pessoas, pois não podia falar. Um encontro com uma amiga começou a mudar sua vida, quando ela deu-lhe um Escapulário verde de Nossa Senhora e passou a rezar por ele. Posteriormente, Mecking decidiu começar novamente a frequentar a missa.

No Torneio Internacional de Wijk aan Zee, em janeiro de 1978, Mecking teve uma atuação regular com 5,0 pontos (+2=6-3) e terminou em 7º lugar. O torneio foi vencido por Portisch com 8,0 pontos, seguido por Korchnoi com 7,5 pontos.

Dr. Luiz Tavares da Silva foi presidente da CBX no período 1968-1970. Ele acompanhara Mecking em vários torneios naquela época. Em 1977, ambos se encontraram em Wijk aan Zee e, como não melhorava a saúde de Mecking, este pediu a indicação de algum médico nos Estados Unidos. Mecking foi internado no Hospital Metodista de Houston, no Texas, entre os dias 7 e 10 de fevereiro de 1978. O diagnóstico foi provável myasthenia gravis que provoca fatigabilidade muscular. Esta é devida a um mecanismo imunológico que impede que impulsos provenientes do sistema nervoso central sejam transmitidos propriamente dos nervos periféricos aos músculos. Como a doença não tem cura, o tratamento baseia-se no uso de medicação oral que faz melhorar a força muscular.

Ao voltar para o Rio de Janeiro, Mecking começou a sentir dificuldade de respirar. Alguns dias depois, as pernas começaram a ser atacadas e ele piorou. Sentia fraqueza nas mãos e antebraços e as pernas continuavam fracas. Em março de 1978, Mecking começou a frequentar um Grupo de Oração da Renovação Carismática Católica e ouvia o depoimento de várias pessoas e se impressionou com uma senhora que afirmou que sofrera de myasthenia gravis durante sete anos e estava totalmente curada. Mecking passou a acreditar na possibilidade de cura para si mesmo.

No início de 1979, as pernas melhoraram um pouco, mas ele continuava a fazer repouso deitado durante horas. Em maio, o quadro geral de Mecking piorou muito e ele não tinha forças nos braços nem mesmo para escovar os dentes. Uma senhora chamada Tia Laura do movimento católico Renovação Carismática fez uma oração e, de acordo com Mecking, ele recebeu uma cura milagrosa em 28 de maio. Apesar de recuperado, ele ainda sentia-se fraco e não havia tido tempo para preparar-se para o Interzonal do Rio de Janeiro, em setembro, onde teria Paul Benko como seu analista. Depois de duas rodadas, Mecking anunciou que abandonava o torneio e se retirava das competições enxadrísticas por motivo de doença.

Em 1981, o livro Como Jesus Cristo Salvou a Minha Vida, de autoria de Mecking, teve a sua primeira edição publicada por Edições Loyola. Anteriormente, Mecking já havia publicado um livro chamado Iniciação ao Xadrez, em 1973. Obra destinada a principiantes, com numerosos conselhos e orientações.

Em 1983, o mestre internacional Rubens Filguth publicou o livro Mequinho: O Perfil de um Gênio pela Editora Promochess de Curitiba, capital do estado do Paraná. O livro apresenta uma seleção de 90 partidas, um amplo painel com entrevistas importantes de várias pessoas que interagiram com Mecking, durante sua carreira até 1979, e há uma entrevista exclusiva do próprio Mecking que enviou as respostas por escrito para o autor do livro. Mecking continuou afastado do xadrez e mudou-se do Rio de Janeiro para Taubaté (no estado de São Paulo) em 1988. Mecking voltou a estudar e formou-se em Filosofia e Teologia Católica no início da década de 1990. O livro Como Jesus Cristo Salvou a Minha Vida chegou à 5ª edição em 1992.

Em seu livro, Mecking apresentou a cura de seu ponto de vista religioso. Entretanto, pode-se abordar todo o caso que envolve a sua doença de outra maneira e, portanto, cabe ao leitor formar seu juízo (uma explicação não é melhor do que a outra e ambas podem coexistir). O autocontrole é a capacidade de modular e controlar as próprias ações - senso de controle interno. Controlar as emoções é uma tentativa de controlar o estado de espírito. O autodomínio é a busca pela temperança, a contenção dos excessos emocionais. A arte de tranquilizar-se é uma ferramenta psique essencial para chegar-se à autoconsciência. Esta é a consciência do estado de espírito do momento em que este ocorre. Assim, a capacidade de controlar sentimento é crucial para a autocompreensão. Esta aptidão emocional busca controlar a impulsividade e evitar a pressão por resultado imediato e a ansiedade por atacar (e vencer, no caso do xadrez). A enorme tensão emocional e a ansiedade levaram Mecking a ter problemas gástricos em vários torneios (um exemplo é San Antonio, em 1972, caso em que ele mesmo afirma que quase foi parar no hospital). A preocupação e a pressão por resultados podem ter afetado a sua resistência e o seu sistema imunológico (principalmente nos desgastantes matches pelos Torneios de Candidatos de 1974 e de 1977). De acordo com o PhD Daniel Goleman, em seu livro Inteligência Emocional: A Teoria Revolucionária que Redefine o que é ser Inteligente (Editora Objetiva), o isolamento social e uma perspectiva pessimista podem influir no aparecimento de doenças em uma pessoa. O autor também chama a atenção para o valor médico dos relacionamentos e do poder curativo do apoio emocional para a recuperação de uma doença por causa do efeito confessionário e da melhora da função imunológica. De qualquer forma, com uma ou outra explicação (ou ambas), um Mecking (em paz consigo mesmo) voltou ao xadrez em 1991.

Em março de 1991, houve o retorno de Mecking ao xadrez e ele jogou um match de 6 partidas contra Pedrag Nikolic no Clube Atlético Monte Líbano em São Paulo. O jogador iugoslavo ganhou a terceira partida e as demais terminaram empatadas. Em março de 1992, ocorreu um novo match de 6 partidas no Clube Homs em São Paulo e o adversário foi Yasser Seirawan (enxadrista que nasceu em Damasco na Síria, mas sua família emigrou para os EUA quando ele tinha 7 anos). Mecking perdeu a primeira partida e as demais terminaram empatadas. Em 1993, Mecking jogou o Zonal Fide 2.4, mas abandonou o torneio antes de ser realizada a última rodada por causa de uma recaída da doença. Nos Estados Unidos, o livro Henrique Mecking: Latin Chess Genius (Thinkers' Press) de autoria de Stephen Gordon foi publicado em inglês com 344 partidas (sendo 24 delas analisadas pelo autor) e a descrição de toda a trajetória enxadrística de Mecking e o retorno com os dois matches e a participação no Zonal Fide 2.4.

Em setembro de 1994, Mecking jogou em Tilburg (Holanda) e empatou o match em 1 a 1 contra Dreev, mas foi eliminado no desempate das partidas rápidas por 1,5 a 0,5. Em janeiro de 1995, Mecking participou de um Open em Linares (Espanha) e terminou em 16º lugar com 6,0 pontos (+3=6). Em março, Mecking jogou o Zonal Fide 2.4 e terminou com 5,0 pontos (+4=2-3) e empatado de 3º/7º lugares.

Mecking voltou a dar várias simultâneas pelo Brasil (como fizera na década de 1970) e chegou a participar de Jogos Regionais e Jogos Abertos no Estado de São Paulo, pela cidade de Campinas, quando conseguiu a medalha de bronze, no final de 1995, antes de afastar-se do xadrez por cinco anos. Sua intenção era ser ordenado padre e ficar na Diocese de Taubaté sem ter que procurar paróquia em outra cidade. Tudo dependeria da aceitação por parte do bispo e da aprovação por parte de um conselho de padres. Segundo Mecking, em entrevista ao Jornal Vale Paraibano (27.8.2000), por ele seguir rigorosamente a linha do papa não conseguiu seu objetivo. Em 1997, Mecking teve uma última crise mais forte da doença. Naquele mesmo ano, os diretores do Centro Empresarial São Paulo procuraram Mecking para a realização de uma simultânea, mas ele não aceitou a oferta.

Mecking seguia com sua rotina de levantar todos os dias às 6h30 da manhã, ir à missa na Paróquia de Santa Terezinha, fazer exercícios físicos (três dias de corrida, três dias de halterofilismo e um dia livre por semana) e, no tempo que sobrava, dedicava-se a estudar xadrez. Em 2000, com a proximidade da virada do milênio e o consequente misticismo religioso da época (o fim dos tempos), Mecking aceitou jogar o Match Desafio contra o campeão brasileiro Giovanni Vescovi.

O match foi realizado no Centro Empresarial São Paulo em agosto de 2000. Houve um empate na primeira partida. Mecking de pretas ganhou a segunda partida, mas Vescovi de pretas reagiu e ganhou a terceira partida. Depois, seguiram-se dois empates. Vescovi de brancas na sexta e decisiva partida conseguiu vantagem e ganhou a partida e o match por 3,5 a 2,5.

Em março de 2001, Mecking jogou uma partida contra os jogadores do Brasil (em consulta) pela Internet. A partida terminou com a vitória de Mecking num final de peões após 52 lances. Em setembro, Mecking aceitou jogar o Memorial Miguel Najdorf em Buenos Aires. Mecking conseguiu empates contra Viktor Korchnoi, Nigel Short, Xie Jun, Judit Polgar, Ruben Felgaer, Pablo Ricardi e Gilberto Milos, mas perdeu as partidas contra Anatoly Karpov e Teimour Radjabov. Mecking terminou em 8º lugar com 3,5 pontos.

Mecking voltou a dar simultâneas pelo Brasil. Entre as sete simultâneas ministradas por Mecking, ao longo do ano de 2002, vale destacar que uma delas foi realizada na Áustria e ele foi recebido pelo embaixador brasileiro naquele país. Em outubro, Mecking jogou pela equipe do Brasil na Olimpíada de Bled, na Eslovênia, e obteve 6,5 pontos em oito partidas (+5=3 - 81,3% de aproveitamento).

Mecking, que já havia feito uma peregrinação a Medjugorje na Bósnia, voltou em 2002 para uma nova peregrinação (retornaria novamente em 2006). Seu livro Como

Jesus Cristo Salvou a Minha Vida chegou à 6ª edição em maio de 2003. Posterior, o livro foi traduzido para o romeno e publicado na Romênia.

Em 2002, Mecking participou dos Jogos Abertos em Santa Catarina. Em 2003, Mecking voltou a participar de Jogos Regionais e Jogos Abertos no Estado de São Paulo, quando representou a cidade de Ilha Solteira e ganhou a medalha de prata nos Jogos Abertos. Mecking jogou pela cidade por Taubaté, onde reside, entre 2005 e 2008. A partir de 2009, Mecking passou a jogar pela cidade de São Bernardo do Campo, quando ganhou a medalha de bronze nos Jogos Abertos daquele ano.

Em setembro de 2003, Mecking jogou o Zonal Fide 2.4, que foi disputado em São Paulo, e terminou em terceiro lugar com 6,0 pontos (+4=4-1). Sua única derrota foi para Darcy Lima, o vencedor do Zonal Fide 2.4. Em dezembro, Mecking jogou no primeiro tabuleiro da equipe do Brasil no Campeonato Panamericano por Equipes no Rio de Janeiro e obteve 2,0 pontos (+2-1 - 66,7% de aproveitamento). Cuba ficou com a medalha de ouro, o Brasil com a medalha de prata e o Equador com a medalha de bronze.

Em 2004, Mecking jogava ativamente partida de blitz pela internet e ganhou um grande destaque internacional ao participar de três grandes eventos: Dos Hermanas, Canárias e o 3º ACP Blitz. Em outubro de 2004, Mecking voltou a jogar no primeiro tabuleiro pela equipe do Brasil na Olimpíada de Calvia, na Espanha, quando obteve 4,0 pontos (+2=4-2 - 50% de aproveitamento).

Em 2005, a Liga de Xadrez foi fundada em São Paulo. Mecking é o Patrono da Liga de Xadrez e o site (www.ligadexadrez.com.br) divulga sua participação em eventos enxadrísticos. Em outubro, Mecking participou do Zonal Fide 2.4 que foi realizado em São Paulo. O evento foi vencido por Milos com 6,5 pontos. Houve um múltiplo empate de 2º/5º lugares entre Mecking, Lima, Vescovi e Leitão, com 5,5 pontos.

Em março de 2006, Mecking terminou em segundo lugar no Open Internacional da Festa da Uva em Caxias do Sul (no estado do Rio Grande do Sul) com 6,5 pontos em 7 rodadas. Em junho, Mecking participou do Festival Internacional de Lodi, na Itália, quando ganhou o open de nove rodadas (com 86 participantes) ao obter 7,0 pontos (+5=4). Mecking também jogou um Open em Montcada, Espanha, onde fez 6,5 pontos (+5=3-1) ficando empatado (4º/6º lugares) atrás dos três vencedores que terminaram com 7,0 pontos. Em setembro, no torneio internacional de Guarapuava (no estado do Paraná), Gilberto Milos foi o vencedor com 7,0 pontos e Mecking terminou em 2º lugar com 6,5 pontos (+4=5).

Em novembro de 2006, Mecking jogou o Campeonato Ibero-Americano, em Ayamonte, na Espanha. Um torneio onde os jogadores foram divididos em quatro grupos. Os vencedores dos grupos disputaram de 1º/4º lugares e os segundos colocados disputaram de 5º/8º lugares. Mecking não se classificou, mas disputou a segunda fase, onde os jogadores disputaram de nono a vigésimo quarto, terminando em 11º/12º lugares.

Em junho de 2007, Mecking recebeu convite para jogar o King's Tournament, em Bazna, na Romênia. Mecking conseguiu vitórias contra Andrei Sokolov e Mihai Suba, empatou contra Alexander Beliavsky, Ulf Andersson, Zoltan Ribli, Maya Chiburdanidze, Lajos Portisch e Jan Timman, mas perdeu para Alexander Khalifman e Rafael Vaganian. Mecking terminou em 6º lugar com 5,0 pontos.

Em setembro de 2007, Mecking jogou um match contra André Diamant em São Paulo e venceu por 3,5 a 0,5 (duas vitórias nas partidas pensadas e uma vitória e um empate nas partidas rápidas). Em abril de 2008, Mecking jogou um match contra Alon Greenfeld em Passo Fundo (no estado do Rio

Grande do Sul) que terminou com quatro empates e, portanto, em 2 a 2.

Em maio de 2008, Mecking recebeu novo convite para jogar o King's Tournament, em Bazna, na Romênia. Mecking venceu Rafael Vaganian e Jan Timman, empatou contra Nigel Short, Lajos Portisch, Ulf Andersson, Mihai Suba, Alexander Khalifman e Andrei Sokolov, mas perdeu para Alexander Beliavsky e Andrei Murariu. Mecking terminou em 7º lugar com 5,0 pontos.

Em 2008, Mecking participou do Open Internacional da Festa da Uva em Caxias do Sul (no estado do Rio Grande do Sul) e terminou em 2º lugar com 7,5 pontos em nove rodadas. Em dezembro, Mecking jogou um match contra o argentino Diego Flores em Brasília (capital federal do Brasil). Foram quatro partidas blitz (Mecking ganhou por 3 a 1) e depois duas partidas pensadas (Flores ganhou por 1,5 a 0,5). No cômputo geral, Mecking ganhou o match por 3,5 a 2,5. O Campeonato Brasileiro de Blitz pela Internet (em sistema de matches eliminatórios), com a cadência de três minutos para cada jogador com acréscimo de um segundo por lance, foi realizado também em dezembro de 2008 (chaves eliminatórias e partidas podem ser consultadas no livro Mequinho: O Xadrez de um Grande Mestre, pp.147-150). Mecking derrotou Krikor Mekhitarian e depois André Diamant. Na final, Mecking ganhou o título de Campeão Brasileiro de Blitz pela Internet ao derrotar Rafael Leitão.

Em janeiro de 2009, Mecking aceitou um desafio difícil ao jogar o Corus B, em Wijk aan Zee, na Holanda. Mecking conseguiu apenas o 12º lugar com 4,5 pontos (+1=7-5). Em junho, Mecking jogou o Zonal Fide 2.4, que foi realizado no Rio de Janeiro, e terminou em 4º lugar com 5,0 pontos (+3=4-2).

Em setembro de 2009, Mecking enfrentou um duro desafio ao jogar o match contra Fier (campeão brasileiro em 2005 e grande mestre aos 18 anos em 2006). O match foi disputado no Colégio Santa Cruz em São Paulo. Fier com mais de 100 pontos de vantagem de rating ganhou a primeira partida no lance 39, mas Mecking reagiu e ganhou a segunda partida também no lance 39. A terceira partida terminou em xeque-perpétuo no lance 21 e a quarta partida terminou em empate após 65 lances. O match terminou em 2 a 2.

Mecking disputou novamente o Open Internacional da Festa da Uva em Caxias do Sul (no estado do Rio Grande do Sul) em março de 2010. Mecking terminou de 6º/18º lugares com 7,0 pontos (+6=2-1).

Dois livros sobre Henrique Mecking foram lançados em 2010. Em 21 de agosto, na 21ª Bienal do Livro de São Paulo, a escritora Paola Gentile lançou Mequinho (Coleção Pequenos Craques) pela Editora Callis. O livro trata da infância dele e é voltado para o público infantil. Mecking escreveu, em coautoria com o Mestre Fide Adriano Caldeira, o livro Mequinho: O Xadrez de um Grande Mestre. O livro foi publicado pela Ciranda Cultural com 40 partidas analisadas, os quadros dos torneios disputados por Mecking e fotos de seu arquivo pessoal. Em 13 de dezembro, o lançamento do livro aconteceu em São Paulo com tarde de autógrafos no Salão Paulinho Nogueira do Parque da Água Branca.

Em janeiro de 2011, Mecking participou do Memorial Antonio Rocha em Campinas (no estado de São Paulo). Rafael Leitão foi o vencedor com 10 pontos (+7=6), seguido Giovanni Vescovi com 9,5 pontos. Mecking terminou invicto em terceiro lugar com 9,0 pontos (+5=8). Em maio, Mecking jogou o torneio internacional C.C. Bahía Feliz na Espanha. O evento foi vencido por Vallejo Pons com 6,0 pontos, seguido por Nyzhnyk com 5,5 pontos. Mecking terminou com 5,0 pontos (+3=4-2) num grupo de jogadores de 3º lugar a 5º lugar. Em dezembro, Mecking voltou a Campinas para jogar a final do Campeonato Brasileiro de 2011. Rafael Leitão foi o vencedor com 9,0 pontos, seguido por Alexandr Fier com 8,5 pontos. Mecking terminou o campeonato brasileiro em terceiro lugar com 7,0 pontos (+4=6-

1), evento que ele nunca mais havia participado desde que se sagrou bicampeão ao conquistar os campeonatos brasileiros de 1965 e 1967.

Em 23 de janeiro de 2012, Mecking completou 60 anos. Os eventos comemorativos, que podem assim ser chamados, ocorreram em Caxias do Sul (no estado do Rio Grande do Sul) em março. No dia 1º, houve a disputa de um quadrangular classificatório que terminou com a vitória de Judit Polgar com 5,0 pontos, seguida por Gilberto Milos e Andrés Rodríguez com 2,5 pontos e Henrique Mecking com 2,0 pontos. No dia 2, na disputa pela final, Polgar derrotou Milos por 2 x 0. Na disputa pelo 3º lugar, Mecking perdeu por 0,5 x 1,5 para Andrés Rodríguez. Nos dias 3 e 4, houve a realização do 12º Torneio Internacional de Xadrez Festa da Uva (open de partidas rápidas em 9 rodadas). Gilberto Milos foi o vencedor com 8,5 pontos, seguido por Judit Polgar, Giovanni Vescovi e Diego Flores com 7,5 pontos. Mecking terminou com 7,0 pontos num grupo de jogadores de 5º lugar a 12º lugar.

Em setembro de 2012, Mecking esteve novamente em Campinas (no estado de São Paulo). Nos dias 11, 12, 13 e 14 de setembro, Mecking enfrentou o grande mestre peruano Julio Granda Zuñiga numa disputada de quatro partidas. O match foi realizado na Biblioteca Pública Municipal Professor Ernesto Manoel Zink. A Biblioteca localiza-se no mesmo prédio do Museu de Arte Contemporânea de Campinas (MACC), cujo acesso pode ser feito pelo Paço Municipal (Palácio dos Jequitibás - sede do poder executivo local).

A primeira partida foi muito disputada e terminou em empate no final de damas com bispos de cores opostas, após a troca das damas. A segunda partida terminou em empate após 20 lances. A terceira partida foi muito disputada e terminou em empate no final de damas com bispos de cores opostas, após a troca das damas. A quarta partida terminou em empate após 18 lances. O match terminou em empate (2 a 2).

Em novembro de 2012, na cidade de Bauru (no estado de São Paulo), Mecking participou dos 76º Jogos Abertos do Interior, sendo que sua equipe, representando a cidade de São Bernardo do Campo, terminou em segundo lugar e conquistou a medalha de prata. A cidade de Americana ficou com o ouro e a cidade de Pindamonhangaba, com o bronze.

Dois grandes eventos encerrariam o calendário da Confederação Brasileira de Xadrez (CBX) em dezembro de 2012: o Panamericano por equipes e a final do Campeonato Brasileiro. Ambos acabaram adiados para o início de 2013. Apesar de classificado para jogar uma nova final de campeonato brasileiro, Mecking declinou da vaga.

Em janeiro de 2013, um dia após seu aniversário, Mecking esteve novamente em Campinas para jogar no primeiro tabuleiro da equipe do Brasil. O Panamericano foi disputado por quatro equipes em turno e returno. Mecking obteve 2,0 pontos em quatro partidas (50% de aproveitamento ao conseguir quatro empates). A equipe dos Estados Unidos conseguiu a medalha de ouro, a equipe de Cuba obteve a medalha de prata e o Brasil conquistou a medalha de bronze. Vale registrar que a equipe brasileira obteve expressivos resultados ao empatar um match contra os Estados Unidos (2 a 2) e ganhar um match contra Cuba (2,5 a 1,5).

Mecking continua um grande mestre ativo, apesar de jogar poucas vezes ao longo de cada ano. Seu rating FIDE voltou a estar acima do patamar de 2600, quando ele ocupou a terceira posição no ranking brasileiro no final de 2012.

Mecking atingiu seu pico de rating FIDE na lista de 1º/1/1977, com 2635, quando era o quarto do ranking mundial: 1º) Karpov 2690, 2º-3º) Korchnoi e Petrosian 2645, 4º) Mecking 2635. Na lista seguinte, em 1º/1/1978, com 2630, atingiu sua melhor posição ao ser terceiro do ranking mundial, mas empatado com outros dois jogadores: 1º) Karpov 2725, 2º) Korchnoi 2665, 3º-5º) Mecking, Portisch e Spassky 2630.

Mecking é o único enxadrista brasileiro que enfrentou sete campeões mundiais. Ele obteve um score positivo contra Smyslov (+2=1) e Tal (+1) e um score negativo contra Botvinnik (-1), Fischer (=1-1), Karpov (=1-2), Spassky (=2-1) e Petrosian (=1-3). Em número de partidas, o maior adversário de sua carreira foi o vice-campeão mundial Korchnoi. Contra ele, Mecking tem um score negativo (+2=12-5) em 19 partidas.

Esta trilogia procurou humanizar o mito e analisou 248 partidas com profundidade: 61 partidas (no volume 1) + 73 partidas (no volume 2) + 114 partidas (no volume 3). Outras centenas de partidas foram incluídas nos comentários a fim de possibilitar uma ampla visão de seu jogo. A partir deste amplo retrato de sua vida e de suas partidas, cabe ao leitor formar seu juízo sobre Henrique Mecking.

Partidas

Mecking, Henrique – Nikolic, Predrag [A84]

São Paulo (m/1), 02.03.1991

1.d4	***f5***
2.♘f3	***♘f6***
3.c4	***e6***
4.e3	***d5***
5.♗e2	***c6***
6.0-0	***♗d6***
7.b3	***♕e7***

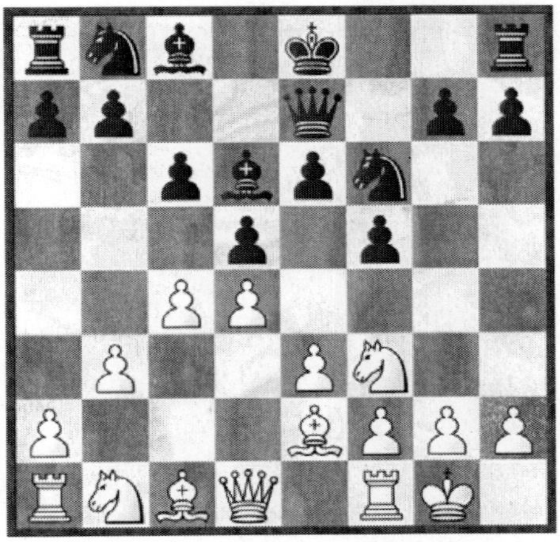

8.♗b2

Outro plano das brancas é desenvolver o bispo por a3 após 8.a4 a5 *(8...♘e4 9.♗a3 ♘d7 10.♗xd6 ♕xd6 11.♘bd2 ♘c3 12.♕e1 b6 13.♗d3 ♗b7 14.a5 0-0 15.a6 ♗c8 16.♕c1 ♘e4 17.♕a3 ♕xa3 18.♖xa3 ♘xd2 19.♘xd2 ♘f6 20.♖c1±* Mecking – Disconzi, Campinas (Jogos Abertos) 1994*)* 9.♗a3 ♗xa3 10.♘xa3 0-0 11.♕c2 ♗d7 12.♘e5 ♗e8 13.cxd5 exd5 14.♘b1 ♘bd7 15.♘d3 ♗h5 16.♗xh5 ♘xh5 17.♘d2 f4 18.♖ae1 ♕g5 19.♘f3 ♕g6 20.♕d2± Mecking – Panchenko, Linares (open) 1995

8. ...	***b6***

Outra opção das pretas é rocar pequeno e desenvolver a ala da dama de outra maneira com 8...0-0 9.♕c1 ♗d7 *(9...b6 10.♗a3 c5=)*

10.♗a3 ♗e8 11.♘e5 ♘bd7 *(11...♗xa3 12.♘xa3 ♘bd7=)* 12.♘xd7 ♕xd7 13.♗xd6 ♕xd6 14.♕a3 ♕c7 *(14...♕xa3 15.♘xa3 ♗h5=)* 15.♘d2 f4 16.exf4 ♕xf4 17.♘f3 ♗h5 18.♕b2 *(18.♖ae1 ♘e4 19.♘e5 ♘xf2 20.♗xh5 ♕xd4 21.♘f3 ♘h3+ 22.♔h1 ♘f2+ 23.♔g1=)* 18...♖ad8 *(18...♘e4∓)* 19.♖ad1 *(19.♖ae1 ♘d7=)* 19...♘e4 20.♖d3= Mecking – Hertneck, C. C. Bahia Feliz 2011

9.a4

9.♕c1 ♗b7 *(9...a5 10.♗a3 ♗b4 11.♘e5 ♗b7 12.♘d3 ♗xa3 13.♘xa3 ♘bd7 14.♕b2 0-0 15.♖ac1 ♖ac8*= Lerner – Sitnikov, Lichtenstein Memorial 2007*)* 10.♗a3

a) (10...c5 11.♘c3 ♘bd7 12.cxd5 exd5 13.♕c2 ♘e4 14.dxc5 bxc5 15.♘b5 *(15.♖fd1 ♘xc3 16.♕xc3 0-0=)* 15...♗b8 16.♖ad1 0-0= ZhouJianchao – Nepomniachtchi, Match China – Rússia (Rápido) 2009;

b) 10...♘bd7 11.♕b2 c5 12.♘c3 a6 13.♖fd1 0-0 14.cxd5 exd5 15.g3 ♖ac8 16.♖ac1 ♔h8 17.♕b1 ♘e4 18.dxc5 ♘xc3 *(18...♗xc5 19.♗xc5 ♖xc5 20.♕b2 ♖fc8=)* 19.♖xc3 *(19.cxd6!? ♘xe2+ 20.♔f1 ♕f7 21.♖xc8 ♗xc8 22.♔xe2 ♕h5 23.♖xd5 ♗b7 24.♕d3 ♕g4 25.h3 ♕xh3 26.♘e5 ♗xd5 27.♘xd7 ♗e4!*= Δ ♕h5–f3*)* 19...bxc5= Rowson – Carlsen, Dresden (ol) 2008.

9. ... a5

10.cxd5 exd5

As outras tomadas deixariam as pretas um pouco inferiores na abertura: 10...♘xd5 11.♘bd2 0-0 12.♖c1 ♗b7 13.♘c4±; 10...cxd5 11.♘c3 ♘c6 12.♗b5 ♗d7 13.♖c1±

11.♗a3

Os cavalos brancos estariam mais ativos após 11.♘e5 0-0 12.♘d2 c5 13.♘df3 ♗b7= mas as pretas conseguiriam completar o desenvolvimento das duas alas.

11. ... ♗b4

As pretas poderiam trocar os bispos e continuar o desenvolvimento das duas alas após 11...♗xa3 12.♘xa3 0-0 13.♕c2 *(13.♘e5 ♗b7 14.♕c2 ♘fd7=)* 13...♘e4 14.♘e5 ♗b7=

12.♗xb4 axb4

É necessário dobrar o peão pois se 12...♕xb4 segue 13.♕c2 0-0 14.♘bd2± Δ ♖ac1, Δ ♘e5

13.♘bd2

13.♘e5 0-0 14.♘d2 c5 15.f4 *(15.♖c1 ♘bd7=)* 15...♗e6 16.♗b5 ♘bd7=

13. ... 0-0

13...♗e6 14.♘e5 0-0 15.♖c1 ♖c8= Δ c5, ♘bd7

14.♘e5

14.♖c1 ♗e6 15.♘g5 *(15.♘e5 ♖c8=)* 15...♖c8=

14. ... ♗e6
15.f4

15.♖c1 ♖c8=; 15.♕c2!? Δ ♖fc1

15. ... c5

16.♖c1	***♘bd7***
17.♗d3	

17.♘c6 ♕d6 18.♗b5 ♖fc8 19.♘e5 ♖c7= Δ ♖ac8

17. ...	***♘xe5***
18.fxe5	***♘e4***
19.♘xe4	***fxe4***
20.♗b5	***♕g5***

20...♖xf1+ 21.♕xf1 ♕g5 22.♕e1 ♖c8=

21.♕d2

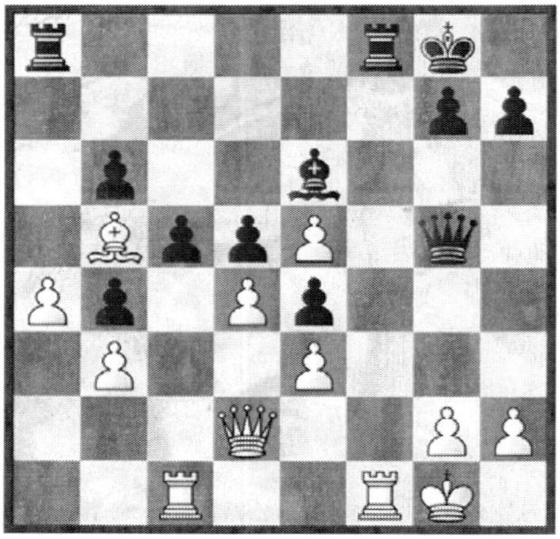

21. ...	***♖fc8***

Um par de torres pode ser trocado na coluna aberta, por exemplo: 21...♖xf1+ 22.♖xf1 ♕e7 23.♖c1 ♖c8 24.♗a6 ♖c7=; 21...♖ac8 22.♖f4 ♖c7 23.♖cf1 ♖xf4 24.exf4 ♕f5 25.h3 h5=

22.dxc5?

As brancas poderiam manter a igualdade com 22.♖c2 ♕e7 23.♖fc1 ♖c7= Δ ♖ac8

22. ...	***♖xc5?***

As pretas ganhariam o peão central com 22...bxc5!∓ Δ ♕xe5

23.♗d7 ♕xe5

Se 23...♗xd7? as brancas ganhariam uma peça com 24.♖xc5+−

24.♕d4 ♕d6
25.♗xe6+ ♕xe6
26.♖xc5 bxc5
27.♕xc5 d4!
28.♕xd4

28.♕xb4 d3 29.♖c1 *(29.a5!?)* 29...♖c8 30.♖xc8+ ♕xc8 31.♕xe4 ♕c1+ 32.♔f2 ♕c2+=

28. ... ♕xb3
29.a5 ♕d3
30.♖d1

30.♕xb4 ♕xe3+ 31.♔h1 ♕d3 32.♖e1 e3=

30. ... ♕xd4
31.♖xd4 b3
32.♖b4 ♖xa5
33.♖xb3 ♖a1+
34.♔f2 ♖a2+
35.♔g3 ♖e2
36.♖b4

½-½

Nikolic, Predrag – Mecking, Henrique [D77]

São Paulo (m/2), 03.03.1991

1.d4	***♘f6***
2.c4	***g6***
3.♘f3	***♗g7***
4.g3	***0-0***
5.♗g2	***d5***
6.0-0	***dxc4***
7.♘a3	

7. ... ***♘a6***

Na variante principal da Defesa Grunfeld (D77), as pretas jogam 7...c3 8.bxc3 c5 (Δ ♘c6) para continuar a pressão contra o centro das brancas.

8.♘e5

As brancas podem retomar diretamente o peão com 8.♘xc4 c5

a) 9.dxc5 ♗e6 10.♘fe5 *(10.♘ce5 ♘xc5 11.♗e3 ♘fe4 12.♖c1 ♖c8=)* 10...♘xc5 11.♗e3 ♖c8 12.♖c1 ♘d5= Georgiev – Ftacnik, Varna (m/2) 1987;

b) 9.b3 ♗f5 10.♗b2 *(10.♘fe5 ♕c8=* Δ ♖d8*)* 10...♗e4 *(10...♕c7!?* Δ

♖fd8) 11.♖c1 ♖c8 *(11...cxd4 12.♕xd4 ♕xd4 13.♘xd4 ♖fd8 14.♖fd1±; 11...b6 12.dxc5 ♘xc5 13.♘fe5 ♗xg2 14.♔xg2 ♖c8 15.b4 ♘cd7 16.♘f3±)* 12.♕d2 ♕d5 *(12...b6 13.♖fd1⩲ Δ ♘ce5; Δ ♘fe5)* 13.♖fd1⩲ Karpov – J. Polgar, Wijk aan Zee 1998.

8. ... c5

As pretas poderiam lutar melhor pela igualdade na abertura ao manobrar o cavalo com 8...♘e8 9.♘axc4 ♘d6.

a) 10.d5 ♗f5 *(10...e6=)* 11.♗e3 *(11.♗f4± Δ ♖c1)* 11...♘b4 12.♗c5 ♘a6= Nikolic – Ye Jiangchuan, Moscou (ol) 1994;

b)10.e3 c5;

b1) 11.d5 ♗f5 *(11...♘xc4 12.♘xc4 b5=)* 12.♕e2 ♘xc4 13.♘xc4 b5= Hubner – Berndt, Bundesliga 1998;

b2)11.♕e2 ♘xc4 *(11...cxd4 12.exd4 ♘c7 13.♖d1 ♘xc4 14.♘xc4⩲* 1/2 – 1/2 Nikolic – Ftacnik, Gold Coast (open) 2000*)* 12.♘xc4 *(12.♕xc4 ♕b6=)* 12...cxd4 13.exd4 ♕xd4 14.♗e3 ♕f6 15.♖fd1 ♘b4 16.♕d2 ♘c6 17.♗g5 ♕e6 18.♖ac1 ♖e8=

9.dxc5 ♘xc5
10.♗e3

10. ... ♕c7

As pretas podem posicionar o cavalo no centro com o objetivo de realizar o fianchetto do bispo na ala da dama após 10...♘ce4 11.♘exc4 b6 *(11...♗e6 12.♖c1±; 11...♗f5 12.♕b3 ♘g4 13.♖fd1 ♕c8 14.♖ac1±)* 12.♕b3 *(12.♖c1 ♗b7 13.♕b3± Δ ♖fd1)* 12...♗b7 13.♖fd1±

11.♘exc4 ***♘g4***
12.♗f4 ***e5***
13.♗g5 ***h6***

As brancas controlam a coluna aberta após 13...♘e6 14.♗d2 ♖d8 15.♖c1±

14.♗d2 ***♖d8***

14...♗e6 15.♖c1 ♖ad8 16.b4 ♘a6 17.♕a4±

15.♕c1 ***♕e7***

Oferecia melhores possibilidades de defesa para as pretas ganhar espaço no centro com 15...e4 16.h3 ♘f6 17.♗xh6 ♗e6 18.♗xg7 *(18.b3 ♗xc4 19.♗xg7 ♔xg7 20.♘xc4 b5 21.♘e3 ♕e5 22.♖d1 ♘e6 23.♕a3±)* 18...♔xg7 19.♖d1 ♖xd1+ 20.♕xd1 ♖d8 21.♕e1±

16.h3 ***♘f6***
17.♗xh6±

17. ... ***♗xh6***

As pretas ficaram com um peão a menos sem qualquer compensação, por exemplo: 17...e4 18.♗xg7 ♔xg7 19.♖d1 ♗e6 20.♕c3±

18.♕xh6 ***e4***

18...♗e6 19.♖fd1±

19.♖ad1 ***♗e6***
20.♕g5 ***b6***

20...♖ac8 21.b3±

21.b3

21.♘e3 ♖xd1 22.♖xd1 ♖d8 23.♖xd8+ ♕xd8 24.b4 ♘cd7 25.♘d1±

21. ... ***♖xd1***

21...♖ac8 22.♘e3 ♔g7 23.♘ac4±

22.♖xd1 ***♖d8***
23.♖xd8+ ***♕xd8***
24.♕d2 ***♕xd2***
25.♘xd2 ***♘d5***
26.♘b5

As brancas ficariam com três peões atacados ao mesmo tempo após 26.♘xe4? ♘xe4 27.♗xe4 ♘c3!=

26. ... ***f5***
27.♘b1

27.a3 a5 28.e3± Δ g4

27. ... ***a6***
28.♘5c3 ***a5***

28...♘b4 29.♘d2± Δ f3

29.f3 ***exf3***
30.♗xf3

30.♘xd5 ♗xd5 31.♗xf3 ♗e6 32.♘c3±

30. ...	***♘b4***
31.h4	***♔f7***
32.♔f2	***♔f6***
33.♔e3	***♔e5***

34.♘a3	***a4***
35.bxa4?	

Um erro no apuro de tempo. As brancas poderiam manter a vantagem no final de peças menores com 35.♘c4+ ♗xc4 36.bxc4±

35. ...	***♘xa2!***
36.♘ab5	***♘xc3***
37.♘xc3	***♗d7***
38.♘d5	***♘xa4***
39.♘f4	***♗e8***
40.♘d3+	

½-½

Mecking, Henrique – Nikolic, Predrag [D16]

São Paulo (m/3), 05.03.1991

1.d4	***d5***
2.c4	***c6***
3.♘c3	***♘f6***
4.♘f3	***dxc4***
5.a4	***♗g4***
6.♘e5	***♗h5***
7.g3	***e6***
8.♗g2	***♗b4***
9.0-0	***♘d5***

10.♕c2

Mecking optou por jogar 10.♗d2 na segunda partida do match contra Greenfeld em 2008.

10. ... ***♗e7***

As pretas podem completar o desenvolvimento da ala do rei e conseguir a igualdade na abertura com 10...0-0

a) 11.♘xc4 ♘b6 *(11...♘a6=)* 12.♘xb6 axb6= Shirov – Nikolic, Manila (izt) 1990;

b) 11.e4!? ♘b6 *(11...♘f6 12.♗e3±)* 12.g4 *(12.♗e3 f6! 13.♘f3 a5∓ Johansen – Rogers, Sydney 1999)* 12...f6! *(12...♗g6 13.a5±)* 13.gxh5 fxe5 14.a5 exd4! 15.axb6 dxc3! 16.♖xa7 ♘d7 17.♖xb7 ♘c5 18.♖a7 *(18.♖c7 ♘d3=)* 18...♕xb6 19.♖xa8 ♖xa8 20.bxc3 ♗a3 21.♗e3 ♕b3= Δ ♘d3.

11.♘xc4 ***0-0***

No ano anterior, havia sido jogada a variante 11...♘b4 12.♕b3 0-0 13.a5 ♘8a6 14.♖d1 ♔h8 15.♗f4± Yusupov – Nikolic, Hastings 1989/90

12.♖d1 ***♘a6***
13.h3

As pretas poderiam centralizar o cavalo após 13.♗d2 ♖c8 14.♖ac1 ♘xc3 15.♗xc3 ♘b4= Δ ♘d5

13. ... ***♘ab4***

Era melhor completar o desenvolvimento com 13...f6 14.♕b3 ♕c7 15.♗d2 ♖ad8 16.♖ac1 ♖fe8=

14.♕b3 ***f6***

15.a5 ***b5***
16.axb6 ***axb6***

17.♖xa8 ***♕xa8***
18.g4

As brancas poderiam jogar de maneira ativa e continuar o desenvolvimento da ala da dama com 18.♗d2

a) 18...b5 19.♘xd5 cxd5 *(19...♘xd5 20.♘a5±)* 20.♘b6 ♕a2 21.♕xa2 ♘xa2 22.♖a1 ♘b4 23.g4 ♗g6 24.♖a7±;

b) 18...♕a6 19.♖c1 ♘xc3 *(19...♖c8 20.e4±)* 20.bxc3 ♘d5 21.e4 b5 22.♘b2 ♘c7 23.♘d3±.

18. ... ***♗f7***
19.e4

As brancas poderiam manter a igualdade com 19.♗d2 ♕a7 20.♘xd5 cxd5 21.♘a3 ♘c6 22.♘b5 ♕d7 23.♖c1 ♖c8=

19. ... ***b5!***

20.♘a3 ***♘b6***
21.e5

As pretas estão com as peças mais ativas e assumem a iniciativa, por exemplo: 21.♗e3 ♕b8 22.♘c2 ♘xc2 23.♕xc2 ♘c4∓ Δ e5; 21.♘c2 e5 22.d5 ♘xc2 23.♕xc2 ♖c8∓

21. ... fxe5

21...♘4d5 22.exf6 *(22.♘xd5 ♘xd5∓)* 22...♗xf6 23.♘e4 *(23.♘xd5 ♘xd5∓)* 23...♗e7 24.♗g5 ♗xg5 25.♘xg5 ♕d8∓

22.dxe5 ♘4d5

As pretas poderiam manter a vantagem ao ameaçar o peão central branco com 22...♕b8 23.♘c2 *(23.f4 ♖d8∓; 23.♗f4 ♘a6∓* Δ ♘c5; Δ ♘d5*)* 23...♘xc2 24.♕xc2 ♗g6 25.♘e4 ♕c7∓

23.♘c2

As brancas poderiam jogar de maneira ativa e igualar a posição de meio–jogo com 23.♘xd5 ♘xd5 *(23...exd5 24.e6 ♗e8=)* 24.♘c2 ♕b8 25.♘d4 ♗c5 26.♗xd5 cxd5 *(26...♗xd4 27.♗xe6 ♕xe5 28.♗xf7+ ♖xf7 29.♗e3 c5!=)* 27.♕xb5 ♕xb5 *(27...♗xd4 28.♕xb8 ♗xf2+ 29.♔xf2 ♖xb8=)* 28.♘xb5 ♗xf2+ 29.♔xf2 ♗e8+ 30.♔g2 ♗xb5=

23. ... ♘c4
24.♘xd5

24.f4 ♗c5+ 25.♔h2 *(25.♘d4?? ♘ce3!-+; 25.♔h1 ♘a5 26.♕a2 b4 27.♘xd5 cxd5 28.♘d4 ♘c4∓)* 25...♘a5 26.♕a2 b4 27.♘xd5 cxd5 28.♘d4 *(28.b3 ♘c6∓)* 28...♖c8∓

24. ... cxd5
25.♕xb5

25.♘d4 ♖c8 26.♗f1 ♗c5 27.♗e3 ♗g6∓

25. ... ♕a7

26.♗e3?!

Um erro estratégico abrir mão do par de bispos. Era melhor jogar 26.♕b3 ♗c5 27.♗e3 ♗xe3 28.♘xe3 *(28.fxe3 ♗g6∓)* 28...♘xe5∓

26. ... ♘xe3
27.♘xe3 ♗h4

As pretas poderiam ameaçar diretamente o peão central branco com 27...♕c7∓ Δ ♕xe5

28.♖d2

28.♕b3 ♗g6 29.♖d2 *(29.♖f1 ♖b8 30.♕a3 ♕xa3 31.bxa3 d4-+)* 29...♗g5∓

28. ... ♗xf2+!
29.♖xf2 ♕xe3
30.♕e2

30.♕b4 ♕xe5 31.♕e7 ♕e1+ *(31...d4∓)* 32.♖f1 ♕d2 33.b4 ♕d4+ 34.♔h1 h6∓

30. ... ♕d4
31.♔h1

31.♗f3 ♗g6 32.♗g2 *(32.♔g2 ♗e4-+)* 32...♗d3 33.♕e1 h6-+

31. ...	***♖b8***
32.♗f3	

32.♔h2 ♗g6 33.♔h1 *(33.♗f3 ♗d3-+)* 33...h6-+

32. ...	***♗g6***
33.♔g2	

33.♗g2 h6-+

33. ...	***h6-+***

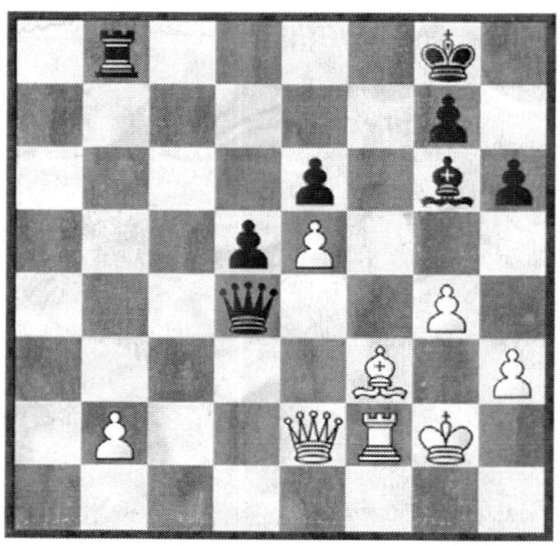

34.♕a6

34.♕d2 ♕xe5 35.♖e2 ♕d6 36.♕e3 ♗f7-+

34. ...	***♕xe5***
35.♕a3	***♔h7***
36.♖e2	***♕f6***
37.♔g3	

37.h4 ♗f7 38.h5 e5-+

37. ...	***d4***

38.♕d6	**♖f8**
39.♗g2	

39.♖f2 d3 40.b4 ♖d8-+

39. ...	**d3**
40.♖xe6	

As pretas poderiam atacar a posição do rei branco após 40.♖d2 h5-+

40. ...	**♕f2+**
41.♔h2	**♖f4**

As pretas também ganhariam com 41...d2

42.♖e7	**♖e4**
43.♖d7	**♖e2**
44.♕g3	**♗e4**

0-1

Nikolic, Predrag – Mecking, Henrique [E17]

São Paulo (m/4), 06.03.1991

1.d4 ♘f6
2.c4 e6
3.♘f3 b6
4.g3 ♗b7
5.♗g2 ♗e7
6.0-0 0-0

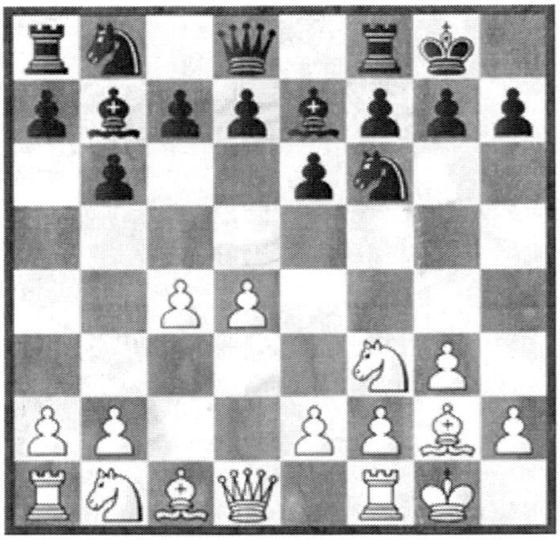

7.♗f4

Variante pouco jogada na India da Dama. As variantes mais populares são: 7.♖e1; 7.d5; 7.b3; além de 7.♘c3 India da Dama (E18–E19)

7. ... d5

No ano anterior, havia sido jogada a continuação 7...d6 8.♘c3 ♘e4 9.♖c1 f5 10.♘xe4 ♗xe4 11.♘e1 ♗xg2 12.♘xg2 ♘d7= (Δ ♗f6) Nikolic – Van der Wiel, Novi Sad (ol) 1990

8.♘e5 ♘bd7

8...♕c8 9.cxd5 ♘xd5= Pavlovic – Abramovic, Iugoslávia 1996

9.♘c3 ***c6***
10.♕a4

Outras alternativas das brancas oferecem melhores perspectivas: 10.e4 ♘xe5 11.dxe5 ♘xe4 12.♘xe4 dxe4 13.♗xe4 ♕c7 *(13...♕xd1 14.♖fxd1 ♖fd8 15.♗e3±* Ivkov – Trifunovic, Buenos Aires 1955*)* 14.♕h5 g6 15.♕f3 ♖ab8 16.♖fd1 c5 17.♖d3 ♗xe4 18.♕xe4 ♖fd8 19.♖ad1 ♔g7= Sargissian – Gyimesi, Mainz Ordix (rápido) 2006; 10.♖c1 ♘h5 11.♗e3 ♘hf6 12.f4 ♖c8 13.♗f2 ♘xe5 14.dxe5 ♘g4 15.♗d4 dxc4 16.h3 c5 *(16...♖c7! 17.hxg4 ♖d7! 18.e3 c5! 19.♗xb7 ♖xb7=)* 17.♗xb7 cxd4 18.hxg4 ♖c7 19.♘e4 ♖xb7 20.♖xc4 ♕d5 21.♕d3± Hubner – Tiviakov, Rubinstein Memorial 1995

10. ... ***♘xe5***
11.♗xe5

11. ... ***a6***

Uma interessante variante surge após 11...♘h5 12.cxd5 exd5 *(12...cxd5 13.♗f3 ♘f6 14.♖fc1 ♕d7=)* 13.e4 f6 14.exd5 cxd5 15.♘xd5 fxe5 16.dxe5 ♔h8 *(16...♗xd5 17.♖ad1±)* 17.♖ad1 ♕e8 18.♕xe8 ♖axe8 19.♘c7 ♖b8 *(19...♗xg2 20.♔xg2 ♖c8 21.♖d7±)* 20.♘e6 ♖fe8 *(20...♗xg2 21.♔xg2 ♖fe8 22.f4 g6 23.♖d7 ♘g7 24.♘c7 ♖ed8! 25.♖xe7 ♘f5 26.♖f7 ♘e3+ 27.♔f2 ♘xf1 28.♔xf1≅ Δ e6)* 21.♘c7 ♗xg2 *(21...♖f8 22.♘e6=)* 22.♔xg2 ♖ed8 23.♘e6 ♖xd1

(23...♖e8 24.f4 g6 25.♖d7 ♘g7 26.♘c7 ♖ed8! 27.♖xe7 ♘f5 28.♖f7 ♘e3+ 29.♔f2 ♘xf1 30.♔xf1⩱ Δ e6*)* 24.♖xd1 ♔g8 25.♖d7 ♔f7 26.♘d4 ♖d8 27.♖xd8 ♗xd8 28.♘c6 ♗c7 29.♔f3 g6 30.♔e4 a6 31.g4 ♘g7 32.f4 h5 33.h3 ♘e6=

12.cxd5	***cxd5***

As pretas poderiam controlar a coluna c ao realizar o lance intermediário 12...b5!? Δ cxd5, ♖c8; Δ ♘d7–b6–c4

13.♖fc1	***♖c8***
14.♗xf6	***♗xf6***
15.e3	***♖c6***
16.♗f1	***b5***
17.♕b3	

17.♕d1 ♕d6 18.♘e2 ♖fc8 19.♖xc6 ♕xc6 *(19...♖xc6 20.♘f4*= Δ ♘d3*)* 20.♖c1 ♕d7 21.♘f4 ♖xc1 22.♕xc1 ♕c6=

17. ...	***♕a5***
18.a3	***♖fc8***

As pretas conseguem dobrar as torres na coluna c. Por isso, as brancas começam agora uma manobra para trocar as quatro torres por esta coluna e fazer a transição para o final.

19.♘a2	***♗e7***
20.♕d1	***g6***
21.♖xc6	***♖xc6***
22.♖c1	***♕b6***
23.♖xc6	***♕xc6***
24.♕d2	***e5***

25.♘b4!

As brancas jogam de maneira ativa para manter a igualdade no final. Seriam inferiores as opções: 25.♘c3 e4∓; 25.♗e2 e4∓ pois as pretas manteriam o par de bispos e teriam vantagem de espaço no centro.

25. ...	***♗xb4***

25...♕c7 26.dxe5 ♕xe5 27.♗g2 ♗f6 28.♘xd5 ♗xd5 29.♕xd5 *(29.♗xd5 ♕xb2 30.♕xb2 ♗xb2 31.♗b7 a5 32.♗c6 b4 33.axb4 axb4=)* 29...♕xd5 30.♗xd5 ♗xb2 31.♗b7 a5 32.♗c6 b4 33.axb4 axb4=

26.♕xb4	***e4***
27.♗h3	***♗c8***

27...♕c1+ 28.♔g2 ♗c8 29.♗xc8 ♕xc8=

28.♗xc8	***♕c1+***
29.♔g2	***♕xc8***
30.♕d6	***♕f5***
31.♕xa6	***♕f3+***
32.♔g1	***♕d1+***

½-½

Mecking, Henrique – Nikolic, Predrag [A85]

São Paulo (m/5), 08.03.1991

1.d4	***f5***
2.♘f3	***♘f6***
3.c4	***e6***
4.♘c3	***♗b4***
5.♕b3	***♕e7***

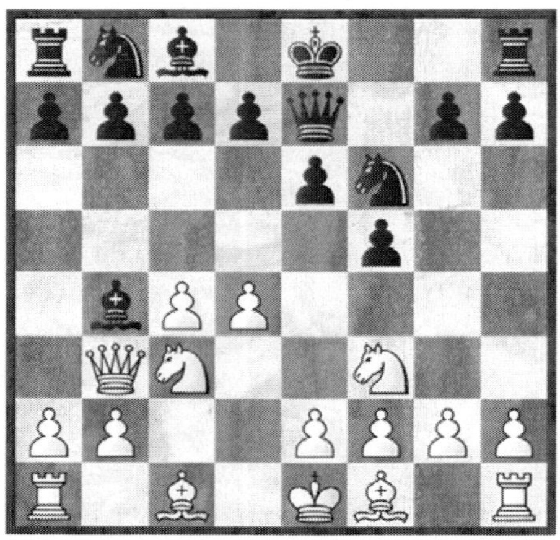

6.♗g5

As brancas podem desenvolver a ala do rei com 6.g3 ♘e4 7.♗g2 ♘c6 8.0-0 ♘a5 (as pretas podem melhorar a variante com *8...♗xc3 9.bxc3 b6 10.♘d2 ♘a5 11.♕b4 ♘xd2 12.♗xd2 ♗b7 13.♗xb7 ♘xb7=)* 9.♕a4 ♗xc3 10.bxc3 b6 11.♘g5 ♗b7 12.♘xe4 ♗xe4 13.♗a3 ♕g5 14.♗xe4 fxe4 15.♖ab1 h5 16.♖b5 ♕g6 *(16...♕g4 17.f3 exf3 18.♖xf3±)* 17.h4 e3 18.♖g5 *(18.♔h2 exf2 19.♖xf2 0-0-0 20.♗e7 ♖de8 21.♖g5 ♕b1 22.♖xg7 ♕e1 23.♔g2 ♖hg8 24.♖gf7 ♕xc3 25.♕xd7+ ♔xd7 26.♗b4+ ♔c8 27.♗xc3 ♘xc4 28.♖h7 ♘e3+ 29.♔h3 ♘f5 30.♖f3±)* 18...exf2+ 19.♖xf2± Dreev – Short, Manila (izt) 1990

6. ...	***0-0***

6...b6 7.g3 ♘c6 8.♗g2 ♗b7 9.0-0 ♘a5 *(9...0-0 10.♗xf6 ♖xf6 11.a3 ♗xc3 12.♕xc3±)* 10.♕c2 ♘xc4 11.♘b5 d5 12.♘xc7+ ♕xc7 13.♕a4+ ♕d7 14.♕xb4± Korchnoi – Van der Wiel, Amsterdã 1990

7.a3

7.g3 c5 8.dxc5 ♘c6 9.♗g2 ♗xc5 10.0-0 b6 11.♘e5 ♗b7 12.♘xc6 ♗xc6 (as pretas podem melhorar a variante com *12...dxc6 13.♖ad1 h6 14.♗xf6 ♖xf6 15.♖d3 e5 16.♖fd1 ♕e6=)* 13.♘d5! ♗xd5 14.cxd5 ♖ae8 15.♖ad1 *(15.dxe6 dxe6 16.♖ad1±)* 15...h6 *(15...e5= Δ e4)* 16.♗xf6 ♕xf6 17.♕b5 ♖d8 18.b4± Dreev – Radjabov, Dos Hermanas 2005

7. ... ***♗xc3+***
8.♕xc3 ***d6***
9.g3

9. ... ***h6***

9...♘c6 10.♗g2 *(10.d5!?)* 10...e5 11.d5 ♘d8 12.0-0 ♘f7 13.♗xf6 ♕xf6= Giuriati – Naumkin, Conegliano (open) 2008

10.♗xf6 ***♕xf6***
11.♗g2 ***♘c6***
12.0-0 ***e5***
13.e3 ***♗d7***
14.b4 ***exd4***

As pretas também poderiam manter a igualdade com 14...e4 15.♘d2 ♘e7 16.f3 exf3 17.♗xf3 c6=

15.♘xd4 ***♘xd4***

16.♕xd4

As brancas poderiam manter as damas para jogar o final após a troca de torres com 16.exd4 c6 17.f4 *(17.♖ae1 f4=)* 17...♖ae8 18.♖fe1 ♖xe1+ 19.♖xe1 ♖e8 20.♖xe8+ ♗xe8= Δ ♗f7

16. ...	***♕xd4***
17.exd4	***♗c6***
18.♗xc6	***bxc6***

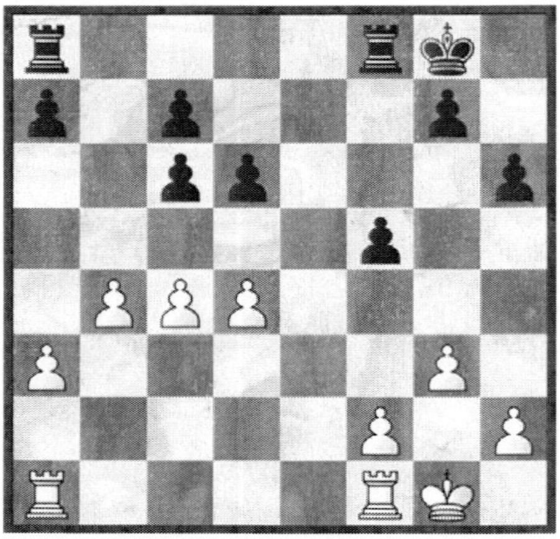

19.♖fe1

As brancas poderiam jogar o final de torres de maneira mais ativa com 19.♖ac1!? Δ b5; Δ d5

19. ...	***♖fe8***
20.♔f1	***♔f8***
21.a4	***a6***
22.♖e3	***♖ab8***
23.♖b1	***♖e4***
24.♖xe4	***fxe4***
25.♔e2	***♔e7***
26.f3	***exf3+***
27.♔xf3	***♖f8+***
28.♔e3	

½-½

Nikolic, Predrag – Mecking, Henrique [E18]

São Paulo (m/6), 09.03.1991

1.d4 ♘f6
2.c4 e6
3.♘f3 b6
4.g3 ♗b7
5.♗g2 ♗e7

6.♘c3

Normalmente, ambos os lados rocam antes dos lances de cavalo, por exemplo: 6.0-0 0-0 7.♘c3 ♘e4 8.♘xe4 *(8.♕c2; 8.♗d2)* 8...♗xe4 9.♗f4 *(9.♘e1 ♗xg2 10.♘xg2 d5 11.♕a4 ♕e8 12.♕xe8 ♖xe8 13.cxd5 exd5 14.♖d1 ♘a6 15.♗e3 ♖ad8=* Andersson – Karpov, Bilbao 1987*)* 9...d6 10.♕d2 ♘d7 11.♖fd1 ♘f6 12.♖ac1 ♘h5 13.♗e3 ♘f6 14.b4 ♕e8= Hug – Unzicker, Berlim 1971

6. ... ♘e4
7.♗d2

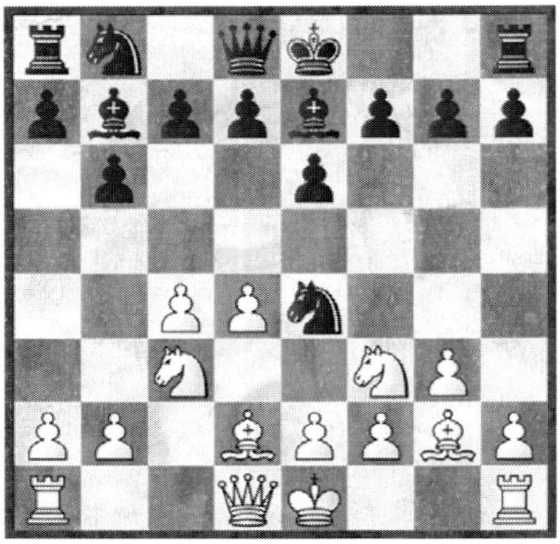

7. ... ♗f6

De brancas, Mecking enfrentou a variante 7...0-0 8.0-0 ♘xd2 9.♕xd2 d6 10.d5 e5 11.e4 ♘d7 12.♘e1 ♗f6 13.♘c2 a5 14.♖ae1 ♗a6 15.b3 ♕b8 16.♘b5 ♘c5 17.♘ca3 ♖e8 18.f4 ♗b7 19.f5 ♕d8= (Δ ♗g5) Mecking - Mekhitarian, Ibero-Americano 2006

8.♕c2

Posição teórica com vários desdobramentos interessantes: 8.♘h4 d5 9.cxd5 ♘xc3 10.bxc3 exd5 *(10...♗xh4 11.gxh4 exd5∞)* 11.♘f5 ♘c6 *(11...0-0 12.0-0±)* 12.♘e3 *(12.e4 dxe4 13.♗xe4 0-0 14.0-0±)* 12...♘a5= Ivanchuk - XuJun, Novi Sad (ol) 1990; 8.♖c1 ♗xd4 9.♘xd4 ♘xc3 10.♗xb7 ♘xd1 11.♖xd1 c6!? 12.♗f4 (Karpov - Salov, Roterdã 1989) 12...♕f6!?∞; 8.0-0 c5 9.d5 ♘xc3 10.♗xc3 ♗xc3 11.bxc3 0-0 *(11...♕f6 12.♕d3±)* 12.e4± Magerramov - Rozentalis, Klaipeda 1988

8. ... ♘xd2
9.♕xd2

9. ... ***0-0***

9...d6 10.d5 0-0 11.♘d4 ♗xd4 12.♕xd4 c5 13.♕d2 ♘d7 14.0-0 e5 15.e4 ♕e7 16.b3 a6 17.a4 ♘f6= Magerramov – Zagrebelny, Abu Dhabi 1997

10.0-0

10.♖d1 d5 11.cxd5 exd5 12.0-0 a5 13.♘e5 ♖e8 14.f4 *(14.e4±)* 14...♘a6 15.e4 c6 16.g4 *(16.♖fe1±)* 16...♘c7 17.g5 ♗e7 18.♘g4?! *(18.♕c2=)* 18...c5!∓ Gagunashvili – Naumkin, Saint-Vincent 2004

10. ... ***d6***
11.d5 ***e5***
12.e4 ***♘d7***
13.b4 ***♕e7***

13...g6 14.♕e2 a5 15.a3 ♗g7=

14.♕c2 ***g6***
15.♘d2 ***♗g7***

½-½

Seirawan, Yasser – Mecking, Henrique [D85]

São Paulo (m/1), 11.03.1992

1.d4	***♘f6***
2.c4	***g6***
3.♘c3	***d5***
4.cxd5	***♘xd5***
5.e4	***♘xc3***
6.bxc3	***♗g7***

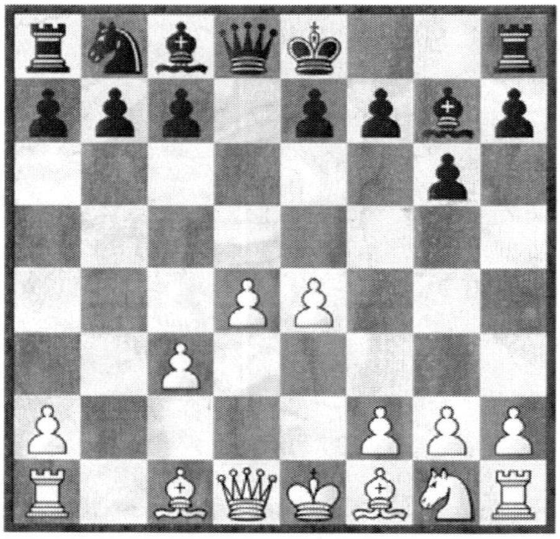

7.♗e3

A teoria de aberturas nesta posição da Defesa Grunfeld indica um amplo leque de opções de desenvolvimento por parte das brancas, sendo as principais variantes: 7.♗c4 ; 7.♘f3

7. ...	***c5***
8.♘f3	***♘c6***

A opção mais jogada pelas pretas é normalmente atacar diretamente o peão com 8...♕a5 que visa tanto retardar a possibilidade de avanço do peão central das brancas como possibilitar a troca de damas.

9.♖c1	***cxd4***
10.cxd4	***♕a5+***

Se 10...0-0 as brancas conseguem vantagem de espaço no centro com 11.d5 ♘e5 12.♘xe5 ♗xe5 13.♗c4 b5 14.♗b3 a5 *(14...♕a5+ 15.♕d2 ♕xd2+ 16.♔xd2*± Δ f4*)* 15.0-0 a4 16.♗c2 e6 17.f4± Miles – Gligoric, Bled/Portoroz 1979

11.♗d2!

As pretas conseguem igualar a posição após a troca de damas com 11.♕d2 ♕xd2+ 12.♔xd2 f5!=

11. ... ***♕xa2***

As pretas poderiam recusar o peão e voltar a dama para sua posição inicial. As brancas ficariam com vantagem de espaço no centro após 11...♕d8 12.d5 ♘e5 13.♘xe5 *(13.♗e2*± Δ 0-0*)* 13...♗xe5 14.f4±

12.d5!

12. ... ***♘e5***

As brancas sacrificam um peão e jogam de maneira ativa para ganhar tempos de desenvolvimento. Outras opções das pretas seriam: 12...♘a5 13.♖c2 *(13.♗b5+ ♔f8 14.0-0±)* 13...♕a3 14.♗b5+ ♔f8 *(14...♗d7 15.♕b1! ♕b3 16.♗xd7+ ♔xd7 17.0-0+−)* 15.0-0±; 12...♘d4 13.♗c3 ♘xf3+ 14.♕xf3 ♕a3 *(14...♗g4 15.♕xg4 ♗xc3+*

16.♖xc3+−; 14...f6 15.♗b5+ ♔f7 16.0-0±) 15.♗b5+ ♗d7 16.♗xd7+ ♔xd7 17.♕h3+ ♔e8 18.0-0±

13.♘xe5	***♗xe5***
14.♗b5+	***♗d7***

Em caso de 14...♔f8 as brancas completariam o desenvolvimento da ala do rei com

a) melhor do que seguir com 15.♗h6+ ♔g8□ *(*pois as pretas obviamente evitariam jogar *15...♗g7? 16.♗xg7+ ♔xg7 17.♕d4+! f6 18.♕b4!+−* Δ 0-0*)* 16.0-0⩲;

b) 15.0-0♔g7 *(15...h6 16.♗e3±; 15...a6 16.♗h6+ ♔g8 17.d6 exd6 18.♗c4 ♕a5 19.♕b3 ♕c7 20.♖fd1±)* 16.♔h1!± Δ f4, e5, d6.

15.♕e2

As brancas poderiam jogar de maneira mais ativa com 15.♕g4! e6 *(15...♖d8? 16.♕xd7+!+−; 15...f5 16.♗xd7+ ♔xd7 17.exf5+−* Δ fxg6*)* 16.♗xd7+ *(16.♗c4 ♕a4 17.dxe6 ♗xe6 18.♗xe6 h5! 19.♗xf7+ ♔xf7 20.♕f3+ ♔g7 21.0-0⩲* Δ ♗c3*)* 16...♔xd7 17.♕g5! f6 *(17...♗b2 18.d6! ♗xc1 19.♕b5+! ♔d8 20.0-0!!+−* Δ ♕xb7*; 17...♕b2 18.0-0±)* 18.♕h6± Δ 0-0

15. ...	***a6***

As pretas perderiam imediatamente após 15...♖d8? por causa de 16.♗xd7+! ♔f8 *(16...♔xd7 17.♕b5+ ♔d6 18.♗b4#; 16...♖xd7 17.♖c8+ ♖d8 18.♕b5+ ♔f8 19.♗h6+ ♗g7 20.♖xd8#)* 17.♗h6++− Δ ♕xa2

16.♗xd7+	***♔xd7***
17.♕g4+	

17.0-0 h5 *(17...♖hd8 18.f4 ♗d4+ 19.♔h1 ♔e8 20.♕d3⩲* Δ ♖c7*; 17...♖hc8 18.♕g4+ ♔d8 19.♕g5!⩲)* 18.f4 ♗d4+ 19.♔h1 ♖hc8 20.♕d3 ♖xc1 21.♖xc1 ♕a4 22.e5! ♖c8 23.e6+! fxe6 24.dxe6+ ♔d6 *(24...♔d8?? 25.♗a5+!!+−)* 25.♖e1! ♖c4 *(25...♖c5 26.♗e3 ♖d5 27.♖d1 ♕xd1+ 28.♕xd1 ♗xe3 29.♕a4⩲)* 26.f5! gxf5 27.♕g3+! ♔c6 28.♕b8! ♗b6 *(28...♕b5 29.♗f4±; 28...♕c2 29.♗f4±)* 29.♕c8+ ♔d6 30.♕xb7⩲

17. ... ***♔d8***

Obviamente as pretas não podem voltar o rei para a posição inicial com 17...♔e8?? por causa do mate em 2 lances com 18.♖c8+ ♖xc8 19.♕xc8#; As brancas explorariam a má posição do rei preto no centro após 17...e6? com 18.♕g5! f6 *(18...♗d6 19.0-0+−* Δ ♖fd1; Δ ♗f4*; 18...♕b2 19.0-0 h6 20.♕e3+−* Δ ♖b1; Δ ♖fd1*)* 19.♕h6 f5 *(19...♖ag8 20.0-0+−)* 20.0-0 ♖ac8 *(20...exd5 21.exf5+−* Δ ♗f4*; 20...♖ae8 21.♗f4+−)* 21.♖xc8 ♔xc8 *(21...♖xc8 22.♕xh7++−)* 22.♗f4+−

18.♕g5! ***f6***
19.♕e3

19. ... ***♕a4?!***

Uma perda de tempo que leva à derrota. As pretas deveriam levar o rei para um lugar mais seguro com 19...♔e8!? 20.0-0 ♔f7!? 21.♗c3 *(21.f4 ♗b2 22.♖c7 ♖hc8 23.♖xc8 ♖xc8 24.♕h3 ♗d4+ 25.♔h1 ♖c5 26.♕xh7+ ♔e8 27.e5!? ♕xd5□ 28.exf6 ♗xf6□ 29.♕xg6+ ♔f8!=* Δ ♕h5*)* 21...♗xc3 22.♖xc3 b5 23.♖c7 ♖ac8 24.♖xc8 ♖xc8 25.♕h3 ♕c2 26.♕xh7+ ♔f8 27.h4±

20.0-0 ***♔e8***

Se 20...♕d4 as brancas evitam a troca de damas com 21.♕e2! ♖c8 22.♗e3 ♕b4 *(22...♕a4 23.f4±)* 23.♖b1±

21.♗c3! ***♗xc3***

A posição das pretas é claramente inferior por causa do atraso no desenvolvimento, por exemplo: 21...♕b3 22.f4±; 21...♖d8 22.♗xe5 fxe5 23.♖c7±

22.♖xc3 ***♔f7***

O avanço do peão central garante uma clara vantagem para as brancas após: 22...♕d7 23.e5!±; 22...♖d8 23.♖c7 ♕b4 24.e5!±

23.e5!+−

23. ... ***♖ac8***

Agora a posição está perdida para as pretas, por exemplo: 23...♖ae8 24.♕b6+−; 23...♕b4 24.♖b3+−; 23...♕h4 24.d6+−; 23...fxe5 24.♕xe5 ♖he8 *(24...♖hf8 25.d6!+−)* 25.♖f3+ ♔g8 26.♕e6+ ♔h8 27.d6!+−

24.♖xc8 ***♖xc8***
25.♕h3! ***♖f8***

Se 25...♖h8 as brancas teriam forte ataque com 26.♕e6+ ♔f8 *(26...♔g7 27.♕xe7+ ♔h6 28.exf6+− Δ* f7*)* 27.exf6 exf6 *(27...♕e8 28.♖e1+−)* 28.♕xf6+ ♔g8 29.♖e1+−

26.♕xh7+	***♔e8***
27.e6	***♕e4***

27...♕c4 28.♕xg6+ ♔d8 29.♕b1+− Δ ♖c1; 27...♕a3 28.♕xg6+ ♔d8 29.♕c2 ♕d6 30.♖c1+−

28.♖c1	***♔d8***
29.d6	

As brancas tinham ataque de mate com 29.♕h6! ♖g8 *(29...♖e8 30.♕d2! ♕a4 31.d6!+−)* 30.♕d2! ♕a4 31.d6!+−

29. ...	***♕xe6***
30.dxe7+	***♕xe7***
31.♖c8+	***♔xc8***
32.♕xe7	***♖d8***
33.h4	***b5***
34.♕xf6	***♖d1+***
35.♔h2	***♔b7***
36.♕f3+	***♔b6***
37.♕xd1	

1-0

Mecking, Henrique – Seirawan, Yasser [E16]

São Paulo (m/2), 12.03.1992

1.d4	***♘f6***
2.c4	***e6***
3.♘f3	***♗b4+***
4.♗d2	***♕e7***
5.g3	***♘c6***

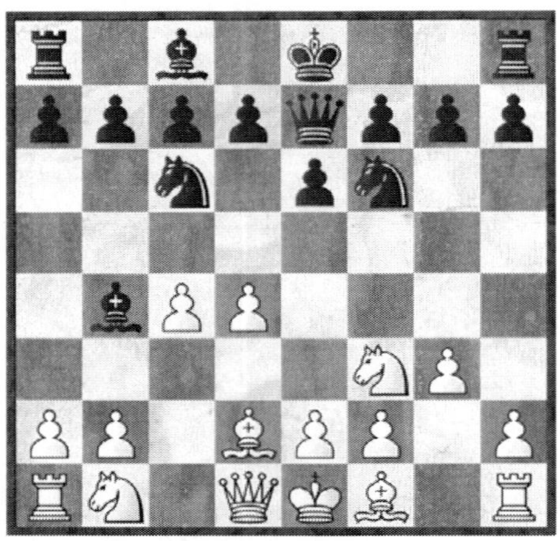

6.♗g2

As brancas podem continuar o desenvolvimento e evitar a troca de bispos com 6.♘c3

6. ...	***♗xd2+***
7.♘bxd2	

As pretas conseguem igualar rapidamente no caso das brancas optarem por tomar com 7.♕xd2 ♘e4 8.♕c2 ♕b4+ 9.♘c3 ♘xc3 10.♕xc3 ♕xc3+ 11.bxc3 b6= (Δ ♗b7) Mecking – Milos, São Paulo (zonal) 1995

7. ...	***d6***
8.0-0	***0-0***
9.e4	***e5***
10.d5	***♘b8***
11.♘e1	

As brancas podem ganhar espaço na ala da dama com 11.b4 a5 12.a3 ♘a6 *(12...b6!?)* 13.♘e1! ♗g4 14.f3 ♗d7 15.♘d3 axb4 16.axb4 c6 17.dxc6 bxc6 18.♕b3± Yusupov – Petrosian, URSS (ch) 1983

11. ... ***a5***
12.♘d3 ***♘a6***
13.f4

13.♕c2 ♗d7 14.♕c3 ♘c5 *(14...c5 15.f4±* Shvart – Froehlich, Alemanha 2001*; 14...b6!? Δ* ♘c5*)* 15.♘xc5 dxc5 16.f4 ♖fe8 17.♖ae1± Pert – Kuemin, Yerevan 1999

13. ... ***♘d7***

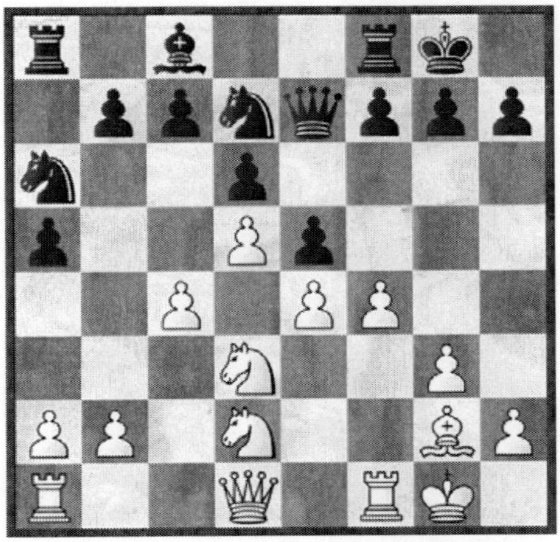

14.♕f3

Na sexta partida deste match, Mecking preferiu avançar o peão com 14.f5

14. ... ***♘dc5***

As pretas poderiam pressionar o centro com 14...exf4!? 15.gxf4 *(15.♕xf4 ♖e8 16.♘f3 f6 17.♖ae1 ♘ac5∓; 15.♘xf4 ♕e5 16.♖ab1 ♘ac5∓)* 15...♘b4 *(15...♘ac5 16.♖ae1 ♘xd3 17.♕xd3 ♘c5=; 15...♘dc5 16.♖ae1 ♘xd3 17.♕xd3 ♘c5=)* 16.♘e1 f5 17.a3 ♘a6 18.♘c2 *(18.♘d3 ♘dc5∓)* 18...♘dc5 *(18...fxe4 19.♘xe4 ♘dc5*

20.♘d4 ♘xe4 21.♕xe4 ♕xe4 22.♗xe4 ♗h3=) 19.b4 ♘xe4 *(19...axb4 20.axb4 ♘xe4 21.♘xe4 fxe4 22.♕xe4 ♕xe4 23.♗xe4 ♗h3 24.♖f3 ♗g4 25.♖f2 ♖ae8=)* 20.♘xe4 fxe4 21.♕xe4 ♕xe4 22.♗xe4 ♗h3 23.♖f3 ♗g4 24.♖f2 ♘b8 25.♖e1 axb4 26.axb4 ♘d7=

15.♘xc5 ♘xc5
16.f5 ♗d7
17.♕e3 f6

17...b5 18.f6 gxf6 19.♕h6 ♔h8 20.♖xf6 ♖g8= Δ ♖g6

18.♗f3 g5
19.h4 gxh4
20.gxh4 ♔h8

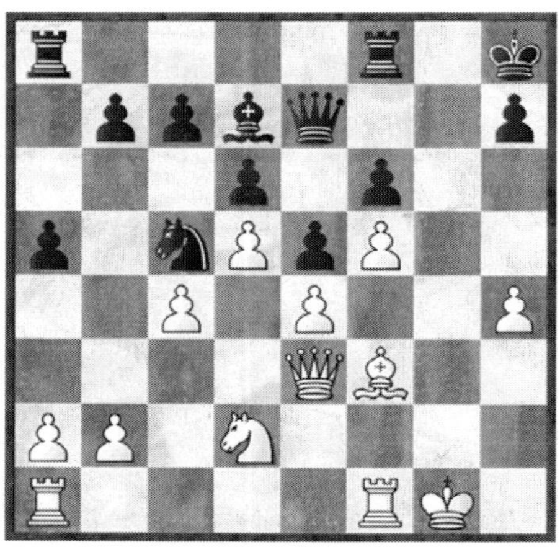

A abertura da coluna 'g' permite a troca das quatro torres.

21.♔h2 ♖g8
22.♖g1 b6
23.♖xg8+ ♖xg8
24.♖g1 ♖xg1
25.♔xg1 ♕g7+
26.♔h2 ♔g8

Neste final de dama e duas peças menores, as brancas podem conseguir espaço e manobrar para pressionar a ala da dama.

27.♘f1	***♔f8***
28.♘g3	***♗e8***
29.♔h3	***♔e7***
30.b3	***♘b7***
31.a3	***♘d8***
32.b4	***axb4***
33.axb4	***♔f8***
34.♗h5	

As brancas poderiam pressionar na ala da dama com 34.♕a3!? Δ ♕a7

34. ...	***♗f7***
35.c5	***bxc5***
36.bxc5	***♘b7***
37.c6	***♘c5***
38.♗e2	***♔g8***
39.♘f1	***♕f8***
40.♘h2	***♔h8***
41.♗f3	***♕g7***
42.♘f1	***♕f8***
43.♘g3	***♔g7***
44.♗h5	

½-½

Seirawan, Yasser – Mecking, Henrique [D85]

São Paulo (m/3), 14.03.1992

1.d4 ♘f6
2.c4 g6
3.♘c3 d5
4.cxd5 ♘xd5
5.e4 ♘xc3
6.bxc3 ♗g7
7.♗e3 c5
8.♘f3 ♕a5
9.♕d2 ♘c6
10.♖c1 cxd4
11.cxd4 ♕xd2+
12.♔xd2 0-0
13.♗b5

A melhor continuação para as brancas é jogar 13.d5 com o objetivo de conseguir vantagem de espaço no centro.

13. ... f5!=

14.exf5 ♖xf5

As pretas poderiam manter a igualdade na abertura com 14...♗xf5 15.♗xc6 *(15.♔e2 ♗e6=)* 15...bxc6 16.♖xc6 ♖ab8 17.♔c3 ♗e4

18.♖c7 ♖fc8 19.♖xc8+ ♖xc8+= (Δ ♗d5) Platonov – Tukmakov, URSS (ch) 1980

15.♗c4+ ♔f8

15...e6 16.♖c3 ♖a5 17.♖b1±

16.♖hd1 ♗d7

16...♖a5 17.♔e2±

17.♔e1± ♗f6
18.♗b3 ♘a5

18...♖h5 19.♖c5 ♗g4 *(19...♖xc5 20.dxc5 ♗g4 21.♔e2±)* 20.♖xh5 ♗xh5 21.♔e2±

19.♖c7 ♘xb3

19...♔e8 20.♘e5 ♗xe5 21.dxe5 ♗c6 22.♗d5 ♖xe5 23.♗xc6+ bxc6 24.♖d4±

20.♖xd7 ♘a5
21.d5

As brancas poderiam jogar de maneira ativa com 21.♖c7 b5 *(21...♖d5 22.♖dc1±; 21...♖d8 22.♘e5±)* 22.♘d2 ♔e8 23.♔e2 ♔d8 24.♖c3± Δ ♖dc1

21. ... ♔e8

Se 21...a6 as brancas seguem com 22.♔e2 ♔e8 23.♖c7 ♖d8 24.♖c5 b6 25.♖c7±; Era melhor jogar 21...h5!? 22.d6 *(22.a4 ♖c8=; 22.♖c7 ♖d8=)* 22...exd6 23.♖c7 *(23.♔f1 ♖c8=; 23.♖7xd6 ♘c4=; 23.♖1xd6 ♘c4=; 23.♘d4 ♖e5=)* 23...d5=

22.♖c7 ♖d8

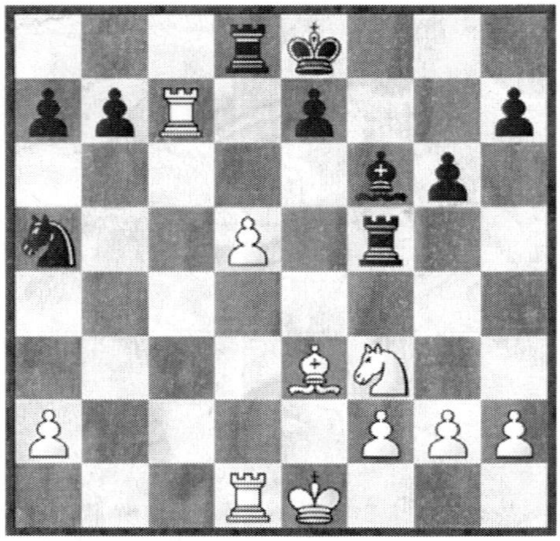

23.♗xa7

As brancas poderiam manter a torre ativa na sétima fila com 23.d6! ♖xd6 24.♖xd6 exd6 25.♖xh7±

23. ...	***♖fxd5***
24.♖b1	

24.♖xd5 ♖xd5 25.a4 b5 26.axb5 ♖xb5=

24. ...	***♖8d7***
25.♖xd7	***♔xd7***
26.a4	***♘c6***
27.♗e3	***♔c8***
28.♘d2	***♗d4***
29.♔e2	***♔c7***
30.♘c4	***♗xe3***
31.♔xe3	***♖c5***
32.♔d3	***♖d5+***

½-½

Mecking, Henrique – Seirawan, Yasser [D20]

São Paulo (m/4), 15.03.1992

1.d4 ***d5***
2.c4 ***dxc4***
3.e4

3. ... ***e5***

No ano seguinte, Mecking enfrentou a variante 3...c5 4.d5 ♘f6 5.♘c3 e6 6.♗xc4 exd5 7.♘xd5 ♘xd5 8.♗xd5 ♗e7 9.♕b3 0-0 10.♗xb7?? *(10.♘f3 ♘d7 11.0-0 ♘b6=)* 10...c4! 11.♕b5 a6! 12.♕xc4 ♗xb7-+ Mecking – Darcy Lima, Brasília (zonal) 1993; Mecking enfrentou duas vezes a variante 3...♘f6 4.e5 ♘d5 5.♗xc4 ♘b6 6.♗d3 *(6.♗b3 ♗f5 7.♘c3 e6 8.♗e3 ♘c6 9.♘ge2 ♕d7 10.0-0 0-0-0 11.♗c2 ♗xc2 12.♕xc2 f5=* Mecking – Disconzi, São Paulo (zonal) 1995*)* 6...♘c6 7.♘e2 g6 *(7...♗g4 8.f3 ♗e6 9.♘bc3 ♕d7 10.♘e4±)* 8.♘bc3 ♗g7 9.a3 *(9.0-0 0-0 10.♗e4±)* 9...0-0 10.♗e3 ♗e6 11.♗e4 ♗c4 12.b3 ♗xe2 13.♘xe2 ♘d5 14.♕d3 e6 15.0-0 *(15.h4±* Δ h5*)* 15...♘ce7 16.♘c3 *(16.♗d2±)* 16...♘xc3 *(16...c6=)* 17.♕xc3 ♘d5 (Δ c6=) 18.♕c4 1/2 – 1/2 Mecking – Granda Zuñiga, Campinas (m/4) 2012

4.♘f3 ***♗b4+***

As pretas podem manter o controle do centro com 4...exd4 5.♗xc4 ♘c6 6.0-0 ♗e6 7.♗xe6 *(7.♗b5 ♗c5=* Δ ♕d6*)* 7...fxe6 8.♕b3 ♕d7

9.♕xb7 ♖b8 10.♕a6 ♘f6 11.♘bd2 ♗d6= Nikolic – Anand, Mônaco (rápido) 1999

5.♗d2

Oferece melhores perspectivas desenvolver com 5.♘c3 exd4 6.♘xd4 *(6.♕xd4 ♕xd4 7.♘xd4 ♘f6 8.f3 ♗c5 9.♗e3 ♘c6 10.♘c2 ♗xe3 11.♘xe3 ♗e6=* Alburt – Leverett, Chicago 1989*)* 6...♕e7 *(6...♘e7 7.♗xc4 ♘bc6 8.♗e3 0-0 9.♘db5±* Azmaiparashvili – Nogueiras, Yerevan (ol) 1996*)* 7.♗xc4 ♘f6 8.0-0 0-0 9.♗g5 (as brancas podem melhorar a variante com *9.♖e1⩲)* 9...♗xc3 10.♗xf6 ♕xf6 11.bxc3 ♘c6= Alburt – Zaltsman, Nova Iorque 1983

5. ... ♗xd2+
6.♘bxd2

6.♕xd2 exd4 7.♘xd4 *(7.♕xd4 ♘f6=* Salov – Nikolic, Reykjavik 1991*)* 7...♕e7 8.f3 ♘f6 9.♗xc4 0-0 10.♘c3 c5 11.♘de2 ♖d8= (Δ ♘c6) Andersson –Seirawan, Tilburg 1990

6. ... exd4
7.♗xc4 ♘c6

7...♕f6 8.0-0 ♘e7 9.e5 ♕g6 10.♘xd4 ♘bc6 11.♘2f3 0-0 12.e6 *(12.♗d3!⩲)* 12...fxe6∞ Shirov – Spangenberg, Buenos Aires 1993

8.0-0

8. ...	***♘h6***

Outras continuações das pretas são: 8...♕f6 9.b4!? a6 *(9...♗g4 10.♕a4±; 9...♘ge7 10.♕a4±)* 10.a4!? *(10.e5 ♕g6 11.♘b3 ♘ge7 12.♘bxd4 ♗h3 13.♘h4 ♕g4 14.♕xg4 ♗xg4=* Kasparov - Short, Novgorod 1994*)* 10...♘ge7 *(10...♘xb4!?∞)* 11.b5 ♘a5 12.♗d3± (Δ ♕c2, ♖fc1) Michaelsen - Meins, Bundesliga 1997; 8...♘f6 9.e5 ♘d5 10.♕b3 *(10.♘b3± Δ* ♘bxd4*)* 10...♘a5 11.♕b5+ c6 12.♕c5 b6 *(12...♘f4!?∞)* 13.♕xd4 ♘xc4 14.♕xc4 ♗d7 15.♘d4 ♖c8 16.♘e4 0-0 17.♘d6 ♖c7 18.♖ae1± Karpov - Hubner, Alemanha 1994

9.♘b3	***0-0***
10.♘bxd4	

As brancas poderiam realizar a captura do peão central também com o outro cavalo após 10.♘fxd4 ♘xd4 11.♕xd4 *(11.♘xd4 ♕f6!=)* 11...♘g4 *(11...♕xd4 12.♘xd4±)* 12.♗e2 ♕xd4 *(12...♕h4 13.h3 ♘f6 14.♗f3±)* 13.♘xd4 ♘f6 14.♖ac1 c6 15.f3 ♖d8 16.♖fd1±

10. ...	***♘xd4***
11.♕xd4	

As pretas controlariam a grande diagonal e igualariam a posição após 11.♘xd4 ♕f6!=

11. ...	***♗g4***

Após a troca de damas com 11...♕xd4 as brancas conseguem uma posição ativa para o cavalo com 12.♘xd4 ♘g4 13.♘b5 c6 14.♘d6±

12.♕c3	***♗xf3***
13.♕xf3	***♕d4***
14.♕e2	

14.b3 ♖fe8 15.♖fe1 ♖ad8 16.♖ad1±

14. ...	***♖fe8***
15.♖fe1	***♖ad8***
16.♖ad1	***♕e5***

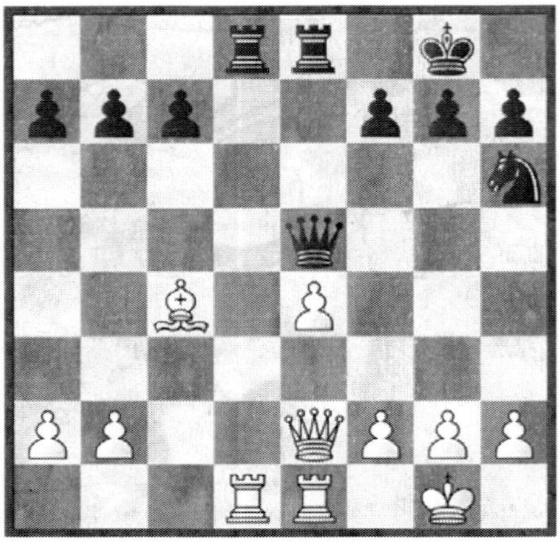

17.♖xd8

17.f3 ♖d4 *(17...♕c5+ 18.♔h1 c6 19.a3±)* 18.♖xd4 ♕xd4+ 19.♔h1 ♖d8 20.♗d5± *(20.♗b3±)*

17. ...	***♖xd8***
18.♗b3	***♔f8***

As pretas conseguiriam manobrar o cavalo após 18...g6 19.g3 ♔g7 20.♔g2 c6= Δ ♘g8−e7

19.h3	***c6***

As pretas poderiam colocar a torre numa posição mais ativa com 19...♖d4 20.g3 c6 21.♔g2±

20.g3	***a5***

Era melhor 20...♖d4 21.♔g2± onde as brancas melhoram sua posição conforme comentário anterior.

21.♕e3	***♕xb2***

Era melhor controlar a coluna para forçar a troca de torres com 21...♖d7 22.♖d1 ♖xd1+ 23.♗xd1 ♕xb2 24.♕c5+ ♔g8 25.♕xa5 g6 26.♔g2±

22.♕b6

As brancas poderiam explorar a má colocação do rei adversário e jogar 22.♕c5+! ♔e8 *(22...♔g8 23.♕e7+–* Δ ♕xb7; Δ ♖d1-d7*)* 23.♕xa5±

22. ... ♖d7

Se 22...♕d4 as brancas ganham espaço no centro após 23.♕xa5 ♕d2 24.♕c5+ ♕d6 25.♕h5± Δ e5

23.♕xa5

Era melhor ganhar espaço no centro com 23.♕c5+ ♔e8 *(23...♔g8 24.e5±)* 24.e5±

23. ... ♕d2

Era necessário levar o rei para uma posição mais segura com 23...g6 24.♕g5 ♔g7 25.e5 ♘g8 26.♕g4⩲

24.♕a3+!±

24. ... ♕d6

Se 24...♔g8? seguiria 25.♖d1+–; Se 24...♔e8 seguiria 25.♖e3±

25.♕a8+	***♔e7***
26.♕a5	***♕c7***
27.♕g5+	

27.♕c5+ ♕d6 28.♕c3 ♔f8 *(28...♕d4 29.♕a5 b6 30.♕h5±)* 29.e5± Δ e6

27. ...	***♔f8***
28.e5	***♕d8***

28...♖e7 29.♖e3±; 28...c5 29.♗c2 ♖e7 30.♖e3±

29.♕f4	***♖d4***

29...♕e7 30.e6±

30.♕e3	***♖d3***

30...♖d2 31.e6±; 30...♘g8 31.♕c3±; 30...♘f5 31.♕c3±

31.♕c5+	***♕e7***
32.♕c4	***♖d8***

33.e6?

As brancas poderiam manter o cavalo fora de jogo com 33.g4 g6 *(33...♖d2 34.♕f4±; 33...c5 34.♕b5±)* 34.♖e3 ♔g7 35.♕c3± Δ e6+

33. ...	***♘f5!=***
34.♕c2	***g6***
35.♕c3	***f6***

O cavalo ativo numa posição central também igualaria a posição após 35...♘d4=

36.♖e4	***c5***
37.♕a5	

Era melhor manter a igualdade com 37.a4 ♘d4=

37. ...	***♕d6?***

As pretas poderiam jogar de maneira ativa com 37...b5!∓ Δ ♘d6; Δ ♘d4

38.e7+!	***♘xe7***
39.♖e6!	***♕d4***

40.♖xf6+?

Apuro de tempo. As brancas deixaram escapar a vitória com 40.♕b6!

a) 40...♘g8 41.♖e1 ♕d6 *(41...♔g7 42.♖d1+−)* 42.♕xb7+−;

b) 40...c4 41.♗xc4 ♘c6 *(41...♕xb6 42.♖xb6 ♘c6 43.♖xb7 ♘a5*

44.♖f7+ ♔e8 45.♗e6 ♖d6 46.♖a7+−) 42.♕xd4 ♖xd4 *(42...♘xd4 43.♖xf6+ ♔e8 44.a4 ♘f5 45.♗g8 ♖d7 46.♔g2+−)* 43.♖xf6+ ♔e8 44.♗g8 ♖d7 45.♔g2+−

40. ...	***♕xf6***
41.♕xd8+	***♔g7***
42.♕d7	***b6***
43.h4	***h5***
44.a4	***♔h6***
45.♕d2+	

½-½

Seirawan, Yasser – Mecking, Henrique [D85]

São Paulo (m/5), 17.03.1992

1.d4	*♘f6*
2.c4	*g6*
3.♘c3	*d5*
4.cxd5	*♘xd5*
5.e4	*♘xc3*
6.bxc3	*♗g7*
7.♗e3	*c5*
8.♘f3	*♕a5*
9.♕d2	*♘c6*
10.♖c1	*cxd4*
11.cxd4	*♕xd2+*
12.♔xd2	*0-0*
13.♗b5	

A melhor continuação para as brancas é jogar 13.d5 com o objetivo de conseguir vantagem de espaço no centro.

13. ... *f5!=*

14.exf5 *♗xf5*

Mecking havia jogado 14...♖xf5 na terceira partida deste match.

15.♗xc6

No ano anterior, havia sido jogado 15.♔e2 ♗e6 16.♗xc6 bxc6 17.♖xc6 ♗xa2 18.♖a1 ♗d5 19.♖c7 ♗xf3+ 1/2 – 1/2 Hoeksema – De Boer, Holanda (ch) 1991

15. ...	***bxc6***
16.♖xc6	***♖fb8***

O final está empatado após 16...♖ab8 17.♔c3 ♗e4 18.♖c7 ♖fc8 19.♖xc8+ ♖xc8+= (Δ ♗d5) Platonov – Tukmakov, URSS (ch) 1980

17.♔c3	***♖b6***

Se 17...♗e4 chega–se à mesma posição do comentário anterior após 18.♖c7 ♖c8 19.♖xc8+ ♖xc8+= Δ ♗d5

18.♖xb6

18.♖c7 ♖ab8 19.♘e5 ♖a6 20.♖a1 ♖a3+ 21.♔d2 ♖b2+ 22.♔e1 ♗f6 23.♔f1 *(23.♘c6? ♖xe3+! 24.fxe3 ♖xg2∓)* 23...♖bxa2 24.♖xa2 ♖xa2 25.g4 ♗xe5 26.dxe5 ♗xg4 27.♖xe7 ♗f3 28.♖xa7 ♖xa7 29.♗xa7 ♔f7=

18. ...	***axb6***

As brancas estão com um peão de vantagem, mas a posição mais ativa das peças pretas permite um equilíbrio na posição.

19.♔b2	***♗e4***
20.a3	***e6***
21.♖c1	***♗f8***
22.♖c3	***♗d5***
23.♗f4	***b5***
24.♗e5	***♗e7***
25.h4	***♖f8***
26.♖c7	***♖f7***
27.♖c8+	

O final de bispos de cores opostas está empatado após 27.♘g5 ♗xg5 28.hxg5 ♖xc7 29.♗xc7 ♗xg2=

27. ...	***♖f8***
28.♖c7	***♖f7***
29.♖c8+	***♖f8***
30.♖c7	

½-½

Mecking, Henrique – Seirawan, Yasser [E16]

São Paulo (m/6), 19.03.1992

1.d4	***♘f6***
2.c4	***e6***
3.♘f3	

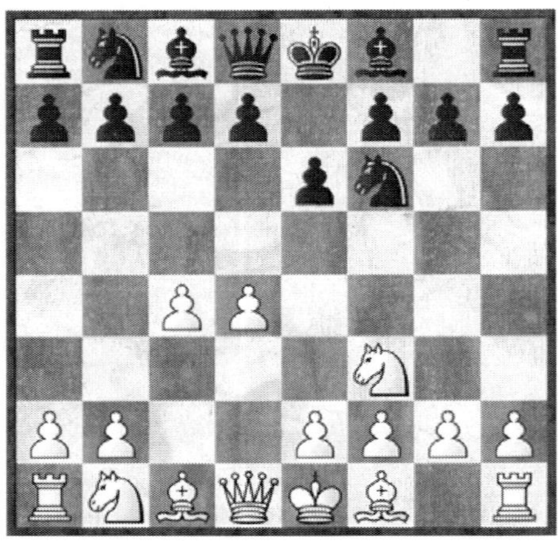

Mecking jogou de brancas várias vezes esta posição da Bogo–India (E16).

3. ...	***♗b4+***

3...b6 4.g3 ♗b7 5.♗g2 ♗b4+ 6.♗d2 ♗e7 7.♘c3 0-0 8.d5!? c6 9.dxe6 dxe6 10.0-0 ♘bd7 11.♕c2 ♕c7 12.♖fd1 ♖ad8 13.♗e3 ♖fe8 14.h3 e5 15.b3 ♗c5 16.♗xc5 ♘xc5 17.♖xd8 ♖xd8 18.♖d1 ♖xd1+ 19.♕xd1= Mecking – Izsak, Lodi 2006

4.♗d2	***♕e7***

4...a5 5.g3 b6 6.♗g2 ♗b7 7.0-0 0-0 8.♘c3 ♘e4 9.♘xe4 ♗xe4 10.♗f4 ♗e7 11.♘e1 ♗xg2 12.♘xg2 d6 13.e4 ♘d7 14.♗e3 e5 15.♕c2 exd4 16.♗xd4 ♗f6 17.♖ad1 ♖e8 18.f3 ♗xd4+ 19.♖xd4 ♕f6 20.♕c3 ♘c5= Mecking – Lucena, Brasília (m/2) 2008

5.g3	***♘c6***

5...b6 6.♗g2 ♗b7 7.0-0 ♗xd2 8.♕xd2 0-0 9.♘c3 d5 10.cxd5 exd5 11.♘e5 ♘a6 12.♖ad1 c5 13.e3 ♘e4 14.♕c2 ♘b4 15.♕b1 *(15.♕a4⩲ Δ a3)* 15...♖ad8 *(15...f6=)* 16.♘xe4 dxe4 17.a3⩲ Mecking – J. Gonzalez, Bled (ol) 2002

6.♗g2

6.♘c3 ♗xc3 7.♗xc3 ♘e4 8.♕c2 ♘xc3 9.♕xc3 0-0 10.♗g2 d6 11.d5 ♘d8 12.0-0 e5 13.c5 f5 14.♖ac1 ♘f7 15.♘d2 ♘g5 16.♕b4 f4 17.cxd6 cxd6 18.h4 ♘h3+?! *(18...♘f7 19.e3⩲)* 19.♔h2± Mecking – Quinn, Bled (ol) 2002

6. ... ♗xd2+
7.♘bxd2

7.♕xd2 ♘e4 8.♕c2 ♕b4+ 9.♘c3 ♘xc3 10.♕xc3 ♕xc3+ 11.bxc3 b6 12.♘e5 ♗b7 13.♘xc6 ♗xc6 14.♗xc6 dxc6= Mecking – Milos, São Paulo (zonal) 1995

7. ... d6

8.0-0 0-0

8...e5 9.d5 ♘b8 10.e4 a5 11.♘e1 h5 12.♘ef3 0-0 13.b3 ♘a6 14.♘e1 c6 15.♘d3 ♗g4 1/2 – 1/2 Mecking – Ricardi, Memorial Najdorf 2001

9.e4 ***e5***
10.d5 ***♘b8***
11.♘e1

Outro plano das brancas é o avanço de peão na ala da dama com 11.b4

11. ... ***a5***

11...♗g4 12.f3 ♗d7 13.♕b3 ♗c8 14.♘d3 ♘bd7 15.f4 a5 16.♕c3 ♖e8 17.f5 ♘c5 18.♘xc5 dxc5 19.h3 ♖f8 20.g4 ♘e8= (Δ f6, ♘d6) Mecking – Lucena, Brasília (m/4) 2008

12.♘d3 ***♘a6***
13.f4 ***♘d7***

14.f5

Na segunda partida deste match, Mecking preferiu jogar a dama com 14.♕f3

14. ... ***♘dc5***
15.♕e2

A dama preta ativa na ala do rei iguala a posição após 15.♘xc5 ♘xc5 16.♘b3 ♘d7 17.♘c1 ♕g5 18.♕e2 b6 19.♘d3 h5= Δ ♘f6

15. ... ♗d7

15...♘xd3 16.♕xd3 ♕g5=

16.♘xc5

As pretas conseguem defender a posição após o avanço do peão branco com 16.f6 gxf6 17.♖f2 ♘xd3 18.♕xd3 ♘c5 19.♕e3 ♔g7 20.♖af1 b6 21.♕f3 ♖g8 22.♕h5 ♖af8 23.♗h3 *(23.♖xf6 ♕xf6 24.♖xf6 ♔xf6=)* 23...♔h8 24.♖xf6 ♖g6=

16. ... ♘xc5
17.♕e3

17.f6 gxf6 18.♖f2 a4 19.♖af1 ♖a6 20.♖xf6 ♖b6=

17. ... f6
18.b3 b5

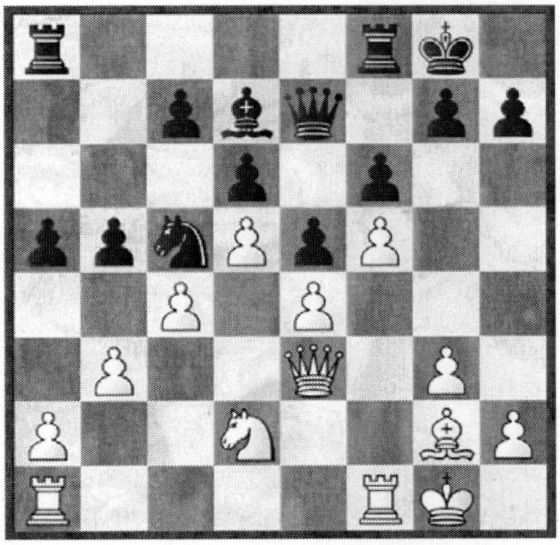

As pretas procuram ativar suas peças na ala da dama.

19.cxb5 ♗xb5
20.♖fc1 c6

20...♖fb8 21.♘c4 ♗xc4 22.♖xc4 ♕d7 23.♕d2 ♖b5=

21.dxc6

21.♖c3 cxd5 22.exd5 ♖fc8 23.♖ac1 ♕d8=

21. ...	***♕c7***
22.♖c3	***♕xc6***
23.♗f1	***♖fb8***
24.♗c4+	***♗xc4***
25.♖xc4	***♖b5***
26.♖ac1	***♕b7***
27.♘b1	***♖b4***
28.♘c3	

½-½

Soppe, Guillermo – Mecking, Henrique [B90]

Brasília (zonal), 1993

1.e4	***c5***
2.♘f3	***d6***
3.d4	***cxd4***
4.♘xd4	***♘f6***
5.♘c3	***a6***
6.♗e3	

6. ...	***e5***

Outra opção das pretas é ameaçar o bispo com 6...♘g4 7.♗g5 h6 8.♗h4 g5 9.♗g3 ♗g7 10.♕d2 ♘c6 11.♘b3 f5 12.exf5 ♗xf5 13.♗d3 ♕d7 14.0-0 0-0 15.♘d5 *(15.♖ad1 ♘ge5=)* 15...♗xd3 16.♕xd3 ♕f5 *(16...♖ad8 17.c3 ♘ge5=)* 17.f3 *(17.♕c4 ♖f7 18.♖ae1 ♘ge5=)* 17...♕xd3 18.cxd3 ♘ge5 *(18...♘f6 19.♘b6 ♖ad8 20.♖ae1 ♘h5 21.♘d5 e5∓ Δ ♔f7)* 19.♖fd1 *(19.♖ad1=)* 19...♘d7 20.d4 ♖ac8 21.♖d2 *(21.♖ac1=)*

a) 21...e6 22.♘e3 *(22.♘c3 d5∓)* 22...d5∓;

b)21...♖f5 22.♘e3 ♖ff8 23.♘d5 1/2 – 1/2 Milos – Mecking, São José do Rio Preto (Jogos Abertos) 1995*(*era melhor *23.♖e1=).*

7.♘b3	***♕c7***

Normalmente as pretas continuam o desenvolvimento com 7...♗e6 Δ ♘bd7; ou 7...♗e7 8.f3 ♗e6 Δ ♘bd7

8.♕d2	***♗e6***
9.f3	***♘bd7***
10.g4	

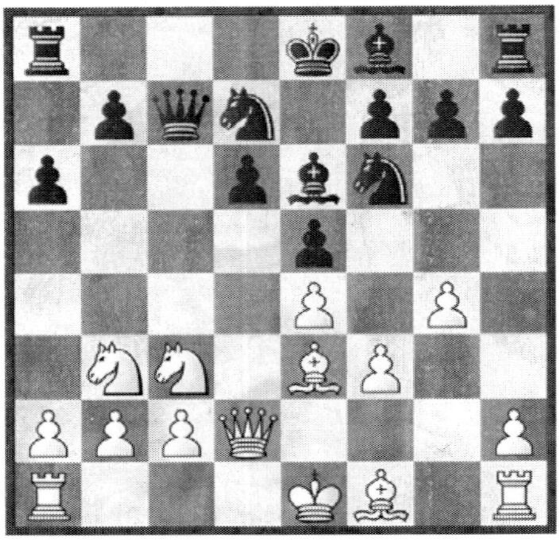

10. ...	***♘b6***

Se 10...h6 as brancas conseguem vantagem de espaço na ala do rei com

a) 11.0-0-0 b5 12.♘d5 *(12.♔b1 ♘b6 13.♗xb6 ♕xb6*= Korneev – Bologan, Mondariz 2002*)* 12...♗xd5 13.exd5 ♘b6 14.♗xb6 ♕xb6= Bruzón – Bologan, Mondariz 2002);

b) 11.h4! b5 *(11...0-0-0 12.0-0-0±; 11...♖c8 12.♖h2±)* 12.a4 b4 13.♘d5 ♗xd5 14.exd5 ♘b6 15.♗xb6 ♕xb6 16.0-0-0 g6 17.♔b1± Nijboer – Bologan, Plovdiv 2008.

11.g5	***♘fd7***
12.0-0-0	***♗e7***

12...0-0-0 13.♘d5 ♘xd5 *(13...♗xd5 14.exd5 ♔b8 15.♔b1±)* 14.exd5 ♗f5 15.♔b1 ♔b8 16.♗d3 ♗xd3 17.♕xd3±

13.h4	***♖c8***

13...0-0-0 14.♘d5 ♘xd5 *(14...♗xd5 15.exd5 ♔b8 16.♔b1±)* 15.exd5 ♗f5 16.♔b1 ♔b8 17.♗d3 ♗xd3 18.♕xd3±

14.♔b1	***♘c4***
15.♗xc4	***♗xc4***

16.♖h2

As brancas podem avançar diretamente os peões na ala do rei com 16.h5 b5 *(16...♘b6 17.♕f2±* (Δ f4) Sakaev – De Firmian, Politiken Cup 25th 2003*)* 17.g6 *(17.f4±)* 17...♘f6 *(17...b4 18.♘d5 ♗xd5 19.♕xd5±* Haslinger – Eggleston, BCF (rápido) 2008*)* 18.h6 gxh6 *(18...fxg6 19.hxg7 ♖g8 20.♗h6±)* 19.gxf7+ *(19.g7 ♖g8 20.♗xh6±)* 19...♗xf7 *(19...♔xf7 20.♖xh6±* (Δ ♘d5) Fercec – Savic, Croácia 2003*)* 20.♖xh6± *(20.a3±)*

16. ...	***0-0?!***

Antes de rocar, as brancas deveriam iniciar o avanço de peões na ala da dama com 16...b5 17.h5 *(17.♘d5 ♗xd5 18.exd5±* Δ ♘a5*)* 17...b4 18.♘d5 ♗xd5 19.♕xd5 ♘b6 20.♗xb6 ♕xb6 21.f4±

17.h5	***f5?!***

Um lance que enfraquece o controle das casas brancas. Oferecia uma maior resistência jogar 17...♗e6 18.g6! b5 *(18...♔h8 19.♖g1±; 18...♘f6 19.♖g1±)* 19.♖g1±

18.♘d5 ♗xd5
19.♕xd5+ ♔h8
20.exf5! ♖xf5
21.♕e6!

21. ... ♖xf3

As brancas controlam a diagonal com posição ganhadora, por exemplo: 21...♗xg5 22.♕xf5 ♗xe3 23.♖e2! ♗f4 *(23...♗h6 24.♕e6+−)* 24.♕f7 h6 *(24...♘f6 25.♕xc7 ♖xc7 26.♖xd6+−)* 25.♖g1 ♖g8 26.♖eg2 ♗g5 27.♖xg5 hxg5 28.h6 g6 29.♖d1+−

22.♕xe7 ♖xe3
23.♖f2 h6

Se 23...♕d8 segue 24.♕xd6+− e não há defesa para o cavalo preto em d7.

24.gxh6 ♖g3
25.♖xd6 ♘c5
26.hxg7+ ♖xg7
27.♕xe5 ♔h7
28.♕f5+ ♔g8
29.♖g6

As brancas decidem trocar as peças para entrar no final.

29. ... ***♖xg6***
30.♕xg6+ ***♕g7***
31.♕xg7+ ***♔xg7***
32.♘xc5 ***♖xc5***

33.♖h2

As brancas apoiam o peão passado por trás. A vantagem de dois peões é decisiva no final de torres.

33. ... ***♔h6***
34.c3

As brancas abrem caminho para ativar o rei no final.

34. ... ***b5***
35.♔c2 ***b4***
36.♔d3 ***♖a5***
37.♔c4 ***bxc3***
38.bxc3 ***♖b5***
39.♔d4 ***♖b8***
40.c4 ***♖d8+***
41.♔c3 ***♖c8***
42.♔b4 ***♖b8+***

43.♔a5	***♖c8***
44.♖c2	

As brancas apoiam o peão passado com a torre por trás.

44. ...	***♖c6***
45.c5	***♔xh5***
46.♔b4	***♔g5***
47.♔c4	***♔f6***
48.♔d5	

As brancas manobram o rei para atacar a torre preta.

48. ...	***♖c8***
49.♔d6	***♖d8+***
50.♔c7	***♖d4***
51.c6	***♔e6***
52.♔b6	

1-0

Disconzi, Rodrigo – Mecking, Henrique [E70]

Indaiatuba (Jogos Regionais), 1994

1.d4	***♘f6***
2.c4	***g6***
3.♘c3	***d6***

3...♗g7 4.e4 0-0 5.♗e3 c6 6.f3 d5 7.e5 ♘e8 8.cxd5 cxd5 9.f4 ♘c6 10.♘f3 ♗g4 11.♗e2 e6 12.♘g5 ♗xe2 13.♕xe2 ♕e7 *(13...a6* Δ ♕a5, ♖c8*)* 14.0-0-0 f6 15.♘f3± Mecking – Moser, Calvia (ol) 2004

4.e4	***♗g7***
5.♗d3	

5. ...	***e5***

Antes de definir qual peão avançar (peão c ou peão e), as pretas podem continuar tanto o desenvolvimento da ala do rei com 5...0-0 como da ala da dama com 5...♘c6

6.d5	***c6***
7.♘ge2	***cxd5***

Antes de definir o centro fixo de peões, as pretas podem optar por continuar o desenvolvimento tanto da ala do rei como da ala da dama: 7...♘a6 8.♗g5 *(8.a3 ♘c5 9.♗c2±)* 8...h6 9.♗d2 ♘c5

(9...0-0=) 10.♗c2 a5 11.0-0± cxd5 12.exd5 0-0 13.b3 ♗d7 14.a3 *(14.h3± Δ ♗e3)* 14...♖c8 15.♖b1 ♘e8 16.♔h1 ♘a6 17.♗d3 ♘c5 18.♗c2 ♘a6 1/2 – 1/2 Federov – Nevednichy, Calvia (ol) 2004; 7...0-0 8.0-0 cxd5 *(8...a5 Δ ♘a6)* 9.cxd5 ♘bd7 10.♘g3 a6 11.♗d2 h5 *(11...♘c5)* 12.h3 ♘h7 *(12...♘c5)* 13.♖b1± Pinter – Kozul, Pula 1999

8.cxd5	***♘bd7***

Outras alternativas das pretas são: 8...0-0 9.0-0 a6 10.a4 ♘bd7 11.b4 *(11.a5 ♘c5 12.♗c2 b5 13.b4 ♘cd7 14.f3± Δ ♗e3)* 11...♘e8 *(11...a5 12.♖b1±)* 12.♕c2 *(12.a5± Δ ♗e3, ♘a4)* 12...a5 13.b5 *(13.♖b1±)* 13...♘c5 14.♘g3 b6= Kueng – Ruschiti, Weihnachts (open) 1996; 8...a6 9.f3 ♘bd7 10.♗e3 h5 *(10...0-0 11.0-0±)* 11.♕d2 *(11.0-0±)* 11...0-0 *(11...♘c5 12.♗c2±)* 12.0-0 ♘h7 *(12...♘c5 13.♗c2±)* 13.♖ac1± (Δ b4) Chatalbashev– J. Garcia , Elista (ol) 1998

9.f3	***0-0***
10.♗g5	***♘c5***
11.♗c2	

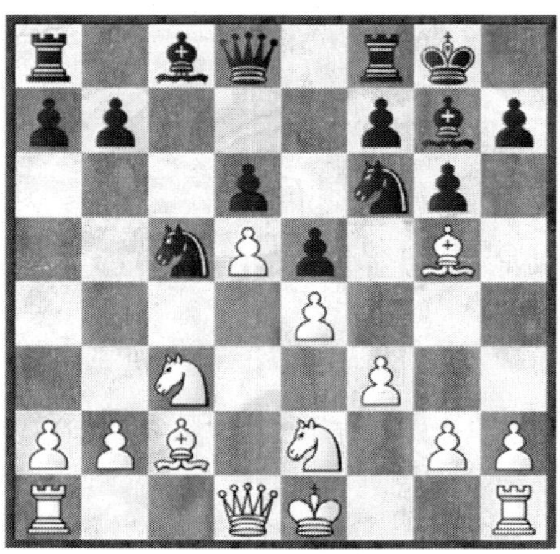

11. ...	***h6***

Era melhor jogar 11...a5 12.0-0 ♗d7 13.a3± Δ ♗e3

12.♗e3	***♘e8***

O plano das pretas é lento. Era melhor jogar 12...a5 13.0-0 ♗d7 14.a3⩲ Δ ♖b1

13.♕d2

As brancas conseguiriam vantagem de espaço na ala da dama com 13.0-0 a5 14.a3 ♗d7 15.b4±

13. ...	***f5***
14.exf5	***♗xf5***
15.0-0	***♔h7***

15...♗xc2 16.♕xc2 ♔h7 17.b4 ♘d7 18.♖ac1±

16.♘g3

As brancas poderiam controlar a coluna após 16.♗xf5 gxf5 *(16...♖xf5 17.b4! ♘d7 18.♖ac1±)* 17.b4! ♘d7 18.♖ac1±

16. ...	***♗xc2***
17.♕xc2	***♖c8***
18.♕d2	

18.♖ac1 ♘f6 *(18...a6 19.♘ce4±)* 19.b4! ♘cd7 *(19...♘a6 20.♕b3±)* 20.♕d3±

18. ...	***♘f6***

As pretas poderiam procurar simplificar a posição com 18...♕a5 19.♖ab1 ♕b4 20.a3 ♕b3 21.♗xc5 ♖xc5 22.♕d1 ♕xd1 *(22...♕c4 23.♘ge4⩲ Δ ♖c1)* 23.♖fxd1⩲ Δ ♘ge4

19.♖ac1	***a6***
20.♖c2	

20.b4 ♘cd7 21.♕d3 ♘b6 22.♘ge4⩲

20. ...	***♖f7***
21.♖fc1	

21.b4 ♘cd7 22.♖fc1 ♘b6 23.♕d3 ♘c4 24.♘ce4 b5 25.♘xf6+ ♗xf6 26.♘e4⩲

21. ... ♖fc7

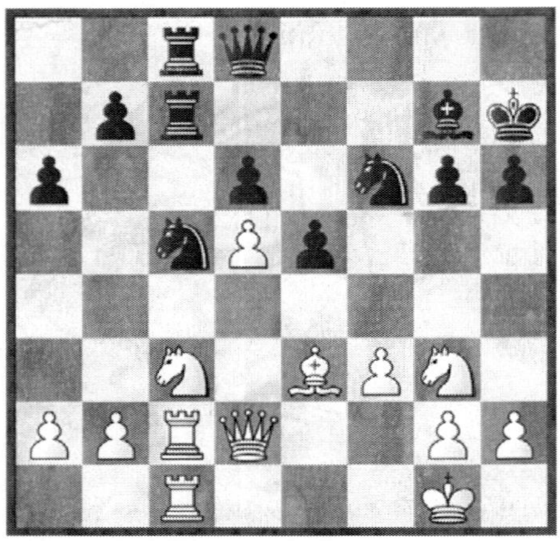

22.♘ce4?!

As brancas poderiam manter uma pequena vantagem no meio-jogo com 22.b4!? ♘cd7 23.h4 ♖c4 *(23...♗f8 24.♕d3⩲)* 24.h5! ♘xh5 25.♘xh5 gxh5 26.♘e4 ♖xc2 27.♖xc2 ♗f8 28.♖xc8 ♕xc8 29.♕d3⩲

22. ... ♘cxe4
23.♘xe4

As peças pretas ficariam um pouco mais ativas do que as peças brancas após 23.fxe4 ♖xc2 24.♖xc2 ♖xc2 25.♕xc2 ♕a5 26.a3 *(26.b3 ♕e1+ 27.♘f1 h5∓* Δ b5*)* 26...♕e1+ 27.♘f1 ♕h4 28.♘d2 *(28.♘g3 h5∓)* 28...♘g4 29.♘f1 ♕e1 30.♕d3 *(30.♕c1 ♕e2∓)* 30...h5∓

23. ... ♖xc2
24.♖xc2 ♖xc2
25.♘xf6+

As pretas ganhariam o peão central após 25.♕xc2 ♘xd5∓

25. ... ♗xf6
26.♕xc2 ♕a5
27.♕d2 ♕xa2
28.♗xh6 e4!

29.fxe4

As pretas abrem a grande diagonal para ativar o bispo. As brancas também estariam inferiores após 29.♗f4 exf3 30.♗xd6 ♕b1+! 31.♔f2 fxg2 32.♔xg2 ♔g7 *(32...♕xb2? 33.♕xb2 ♗xb2 34.♗c7!=)* 33.b4 ♕e4+ 34.♔g3 ♗d4∓

29. ... ***♕b1+!***
30.♔f2 ***♕xe4***
31.♗e3

31.g3 ♕f5+ 32.♔g1 *(32.♔e1 ♕b1+ 33.♔e2 ♕h1-+)* 32...♕b1+ 33.♔f2 ♕xb2-+

31. ... ***♕h4+***
32.♔g1

Era melhor jogar 32.♔f1 ♕xh2∓

32. ... ***♗xb2!***

33.♗f2

Não é possível tomar o bispo por causa do xeque mate. Se agora 33.g3 ♕e4-+

33. ...	***♕a4!***
34.g3	

Uma combinação de doze lances que leva à vitória e, novamente, não é possível tomar o bispo por causa do xeque mate. Se agora 34.♔h1 ♕b5-+

34. ...	***♗e5***
35.h4	***♕g4***
36.♕d3	***b5***
37.♔g2	***b4***

37...♕c4 38.♕xc4 bxc4-+

38.h5	***♕xh5***

38...a5 39.hxg6+ ♔g7-+

39.♕xa6	***♕g4***
40.♕d3	***♕f5***
41.♕c4	

41. ... ♕f7?

Era mais seguro jogar 41...♗c3! 42.♕c7+ *(42.♕h4+ ♕h5 43.♕c4 ♕e5-+; 42.g4 ♕b1-+)* 42...♔h6 43.♗e3+ g5 44.♕xd6+ ♔h5-+

42.♗e3?

Era melhor trocar os bispos e jogar o final de damas após 42.♗e1! ♗c3□ 43.♗xc3 bxc3 44.♕xc3 ♕xd5+ 45.♔h2! ♕h5+ 46.♔g2! ♕e2+ 47.♔h3! ♕f1+ 48.♔h2! ♕f2+ *(48...♕e2+ 49.♔h3!=)* 49.♔h3 ♕f5+ *(49...♕f1+ 50.♔h2!=)* 50.♔h2= pois as brancas conseguiriam empatar o final, segundo o tablebase de sete peças.

42. ... ♕b7!
43.♕h4+

43.♕c6 ♕e7! 44.♕c4 *(44.♗d2 b3-+)* 44...♗xg3-+

43. ...	**♔g8**
44.♕e4	**♔g7**
45.♗d4	**b3!**
46.♗xe5+	**dxe5**
47.♕xe5+	**♔h7!**
48.♕b2	**♕xd5+**
49.♔h2	**♕b7**
50.♔g1	**♕b6+**
51.♔h2	**g5**

52.♕b1+	**♔g7**
53.♕b2+	**♔f7**
54.♔h3	

54.♕b1 ♕f2+ 55.♔h3 b2 56.♕h7+ ♔e6 57.♕e4+ *(57.♕g6+ ♔e5-+)* 57...♔f6-+

54. ...	**♕h6+**
55.♔g2	**♕c6+**
56.♔h3	

56.♔g1 ♕c5+ 57.♔f1 *(57.♔h1 ♕c2-+* Δ b2*)* 57...♕d5 58.♔f2 g4-+

56. ...	**g4+**
57.♔xg4	**♕e6+**

0-1

Dreev, Alexey – Mecking, Henrique [A65]

Tilburg (m/1), 10.09.1994

1.d4 ♘f6
2.c4 g6
3.♘c3 ♗g7
4.e4 d6
5.f3 0-0
6.♗g5 c5
7.d5 e6
8.♕d2 exd5
9.cxd5 a6

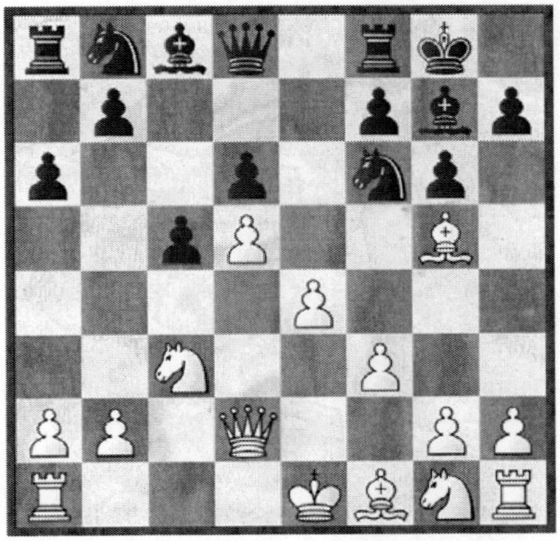

10.♘ge2

A variante principal é jogar 10.a4 para impedir a expansão dos peões pretos na ala da dama.

10. ... ♘bd7

As pretas poderiam avançar os peões na ala da dama com 10...b5 11.♘g3 ♘bd7 12.♗e2 ♖e8 *(12...c4 13.0-0 ♕c7?! 14.♖fc1 ♘c5 15.♖ab1*± (Δ b4) Salov – Oll, Yaroslav 1983*)* 13.0-0 c4 *(13...♖b8 14.♔h1 c4 15.b4 cxb3 16.axb3 ♘c5*= Varasdy – Zs. Polgar, Fonyod 1983*)* 14.♖fc1 *(14.♔h1 ♘c5 15.♖ab1 ♗d7 16.b4 cxb3 17.axb3 b4 18.♘d1 a5*= Portisch – Damljanovic, Moscou (ol) 1994*)* 14...♘c5

15.♖ab1 ♗d7 16.b4 cxb3 17.axb3 b4 18.♘d1 a5= Damljanovic – Velimirovic, Nis 1994

11.♘g3

As brancas ainda poderiam jogar 11.a4 para impedir a expansão dos peões da ala da dama adversária.

11. ... ***b5***
12.♗e2

12. ... ***b4***

Outras continuações das pretas: 12...c4 13.0-0 ♘c5 14.♔h1 ♗d7 15.♖ab1 *(15.♗h6 ♗xh6 16.♕xh6 ♕e7∓* Dreev – Van Wely, Londres 1996*)* 15...a5 16.♕f4 ♕e7 17.a4=; 12...♖e8 13.0-0 ♕e7 14.♗h6 ♗xh6 *(14...♗h8? 15.♘f5!+–* Chernin – Yermolinsky, Groningen 1993*)* 15.♕xh6 ♘e5=

13.♘d1	***a5***
14.0-0	***♗a6***
15.♗xa6	***♖xa6***
16.♖c1	***♖e8***
17.♗h6	

17.h4 h5 18.♘e3 ♕c7= Δ ♘e5

17. ... ***♖a7***

17...♘e5 18.♗xg7 ♔xg7 19.♘e3 a4=

18.♗xg7 ***♔xg7***

Houve a troca de bispos, ambos completaram o desenvolvimento e agora iniciam as manobras de cavalo para posições mais ativas.

19.♘e3 ***♘b6***
20.b3 ***♔g8***

20...a4 21.♕b2 ♔g8= Δ ♘fd7

21.♕b2 ***h5***

21...a4= Δ ♘fd7

22.♖fd1

22.a4 bxa3 23.♕xa3 h4 24.♘h1 ♘h5⇄ Δ f5

22. ... ***♘h7***

As pretas poderiam ganhar espaço e restringir a ação das brancas nas duas alas com 22...a4!? Δ h4

23.♘gf1 ♕f6
24.♕xf6 ♘xf6

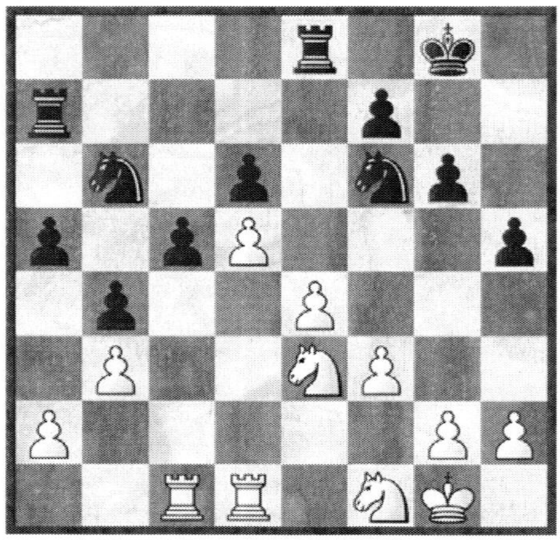

As manobras de cavalo continuam após a troca das damas.

25.♘d2 a4

25...♘fd7 26.♘ec4 ♘xc4 27.♘xc4 ♖a6 28.a4 ♘e5=

26.♘ec4 ♘xc4
27.♘xc4 axb3

27...♖d8 28.♔f2 ♔f8=

28.axb3 ♖a6
29.h4

29.♖e1 ♔f8 *(29...♘d7 30.♔f2±)* 30.♔f2±

29. ... ♔f8
30.♔f2 ♘d7
31.♖a1 ♖ea8
32.♖xa6 ♖xa6
33.f4 f6
34.♔f3 ♔e7
35.g4 hxg4+
36.♔xg4 ♘b6

As pretas poderiam manter a torre ativa na sétima fila com 36...♖a2

37.♘xb6	***♖xb6***
38.f5	***♔f7***

As pretas poderiam defender-se melhor no final de torres com uma posição mais ativa da torre após 38...gxf5+ 39.♔xf5 ♖a6!? Δ ♖a2

39.fxg6+	***♔xg6***
40.h5+	***♔f7***
41.♖a1	

41. ...	***♖b7?***

A única possibilidade defensiva das pretas seria fazer um sacrifício para criar um peão passado na ala da dama com 41...c4!? que proporciona enormes recursos defensivos em longas e complicadas variantes.

42.♔f4	***♖e7***
43.♖a6?	

As brancas perdem um importante tempo. Era melhor avançar o peão passado com 43.h6! ♖e5 *(43...♔g6 44.♖a6 ♖d7 45.♖b6 ♖d8*

46.h7 ♔xh7 47.♔f5 ♔g7 48.♔e6+−) 44.♖a7+ ♔g6 45.♖d7 ♔xh6 *(45...♖h5 46.♖xd6+−)* 46.♖xd6 ♔g6 47.♖c6 ♖h5 48.♖xc5+−

43. ... ***♖e5!***
44.♖a7+

44.♖xd6 ♖xh5 45.♖c6 ♖h3 46.♖c7+ *(46.♖xc5 ♖xb3 47.♖b5 ♖b1=)* 46...♔g6 47.♖xc5 ♖xb3 48.♖b5 ♖b1=

44. ... ***♖e7***
45.♖a6 ***♖e5***
46.♖xd6 ***♖xh5***
47.♖d7+

47.♖c6 ♖h3 48.♖c7+ *(48.♖xc5 ♖xb3 49.♖b5 ♖b1=)* 48...♔g6 49.♖xc5 ♖xb3 50.♖b5 ♖b1=

47. ... ***♔g6***
48.♖c7

½-½

Mecking, Henrique – Dreev, Alexey [D15]

Tilburg (m/2), 11.09.1994

1.d4	***d5***
2.c4	***c6***
3.♘f3	***♘f6***
4.♘c3	***a6***
5.e3	***b5***
6.cxd5	***cxd5***
7.♗d3	***♗g4***

Normalmente as pretas optam por continuar o desenvolvimento com 7...e6 Δ ♗b7

8.e4

8. ... ***e6***

As pretas poderiam igualar a posição com 8...dxe4 9.♘xe4 ♘c6

a)10.a4!? ♘xd4 11.axb5 axb5 12.♘xd4!!

a1)12...♗xd1? 13.♘xf6+! exf6□ 14.♗xb5+ ♔e7 15.♘c6+ ♔e6 16.♘xd8+ ♖xd8 17.♗c4+! ♔e5 *(17...♔f5 18.♗d2±)* 18.♗d2±;

a2) 12...♖xa1□ 13.♘xf6+! gxf6 14.♕xg4 ♖xc1+ *(14...♗h6? 15.0-0±)* 15.♔e2 ♗h6! 16.♖xc1 ♗xc1 17.♕g7! ♕xd4 18.♕xh8+ ♔d7=;

b) 10.♗e3 ♘b4 11.♘xf6+ gxf6! 12.♗e2 *(12.♗b1 ♖c8 13.a3 ♘d5=)* 12...♖c8 13.0-0 ♘c2 14.♖c1 ♘xe3 15.fxe3 ♗h6=;

c) 10.♘xf6+ exf6 (as pretas igualam a posição com *10...gxf6!=*) 11.♗e4 (as brancas podem melhorar a variante com *11.0-0⩲*) 11...♖c8 12.0-0 ♗d6 13.♗xc6+ ♖xc6 14.♖e1+ *(14.d5 ♖c7 15.♗d2 ♖e7=)* 14...♗e7 15.a4!? (uma melhora em relação a *15.♗f4?! ♕d5! 16.a4 ♖e6!∓* Gurevich – Slobodjan, Bundesliga 2000) 15...b4 *(15...♖e6 16.axb5 axb5 17.♕b3=; 15...0-0 16.axb5 axb5 17.♕b3=)* 16.d5 ♖d6 17.♗d2 ♖xd5 18.♗xb4 ♖xd1 *(18...♗e6 19.♗xe7 ♕xe7 20.♕e2=)* 19.♖axd1 ♕xd1 *(19...♕c7 20.♖xe7+ ♕xe7 21.♗xe7 ♔xe7 22.♖e1+=)* 20.♖xd1 ♗xb4 21.♖d4 ♗xf3 22.♖xb4 ♔e7 23.gxf3 ♖d8=.

9.♗g5

Uma posição incomum, outras alternativas para as brancas são: 9.e5 ♘fd7 10.a4 *(10.♗e3 ♘c6 11.h3 ♗h5 12.a4 b4 13.♘b1 ♗e7 14.♘bd2⩲ Δ ♘b3)* 10...b4 11.♘a2 ♘c6 12.♗e3 ♗e7 13.h3 ♗h5 14.0-0 ♗g6 *(14...♘a5=)* 15.♗xg6 hxg6 16.♕d3 ♕b6 *(16...♘a5 17.b3 0-0 18.♘c1 ♕b6 19.♘e2 ♖fc8 20.♖fc1⩲)* 17.♘c1 0-0 18.♘b3⩲ Kniazev – Vasenev, Nezhmetdinov Memorial 2006; 9.h3 ♗xf3 *(9...♗h5 10.♗g5 ♗e7 11.e5 ♘fd7 12.♗xe7 ♕xe7 13.♖c1⩲)* 10.♕xf3 b4 11.♘e2 dxe4 12.♗xe4 ♘xe4 13.♕xe4 ♕d5 14.♕xd5 exd5 15.♗e3 ♗d6 *(15...♘d7 16.♖c1⩲; 15...♘c6 16.♖c1⩲)* 16.♖c1⩲

9. ...	***♗e7***
10.♗xf6	***♗xf6***
11.exd5	***exd5***

Se 11...0-0 as brancas conseguem uma pequena vantagem no final com 12.h3! *(12.dxe6 ♘c6!?∞)* 12...♗xf3 13.♕xf3 exd5 14.0-0 ♘c6 *(14...♗xd4?! 15.♗xh7+! ♔xh7 16.♕d3+ ♔g8 17.♕xd4±)* 15.♘xd5 ♘xd4 16.♘xf6+ ♕xf6 17.♕xf6 gxf6 18.a4!⩲

12.♕e2+	***♔f8***
13.♘xd5	***♘c6***

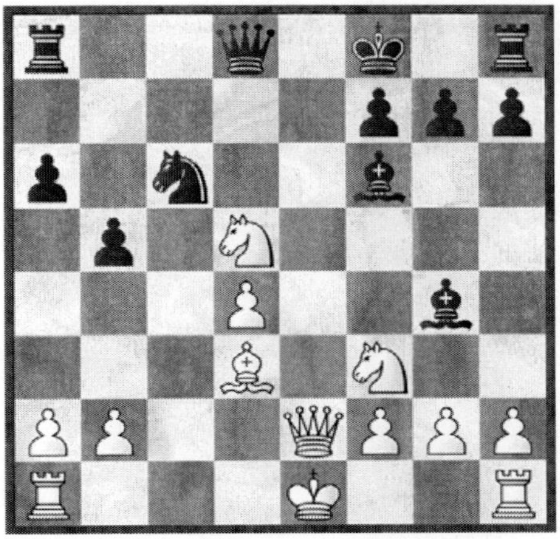

14.♕e4?!

As brancas poderiam jogar de maneira mais ativa com 14.♗e4! ♘xd4 *(14...♗xd4 15.0-0 ♖c8 16.♖ac1±)*

a) 15.♕d2 ♗xf3 *(15...♘xf3+ 16.gxf3±)* 16.gxf3 ♖c8 17.♖d1 ♘e6 *(17...♘c6 18.♕e3 ♕a5+ 19.♔f1±)* 18.♘xf6 ♕xf6 *(18...♕xd2+ 19.♔xd2 gxf6 20.♔e3⩲)* 19.♕d6+ ♕e7 *(19...♔g8 20.♕xa6±)* 20.♕xa6 *(20.0-0 g6!=)* 20...♕b4+ 21.♔f1 ♔e7!⯹;

b) 15.♕d3! ♗xf3 *(15...♘xf3+ 16.gxf3 ♗xb2 17.♖b1 f5 18.♗xf5±)* 16.gxf3 ♖a7 *(16...♖c8 17.♖d1 ♘e6 18.♕a3+!±)* 17.♕a3+! ♗e7 18.♕c3 ♘e6 19.0-0-0⩲.

14. ... ***♗xf3!***
15.gxf3

As brancas estão um pouco inferiores na abertura como demonstra a outra opção: 15.♕xf3 ♘xd4 16.♕e4 ♕a5+ 17.♔f1 ♖e8 18.♕f4 ♗e5 19.♕c1 g6⩱

15. ... ***♕d6***

As pretas poderiam levar o rei para um lugar seguro com 15...g6! 16.♖c1 *(16.0-0 ♔g7∓ Δ ♘xd4; 16.0-0-0 ♔g7⩱)* 16...♖c8 17.♘xf6 *(17.0-0 ♔g7⩱)* 17...♕xf6 18.0-0 ♔g7⩱

16.♘xf6	***♕xf6***
17.0-0-0	***g6***
18.♕e3	***♘xd4***
19.♗e4=	

½-½

Dreev, Alexey – Mecking, Henrique [A46]

Tilburg (m/3–rápido), 12.09.1994

1.d4 ***♘f6***

1...e6 2.♘f3 c5 3.g3 cxd4 4.♘xd4 ♕b6 5.♗g2 ♗c5 6.e3 ♘f6 7.♘b3 ♗e7 8.c4 ♕c7 9.♕e2 d6 10.♘c3 a6 11.e4 ♘bd7 12.0-0 0-0 13.♗e3 ♘e5 14.♘d2 ♘eg4 15.♗f4 e5 16.♗g5 h6 17.♗xf6 ♘xf6 18.♖fc1 ♕b6 19.♘f1 ♗e6 20.♘e3 ♖fc8 1/2 – 1/2 Mecking – Short, Memorial Najdorf 2001

2.♘f3 ***e6***

2...c5 3.c3 e6 4.♗f4 d5 5.e3 ♗d6 6.♗d3 ♗xf4 7.exf4 ♕b6 8.♕b3 ♕c7 9.♗b5+ ♗d7 10.g3 cxd4 11.♘xd4 ♘c6 12.0-0 0-0 13.♘d2?! *(13.♗d3=)* 13...♘xd4 14.cxd4 ♗xb5 15.♕xb5 ♖fc8∓ Fabbri – Mecking, São Paulo 2003

3.♗g5 ***c5***

4.e3

Após 4.♘c3

a) 4...♕b6!? 5.♕d2 cxd4 *(5...♕xb2 6.♖b1 ♕a3 7.d5⩱)* 6.♘xd4 ♘c6 7.0-0-0 *(7.♘xc6 bxc6=)* 7...♘xd4 8.♕xd4 ♕xd4 9.♖xd4 ♗c5=;

b) 4...cxd4 5.♘xd4 ♘c6 6.e4 d6 há uma transposição de lances para a Siciliana Clássica (B62).

4. ... b6

As pretas poderiam obter a igualdade na abertura com 4...♕b6!? 5.♕c1 *(5.♘c3 ♕xb2 6.♘b5 ♕b4+ 7.♘d2 ♕a5 8.dxc5 a6 9.♘d6+ ♗xd6 10.♗xf6 ♗f8 11.♗b2⩱ Δ ♗d3)* 5...cxd4 6.exd4 ♘c6 7.c3 ♗e7 8.♘bd2 0-0=

5.d5!?

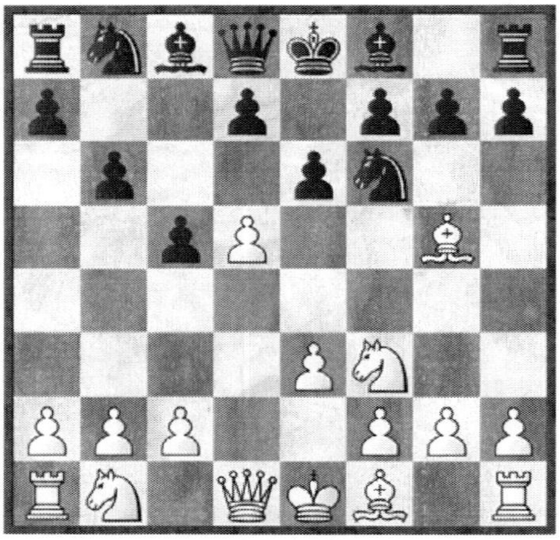

5. ... d6

As brancas conseguem obter uma pequena vantagem da abertura, por exemplo: 5...exd5 6.♘c3 ♗e7 7.♘xd5 ♗b7 8.♗xf6 ♗xf6 9.c3 0-0 10.♗c4 a6 11.0-0 b5 12.♗b3 d6 13.♕d2 ♘d7 14.♖fd1± Yusupov – Karpov, Londres (m/4) 1989; 5...h6 6.♗xf6 ♕xf6 7.♘c3 ♗b7 *(7...♕d8? 8.♘e5!+−; 7...a6 8.♘d2 b5 9.♘de4±)* 8.♗c4 ♗e7 9.0-0 0-0 10.e4 e5 11.a4 a6 12.♗e2 d6 13.♘d2 ♗d8 14.♗g4 ♕e7 15.♘c4 ♘d7 16.♕d3 ♘f6 17.♗h3 ♘h5 18.g3 ♖b8 19.♖ab1⩲ Ehlvest – Yudasin, Nova Iorque (rápido) 2004

6.♘c3

6.♗b5+ ♗d7 7.♗xd7+ ♘bxd7 8.dxe6 fxe6 9.c4 ♗e7 10.♘c3 0-0

11.0-0 a6 12.♕d3 ♘e8 13.♗f4 ♘df6 14.♖fd1 ♖a7 15.e4± Dreev – Zelcic, Las Vegas (rápido) 1999

6. ...	***♗e7***
7.♗b5+	***♗d7***
8.♗xd7+	***♘bxd7***
9.dxe6	***fxe6***

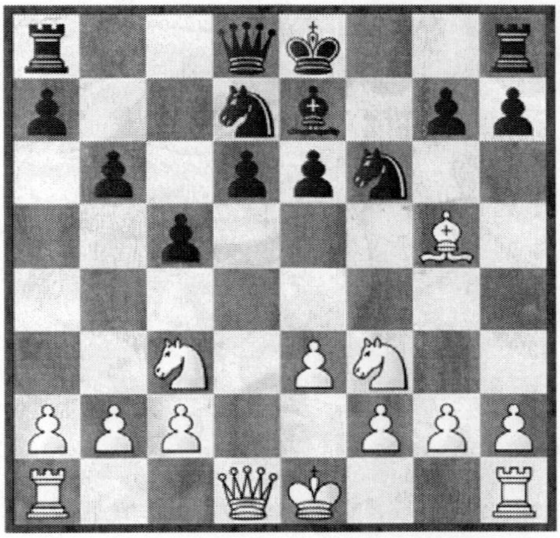

10.e4

As brancas poderiam jogar 10.♗f4± com o objetivo de pressionar o centro e forçar a criação de casas fracas.

10. ...	***0-0***
11.♕d3	***♘e8***

As pretas poderiam igualar a abertura com 11...♘h5 12.h4 *(12.♗xe7 ♕xe7=; 12.♗d2 ♕e8=; 12.♗e3 ♕e8 13.0-0-0 a6=)* 12...h6 13.♗e3 *(13.♗xe7 ♕xe7=)* 13...♕e8= Δ ♕g6

12.♗xe7

As brancas poderiam manter a tensão na ala do rei com 12.h4± Δ 0-0-0

12. ...	***♕xe7***
13.0-0	***♘e5?!***

As pretas poderiam jogar a posição de maneira mais flexível de forma a manobrar o cavalo com 13...♖d8!? Δ ♘b8–c6

14.♘xe5	***dxe5***
15.♖ad1!	

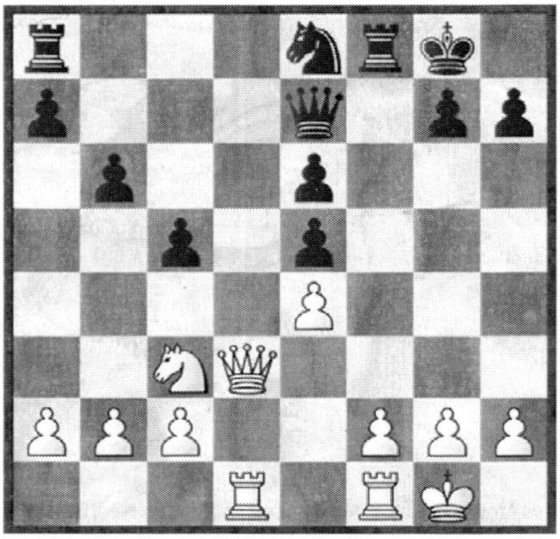

As brancas controlam a coluna central de forma a impedir a troca de torres.

15. ...	***♘f6***
16.♕g3!	

A estrutura fixa de peões permite que as brancas pressionem os peões dobrados centrais.

16. ...	***♕c7***
17.♘b5	***♕c6***
18.♘d6	***♘xe4***
19.♕xe5	***♘xd6***
20.♖xd6	

Por inversão de jogadas, as brancas também poderiam seguir com 20.♕xe6+ ♔h8 21.♖xd6 ♕a4 22.♕b3±

20. ...	***♕a4***
21.♕xe6+	***♔h8***
22.♕b3±	***♕f4***

22...♕xb3 23.axb3 ♖ae8 24.♖fd1±

23.♕g3

23.♕d3 ♖ae8 24.f3±

23. ... ***♕f5***

23...♕xg3 24.hxg3 ♖ae8 25.♖fd1±; 23...♕c4 24.♖d7 ♖f7 25.♖xf7 ♕xf7 26.b3 ♖d8 27.♖e1±

24.♕d3 ***♕e5***
25.c3 ***♖ae8***
26.♖d7 ***♖e7***

As pretas poderiam pressionar os peões da ala da dama com 26...♕e2

27.♖xe7 ***♕xe7***

O plano das brancas é melhorar progressivamente a posição com o avanço dos peões de forma a obter uma posição mais ativa para a dama e a torre.

28.♕e3 ***♕f7***

28...♕xe3 29.fxe3 ♖d8 30.♔f2± Δ ♔e2

29.b3	***♖e8***

As pretas poderiam jogar 29...c4!? para dificultar o plano das bran-cas.

30.♕d3	***h6***
31.c4!	***♕f6***
32.g3	***♖d8***
33.♕e3	***♕d6***
34.♖e1	***♕d2***
35.♕e7	***♔g8***

As pretas não podem abandonar a primeira fila com 35...♖d7 por causa de 36.♕f8+ ♔h7 37.♖e8+−

36.♔g2	***♖f8***
37.♖e2	***♕d3***
38.♕e6+	***♔h8***
39.♕e4	***♕d1***
40.h4	***♕d7***

Era melhor manter as peças pesadas dobradas na coluna 'd' com 40...♖d8

41.♕e7	***♕c6+***
42.♕e4	***♕d7***
43.♕d5!+−	***♕f7***

Após a troca de damas com 43...♕xd5+ as brancas ativam o rei no final com 44.cxd5 ♖d8 45.♖e5 ♔g8 46.♔f3+− Δ ♔e4

44.♕xf7	***♖xf7***

O final de torres é ganhador para as brancas.

45.h5	***♔h7***

As pretas podem defender a segunda fila com 45...♖d7 mas as brancas conseguem uma posição ativa para o rei no final após 46.♖e8+ ♔h7 47.♔f3 ♖d3+ 48.♖e3 ♖d2 49.♖e2 ♖d7 50.♔g4 ♔g8 51.f4 ♔f7 52.♔f5+−

46.f4	***g6***

As brancas conseguem uma posição ativa para o rei após 46...♖d7 47.♔f3 ♔g8 48.♔g4 ♔f7 49.♔f5+−

47.hxg6+	***♔xg6***
48.♖e6+	***♔g7***
49.♖d6	***♖b7***
50.♔f3	***b5***

50...h5 51.f5 ♔h7 52.g4 hxg4+ 53.♔xg4+−

51.cxb5	***♖xb5***
52.♖d7+	***♔g6***
53.♖xa7	***♖b6***

Agora as pretas estão com dois peões a menos no final.

54.g4 ***♖c6***
55.♖a4 ***♖d6***
56.♔e4 ***♖d2***
57.♖a6+ ***♔g7***
58.♔f5 ***♖d5+***
59.♔e6 ***♖d4***
60.♖a7+ ***♔g8***
61.♔f5 ***♖d5+***
62.♔g6 ***♖d6+***
63.♔h5 ***♖c6***
64.f5 ***c4***
65.bxc4 ***♖xc4***
66.a4

66.g5 hxg5 67.♔g6 ♖c8 68.f6 ♖d8 69.♖g7+ ♔f8 *(69...♔h8 70.♖h7+ ♔g8 71.f7+ ♔f8 72.♖h8+ ♔e7 73.♖xd8 ♔xd8 74.f8♕++−)* 70.♖h7 ♔e8 71.♖h8+ ♔d7 72.♖xd8+ ♔xd8 73.♔xg5+−

66. ... ***♖f4***
67.a5 ***♖a4***
68.♖b7

Ganhava mais rapidamente 68.g5 Δ f6

68. ...	***♖xa5***
69.♔xh6	

69.♔g6 ♖a8 *(69...♔f8 70.♖b8+ ♔e7 71.f6+ ♔e6 72.f7 ♖g5+ 73.♔xh6+−)* 70.f6 ♖d8 71.♖g7+ ♔f8 *(71...♔h8 72.♖h7+ ♔g8 73.f7+ ♔f8 74.♖h8+ ♔e7 75.♖xd8 ♔xd8 76.f8♕++−)* 72.♖h7 ♔e8 73.♖h8+ ♔d7 74.♖xd8+ ♔xd8 75.f7 ♔e7 76.♔g7+−

69. ...	***♖a6+***
70.♔h5	***♖f6***
71.♖b5	***♖a6***
72.g5	***♖c6***
73.g6	***♖c1***
74.♔g5	***♖c8***

74...♔f8 75.♖b8+ ♔e7 *(75...♔g7 76.f6#)* 76.f6+ ♔d7 77.f7+−

75.f6	***♖a8***
76.♔h6	***♖c8***
77.f7+	***♔f8***
78.♔h7	

1-0

Mecking, Henrique – Dreev, Alexey [D47]

Tilburg (m/4–rápido), 12.09.1994

1.d4	*d5*
2.c4	*c6*
3.♘f3	*♘f6*
4.♘c3	*e6*
5.e3	*♘bd7*
6.♗d3	*dxc4*
7.♗xc4	*b5*

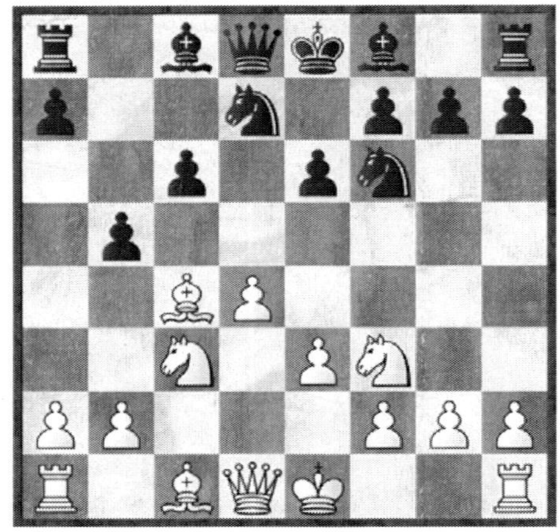

Posição Teórica da Defesa Merano.

8.♗d3	*♗b7*

As pretas evitam jogar a complexa variante 8...a6 9.e4 c5 10.e5 cxd4 11.♘xb5 que leva a grandes complicações.

9.a3

Outras opções, de acordo com a teoria, são 9.0-0 ; 9.e4

9. ...	*b4*
10.♘e4	*c5*

No ano seguinte foi jogada a variante 10...♘xe4 11.♗xe4 bxa3

12.bxa3 ♗d6 13.♗d2 *(13.♖b1 ♖b8 14.♕a4 0-0=)* 13...♖b8 14.♕a4 *(14.♗b4 c5=)* 14...c5 15.♗xb7 ♖xb7 16.dxc5 ♗xc5 17.♗a5 *(17.0-0 0-0=)* 17...♕b8 18.♖d1 *(18.0-0 0-0=)* 18...0-0 1/2 – 1/2 Karpov – Kramnik, Dortmund 1995

11.♘xf6+	***gxf6***

12.0-0

As brancas podem trocar os peões na ala da dama com 12.axb4 cxd4 13.♘xd4 *(13.0-0±)* 13...♗xb4+ 14.♗d2 ♗xd2+ 15.♕xd2 (Izeta – Korneev, Elgóibar 1998) 15...♗xg2 16.♖g1 ♗d5∞

12. ...	***♕b6***

Se 12...cxd4 as brancas conseguem posição ativa para as peças após 13.♘xd4 ♖g8 14.f3 ♗d6 15.♕e1 f5 *(15...bxa3 16.bxa3 ♘c5 17.♗c4± Δ ♖b1)* 16.axb4 ♕f6 17.♗a6 ♗d5 (Moskalenko – Lastin, Marganets 1999) 18.♗b5± Δ ♖a6; Δ ♗c6

13.axb4	***cxd4***
14.♘xd4	***♗xb4***
15.♗d2	***♖g8***
16.f3	***♖g5***
17.♗xb4	***♕xb4***

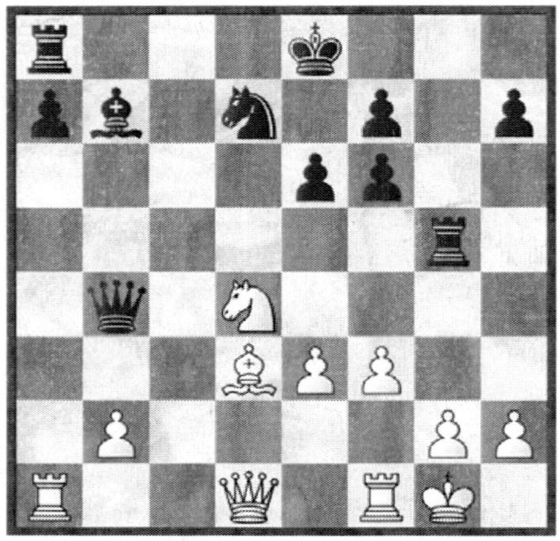

18.♕b3

As brancas podem manter as damas no tabuleiro para jogar o meio-jogo, por exemplo: 18.♖f2 ♖c5 19.♕d2 ♕b6 20.b4 ♖c7 21.♘b5 ♖cc8 22.♗f1 ♔e7 23.♕d4 *(melhor centralizar o cavalo com 23.♘d4± Δ b5)* 23...a6 24.♖d2 ♗d5 25.♕xb6 ♘xb6 26.♘d4 ♗c4= Moskalenko - Dreev, Alushta 1994

18. ... ♕xb3
19.♘xb3 ♘c5
20.♘xc5 ♖xc5
21.♖fc1

As brancas conseguiriam três peões com o sacrifício de bispo após 21.♗xh7 f5 22.e4 ♔f8 23.exf5 ♔g7 24.fxe6 ♔xh7 25.♖fc1 ♖xc1+ 26.♖xc1 ♗d5 27.exf7 ♗xf7 28.♖c7⩱

21. ... ♖xc1+
22.♖xc1 ♔d7
23.♔f2

As brancas poderiam jogar de maneira ativa com 23.♗b5+! ♔d6 24.♖d1+! ♔c5 25.♗a4!± Δ ♖d7

23. ... f5=
24.♖c4 ♗c6

25.g4	***♖b8!***
26.gxf5	***♖xb2+***
27.♔g3	

27. ...	***e5***

A outra opção das pretas é avançar rapidamente o peão passado da ala da dama com 27...a5 28.fxe6+ fxe6 29.♗xh7 a4 30.♗g8 a3 31.♗xe6+ ♔xe6 32.♖xc6+ ♔d5 33.♖a6 a2 34.h4 *(34.f4 ♔c4 35.f5 ♔b3 36.f6 ♖b1 37.♔f4 a1♕ 38.♖xa1 ♖xa1 39.♔e5 ♖a5+ 40.♔e6 ♖a6+ 41.♔e7 ♖a7+ 42.♔f8 ♖h7 43.f7 ♖xh2=; 34.♖a4 ♔c5 35.h4 ♔b5 36.♖a8 ♔b4 37.h5 ♔b3 38.h6 ♖b1 39.h7 ♖h1=)* 34...♔c4 35.h5 ♔b3 36.h6 ♖b1 37.♖xa2 *(37.h7 ♖h1=)* 37...♔xa2 38.♔g4 ♖h1 39.♔g5 ♔b3 40.♔g6 ♖g1+ 41.♔f7 ♖g3 42.f4 ♖xe3 43.h7 ♖h3 44.♔g7 ♔c4=

28.♖h4	***♖b3***
29.♗e4	***♖xe3***

29...a5 30.♗xc6+ ♔xc6 31.♖xh7 *(31.♖h6+!?)* 31...♖b7 32.♖h8 ♖a7 33.h4 a4 34.h5 a3 35.h6 a2 36.h7 a1♕ 37.♖c8+= Δ h8♕

30.♗xc6+	***♔xc6***
31.♖xh7	

31. ... ***♔d6?***

Uma perda de tempo. Era melhor avançar o peão passado na ala da dama com 31...a5! Δ a4

32.♖xf7?

As brancas poderiam impedir o próximo lance das pretas com 32.♔f2! Δ ♖xf7

32. ... ***e4!***
33.♔f4 ***♖xf3+***
34.♔xe4 ***♖h3***
35.♔f4

O final está empatado após 35.♖xa7 ♖xh2 36.♔f4 ♖g2!=

35. ... ***♖xh2***

36.♔g5

Mecking, que precisava vencer, prolonga a partida e, por isso, não entra no final teórico de empate com 36.♖xa7 ♖g2!=

36. ...	***♖a2***
37.♔g6	***a5***
38.♖a7	***♔c5***
39.f6	***♖g2+***
40.♔f5	***♖f2+***
41.♔e6	***♖e2+***
42.♔d7	***♖f2***
43.♔e7	***♔b4***
44.f7	***♖e2+***
45.♔d8	***♖f2***
46.♔e7	***♖e2+***
47.♔d8	***♖f2***
48.♔e8	***a4***
49.f8♖	***♖xf8+***
50.♔xf8	***a3***
51.♔e7	***♔b3***
52.♔d6	***a2***
53.♔c5	***♔b2***
54.♔b4	***a1♕***
55.♖xa1	***♔xa1***

½-½

Mecking, Henrique – Braga, Cicero [E81]

Campinas (Jogos Abertos), 1994

1.d4 ♘f6
2.c4 g6
3.♘c3 ♗g7
4.e4 d6
5.f3 0-0
6.♗e3 ♘bd7

Mecking entrou na variante de troca de damas após 6...c5 7.dxc5 dxc5 8.♕xd8 ♖xd8 9.♗xc5 ♘c6 10.♘ge2 b6 11.♗a3 ♗a6 *(11...♗b7 12.♖d1±)* 12.♘b5 *(12.b3±)* 12...♖ac8 *(12...♗b7 13.♘f4±)* 13.♘ec3 ♗b7 *(13...♗xb5 14.cxb5 ♘d4 15.0-0-0±)* 14.♘d5 ♘xd5?! *(14...e6!?)* 15.exd5 ♘d4 16.♘xd4 ♗xd4 17.♖d1± Mecking – Barretos, Bauru (Jogos Abertos) 2012

7.♕d2 c5
8.♘ge2 a6
9.♖d1 ♕c7

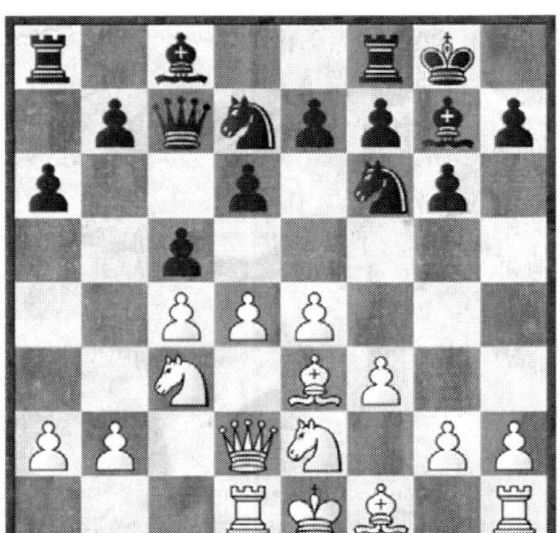

10.g4!?

Interessante ideia das brancas de atacar o cavalo para forçar sua retirada. O conhecido era 10.♘c1 cxd4 11.♗xd4 ♘e5 12.b3 ♕a5 13.♘a4 ♕xd2+ 14.♖xd2 ♗h6 15.♖d1 ♘fd7 16.♗e2 ♘c6 17.♗f2 ♘b4

18.♘c3 ♘c2+ 19.♔f1 ♘f6 20.♘d3 ♘e3+ 21.♗xe3 ♗xe3 22.♘b4 ♗e6 23.♘bd5 ♘xd5 24.♘xd5 ♗xd5 1/2 – 1/2 Polugaevsky – Boleslavsky, URSS (ch) 1961; 10.♘f4 e6 11.♗e2 cxd4 12.♗xd4 ♖e8 13.♗e3 ♗f8 14.0-0 b6 15.b3 ♗b7 16.♖c1 ♖ac8 17.♖fd1 ♘e5 18.♕e1 ♘fd7 19.♕f2 ♗g7 20.♗f1 ♖b8 21.♔h1⩲ Kramnik – Piket, Amber (às cegas/rápido) 1994

10. ... ***e6***

As brancas conseguem uma vantagem posicional na abertura, por exemplo: 10...♖b8 11.g5 cxd4 12.♘xd4 ♘h5 13.b3⩲; 10...♖e8 11.g5 cxd4 12.♘xd4 ♘h5 13.b3⩲; 10...cxd4 11.♘xd4 ♘e5 12.b3⩲

11.g5 ***♘h5***

11...cxd4 12.♘xd4 ♘h5 13.b3⩲

12.b3⩲ ***♕a5***

12...♖b8 13.♘g3 cxd4 14.♗xd4 ♗xd4 15.♕xd4 ♘e5 16.♕e3 ♘g7 17.f4 ♘c6 18.h4⩲

13.dxc5 ***dxc5***

13...♘xc5 14.♗g2 b5 15.0-0⩲

14.♘a4 ***♕c7***
15.♕d6

15. ... ♕xd6

As brancas conseguiriam manter a vantagem após 15...♕a5+ 16.♔f2 *(16.♗d2 ♕d8 17.f4±)* 16...b5 17.♘xc5 ♘xc5 18.♗xc5 bxc4 19.b4 ♕a4 20.♘g3 ♘f4 *(20...♕xa2+? 21.♗e2!+−)* 21.♗xc4 ♕c2+ 22.♗e2 *(22.♖d2 ♘h3+ 23.♔g2 ♕xc4 24.♔xh3 a5 25.♖b1⩲)* 22...♘h3+ 23.♔g2 e5 24.♕d2⩲

16.♖xd6 ♖e8

Era melhor jogar o bispo numa posição mais ativa com 16...♗e5 17.♖d1 b6 18.♖xd7 ♗xd7 19.♘xb6 ♖a7 *(19...♖ad8 20.♗xc5 ♖fe8 21.♗e3⩲)* 20.♗xc5 ♖d8 21.♔f2 ♗e8 22.♗e3⩲

17.♖d2 ♗f8

O plano das brancas é dobrar as torres na coluna aberta, por exemplo: 17...f6 18.h4 b6 19.♔f2 ♖a7 20.♗h3 ♖b7 21.♖hd1±

18.♘g3 ♖b8

18...♘g7 19.f4 ♗e7 20.♗e2 b6 21.♔f2 ♖a7 22.♖hd1±

19.♘xh5 gxh5
20.♗f4 ♖a8

20...e5 21.♗e3 ♗e7 22.♗h3 *(22.♘c3 ♘f8 23.♘d5±)* 22...♘f8 23.♗xc8 ♖bxc8 24.♖d5 b5 25.♘b2 ♘g6 26.♔e2 ♖ed8 27.♖hd1±

21.♔f2 ♗g7

21...b6 22.♗e2 ♖a7 23.♖hd1±

22.♗e3 b6
23.♗e2 ♖b8

23...♖a7 24.♖hd1+−; 23...♗f8 24.♖hd1+−

24.♖hd1+−

24. ... ***♖b7***

Se 24...♖e7 seguiria 25.b4 ♗d4 *(25...cxb4 26.♘xb6 ♘xb6 27.♖d8+ ♗f8 28.♗xb6 ♖xb6 29.♖xc8+−)* 26.♗xd4 cxd4 27.♖xd4+−

25.f4 ***h4***
26.e5 ***h6***
27.gxh6 ***♗xh6***
28.♗f3 ***♖c7***
29.♖d6 ***b5***
30.cxb5 ***axb5***
31.♘c3 ***♖a7***
32.♗c6 ***♖e7***
33.♗xb5

1-0

Mecking, Henrique – Sega, Carlos Alberto [D36]

Campinas (Jogos Abertos), 1994

1.d4	***d5***
2.c4	***e6***
3.♘c3	***♘f6***
4.cxd5	***exd5***
5.♗g5	***♗e7***
6.e3	***c6***
7.♗d3	***♘bd7***
8.♘ge2	***0-0***
9.♕c2	***♖e8***
10.0-0	***♘f8***

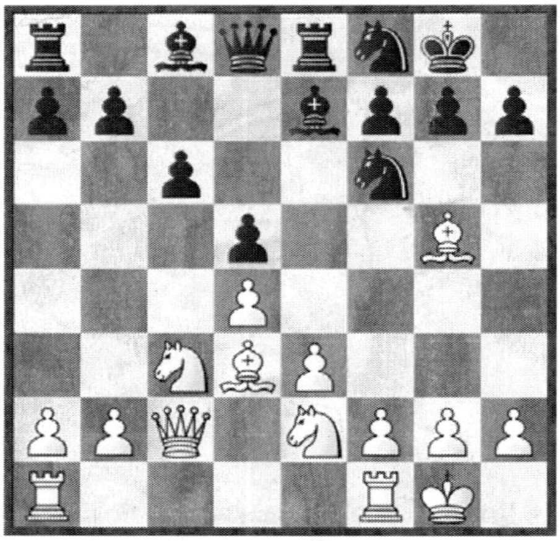

11.♖ad1

Posição teórica, onde as brancas têm várias opções mais co–nhecidas como: 11.f3 ; 11.a3; 11.♖ae1; 11.♖ab1

11. ...	***♘h5***
12.♗xe7	***♖xe7***

A melhor continuação para as pretas é 12...♕xe7 13.♖fe1 ♗g4!? [13...♘g6 14.♘g3 *(14.♖b1±* Δ b4*)* 14...♘xg3 15.hxg3 ♗e6 *(15...♕d6)* 16.a3 ♕d6 17.b4 a5 *(17...♗d7)* 18.bxa5 ♕xa3 *(18...♖xa5 19.a4±* Δ ♖b1*)* 19.♖a1 ♕e7 20.♕b2 ♕c7 21.♕b4 ♘f8 22.♖eb1 ♖eb8 23.e4 dxe4

24.♗xe4± Milov – Asrian, Nova Iorque (open) 1998 *(24.♘xe4±)*] 14.h3 *(14.♖b1 ♗xe2 15.♖xe2 ♘f6 16.b4 ♘e6=)* 14...♗xe2 15.♕xe2 ♘f6 16.f3 ♘e6= Tukmakov – Lputian, Sochi 1987

13.b4	***a6***

Em vez de debilitar a ala da dama, era melhor jogar 13...♘f6 14.♖b1 ♕d6 15.b5±

14.a4	***♗e6***

Era melhor posicionar os cavalos em casas mais ativas com 14...♘f6 15.♖b1 ♘e6 16.b5±

15.b5±

15. ...	***cxb5***
16.axb5	***♖c7***

Em vez de ficar com uma debilidade que será atacada, era melhor entregar o controle da coluna c após 16...a5 17.♘a4 ♖c8 18.♕b2 b6 19.♕a3 ♖b7 20.♖c1 ♘g6 21.♖c6± Δ ♖fc1

17.bxa6	***bxa6***
18.♖a1±	***♖c6***

As pretas podem manobrar o bispo com 18...♗c8 mas as peças

brancas estão muito ativas para pressionar os peões pretos após 19.♖a5 ♘f6 20.♖b1 ♗b7 21.♕a2±

19.e4

As brancas podem ficar com as peças ativas na ala da dama após 19.♖fb1 ♘f6 20.♕a4±

19. ... ***dxe4***

Era melhor manobrar os cavalos com 19...♘g6 20.g3 ♘f6 21.e5± Δ ♖fb1

20.♗xe4 ***♗d5***
21.♗xd5 ***♕xd5***
22.♕xh7+!

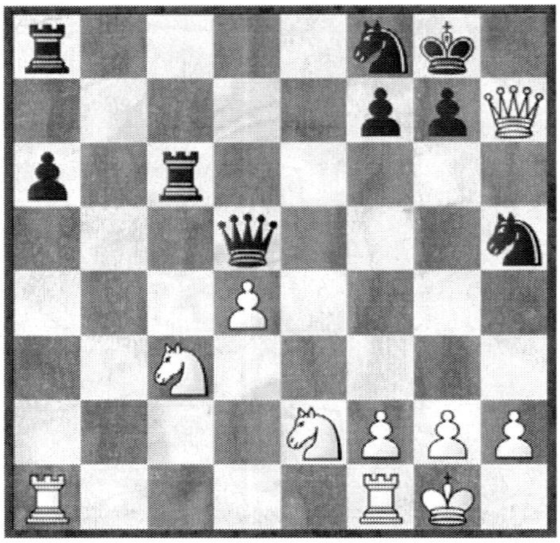

22. ... ***♔xh7***

As brancas ganharam um peão. Se agora 22...♘xh7 as brancas teriam um final ganhador após 23.♘xd5 ♖c2 *(23...♖e8 24.♘e3+−)* 24.♖fe1 ♘5f6 *(24...♖d2 25.♘b6+−)* 25.♘e3+−

23.♘xd5 ***♖d6***

23...♘e6 24.♖a5 ♖d6 25.♖d1 ♖ad8 26.♘e3 ♘f6 *(26...♘hf4 27.♘xf4 ♘xf4 28.d5 ♘e2+ 29.♔f1 ♘c3 30.♖d3 ♘b5 31.h4*+− Δ g4*)* 27.d5 ♘c7 28.♘c3 ♖b6 29.♖c5 ♘b5 30.♘a4 ♖bd6 31.f3±

24.♖a5	**♖e8**

24...♘e6 25.♖d1 ♖ad8 26.♘e3 ♘f6 27.d5 ♘c7 28.♘c3 ♖b6 29.♖c5 ♘b5 30.♘a4 ♖bd6 31.f3±

25.♘e3	**♘f6**
26.♖d1	

26.♖fa1 ♘g4 27.♘xg4 ♖xe2 28.d5+−

26. ...	**♘d5**

27.♖xd5

27.♘g3 ♘c3 *(27...♘xe3 28.fxe3+−)* 28.♖c1 ♘b5 29.d5+−

27. ...	**♖xd5**
28.♘xd5	**♖xe2**
29.♔f1	**♖b2**
30.♘e3	**♔g6**

As pretas poderiam impor uma resistência maior no final com 30...a5 31.♖a1 ♖b4 32.d5 a4 33.♔e2±

31.♖a1!	**♖b6**
32.♔e2	**♖d6**

O final é ganhador para as brancas por causa da posição ativa do rei também após 32...♘e6 33.♔d3 ♖b4 34.d5 ♘c5+ 35.♔c3 ♖h4 36.f3 ♘a4+ 37.♔c2 ♖b4 38.♖d1+−

33.♔d3	***♘d7***
34.d5	***f5***
35.♔d4	

1-0

Mecking, Henrique – Zapata, Alonso [E84]

Campinas (Jogos Abertos), 1994

1.d4	*♘f6*
2.c4	*g6*
3.♘c3	*♗g7*
4.e4	*d6*
5.f3	*0-0*
6.♗e3	*♘c6*
7.♘ge2	*a6*
8.♕d2	*♖b8*

As brancas possuem várias opções para continuar o desenvolvimento nesta posição da abertura contra a India de Rei: 9. d5, 9.♖d1, 9.g4. 9.g3, 9.♖c1, 9.♖b1, 9.a3, 9.♗h6, 9.h4.

9.♘c1	*e5*
10.d5	

10.♘b3 exd4 11.♘xd4 ♘xd4 *(11...♘e5 12.♖d1 c6 13.♗e2 b5 14.cxb5 axb5∞* Beliavsky – Kasparov, Linares 1990*)* 12.♗xd4 ♗e6 13.♗e2 c6 14.0-0 b5= Hjartarson – Nunn, Roterdã 1989

10. ...	*♘d4*
11.♘1e2	

11.♘b3 ♘xb3 12.axb3 c5 13.g4 h5 14.h3 ♘h7 15.gxh5 ♕h4+ 16.♕f2 ♕xf2+ *(16...♕xh5 17.♗e2 ♘f6 18.f4 ♕h8∞ Δ ♘h5)* 17.♔xf2± Karpov − Xie Jun, Guangzhou (m/3) 2000

11. ...	***c5***

11...♘xe2 12.♗xe2 ♘h5 13.0-0-0 f5 14.♔b1 ♗d7 15.♗d3 ♔h8 16.♖hg1 ♕e7 17.♗c2 ♘f6= I. Ibragimov − Fedorov, Sochi 1997

12.dxc6	***♘xc6***

12...bxc6?! 13.♘xd4 exd4 14.♗xd4 ♕a5 *(14...♖e8 15.♗e2 d5 16.cxd5 cxd5 17.e5 ♘d7 18.f4±* Borges Mateos − Escobar Forero, Sants 2005*; 14...d5 15.cxd5 cxd5 16.e5 ♘d7 17.f4±* Utnasunov − Lugovoi, Rússia (ch) 2000*)* 15.♖c1 ♗e6 16.♗e2 ♖fd8 17.b3 *(17.0-0 ♕b4 18.b3 d5!? 19.♕e3 dxc4 20.♗c5 ♕a5 21.b4 ♕c7 22.♖cd1 ♖xd1 23.♖xd1⩲* Wiedenkeller − Gavric, Banjaluka 1987*)* 17...♕b4 18.♖c2±

13.♘d5	***♘xd5***

13...b5 14.♘ec3 ♘xd5 15.♘xd5 ♗e6 16.b3⩲; 13...♗e6 14.♘ec3 ♘h5 15.♗d3 ♘d4 16.0-0⩲ Riazantsev − Al Sayed, Dubai 2000

14.cxd5	***♘a5***
15.♘c3	

As brancas poderiam controlar diretamente a coluna c com 15.♖c1 b5 16.b3⩲

15. ...	***b5***
16.b3⩲	

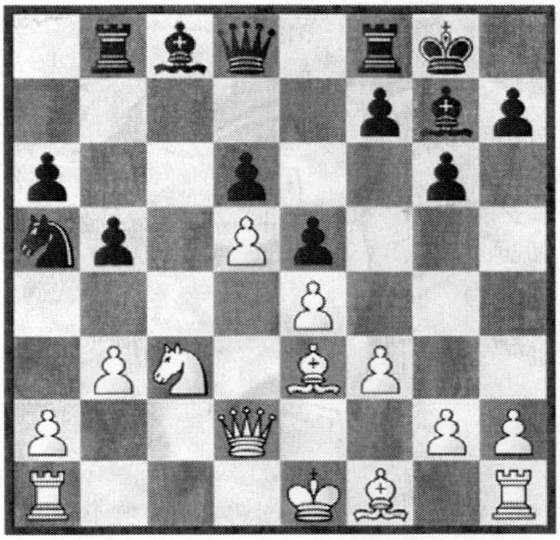

16. ...	***f5***
17.♗e2	***b4***

17...f4 18.♗f2 ♗f6 *(18...♕g5 19.g4 ♗d7 20.h4 ♕e7 21.h5±)* 19.0-0 ♗d7 20.♖fc1±

18.♘d1	***fxe4***

18...♕h4+ 19.♗f2 ♕h6 20.♕c2±

19.fxe4	***♕h4+***

Era melhor jogar 19...♘b7 20.♘f2 *(20.♕xb4 ♗h6 21.♗xh6 ♕h4+ 22.g3 ♕xh6 23.♕d2 ♕h3 24.♗f1±)* 20...a5 21.0-0 ♗d7 22.♘g4±

20.♘f2!±	***♗h6***
21.0-0	***♗f4***

As brancas finalmente conseguem completar o desenvolvimento da ala do rei e podem ativar o cavalo, após a troca de bispos, com 21...♗xe3 22.♕xe3 ♕e7 23.♘d3±

22.♗xf4	***♕xf4***
23.♕xf4	***♖xf4***
24.♖ac1	***♖f7***

25.♖c2	***♖a7***
26.♘d3	***♗d7***

Era necessário impedir a penetração de torre com 26...♔g7 27.♖fc1 *(27.♘xe5!? dxe5 28.♖c5 ♘xb3 29.axb3 ♗d7 30.♖fc1±)* 27...♗d7 28.♔f2± Δ ♔e3

27.♖f6!+−

27. ...	***♗b5***
28.♖xd6	***♖e7***
29.♘b2	***♗xe2***
30.♖xe2	***♖c8***
31.♖xa6	***♖c1+***
32.♔f2	***♖f7+***
33.♔e3	***♘b7***
34.♘d3	***♖c3***
35.♖c6	***♖xc6***
36.dxc6	***♘d6***

1-0

Mecking, Henrique – del Rio, Salvador [E90]

Linares (open), 1995

1.d4 ***♘f6***
2.c4 ***c5***
3.d5 ***e6***
4.♘c3 ***exd5***
5.cxd5 ***d6***
6.e4 ***g6***
7.h3 ***♗g7***
8.♘f3 ***0-0***
9.♗d3 ***b5***

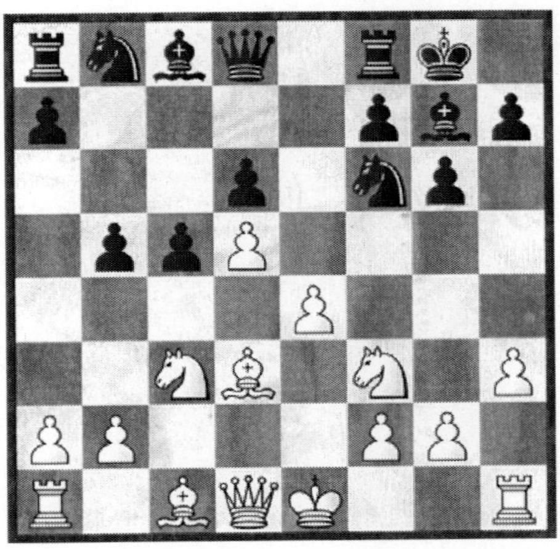

10.♗xb5

As brancas podem optar por tomar o peão com a outra peça menor: 10.♘xb5 ♖e8 11.0-0 *(a variante 11.♘d2!? é conhecida por sua complicações táticas)* 11...♘xe4 12.♖e1 *(12.♕b3 a6 13.♘a3 ♘d7=* (Δ ♖b8) Ephishin – Nepomnishay, São Petersburgo 1996*; 12.♗xe4 ♖xe4=* San Segundo Carrillo – Martin del Campo, Antuérpia 1992*)* 12...a6 13.♘a3 ♘f6 14.♖xe8+ ♘xe8 15.♗g5 *(15.♘c4 ♗b7=* Hracek – Knazovcik, Tchecoslováquia (ch) 1993*)* 15...♕c7= Horvath – Hardicsay, Hungria 1994

10. ... ***♘xe4***
11.♘xe4 ***♕a5+***

12.♘fd2 ***♕xb5***
13.♘xd6

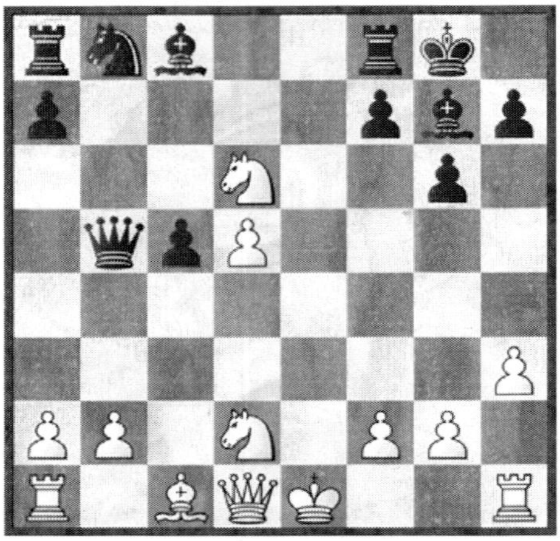

13. ... ***♕d3***

De pretas, Mecking jogou duas vezes a variante 13...♕a6 14.♘2c4 ♘d7 15.0-0 ♘e5 16.♘xe5 *(16.♘xc8 ♖axc8 17.♘xe5 ♗xe5 18.♖e1 ♕d6 19.♗g5 ♖fe8 20.♕a4 ♕xd5 21.♖ad1 ♕a8* (Δ ♗d4) *22.b3* 1/2 – 1/2 Leitão – Mecking, São Paulo (zonal) 2005*)* 16...♕xd6 17.♘c4 *(17.♘c6 ♗b7=)* 17...♕a6 18.♕b3 ♗d7 *(18...♗b7=)* 19.♗f4 ♗a4 20.♕d3 ♗b5 21.♖ac1 ♕xa2 22.b3± Granda Zuñiga – Mecking, São Paulo (zonal) 2003

14.♘2c4 ***♕xd1+***
15.♔xd1 ***♗a6***
16.♔c2 ***♘d7***
17.♗g5

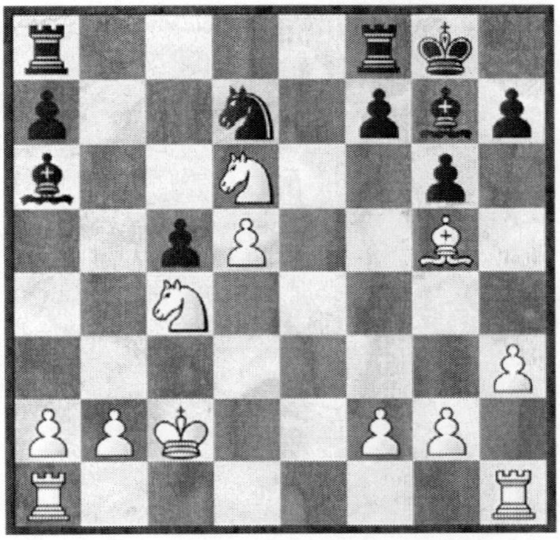

17. ... ***♖fb8***

Era melhor simplificar a posição com 17...♘e5 18.♘xe5 ♗xe5 19.♘e4 ♖ab8 20.♘c3 ♗b7 21.♖hd1 f6 22.♗e3 ♖fd8 23.♗xc5 ♗xc3 24.♔xc3 *(24.bxc3±)* 24...♗xd5 25.b4±

18.♖ad1± ***♘e5***

Se 18...♘b6 seguiria 19.b3 ♘xc4 *(19...♗d4 20.♘e3±)* 20.♘xc4 ♗xc4 *(20...♗d4 21.♘a5±)* 21.bxc4 ♖b2+ ver a partida.

19.b3 ***♘xc4***
20.♘xc4 ***♗xc4***
21.bxc4 ***♖b2+***
22.♔d3 ***♖xa2***

Se 22...♖xf2 seguiria 23.♖d2 ♖xd2+ *(23...♖f5 24.♗e3 ♗f8 25.♖b1+–)* 24.♗xd2 ♖b8 25.♖e1+–

23.d6! ***♖a3+***
24.♔e2 ***♖a2+***
25.♔f3 ***♖a3+***
26.♗e3 ***♗d4***

Oferecia maiores possibilidades de resistência simplificar a po–

sição com 26...♗f8 27.♖d5 *(27.♔e4 ♖d8!? Δ f5+)* 27...♖d8 28.♖hd1 f6 29.♖xc5 ♖xd6 30.♖xd6 ♗xd6 31.♖d5±

27.♔e4!+−

27. ...	***♗xe3***
28.fxe3	***♔f8***
29.♔d5	***♔e8***

O rei ativo é decisivo no final, por exemplo: 29...♖c3 30.♔c6 a5 *(30...♖xc4 31.♔c7+)* 31.♖d5 ♖xe3 32.♖a1+−; 29...♖xe3 30.♖he1 ♖xe1 31.♖xe1+−

30.e4	***♔d7***

30...♖a2 31.g4 a5 32.♖hf1 a4 33.♖f3+−

31.e5	***♖e3***
32.♖he1	***♖xe1***
33.♖xe1	***a5***
34.♖f1	***♔e8***
35.e6	

1-0

Mecking, Henrique – San Segundo, Pablo [D44]

Linares (open), 1995

1.d4	***d5***
2.c4	***c6***
3.♘f3	***♘f6***
4.♘c3	***e6***
5.♗g5	***dxc4***
6.e4	***b5***
7.e5	***h6***
8.♗h4	***g5***
9.♘xg5	***hxg5***
10.♗xg5	***♘bd7***
11.g3	

11. ...	***♖g8***

Devido à enorme complexidade da posição e de variantes e subvariantes, segue uma linha principal da Small ECO (terceira edição, 2010): 11...♗b7 12.♗g2 ♕b6 13.exf6 0-0-0 14.0-0 c5 15.d5 b4 16.♘a4 ♕b5 17.a3 exd5 18.axb4 d4 19.♗xb7+ ♔xb7 20.♘c3 dxc3 21.♕d5+ ♔b6 22.♗f4 ♖h5 23.♕xh5 cxb2 24.♖ad1 cxb4 25.♗c7+ ♔c6 26.♕xb5+ ♔xb5 27.♗xd8 c3 28.♖xd7 (Aseev – S. Ivanov, São Petersburgo 1997) 28...c2! 29.♖dd1 cxd1♕ 30.♖xd1 ♔c4!∓

12.h4

As pretas conseguem completar o desenvolvimento da ala da dama e compensação pelo sacrifício após 12.♗h4 ♕c7 13.exf6 ♗b7 14.♗g2 0-0-0=∞; Um final de torres com bispos de cores opostas surge após 12.♗xf6 ♘xf6 13.exf6 ♕xf6 14.♗g2 ♗b7 15.♘xb5 cxb5 16.♗xb7 ♗b4+ 17.♔f1 ♖d8 18.♕f3 ♕xf3 19.♗xf3 ♖xd4= P. Nikolic – Khenkin, Burgas 1993

12. ...	***♖xg5***
13.hxg5	***♘d5***
14.g6	***fxg6***
15.♕g4	***♕e7***

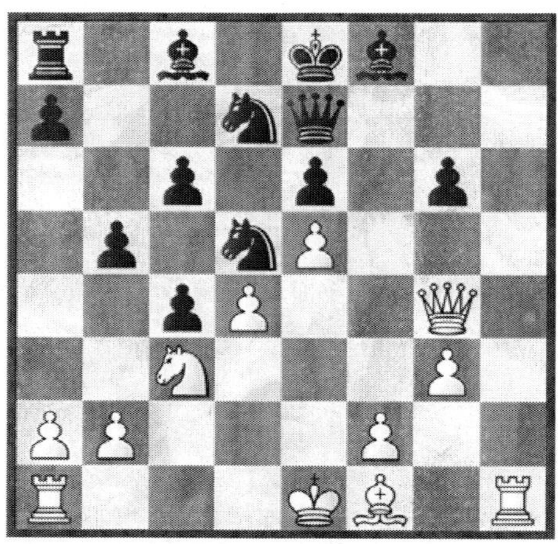

16.♕xg6+

As brancas podem retardar a tomada do peão e continuar o desenvolvimento com 16.♗g2 ♘7b6 17.♗e4 *(17.♕xg6+ ♕f7 18.♕xf7+ ♔xf7 19.0-0-0 ♘xc3 20.bxc3 ♘d5 21.♖h7+ ♗g7 22.♗xd5 cxd5=* (Δ ♗d7) Zenyuk – Korley, Nova Iorque 2007*)* 17...♕b4 18.♕xg6+ ♔d8∞

16. ...	***♕f7***
17.♕xf7+	***♔xf7***
18.♗g2	

Um dos antecedentes, antes da presente partida, era 18.♘e4 ♗b4+ 19.♔e2 c3 20.bxc3 ♘xc3+ 21.♘xc3 ♗xc3 22.♖d1 b4 23.♗g2 ♗a6+ 24.♔e3 ♖g8 25.♗xc6 ♘b6= Lobron – Shirov, Alemanha 1993

18. ... ♘xc3?!

As pretas poderiam manter a igualdade com 18...♘7b6!?; 18...a5!?

19.bxc3

As brancas poderiam jogar o lance intermediário 19.♗xc6 ♖b8 20.bxc3 ♖b6 21.♗e4±

19. ... ♖b8

Se 19...♗b7 as brancas seguiriam com 20.a4±

20.f4

Novamente as brancas poderiam tomar o peão com 20.♗xc6 ♖b6 21.♗e4±

20. ... b4
21.♔d2 c5

Uma melhora em relação a 21...a5? pois as brancas ganham o peão e conseguem clara vantagem com 22.♗xc6 ♘b6 23.g4 ♗b7 24.♗xb7 ♖xb7 25.♖h7+ ♗g7 (Δ ♔g8) 26.f5 ♘d5?! (Bareev – San Segundo, Madri 1994) 27.cxb4! axb4 28.♖c1!+−

22.d5 ♘b6

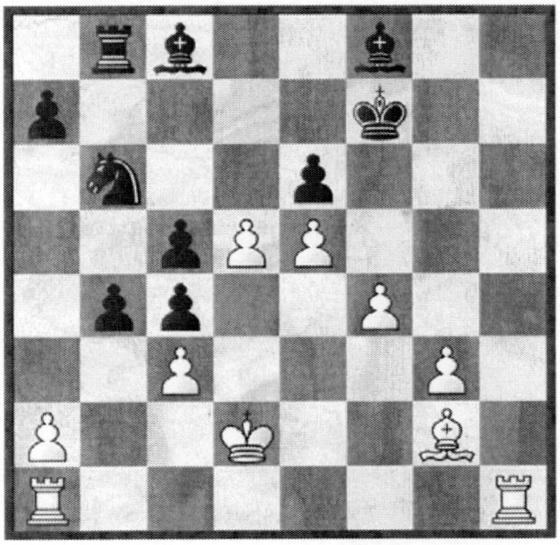

23.dxe6+

As brancas teriam um peão passado central após 23.d6!± sem permitir a atividade do par de bispos das pretas.

23. ...	***♗xe6***
24.♗e4	***♖d8+***
25.♔e3	***♘d5+***
26.♗xd5	***♖xd5***
27.♖hd1	***♖xd1***
28.♖xd1	***♗f5***
29.♔d2	***♗e7***
30.a3	***bxc3+***

As pretas poderiam manter a tensão na ala da dama com 30...a5!? e permanecer no final com o par de bispos.

31.♔xc3	***♗d3***
32.♖xd3	

32.♔d2 ♗d8! 33.♔e3 ♗a5 34.♖c1 ♔e6 35.g4 ♔d5=; 32.g4 ♗d8 33.♖xd3 cxd3 34.♔xd3 ♗h4 35.f5 ♗g3 36.e6+ ♔e7 37.♔c4 ♔d6 38.g5 ♗h4 39.g6 ♗f6=

32. ...	***cxd3***
33.♔xd3	***♔g6***

As pretas poderiam rapidamente empatar o final com 33...c4+ 34.♔xc4 ♗xa3 35.f5 ♗b2 36.e6+ ♔f6 37.g4=

34.g4	***♗h4***

Novamente, as pretas poderiam empatar rapidamente o final com 34...c4+ 35.♔xc4 ♗xa3 36.♔d5 a5 37.♔c6 ♗b4 38.♔b5 ♔f7 39.f5 ♗c3 40.e6+ ♔f6 41.g5+ ♔e7 42.g6 ♔f6=

35.♔e4

As brancas não conseguiriam progredir após 35.♔c4 ♗e7 36.f5+ ♔g5 37.f6 ♗f8 38.a4 a5 39.♔d5 *(39.♔b5 ♔g6! 40.♔c4! ♔g5=)* 39...♔g6! 40.♔c4 ♔g5=

35. ...	***♗g3***
36.f5+	***♔g7***
37.g5	***♗h4***
38.g6	

38. ...	***c4??***

As pretas deixaram escapar o empate que havia com 38...♗g3! 39.a4 *(39.♔d5 c4!=; 39.e6 ♗d6=)* 39...a5 40.♔d5 *(40.e6 ♗d6=)* 40...c4! 41.e6 c3 42.e7 c2 43.f6+ *(43.e8♕ c1♕=)* 43...♔xf6! 44.e8♕ c1♕=

39.♔d4!+−	***♗g3***
40.e6	***♗d6***
41.a4	***♔f6***
42.♔xc4	***a5***
43.♔b5	***♗b4***
44.♔c6	

1-0

Mecking, Henrique – Matsuura, Everaldo [D44]

São Paulo (zonal), 1995

1.d4 d5
2.c4 c6
3.♘f3 ♘f6
4.♘c3 e6
5.♗g5 dxc4
6.e4 b5
7.e5 h6
8.♗h4 g5
9.♘xg5 hxg5
10.♗xg5 ♘bd7
11.g3 ♕a5
12.exf6 b4
13.♘e4 ♗a6

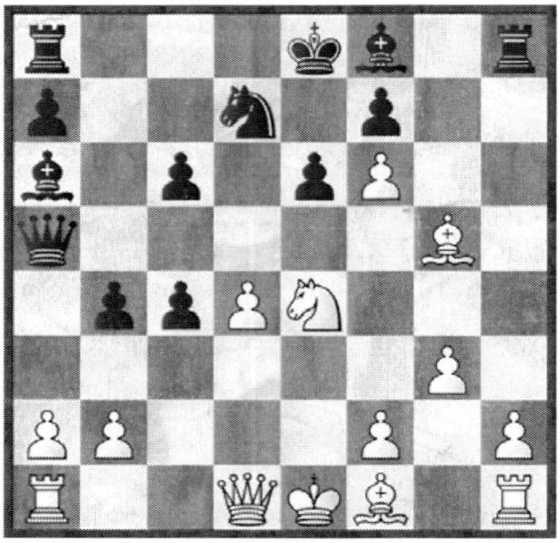

14.b3

O plano das pretas é completar o desenvolvimento da ala da dama, por exemplo: 14.♕f3 0-0-0 *(14...♕d5 15.♗e3±)* 15.♗g2 *(15.b3 ♘b6∞)* 15...c3 16.♘xc3?! *(16.bxc3 bxc3∞)* 16...♘b8! 17.♘e4 ♖xd4 18.♗e3 *(18.♗d2 ♘d7∓ Δ ♘e5)* 18...b3+! 19.♘c3 ♗a3! 20.♗xd4 *(20.axb3? ♗xb2! 21.♖xa5 ♗xc3+ 22.♗d2 ♗xd2+ 23.♔d1 ♗xa5+-+)* 20...♗xb2∓ Timman – Pinter, Taxco (interzonal) 1985; 14.♗e2 0-0-0 15.0-0 ♕f5 16.♕c2 ♘b6 17.♖ad1 *(17.f3!?)*

17...♕h3 18.♗h4 ♖xh4! 19.gxh4 ♗h6 *(19...♕xh4 20.f4 ♗h6⩱)* 20.h5!± Timman – Torre, Wijk aan Zee 1981

14. ... ♘b6?!

As pretas podem completar o desenvolvimento da ala da dama com 14...0-0-0

a) as brancas podem melhorar a variante com 15.♕c2!? c3 *(15...♘b6 16.♖d1±)* 16.♗xa6+ ♕xa6 17.♖d1±;

b) 15.♗xc4 ♗xc4 16.bxc4 ♘c5! 17.♘xc5 ♗xc5 18.♗e3 ♗xd4! 19.♗xd4 ♕f5! (as pretas conseguem igualar a posição com o jogo ativo de peças) 20.f3 *(20.♕a4 ♕e4+ 21.♗e3 ♕xh1+ 22.♔e2 ♕xa1 23.♕xc6+ ♔b8 24.♕b5+ ♔a8 25.♕c6+=)* 20...c5 21.0-0 ♖xd4 22.♕a4 ♖d2 *(22...♖xh2 23.♔xh2 ♖d2+ 24.♔g1 ♕h3 25.♕c6+ ♔b8 26.♕b5+ ♔a8 27.♕c6+=)* 23.♖f2 *(23.♖ad1 ♖dxh2 24.♕c6+ ♔b8 25.♕b5+ ♔a8 26.♕c6+=)* 23...♖xf2 24.♕c6+ ♔b8 25.♕d6+ ♔a8 26.♕c6+ 1/2 – 1/2 Van Wely – Stellwagen, Bundesliga 2007.

15.bxc4! ♘xc4

As brancas ficam com um peão de vantagem e completam o desenvolvimento da ala do rei após 15...♗xc4 16.♗xc4 ♘xc4 17.0-0±

16.♕b3 ♕d5

Se 16...♘a3 as brancas pressionam o peão após a troca dos bispos com 17.♗xa6 ♕xa6 18.♖c1±; Conhecido era 16...♖d8 17.♗xc4 ♖xd4 18.♗xa6 ♖xe4+ 19.♗e2 ♕xg5 20.♕c2 ♕d5 21.0-0 ♖d4 22.♖ad1 ♕c5 23.♕b2±; 16...♕f5 17.f3 ♘a5 18.♕e3 *(18.♕d1 ♗xf1 19.♔xf1 ♕b5+ 20.♔g2 0-0-0 21.♖c1±)* 18...♗xf1 *(18...♘c4 19.♗xc4 ♗xc4 20.h4 ♕d5 21.♖h2 ♖d8 22.♖d2± Δ ♔f2)* 19.♔xf1 0-0-0 *(19...♖d8 20.h4±)* 20.♖c1± Ruban – Bryson, Hastings 1991

17.f3 ♗b5
18.♖c1 ♘a3

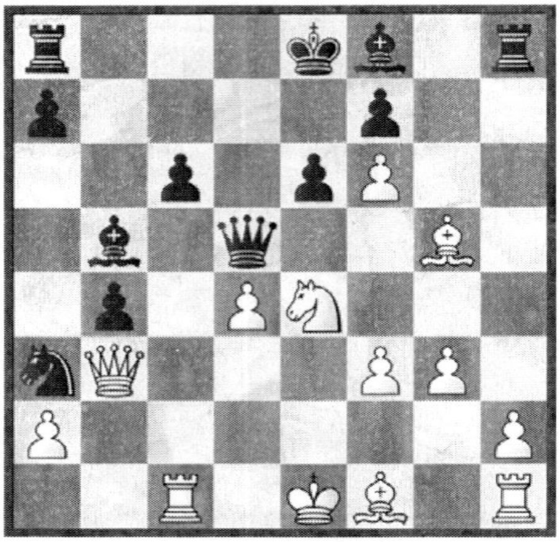

19.♕xd5?!

As brancas poderiam manter uma clara vantagem no meio–jogo com 19.h4

a) 19...♕xd4 20.♗xb5 ♘xb5 *(20...cxb5 21.♖c7±)* 21.♖xc6±;

b) 19...a5 20.♗xb5 ♘xb5 21.♕c4 ♘xd4 *(21...a4 22.♔f2 ♔d7 23.♖hd1±)* 22.♔f2 ♖d8 23.♖hd1± Δ ♗e3,

19. ... ***cxd5***
20.♘d2 ***♗d6***
21.♔f2 ***♗xf1***
22.♘xf1 ***♘b5***
23.♔e3

As pretas podem atacar tanto o peão branco em d4 como em f6 após 23.♗e3 ♗c7= Δ ♗b6; Δ ♗d8

23. ... ***♔d7***
24.h4 ***♖ac8***
25.♖xc8

25.♔d3 ♖xc1 26.♗xc1 ♖c8=

25. ...	***♖xc8***
26.h5	***♖c3+***

As pretas poderiam empatar com 26...♘xd4! 27.♔xd4 ♖c3! 28.♘e3 ♗c5+ 29.♔e5 ♗d6+ 30.♔d4 ♗c5+=

27.♔f2	***♘xd4***
28.h6	***♖c8***
29.♘e3	***a5***
30.♗f4	

30. ...	***a4***

As pretas poderiam sacrificar um peão central para ativar a torre após 30...e5! 31.♘xd5 *(31.♗g5?! ♔e6∓ Δ a4−b3)* 31...♔e6 32.♘e7 ♖c2+ 33.♗d2 ♖xd2+ 34.♔e3 ♖e2+ 35.♔d3 ♖xa2 36.h7 ♖a3+

a) 37.♔e4?? ♘xf3! 38.♖h5 *(38.h8♕ ♘g5#)* 38...♘d2#;

b) 37.♔d2 ♖a2+ 38.♔e3 ♖a3+ 39.♔f2 ♖xf3+ 40.♔g2 *(40.♔e1 e4 41.h8♕ ♖e3+=)* 40...e4 41.h8♕ ♖xg3+=.

31.♗xd6	***♔xd6***
32.f4	***b3?***

O plano correto para empatar o final é criar um peão passado de torre após 32...e5! 33.h7 *(se 33.fxe5+ ♔e6 34.h7* ver 33.h7*)*

33...♖h8 34.fxe5+ ♔e6 35.♘g4 *(35.♖d1 ♔xe5 36.♘g4+ ♔e4 37.♖e1+ ♔f5 38.♘e3+ ♔g6 39.♘xd5 ♖xh7 40.♘xb4 ♖h2+ 41.♔e3 ♘c2+ 42.♘xc2 ♖xc2 43.♖e2 ♖xe2+ 44.♔xe2 ♔xf6=)* 35...b3 36.axb3 ♘xb3! 37.♔e3 a3 38.♖h2 ♖xh7 *(38...♔f5= Δ ♔g6)* 39.♖xh7 a2 40.♖h1 a1♕ 41.♖xa1 ♘xa1=

33.axb3 ***axb3***
34.g4! ***b2***

Era melhor jogar 34...e5 35.f5± Δ g5

35.♖b1

35. ... ***♖b8***

A posição é ganhadora para as brancas, por exemplo: 35...♖h8 36.g5+−; 35...e5 36.f5+−

36.♘d1?

As brancas perderam um importante tempo. Era necessário avançar os peões na ala do rei com 36.g5! e5 *(36...♘c6 37.♘d1+−; 36...♔c5 37.♘d1+−; 36...♘f5 37.♘xf5+ exf5 38.♔e3+−)* 37.f5!+−

36. ... ***e5!***
37.♖xb2 ***♖h8***
38.g5

38.♖b6+ ♔c5 39.♖a6 exf4 40.g5 ♔b5 41.♖d6 ♔c5 42.♖d7 *(42.♖a6 ♔b5=)* 42...♘e6 43.♘c3 ♔c4 44.g6 *(44.♖xf7 ♘xg5 45.♖g7 ♘e6 46.♖e7 ♘g5=; 44.♘xd5 ♘xg5 45.♘xf4 ♖xh6=)* 44...fxg6 45.♘xd5 ♖xh6 46.f7 ♖h2+ 47.♔f1 *(47.♔f3 ♘g5+ 48.♔xf4 ♘xf7=)* 47...♖h8 48.♘e7 g5 49.♘g6 ♖a8 50.♘e5+ ♔c5 51.♔f2 g4 52.♘xg4 ♖f8 53.♘e5 ♘g5=

38. ... ***exf4***
39.♘c3 ***♘e6***

39...♔e6 40.♖b7 *(40.♖d2 ♔e5 41.♖d1 ♖g8 42.g6 ♖xg6 43.♖h1 ♖g8 44.♖h5+ ♘f5 45.h7 ♖h8 46.♔f3 d4 47.♘b5 ♔xf6 48.♔xf4 ♘e7 49.♘xd4 ♔g6=)* 40...♔f5 41.♖xf7 *(41.♘xd5 ♘e6 42.♖xf7 ♘xg5 43.♘e7+ ♔e6 44.♖g7 ♖xh6 45.♖xg5 ♔xf6 46.♖f5+ ♔xe7 47.♖xf4=)* 41...♔xg5 42.♘xd5 ♔xh6 43.♘xf4 *(43.♖g7 ♘e6 44.♖g4 ♖d8 45.♘xf4 ♘xf4 46.♖xf4 ♔g5=)* 43...♔g5=

40.♖b5

40. ... ***d4?***

As pretas deixaram escapar o empate que havia com 40...♘c7 41.♖a5 *(41.♖b7 ♘e6 42.♖xf7 ♘xg5 43.♖g7 ♘e6 44.h7 ♔e5 45.♖e7 d4 46.f7 dxc3 47.♖e8 c2 48.f8♕ ♖xf8 49.♖xf8 c1♕ 50.h8♕+ ♔d6=)* 41...♖g8

a) 42.♔e2 ♔c6= *(42...♖xg5?? 43.♘e4+!+−);*

b) 42.♔f3 ♖xg5 43.♖xd5+ ♘xd5 44.♘e4+ ♔e5 45.♘xg5 ♔xf6 46.h7 ♔g7 47.♘xf7 ♔xh7 48.♘g5+ ♔g6 49.♘e6 ♔f5 50.♘xf4 ♘xf4=.

41.♘e4+!	***♔c6***
42.♖e5	***d3***
43.♖xe6+	***fxe6***
44.g6	***♖xh6***
45.g7	

1-0

Vescovi, Giovanni – Mecking, Henrique [D00]

São Paulo (zonal), 1995

1.d4	***♘f6***
2.♘f3	***g6***
3.♘c3	***d5***
4.♗f4	***♗g7***
5.e3	***0-0***
6.♗e2	***c5***
7.♘e5	***♘c6***

8.♕d2

8.0-0 cxd4 9.exd4 ♗f5!? *(9...♕b6)* 10.♘xc6 *(10.♖e1 ♘e4=; 10.♕d2 ♖c8=)* 10...bxc6 11.♘a4 *(11.♕d2 ♖e8=)* 11...♘d7 12.c3 *(12.♖e1 e5=; 12.♕d2 e5=)* 12...e5 13.♗e3 *(13.dxe5 ♘xe5 14.♖e1 ♖e8=)* 13...♖e8 14.♖e1 ♕c7 15.b4 *(15.♖c1 ♖ad8=)* 15...♖e7 16.♕d2 *(16.♗g5 ♘f6 17.♘c5 exd4 18.cxd4 a5 19.a3 ♖ee8=)* 16...♖ae8 17.h3 ♘f6 18.♘c5 ♘e4 19.♘xe4 ♗xe4 20.♗f1 *(20.a4= Δ b5)* 20...♖e6 21.♖ac1 ♕e7= Rogers – Dvoirys, Hoogeveen 2002

8. ...	***♘e4***

As pretas podem igualar a posição com a troca de peões e peças no centro após 8...cxd4 9.exd4

a) 9...♘xe5 10.dxe5 *(10.♗xe5 ♘e4 11.♘xe4 ♗xe5 12.dxe5 dxe4=)* 10...♘e4 11.♘xe4 dxe4=;

b) 9...♘e4 10.♘xe4 ♘xe5 1/2 – 1/2 Pribyl – Banas, Tatry (open) 2004.

9.♘xe4 ***dxe4***
10.♘xc6 ***bxc6***

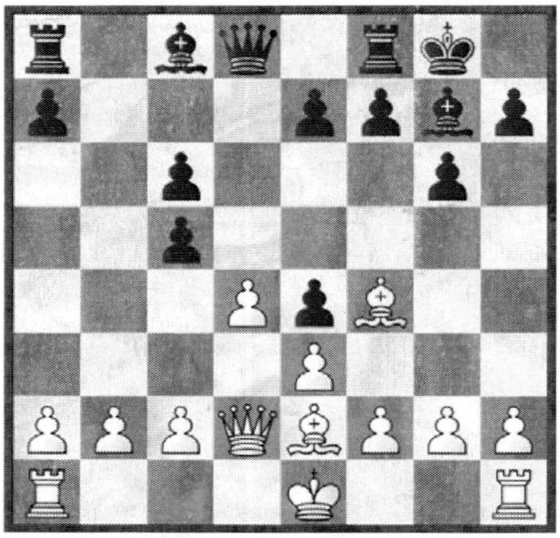

11.♗e5

As brancas podem apoiar o centro com 11.c3 ♗e6 12.♕c2 *(12.0-0 cxd4 13.exd4 ♕b6=)* 12...cxd4 13.exd4 *(13.cxd4 g5!=)* 13...♕b6=

11. ... ***cxd4***

Uma posição inusual com quatro peões dobrados numa coluna central ocorreria após 11...♗xe5 12.dxe5 ♕b6∞

12.♗xg7

A posição está igualada, por exemplo: 12.♗xd4 ♗e6 13.0-0-0 ♗xd4 14.♕xd4 ♕a5 15.a3 ♕d5=

12. ... ***♔xg7***
13.♕xd4+

13.0-0-0 d3 14.cxd3 ♕d5 15.♕c3+ ♔g8 16.b3 ♕g5=

13. ... ♕xd4
14.exd4 ♗e6

14...♖d8 15.c3 ♗e6 16.f4 exf3 17.♗xf3 ♗d5=

15.0-0-0

15.♔d2 ♖ad8 16.♔e3 f5 17.g3 ♔f6=

15. ... ♖ad8

15...a5 16.c4 ♖ab8 17.♔c2 ♖b4 18.♔c3 f5=

16.♖he1 ♖d6

16...f5 17.f3 ♖d6=

17.♗f1 f5
18.b3

As brancas poderiam ativar a torre com 18.♖e3= Δ ♖a3

18. ... g5
19.c3 h5
20.♖d2 ♔f6
21.b4 ♖fd8∓

As pretas estão com vantagem de espaço e com as torres dobradas numa coluna central.

22.♖b2	***♗f7***
23.a4	***e5***
24.dxe5+	***♔xe5***
25.f3	***♗d5***
26.g3	***g4***

As pretas poderiam manter sua vantagem com 26...♗e6 27.h3 *(27.fxe4 f4∓)* 27...♗f7 28.b5 *(28.fxe4 f4∓)* 28...♗g6∓

27.fxe4	***♗xe4***
28.♖f2	***♖e6***

O final de torres estaria igualado após 28...h4 29.gxh4 ♖h6 30.♗g2 ♖xh4 31.♗xe4 fxe4 32.♖fe2 ♔f5=

29.♗g2	***♖d3***
30.♔b2	***♔d6***

Era melhor jogar 30...♖e7= Δ ♔d6

31.♗f1	***♖f3***
32.♖d2+	

32. ...	***♗d5?!***

Agora as pretas perdem um peão com a troca dos bispos. Era melhor jogar 32...♔c7 33.♗g2 ♖d6 34.♖de2 ♖fd3 35.♗xe4 fxe4 36.a5 ♖d2+ 37.♔b3± Δ ♔c4

33.♖ed1	***♔e7***
34.♗g2	***♖fe3***
35.♗xd5	***cxd5***
36.♖xd5	

36. ...	***♔f6***
37.♖1d2	

As brancas manteriam uma clara vantagem com 37.♔b3! para apoiar o avanço dos peões na ala da dama

37. ...	***h4!***
38.♖f2	

As brancas teriam condições de empatar o final após 38.gxh4 f4!⇄ Δ f3

38. ...	***♖e2+***

As pretas estariam com a iniciativa no final com 38...♖f3! 39.♖g2 hxg3 40.hxg3 ♖ee3∓ Δ ♖xc3

39.♖d2	***♖xf2***

Se 39...♖xd2+ 40.♖xd2 hxg3 41.hxg3 ♖e3 42.♖g2 ♔e5 chega-se à mesma posição da partida.

40.♖xf2	***hxg3***
41.hxg3	***♖e3***
42.♖g2	***♔e5***
43.b5	

43. ...	***♔e4?***

As pretas poderiam empatar o final com 43...f4! 44.gxf4+ ♔xf4 45.c4 g3 46.♖g1 ♔f3 47.c5 ♔f2 48.♖c1 g2 49.c6 ♖e2+ 50.♔a3 *(50.♔c3 ♖e3+ 51.♔c4 ♖e4+ 52.♔d5 ♖e1! 53.♖xe1 ♔xe1 54.c7 g1♕ 55.c8♕=)* 50...♖e3+ 51.♔b4 ♖e4+ 52.♔a5 *(52.♔c5 ♖e1! 53.♖c2+ ♖e2 54.♖c1 ♖e1 55.♖c2+ ♖e2=)* 52...♖e1! 53.♖xe1 *(53.♖c2+ ♖e2 54.♖xe2+ ♔xe2 55.c7 g1♕ 56.c8♕ ♕d4!=)* 53...♔xe1 54.c7 g1♕ 55.c8♕ ♕d4!=

44.♖g1	***♔f3***
45.♖f1+	

As brancas poderiam ganhar o final com 45.c4! f4 46.gxf4 g3 47.c5! ♔f2 *(47...♔xf4 48.c6+−)* 48.♖c1 g2 49.c6 ♖e2+ 50.♔c3 ♖e3+ *(50...♖e1 51.♖xe1 ♔xe1 52.c7 g1♕ 53.c8♕+−)* 51.♔b4 ♖e4+ 52.♔a5 ♖e1 53.♖xe1 ♔xe1 54.c7 g1♕ 55.c8♕+−

45. ... ♔e4

Se 45...♔xg3 46.♖xf5+− e as brancas ganhariam o final com os peões passados na ala da dama.

46.♖g1

46. ... ♔f3

Era melhor impedir o avanço dos peões na ala da dama com 46...♔d5!? Δ ♔c5

47.c4! ♔f2

O final está ganho para as brancas, por exemplo se 47...f4 seguiria 48.gxf4 g3 49.c5 ♔xf4 50.c6+−

48.♖c1! ♔xg3

Se 48...f4 seguiria 49.gxf4 g3 50.c5 g2 51.c6 ♖e2+ 52.♔c3 ♖e3+ *(52...♖e1 53.♖xe1 ♔xe1 54.c7 g1♕ 55.c8♕+−)* 53.♔b4 ♖e4+ 54.♔a5 ♖e1 55.♖xe1 ♔xe1 56.c7 g1♕ 57.c8♕+−

49.c5 f4
50.c6 f3

Se 50...♖e2+ seguiria 51.♔b3 ♖e3+ 52.♔b4 f3 53.c7! ♖e8 54.a5! *(54.c8♕? ♖xc8 55.♖xc8 f2 56.♖f8 ♔g2 57.a5 f1♕ 58.♖xf1 ♔xf1 59.b6 axb6 60.axb6 g3 61.b7 g2 62.b8♕ g1♕=)* 54...f2 55.b6! axb6 56.axb6 ♔g2 57.b7 f1♕ 58.♖xf1 ♔xf1 59.b8♕ ♖xb8+ 60.cxb8♕+−

51.c7!	***♖e8***
52.a5!	***f2***
53.b6!	***axb6***
54.axb6	***♖e2+***
55.♔b1	***♖e1***
56.c8♕	***f1♕***
57.♕c3+	***♔f2***
58.♕xe1+	

Tendo em vista a posição teórica de que a dama ganha contra o peão de cavalo, na sétima fila, após a variante 58.♕xe1+ ♕xe1 59.♖xe1 ♔xe1 60.b7 g3 61.b8♕ g2 62.♕g3+ ♔f1 63.♕f3+ ♔g1 64.♔c2+− as pretas abandonaram a partida.

1-0

Granda Zuñiga, Julio – Mecking, Henrique [E09]

São Paulo (zonal), 1995

1.d4	***♘f6***
2.g3	

A ordem dos lances de acordo com a teoria da Abertura Catalã (E09) é 2.c4 e6 3.g3 d5 4.♗g2 ♗e7 5.♘f3 0-0 6.0-0 ♘bd7 7.♕c2 c6 8.♘bd2 b6 9.b3 ♗b7 10.♗b2 com a mesma posição da partida após 10.♕c2

2. ...	***e6***
3.♗g2	***d5***
4.♘f3	***♗e7***
5.c4	***c6***
6.♘bd2	***0-0***
7.0-0	***♘bd7***
8.b3	***b6***
9.♗b2	***♗b7***
10.♕c2	

10. ...	***c5***

Outra opção das pretas é continuar o desenvolvimento da ala da dama com 10...♖c8 11.♖ac1 *(11.e4 c5 12.exd5 exd5 13.dxc5 dxc4 14.♘xc4 b5 15.♘ce5 ♘xe5 16.♘xe5 ♗xg2 17.♔xg2=)* 11...c5

12.♕b1 *(12.♖fd1 b5=)* 12...dxc4 13.♘xc4 b5 14.♘cd2 ♕b6 15.dxc5 *(15.♕a1 ♖fd8 16.♖fd1 h6 17.dxc5 ♗xc5 18.♗d4 ♗xd4 19.♕xd4 ♘c5∓* Wu Shaobin – Liang Chong, China 2003*)* 15...♗xc5 16.b4 ♗xb4 *(16...♗e7 17.♖fd1=; 16...♗d6 17.♖fd1=)* 17.♗xf6 ♗xd2 18.♗d4 *(18.♗xg7 ♖xc1 19.♖xc1 ♗xc1 20.♗xf8 ♗e3 21.fxe3 ♕xe3+ 22.♔f1 ♔xf8 23.♕xb5 ♗xf3 24.♗xf3 ♘e5=)* 18...♕d6 19.♖xc8 ♖xc8 20.♗xa7 ♗xf3 21.♗xf3 ♖c7 22.♖d1 ♖xa7 23.♕c2 ♕c5 24.♕xd2 g6=

11.♖ac1	***♖c8***
12.♕b1	***♖c7***

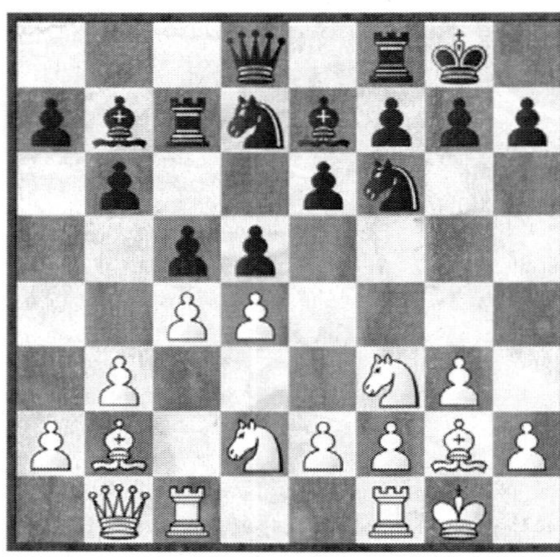

13.cxd5

Antecedentes históricos nesta posição são: 13.♕a1 ♕a8 14.♖fd1 *(14.dxc5 bxc5 15.cxd5 exd5 16.♖fd1 ♖e8=)* 14...♖e8 *(14...cxd4 15.♘xd4 dxc4 16.♗xb7 ♕xb7 17.♘xc4 a6=)* 15.cxd5 ♗xd5 16.♗h3 *(16.dxc5 ♖xc5 17.♘c4 b5 18.♘e3 ♗e4=)* 16...a5 *(16...♖ec8 17.dxc5 ♖xc5 18.♖xc5 ♘xc5=)* 17.dxc5 ♖xc5 18.♘e5 ♖xc1 19.♖xc1 ♘xe5 20.♗xe5 ♖c8 21.♖xc8+ ♕xc8 22.♕b2 ♕c6 23.♘b1 *(23.♗d4=)* 23...♕c5 *(23...♘e4!∓ Δ ♘g5; Δ ♗c5)* 24.♗d4 ♕b4 25.♕c3 b5 *(25...♘e4 26.♕xb4 axb4= Δ ♗c5)* 26.♕xb4 ♗xb4 27.♘c3 ♗xc3 *(27...♗c6 28.♗g2 ♘d5 29.♘xd5 exd5=)* 28.♗xc3 b4? *(28...a4!?)* 29.♗xf6! gxf6 30.♗g2! ♗xg2 31.♔xg2 1/2 – 1/2 Flohr – Ragozin, Semmering Baden 1937 (Empate? O final de peões parece ganho para as brancas ao jogar ♔f3 contra qualquer lance das pretas).

13.♖fd1 ♕a8 *(13...♖e8 14.cxd5 exd5=)* 14.cxd5 *(14.dxc5 ♗xc5 15.cxd5 ♗xd5 16.b4 ♗d6 17.♖xc7 ♗xc7 18.♕d3±)* 14...♗xd5 15.dxc5 ♗xc5 *(15...♖xc5=)* 16.b4 ♗d6 17.♖xc7 ♗xc7 18.♘f1 *(18.♕d3±)* 18...♗d8 *(18...♗e4=* Δ *♖c8)* 19.♘e3± ♗e4 20.♕a1 *(20.♘d4! ♗xg2 21.♘xg2±)* 20...♗e7= 21.a3 a5 22.b5 ♗c5 23.♗d4 *(23.♖xd7 ♘xd7 24.♗xg7 ♗xe3 25.♗xf8 ♗xf2+ 26.♔xf2 ♔xf8 27.♕d4 ♕d5 28.♕xd5 ♗xd5=)* 23...♖c8 24.h3 h6 25.♔h2 a4 26.♖c1 ♖d8 27.♖c4 ♗xd4 28.♖xd4 ♘c5 29.♕d1 ♖xd4 30.♕xd4 ♕e8 1/2 – 1/2 Eliskases – Luckis, Argentina (ch) 1958

13. ... ***♗xd5***

se 13...exd5 14.♖fd1 ♖e8 chega-se à partida 15.e3 ♗f8 *(15...♗d6 16.♕a1 ♕e7=* NguyenTranQuang – Bakre, Vung Tau City 1999*)* 16.♘e1 cxd4 17.♗xd4 ♘c5 18.♘df3 ♘fe4 19.♗b2 ♕d6 20.♘d4 ♕h6 21.♖c2 1/2 – 1/2 Flohr – Makogonov, Leningrado/Moscou 1939

14.dxc5

14.e4 ♗b7 15.e5 ♘d5 16.♖fd1 ♕a8=

14. ... ***♗xc5***

14...♖xc5 15.♖xc5 ♗xc5 16.♘g5 ♗xg2 17.♔xg2 ♕a8+=

15.e4 ***♗b7***

16.e5

16.b4 ♗e7 17.♖xc7 ♕xc7 18.♖c1 ♕b8= Δ ♖c8

16. ... ♘d5

As pretas poderiam jogar de maneira ativa com 16...♘g4! 17.♖c4 *(17.h3 ♘xf2! 18.♖xf2 ♗xf2+ 19.♔xf2 ♖xc1 20.♕xc1 ♘c5⇄)* 17...f5 18.exf6 ♘dxf6 19.♗xf6 ♘xf6 20.b4 ♗e7 *(20...♗xf3 21.♗xf3 ♕xd2 22.bxc5 ♖xc5 23.♖xc5 bxc5 24.♕b3⩱)* 21.♖xc7 ♕xc7=

17.♘e4

17.♖fd1 h6 18.♘e4 ♗e7 19.♘fd2±

17. ... ♗e7
18.♘d4

18.♘fd2 ♘c5 *(18...♖xc1 19.♖xc1±)* 19.♖fd1 ♕d7 *(19...♘xe4 20.♘xe4⩲)* 20.♘xc5 ♗xc5 21.♘e4⩲

18. ... a6

As pretas poderiam trocar um par de torres com 18...♖xc1 19.♖xc1 ♕b8 20.f4 ♘c5= Δ ♖d8

19.♖xc7 ♕xc7
20.♖c1 ♕b8
21.f4 ♖c8

As pretas poderiam manter as torres em jogo com 21...♘c5= Δ ♖d8

22.♖xc8+ ♕xc8
23.a3 ♘e3
24.♗f3 ♘c5

25.♕c1

As brancas poderiam lutar pelo controle da grande diagonal após 25.b4 ♘xe4 26.♗xe4 g6=

25. ... ♘xe4

As pretas poderiam manter o cavalo apoiado no centro com 25...♕a8 26.♕xe3 ♘xe4=

26.♕xe3

As peças brancas estão mais ativas após a troca de damas com 26.♕xc8+ ♗xc8 27.♗xe4±

26. ... ♘c5

As pretas poderiam manter o cavalo apoiado no centro com 26...♕a8=

27.b4 ♗xf3

As pretas controlariam a grande diagonal após 27...♘a4 28.♗xb7 ♕xb7=

28.♘xf3

As brancas controlariam a grande diagonal com 28.♕xf3 ♘a4 29.♘c6 ♗f8 30.♗d4± e as peças brancas estariam mais ativas.

28. ...	***♘a4***
29.♗d4	***g6***
30.♘d2	***♕c2***
31.♘f1	

O cavalo estaria mais ativo e centralizado com 31.♘e4=

31. ...	***b5***

As peças pretas estariam mais ativas do que as brancas após a troca dos peões com 31...a5 32.♗xb6 axb4 33.axb4 ♗xb4∓ embora seja difícil ganhar uma posição onde só há peões em uma única ala e não haja pontos débeis para atacar.

32.♕d2

As brancas poderiam trazer o cavalo para uma posição mais ativa com 32.♘d2=

32. ...	***♕c7***
33.♘e3	***♘b6***
34.♗xb6	***♕xb6***
35.♔f2	***h5***
36.♕c3?!	

Era melhor jogar 36.♕d7! para impedir o controle da grande diagonal pela dama preta.

36. ...	***♕b7!***

As pretas controlam a grande diagonal e agora podem manobrar e ativar o bispo.

37.♕c1	***♗d8!***
38.♕d1	***♗b6!***
39.♕f3	

Era melhor manter o controle da coluna c e jogar 39.♔e2 ♔g7∓

39. ...	***♕c8***
40.♔g2	

As pretas poderiam penetrar com a dama após 40.♔e2 a5 41.bxa5 ♗xa5 42.♕e4 ♕c3∓

40. ...	***♔g7***

As pretas poderiam jogar diretamente 40...♕c3 41.♘d1 ♕d2+ 42.♘f2 ♗d4∓

41.♘f1

As brancas poderiam resistir mais no final com 41.h4 ♕c1 42.♘f1 ♕c2+ 43.♔h3 ♗d4 44.g4 hxg4+ 45.♔xg4 ♕f5+ 46.♔g3 ♗b2∓

41. ... ♕c2+!
42.♔h3 ♕f5+

42...♗d4-+

43.♔g2 ♕c2+
44.♔h3

44.♔h1 ♗d4-+

44. ... ♗d4-+
45.♔h4

45.g4 hxg4+ 46.♕xg4 ♕d3+ 47.♘g3 ♗b2-+

45. ... ♕f5
46.♘d2

46.g4 g5+ 47.♔h3 hxg4+ 48.♕xg4 ♕xf4-+

46. ... ♗c3
47.♘e4

Se 47.♘f1 g5+! com mate em poucos lances.

47. ... ♗xe5!
48.♕e2 ♗c7

0-1

Sunye Neto, Jaime – Mecking, Henrique [E73]

São Paulo (zonal), 1995

1.c4	***♘f6***
2.♘c3	***g6***
3.e4	***d6***
4.d4	***♗g7***
5.♗e2	***0-0***
6.♗g5	***c5***
7.d5	***e6***
8.♘f3	***exd5***
9.exd5	***h6***
10.♗d2	

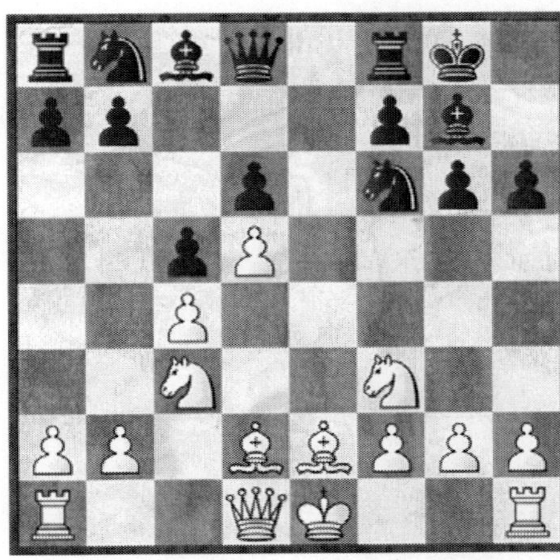

10. ...	***♘a6***

As pretas podem jogar de maneira ativa no centro para igualar a posição após 10...♗f5 11.♘h4 ♗d7 12.0-0 ♘a6 13.♘f3 ♖e8 *(13...♗f5 14.♘e1 ♖e8 15.f3 ♘c7 16.a4 ♘a6 17.g4 ♗c8 18.♕c1?! h5!*∓ Kozul – Nataf, Copa Europeia 2002; melhor seria 18.♘d3 ♘b4=*)* 14.♗d3 ♗g4 *(*melhor jogar *14...♘b4 15.♗b1 b5!=)* 15.h3 ♗xf3 16.♕xf3 ♘d7 17.a3 ♕b6 18.♕g3! *(*uma melhora em relação ao empate com *18.♕d1 ♕xb2 19.♖b1 ♕xa3 20.♖a1 ♕b2 21.♖b1 ♕a3* 1/2 – 1/2 Szabo – Larsen, Dallas 1957*)* 18...♘e5 *(18...♕xb2 19.♖a2 ♕b6 20.♖b1±)* 19.b3! ♘xd3 *(19...♕xb3?? 20.♖fb1+–)* 20.♕xd3±

11.0-0 ♘c7

11...♗f5 12.♘e1 *(12.♕c1 ♔h7 13.♘h4 ♗d7 14.♖e1 ♖e8=)* 12...♖e8 13.f3 ♘c7 14.a4 ♘a6 15.g4 ♗c8 16.♘d3 ♘b4=

12.a4

12.♖e1 ♖e8 13.♕b3 ♗f5 14.♘h4 *(14.h3 ♘e4=; 14.♗f1 ♘e4=)* 14...♗d7 15.g3 ♘e4= *(15...♖b8=)*

12. ... ♘a6
13.♕c1 ♔h7
14.♗d3 ♘b4
15.♗b1 ♗g4
16.♘e1 ♕d7
17.f3

17.♘d3 ♖ad8 18.♗f4 ♖fe8=

17. ... ♗f5
18.♗xf5 ♕xf5
19.♗f4 ♖ad8
20.g4

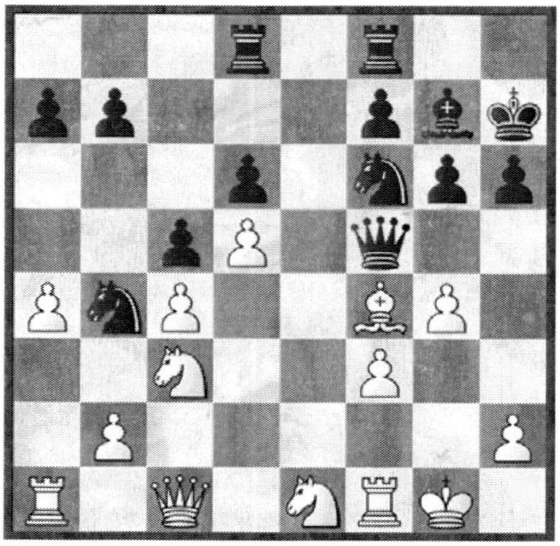

20. ... ♕c8

As pretas poderiam jogar de maneira dinâmica a posição e sacrificar a peça com 20...♘xg4!? 21.fxg4 ♕xg4+ 22.♘g2 g5 23.♗g3 ♕xc4 24.♘e3 ♗d4 25.♔h1 *(25.♔g2 ♗xe3 26.♕xe3 ♘xd5 27.♘xd5 ♕xd5+ 28.♔g1 ♖de8=/∞)* 25...♗xe3 26.♕xe3 ♘c2 27.♕e7 ♘xa1 28.♖xf7+ ♖xf7 29.♕xf7+ ♔h8=

21.♕d2 — ***♖fe8***
22.a5

22.♘b5 ♕b8 23.♘c2 a6 *(23...♘xc2 24.♕xc2 a6 25.♘c3±)* 24.♘c3 ♘d7=

22. ... — ***a6***
23.♗g3 — ***♕c7***
24.♘d3

24.♘c2 ♖e7 25.h3 ♖de8 26.♕h2 ♘xc2 27.♗xd6!? *(27.♕xc2 ♘d7 28.♘e4 ♘e5=)* 27...♕d7 28.♗xe7 ♘xa1 29.♗xf6 ♗xf6 30.♖xa1 ♗d4+ 31.♔f1 ♔g7=

24. ... — ***♘xd3***
25.♕xd3 — ***♘d7***
26.♘e4 — ***♘e5***
27.♕c2

27. ... — ***f5***

As pretas poderiam abrir a coluna e igualar a posição com 27...♖b8 28.♗h4 b6 29.axb6 ♖xb6 30.♘f6+ ♗xf6 31.♗xf6 ♕b7 32.♖f2 ♖b3=

28.gxf5	***gxf5***
29.♘d2	

As brancas poderiam explorar a debilidade do peão isolado com 29.♗xe5!? ♗xe5 *(29...♖xe5 30.♘g3 ♕f7 31.f4±)* 30.♘g3 ♕g7 *(30...♕f7 31.f4± Δ ♖ae1)* 31.f4 *(31.♕xf5+ ♔h8 32.♕h3 ♗xb2 33.♖a2 ♗d4+ 34.♔h1±)* 31...♗xb2 32.♖ab1 *(32.♕xf5+ ♔h8 33.♖ab1 ♗c3 34.♔h1±)* 32...♗d4+ 33.♔h1 ♕g4 34.♕xf5+ *(34.♖xb7+ ♔g6 35.♕g2 ♖e3 36.♖g1 ♖d3 37.♖e1±)* 34...♕xf5 35.♘xf5 ♔g6 36.♘g3±

29. ...	***♛f7***
30.♖ae1	***♚h8***
31.♔h1	***f4***
32.♗h4	

32. ...	***♗f6?***

Um erro que faz perder a partida, era necessário defender a posição com 32...♖d7 33.♕e4 ♖g8 34.♖g1 ♕h5 35.♗f2 ♕h3= Δ ♖f7

33.♗xf6+	***♕xf6***
34.♘e4!	***♕e7***

As pretas poderiam entrar no final de torres após 34...♕f5 35.♖f2 ♖e7 *(35...♘f7 36.♕c3+ ♕e5 37.♘xd6! ♕xc3 38.♖xe8+ ♖xe8 39.♘xf7+ ♔g7 40.bxc3 ♔xf7 41.♖b2 ♖e7 42.♔g2+− Δ* ♔h3*)* 36.♘xd6! ♕xc2 37.♖xc2 ♖xd6 38.♖ce2 ♘xf3 *(38...♔g7 39.♖xe5 ♖xe5 40.♖xe5+−)* 39.♖xe7 ♘xe1 40.♖xe1+− sendo que as brancas contam com um peão passado central defendido e as pretas com um peão isolado débil sem defesa.

35.♕c3!+−

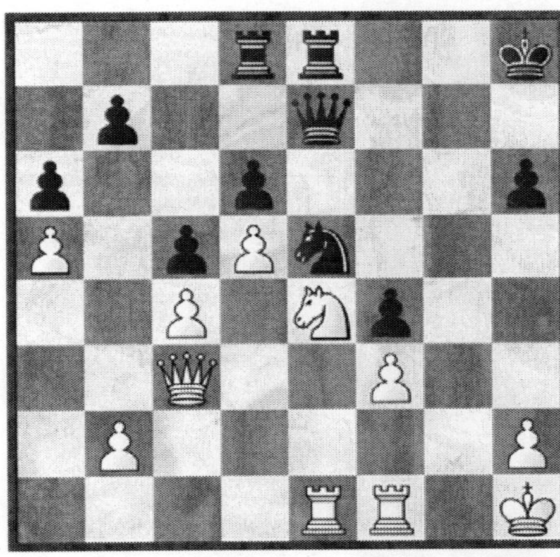

35. ... ♔h7
36.♖f2 ♖d7
37.♖fe2 ♕g7
38.♘xd6 ♖xd6
39.♖xe5 ♖xe5
40.♕xe5 ♕xe5
41.♖xe5 ♔g6
42.♖e7 ♔f6
43.♖xb7 ♔e5
44.♔g2 ♔d4
45.b3 ♖d8
46.♖b6 ♖e8
47.♖xa6 ♖e2+
48.♔h3 ♔e3
49.♖e6+ ♔xf3
50.a6

1-0

Mecking, Henrique – Correa, Aron [D46]

São Paulo (zonal), 1995

1.d4	***d5***
2.c4	***e6***
3.♘f3	***c6***
4.e3	***♘f6***
5.♘c3	***♘bd7***
6.♗d3	***♗d6***
7.e4	***dxe4***
8.♘xe4	***♘xe4***
9.♗xe4	

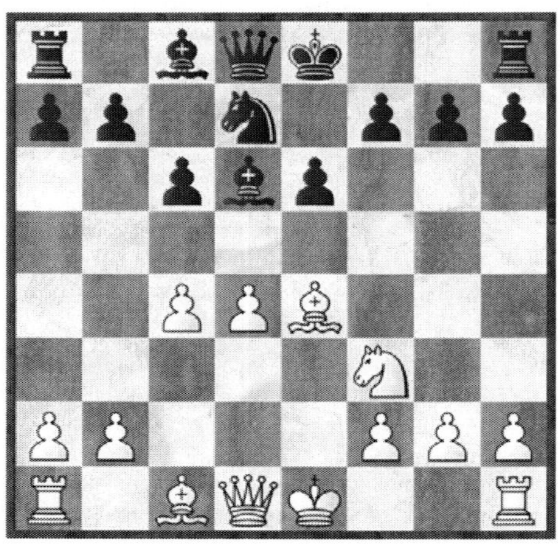

9. ...	***♗b4+***

Mecking enfrentou também a variante 9...♘f6 10.♗c2 ♗b4+ *(10...0-0 11.0-0±; 10...b6 11.0-0±; 10...♕c7 11.0-0±)* 11.♗d2 ♕a5 12.a3 *(12.0-0 ♗xd2 13.♘xd2 0-0 14.♕e2±)* 12...♗xd2+ 13.♕xd2 ♕xd2+ 14.♔xd2 0-0 15.♘e5± Mecking – Nobrega, Lages (Jogos Abertos) 2002

10.♗d2	***♕a5***
11.a3	

Um antecedente histórico nesta posição é 11.0-0 ♗xd2 12.♘xd2 0-0 13.♖e1 ♖d8 14.♕c2 ♘f6 15.♗f3 ♕c7 16.♕c3 c5?! *(16...b6*

17.♖ad1±) 17.dxc5 ♕xc5 18.♖ad1 ♖e8 19.♘e4 ♘xe4 20.♗xe4± Najdorf – Evans, Havana 1952

11. ...	***♗xd2+***
12.♕xd2	***♕xd2+***
13.♔xd2	***c5***
14.♖he1	

14. ...	***♔e7***

Era melhor completar o desenvolvimento da ala da dama com 14...cxd4 15.♘xd4 ♘f6 16.♗f3 ♗d7 17.♖e5 0-0-0 18.♔c3 h5 19.h3± Δ ♖d1

15.b4!	***♖d8***

As peças pretas ficariam numa posição muito restringida após 15...cxd4 16.♘xd4 ♖d8 17.♔c3 ♘f6 18.♗f3± Δ ♖ad1

16.♔c3	***cxb4+***

16...cxd4+ 17.♘xd4 ♘f6 18.♗f3± Δ ♖ad1

17.axb4	***♘f6***
18.♘e5	***♘xe4+***
19.♖xe4	***♗d7***

19...f6 20.♘d3 ♔f7 21.♖e2± Δ ♖ea2

20.d5!?

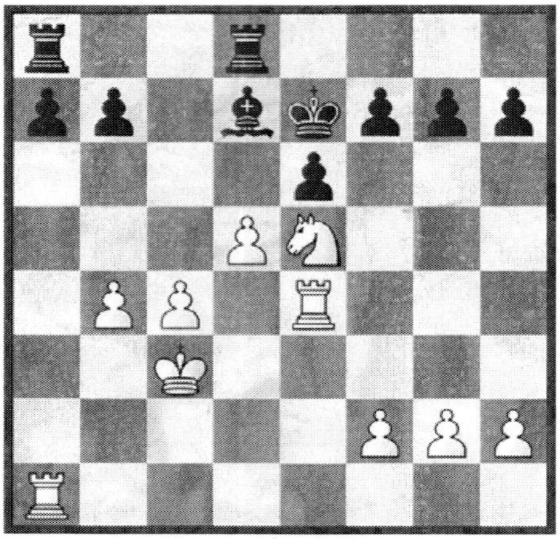

As brancas poderiam manter a vantagem de espaço com 20.f4± antes de propor a ruptura do centro.

20. ...	***exd5?***

Era melhor defender a posição com 20...♗c8!? 21.♘d3 ♔f6 22.♖f4+ ♔e7 23.dxe6 ♗xe6 24.♘c5±

21.♘c6+!+−	***♔d6***

21...♔f8 22.♘xd8 dxe4 23.♘xb7 ♗c6 24.♘d6+−

22.♘xd8	***dxe4***
23.♘xb7+	***♔c6***

23...♔c7 24.♘c5 ♗c6 25.g3+−

24.♘c5	***f5***
25.♖a6+	***♔c7***

As brancas decidem trocar as peças para entrar no final de peões.

26.♘xd7	***♔xd7***
27.b5	***♔c7***
28.b6+	***♔b7***
29.♖xa7+	***♖xa7***
30.bxa7	***♔xa7***
31.♔d4	***♔b6***
32.g4	***fxg4***

32...e3 33.♔xe3 *(33.fxe3? fxg4 34.e4 h5 35.e5 h4 36.♔e3 g5 37.e6 ♔c6 38.c5 g3 39.hxg3 h3 40.♔f2 g4 41.♔g1 ♔c7=)* 33...fxg4 34.♔d4+−

33.♔xe4	***♔c5***
34.♔d3!	

1-0

Mecking, Henrique – Vescovi, Giovanni [E14]

São Paulo (m/1), 07.08.2000

1.d4	***♘f6***
2.c4	***e6***
3.♘f3	***b6***
4.e3	***♗b7***
5.♗d3	

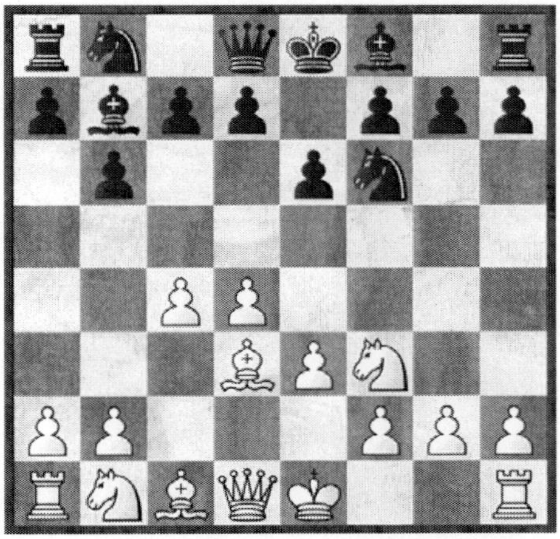

5. ...	***d5***

Outra opção de desenvolvimento é 5...♗e7 6.♘c3 d5 7.0-0 0-0 8.cxd5 *(8.b3 c5=* Δ ♘c6*)* 8...exd5 9.b3 c5= Δ ♘c6

6.0-0	***♗d6***
7.♘c3	***0-0***

7...♘bd7 8.♕c2 (se *8.b3 0-0 9.♗b2 a6 10.♖c1 ♕e7* chega-se à mesma posição da partida no lance 10*)* 8...dxc4 9.♗xc4 ♗xf3 10.gxf3 (Or. Rodríguez – G. Giorgadze, Espanha 2003) 10...♘d5=

8.b3

8.cxd5 exd5 9.♘b5 ♗e7 10.♕c2 a6 *(10...c5* Δ ♘c6*)* 11.♘c3 ♘bd7 12.♘e5 c5= Kosic– Gelashvili, Calvia (ol) 2004

8. ... ***a6***
9.♗b2 ***♘bd7***
10.♖c1 ***♕e7***

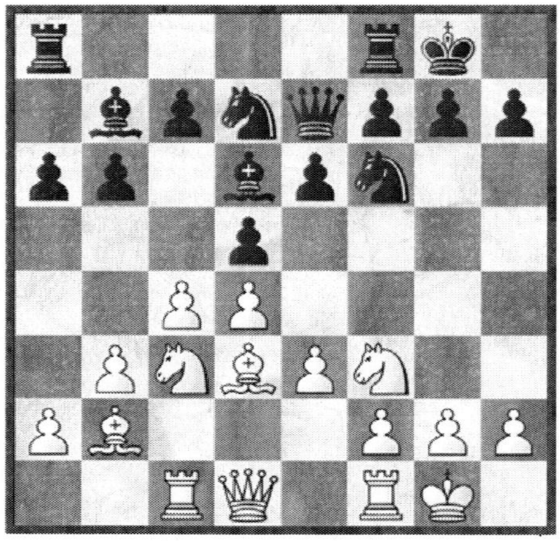

11.♕e2

11.♘a4 Dois antecedentes nesta posição seguiram com 11...dxc4 12.bxc4 ♘e4 *(12...c5 13.♘e5 ♖fd8=)* 13.c5 bxc5 14.♘e5 ♖fd8 15.♘xd7 ♖xd7 16.dxc5 *(16.♗xe4 ♗xe4 17.♘xc5 ♗xc5 18.♖xc5 ♕xc5 19.dxc5 ♖xd1 20.♖xd1 f6=* Yusupov – Khalifman, Bundesliga 1994*)* 16...♘xc5 17.♘xc5 ♗xc5 18.♗xh7+ ♔xh7 19.♕h5+ ♔g8 20.♕xc5 ♕xc5 21.♖xc5 f6= Portisch – Dautov, Ter Apel 1994

11. ... ***♘e4***

Posteriormente, uma partida seguiu com 11...c5 12.cxd5 exd5 13.♗f5 b5 14.dxc5 ♘xc5 15.♕d1 ♘e6 16.♘e2 1/2 – 1/2 Gelashvili – Eljanov, Calvia (ol) 2004

12.♘d2 ***f5***
13.cxd5

13.a4 c5 14.g3 ♘df6 15.f3 ♘xd2 16.♕xd2 ♖fe8=

13. ... ***exd5***

14.f3	***♘xd2***
15.♕xd2	***♕h4***
16.f4	

16.g3 ♕e7 17.♖fe1 ♖ae8 18.♕e2 b5 19.a4 c6 20.axb5 axb5=

16. ...	***♕e7***
17.♕e2	***g6***
18.♘b1	***♖fe8***
19.♖fe1	***♘f6***
20.♘d2	***♘g4***
21.♘f1	***♘f6***

As pretas optaram pelo empate por repetição de lances, mas poderiam jogar 21...♕g7∓ Δ ♕h6; Δ ♖e6

22.♘d2	***♘g4***
23.♘f1	***♘f6***
24.♘d2	

½-½

Vescovi, Giovanni – Mecking, Henrique [B33]

São Paulo (m/2), 08.08.2000

1.e4	***c5***
2.♘f3	***♘c6***
3.d4	***cxd4***
4.♘xd4	***♘f6***
5.♘c3	***e5***
6.♘db5	***d6***
7.♗g5	

7.♘d5 ♘xd5 8.exd5 ♘b8 9.c4 ♗e7 10.♗d3 a6 11.♘c3 0-0 12.0-0 f5 13.f3 ♗g5 14.♗xg5 ♕xg5 15.f4 exf4 16.♕e2 g6 17.♖ae1 ♕f6 18.♕f2 f3 19.gxf3 ♘d7 20.f4 ♘c5 21.♗c2 *(21.♖e3 b5=)* 21...♗d7 *(21...b5!?)* 22.♖e3 1/2 – 1/2 Milos – Mecking, São Paulo 2003

7. ...	***a6***
8.♘a3	***b5***

9.♘d5

Posteriormente, Mecking enfrentou duas vezes a variante 9.♗xf6 gxf6 10.♘d5 f5.

a) 11.c3 ♗g7 12.exf5 ♗xf5 13.♘c2 ♘e7 *(13...0-0; 13...♗e6)* 14.♘xe7

♔xe7 *(14...♗xc2 15.♕xc2 ♕xe7 16.♗e2 0-0 17.0-0 d5=)* 15.a4 ♕b6 16.♘b4 ♗e6 17.♘d5+ ♗xd5 18.♕xd5 ♖a7 19.♗d3 bxa4 20.♗c4 ♖f8 21.0-0± Kostenko – Mecking, Bled (ol) 2002;

b) 11.♗d3 ♗e6 12.♕h5 ♖g8 13.g3 ♖g4 14.f4! exf4 15.♘xf4 ♕a5+ 16.♔d1 *(16.c3±)* 16...♖xf4! 17.gxf4 0-0-0? *(17...fxe4! 18.♗xe4 d5! 19.♗f5 ♕b4!∞)* 18.exf5 ♗d5 19.♖f1 ♕b4 20.f6± Lima – Mecking, São Paulo (zonal) 2003.

9. ... ♗e7
10.♗xf6 ♗xf6
11.c3

11.g3 0-0 12.♗g2 ♗g5 13.0-0 ♘e7 14.♘xe7+ ♗xe7 15.c4 ♗d7 16.♖e1 ♖b8 17.cxb5 axb5 18.♘c2 ♗e6= (Δ ♕d7, ♖fc8) Ovezov – Mecking, Bled (ol) 2002

11. ... 0-0
12.♘c2 g5
13.a4 bxa4
14.♖xa4 a5
15.♗c4

15. ... ♘e7

A posição está igualada, como demostram as outras opções das pretas: 15...♔h8 16.0-0 f5 17.exf5 ♗xf5 (Geller – Sveshnikov, URSS (ch) 1977) 18.♘ce3=; 15...♗d7 16.♘ce3 ♘e7=; Na quarta partida do match, Mecking jogou 15...♖b8

16.0-0

16.♘ce3 ♗d7=

16. ...	***♘xd5***

16...♗d7=

17.♗xd5	***♗d7***
18.♖a2	***♖c8***
19.♘a3	***♗e6***

As pretas poderiam jogar de maneira mais ativa com 19...♖c5= Δ ♕c7

20.♕d3

As brancas perderam um tempo. As peças brancas ficariam mais ativas após 20.♗xe6 fxe6 21.♕g4 ♖e8 22.♘b5 h6 23.♖d1 *(23.♕e2!? Δ c4)* 23...d5 24.exd5 exd5=

20. ...	***♗xd5***
21.♕xd5	***♖c5***

22.♕d3

22.♕b7 d5 23.exd5 ♖xd5 24.♘c4 e4=

22. ...	***♕b6***
23.c4	

As brancas poderiam simplificar a posição e entrar num final empatado após 23.♖fa1 ♖fc8 24.♘c2 ♕b7 25.h3 d5 26.♖xa5 ♖xa5 27.♖xa5 ♕xb2 28.♖xd5 ♕xc3 29.♕xc3 ♖xc3=

23. ...	***♕c6***

As pretas poderiam jogar de maneira ativa para eliminar o centro de peões com 23...f5 24.exf5 e4!? 25.♕xe4 ♖cxf5 26.c5 ♕xc5 27.♕c4+ ♖8f7 *(27...♔h8 28.b3=)* 28.b3 ♗e3!? 29.♕xc5 ♗xc5 30.♘c4 ♗b4=

24.b3	***f5***
25.♘b5	

As pretas garantiriam a igualdade com o avanço do peão central após 25.exf5 e4!? 26.♕e2 *(26.♕d1 e3!? 27.♘b5 ♕b6 28.fxe3 ♗xe3+ 29.♔h1 ♖cxf5 30.♖xf5 ♖xf5 31.♕d3 g6=)* 26...e3!? 27.fxe3 ♕e4 28.♘c2 d5=

25. ...	***fxe4***
26.♕xd6	***e3***
27.♖e2	

O final de torres estaria igualado após a troca de damas com 27.♕xc6 ♖xc6 28.g3 exf2+ 29.♔g2 ♗e3 30.♖e2 ♗b6 *(30...♗d4 31.♘xd4 exd4 32.♖a2 ♖b6 33.♖xa5 ♖xb3 34.♖d5 d3 35.♖xf2 ♖c8 36.c5 ♖c3=)* 31.♖xe5 a4 32.bxa4 ♖xc4 33.a5 ♗xa5 34.♘d6 ♖c6 35.♖xa5 ♖xd6 36.♖a2=

27. ...	***♖d8***
28.♕xc6	***♖xc6***

29.fxe3?!

As brancas poderiam manter a igualdade com 29.g3 ♖d3 *(29...♖d2 30.♖fe1 ♖d3 31.♖a1=* Δ ♖xa5*)* 30.♖a1= Δ ♖xa5

29. ... ***♖d3***
30.g3?!

As pretas ficariam com um peão passado central após 30.♖b1 ♗xe3+ 31.♔f1 *(31.♔h1 e4∓)* 31...♖f6+ 32.♔e1 ♖h6 33.g3 e4∓

30. ... ***♖xb3***
31.♖a1 ***♖xe3***
32.♔f2?

Um erro que permite que as pretas dobrem as torres na coluna. Oferecia maior resistência jogar 32.♔f1 ♖xe2 33.♔xe2 ♗d8∓

32. ... ***♖f6+!***
33.♔e1 ***♖ef3!***
34.♖ea2 ***e4***
35.♔d1 ***♖d3+***
36.♔e2 ***♖f8***
37.♖xa5 ***♖e3+***

38.♔d1	***♖f1+***
39.♔c2	***♖f2+***
40.♔d1	***♖xh2***
41.♖5a2	***♖d3+***
42.♔e1	***♖dd2***

0-1

Mecking, Henrique – Vescovi, Giovanni [A26]

São Paulo (m/3), 10.08.2000

1.c4	***e5***
2.♘c3	***♘c6***
3.g3	***g6***
4.♗g2	***♗g7***
5.d3	***d6***

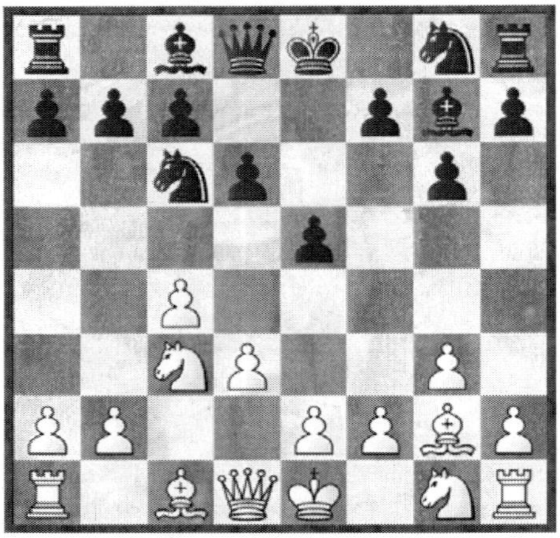

6.e4

Posição Teórica da Inglesa Assimétrica (A26) onde as brancas têm um leque de opções para continuar o desenvolvimento da abertura: 6.♖b1 ; 6.♘f3; 6.e3

6. ...	***♘ge7***

Outras opções de desenvolvimento são, por exemplo: 6...♗e6 7.f4 ♕d7 8.♘f3 ♘ge7 9.♗e3 ♘d4 10.♕d2 ♘xf3+ 11.♗xf3 c6 12.♗e2 d5 13.cxd5 cxd5 14.d4 exf4 15.♗b5 ♘c6 16.gxf4 f5 *(16...0-0-0*= Δ ♔b8*)* 17.e5± (Δ h4–h5) Mecking – Giaccio, Guarapuava 2006; 6...♘d4 7.♘ge2 ♘xe2 8.♘xe2 ♗e6 9.♗e3 ♕d7 10.♕d2 h5 11.h3 ♘e7= Keitlinghaus – Hort, Alemanha Ocidental (ch) 1989.

7.♘ge2	***0-0***
8.0-0	

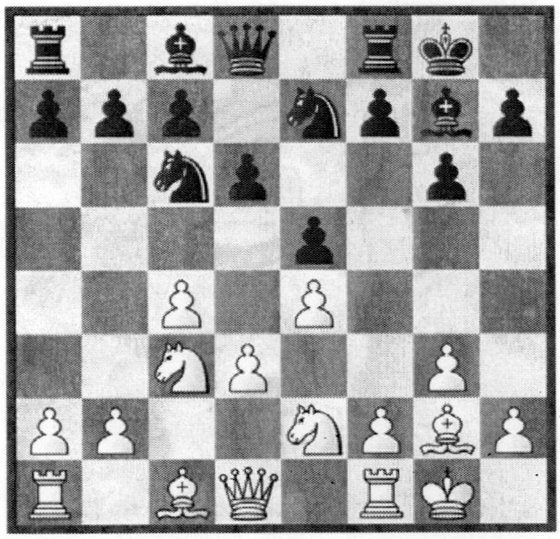

8. ... ***♗g4***

As pretas conseguem igualar a abertura com outras alternativas: 8...♗d7 9.♘d5 ♖b8 *(9...♘xd5 10.cxd5 ♘d4=)* 10.♗g5 f6 11.♗e3 f5 12.♕d2 ♘xd5 13.cxd5 ♘d4 14.♘xd4 exd4 15.♗g5± Botvinnik – Spassky, Leiden 1970; 8...♘d4 9.♘xd4 exd4 10.♘e2 c6 11.b4 a5 12.b5 cxb5 13.cxb5 d5 14.♗a3 dxe4 15.♗xe4 ♖e8 16.♘f4 (Portisch – Smyslov, Monte Carlo 1968) 16...♗e5=

9.f3 ***♗e6***
10.♘d5 ***♕d7***

10...f5 11.♗e3 ♕d7 12.♕d2 ♖ae8 13.♖ae1 ♘c8 14.b3 ♘d8 15.exf5 ♗xf5 16.d4± Sunye Neto – Kindermann, Dubai (ol) 1986

11.♗g5 ***f5***

11...f6 12.♗e3 a5 13.♕d2±

12.♕d2± ***♖f7***
13.♖ae1 ***♖af8***
14.b3 ***♘c8***
15.b4 ***♘6e7***
16.b5

As brancas poderiam manter a vantagem da abertura com 16.d4 fxe4 17.♘xe7+ ♘xe7 18.d5 ♗h3 19.fxe4±

16. ...	***c6!***
17.bxc6	***bxc6***
18.♘xe7+	

As brancas poderiam sacrificar um peão para ficar com o par de bispos após 18.♘dc3 d5!? 19.♘a4 dxc4 20.♘c5 ♕d6 21.♘xe6 ♕xe6 22.dxc4 fxe4 *(22...♕xc4 23.♖c1⩱)* 23.fxe4 ♖xf1+ 24.♗xf1 ♕xc4 25.♗g2⩱

18. ...	***♘xe7***

19.f4?!

As brancas debilitaram a ala do rei e criaram casas fracas. Era melhor manter a igualdade com 19.exf5 ♘xf5 *(19...♗xf5 20.d4=)* 20.g4 ♘e7 21.♘g3= Δ ♘e4

19. ...	***fxe4***
20.♗xe4	***♗h3***

As pretas poderiam controlar o centro após 20...d5 21.cxd5 ♘xd5 22.fxe5 ♗xe5∓

21.♗g2

O bispo preto fica numa posição ativa após 21.♗xe7 ♖xe7 22.♗g2 ♗xg2 *(22...♗h6∓)* 23.♔xg2 ♗h6∓

21. ... ***♗xg2***
22.♔xg2 ***♘f5***
23.fxe5 ***♗xe5***
24.♗f4

Era melhor jogar 24.♘f4 ♘d4∓

24. ... ***♗g7***

25.h4

As brancas poderiam reorganizar as peças, mas as pretas controlariam a grande diagonal após 25.♕d1 c5 26.♗d2 ♕c6+ 27.♔h3 *(27.♔g1 ♗e5-+)* 27...♕c8 28.♔g2 *(28.g4 ♗e5∓)* 28...♕b7+ 29.♔h3 *(29.♔g1 ♗e5-+)* 29...♗e5 30.♘f4 ♘d4∓

25. ... ***d5***

As pretas poderiam levar a posição para o final após 25...♗e5 26.♗xe5 dxe5 27.♔h2 *(27.♖d1 ♘xh4+ 28.gxh4 ♖xf1 29.♖xf1 ♕g4+ 30.♘g3 ♖xf1 31.♔xf1 ♕xg3-+)* 27...♘xh4 28.♖xf7 ♕xf7 29.♘g1 ♕f2+ 30.♕xf2 ♖xf2+ 31.♔h3 ♘f5∓

26.♘g1?

26.♖h1 c5∓ Δ ♕c6

26. ...	***♘xh4+***
27.gxh4	***♕g4+***
28.♗g3	***♖xf1***
29.♖xf1	***♖xf1***
30.♔xf1	***♕xg3***
31.♕e2	***♕e5***
32.♘f3	

Após a troca de damas, o final de peças menores é ganhador para as pretas: 32.cxd5 ♕xe2+ 33.♔xe2 cxd5 34.♘f3 ♗f6-+

32. ...	***♕xe2+***
33.♔xe2	***dxc4***
34.dxc4	***♗f6***
35.♔d3	***♔f7***
36.♔e4	***♔e7***
37.c5	***♔d7***
38.h5	***gxh5***
39.♔f5	***♔e7***
40.♘d2	***h4***
41.♘f3	***♔f7***
42.♘g1	

0-1

Vescovi, Giovanni – Mecking, Henrique [B33]

São Paulo (m/4), 11.08.2000

1.e4	*c5*
2.♘f3	*♘c6*
3.d4	*cxd4*
4.♘xd4	*♘f6*
5.♘c3	*e5*
6.♘db5	*d6*
7.♗g5	*a6*
8.♘a3	*b5*

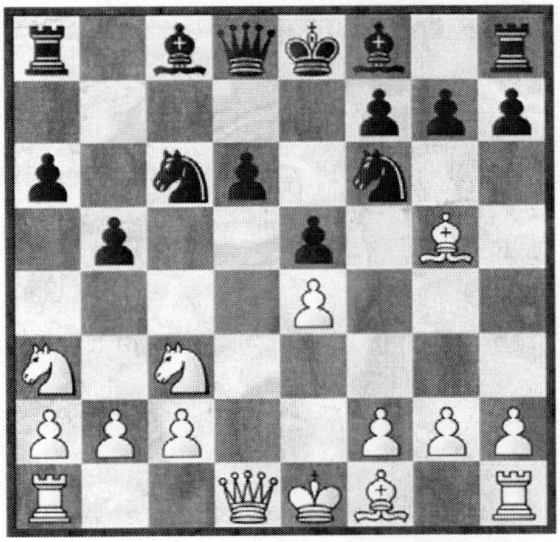

Posição que caracteriza a Siciliana Sveshnikov (B33)

9.♘d5	*♗e7*
10.♗xf6	*♗xf6*
11.c3	*0-0*
12.♘c2	*♗g5*
13.a4	*bxa4*
14.♖xa4	*a5*
15.♗c4	

15. ... ***♖b8***

Na segunda partida do match, Mecking jogou 15...♘e7

16.b3 ***♔h8***
17.0-0 ***f5***
18.exf5 ***♗xf5***
19.♘ce3 ***♗e6***

As pretas também poderiam optar por posicionar o bispo na diagonal aberta com 19...♗g6

20.♕d3

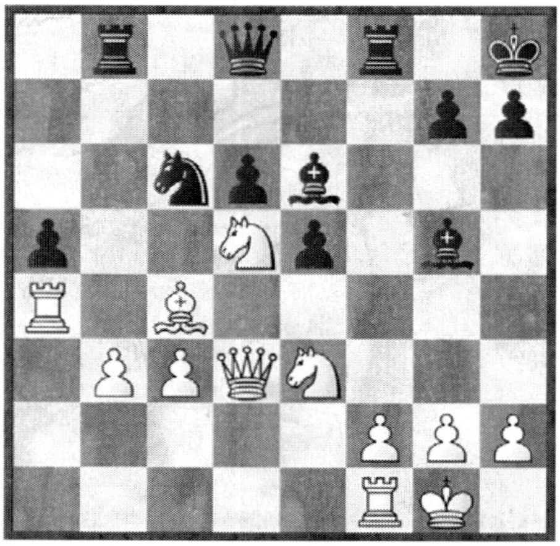

20. ...	***♗xe3***

As pretas optam por simplificar a posição, o conhecido era 20...♕d7 21.♖d1 *(21.♖a2 ♗f7 22.f3 ♗g6 23.♕e2 ♕b7=* Efimov – Kishnev, URSS 1985*)* 21...♕f7 22.♖a2 ♕h5 23.♖da1 *(23.♕e2 ♕xe2 24.♖xe2 ♖b7=)* 23...♗d8= Cheremkhin – Goldin, URSS 1980

21.♘xe3

21.♕xe3 ♗xd5 22.♗xd5 ♘e7=

21. ...	***♗xc4***
22.♕xc4	

22.♖xc4 ♘e7 23.♖b1 d5=

22. ...	***♘e7***
23.♖aa1	

23.♖fa1 d5 24.♕c5 ♖xb3 25.♖d1 ♖b2 26.f3 ♕e8 27.♖xa5 e4=

23. ...	***♖f4***

23...d5 24.♕a4± Δ ♖fd1

24.♕a6	***♖xb3***
25.c4	***h6***

½-½

Mecking, Henrique – Vescovi, Giovanni [E15]

São Paulo (m/5), 14.08.2000

1.d4	***♘f6***
2.c4	***e6***
3.♘f3	***b6***
4.g3	***♗a6***

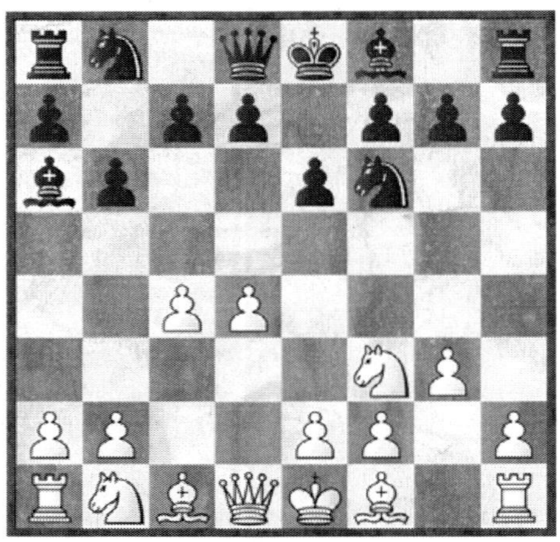

5.b3

Nesta posição da India de Dama, Mecking jogou outras alternativas de brancas: 5.♕a4 ♗b7 *(5...c5 6.♗g2 ♗b7 7.0-0 ♗e7 8.♖d1 cxd4 9.♘xd4 ♗xg2 10.♔xg2 ♕c8 11.♘c3 ♘a6 12.e4 0-0 13.f3 ♘c5 14.♕c2 d6 15.♗e3 a6 16.♖ac1 ♕b7 17.b3* 1/2 – 1/2 Mecking – Neuris Delgado, Barretos (Jogos Abertos) 2004*)* 6.♗g2 c5 7.0-0 cxd4 8.♘xd4 ♕c8 9.♘c3 a6 10.♖d1 ♗xg2 11.♔xg2 ♕b7+ 12.f3 ♗e7 13.e4 0-0 14.♕c2 ♖c8 15.♕e2 ♘c6 16.e5 ♘e8 17.♘xc6 ♕xc6 18.♘e4 1/2 – 1/2 Mecking – Judit Polgar, Memorial Najdorf 2001; 5.♘bd2.

a) 5...♗e7 6.e4 d5 7.cxd5 ♗xf1 8.♔xf1 exd5 9.e5 ♘e4 10.♔g2 0-0 11.♖e1 f5 12.exf6 ♗xf6?! *(12...♘xf6 13.♘e5± Δ ♘df3)* 13.♘xe4 dxe4 14.♕b3+ ♔h8 15.♖xe4± Mecking – Ernesto Ramos, São Paulo (zonal) 2003;

b) 5...♗b7 6.♗g2 c5 7.0-0 cxd4 8.♘xd4 ♗xg2 9.♔xg2 ♕c8 10.e4

♘c6 11.♘xc6 ♕xc6 12.f3 d6 13.b3 ♗e7 *(13...h5!? Δ h4)* 14.♗b2 0-0 15.♕e2 ♘d7= (Δ ♗f6) Mecking – Limp, Botucatu (Jogos Abertos) 2005;

c) 5...d5 6.♗g2 ♗e7 7.0-0 0-0 8.b3 ♘bd7 9.♘e5 ♗b7 10.♗b2 c5 11.♖c1 ♖c8 12.e3 ♖c7 13.♕e2 cxd4 14.♗xd4 ♕c8 15.♖fd1 b5 16.♕e1 1/2 – 1/2 Mecking – Vescovi, São Paulo (zonal) 2005.

5. ... d5

5...♗b4+ 6.♗d2 ♗e7 7.♗g2 *(7.♘c3 c6 8.e4 d5 9.♕c2 dxe4 10.♘xe4 ♘bd7 11.♗g2 ♗b7 12.0-0 c5 13.♘c3 cxd4 14.♘xd4 ♗xg2 15.♔xg2 ♕c8 16.♗g5 0-0 17.♖ad1 ♕b7+ 18.f3 h6 19.♗xf6 ♘xf6*= Mecking – Zambrana, São Paulo (zonal) 2003*)* 7...c6 8.♗c3 d5 9.♘bd2 *(9.♘e5 ♘fd7 10.♘xd7 ♘xd7 11.♘d2 0-0 12.0-0 ♖c8 13.e4 b5 14.♖e1 dxc4 15.bxc4 bxc4 16.♕a4 ♗b5 17.♕c2 ♖e8 18.a4 ♗a6 19.♖ad1 ♗f8 20.a5 ♘f6 21.♗f1 c5*= Mecking – Werle, Wijk aan Zee 2009*)* 9...♘bd7 10.0-0 0-0 11.♖e1 c5 12.e4 dxe4 13.♘g5 ♗b7 14.♘dxe4 ♕c7 15.dxc5 bxc5 16.♕c2 ♘xe4 17.♘xe4 ♖fe8 18.♖ad1 f5?! *(18...♖ad8 19.♕b2±)* 19.♘d6± (Δ ♗xb7) 19...♗xd6 1/2 – 1/2 William Moreno – Mecking, Rio de Janeiro (zonal) 2009

6.♗g2 dxc4

6...♗b4+ 7.♗d2 ♗e7 8.cxd5 ♘xd5 9.♘c3 ♗b7 10.0-0 0-0 11.♘xd5 ♗xd5 12.♕c2 ♘d7 13.♖fd1 ♖c8 14.e4 ♗b7 15.♗c3 c6 16.♕b2 ♗f6 17.♖ac1 g6 18.♘e5 ♕e7?! *(18...♗g5)* 19.♘c4 ♖fd8?! *(19...b5 Δ ♘b6)* 20.e5! (Δ ♘d6) 1-0 Mecking – Eliseu Martins, Lages (Jogos Abertos) 2002

7.♘e5 ♗b4+

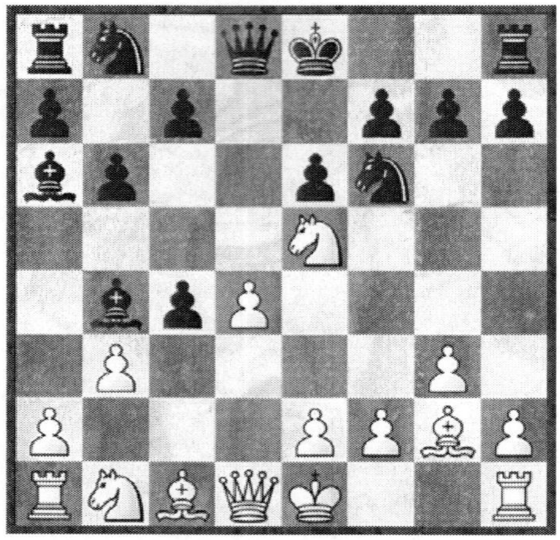

8.♔f1!

8.♗d2 cxb3 9.axb3 ♗xd2+ 10.♕xd2 ♘d5 11.0-0 0-0 12.♖c1⩱ Sygulski – Staniszewski, Polônia 1983

8. ... ♗d6

Se 8...♘fd7?! as brancas seguiriam com 9.a3 ♗e7 10.♘xf7! ♔xf7 11.♗xa8 c6 12.♘d2± Zs. Polgar – Yudasin, Madri 1992; Mecking havia enfrentado anteriormente a variante 8...c6 9.bxc4 *(9.♘xc6 ♘xc6 10.♗xc6+ ♔e7 11.♗xa8 ♕xa8 12.f3±* Δ ♔g2*)* 9...0-0 10.♗a3 ♕d6 11.♗xb4 ♕xb4 12.♕d2 ♕d6 13.f4 *(13.♘c3=)* 13...♖d8 14.e3 *(14.♔f2=)* 14...♘bd7 15.♕c1 ♖ac8∓ Mecking – C. Toth, Indaiatuba (Jogos Regionais) 1994

9.♘xc4

9.♘d2 ♘bd7 *(9...♗xe5 10.dxe5 ♘g4 11.♗b2 ♘d7 12.♘xc4 ♗xc4 13.bxc4 ♘gxe5 14.♕b3 0-0 15.♖d1±* Δ f4*)* 10.♘c6 ♕c8 11.♘xc4 ♗b7 12.♕d2 ♘b8 13.♘6e5 0-0 14.♗b2± Δ ♖c1

9. ... ♘d5
10.♗f3

10.e4 ♘e7 11.♗b2 ♘bc6 12.♘bd2 0-0 *(12...e5 13.d5±)* 13.♔g1 b5 14.♘xd6 cxd6 (Kasparov – Gelfand, Novgorod 1997) 15.d5±;

10.♗b2 ♗e7 *(10...♘c6 11.e4 ♘de7 12.♗f3 0-0 13.♔g2±)* 11.♗f3 (Vescovi – Plaskett, Bermuda 1998) 11...f5 12.♘c3 c6 13.♔g2±

10. ... ***0-0***

Era melhor continuar o desenvolvimento com 10...♘c6 11.♔g2 *(11.♘c3 ♗b4 12.♘xd5 exd5 13.♗b2± Δ a3)* 11...0-0 12.♗b2 (Pytel – Kengis, Jurmala 1983) 12...f5!?∞

11.e4! ***c6□***

12.♔g2! ***♘e7***

12...♘b4 13.a3 ♗xc4 14.bxc4 ♘4a6 15.e5 ♗e7 16.♘c3+−; 12...♗xc4 13.bxc4 ♘e7 14.e5 ♗b4 15.♕b3 ♘a6 16.♖d1±

13.♘xd6 ***♕xd6***
14.♗a3 ***♕d7***
15.♕d2

15.♘d2 ♖d8 *(15...e5 16.d5±)* 16.♘c4 ♕c7 17.e5±

15. ... ***♖d8***

As pretas poderiam manter a grande diagonal fechada com 15...e5!? 16.dxe5 *(16.♕g5 f6 17.♕g4 ♕e8 18.d5±)* 16...c5 17.♗b2 ♕xd2 18.♘xd2 ♘bc6 19.♖hd1 ♘g6 20.♘c4 ♗xc4 21.bxc4 ♘gxe5

22.♗e2 f6 23.f4 ♘f7 24.♖d5 *(24.♗g4 ♖ad8 25.♔f3⩲)* 24...♖ad8 25.♖ad1⩲

16.♖d1 ***♗b7***
17.♕e3 ***♘a6***
18.♘d2 ***♖ac8***

18...♘c7 19.♘c4 ♘b5 20.♗b2±

19.♘c4 ***♕c7***
20.♕f4

As brancas poderiam completar o desenvolvimento com 20.♖ac1± e manter as damas no meio–jogo com o objetivo de pressionar a posição das pretas.

20. ... ***♕xf4***
21.gxf4 ***♖c7***
22.♖ac1 ***♘g6***
23.♔g3 ***♖cd7***

24.e5?

As brancas poderiam ganhar um peão com 24.f5! exf5 25.exf5 ♘e7 26.♘e3 ♘c7 *(26...♖c8? 27.f6!+− Δ ♗g4; 26...f6 27.♗xe7 ♖xe7 28.♗xc6 ♗xc6 29.♖xc6±)* 27.♗xe7 ♖xe7 28.♗xc6 ♗xc6 29.♖xc6±

24. ...	***♗a8***

As pretas poderiam igualar o final com 24...♖xd4! 25.♖xd4 ♖xd4 26.♘d6 ♗a8 27.♗xc6 ♗xc6 28.♖xc6 ♘e7!=

25.♗d6	***♘c7***
26.♗e4	

As brancas poderiam manter uma pequena vantagem no final com 26.♗xc7 ♖xc7 27.♘e3 ♘e7 28.d5! exd5 29.♘xd5 ♘xd5 30.♖xd5 ♖xd5 31.♗xd5± Δ f5

26. ...	***♘e8!***
27.f5	***♘f8***
28.♗xf8	***♔xf8***
29.fxe6	***fxe6***
30.♘e3	***♖xd4***
31.♖xd4	***♖xd4***
32.♗xc6	***♗xc6***
33.♖xc6	***♔e7***
34.f4	***♔d7***
35.♖c2	***♘c7***
36.♔f3	***♘d5***

½-½

Vescovi, Giovanni – Mecking, Henrique [B31]

São Paulo (m/6), 16.08.2000

1.e4	***c5***
2.♘f3	***♘c6***
3.♗b5	***g6***
4.0-0	***♗g7***
5.♖e1	***e5***

As pretas podem continuar o desenvolvimento da ala do rei com 5...♘f6 Δ 0-0

6.♗xc6	***dxc6***
7.d3	

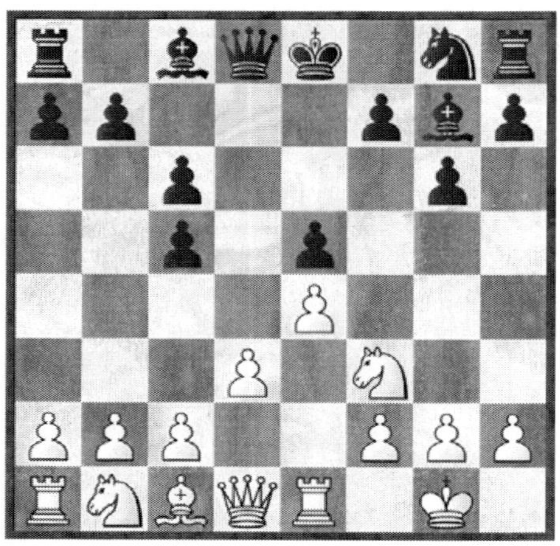

7. ...	***f6***

O plano de desenvolvimento das pretas mais conhecido é 7...♕e7 Δ ♘f6, 0-0, ♖d8

8.♗e3

Outras opções para continuar o desenvolvimento da ala da dama são: 8.♘bd2 ♘h6 9.♘f1 ♗g4 *(9...♗e6=)* 10.h3 ♗xf3 *(10...♗e6=)* 11.♕xf3± ♘f7 12.♘e3 *(12.♗e3±)* 12...♘g5 13.♕g4 ♕d7 14.♘c4 ♘e6 *(14...♕xg4 15.hxg4 ♘e6=)* 15.♗e3 0-0-0 *(15...♘d4=)* 16.a4 ♘d4

17.♕xd7+ *(17.♕d1±)* 17...♖xd7 18.♗xd4 ♖xd4 19.♘d2 1/2 – 1/2 Chua Zheng Yuan – Gunsen, Singapura 2006; 8.a3 ♘h6 9.b4 cxb4 10.axb4 ♘f7 11.♗e3 a6 *(11...a5 12.bxa5 ♖xa5 13.♖xa5 ♕xa5=)* 12.♘c3 *(12.h3±)* 12...♗g4 *(12...b5!?)* 13.h3 ♗xf3 14.♕xf3± Shaposhnikov – Ni Hua, Match Rússia – China 2001

8. ... ***b6***

Se 8...♕e7 9.♘bd2 *(*as brancas podem melhorar a variante com *9.♕d2 ♗g4 10.♕c3 b6 11.b4±* Meyer –Machelett, Alemanha (ch) 1995*)* 9...♘h6 10.♘c4 ♘f7 *(10...0-0=)* 11.a3 *(11.a4!?* Δ a5*)* 11...♗e6 12.♕d2 ♗g4 *(12...♗xc4 13.dxc4 b6=)* 13.♔h1 *(13.b4 cxb4 14.axb4 ♗xf3 15.gxf3 ♘g5 16.♗xg5 fxg5 17.♘b6 ♖b8 18.♖xa7 0-0=)* 13...♗xf3 14.gxf3 ♘g5 15.♗xg5?! *(15.♘xe5!?)* 15...fxg5 16.♖g1 (1/2 – 1/2 Zarnicki – Espinosa, Manila (ol) 1992) 16...h6∓

9.♕c1

Outras opções para continuar o desenvolvimento da ala da dama são: 9.a4 ♘h6 *(9...a5 10.♕d2 ♘e7 11.♗h6 0-0 12.♗xg7 ♔xg7=* Gusakov – Pirogov, Uljanovsk Elo 2007*)* 10.a5 ♗e6 *(10...♖b8!?)* 11.axb6 *(11.b4!±)* 11...axb6 12.♖xa8 ♕xa8 13.b4 ♘g4 14.♗d2 cxb4 15.♗xb4 c5 *(15...♕a4 16.♗d2 b5=)* 16.♗d2± Tatai – Matulovic, Sarajevo 1972; 9.♘bd2 ♘h6 10.♘c4 ♘f7 *(10...♗e6)* 11.a4 ♕e7 12.a5 b5 13.♘cd2 ♘d8= (Δ ♘e6) Zimina – Georgiev, Reggio Emilia 2003

9. ... ***♗g4***

As peças pretas ficariam melhor posicionadas com 9...♗e6 Δ ♘e7, 0-0

10.♘bd2 ***a5***
11.a3

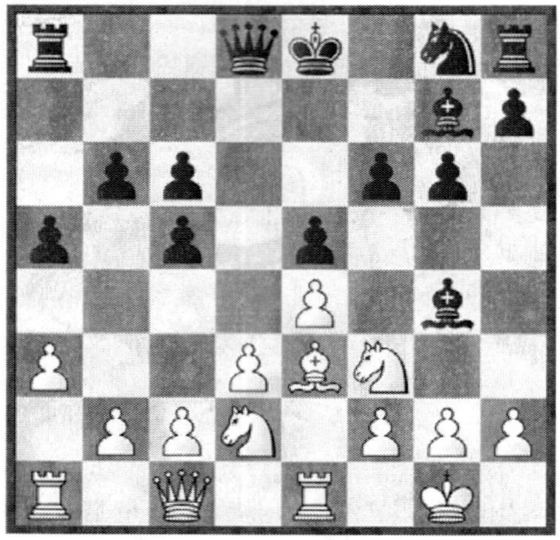

11. ... ***a4***

Se 11...♘e7 as brancas poderiam seguir com 12.b4! cxb4 *(12...axb4 13.axb4 ♖xa1 14.♕xa1 cxb4 15.♕a7±)* 13.axb4 a4 14.d4 *(14.♕b2±)* 14...exd4 15.♗xd4 0-0 16.♖a3± Δ ♕a1

12.b4! ***cxb4***

12...axb3 13.cxb3 ♘e7 14.♕c2 0-0 15.h3 ♗e6 16.♘c4±

13.axb4

As brancas poderiam pressionar os peões da ala da dama com 13.♕b1±

13. ... ***♘e7***
14.d4 ***0-0***

Era melhor trocar o peão central, antes de completar o desenvolvimento da ala do rei, com 14...exd4 15.♗xd4 0-0 16.♖a3± Δ ♕a1

15.c4?!

As brancas poderiam ampliar sua vantagem com 15.dxe5!

a) 15...fxe5 16.h3! ♗xf3 *(16...♗e6 17.♘g5±)* 17.♘xf3±;

b) 15...f5 16.♗g5 h6 *(16...fxe4 17.♖xe4 ♗f5 18.♖h4±)* 17.♗f6 ♗xf6 18.exf6 ♖xf6 19.♕b2±.

15. ... f5!
16.♗g5

16. ... exd4?

As pretas poderiam defender a posição com 16...h6! 17.♗xe7 ♕xe7 18.♘xe5 *(18.exf5 ♗xf5 19.♘xe5 ♕xb4 20.♘xc6 ♕d6 21.♘e7+ ♔h7 22.♘f3 ♗xd4 23.♘xd4 ♕xd4 24.♘xf5 ♖xf5 25.♖e7+ ♔g8=)* 18...♗xe5 19.dxe5 f4! 20.♕c3 *(20.h3 ♗h5*= Δ g5*)* 20...b5=

17.exf5!± ♖a7

As brancas ganham um importante tempo para mobilizar as peças após a troca dos bispos com 17...♗f6 18.♗xf6 ♖xf6 19.♘e4! ♖xf5 *(19...♘xf5 20.♕g5+−* Δ ♕xg4*; 19...♖f8 20.f6 ♗xf3 21.fxe7 ♕xe7 22.gxf3 ♕xb4 23.♕g5+−)* 20.♘e5! ♗h5 *(20...♖xe5 21.♘f6+ ♔g7 22.♖xe5+−)* 21.♕h6 ♕f8 22.♕xf8+ ♖fxf8 23.g4 *(23.♘d7±)* 23...♗xg4 24.♘xg4±

18.fxg6

Também ganharia 18.♖xa4 ♖xa4 19.♗xe7 ♕a8 20.♗xf8+−

18. ... ***h6***

A torre preta em a7 está sobrecarregada na defesa do peão preto em a4 e do cavalo preto em e7 e, por isso, também haveria o mesmo golpe tático, como na partida, após 18...hxg6 19.♖xa4! ♖xa4 *(19...♖d7 20.♘e5 ♗xe5 21.♖xe5 ♕c7 22.♕e1 ♘c8 23.♖e8+−)* 20.♗xe7 ♕a8 *(20...♕d7 21.♗xf8 ♔xf8 22.♕c2+− Δ ♕xg6)* 21.♗xf8 ♔xf8 *(21...♕xf8 22.♕c2+− Δ ♕xg6)* 22.♘h4+−

19.♖xa4!

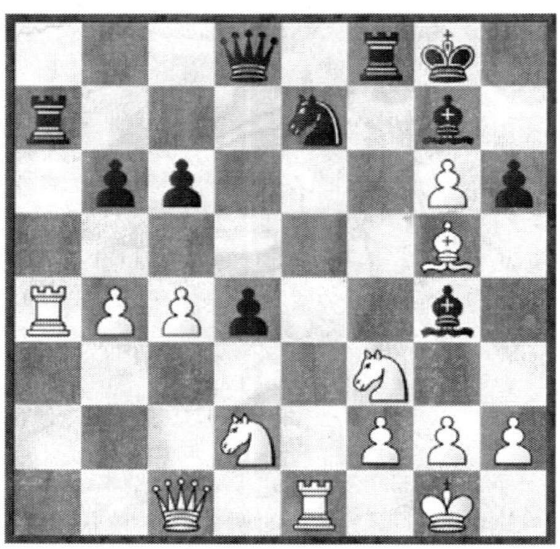

19. ... ***♖xa4***

Se 19...♖d7 seguiria 20.♗h4 d3 *(20...♕c7 21.♗g3+−)* 21.♘e5 ♗xe5 22.♖xe5 ♕c7 23.♗g3+−

20.♗xe7 ***♕c7***
21.♗xf8 ***♔xf8***
22.♕c2 ***♖a8***
23.♕e4 ***♗xf3***
24.♘xf3 ***♖d8***
25.♕f5+ ***♔g8***

26.♕e6+	***♔h8***
27.♕f7	***♕xf7***
28.gxf7	***♖f8***
29.♖e8	***c5***
30.b5	***♔h7***
31.♘e5	***h5***
32.f4	

1-0

Mecking, Henrique – Brasil [D38]

Internet, 2001

1.d4 d5
2.c4 e6
3.♘f3 ♘f6
4.♘c3 ♗b4

5.cxd5

5.♗g5 ♘bd7 6.cxd5 exd5 7.e3 c5 8.♗d3 ♕a5 9.♕c2 c4 10.♗f5 0-0 11.0-0 ♖e8 12.♘d2 g6 13.♗xd7 *(13.♗h3 ♔g7=)* 13...♘xd7 14.a3 ♗xc3 15.♕xc3 ♕xc3 16.bxc3 ♘b6= Mecking – Efimenko, Wijk aan Zee 2009

5. ... ♘xd5

5...exd5 6.♗g5 ♘bd7 7.e3 c5 8.♗d3 c4 9.♗f5 ♘b6 10.♕c2 ♗e7 11.0-0 ♗xf5 12.♕xf5 0-0 13.♘e5 ♘e8 14.♗xe7 ♕xe7 15.♖fe1 ♘d6= (Δ f6) Mecking –Aleksandrov, Calvia (ol) 2004

6.♗d2 0-0
7.e4 ♘xc3
8.bxc3 ♗e7
9.♗c4 ♘d7
10.0-0±

As brancas conseguiram uma pequena vantagem de espaço no centro. As pretas estão com uma posição um pouco restringida e o contrajogo não é totalmente eficiente, pois o bispo preto não está no fianchetto na ala do rei para pressionar o centro (o que levaria para uma posição típica de Defesa Grunfeld).

10. ... c5
11.♕e2 ♕c7
12.♖fe1 ♘b6
13.♗b3 c4

Este avanço de peão não é sustentável por criar uma debilidade que pode ser atacada. Era melhor continuar o desenvolvimento com 13...♗d7

14.♗c2 f6
15.a4 a5
16.♖eb1 ♖a6
17.♗e3 ♗d7
18.♕d2 ♗c6
19.d5!

As brancas conseguem eliminar a defesa do peão preto 'c4' e aumentam a pressão para conseguir uma vantagem material.

19. ...	***exd5***
20.♖xb6	***♖xb6***
21.exd5	***♗e8***
22.♗xb6	***♕xb6***
23.♕e2	***♗c5***
24.♖b1	***♕c7***
25.♘d2	***♗f7***
26.♕xc4	

As brancas estão com um peão de vantagem.

26. ...	***♖e8***

As pretas teriam melhores chances defensivas com 26...♖d8 27.♕d3 *(27.♗e4 f5 28.♗f3⩲)* 27...♗g6 *(27...f5 28.c4± Δ ♘b3–d4; 27...g6 28.c4±)* 28.♘e4 ♗xe4 29.♕xe4⩲

27.♗b3	***♕e7***

As pretas teriam melhores chances defensivas com 27...♖d8 28.♕d3 ♗d6 29.g3 ♗g6 30.♘e4 ♖e8 31.f3 ♗xe4 32.fxe4 ♖c8 33.c4⩲

28.♘f3	***b6***

Era melhor trocar as damas com 28...♕e4 e utilizar os recursos defensivos do par de bispos no final com a desvantagem de um peão.

29.♔f1	***♕d7***

As pretas poderiam manter-se numa posição defensiva com 29...♖d8 Δ ♕d7

30.♘d4	***♖e4***
31.♖d1	***♕d6***
32.g3	***♔h8***

As pretas optaram por não mexer na estrutura de peões na ala do rei para não criar debilidades e, além disso, as brancas colocariam o rei numa posição mais segura após: 32...f5 33.♔g2±; 32...g5 33.♔g2±; 32...h6 33.♔g2±

33.♗c2	***♗xd5***

As pretas recuperaram o peão mas entram numa longa combinação que é ganhadora para as brancas. Oferecia maior resistência mover a torre na coluna 'e', por exemplo: 33...♖e5 34.♘e6 ♗h5 35.g4 ♗e8 36.♕d3 g6 37.♕f3 ♕e7 38.♘xc5 bxc5 39.c4± Δ ♖b1; 33...♖e8 34.♘e6 g6 35.♘xc5 bxc5 36.♕d3 ♖b8 37.c4± Δ ♖e1

34.♕b5	***♖e5***
35.♘f3!+−	

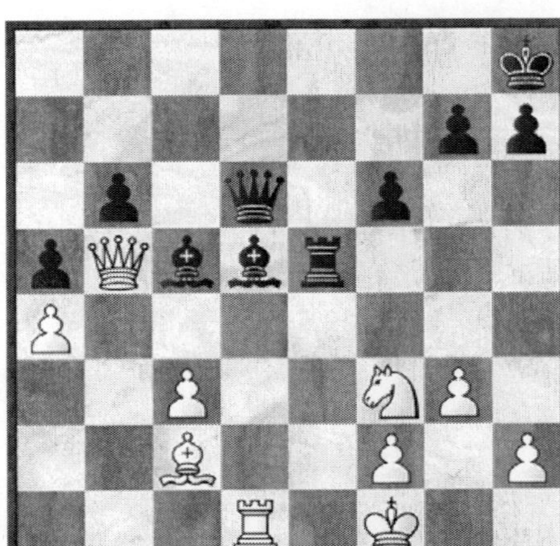

35. ... ***♕e6***

As pretas estão perdidas, como comprovam outras alternativas: 35...♗c6 36.♕a6 ♕f8 37.♘xe5 fxe5 38.♖d2 e4 *(38...g6 39.♕a7+−)* 39.♕e2+−; 35...g6 36.♗b3 ♗c6 37.♕c4 ♕f8 38.♘xe5 fxe5 39.♖d2+−

36.♘xe5 ***fxe5***
37.♗b3! ***♕f7***
38.f4! ***♗xb3***
39.♖d8+ ***♗f8***
40.♕xb3 ***♕xb3***
41.♖xf8+ ***♕g8***
42.♖xg8+ ***♔xg8***
43.fxe5

As brancas simplificaram a posição com o objetivo de entrar no final de peões.

43. ... ***♔f7***
44.♔e2 ***♔e6***
45.♔d3 ***♔xe5***
46.♔c4 ***♔d6***
47.♔b5 ***♔c7***
48.g4 ***h6***
49.c4 ***g6***

50.c5	***bxc5***
51.♔xc5	***h5***
52.g5	

1-0

Mecking, Henrique – Korchnoi, Viktor [E11]

Buenos Aires (Memorial Najdorf), 2001

1.d4	***♘f6***
2.c4	***e6***
3.♘f3	***♗b4+***
4.♗d2	

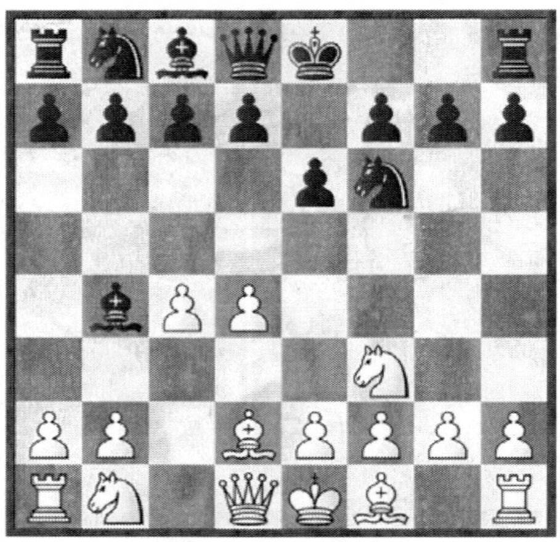

4. ...	***c5***

Há várias opções para as pretas, como defender o bispo com 4...♕e7 ; trocar o bispo com 4...♗xd2+ ; ou avançar o outro peão com 4...a5

5.♗xb4

As pretas podem pressionar a ala da dama no caso das brancas decidirem por continuar o desenvolvimento da ala do rei com 5.g3 ♕b6 6.♗g2 ♘c6 7.dxc5 *(7.e3 ♗xd2+ 8.♕xd2 ♘e4 9.♕c2 ♕b4+ 10.♘c3 ♘xc3 11.♕xc3 ♕xc3+ 12.bxc3 d6=; 7.d5 exd5 8.cxd5 ♘xd5 9.a3! ♗a5 10.♗xa5 ♕xa5+ 11.♘fd2 ♘f6 12.♘c3*⩱ Barlov – Cebalo, Iugoslávia (ch) 1989*)* 7...♗xc5 8.e3 d5 *(8...♕xb2 9.♘c3! ♗b6 10.a3! ♗a5 11.♘a4! ♗xd2+ 12.♔e2! ♕xa1 13.♕xa1 ♗a5 14.♘d4±)* 9.cxd5 *(9.0-0* (Δ ♗c3) *9...0-0 10.cxd5 ♘xd5 11.♘c3 ♕xb2 12.♘a4 ♕a3 13.♗c1 ♕b4 14.♗d2 ♕a3 15.♗c1=)* 9...♘xd5 10.♘c3 *(10.♕c2 ♘cb4 11.♕b3 ♘c6=)* 10...♕xb2 11.♘a4 ♕a3 12.♗c1 ♕b4+ 13.♗d2 ♕a3 14.♗c1=

5. ...	*cxb4*

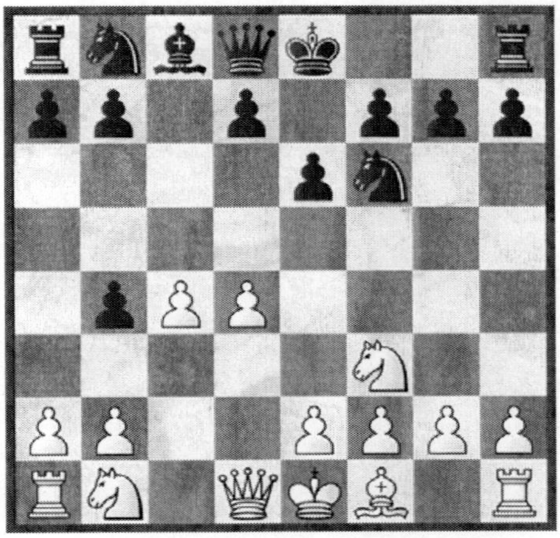

6.g3

De brancas, Mecking jogou outras variantes nesta posição: 6.♕d3 0-0 7.♘bd2 d6 8.e4 ♕c7 9.♗e2 e5 10.0-0 ♗g4 11.d5 ♘bd7 12.♘e1 ♘c5 13.♕e3 ♗xe2 [Mecking – Leitão, Barretos (Jogos Abertos) 2004] 14.♕xe2 a5=; 6.♘bd2 0-0 7.e4 d6 8.♗d3 ♘fd7 9.0-0 e5 10.♖e1 ♘c6 11.d5 ♘cb8 12.a4 ♘c5 13.♗c2 ♗g4 14.h3 ♗xf3 15.♕xf3 ♘bd7 16.♕e3 a5 17.b3 g6= Mecking – Petursson, Linares (open) 1995

6. ...	*0-0*
7.♗g2	*d6*
8.0-0	

As brancas podem manobrar o cavalo após 8.♘bd2 ♘c6 9.♘f1 e5 10.♘e3 ♘g4 11.♘d5

a) 11...e4!? 12.♘d2 *(12.♘g1 ♘f6=)* 12...e3= Δ ♖e8;

b) 11... ♘h612.0-0♘f5*(12...♗g4 13.dxe5 dxe5 14.♕b3 ♘f5 15.e3±)* 13.e3± Genov – Drasko, Iugoslávia 2001.

8. ...	*♖e8*

Outra alternativa para as pretas é 8...a5 9.♕d3 *(as brancas podem completar o desenvolvimento da ala da dama com 9.♕c2!? Δ ♘bd2, ♖ac1)* 9...♘bd7 *(as pretas podem melhorar a variante com 9...b6!? Δ ♗b7; Δ ♗a6)* 10.♘bd2 e5 11.♖fe1 *(11.♖fd1± Δ ♖ac1)* 11...♖e8 12.♘g5 ♖a6 13.♖ad1 *(13.a3!?)* 13...h6 14.♘ge4 ♘xe4 15.♗xe4 ♘f6 *(15...exd4 Δ ♘c5)* 16.♗g2± Pinter – P. Nikolic, Reggio Emilia 1987/88; Se 8...♘c6 9.a3 ♖e8 10.axb4 ♘xb4 11.♘c3 ♗d7 chega-se à mesma posição do diagrama após o lance 11.

9.a3	***♘c6***

Nesta posição, Korchnoi já havia jogado anteriormente a variante 9...♕b6 10.axb4 ♕xb4 11.♘a3 ♘a6?! *(11...♗d7 12.♘e1 ♗c6 13.♘d3 ♕b6 14.c5 dxc5 15.dxc5 ♕c7 16.♕c2±)* 12.♘e1! ♕b6 13.c5! ♕d8 *(13...dxc5 14.♘c4 ♕c7 15.♖xa6!+–)* 14.cxd6 ♕xd6 15.♘c4 ♕c7 16.♕b3 ♘d5 17.♘d3± (Δ ♖fc1) Chernin – Korchnoi, Beer-Sheva 1993

10.axb4	***♘xb4***
11.♘c3	***♗d7***

12.♘e1

Outra opção das brancas é o desenvolvimento da dama, por exemplo: 12.♕b3 a5 13.♘d2 ♕b6 14.♘de4 ♘xe4 15.♘xe4 ♗c6 16.c5 dxc5 17.dxc5 ♕c7= Vyzmanavin – Kengis, Barnaul 1988;

12.♕d2 a5 13.e4 e5 14.♖fe1 ♖c8 15.b3 b5 *(15...♕c7)* 16.cxb5 ♕b6 17.♖ac1 *(17.dxe5 dxe5 18.♗f1 ♗g4 19.♖e3±)* 17...♗xb5= Gligoric – Cebalo, Iugoslávia 1987

12. ... ***♗c6***
13.♘d3 ***♗xg2***

As pretas poderiam igualar a posição com 13...a5 14.d5 *(14.e4 ♕b6 15.♘f4 ♖ad8= Δ e5)* 14...exd5 15.♘xb4 axb4 16.♖xa8 ♕xa8 17.♘xd5 ♗xd5 18.cxd5 ♕a5 19.♕d2 ♖c8=

14.♔xg2 ***♘c6***

14...♘xd3 15.♕xd3 a6 16.e4 ♖c8 17.b3±

15.e3

As brancas conseguiriam vantagem de espaço no centro com 15.d5 exd5 *(15...♘e7 16.♕b3±; 15...♘d4 16.e3 ♘f5 17.♕a4±)* 16.♘xd5 ♘xd5 17.cxd5 ♘e5 18.♘xe5 ♖xe5 19.♕d3± Δ ♖fc1

15. ... ***a6***
16.b3

As brancas poderiam jogar de maneira ativa na ala da dama com 16.♕a4 ♖c8 17.♖fd1 ♘e7 18.c5 dxc5 *(18...♘ed5 19.♕b3 dxc5 20.♘xc5 ♖c7 21.e4 ♘xc3 22.bxc3±)* 19.dxc5 ♕c7 20.b4±

16. ... ***♖c8***
17.♔g1 ***e5***
18.d5 ***♘b8***
19.e4

As pretas poderiam ativar as peças após 19.♕c2 e4 20.♘f4 ♘bd7 21.♘fe2 ♘c5 22.♘d4 ♖e5=

19. ... ***b5***
20.♘b2 ***b4***
21.♘a2

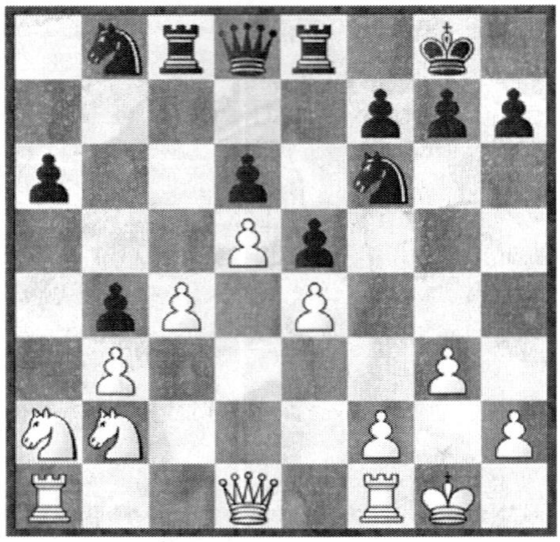

21. ... a5

As pretas poderiam capturar o peão com 21...♘xe4 22.♘xb4 a5 23.♘c2 ♘a6 24.♘a3 ♘ec5=

22.f3 ♘a6
23.♘c1 ♘d7
24.♘cd3 ♖f8
25.♕b1 g6
26.♕a2 ♘ac5
27.♕xa5

Concluída as manobras de cavalos, as brancas iniciam a troca de peças. Outra alternativa seria 27.♘xc5 ♘xc5 28.♘a4 ♘xa4 29.♕xa4 ♕b6+ 30.♔g2 ♕e3=

27. ... ♘xb3
28.♕xd8 ♖fxd8
29.♖a4 ♘d2
30.♖f2 ♘xc4
31.♖xb4

31.♘xb4 ♘xb2 32.♖xb2 ♖c1+ 33.♔g2 ♘c5 34.♖aa2 ♖b8 35.♖c2 ♖xc2+ 36.♘xc2 ♘d3=

31. ... ♘e3
32.♘e1 f5

32...♖c1 33.♘bd3 ♖c7 34.♖b3 ♘c4 35.♖a2 f5 36.♖c3 ♘db6=

33.♖e2 ***f4***

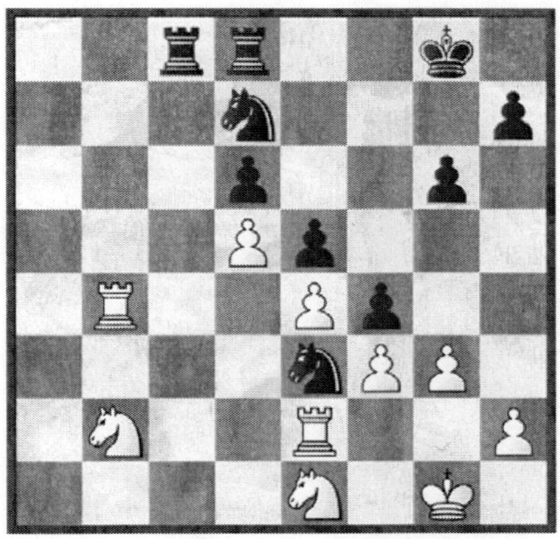

34.♘bd3

34.gxf4 exf4 35.♘bd3 g5 36.♖b7 ♘c5 37.♘xc5 ♖xc5 38.♖a2 ♖c1 39.♔f2 ♘d1+ 40.♔f1 ♘e3+ 41.♔e2 ♖dc8 42.♖aa7 *(42.♖d7 ♘c4=)* 42...♘c2=

34. ... ***g5***
35.♖b7 ***♖a8***

35...♖b8 36.♖eb2 ♖xb7 37.♖xb7 ♘f6=

36.♘c2 ***♖a2***
37.♖b2 ***♖xb2***
38.♘xb2 ***♘xc2***
39.♖xc2 ***♖a8***
40.♖c7 ***♘f6***
41.g4 ***♖a1+***
42.♔f2 ***♖a2***
43.♖b7 ***h5***
44.h3 ***h4***
45.♔g1 ***♖a3***
46.♔g2 ***♖c3***
47.♘a4 ***♖c4***

½-½

Karpov, Anatoly – Mecking, Henrique [D11]

Buenos Aires (Memorial Najdorf), 2001

1.d4 ***d5***
2.c4 ***c6***
3.♘f3 ***♘f6***
4.e3

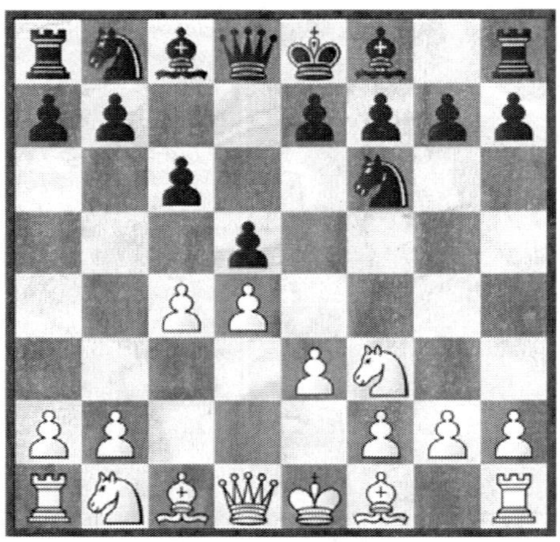

4. ... ***a6***

Mecking enfrentou também outras variantes nesta posição: 4...♗g4 5.♘c3 e6 6.h3 ♗h5 7.♕b3 ♕b6 8.♘e5 ♘bd7 9.g4 ♗g6 10.♘xg6 hxg6 11.♗g2 0-0-0 12.♕xb6 ♘xb6 13.c5 ♘bd7 14.f4± Mecking – Borges, Caxias do Sul 2012; 4...♗f5 5.♘c3 e6 6.♘h4 ♗g6 7.g3 ♘e4 *(7...♘bd7)* 8.♘xg6 ♘xc3 *(8...hxg6 9.♘xe4 dxe4 10.♗d2 ♘d7 11.♗g2 f5 12.♕b3±)* 9.bxc3 *(9.♕b3 hxg6 10.bxc3±)* 9...hxg6 10.cxd5 *(10.♕b3±)* 10...exd5 *(10...♕xd5 11.f3 ♘d7 12.e4±)* 11.♖b1 b6 12.c4 dxc4 13.♗xc4 ♗d6 14.♕c2 ♕e7 15.0-0± (Δ e4–e5) Mecking – Palacios, Rio de Janeiro (zonal) 2009

5.♕c2

Outra alternativa mais popular das brancas é desenvolver primeiro uma peça menor: 5.♘c3 ; 5.♗d3

5. ... ***e6***

6.♘bd2 ♘bd7
7.b3 ♗e7

7...c5 8.♗b2 *(8.♗d3 g6 9.0-0 ♗g7 10.cxd5 ♘xd5 11.♗a3±* Peralta – Hamdouchi, Finca Mediterrânea 2005*)* 8...dxc4 9.bxc4 ♗d6 10.♗d3 0-0 11.0-0± Inarkiev – Amonatov, Sochi 2005

8.♗d3

8.♗b2 0-0 9.♗d3 h6 10.0-0 c5 11.♖ad1 b6 *(11...cxd4 12.♗xd4 b6 13.♘e5±)* 12.e4 dxe4 13.♘xe4± Bologan – Movsesian, Sarajevo 2005*(13.♗xe4±)*

8. ... c5
9.♗b2 0-0
10.cxd5 exd5
11.0-0 h6

12.♖ad1

As brancas poderiam conseguir vantagem de espaço no centro com 12.dxc5 ♗xc5 13.e4! ♗a7 *(13...dxe4 14.♘xe4±; 13...b6 14.e5 ♘e8 15.a3 a5 16.♖fc1 ♗b7 17.♗b5±* Δ b4*)* 14.e5 ♘h5 15.g3 ♘c5 16.♗h7+ ♔h8 17.♗d4 ♗h3 18.♖fc1±

12. ... b6
13.e4 ♗b7

14.dxc5	***♘xc5***

A tomada do peão utilizando-se a outra peça menor com 14...♗xc5?! é duvidosa por causa do avanço do peão central com 15.e5! ♘e8 *(15...♖c8 16.exf6! ♗xf2+ 17.♖xf2 ♖xc2 18.♗xc2 ♘xf6 19.♖e2±; 15...♘h5 16.g3 ♕e7 17.♗h7+ ♔h8 18.♗f5±)* 16.♗h7+ ♔h8 17.♗f5 ♖c8 *(17...♗e7 18.♘e4 ♖c8 19.♕e2±)* 18.♘e4 ♗b4 *(18...♗a3 19.♕d2 ♗xb2 20.♕xb2±; 18...♗d4 19.♕d2 ♗xb2 20.♕xb2±)* 19.♕b1±

15.e5	***♘fe4***
16.♕b1	

16.♗e2 ♖c8 17.♘xe4 ♘xe4 18.♕d3 ♗b4=; 16.♘d4 ♖c8 17.♘xe4 *(17.♕b1 ♘xd3 18.♕xd3 ♘c5 19.♕h3 ♖e8= Δ* ♗f8*)* 17...dxe4 *(17...♘xe4? 18.♕e2±)* 18.♗c4 *(18.♗e2 ♕d7=)* 18...♕e8=

16. ...	***♘xd3***
17.♕xd3	***♖c8***

As pretas poderiam jogar de maneira ativa na ala da dama com 17...♘c5!? Δ a5-a4; Δ ♖c8

18.♘d4

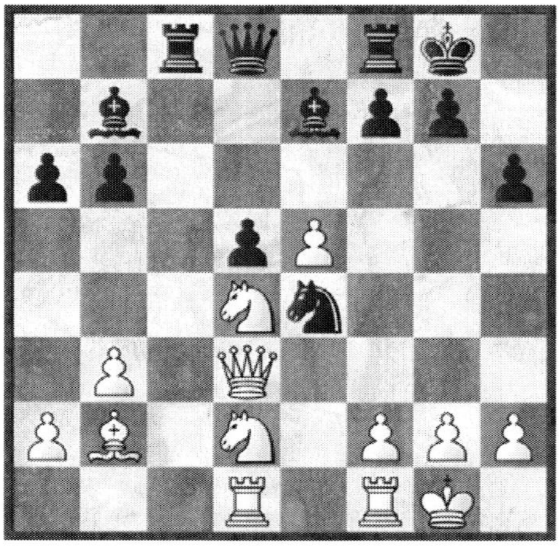

18. ...	***♕d7***

As pretas poderiam jogar de maneira mais ativa com 18...♗c5 19.f3 *(19.♘xe4 dxe4 20.♕g3 ♕g5 21.♕xg5 hxg5=)* 19...♘g5 20.f4 ♘e6 21.f5 ♘xd4 22.♗xd4 ♕h4=

19.♘xe4	**dxe4**
20.♕g3	**♗c5**
21.b4!	**♗xd4**

As pretas não podem aceitar o peão com 21...♗xb4? por causa de 22.♘c2 ♕e7 23.♘xb4 ♕xb4 24.♗a3± Δ ♗xf8

22.♖xd4	**♕e7**
23.♖d6	

As brancas conseguiram uma posição ativa para as peças pesadas e isso permite pressionar as duas alas.

23. ...	**♖c6**
24.h4	**e3**

As brancas impediram a troca de damas. As pretas procuram contrajogo com o avanço do peão central para abrir a grande diagonal. Se 24...♖e8 as brancas seguiriam com 25.♖e1 ♖c2 26.♗d4±

25.♗d4	**e2**

Outra alternativa para as pretas seria trocar os peões com 25... exf2+ 26.♖xf2 ♖e8 27.♗b2 *(27.♖df6 ♖xf6 28.♕xg7+ ♔xg7 29.exf6+ ♔g8 30.fxe7 ♖xe7 31.♖f6 ♖e6 32.♖xe6 fxe6 33.♗xb6±)* 27...b5 28.a3± Δ ♖fd2

26.♖e1

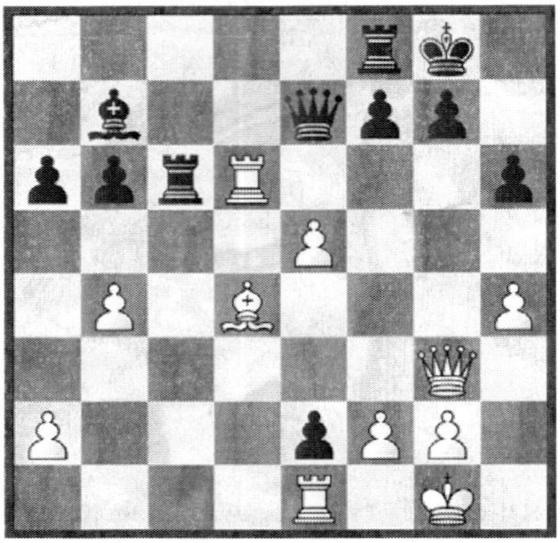

26. ...	***g6?***

Um debilitamento desnecessário da ala do rei e que compromete a segurança do monarca negro. Era melhor jogar 26...♖d8!? 27.♖xe2 *(27.e6 f6!=)* 27...♖c1+ 28.♔h2 ♖d1!? 29.♖xd8+*29.♗c3 ♖8xd6 30.exd6 ♕xd6 31.♗e5 ♕g6 32.♕xg6 fxg6 33.♗xg7 ♗xg2 34.♗xh6±)* 29...♕xd8

a) 30.♗e3 ♕d3 31.e6 *(31.♕g4 h5! 32.♕xh5 ♗d5!≅ Δ ♗e6)* 31...♕xe2 32.♕b8+ ♔h7 33.exf7 ♕g4 34.f8♘+!!=;

b) 30.♗b2 ♖h1+ 31.♔xh1 ♕d1+ 32.♔h2 ♕xe2 33.♗c3 g6 34.a3±.

27.♗xb6	***♖xd6***

As pretas ainda poderiam defender a posição com 27...♖e8!?

28.exd6	***♕e6***
29.f3!	***♗c6***

A posição é ganhadora para as brancas como comprovam as outras alternativas das pretas: 29...♖c8 30.♕f4+−; 29...♖e8 30.♕f4+−

30.♕f4+−

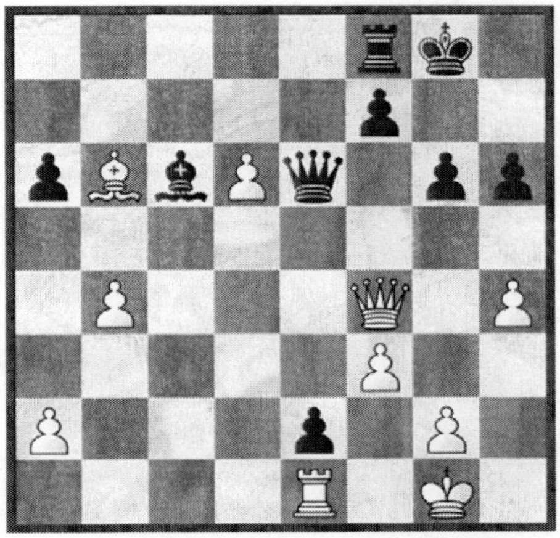

30. ...	***♔h7***

O controle da grande diagonal é decisivo, por exemplo: 30...h5 31.♗d4+−; 30...♗b5 31.♗d4+−; 30...♕xa2 31.♗d4+−; 30...♖e8 31.♗d4+−

31.♔f2	***♗b5***
32.♗e3	

As brancas ganhariam mais rapidamente com 32.a4 ♗xa4 *(32...♗c4 33.♕d4+−; 32...♗d3 33.♕d4+−)* 33.♖xe2+−

32. ...	***♔g8***
33.♕xh6	***♕e5***
34.a4	***♗c4***
35.♕g5	***♕xg5***
36.hxg5	***f5***
37.♗b6	***♖f7***
38.♖c1	***♗b3***
39.♖c8+	***♔h7***
40.♗d4	

1-0

Radjabov, Teimour – Mecking, Henrique [D10]

Buenos Aires (Memorial Najdorf), 2001

1.d4	***d5***
2.c4	***c6***
3.♘c3	***♘f6***
4.e3	***♗g4***
5.♕b3	***♕b6***
6.♕xb6	***axb6***

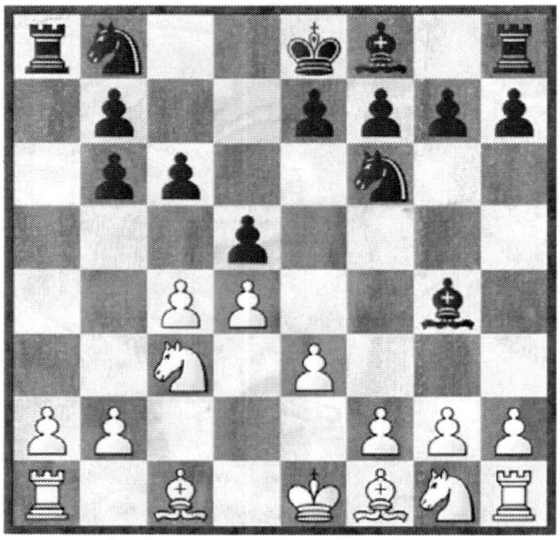

7.f3!

As brancas melhoram a variante. O conhecido era 7.cxd5 ♘xd5 8.♘xd5 cxd5 9.♗d2 ♗d7 10.♘f3 ♘c6 11.♘e5 *(11.a3 Δ ♖c1)* 11...♘xe5 12.dxe5 e6= Karpov – Chernin, Tilburg (rápido) 1992

7. ...	***♗f5***

Era melhor evitar os ganhos de tempo que as brancas tiveram na partida e, por isso, jogar diretamente 7...♗e6 8.b3 ♘a6 *(8...g6 9.♗b2±)* 9.♗b2±

8.g4!	***♗e6***
9.g5	***♘fd7***
10.cxd5	***♗xd5***

Seria duvidoso jogar 10...cxd5?! por causa da manobra de cavalo com 11.♘ge2 h6 *(11...♘c6 12.♘f4±* Δ ♘fxd5*)* 12.gxh6 g6 13.♘f4 ♗xh6 14.♘fxd5±

11.♗d3

As brancas poderiam ficar com o par de bispos após 11.♘xd5 cxd5 12.♘e2 ♘c6 13.♘c3 e6 14.♘b5⩲

11. ... ♘a6

Era melhor evitar a tomada e retirar o bispo com 11...♗e6 12.♘ge2 ♘a6 13.♘f4 ♘b4 14.♔e2 ♘xd3 15.♔xd3⩲

12.♘xd5 cxd5
13.♗d2 e6

14.♘e2

As brancas poderiam permanecer com o par de bispos e ativar as peças após 14.♖c1 ♘b4 15.♗b5! ♘c6 16.a3 ♖c8 17.f4 h6 18.♘f3⩲

14. ... ♘b4
15.♗xb4 ♗xb4+
16.♔f2 h6

16...♔e7 17.a3 ♗d6 18.♘c3 h6 19.h4±

17.g6 f5
18.♘f4 ♘f8
19.e4

As brancas poderiam manter sua vantagem no meio-jogo com 19.♖hg1 ♗d6 20.♘h5 ♖g8 21.h3 ♘d7 22.♖ac1 ♔e7 23.a3±

19. ... dxe4
20.fxe4

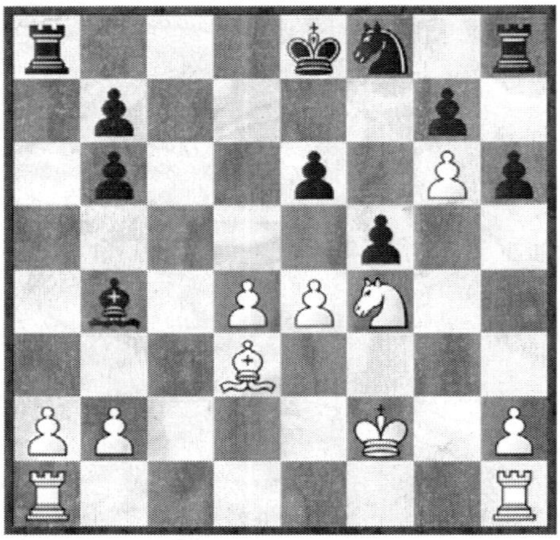

20. ... fxe4

As pretas poderiam jogar de maneira dinâmica para neutralizar a vantagem das brancas com 20...♗d2! 21.♘h5 f4! 22.♘xg7+ ♔e7 23.♘f5+ exf5 24.g7 ♗e3+ 25.♔f3 ♖g8 26.gxf8♕+ ♖gxf8=

21.♗xe4 ♖d8

As pretas poderiam jogar de maneira mais ativa e completar o desenvolvimento com roque após 21...♗d2!? 22.♘e2 *(22.♔g3 0-0-0 23.♘e2 ♘d7 24.♖ad1 ♗b4 25.♘c3±)* 22...♘d7 23.♗xb7 0-0+ 24.♔g2±

22.♔e3 ♗e7
23.h4 ♗f6

24.♖ad1	***♔e7***
25.♗xb7	***♘d7***
26.♗c6	***♘b8***

Era melhor criar uma tensão no centro com 26...e5 27.dxe5 *(27.♘d5+ ♔e6 28.♘xf6 ♘xf6 29.♖he1±)* 27...♘xe5 28.♗d5±

27.♗e4	***♘a6***
28.♘h5!+−	

As brancas eliminam a possibilidade de entrar no final com bispo de cores opostas e conseguem o melhor final (torre e bispo contra torre e cavalo).

28. ...	***♖hf8***

28...♖hg8 29.♖d3 ♖d7 *(29...♘c7 30.♘xf6 gxf6 31.h5 f5 32.♗f3 ♘d5+ 33.♗xd5 ♖xd5 34.♖c3+−)* 30.♘xf6 gxf6 31.♖a3 ♘c7 32.h5+−

29.♘xf6	***♖xf6***
30.♖hf1	***♖xf1***
31.♖xf1	***♖d7***
32.♖f7+	***♔d6***
33.♖xd7+	***♔xd7***

A troca das quatro torres acentua a vantagem das brancas no final de peças menores.

34.a3 ♔d6
35.b4 b5
36.♗c2 ♘c7
37.♗b3 ♘e8

Se 37...♘a6 as brancas criam um peão passado após 38.♔d3 ♔e7 39.♔c3 ♔f6 40.a4+−

38.a4

As brancas criam um peão passado distante.

38. ... bxa4
39.♗xa4 ♘c7
40.♗b3 e5
41.♗c4

O bispo em posição ativa controla as principais casas para onde poderia mover−se o cavalo.

41. ... exd4+
42.♔xd4 ♘a8
43.♗b3 ♘b6
44.♗f7 ♘d7
45.♗d5 ♘b6
46.♗e4 ♘d7

47.♔c4 ***♘f6***
48.♗f3

O bispo em posição ativa controla as principais casas para onde poderia mover-se o cavalo.

48. ... ***♘d7***
49.♔b5 ***♘e5***
50.♗e4 ***♘d7***
51.♗b1 ***♘f6***
52.♗a2 ***♘d7***
53.♗f7 ***♘e5***
54.♔b6

54. ... ***♘f3***

Se 54...♘xf7 as brancas poderiam seguir com 55.gxf7 ♔e7 56.b5 g5 57.hxg5 hxg5 58.♔c5 g4 59.b6 g3 60.b7 g2 61.f8♕+ ♔xf8 62.b8♕++−

55.h5 ***♘d4***
56.♔b7 ***♔d7***
57.♗d5 ***♔d6***
58.♗e4 ***♔d7***
59.♗d3 ***♔d8***
60.♔b6 ***♔d7***
61.♗b5+ ***♔d6***

62.♗a4	*♘e6*
63.♔b7	*♘d4*
64.♔c8	

As brancas manobram o rei enquanto o bispo controla as casas de pulo do cavalo.

64. ...	*♔e7*
65.♔c7	*♘e6+*
66.♔c6	*♘d4+*
67.♔d5	*♘e6*
68.♔e5	*♘c7*
69.♗c6	*♘e6*
70.b5	*♘d8*
71.♗d5	

O bispo branco imobilizou o cavalo preto.

71. ...	*♔d7*
72.b6	*♔e7*
73.♗e4	*♔d7*
74.♗g2	*♔e7*
75.♗h3	*♘b7*
76.♔d5	*♘d8*
77.♗c8	

1-0

Gasperini, Antonio − Mecking, Henrique [D03]

Lages (Jogos Abertos), 2002

1.d4	***♘f6***
2.♘f3	***e6***
3.♗g5	***d5***
4.e3	***♗e7***
5.c3	***♘bd7***
6.♗d3	***b6***
7.♘bd2	***♗b7***

8.0-0

8.♕c2 c5 9.0-0 h6 10.♗h4 0-0 11.♖ae1 c4 12.♗e2 ♕c7 13.♗g3 ♗d6 14.♗xd6 ♕xd6 15.e4 ♘xe4 16.♘xe4 dxe4 17.♘d2 b5 18.♘xe4 ♕f4 19.♗f3 ♖ab8 20.♖e3 ♖fd8 21.♘g3 ♗xf3 22.♖xf3 ♕h4= Spassky − Reshevsky, Amsterdã (izt) 1964

8. ...	***0-0***
9.♖c1	***c5***
10.♖e1	

10.♕e2 ♘e4 11.♗xe7 ♕xe7 12.♗a6 ♘xd2 *(12...♗xa6 13.♕xa6 f5=)* 13.♘xd2 ♗c6 *(13...♗xa6 14.♕xa6 ♖ac8=)* 14.♗d3 *(14.f4!? Δ ♘f3)* 14...e5=Goy − Cladouras, Bayern 1997

10. ... ♘e4

10...c4 11.♗b1 b5 12.♘e5 ♘e4 13.♘xe4 dxe4 14.♘xd7 ♕xd7 15.♗xe7 ♕xe7= Aranda Marin – Malakohv, Villarrobledo (open) 2006

11.♗xe7

11.♗f4 ♘df6 *(11...g5 12.♗xe4 dxe4 13.♘xg5 ♗xg5 14.♕g4 h6 15.h4 ♘f6 16.♕g3 ♘h5 17.♕g4 ♘f6=)* 12.h3 ♗d6 13.♘e5 ♘xd2 14.♕xd2 ♘e4= Petersammer – Hofmann, Forchheim (open) 2002

11. ... ♕xe7
12.♕c2

12.h3 ♔h8 13.♘f1 f5 14.♗b5 ♖ac8 15.♗xd7 ♕xd7= Biendara – Fuhrmann, Recklinghausen (open) 2001; 12.♘f1 f5 13.♘3d2 ♖f6 14.f3 ♘xd2 15.♕xd2 ♖af8= Sultana –Khamrakulova, Ásia (ch) 2001

12. ... f5

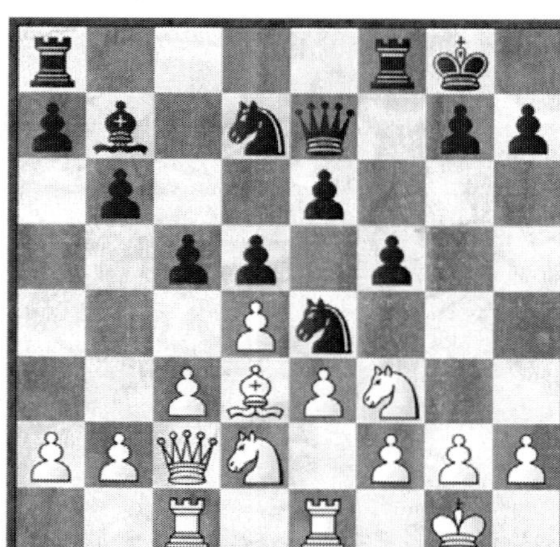

13.♘f1?!

As brancas poderiam manter a igualdade ao deixar o bispo numa posição mais ativa com 13.♗b5 ♘df6 14.♘e5 ♘xd2 *(14...c4 15.♘xe4 ♘xe4 16.♗a4 a6=)* 15.♕xd2 c4 16.♗a4 a6=

13. ...	***c4***
14.♗xe4	

As pretas teriam vantagem de espaço e iniciariam o avanço dos peões na ala da dama após 14.♗e2 b5∓ Δ a5

14. ...	***fxe4***
15.♘3d2	***e5∓***

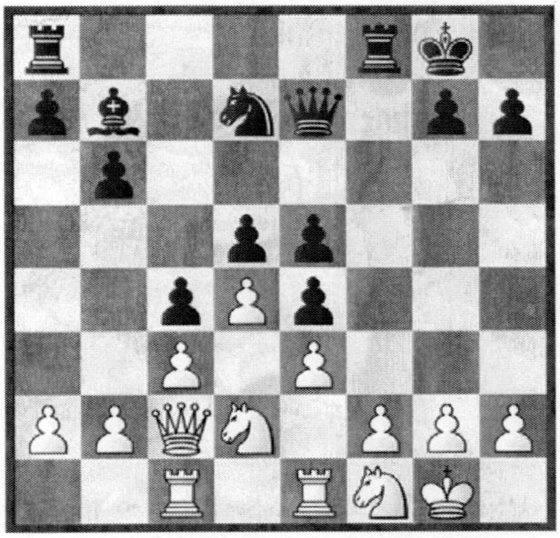

16.♘g3	***b5***
17.b3	***♗c6***
18.♕d1	

18.bxc4 bxc4 19.♖b1 ♕f6 20.♖f1 ♕d6∓ Δ ♖ab8

18. ...	***♖f6***
19.♖f1	

19.a4 a6 20.♖a1 ♖af8 21.axb5 axb5∓

19. ...	***exd4***
20.exd4	

20.cxd4 ♖c8 *(20...♘b6∓)* 21.a4 a6∓

20. ...	***♖e8!?***
21.♔h1	

As brancas poderiam jogar de maneira mais ativa com 21.♕h5 (Δ ♘f5; Δ ♕g5, ♘h5) 21...♖ef8∓ *(21...♖h6∓)*

21. ... ***♕d6***
22.♕e2

As pretas iniciam uma manobra de cavalo.

22. ... ***♘f8!∓***
23.♖ce1

23.a4 a6 24.axb5 axb5 25.♖a1 ♘e6∓ Δ ♘f4

23. ... ***♘e6***
24.♔g1 ***♘f4***
25.♕e3 ***♘d3***
26.♖e2

Outra opção das brancas era 26.♖b1 Δ ♘e2

26. ... ***♗d7***
27.bxc4 ***bxc4***
28.♔h1

28.♘xc4 dxc4 29.♘xe4 ♘f4 *(29...♖xe4 30.♕xe4 ♘f4∓)* 30.♘xf6+ ♕xf6 31.♕xe8+ ♗xe8 32.♖xe8+ ♔f7∓

28. ... ***♖ff8-+***

29.♕g5	***h6***
30.♕e3	***♗g4***
31.♔g1	***♗xe2***
32.♕xe2	***♕f4***
33.♕e3	***♕xe3***
34.fxe3	***♖xf1+***
35.♘gxf1	***♖b8***
36.g3	***♖b2***
37.♔g2	***♖xa2***
38.♔h3	***a5***
39.♔g4	***a4***
40.♔f5	***a3***
41.♔e6	***♖xd2***
42.♘xd2	***a2***

0-1

Irwanto, Sadikin – Mecking, Henrique [A75]

Bled (ol), 2002

1.d4	***♘f6***
2.♘f3	***c5***
3.d5	***e6***
4.c4	***exd5***
5.cxd5	***d6***
6.♘c3	***g6***
7.e4	***♗g7***
8.♗e2	***0-0***
9.0-0	***a6***
10.a4	***♗g4***
11.♗f4	***♗xf3***
12.♗xf3	***♕e7***

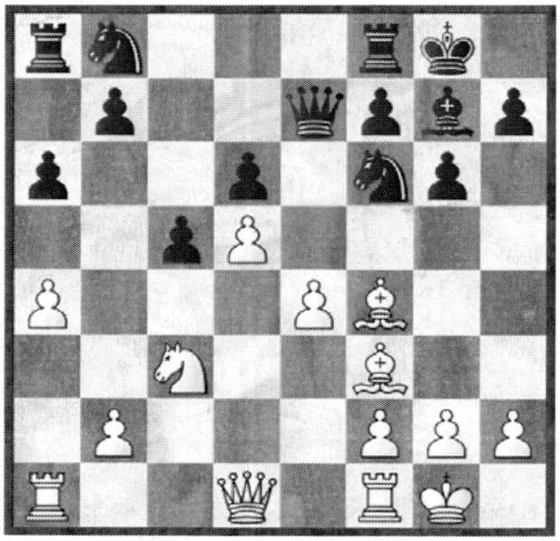

13.♕b3

A variante principal na Benoni Moderna segue com 13.♖e1

13. ... ***♘bd7***

As pretas podem preparar a saída do cavalo, sem deixar o peão ameaçado, com 13...♕c7 14.a5 *(14.♖ad1 ♘bd7 15.♖fe1 ♘e8 16.h3 ♖b8 17.♗e2 ♘ef6 18.♗h2 ♖fe8 19.♗f1 g5 20.♕c2 h6 21.♗c4 ♘e5* 1/2 – 1/2 Kummer – Lau, Schlechter Memorial 1996*)* 14...♘bd7

15.♘a4 ♖fe8 16.♖fe1 ♖ab8 17.♘b6 ♖e7 18.g3 *(18.♘c4 ♘e8 19.♗g5±)* 18...h5?? *(18...♖be8! 19.♘c4 ♘xe4 20.♗xe4 ♖xe4 21.♖xe4 ♖xe4 22.♗xd6 ♕d8=)* 19.♗xd6! ♕xd6 20.♘c4 ♕c7 21.d6+− Skembris − Kotrotsos, Grécia (ch) 2006

14.♕xb7

As brancas podem recusar o peão e ganhar espaço na ala da dama com 14.a5 ♖ab8 *(14...♖fe8 15.♖fe1 ♘e5 16.♗e2±)* 15.♕c2 *(15.♘a4 ♘e5=* Fraser − Berry, Stirling 2002*)* 15...♖fe8 16.♖fe1±

14. ...	***♖fb8***
15.♕c6	***♘e8***
16.a5	***♘e5***

No mesmo ano, houve empate por repetição de lances após 16...♗e5 17.♗d2 ♗d4 18.♗f4 ♗e5 19.♗d2 1/2 − 1/2 Bogdanov − Kainz, Donau (open) 2002.

17.♗xe5	***♗xe5***

18.♖ab1?!

A torre branca fica numa posição passiva e não defende o peão branco em a5. Era melhor jogar 18.♖a2 ♘c7 *(18...♖a7⩱)* 19.♕a4 ♕f6 20.♗e2 ♖b4 21.♕c2 ♖ab8 22.g3± Huss − Loetscher, Suíça 2007.

18. ... ♕d8!
19.♕a4 ♘c7!
20.♗e2 ♘b5!
21.♘a2?!

Era melhor manobrar as peças com 21.♗d3 ♘d4 22.f4 ♗g7 23.♔h1 ♖b4 24.♕a3 ♖ab8 25.♖f2 c4 26.♗f1 ♘b3∓

21. ... ♘d4!∓
22.♘c3 ♖b4
23.♕d1 ♕xa5
24.♗d3

24.♖a1 ♕b6∓

24. ... c4!
25.♗c2

25.♗e2 ♖ab8-+

25. ... ♖ab8-+

Todas as peças pretas estão em posições ativas enquanto todas as peças brancas estão em posições passivas.

26.♖a1 ♕c7

27.♖xa6	***♖xb2***
28.♗b1	***♖2b3***
29.f4	***♗g7***
30.e5	***dxe5***
31.♘e4	***♕c8***
32.♖a1	***exf4***
33.♗a2	***♖d3***
34.♕a4	***♘e2+***
35.♔h1	***♗xa1***
36.♖xa1	***♖d4***
37.♕c2	***♕f5***
38.♕xe2	***♕xe4***
39.♕f2	***♕xd5***
40.♖g1	***f3***
41.gxf3	***♖d2***
42.♗xc4	***♖xf2***
43.♗xd5	***♖bb2***

0-1

Mecking, Henrique – Crosa, Martin [E81]

São Paulo (Interclubes), 2003

1.d4	***♘f6***
2.c4	***g6***
3.♘c3	***♗g7***
4.e4	***d6***
5.f3	***0-0***

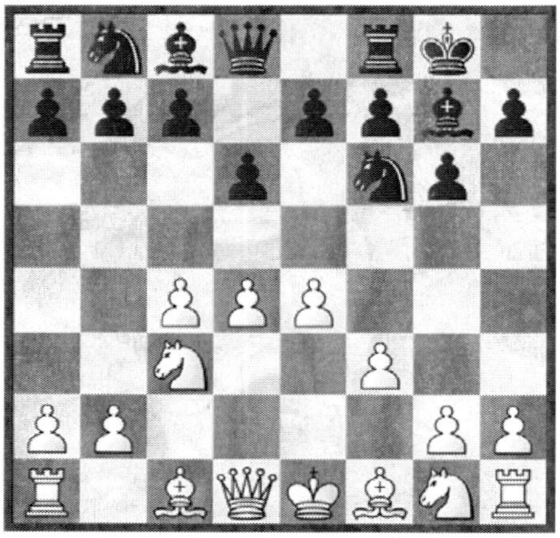

6.♘ge2

6.♗g5 c5 7.d5 e6 8.♘ge2 exd5 *(8...h6=)* 9.♘xd5 ♘c6 10.♕d2 ♗e6 *(10...h6!=)* 11.♘ec3 *(11.0-0-0 ♗xd5 12.exd5 ♘e5 13.♘c3±)* 11...♗xd5 12.cxd5 *(12.♘xd5!?)* 12...♘d4 13.♗d3 a6 *(13...♕c7= Δ ♘d7–e5)* 14.0-0 b5= (Δ ♕b6) Mecking – Bromberger, Garbo's (C.C. Bahía Feliz) Av 2011

6. ...	***e5***

Mecking enfrentou algumas vezes a variante 6...c5 7.♗e3 ♘bd7 *(7...♕a5 8.♘c1 cxd4 9.♘b3 ♕h5 10.♘xd4 ♘c6 11.♗e2 ♕h4+ 12.g3 ♕h3 13.♕d2 ♘xd4 14.♗xd4 ♗h6 15.♗e3 ♗xe3 16.♕xe3 ♗e6=* Mecking – Matamoros, Ibero–Americano 2006*)* 8.d5 ♘e5 9.♘g3 *(9.♘c1 ♗d7 10.♗e2 a6=)* 9...e6 *(9...h5 10.h4 ♗d7 11.♗e2 ♖b8=)* 10.♗e2 exd5 11.cxd5 a6 12.a4 h5 *(12...♗d7* Δ b5*)* 13.0-0 ♘h7 14.♕d2 h4 15.♘h1 f5 (1/2 – 1/2 Mecking – Milos, São Paulo (zonal)

2005) 16.♘f2±; 6...c5 7.d5 e6 8.♘g3 exd5 9.cxd5 ♘bd7 10.♗e2 a6 11.a4 ♖b8 12.0-0 h5 *(12...♘e8 13.♗e3 ♘c7 14.♕d2 b5=)* 13.♗e3 ♘h7 *(13...♕e7)* 14.♕d2 ♕e8 *(14...♕e7)* 15.♖fe1 h4?! *(15...♕e7)* 16.♘h1 f5 *(16...h3 17.g3±)* 17.♘f2± Mecking – Pace, Bled (ol) 2002

7.♗g5 ***♘bd7***

As pretas podem evitar que o centro seja fechado com a troca do peão central após 7...exd4 8.♘xd4 ♘c6 9.♘c2 h6 *(9...♗e6 10.♗e2 h6 11.♗h4 g5 12.♗f2 ♘e5 13.♘e3 c6 14.0-0⩲* Benko – Fischer, Portoroz (izt) 1958*)* 10.♗e3 ♗e6 11.♗e2 *(11.♕d2 ♘e5 12.b3 c6 13.♗e2 d5 14.exd5 cxd5 15.c5 ♘c6∞* Pachman – Bronstein, Amsterdã 1994*)* 11...♘e5 12.b3 c6 13.0-0 ♖e8 14.♘d4 d5! 15.♘xe6 ♖xe6 16.cxd5 cxd5 17.exd5 ♘xf3+! 18.♖xf3 ♖xe3! 19.♖xe3 ♕b6 20.♕d3 ♖e8 21.♘d1 ♘xd5! 22.♕b5 ♖xe3 23.♕xb6 ♘xb6 24.♘xe3 ♗xa1 (Khenkin – Ilincic, Iugoslávia 2001) 25.♘c2 ♗e5 26.♗f3= Δ ♗xb7

8.d5 ***h6***
9.♗e3 ***♘h5***

O conhecido era 9...♘h7 10.♕d2 f5 11.0-0-0 *(11.exf5 gxf5 12.♗f2⩲ Δ 0-0-0)* 11...f4 12.♗f2 a5 13.♔b1 b6∞ (Δ ♘c5) Ionov – Bratchenko, Kazan 1995

10.♕d2

10. ...	***f5?!***

Era melhor pressionar a ala da dama com 10...♘b6 11.b3 a5 12.0-0-0 *(12.h4 a4 13.♖d1 axb3 14.axb3⩲)* 12...♔h7 13.h4⩲

11.♗xh6

As brancas poderiam colocar o rei em segurança na ala da dama após 11.exf5 gxf5 12.0-0-0±

11. ...	***f4***

Se 11...♕h4+ as brancas conseguem levar o rei para um lugar seguro após 12.♔d1 *(12.g3?! ♘xg3! 13.♗g5 ♘xf1+! 14.♗xh4 ♘xd2 15.♔xd2 a6=)* 12...f4 13.♗xg7 ♔xg7 14.♘b5 ♕d8 15.♔c2 a6 16.♘bc3 ♘b6 17.b3 a5 18.a4±

12.♗xg7	***♔xg7***
13.0-0-0±	***a5***
14.♔b1	***♘c5***
15.♘c1	***♖h8***

15...a4 16.a3 ♗d7 17.♗d3 ♖b8 18.♗c2 ♕e8 19.♘d3±

16.♗d3	***♗d***
17.♗c2	***♕e7***
18.♘b3	

18.♘d3 ♘xd3 19.♗xd3 a4 20.a3±

18. ...	***♘xb3***
19.♗xb3	***a4***
20.♗c2	

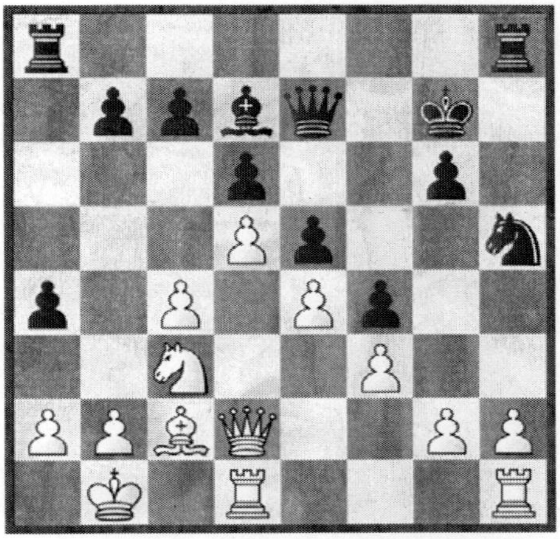

20. ... b6

Era melhor manter as torres em posições mais ativas com 20...a3 21.b3 ♖h7 22.♖hg1 ♖ah8 23.g3±

21.a3 ♖h7

Se 21...♕h4 as brancas seguiriam o ataque contra a ala do rei com 22.♖dg1 ♖h7 23.g3!+−

22.♖dg1 ♖a5
23.g3!+− ♖h8
24.♘e2 ♖f8
25.gxf4 ♘xf4
26.♘xf4 ♖xf4
27.h4! ♖xh4
28.♕g2 ♗e8
29.♖xh4 ♕xh4
30.♖h1 ♕f6

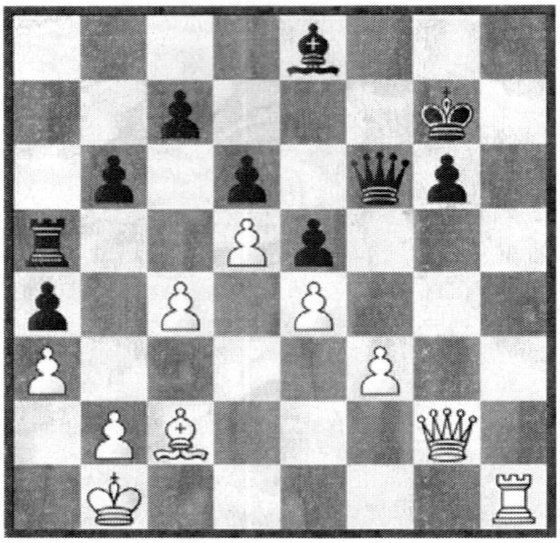

As brancas aproveitam a torre preta fora de jogo e fazem agora uma penetração decisiva de dama.

31.♕h3!	***♔f8***
32.♕c8!	***♕g7***
33.♕d8	***♖a7***
34.♖h4	***♖a5***
35.f4	***♖a7***
36.f5	***gxf5***
37.exf5	***c6***
38.f6	***♕g1+***
39.♔a2	

1-0

Mecking, Henrique – Vescovi, Giovanni [A61]

São Paulo (Interclubes), 2003

1.d4	***♘f6***
2.c4	***e6***
3.♘f3	***c5***
4.d5	***exd5***
5.cxd5	***d6***
6.♘c3	***g6***

7.♕a4+

Posteriormente, Mecking jogou esta posição da Benoni Moderna tanto de brancas como de pretas: 7.♘d2 ♗g7 8.♘c4 0-0 9.g3 b6 10.a4 ♗a6 11.♘b5 ♗xb5 12.axb5 ♘bd7 13.♗g2 ♘e8 14.♗f4 ♕e7 15.♕d2 ♘e5 16.♕e3 ♖d8 17.0-0 ♖d7 18.♗xe5 ♗xe5 19.♖a4 f5 20.♖fa1 ♖f7 21.♕d2 ♗g7 22.♖1a3 ♗d4 1/2 – 1/2 Postny – Mecking, Festival Lodi (open) 2006; 7.♗f4 a6 8.a4 ♗g7 9.e3 0-0 10.h3 ♘h5 11.♗h2 f5 12.♗e2 f4 13.0-0 fxe3?! *(13...♗h6 14.♕d3±)* 14.fxe3 ♕e7 *(14...♗h6 15.♕d3±)* 15.♕d3± ♗h6 *(15...c4 16.♕e4 ♕xe4 17.♘xe4 ♗xb2 18.♖ab1 c3 19.♘d4 ♖xf1+ 20.♖xf1±)* 16.♘e4 ♗f5 17.♘fd2 c4 18.♕d4+− Mecking – D. Flores, São Bernardo do Campo (Jogos Abertos) 2010

7. ...	***♘bd7***
8.e4	

8.♗f4 a6 9.e3 *(9.e4 ♗e7 10.♗e2 0-0 11.0-0 b5 12.♕c2 ♖e8∞)* 9...♗e7 10.♗h6 ♗f8 11.♗xf8 ♔xf8 12.♕f4 ♕e7 (Jobava – Papaioannou, Gotemburgo 2005) 13.a4∞

8. ...	***♗g7***
9.♗e2	***0-0***
10.0-0	***a6***

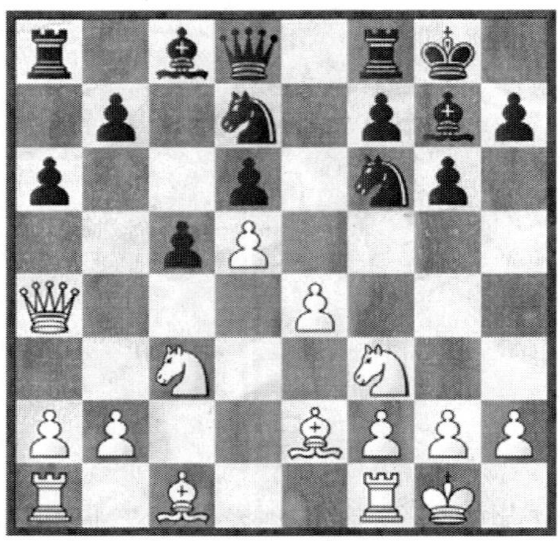

11.♕c2	***b5***
12.♗f4	***♕e7***
13.♘d2	***♘e5***
14.♖ae1	***♗d7***

Terminado o desenvolvimento das peças na abertura, a ação agora é pelo controle do centro.

15.♗g3	***g5***
16.f4	

16.♗xe5 ♕xe5 17.♘f3 ♕e8 18.e5 dxe5 19.♘xg5 c4 20.b3 h6 21.♘ge4 ♘xe4 22.♘xe4 f5=

16. ...	***gxf4***
17.♗xf4	***♘g6***
18.♗g3	***♖ae8***
19.♗f3	

19. ... h5

As pretas poderiam evitar o avanço do peão central com 19...♘g4!? Δ h5

20.e5!? dxe5

Era melhor aceitar o peão com 20...♘xe5! 21.♗h4 ♘xf3+ 22.♘xf3 ♕d8 23.♘e5!? c4! *(23...♖xe5? 24.♖xe5 dxe5 25.♘e4 ♗e6 26.d6!± Δ ♗xf6)* 24.♘e4 ♕b6+ 25.♔h1 ♘xe4 26.♘xd7 ♕d4 27.♘xf8 ♔xf8 28.b3 c3 29.♖d1 ♕e3⩱

21.♘de4 ♘g4

Era melhor devolver o peão com 21...♗f5 22.♘xf6+ ♕xf6 23.♘e4 ♕d8 *(23...♗xe4 24.♗xe4 ♘f4 25.♕xc5±)* 24.♕xc5±

22.d6±

22. ...	***♕d8***
23.♘xc5	***h4***
24.♗f2	***♘xf2***
25.♕xf2	***b4***
26.♘3e4	***f5***
27.♘b7	***♕b8***

Ainda oferecia resistência jogar 27...♕c8 28.♘ec5 e4 29.♗e2±

28.♘ec5+−	***e4***
29.♗h5	***e3***
30.♕f3	

1-0

Leitão, Rafael – Mecking, Henrique [B90]

São Paulo (zonal), 2003

1.e4	***c5***
2.♘f3	***d6***
3.d4	***cxd4***
4.♘xd4	***♘f6***
5.♘c3	***a6***

6.♗e3

Se 6.f3

a)Seria uma Siciliana (B80), no caso das pretas jogarem 6...e6 7.♗e3 b5;

a1)8.♕d2 ♘bd7 9.g4 b4 10.♘a4 *(10.♘ce2)* 10...h6 11.♗g2 ♘c5 12.♘xc5 dxc5 13.♘b3 ♕c7∞ Matsuura – Ortiz, Campinas (Panamericano) 2013;

a2)8.g4 ♗b7 9.♕d2 ♘fd7 *(9...h6∞)* 10.♘b3 *(*é melhor completar o desenvolvimento da ala da dama com *10.0-0-0*± para depois avançar os peões na ala do rei*)* 10...♘e5 11.♗e2 ♘bd7 12.0-0-0 ♖c8 13.♔b1 ♗e7 14.♖he1?! *(14.a3!?)* 14...0-0∓ (Δ ♘c4) Cubas – Mecking, Mogi das Cruzes (Jogos Abertos) 2011;

b) 6...e57.♘b3 ♗e6 8.♗e3 ♘bd7 chega-se à mesma posição da partida por inversão de jogadas.

6. ... ***e5***
7.♘b3

7.♘f3 ♕c7 8.♗g5 *(8.♗e2 ♗e7 9.a4 0-0=; 8.a4 ♗e7 9.a5 0-0=)* 8...♘bd7 9.a4 h6 10.♗h4 g5 11.♗g3 ♘c5 12.♘d2 ♗e6 13.♗e2?! *(13.♕f3=)* 13...h5∓ *(13...0-0-0∓* Matsuura – Mecking, Guarapuava 2006*)*

7. ... ***♗e6***

7...♗e7 8.f3 ♗e6 9.♕d2 ♘bd7 10.0-0-0 *(10.g4)* 10...b5 11.g4 0-0 12.g5 b4 13.♘e2 *(13.gxf6 bxc3 14.♕xc3 ♘xf6 15.♘a5 ♕d7 16.♘c6 ♖ac8 17.♘xe7+ ♕xe7 18.♕a5 ♖c6 19.♖d2 ♖fc8=)* 13...♘h5 *(13...♘e8=* Δ a5–a4*)* 14.♘g3 *(14.♔b1 a5=* Berg – Mecking, ACP (blitz) 2004*)* 14...♘f4 15.h4± *(15.♘f5±* Panarin – Mecking, Canárias (blitz) 2004*)*

8.f3 ***♘bd7***
9.g4

9.♕d2 ♗e7 10.0-0-0 *(10.g4)* 10...b5 11.♘d5 *(11.g4)* 11...♗xd5 12.exd5 ♕c7 *(12...♘b6 13.♗xb6 ♕xb6=)* 13.♔b1 0-0 *(13...♘b6 14.♗xb6 ♕xb6=)* 14.g4 ♘b6 15.♗xb6 ♕xb6= Lopez Martinez – Mecking, Montcada (open) 2006

9. ... ***b5***
10.g5 ***b4***

11.♘e2

As pretas conseguem igualar a posição com roque opostos após 11.♘d5 ♘xd5 12.exd5 ♗f5 13.♗d3 ♗xd3 14.♕xd3 ♗e7 15.h4 0-0 16.0-0-0 a5= (Δ a4) Shirov – Svidler, Wijk aan Zee 1999

11. ...	***♘h5***
12.♕d2	***a5***

12...♗e7 13.0-0-0 *(13.♘g3 ♘xg3 14.hxg3 a5=)* 13...a5 14.♔b1 0-0 15.♘g3 a4 16.♘c1 ♘f4= Cubas – Mecking, Guarapuava 2006

13.♘g3	***♘xg3***
14.hxg3	***a4***

Se 14...♕c7 as brancas conseguem posições ativas para as peças com um interessante sacrifício de qualidade após 15.a3 bxa3 16.♖xa3 a4 17.♗b5 d5 18.exd5 ♗xa3 19.dxe6 fxe6 20.bxa3 axb3 21.cxb3 ♖xa3 22.0-0 ♖xb3 23.♖c1 ♕d8 24.♗c4±Grischuk – Svidler, Biel 2001

15.♘c1	***♕a5***
16.♘d3	

16.f4 g6 17.♘d3 *(17.♗g2 a3=)* 17...a3= H. Delgado – Gomez Garrido, Matanzas Jaguey Cup 2008

16. ...	***d5***
17.exd5	***♕xd5***
18.♗g2	***♕b5***

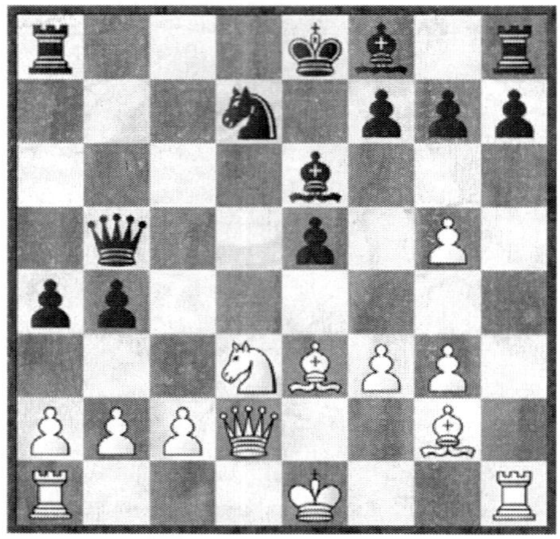

19.f4

Outras continuações das brancas: 19.♗h3 ♗xh3 20.♖xh3 ♗e7= (Δ f5–e4) Anand – Kasparov, Linares 2002; 19.♖h4 ♖b8 20.f4 ♗e7= Smeets –Vazquez, Amsterdã (open) 2005

19. ... ***♖d8***

19...♖c8 20.0-0 g6 *(20...♗d6 21.f5 ♗c4 22.♖fd1 ♗xd3 23.♕xd3 ♕xd3 24.cxd3±; 20...♗e7 21.f5 ♗c4 22.♖fd1 ♗xd3 23.♕xd3 ♕xd3 24.cxd3±)* 21.♖fe1 *(21.c3 bxc3 22.bxc3 ♕c4 23.fxe5±)* 21...♗e7 22.♗f2± Almasi – Hracek, Rethymnon 2003

20.♗e4

20.0-0 g6 21.♖fe1 *(21.♖ae1 ♗e7=)* 21...♗e7 22.♕e2 *(22.♗f2 0-0=; 22.b3 0-0=)* 22...a3=

20. ... ***g6***

20...♘c5 21.♗xc5 ♗xc5 22.f5 *(22.♕g2!?)* 22...♗c4 23.b3 *(23.♕g2!?)* 23...axb3 24.axb3 ♗xd3 25.cxd3 *(25.♗xd3 ♕c6 26.0-0-0 ♖a8∓)* 25...♗d4 26.♕c2 ♗c3+=

21.♕g2

21.♖d1 ♘c5 22.♗xc5 ♗xc5 23.♕e2 b3 24.axb3 axb3=

21. ...	***♖c8***
22.0-0	***♗g7***
23.f5	***gxf5***

24.♖xf5!?

As brancas preferem manter a tensão no meio–jogo em vez de simplificar a posição com 24.♗xf5 ♗xf5 25.♖xf5 b3 26.axb3 axb3 27.c4 ♕xc4 28.♖c1 ♕a6 29.♖xc8+ ♕xc8 30.♕d5 0-0 31.♖f1= (o cavalo preto ficaria ativo após *31.♕xb3?! e4! 32.♘f2 ♘e5! 33.♖f4 ♘f3+ 34.♔g2 ♘xg5∓*)

24. ...	***h6***

As pretas poderiam jogar de maneira mais ativa com 24...♘b6 25.♖f2 ♘c4=

25.g6	***♗xf5***
26.gxf7+	***♔xf7***
27.♗xf5	***♘f6***
28.♖f1	

As pretas levariam o rei para um lugar seguro após 28.♗xc8 ♖xc8 29.♖f1 ♔g8=; As brancas conseguiriam impedir o rei preto de chegar a um lugar seguro após 28.♕f2 ♖c7 29.♖f1 ♖e8 30.♗h7!±

28. ... ♖c7
29.g4

Novamente as brancas poderiam jogar 29.♕f2 ♖e8 30.♗h7!±

29. ... ♖e8
30.g5 hxg5
31.♕xg5

31.♗xg5 ♕b6+ 32.♖f2 ♔f8 33.♗g6 ♖d8 34.♕h3 ♕c6= *(34...♖xc2?? 35.♗e3+−)*

31. ... ♔g8
32.♖f2 b3
33.axb3 axb3
34.♖g2

As brancas poderiam simplificar a posição e levar para um final igualado após 34.♘c5 ♖xc5 (34...bxc2 35.♖xc2 ♘d5 36.♗e6+ ♖xe6 37.♘xe6 ♘xe3 38.♕d8+ *(38.♖xc7 ♕f1+=)* 38...♔f7 39.♖xc7+ ♔xe6 40.♖xg7 ♕f1+=) 35.♖g2 ♖c7 36.♕xf6 bxc2 37.♗e6+ ♖xe6 38.♕xe6+ ♖f7 39.♖xc2 e4=

34. ... ♕d5
35.cxb3

35. ... ♖ee7

As pretas poderiam simplificar a posição e levar para um final igualado após 35...e4 36.♘f4 *(36.♘c5 ♖e5 37.♗e6+ ♖xe6 38.♕xd5 ♘xd5 39.♘xe6 ♘xe3 40.♘xc7 ♘xg2 41.♔xg2 ♗xb2=)* 36...♕xb3 37.♗c5 e3 38.♔h2 ♕c4 39.♗b6 e2 40.♗d3 ♕f7 41.♗xe2 ♖c2 42.♗d4 ♕c7 43.♔h3 ♕d7+ 44.♔h4 ♖exe2 45.♖xe2 ♖xe2 46.♘xe2 ♔f7=]

36.♘f2

36.b4 ♘e4! 37.♕h4 ♕xd3 38.♗h7+ *(38.♕xe4 ♕d1+ 39.♔h2 ♕h5+=)* 38...♔f8 39.♕xe4 ♕xe4 40.♗xe4 ♖ed7=

36. ... ♖a7

36...♕xb3 37.♕xf6 ♕xe3 38.♗e6+ ♖xe6 39.♕xe6+ ♖f7=

37.♗xa7 ♖xa7
38.♘g4

As pretas teriam muito mais trabalho defensivo após 38.♘d3! Δ b4

38. ... ♕d4+
39.♔h2 ♘xg4+
40.♗xg4

As brancas poderiam evitar a troca de damas com 40.♖xg4!?

40. ... ♕f4+
41.♕xf4 exf4
42.♖d2

½-½

Mecking, Henrique – Rocha, Wellington [E83]

Santos (Jogos Abertos), 2003

1.d4 ♘f6
2.c4 g6
3.♘c3 ♗g7
4.e4 d6
5.f3 0-0
6.♘ge2 ♘c6
7.♗e3 a6

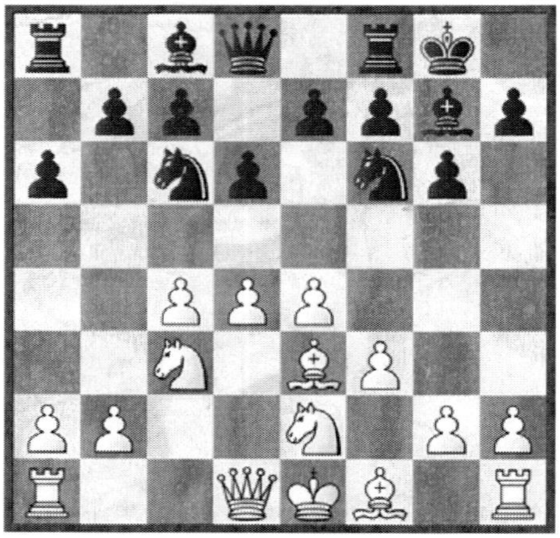

8.♘c1

Mecking havia jogado contra o mesmo adversário a variante 8.♕d2 ♖e8 9.g4 ♖b8 *(9...♘a5 10.b3 b5!?∞)* 10.g5 *(10.h4±)* 10...♘d7 *(10...♘h5 11.♘g3 ♘xg3 12.hxg3 e5!?∞)* 11.h4 b5 12.cxb5 ♘a5 *(12...axb5∞* Δ b4*)* 13.♘g3 axb5 14.♗xb5 c5 *(14...c6 15.♗e2 c5 16.dxc5 ♘xc5 17.h5±)* 15.♘ge2 ♖xb5 16.♘xb5 ♘c4 *(16...♗a6 17.♘a3 ♘c6 18.♘c2±)* 17.♕c3 ♘xe3 18.♕xe3 ♕a5+ 19.♘bc3 ♗a6 20.♔f2± Mecking – W. Rocha, Indaiatuba (Jogos Regionais) 1994*(*era melhor jogar *20.dxc5 ♘xc5 21.0-0±)*;

Mecking enfrentou algumas vezes a variante 8.♕d2 ♖b8 9.♘c1 *(9.♖c1 ♗d7 10.♘d1 b5!?∞* Mecking – Golubev, Canárias (blitz) 2004*)* 9...e5 10.d5 ♘d4 11.♘b3

a) 11...♘xb3 12.axb3 ♘h5 13.g3 f5 14.exf5 gxf5 15.♗e2 ♕e7 16.0-0-0 *(16.0-0±)* 16...f4 *(16...b5!?∞)* 17.♗f2± Mecking– Perera, Ibero–Americano 2006;

b) 11...c5 12.dxc6 bxc6 *(12...♘xb3 13.c7 ♕xc7 14.axb3±)* 13.♘xd4 exd4 14.♗xd4 ♖e8 15.♗e2 d5 16.cxd5 ♖b4 17.♗f2 *(17.♗c5! ♘xe4! 18.fxe4 ♗xc3 19.♕xc3 ♖bxe4 20.0-0 ♖xe2 21.dxc6 ♕c7 22.♗f2 ♗f5 23.♖ac1 ♗e4 24.♕g3±)* 17...cxd5 18.e5 *(18.♖d1 ♕c7=/∞)* 18...♖xe5= Mecking – Crosa, Guarapuava 2006.

8. ...	***e5***
9.d5	***♘d4***

10.♘1e2

As brancas podem trocar os cavalos e completar o desenvolvimento da ala da dama com 10.♘b3 ♘xb3 *(10...c5 11.dxc6 ♘xc6 12.♕d2±)* 11.♕xb3 c5 *(11...♘d7 12.h4 ♘c5 13.♕c2±)* 12.dxc6 bxc6 13.0-0-0 ♕e7 *(13...♗e6 14.♕a3 ♘e8 15.h4 f6?! 16.c5! ♖f7 17.♕a4± Spassky – Korchnoi, Kiev (m/7) 1968)* 14.♕b6 *(14.c5?! d5! 15.exd5 ♘xd5 16.♘xd5 cxd5 17.♕xd5 ♗e6∓ Van der Sterren – Cifuentes Parada, Wijk aan Zee 1991)* 14...♗b7 15.g4 ♖ab8 16.h4 ♖fc8 17.h5 ♘d5?! *(17...♘d7 18.♕b4 ♘c5 19.g5± Δ ♗h3)* 18.exd5 cxd5 19.♖xd5 *(19.cxd5! e4□ 20.hxg6 hxg6 21.♕a5±)* 19...♗xd5□ 20.♘xd5 ♕e6□ 21.♕a7 *(21.♕a5 ♖b5! 22.♕xa6 ♖xd5!⇄ Δ e4)* 21...♖a8 22.♕b7 ♖ab8 23.♕a7 ♖a8 24.♕b7 ♖ab8 1/2 – 1/2 Timman – Kasparov, Moscou 1981

10. ... ***♘xe2***

As pretas poderiam igualar a abertura com 10...c5! 11.dxc6 ♘xc6 12.♖c1 *(12.♕d2 b5!?∞; 12.♘d5 b5!?∞)* 12...♗e6 13.♘d5 ♕a5+ 14.♘ec3 ♗xd5 15.cxd5 ♘d4=

11.♗xe2 ***♘h5***

11...c5 12.dxc6 bxc6 13.♕d2 ♕e7 14.♖d1 ♖d8 15.0-0⩲

12.♕d2

As brancas poderiam controlar a casa f4 e rocar grande após 12.g3 ♗h3 13.♕d2 ♖b8 14.0-0-0⩲

12. ... ***♘f4***

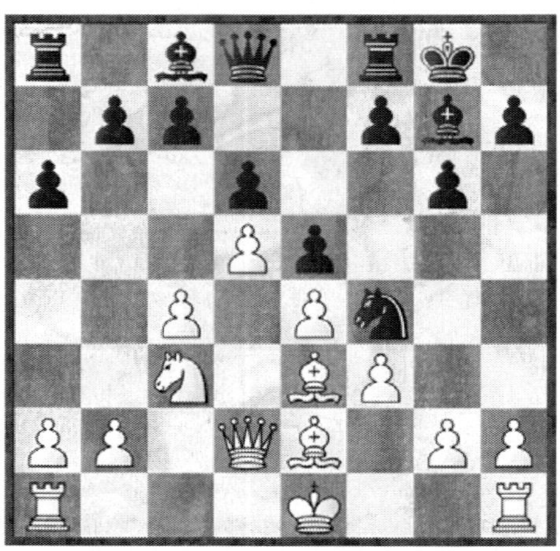

13.♗f1

As brancas perdem um tempo. Era melhor completar o desenvolvimento da ala do rei com 13.0-0⩲

13. ... ***♕e7***

As pretas poderiam continuar o desenvolvimento com 13...♗d7 14.g3 *(14.c5!?)* 14...♘h3 15.0-0-0 b5!?∞

14.g3 ***♘h5***

A outra possibilidade seria 14...♘h3 15.0-0-0 ♖b8 16.♔b1±

15.♗e2

As brancas poderiam completar o desenvolvimento da ala do rei com 15.♗g2 f5 16.exf5 gxf5 17.♗f2 ♕f7 18.0-0±

15. ... ***f5***

Se 15...♗h3 as brancas poderiam completar o desenvolvimento da ala da dama com 16.0-0-0±

16.♗g5

Era melhor completar o desenvolvimento da ala da dama com 16.exf5 gxf5 17.0-0-0 ♗d7 18.♔b1±

16. ... ***♗f6***
17.♗h6 ***♗g7***
18.♗xg7 ***♘xg7***
19.0-0-0 ***♗d7***
20.♔b1

20. ... ***fxe4***

As pretas poderiam preparar o avanço de peão na ala da dama com 20...♖ab8!? 21.♖c1 b5 22.cxb5 axb5 23.♘d1 ♖b7 24.♘e3 b4=

21.fxe4 ***♖f2***
22.♖df1 ***♖af8***
23.♕e3

As brancas podem pressionar a ala do rei com 23.♖xf2 ♖xf2 24.♕e3 ♖f8 *(24...♕f8 25.h4±)* 25.h4±

23. ... ***♖xf1+***
24.♖xf1 ***♖xf1+***

24...c5 25.♖xf8+ ♕xf8 26.h4 ♘e8= Δ ♘f6

25.♗xf1 ***♕f8***

25...c5 26.dxc6 *(26.♗e2 ♘e8=)* 26...♗xc6 27.♗h3 ♘e8=

26.♗e2

26. ... ***♗h3?***

Era melhor bloquear o centro e manobrar o cavalo após 26...c5 27.h4 ♘e8= Δ ♘f6

27.♕a7!± ***♗f1***

A penetração das brancas na ala da dama cria problemas defensivos para as pretas, por exemplo: 27...♕c8 28.c5±; 27...♗c8 28.c5±

28.♗xf1 ***♕xf1+***
29.♔c2 ***♕xc4***
30.♕xb7 ***♘h5***

O cavalo está fora de jogo. Era necessário jogar 30...♔f8 31.b3 ♕f1 32.b4 ♘e8 33.♔b3±

31.♕c6! ***♕xc6***

As brancas conseguem criar um peão passado e proteger o rei após 31...♕f1 32.♕xc7 ♕f2+ 33.♔b3+−

32.dxc6 ***♘f6***

Não há tempo de manobrar o cavalo com 32...♘g7 33.♘d5 ♘e6 34.♔b3+− (Δ ♔a4) pois o rei ativo das brancas é decisivo no final.

33.b4 ***♔f7***
34.a4 ***♔e7***
35.a5 ***♔d8***
36.b5

1-0

Mecking, Henrique – Vera Insfran, Luis [D37]

Rio de Janeiro (Panamericano), 2003

1.d4	***d5***
2.c4	***e6***
3.♘c3	***♘f6***
4.♘f3	***♗e7***
5.♗f4	

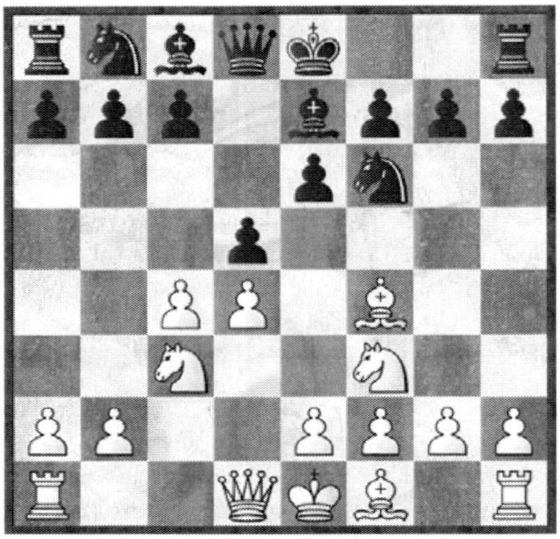

5. ...	***a6***

Mecking jogou tanto de brancas como de pretas a variante principal com 5...0-0 6.e3

a) 6...♘bd7 7.♕c2 *(7.c5 c6 8.b4 b6 9.♗d3 a5 10.b5 ♗b7 11.bxc6 ♗xc6 12.cxb6 ♕xb6 13.♖b1 ♕a7 14.0-0 ♘e4 15.♖c1 ♖ac8 16.♘d2 ♘xc3 17.♖xc3 ♗a4 18.♕a1 ♗b4 19.♖xc8 ♖xc8*= Mecking – M. Panelo, Montcada (open) 2006*)* 7...c5 8.cxd5 ♘xd5 9.♘xd5 exd5 10.♗e2 cxd4 11.exd4 ♗b4+ 12.♗d2 ♗xd2+ 13.♕xd2 ♘f6 14.0-0 ♕b6 15.♗d3 ♘e4 16.♕c2 ♗f5 17.♖fe1 ♖fc8 18.♕b3 ♕xb3 19.axb3 a5 20.h3 f6 21.♖a3 ♘d6 22.♗xf5 ♘xf5 23.♖ea1 b6 24.b4 ♖c4 25.bxa5 ♖xa5 26.♖xa5 bxa5 27.b3 1/2 – 1/2 Mecking – Milos, São Paulo (zonal) 2003;

b) 6...c5 7.dxc5 ♗xc5;

b1)8.♕c2 ♘c6 9.a3 ♕a5 *(9...♗e7 10.♗e2 dxc4 11.♗xc4 ♘h5 12.♖d1 ♕a5 13.♗d6 ♗xd6 14.♖xd6 ♘f6 15.♖d2 ♖d8 16.♖xd8+ ♕xd8 17.0-0 ♗d7 18.♖d1 ♕e7 19.h3 ♖d8 20.♖d2 ♗e8 21.♖xd8 ♕xd8 22.♕d2 ♕xd2 23.♘xd2 ♔f8 24.f4 ♔e7=* Mecking – Short, Wijk aan Zee 2009, que terminou em empate no lance 94.*)* 10.0-0-0 ♗e7 11.g4 dxc4 12.♗xc4 ♘xg4 13.♖hg1 ♕f5 14.♗d3 ♕h5 15.h3 ♘f6 16.♖g3 e5 17.♗g5 ♗e6 18.♘h4 h6 19.♗e2 hxg5 20.♗xh5 ♘xh5 21.♘f5 ♘xg3 22.♘xe7+ ♘xe7 23.fxg3 ♖fd8 24.♖xd8+ ♖xd8⩱ Fier – Mecking, Rio de Janeiro (zonal) 2009;

b2) 8.a3 ♘c6 9.♕c2 ♕a5 10.♖d1 ♖e8 11.♘d2 e5 12.♗g5 ♘d4 13.♕b1!

b2a) 13...♗f5 14.♗d3 e4 *(14...♗xd3 15.♕xd3 ♘e4 16.♘cxe4 dxe4 17.♕xe4 ♕b6 18.♕b1±)* 15.♗c2 ♘xc2+ 16.♕xc2± Korchnoi – Karpov, Baguio City (m/21) 1978;

b2b) 13...♗g4? 14.♗xf6! ♗xd1 *(14...gxf6 15.♘xd5+−)* 15.♕xd1 gxf6 *(15...♗xa3 16.♘xd5±)* 16.♘xd5+− ♗xa3 17.bxa3 ♕xa3 18.♘xf6+ ♔g7 19.♘xe8+ ♖xe8 20.♗e2 ♘xe2 21.♔xe2 ♖d8 22.♕c2 ♕b4 23.♘e4 ♖c8 24.♖c1 a6 25.♘g3 ♖c6 26.♘f5+ ♔f8 1-0 Leitão – Mecking, Rio de Janeiro (zonal) 2009.

6.cxd5

6.e3 dxc4 7.♗xc4 b5 8.♗d3 ♗b7 9.0-0 ♘bd7 10.e4 b4 11.♘a4 ♘xe4 12.♕c2 ♘d6 13.♘e5⩱ Ivanov – Nikolaev, Rússia 1992; 6.c5 ♘c6 7.a3 0-0 8.e3 ♘h5 9.♗d3 ♘xf4 10.exf4 ♗f6 11.♘e2⩲ Malanjuk – Asrian, Krasnodar 1998

6. ... exd5

Outra opção é capturar o peão com o cavalo após 6...♘xd5

a) 7.♗d2

a1) 7...c5 8.dxc5 *(8.e4 cxd4 9.exd5 dxc3 10.♗xc3 0-0 11.dxe6 ♕xd1+ 12.♖xd1 ♗xe6 13.a3* 1/2 – 1/2 Zentai – Mayer, Budapeste 2008*)* 8...♗xc5 9.g3 ♘xc3 10.♗xc3 ♕b6 11.e3⩲ Eljanov – Miladinovic, Banja Vrucica 2009);

a2)7...♘xc3 8.♗xc3 0-0=;

b) 7.♗g3 f5 8.e3 0-0 9.♗d3 c5= (Δ ♘c6) Burn – Mortimer, Paris 1900;

c) 7.♘xd5 exd5 *(7...♕xd5 8.a3 0-0 9.♖c1±)* 8.e3 ♗f5 *(8...♘c6 9.♗d3±; 8...♗b4+ 9.♘d2±; 8...c6 9.♗d3 ♗b4+ 10.♘d2 ♕a5 11.a3 ♗xd2+ 12.♕xd2 ♕xd2+ 13.♔xd2±* Flermoen – Kristiansen, Gausdal (open) 2008*)* 9.♕b3 *(9.a3 0-0 10.♖c1 c6=)* 9...♘c6 10.a3 *(10.♕xb7 ♘b4! 11.♖c1 0-0!⩱)* 10...0-0 11.♗e2 *(11.♕xb7 ♘a5 12.♕xc7 ♕xc7 13.♗xc7 ♘b3 14.♖d1 ♗c2=)* 11...♗d6 *(11...♘a5 12.♕c3±; 11...♕d7 12.0-0±)* 12.♗xd6 ♕xd6 13.♖c1±.

7.e3

7. ... ***♘bd7***

Merece atenção 7...♘h5!? (Δ ♘xf4) para eliminar o bispo branco.

8.♗d3	***c5***
9.dxc5	***♘xc5***
10.0-0	

As brancas poderiam manter o par de bispos e jogar 10.♗c2 ♗e6 11.♘d4 0-0 12.0-0±

10. ... 0-0

As pretas podem capturar o bispo, mas as brancas ficam com peças mais ativas após 10...♘xd3 11.♕xd3 0-0 12.h3 ♗e6 13.♖ac1 ♖c8 14.♘d4±

11.♖c1 b5

11...♘xd3 12.♕xd3 ♗e6 13.♘d4±

12.♗b1

12.♘d4 ♗d7 *(12...♗b7 13.♗f5±; 12...♘xd3 13.♕xd3±)* 13.♗g5±

12. ... ♗b7
13.♘d4

13.a3 ♘e6 14.♗e5 ♖c8 15.♘d4±

13. ... ♘e6
14.♗g3

As brancas poderiam manter sua vantagem com 14.♘xe6 fxe6 15.a4! ♖c8 *(15...b4 16.♘e2±; 15...♕b6 16.♗e5±)* 16.axb5 axb5 17.♘xb5 ♖xc1 18.♕xc1 ♗a6 19.♗d3 ♕b6 20.♕c7 ♕xc7 21.♗xc7 ♖c8 22.♗f4 ♖c5 23.b4 ♖xb5 24.♖a1 ♖b6 25.♖xa6 ♖xa6 26.♗xa6 ♗xb4 27.f3±

14. ... ♘xd4

As pretas poderiam igualar a posição com 14...g6 15.a3 *(15.♘ce2 ♖c8=; 15.♘xe6 fxe6 16.♘e2 ♖c8=)* 15...♖c8 16.b4 ♗d6=

15.♕xd4 ♖c8

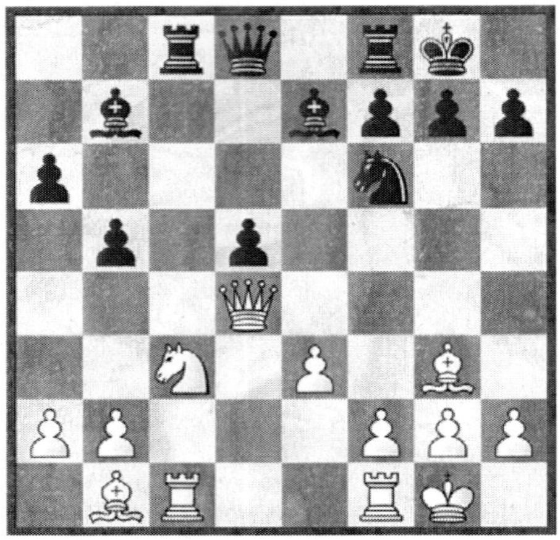

16.♖fd1

As brancas poderiam jogar de maneira ativa e criar peão passado na ala da dama após 16.♕a7 ♕d7 17.♗f5! ♕xf5 18.♕xb7 ♕e6 *(18...♗b4 19.♕xa6 ♗xc3 20.♖xc3 ♖xc3 21.bxc3 ♘e4 22.♕xb5 ♘xc3 23.♕b2±)* 19.♘e2 ♗c5 20.♘f4 ♕f5 21.♕xa6 d4 22.♕xb5 dxe3 23.♘e2 exf2+ 24.♔h1 ♕e6 25.♖xc5 ♖xc5 26.♕xc5 ♕xe2 27.♕xf2 ♕a6 28.a3 ♘e4 29.♕f4 f5 30.♖e1±

16. ... ♖c4
17.♕d3 g6
18.h3

18.a3 ♘e4 19.♗a2 ♘xc3 20.♖xc3 ♗f6 21.♗xc4 bxc4 22.♕b1 ♗xc3 23.bxc3 ♗c6=

18. ... ♕a8

As pretas poderiam sacrificar um peão para ficar com o par de bispo e peças mais ativas no final após 18...b4!? 19.♘e2 ♘e4 20.♕xc4 dxc4 21.♖xd8 ♖xd8 22.♗xe4 ♗xe4 23.♖xc4 ♖d1+ 24.♔h2 f5⩱

19.b3

19.♕f1 ♖fc8 20.♗d3 ♖4c5 21.♗e5 ♘e4=

19. ... ♖cc8

19...♖c6 20.♗e5 *(20.♕d4 ♗c5=)* 20...♗a3=

20.♗h4

20.♕d4 ♘h5 21.♗e5 *(21.♗h4 ♗c5 22.♕d3 d4=)* 21...f6 22.♗h2 ♗a3 23.♖c2 ♗c5 24.♕h4 d4 25.exd4 ♗b4=

20. ... ♖fe8

As pretas entrariam num final de peças pesadas e bispos de cores opostas, mas com um peão a menos, após 20...b4 21.♘e2 ♕a7 22.♘f4 ♕b6 23.♗xf6 ♕xf6 24.♘xd5 ♗xd5 25.♕xd5 *(25.♖xc8 ♖xc8 26.♕xd5 ♖d8 27.♕f3 ♕xf3 28.♖xd8+ ♗xd8 29.gxf3 f5 30.♗d3 a5=)* 25...♖xc1 *(25...♕b2 26.♖xc8 ♖xc8 27.g3±)* 26.♖xc1 ♖d8 27.♕e4±

21.♕d4 ♘e4
22.♗xe7

As brancas poderiam simplificar a posição e entrar num final favorável após 22.♗xe4 dxe4 23.♗xe7 ♖xe7 24.a4 bxa4 25.♘xa4 ♖xc1 26.♖xc1 ♗c6 27.♘c5±

22. ... ♘xc3
23.♖xc3 ♖xc3

23...♖xe7 24.♖c5 ♖xc5 *(24...♖ec7 25.b4±)* 25.♕xc5 ♕f8 26.a4±

24.♕xc3 ♖xe7
25.♕d4 ♕c8
26.♗d3 ♖c7
27.♔h2 ♖c1
28.♖xc1 ♕xc1

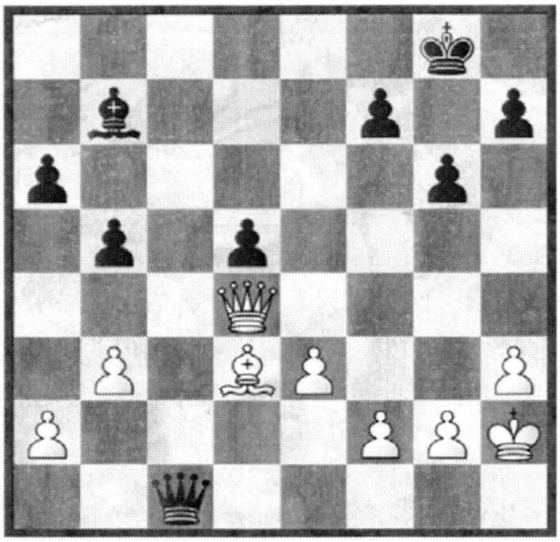

As pretas trocaram as torres e buscam simplificar o final.

29.♗e2 ***♕c7+***
30.f4

As brancas procuram melhorar o posicionamento do bispo e do rei, avançar os peões para ganhar espaço e restringir as opções das pretas.

30. ... ***♕d7***
31.♗f3 ***♗c6***
32.g4 ***♕e7***
33.♔g3 ***♕d7***
34.h4 ***h6***
35.g5 ***hxg5***
36.hxg5 ***♕e7***

As pretas poderiam evitar que a estrutura de peões na ala da dama ficasse fixada nas casas brancas com 36...a5!?

37.b4 ***♕d7***
38.a3 ***♕e7***
39.♔f2 ***♕e6***
40.♕b6 ***♕c8***
41.♔g3 ***♕b7?***

Era melhor manter a posição estática com 41...♗b7

42.♕xb7	***♗xb7***
43.f5+–	

O rei ativo das brancas é decisivo no final.

43. ...	***gxf5***
44.♔f4	***♗c8***
45.♗xd5	***♔g7***
46.♗g2	***f6***
47.♗h3	***♔g6***
48.gxf6	***♔xf6***
49.e4	***♗b7***
50.♗xf5	***♔f7***
51.♔e5	***♔e7***
52.♔d4	***♔f6***

1-0

Mecking, Henrique – Dominguez, Leinier [D47]

Rio de Janeiro (Panamericano), 2003

1.d4 d5
2.c4 c6
3.♘f3 ♘f6
4.♘c3 e6
5.e3 ♘bd7
6.♗d3 dxc4
7.♗xc4 b5
8.♗d3 ♗b7
9.e4 b4
10.♘a4 c5
11.e5 ♘d5

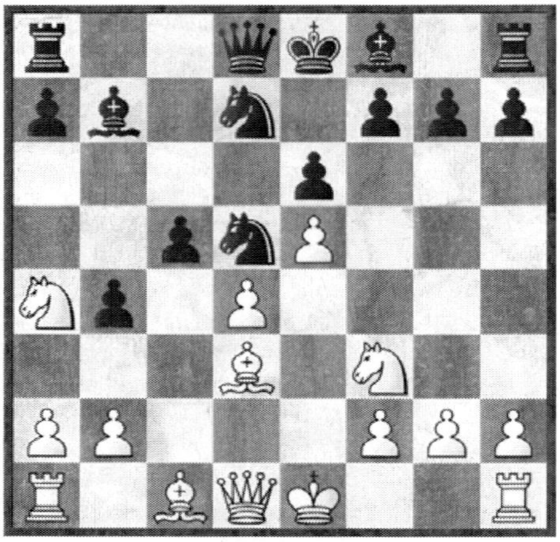

12.0-0

Posição Teórica importante que gera complexas variantes, há várias opções para as brancas: 12.♘g5 cxd4 13.♘xe6 fxe6 *(13...♕e7 14.♘xf8 ♕xe5+ 15.♗e2 ♔xf8 16.0-0 ♖e8 17.♗c4=∞)* 14.♕h5+ ♔e7 15.0-0 ♕e8 16.♗g5+;

a) 16...♘7f6? 17.♕f3!

a1) 17...♕xa4 18.exf6+ ♔d6 19.♖fe1 ♕d7 *(19...e5 20.♖xe5!!+–; 19...♖e8 20.♕e2± Δ ♗b5)* 20.♖ac1!±;

a2) 17...♗c6 18.♘c5 ♔f7 19.♘e4 ♗e7 20.♖fe1 h6 *(20...♖c8 21.♖ac1±)* 21.exf6 gxf6 (Yevseev – Smirnov, Nefteyuganks 2002) 22.♖ac1!!+–;

b) 16...♘5f6 17.♕e2 ♔f7 18.exf6 gxf6 19.♗d2 *(19.♗f4 ♖g8 20.g3 ♖g7= Δ ♔g8)* 19...♖g8 20.♕h5+ ♔e7 21.♗xb4+ *(21.♕xh7+ ♖g7=)* 21...♔d8 22.♗a5+ ♔e7=; 12.dxc5 ♕a5 13.0-0 ♗xc5 14.a3 ♗e7 15.♗d2 0-0 16.♗e4 f5 *(16...♖ab8!?∞)* 17.exf6 *(17.axb4 ♕c7 18.♖c1 ♕b8 19.♗b1± C. Hansen – M. Gurevich, Taastrup 1992)* 17...♘7xf6 18.♗d3±;

12.♘xc5

a) 12...♗xc5 13.dxc5 ♕a5 *(13...♘xc5 14.♗b5+ ♔f8 15.0-0±)* 14.♕e2 *(14.0-0 ♘xc5 15.♗c2 ♖d8=* Pinter – Chernin, Hungria 1992*)* 14...♘xc5 *(14...♘c7 15.♘d2 ♕xc5 16.f4! 0-0 17.♘b3 ♕c6 18.0-0±)* 15.♗b5+ ♔f8 16.0-0 h6 *(16...♘b3 17.♖b1 ♕xa2 18.♗e3 ♖c8 19.♖bd1 h6 20.♘d2±)* 17.♗e3± Uhlmann – Larsen, Las Palmas (m/4) 1971;

b) 12...♘xc513.dxc5 ♗xc5 14.0-0 *(14.♗b5+ ♔e7 15.0-0 ♕b6 16.♗d3 h6 17.♕e2 ♖hd8 18.♗d2 ♔f8 19.♖ac1 ♖ac8∓* Uhlmann – Larsen, Las Palmas (m/6) 1971*)* 14...h6 15.♘d2 *(15.♕e2 ♕b6=* Karpov – Polugaevsky, URSS (ch) 1973*)* 15...♘c3!? 16.♕c2 ♕d5 17.♘f3 ♖d8 18.♘e1 *(18.bxc3 ♕xd3 19.♕xd3 ♖xd3 20.cxb4 ♗xb4 21.♖b1 ♗xf3 22.♖xb4 ♗e2=)* 18...♗d4 19.♗d2 ♘b5 20.♗xb4 ♗xe5= Maggeramov – Bagirov, URSS 1976.

12. ... ***cxd4***

13.♖e1

Em vez de defender o peão central, as brancas podem abrir mão em troca de atividade para as peças com 13.♘xd4 ♘xe5 14.♗b5+ ♘d7 15.♖e1 ♖c8 16.♕h5 g6.

a)17.♕e2 a6! 18.♗xa6 ♗xa6 19.♕xa6 ♗g7 20.♗g5 ♘c7! 21.♕b7 *(21.♕a5 ♖a8 22.♗xd8 ♖xa5 23.♗xc7 ♖xa4 24.♖ed1 ♘f6 25.♗e5 0-0∓* Sokolov – Chernin, Wijk aan Zee 1991*)* 21...♖b8 22.♗xd8 ♖xb7 23.♗xc7 ♖xc7 24.♘b5 ♖c2 25.♖ac1 ♖xc1 26.♖xc1 0-0∓ Vyzmanavin – Novikov, Moscou 1990;

b)17.♕e5 ♕f6 18.♘f3 ♗g7 19.♗xd7+ ♔xd7 20.♕e2 ♕d8 *(20...♕e7 21.♗g5 f6 22.♕b5+ ♔c7 23.♖ac1+ ♔b8 24.♗d2=∞)* 21.a3 b3 22.♗d2=∞ Obukhov – Doroshkievich, URSS 1990.

13. ... g6

Outras continuações das pretas: 13...a6 14.♗d2 g6 15.♗e4 ♕b8 16.♕c1 ♕a7 *(16...♗g7!?∞)* 17.♗h6 ♖c8 18.♕d2 ♘e7?! *(18...♗c6 19.♖ac1±)* 19.♗xf8 ♖xf8 20.♕xb4 ♗xe4 21.♖xe4± San Segundo – Anand, Madri 1993; 13...♗e7 14.♘xd4 0-0 15.♕h5 (15.♕g4 ♔h8 16.♕h3 *(16.♕e4 g6 17.♗h6 ♖g8 18.♖ac1 ♖c8=)* 16...g6 17.♗h6 ♖g8= Gulko – Vaganian, Vilnius 1975) 15...g6 16.♕h6 ♘xe5 17.♖xe5 ♘f6□ 18.♕f4 ♗d6 19.♕g3 *(19.♘c5 ♗d5 20.♗e2 ♗xc5 21.♘c6□ ♗xf2+ 22.♕xf2 ♗xc6 23.♗g5 ♘e4□ 24.♗xd8 ♘xf2 25.♗e7 ♖fe8 26.♗f6 ♘e4□ 27.♗f3! ♘xf6 28.♗xc6 ♘d5! 29.a3 bxa3 30.♖xa3 ♖ec8 31.♗xa8 ♖xa8=∞)* 19...♘d7 *(19...♗xe5 20.♕xe5 ♘g4 21.♕f4 h5 22.h3 e5 23.♕g3 ♕xd4 24.hxg4 ♖fd8=)* 20.♗f4 ♕f6 21.♗e4 ♗xe5 22.♗xe5 ♘xe5 *(22...♕xe5 23.♕xe5 ♘xe5 24.♗xb7 ♖ad8=)* 23.♗xb7 ♖ad8= Dyachkov – Dreev, Rússia 2000

14.♗g5

Outra opção de desenvolvimento é 14.♗d2 ♗g7 15.♗b5.

a) 15...♖c8 16.♗g5 ♕a5 17.♘xd4 ♖c7 *(17...a6 18.♗xd7+ ♔xd7 19.♘b3 ♕b5 20.a3!± Δ* ♘d4*)* 18.♖c1±;

b)15...a6 16.♘c5 *(16.♗xd7+ ♕xd7 17.♖c1 0-0 18.♗g5 ♖fc8 19.♘c5 ♕b5 20.♕xd4 ♗f8=)* 16...axb5 17.♘xb7 ♕b6 18.♘d6+ ♔e7 19.♘g5 *(19.♗g5+ ♔f8! Δ* ♔g8*)* 19...♖hf8 20.♘xh7 (Stohl – Sakaev,

Dortmund 1992) 20...♘xe5 21.♘e4 f5 22.♘xf8 fxe4 23.♘xg6+ ♘xg6 24.♖xe4 ♘e5∞.

14. ... ♕a5

As pretas podem propor a troca dos bispos com 14...♗e7 15.♗h6 *(15.♗xe7 ♕xe7= Δ 0-0)* 15...♗f8 16.♕d2 ♗c6 17.♗xf8 ♔xf8= Tukmakov – Polugaevsky, URSS 1977

15.♘xd4

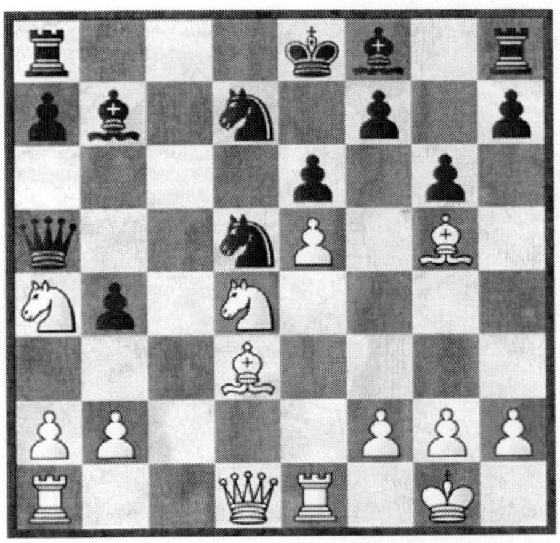

15. ... a6

Se 15...♗g7? segue 16.♗b5!+– Marjanovic – N. Karaklajic, Zagreb 1977

16.a3

16.♖c1 ♗g7= Δ 0-0

16. ... bxa3

No ano anterior, havia sido jogado 16...♗g7 17.axb4 ♕xb4 18.♖e4! ♕a5 19.♘b3 ♕c7 20.♖c1 ♕b8 21.♘ac5± Sokolov – Stellwagen, Amsterdã 2002

17.bxa3 ♗g7
18.♗d2

As brancas teriam vantagem de espaço após 18.♖b1 ♖b8 19.♗d2 ♕d8 20.f4 0-0 21.♗e4±

18. ... ♕d8

As pretas conseguiriam completar o desenvolvimento com 18...♕c7 19.f4 ♕b8 20.♕f3 ♕a7 21.♕f2 0-0 22.♖ec1 ♖fc8=

19.♖b1 ♖b8
20.♖xb7

As brancas teriam vantagem de espaço após 20.f4 0-0 21.♗e4±

20. ... ♖xb7
21.♗xa6 ♖c7
22.♗a5 0-0

As pretas poderiam realizar a transição do meio−jogo para o final com 22...♕b8 23.♗xc7 ♕xc7 24.♘b5 ♕b8 25.♘ac3 ♘xc3 26.♘xc3 ♗xe5 27.♘e4 ♘f6 28.♘xf6+ ♗xf6=

23.♗c4 ♘xe5
24.♗xd5 exd5
25.♘b5

25.♘c3 ♘c4 26.♗xc7 ♕xc7 27.♘xd5 ♕c5 28.♘c6 ♘xa3=

25. ... ♖c1!
26.♗xd8 ♖xd1
27.♖xd1 ♖xd8
28.♘ac3 ♘c4

As pretas poderiam empatar o final com 28...d4 29.♘xd4 ♘c4 30.♘db5 ♖a8 31.a4 ♘b2 32.♖a1 ♖c8 33.♖a3 *(33.♘d1 ♖c4 34.♘e3 ♖xa4 35.♖xa4 ♘xa4=)* 33...♘xa4 34.♖xa4 ♗xc3=

29.♘xd5 ♔f8?

As pretas poderiam recuperar o peão com 29...♖a8! 30.♘dc7 *(30.♖d3 ♗f8=)* 30...♖a5 31.♖d8+ ♗f8= Δ ♘xa3

30.♘e3! ***♖b8***
31.♘xc4 ***♖xb5***

32.♔f1 ***♖b3***
33.♖c1 ***♔e8***
34.♔e2 ***♗f8***
35.a4 ***♖b4***
36.♘e3

As brancas poderiam avançar o peão passado com 36.a5 ♖a4 37.♔d3 ♗b4 *(37...♗c5 38.f3 ♖a2 39.♖c2 ♖a1 40.♖b2+−)* 38.♔c2 ♗c5 39.♔b3 ♖b4+ 40.♔c3±

36. ... ***♔d7***

Se 36...♖xa4? as brancas ganhariam com a seguinte combinação 37.♖c8+ ♔e7 38.♘d5+ ♔e6 *(38...♔d6 39.♘c3+−)* 39.♘c7+ ♔e7 *(39...♔d7 40.♖xf8 ♔xc7 41.♖xf7+ ♔d6 42.♖xh7+−)* 40.♖e8+ ♔d7 41.♖xf8 ♔xc7 42.♖xf7+ ♔d6 43.♖xh7+−

37.♖c4 ***♖b2+***
38.♔f3 ***♖a2***
39.h4 ***♗e7***
40.g3 ***h5***
41.♘c2

As brancas poderiam manobrar o cavalo com 41.♘d5!? para manter a vantagem no final.

41. ...	***♗d8***
42.♔e2	***♗b6***

O bispo preto está numa posição mais ativa no final.

43.f3	***♖b2***
44.g4	***hxg4?***

As pretas poderiam empatar o final com 44...f5! 45.gxh5 gxh5 46.♔d3 (*46.♔d2 ♔d6 47.♔c1 ♖b3 48.♖f4 ♔e5 49.♖b4 ♖xb4 50.♘xb4 ♔d4 51.♔d1 ♗c7 52.♔e2 ♗g3=)* 46...♖b3+ 47.♖c3 ♖xc3+ 48.♔xc3 ♗f2 49.♘d4 ♗xh4 50.♘xf5 ♗f6+ 51.♔c4 h4=

45.fxg4	***♗d8***
46.h5	***gxh5***
47.gxh5+−	

47. ...	***♖b1***
48.♖d4+	***♔e8***
49.♘e3	***♗b6***
50.♖e4+	***♔d7***
51.♘f5	***♗d8***

52.♖d4+	***♔e6***
53.♘g7+	***♔e7***
54.h6	***♖h1***
55.♖d5	***f5***
56.♘xf5+	***♔e6***
57.♖xd8	***♔xf5***
58.♖d6	***♔e4***
59.a5	***♖h2+***
60.♔d1	

1-0

Matamoros, Carlos – Mecking, Henrique [D41]

Rio de Janeiro (Panamericano), 2003

1.c4	***e6***
2.d4	***d5***
3.♘c3	***♘f6***
4.cxd5	***♘xd5***

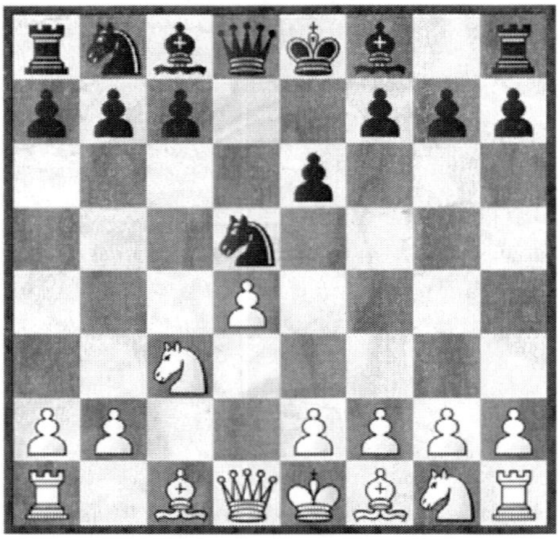

5.♘f3

5.e4 ♘xc3 6.bxc3 c5 7.♘f3 cxd4 8.cxd4 ♘c6 9.♗c4 b5 10.♗e2 a6 11.0-0 ♗e7 12.♗b2 0-0 13.d5 ♘a5 *(13...exd5 14.exd5 ♘b4 15.♕d4 f6 16.♖ad1 ♖e8 17.a3 ♗f8 18.♖d2 ♘xd5 19.♗d3!±* Δ ♗e4*)* 14.♕d2 exd5 15.exd5 ♖e8 16.♖fe1 ♗g4 17.♗c3 ♗xf3 18.♗xf3 ♘c4 19.♕d3 ♗d6 20.♖xe8+ ♕xe8 21.♖e1 ♕f8 22.♕e4 *(22.♖e2±)* 22...♖d8 23.g3 ♗b4 24.♗xb4 ♕xb4 25.♕e7 ♕xe7 26.♖xe7 ♔f8 27.♖a7 ♖d6 28.♔f1 ♘d2+ 1/2 – 1/2 Mecking –Campora, Brasília (zonal) 1993

5. ...	***c5***
6.e3	

6.e4 ♘xc3 7.bxc3 cxd4 8.cxd4 ♗b4+ 9.♗d2 ♗xd2+ 10.♕xd2 0-0 11.♗c4 ♘c6 *(11...♘d7 12.0-0 b6 13.♖ad1 ♗b7 14.♖fe1 ♖c8 15.♗d3 ♕e7 16.♕f4 ♖fd8 17.h3 h6 18.♗b1 ♘f6 19.♘e5 ♘d7 20.♘f3 ♘f8=* M. V. Santos – Mecking, Santos (Jogos Abertos) 2003*)* 12.0-0 b6 13.♖ad1 ♗b7 14.♖fe1 ♖c8 15.♕f4 ♘a5 16.♗d3 ♘c4 17.♖c1 b5 18.d5 exd5 19.e5 ♕b6? *(19...♖c6!? Δ ♖b6)* 20.♘g5! h6 *(20...f6 21.♗xh7+ ♔h8 22.♘e6 ♔xh7 23.♕g4 ♖f7 24.exf6 ♘e5 25.♕h3+ ♔g8 26.♘g5 ♖xf6 27.♖xc8+ ♗xc8 28.♕h7+ ♔f8 29.♕h8+ ♔e7 30.♖xe5+ ♔d6 31.♖e3 ♕c7 32.♕e8±)* 21.♘h7 ♖fd8 22.♘f6+! ♔h8 *(22...♔f8 23.e6!+-)* 23.♕f5 g6 24.♕f4 ♔g7 25.e6! ♖d6 *(25...fxe6 26.♘g4+-)* 26.♘e8+ 1-0 Mecking - J. A.Guillen, Ibero-Americano 2006

6. ... ♘c6

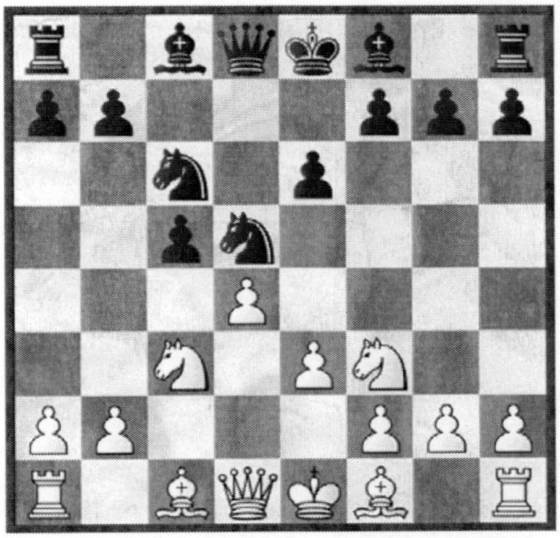

7.♗c4 cxd4
8.exd4 ♗e7
9.0-0 ♘xc3

Normalmente as pretas completam o desenvolvimento da ala do rei com 9...0-0

10.bxc3 0-0
11.♖e1

11.♕e2 b6 12.♕e4 ♗b7 13.♗d3 g6 14.♗h6 ♖e8 15.h4 ♖c8 16.♕g4 ♗f6 17.h5 ♘e7 18.♖ac1 ♘f5 19.♗f4 ♗xf3 20.♕xf3 ♗g5= (Δ ♗xf4) R. Teixeira - Mecking, São Paulo (zonal) 2003

11. ... b6
12.♗d3

Os antecedentes históricos desta posição são: 12.♕e2 ♗b7

13.♗d3 ♘a5 14.♘e5 ♖c8 15.♗b2 ♗d6= Larsen – Ribli, Las Palmas (izt) 1982; 12.♕c2 ♗b7 13.♗d3 g6 14.♗h6 *(14.h4 ♖c8=* Larsen – Unzicker, Lugano (ol) 1968*; 14.♕d2 ♘a5=* Bronstein – Pachman, Gotemburgo (izt) 1955*)* 14...♖e8 15.♕d2 *(15.♖ad1 ♖c8=* Eliskases – Pachman, Buenos Aires 1960*)* 15...♖c8 16.h4 *(16.♖ac1 ♗f6* (16...♗a3=) *17.♕f4±* Bolbochan – Pachman, Moscou (ol) 1956*; 16.♖ab1 ♗f6=)* 16...♘a5 17.♗b5 *(17.♘g5 ♗f8* (17...♘c4∓) *18.♗xf8 ♖xf8=* Najdorf – Tal, Resto do Mundo – URSS 1970*)* 17...♗xf3 18.♗xe8 ♗b7 19.♗b5 ♗xg2 20.♗a6 ♗b7 21.♗xb7 ♘xb7 22.d5!⩱

12. ... ***♗b7***

13.h4!?

As pretas conseguem defender a posição se as brancas atacarem diretamente com 13.♕c2 g6 14.♗h6 ♖e8 15.♕d2 ♖c8 16.h4 ♘a5 17.♘g5 ♗xg5 18.♗xg5 f6 19.♗f4 ♕d7= (Δ ♘c4) Van Wely – Piket, Wijk aan Zee 1998

13. ... ***♗xh4***

Num importante antecedente, nesta posição, as pretas recusaram o sacrifício de peão e jogaram 13...♕d5 14.♖b1 ♖ac8 *(14...♕xa2 15.♖b2! ♕d5 16.♖b5!* (Δ d5) *16...♕d6 17.♘g5 h6 18.♗h7+ ♔h8 19.♗c2 ♘xd4 20.cxd4 ♕c6 21.♕f3±)* 15.♖b5 ♕d6 *(15...♕xa2 16.♘g5 ♗xg5 17.♗xg5 ♕a3 18.♕h5 f5 19.♕e2⩱)* 16.d5 *(16.♘g5±)* 16...♗a6? *(16...♖fd8 17.♘g5±; 16...♖cd8 17.♘g5±)*

17.dxc6! ♖fd8 *(17...♖xc6 18.♕c2 ♗xb5 19.♗xb5 ♖cc8 20.♗d3±)* 18.♕a4! ♕xd3 *(18...♗xb5 19.♗xb5+−)* 19.♕xa6+− Anand – Timman, Memorial Alekhine 1992; As pretas poderiam ativar suas peças com 13...♗f6 ou; 13...♖c8 para pressionar o centro.

14.♘xh4	***♕xh4***
15.♖e3!	***g6***
16.♖g3!	

As pretas conseguem defender a posição em caso de 16.♖h3 ♕e7 *(16...♕f6 17.♕g4±)* 17.♕d2 f5 (Δ ♖f7) 18.♕h6∞

16. ...	***♕e7***

Após 16...♕d8 as brancas completam o desenvolvimento e pressionam o centro com 17.♗g5 ♕d6 18.♕g4 *(18.♗f6 e5! 19.♕f3 e4! 20.♗xe4 ♖ae8!⇄* Δ ♖e6*)* 18...f5 19.♕h4 ♖ac8 20.♖e1 ♖f7 21.♖ge3±

17.♗g5

17. ...	***f6***

As pretas também ficariam inferiores após 17...♕c7 18.♗f6 ♕f4□ 19.♖f3! ♕h6□ 20.♕e2! *(20.♕a4 ♘b4!? 21.♕xb4 ♗xf3 22.gxf3±)* 20...♖ac8 *(20...♖ae8 21.♖e1±; 20...♖fe8 21.♖e1±)* 21.♖e1 ♖c7 22.♖g3! (Δ ♕g4) 22...♕f4□ 23.♗g5 ♕d6□ 24.♕g4 f5□ 25.♕h4

(25.♕f4 ♕xf4 26.♗xf4±) 25...♕d5 *(25...♕d7 26.♗b5±)* 26.♗f6±; Era melhor jogar 17...♕d6!? 18.♕g4 *(18.♗f6 e5! 19.♕f3 e4! 20.♗xe4 ♖ae8!⇄ Δ ♖e6)* 18...f5 19.♕h4 ♖ac8 20.♖e1 ♖f7 21.♖ge3⩲

18.♗h6	***♖f7***
19.♕h5!	***f5***
20.♖e1	***♕c7***

Era necessário defender a posição com 20...♕d7 21.♗c4! ♘d8 22.♖e5! ♗d5 *(22...♖c8 23.♖xf5!±; 22...♗e4 23.♕e2±; 22...♕c7 23.♗b3 ♗e4 24.♕e2±)* 23.♗xd5 exd5 24.♕f3 ♘c6 *(24...♖c8 25.♕xd5±)* 25.♖xd5 ♕e6 26.♖e5 ♕d7 27.♖e1 ♖d8 *(27...♖c8 28.♕e2±; 27...♖e8 28.♖xe8+ ♕xe8 29.♕d5±)* 28.♕d3 ♖e7 *(28...♘e7 29.♖ge3 ♘d5 30.♖e6±)* 29.♖ge3 ♖xe3 30.♖xe3±

21.♕h4!	***♖e8***

Se 21...♕d7 as brancas ganhariam com 22.♗c4! ♘d8 23.♗g5! b5 24.♗b3 ♗d5 25.♗f6!! (Δ ♖xg6) 25...♖xf6 26.♗xd5 ♕xd5 27.♕xf6+−

22.d5!+−

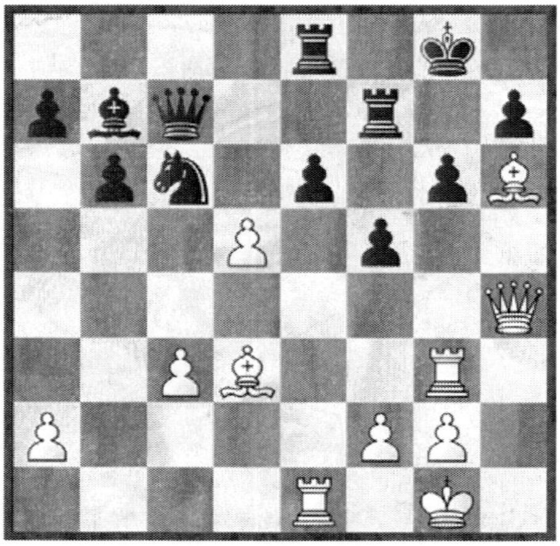

22. ...	***♕d8***

Se 22...♘d8 as brancas ganhariam com 23.♗b5! ♖ee7 24.♗f4! e5 25.d6 ♕xd6 26.♖d3! ♕c7 27.♖xe5!+−

23.♕xd8	***♘xd8***
24.♗b5!	***♖ee7***
25.dxe6	***♘xe6***
26.♗c4	***♖f6***
27.♖d3	***♔f7***
28.♖d8!	***g5***
29.♗xg5	***♖c7***
30.♗xf6	***♖xc4***
31.♖d7+	***♔xf6***
32.♖xb7	***♖a4***
33.♖xh7	***♘c5***
34.♖ee7	***a5***
35.♖e2	***♖c4***
36.♖h6+	***♔g5***
37.♖xb6	***♘a4***
38.♖b3	***♘c5***
39.♖b5	

1-0

Abbas, Baha – Mecking, Henrique [B92]

Calvia (ol), 2004

1.e4	***c5***
2.♘f3	***d6***
3.d4	***cxd4***
4.♘xd4	***♘f6***
5.♘c3	***a6***
6.♗e2	***e5***
7.♘b3	***♗e7***
8.♗e3	***♗e6***
9.♕d2	***0-0***
10.0-0	***♘bd7***

11.♖fd1

A linha principal nesta Variante Najdorf (B92) é 11.a4 para ganhar espaço na ala da dama.

11. ... ***♕c7***

O plano das pretas é manobrar o cavalo para trocá-lo em c4, por exemplo: 11...♖c8 12.f3 ♕c7 13.a4 ♘b6 14.a5 ♘c4 15.♗xc4 ♕xc4 *(15...♗xc4 16.♗b6 ♕c6=)* 16.♘c1?! *(16.♘c5! ♕b4 17.♘xe6 fxe6 18.♖a3± Δ* ♖b3*)* 16...d5! 17.exd5 ♖fd8 18.♖a4 ♕c7 19.♗b6 (1/2 – 1/2 Hansen – Jacoby, Copenhague (open) 1985) 19...♗c5+! 20.♗xc5

♕xc5+ 21.♕f2 ♕xf2+ 22.♔xf2 ♘xd5 23.♘1e2 ♘xc3 24.♖xd8+ ♖xd8 25.♘xc3 ♖d2+ 26.♔g1 ♗d7 *(26...♖xc2 27.♖b4⩱)* 27.♖c4 ♗c6∓; 11...♖c8 12.a4 ♘b6 13.a5 ♘c4 14.♗xc4 ♖xc4 15.f3 ♕c7 16.♘c1 d5 *(16...♖c8=)* 17.exd5 ♖d8 18.♘d3?! *(18.♗b6 ♗c5+ 19.♔h1! ♗xb6 20.axb6±)* 18...♘xd5 19.♘xd5 ♖xd5 20.♗b6 ♕c8∓ 1/2 – 1/2 Sznapik –Szekely, Acrópole (open) 1992

12.♖ac1

Outras continuações das brancas: 12.f3 ♖ad8 *(12...b5 13.a4 b4 14.♘d5 ♗xd5 15.exd5 ♘b6 16.♗xb6 ♕xb6+ 17.♔h1 ♖fc8=)* 13.♕e1 *(13.♘d5 ♘xd5 14.exd5 ♗f5 15.♖ac1 ♗g6=)* 13...♘c5 *(13...♘b6 14.♕f2 ♘c4 15.♗xc4 ♕xc4=)* 14.♕f2 ♕c8 *(14...b5=)* 15.♘xc5 dxc5 16.♘a4 *(16.♕g3±)* 16...♖d4 17.b3 *(17.c4!± Δ b3, ♘c3–d5)* 17...b5= Schweber – Cuasnicu, Buenos Aires 1968; 12.a4 b6 *(12...♖ac8 13.a5 ♖fd8=)* 13.f3 ♖fd8 14.♕e1 ♕b7 15.♕f1 ♖dc8= Stein – Gligoric, Interzonal (play–off) 1962

12. ... ♘b6

No ano anterior havia sido jogada a continuação 12...b5 13.♘d5 ♗xd5 14.exd5 ♘b6 15.♗xb6 ♕xb6= Skinke – Bodnaruk, Estados Unidos 2003

13.f3?!

As brancas perdem um tempo numa duvidosa continuação. Era melhor jogar 13.♘a5 ♖ac8 *(13...♖fd8 14.♗xb6 ♕xb6 15.♘c4 ♕c5 16.♘e3 ♖ac8=)* 14.♗f3 ♖fd8 15.♕e2 ♘bd7 16.♘b3 b5 17.a3 ♘b6 18.♘a5 ♖d7=

13. ... ♖fd8

As pretas poderiam aproveitar para romper o centro diretamente com 13...d5! 14.exd5 *(14.♗f2 ♘c4 15.♗xc4 dxc4 16.♘a1 b5∓)* 14...♘fxd5 15.♘xd5 ♘xd5 16.♗f2 *(16.♗d3 a5 17.a4 ♖ac8∓)* 16...♖fd8 17.♕a5 *(17.♗d3 a5 18.a4 ♘b4 19.♕e2 ♖ac8∓; 17.♕e1 ♘b4 18.a3 ♘a2∓ Δ ♕xc2)* 17...b6 18.♕e1 ♘b4 19.a3 ♘a2∓ Δ ♕xc2

14.♕e1

As brancas poderiam manobrar com 14.♘b1 ♘c4 15.♗xc4 ♕xc4 16.♘a3 ♕a4 17.c4 b5∓

14. ... d5!

15.exd5 ♘fxd5
16.♘xd5 ♘xd5
17.♗d2

17.♗f2 ♘b4 18.a3 *(18.♖xd8+ ♖xd8 19.a3 ♘a2∓* Δ ♕xc2*)* 18...♘a2∓ Δ ♕xc2

17. ... ♕b6+

As pretas poderiam completar o desenvolvimento da ala da dama e colocar as peças em posições ativas com 17...♘f4 18.♗f1 ♖ac8∓

18.♔h1

18.♕f2 ♖ac8∓

18. ... ♘b4
19.♗xb4

Um erro estratégico abrir mão do par de bispos. Era melhor jogar 19.♗f1 f6 20.f4 *(20.♗xb4 ♕xb4 21.♕e3 ♖xd1 22.♖xd1 ♖d8 23.♖xd8+ ♗xd8∓)* 20...♗g4 21.♗e2 ♗xe2 22.♕xe2 ♘xa2 23.♕c4+ ♔f8 24.♗a5 ♕b5 25.♕xb5 ♖xd1+ 26.♖xd1 axb5 27.fxe5 fxe5∓

19. ... ♗xb4
20.♕g1

20.♕h4 ♗f8 21.♕e4 ♕c7 22.♗d3 g6∓; 20.♖xd8+ ♖xd8 21.♕h4 ♗f8 22.♕e4 ♕c7 23.♗d3 g6∓

20. ... ♕xg1+

Era melhor manter as damas no tabuleiro e jogar 20...♕c7 21.♗d3 *(21.♖d3 ♖xd3 22.♗xd3 ♖d8∓)* 21...♗e7 22.♕e3 ♖d7 23.♗e4 ♖ad8∓

21.♔xg1 ♖xd1+
22.♖xd1 ♖c8
23.c3 ♗e7
24.♔f1

O rei branco ficaria melhor posicionado após 24.♔f2 g6 25.♗d3 f5∓

24. ... g6
25.♗d3 f5
26.♘c1

26. ... ♗g5

As pretas poderiam restringir a ação das peças brancas na ala da dama com 26...b5! 27.♗b1 *(27.♖e1 ♔f7 28.♖xe5 ♗d6 29.♖e1 ♗xh2∓)* 27...♔g7 28.a3 *(28.♘d3 e4∓; 28.♔f2 ♔f6 29.a3 ♗c4∓)* 28...♔f6 29.♗a2 ♗c4+ 30.♔f2 *(30.♔e1 ♔e6∓; 30.♗xc4 bxc4∓)* 30...♗c5+ 31.♔g3 *(31.♔e1 ♔e6∓)* 31...♔e6∓

27.a3?

As brancas poderiam tentar reorganizar o posicionamento das peças na ala da dama com 27.♗b1 ♔g7 28.a3 ♖c7!? 29.g3 *(29.♗a2 ♗xc1! 30.♗xe6 ♗xb2 31.♖d7+ ♖xd7 32.♗xd7 ♗xa3 33.♗c8 ♗b2 34.♗xb7 a5∓)* 29...♔f6∓

27. ...	***♖d8!***
28.♔e2	***♔g7***
29.h3	***♔f6***
30.♖f1	***h5-+***

As brancas estão imobilizadas. O controle da coluna aberta, a vantagem de espaço no centro e a presença do par de bispos garantem uma posição ganhadora para as pretas.

31.a4	***h4***
32.♖d1	***♗f4***
33.c4	***g5***
34.b3	***g4***

35.♘a2	***gxh3***
36.gxh3	***♖g8***
37.♔f2	***♖g3***
38.♖h1	***e4***
39.♗e2	***e3+***
40.♔f1	***♗e5***
41.f4	***♗xf4***
42.♘c3	***♗e5***
43.♘d5+	***♗xd5***
44.cxd5	***f4***
45.♖g1	***f3***

0-1

Mecking, Henrique – Nevednichy, Vladislav [D80]

Calvia (ol), 2004

1.d4	***♘f6***
2.c4	***g6***
3.♘c3	***d5***
4.♗g5	***♘e4***
5.♗h4	***♘xc3***
6.bxc3	

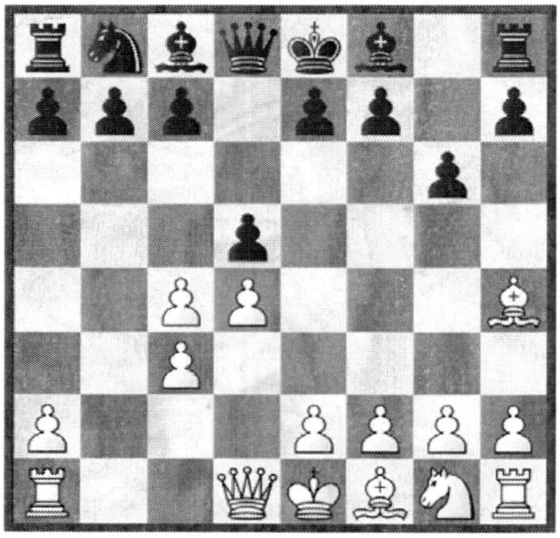

6. ... ***dxc4***

As outras opções teóricas nesta posição são: 6...♗g7 ; 6...c5

7.e3

7.♕a4+ c6 8.♕xc4 ♕a5 9.e3 ♗e6 10.♕d3?! (diante das ameaças táticas das pretas, é melhor trocar as damas com *10.♕b4 ♕xb4 11.cxb4 ♗g7=)* 10...♗g7 11.♘f3 ♘d7 12.♕d2 *(12.♗e2 ♘c5! 13.♕c2 ♗f5 14.♕b2 ♘a4∓)* 12...♘c5! 13.♖c1 ♘e4 14.♕c2 ♘d6 15.♗d3 ♕xa2 16.♕xa2 ♗xa2 17.c4 b5 18.cxb5 cxb5 19.♖c7 ♗f6∓ Wang Yue – Kamsky, Sochi 2008

7. ... ***♗e6***

7...♕d5 8.♗e2

a) 8...♕a5 9.♘f3 ♕xc3+ 10.♘d2 c6 11.0-0 ♕a5 *(11...b5 12.a4±)* 12.♘xc4 ♕d8 13.♕b3 ♗g7 14.♕a3± Moiseenko – Dvoirys, Copa Europeia 2006;

b) 8...♗g7 9.♘f3 ♘d7 *(9...♕a5 10.0-0±)* 10.0-0 ♘b6 11.a4 a5 12.♘d2 ♕c6 13.♕c2 e5 14.♗f3 ♕e6 15.♘e4 0-0 16.♘c5 ♕e8 17.♗xb7 ♗xb7 18.♘xb7 ♕c6 19.♘c5 ♖fe8 *(19...♖fb8= Δ ♗f8; 19...♘d5!?)* 20.♖ab1 ♘c8 *(20...f5= Δ f4)* 21.♗g3± Leitão – Wantiez, Charleroi (open) 2006.

8.♖b1 ***b6***

8...♘d7 9.♘f3 ♘b6 10.e4 ♗g7 11.♗e2 c5 12.0-0 0-0 *(12...cxd4 13.♘xd4=)* 13.a4?! *(13.dxc5!±)* 13...cxd4 *(13...♗d7 14.a5 ♘a4∓)* 14.cxd4 ♕d7 15.a5 *(15.♖b4!?)* 15...♘a4∓ Halkias – L Ami, Amsterdã 2006

9.♗e2

9.♘f3 c6 (se *9...♗g7 10.♘d2 0-0 11.♗e2 ♕d7 12.0-0 c5 13.♗xc4 ♗xc4 14.♘xc4 cxd4 15.cxd4 ♖c8* ver o diagrama da partida após o lance 15*)* 10.a4 a6 11.e4 b5 12.♗e2 ♗g7 13.0-0 0-0 14.♘g5?! *(14.♕c1⩱ Δ ♖d1)* 14...♗c8∓ (Δ ♘d7) Dreev – Svidler, Poikovsky 2005

9. ... ***♗g7***
10.♘f3 ***0-0***
11.♘d2

As pretas podem ficar com torre e dois peões por duas peças menores na variante 11.0-0 ♘c6 12.♘g5 ♗d5 13.e4 h6 14.♖b5 ♕e8 15.♖xd5 e6 (1/2 – 1/2 Banikas – Kotronias, Grécia (ch) 2005) 16.♖b5 ♘xd4 17.cxd4 ♕xb5 18.♘f3 ♕a6= Δ b5

11. ... ***♕d7***

As pretas podem oferecer o sacrifício de qualidade com 11...c5 12.♗f3 cxd4 *(12...♘a6!? 13.♗xa8 ♕xa8 14.0-0 cxd4 15.exd4 ♖e8⩱)* 13.cxd4?! *(13.♗xa8 dxc3 14.♘e4 ♘d7 15.♗c6 ♘e5 16.♕xd8 ♖xd8 17.♗xe7 c2 18.♖c1 ♖d1+ 19.♖xd1 cxd1♕+ 20.♔xd1 ♘xc6 21.♗f6±)* 13...♘d7∓ Moiseenko – Svidler, Sochi 2005

12.0-0

As pretas podem trocar os bispos na grande diagonal e igualar a posição após 12.♘xc4 ♕c6 13.♗f3 ♗d5 14.♘d2 ♘d7 15.0-0 ♗xf3 16.♘xf3 e5=

12. ... ***c5***

As pretas podem defender o peão com 12...b5 13.a4 *(13.♗f3 c6 14.♖xb5 cxb5 15.♗xa8=)* 13...c6 *(13...a6 14.♘e4 ♗f5 15.♗f3 c6 16.♘c5 ♕d8 17.e4=/∞)* 14.axb5 cxb5 15.♗f3 ♘c6 16.♘e4 ♕e8 *(16...♗f5 17.♘c5 ♕e8 18.e4=/∞)* 17.♖xb5 ♘xd4 18.exd4 ♕xb5 19.♗xe7 ♖fb8=

13.♗xc4

A posição também está igualada após a outra tomada com 13.♘xc4 ♖c8 14.♘e5 *(14.♖c1 ♗d5=)* 14...♗xe5 15.dxe5 ♕xd1 *(15...♗xa2 16.♖a1 ♗e6 17.♕xd7 ♘xd7 18.♗f3 ♖ab8 19.♖xa7 ♘xe5 20.♗e4 f5 21.♖xe7 ♖e8 22.♖xe6 ♖xe6 23.♗d5 ♖be8 24.♖a1 ♘f7 25.♗xe6 ♖xe6=)* 16.♖fxd1 ♘c6 *(16...♗xa2? 17.♖b2 ♗e6 18.♗xe7±)* 17.♖a1 *(17.♖b2 ♖d8=)* 17...♘xe5 18.♗xe7 ♖e8= Δ ♗c4

13. ... ***♗xc4***

13...♘c6 14.♕b3 ♗xc4 15.♘xc4 cxd4 16.cxd4 ♖ac8 17.♖fd1 ♕d5 18.♖bc1 ♖fd8=

14.♘xc4 ***cxd4***
15.cxd4 ***♖c8***

16.♕b3

Na mesma Olimpíada de Xadrez foi jogada a variante 16.♕f3 ♘c6 17.♖fc1 e6 18.♗g3 ♗f8 19.♘d2 *(19.♘e5 ♘xe5 20.♗xe5 ♖xc1+ 21.♖xc1 ♖c8 22.♖xc8 ♕xc8=* Δ *♗g7)* 19...f5 20.h4?! *(20.♘c4=)* 20...♘b4∓ Dreev – Huzman, Calvia (ol) 2004

16. ... ***♘c6***
17.♗g3?!

As brancas poderiam manter igualdade com 17.♖fd1 ♕d5 18.♖bc1 g5 19.♗g3 b5=

17. ... ***♕d5***

As pretas poderiam controlar a coluna c com 17...♕e6!

a) 18.♘d2 ♕xb3 19.♖xb3 *(19.axb3 ♘b4∓)* 19...♘a5∓;

b) 18.♖fc1?! ♗xd4!∓;

c) 18.♘a3♕xb3 19.♖xb3 *(19.axb3 ♘b4∓)* 19...♘a5∓.

18.♖fc1 ***h5***
19.h4 ***♖d8***

As brancas manteriam o controle da coluna c após 19...♘a5 20.♘xa5 ♕xa5 21.♖c4!±

20.♘d2

As brancas poderiam controlar a coluna c com 20.♗c7! ♖f8 *(20...♖dc8? 21.♘xb6! ♕xb3 22.axb3 axb6 23.♖xc6±)* 21.♕a4±

20. ... ***♕xb3***

Era melhor manter as damas no meio–jogo e completar o desenvolvimento da ala da da dama com 20...♕d7! 21.♕b5 *(21.♘f3 ♖ac8=; 21.♘e4 ♖ac8=)* 21...♖ac8=

21.♖xb3 ***♘a5***
22.♖b2!±

Ao dobrar as torres na coluna c, as brancas permitiriam o ataque ao centro que igualaria a posição após 22.♖bc3 e5!= Δ exd4

22. ...	***♖d7***

As brancas manteriam o controle da coluna c após 22...♖ac8 23.♖bc2 ♖xc2 24.♖xc2±

23.♖bc2	***f6***
24.♔f1	***♔f7***
25.♔e2	***♗f8***

Se 25...♖ad8 26.♘e4 ♗f8 27.♖c7 chega-se à mesma posição da partida.

26.♖c7	***♖ad8***
27.♘e4	***♘b7***

Era melhor trazer o rei para apoiar as torres com 27...♔e8 e não permitir a penetração de torre na oitava fila.

28.♖xd7	***♖xd7***

29.♖c8!	***♘d8***

Perderia 29...♖d8? por causa de 30.♖c7+−

30.a4! **♘e6**
31.♘c3 **♗g7**

31...f5 32.♖a8! f4 *(32...♘d8 33.♔d3± Δ ♔c4–b5)* 33.♗h2 fxe3 34.fxe3 ♘d8 35.♘b5 ♘c6 36.♘c7 ♖d8 *(36...e5 37.dxe5 ♖d8 38.♖xd8 ♘xd8 39.♘b5±)* 37.♖xd8 ♘xd8 38.♘b5 ♘c6 39.d5 ♘b4 40.e4±

32.♖a8! **f5**

32...♘d8 33.♘b5 ♘c6 34.♖c8! ♘b4 35.♖c4! ♘a6 36.f4 e6 37.♗e1±

33.♘b5! **a5**
34.♖b8 **f4**
35.♗h2!

35.♗xf4? ♘xf4+ 36.exf4 ♗xd4=

35. ... **♗f6**
36.♖xb6 **fxe3**
37.fxe3 **♗xh4**
38.♖a6 **♖d5**

39.♗e5

Seria um erro jogar 39.♖xa5? ♖g5!⇄; As brancas teriam uma cla–

ra vantagem com 39.♖a7! ♖g5 *(39...♗f6 40.♖xa5 ♖g5 41.g3±)* 40.♔f3 ♖f5+ *(40...♖g4 41.♘d6+!+−)* 41.♗f4 ♔f8 *(41...♔g7 42.g3+− Δ ♘d6; 41...♘g5+ 42.♔e2 ♘e4 43.♔d3 ♘f2+ 44.♔c4+− Δ ♖xa5)* 42.g3 ♗g5 43.♖xa5 ♗xf4 44.♖a8+ ♔f7 45.gxf4 ♘g5+ 46.♔g2± *(46.♔e2±)*

39. ...	***♖d8?***

A única defesa para as pretas nesta posição era 39...♘c5□ 40.dxc5 ♖xe5 41.c6 ♖c5 42.♔f3 ♗f6 43.♔e4 ♖e5+ 44.♔d3 ♖c5 45.♖b6 ♗e5 46.♘d4 ♖c1 47.♖a6 ♖c5 48.♔e4 ♗d6 *(48...♗c7 49.♖a7±)* 49.♖b6⩲

40.♖xa5	***♖c8***
41.d5	***♘f8***
42.♗c7	***♘d7***
43.♖a7	***♔e8***
44.a5	***♗f6***
45.a6	***g5***
46.♖b7	***♘c5***
47.♖b6	***♘d7***
48.♖c6	***♔f7***
49.a7	***♖a8***
50.♖a6	***h4***
51.♗h2	

1-0

Matamoros, Carlos – Mecking, Henrique [A20]

Calvia (ol), 2004

1.c4 e5
2.g3

Normalmente as brancas começam o desenvolvimento com 2.♘c3

2. ... c6

Ambos os lados procuram caminhos menos trilhados.

3.d4 ♗b4+

As pretas podem manter a grande diagonal fechada com 3...exd4 4.♕xd4 d5 5.♗g2 ♘f6 6.♘f3 *(6.cxd5 cxd5 7.♘f3 ♘c6=)* 6...♗e6=

4.♗d2 ♗xd2+
5.♕xd2 d6
6.♘c3

Um meio–jogo sem damas surge após as trocas 6.dxe5 dxe5 7.♕xd8+ *(7.♘f3 f6=)* 7...♔xd8=

6. ... ♘f6
7.♗g2

7.dxe5 dxe5 8.♕xd8+ ♔xd8 9.♖d1+ ♘bd7 10.♘f3 ♔e7=

7. ... 0-0
8.e3 ♗e6
9.b3 exd4
10.♕xd4

10.exd4 d5 11.c5 ♖e8 12.♘ge2 b6=

10. ... d5

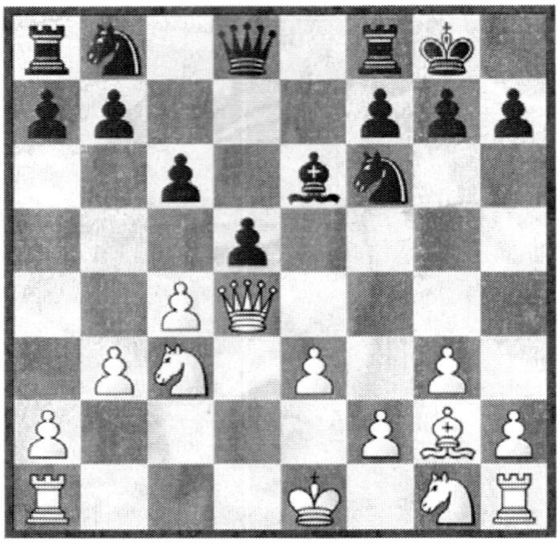

11.cxd5 **♘xd5**

No ano seguinte, foi jogada a continuação 11...♗xd5

a) é melhor 12.♘xd5 ♘xd5 *(12...cxd5 13.♘e2 ♘c6 14.♕a4±* Δ 0-0*)* 13.♗xd5 ver análise no próximo lance com 12.♘xd5 ♗xd5 13.♗xd5;

b) 12.e4 ♗e6 13.♘ge2 ♕a5 *(13...♕b6=* Van Wely – Van den Doel, Holanda (ch) 2005*)* 14.0-0 ♘a6=

12.♘ge2

As brancas poderiam simplificar a posição para conseguir uma vantagem posicional com 12.♘xd5 ♗xd5 *(12...cxd5 13.♘e2±)* 13.♗xd5 cxd5 *(13...♕xd5 14.♕xd5 cxd5 15.0-0-0±; 13...♕a5+ 14.♕d2 ♕xd2+ 15.♔xd2 ♖d8 16.e4 cxd5 17.e5 ♘c6 18.f4±)* 14.♘e2 ♘c6 *(14...♕d7 15.0-0±)* 15.♕c5 ♘e5 *(15...♖c8 16.♖d1±; 15...♕d7 16.0-0±)* 16.♖d1 ♘f3+ *(16...♕f6 17.♘d4 ♖fd8 18.0-0±)* 17.♔f1 ♕d7 18.h3 ♖fd8 19.♔g2±

12. ... **♕a5**

12...♘xc3 13.♕xc3 ♘d7 14.0-0 ♕e7 15.♖fd1± Moor – Fontaine, Istambul 2003*(15.b4 ♘f6=* (Δ ♖fd8) Matamoros – Katov, Predeal (open) 2007*)*

13.♕a4	***♕xa4***
14.♘xa4	***♘d7***

As pretas podem completar o desenvolvimento da ala da dama com 14...♘a6 15.♘d4 ♖ad8 16.0-0 ♗c8 17.♖fc1 ♘dc7 *(17...♘ac7 18.♘c5 ♘e6=)* 18.♗f1 ♘b4 *(*se *18...♖d5* (Ivanchuk – Sutovsky, Moscou 2001) *19.a3±* Δ b4*)* 19.a3 ♘bd5 20.♘c5 *(20.b4 ♘e6=)* 20...♘e6=

15.0-0	***♖fd8***
16.♘d4	***♔f8***

16...♘5b6 17.♘c3 ♘f6 18.♖fd1±

17.b4

As brancas poderiam dobrar as torres na coluna aberta após 17.♖fd1 ♖ac8 18.♖d2± Δ ♖ad1

17. ...	***♖ac8***
18.a3	***b5***
19.♘b2	***a6***
20.♘d3	

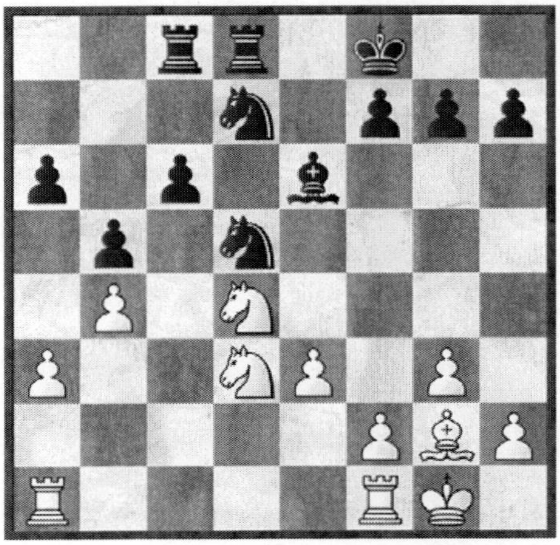

20. ...	***♘e7?***

As pretas poderiam jogar de maneira mais ativa com 20...c5!? 21.♘xe6+ fxe6 22.♗xd5 exd5 23.♘f4 ♔f7 24.a4! *(24.♘xd5 c4=∞)* 24...a5 *(24...cxb4 25.axb5 axb5 26.♖fb1⩲; 24...bxa4 25.♖xa4 cxb4 26.♖xb4 ♘c5 27.♖d4⩲)* 25.bxa5 b4 26.♘xd5 b3 *(26...♖a8 27.♘b6 ♖xa5 28.♖fd1⩲)* 27.♖ab1 c4 28.♖fc1 ♘e5 *(28...♖c5 29.e4⩲)* 29.e4⩲ Δ f4

21.♘xe6+ ***fxe6***
22.a4

As brancas poderiam dobrar as torres na coluna para pressionar o peão atrasado com 22.♖fc1± Δ ♖c2, ♖ac1

22. ... ***♘d5***

Era melhor defender a segunda fila e impedir a penetração da torre branca com 22...♖c7 23.axb5 axb5 24.♖fc1⩲

23.axb5 ***axb5***
24.♖a7 ***♖a8***
25.♖fa1 ***♖xa7***
26.♖xa7 ***♔e8***

Como a estrutura de peões está estática, as brancas podem atacar as debilidades, por exemplo: 26...♘7f6 27.♘c5 ♖e8 28.♗h3 e5 29.♘e6+ ♔g8 30.♖xg7+ ♔h8 31.♖b7 ♖e7 *(31...♘xb4 32.♘g5 e4 33.♘f7+ ♔g8 34.♘h6+ ♔h8 35.g4+−* Δ g5*)* 32.♖xe7 ♘xe7 33.♘d8 ♔g7 34.♗e6±

27.♗xd5 ***cxd5***

Se 27...exd5 as brancas atacariam o peão com 28.♖c7±

28.♘f4 ***♔e7***
29.♖a6 ***♘f8***
30.♖b6 ***d4***

30...e5 31.♘d3 ♘d7 32.♖xb5±

31.exd4 ***♖xd4***
32.♖xb5 ***g5***

32...♘d7 33.♖b7 ♔d6 34.♔g2±

33.♖xg5 ♖xb4

O final está ganho para as brancas. O plano é ativar o rei branco e avançar o peão de torre para restringir a ação das peças pretas.

34.♖g7+ ♔d6
35.♖f7 ♖b8
36.♔g2 e5

36...♖a8 37.♘h3 ♔d5 38.♘g5 h6 39.♘h7 ♘g6 *(39...♘xh7 40.♖xh7+−)* 40.♘f6+ ♔d6 41.♖d7+ ♔c6 42.♖h7 ♖h8 43.♖xh8 ♘xh8 44.f4+− Δ g4, h4

37.♖f6+ ♔e7
38.♘d5+ ♔d7

As peças brancas estão em posição ativas.

39.♖h6 ♖b7
40.h4 ♖a7
41.♘b6+ ♔e8
42.♘c8 ♖g7
43.♘d6+ ♔d7
44.♘c4 ♘g6

44...e4 45.♘b6+ ♔d8 46.♘d5 ♖d7 47.♘f6 ♖d6 48.g4 ♘d7 49.g5+−

45.♔f1

As brancas poderiam jogar diretamente 45.♔f3 ♖e7 46.♔e4+−

45. ... ♖e7
46.h5 ♘f8
47.♖f6 ♔e8
48.♘d6+ ♔d7
49.♘f5 ♖e8
50.♔e2 ♖a8
51.♔e3 ♘e6

51...♔e8 52.♘d6+ ♔e7 53.♖h6 ♖a3+ 54.♔e4 ♖a2 55.f3 ♖e2+ 56.♔f5 ♖f2 57.♔g4 ♖a2 58.♘e4+−

52.♖f7+	***♚c6***

As brancas conseguem ganhar o peão de torre e estão com dois peões de vantagem. Agora, o plano é simplificar o final com a troca do último peão preto.

53.♖xh7	***♜a3+***
54.♔e2	***♜a2+***
55.♔f1	***♞g5***

55...♞d4 56.♘e7+ ♚d6 57.h6 ♜a1+ 58.♔g2 ♜a8 59.♖g7 ♜h8 60.h7+−

56.♖h6+

56.♖e7 ♚d5 57.h6 ♚e4 58.♘h4 ♜a1+ 59.♔g2 ♜a8 60.h7+−

56. ...	***♚c5***
57.♘d6	***♚d5***
58.♔g2	***e4***
59.♘f5	***♚e5***
60.♘e3	***♞f3***
61.♖h8	***♞e1+***
62.♔f1	***♞f3***
63.♖e8+	***♚f6***
64.♔g2	

As brancas evitam jogar 64.♖xe4?? ♘d2+!-+

64. ...	***♘e1+***
65.♔h3	***♘f3***
66.♔g4	

As brancas evitam jogar 66.♖xe4?? ♘g5+!-+

66. ...	***♖xf2***

66...♘h2+ 67.♔f4 ♖xf2+ 68.♔xe4+−

67.♖xe4

67.♘d5+ ♔f7 68.♖e7+ ♔f8 69.♖xe4+−

67. ...	***♘h2+***
68.♔h3	***♔g5***
69.♖e5+	***♔h6***

As pretas poderiam evitar a troca dos cavalos com 69...♔f6 70.♖b5+−

70.♘g4+	***♘xg4***
71.♔xg4	

As brancas conseguem um final de torres com dois peões ligados.

71. ...	***♖f6***
72.♔h4	***♖b6***
73.g4	***♖b4***
74.♖e6+	***♔g7***
75.h6+	***♔f7***
76.♖a6	***♔g8***
77.♔h5	***♖b7***
78.g5	***♖b5***
79.♔g6	***♖b8***
80.♖a5	***♖c8***
81.♔h5	***♖d8***
82.g6	***♖c8***
83.h7+	***♔h8***
84.♔h6	

1-0

Rodríguez, Andrés – Mecking, Henrique [B23]

Botucatu (Jogos Abertos), 2005

1.e4 ***c5***
2.♘c3 ***d6***
3.f4 ***g6***
4.♘f3 ***♗g7***
5.♗c4 ***♘c6***
6.0-0 ***♘f6***
7.d3 ***0-0***
8.♕e1

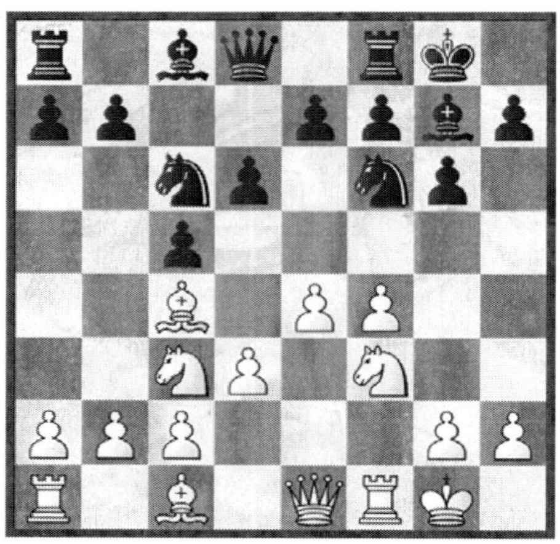

8. ... ***♘a5***

Merece atenção a continuação 8...♘d4!? 9.♗b3 *(as brancas podem igualar a posição com 9.♘xd4 cxd4 10.♘d5 ♘xd5 11.♗xd5 e6 12.♗b3 ♗d7=)* 9...a5! 10.♕h4 *(10.♘xd4 cxd4 11.♘d5 a4 12.♘xf6+ ♗xf6 13.♗c4 e6∓* Δ d5; *10.♗a4 ♗d7 11.♗xd7 ♕xd7∓)* 10...a4 *(10...♗d7∓)* 11.♗xa4 *(11.♘xa4 ♘e2+ 12.♔h1 b5! 13.♘c3 ♘xc3 14.bxc3 c4 15.dxc4 bxc4 16.♗xc4 ♘xe4∓)* 11...d5! *(*uma melhora em relação ao conhecido *11...♗g4=* G. Hernandez – Anand, Mérida 2001*)* 12.exd5 ♘xd5 13.♘xd5 ♕xd5 14.♗b3 ♘xb3 15.cxb3 ♗f5∓

9.e5

As brancas resolvem abrir mão do par de bispos mas ganham espaço no centro. O conhecido era 9.♗b3 ♘xb3 10.axb3 b6 11.♕h4 e6 12.♘g5 *(12.♗d2 a5 13.♖ae1 h6=)* 12...h6 13.♘f3 ♘h5 *(13...a5 14.♗d2 ♗b7=)* 14.♕e1 *(14.♕xd8 ♖xd8 15.e5 ♗f8=)* 14...f5= G. Hernandez – Barria, Benidorm (rápido) 2004

9. ...	***♘e8***
10.♕h4	***♘xc4***
11.dxc4	***♗f5***
12.g4!?	

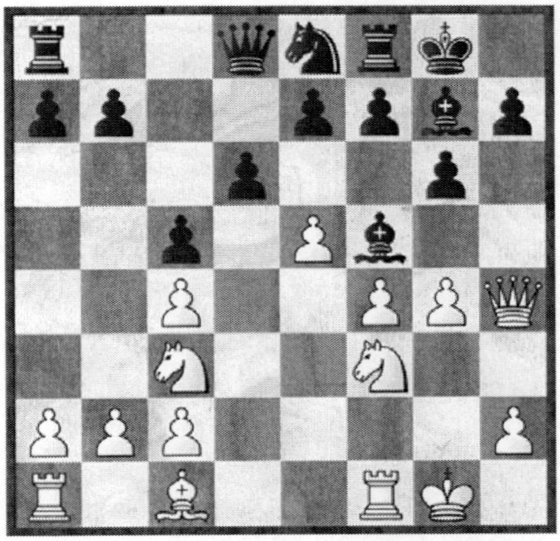

12. ...	***♗xc2***

As pretas poderiam recusar o peão e jogar 12...♗d7 13.♗e3 f6 14.♖ad1 ♖c8=

13.♘e1!±	***g5***
14.♕xg5	***h6***
15.♕h4	***♗h7***
16.f5	***dxe5***

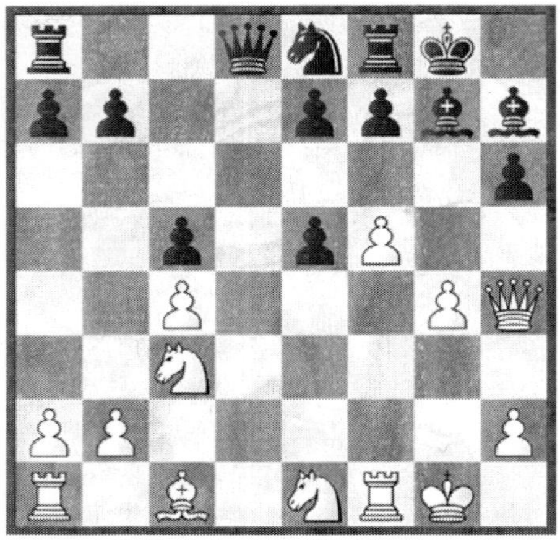

17.♘d5?!

Um lance precipitado, era melhor continuar o desenvolvimento com 17.♗e3 ♘f6 *(17...♕b6 18.♘d5! ♕xb2 19.♖d1±)* 18.h3 *(18.♗xc5?! ♖c8 19.♖d1 ♕e8 20.♗e3 ♖xc4 21.h3 h5∓)* 18...♕b6 19.b3 e6 20.fxe6 ♕xe6 21.♗xh6±

17. ...	***e6***
18.♘e7+	***♔h8***
19.♗xh6	

19. ...	***♗xh6***

A troca dos bispos não era obrigatória, as pretas deixaram escapar a oportunidade de jogar 19...♗f6! 20.g5 *(20.♕g3 ♗xe7 21.♗xf8 ♗xf8 22.fxe6 ♕d4+ 23.♖f2 ♘f6 24.♘f3 ♕xc4∓)* 20...♗xe7 21.♗xf8 *(21.f6 ♗xf6! 22.♗xf8□ ♗xg5 23.♕h3 ♘f6 24.♗xc5 ♕c7 25.♗e3 ♖g8 26.♗xg5 ♖xg5+ 27.♔h1 ♖h5 28.♕g3 ♘e4∓)* 21...♗xf8 22.fxe6 ♕d4+ 23.♕xd4 cxd4 24.♖xf7 *(24.exf7 ♘d6 25.c5 ♘c4∓)* 24...♘d6 25.♖d7 ♖e8∓

20.♕xh6	***♕xe7***
21.f6!	***♘xf6***

Se 21...♕d6 as brancas sacrificariam a torre para empatar após 22.♖d1! ♕xd1 23.♕xf8+ ♗g8 24.♘f3 *(24.♕h6+ ♗h7=)* 24...♕d3! 25.♘xe5 ♕d4+ 26.♖f2 ♕xe5 27.♕h6+ ♗h7 28.♕f8+ ♗g8=

22.♖xf6	***♖g8***
23.h3	***e4***
24.♘g2	

24. ...	***♖g6***

As pretas poderiam manter a igualdade com 24...♕d7 25.♖af1 ♖g7 26.♔h1 ♖d8 27.♕h5 *(27.♘f4 ♕d2 28.♘g6+ ♔g8 29.♘e7+ ♔h8 30.♘g6+ ♔g8=)* 27...♔g8 28.♖xf7 *(28.♕xc5 ♕d4=)* 28...♖xf7 29.♖xf7 ♕d1+ 30.♔h2 ♗f5!=

25.♖xg6	***fxg6***
26.♘f4	

As peças brancas ficariam mais ativas do que as peças pretas no final após 26.♖e1 ♕g7 *(26...♕f6 27.♖xe4 ♕xb2 28.♖xe6±; 26...♖d8 27.♖xe4 ♖d1+ 28.♖e1 ♕d6 29.♖xd1 ♕xd1+ 30.♔h2 ♕d6+ 31.♕f4 e5 32.♕g5±)* 27.♕xg7+ ♔xg7 28.g5! ♖d8 29.♖xe4±

26. ...	***♔g8***
27.♖d1	

27.♖e1 ♕d6 28.♖xe4 ♖f8=

27. ...	***♖d8***
28.♖xd8+	***♕xd8***
29.♕g7+!?	

29. ...	***♔xg7***
30.♘xe6+	***♔f6***
31.♘xd8	***b6***
32.♘c6	***a6***
33.♘b8	***♗g8?***

Era necessário impedir o xeque de cavalo e forçar o sacrifício por peões após 33...♔e7 34.♘xa6 ♗g8 35.b3 ♔d6 36.h4 ♔c6 37.♔f2 *(37.h5 gxh5 38.gxh5 ♔b7 39.♘xc5+ bxc5 40.♔f2 ♗h7 41.♔e3= Δ* a3, b4*)* 37...♔b7 38.♘xc5+ bxc5 39.♔e3 ♗e6 40.h5 gxh5 41.gxh5 ♗f5 42.♔f4 ♗h7 43.a3= Δ b4

34.♘d7+!

As pretas estariam melhores no final após 34.♘xa6? ♗xc4∓

34. ... ***♔g5***

34...♔e6 35.♘xb6 ♔e5 36.♔f2 ♔d4 37.h4 e3+ *(37...♗f7 38.b3+−)* 38.♔e1 ♗f7 39.b3+−

35.♘xb6 ***♔h4***
36.♔g2 ***e3***

36...♗f7 37.♘d5 a5 38.b3+−

37.b3+−

37. ... ***e2***
38.♔f2 ***♔xh3***
39.♘d7 ***a5***
40.♔xe2 ***g5***
41.♔e3 ***♗e6***
42.♘xc5 ***♗xg4***
43.♘e4 ***♔h4***
44.c5 ***♗d7***

45.a3	***g4***
46.♔f4	***♗c6***
47.♘g3	***♔h3***
48.b4	***axb4***
49.axb4	***♗d7***
50.♘e4	***♔h4***
51.♘f6	***g3***
52.♘xd7	***g2***
53.♘e5	

1-0

Cordova, Emilio – Mecking, Henrique [A73]

São Paulo (zonal), 2005

1.d4	*e6*
2.♘f3	*♘f6*
3.c4	*c5*
4.d5	*exd5*
5.cxd5	*d6*
6.♘c3	*g6*
7.e4	*♗g7*
8.♗e2	*0-0*
9.♘d2	

Após 9.0-0 ♘a6 10.♘d2 chega-se à mesma posição da partida

9. ...	*♘a6*
10.0-0	*♘c7*
11.a4	*b6*

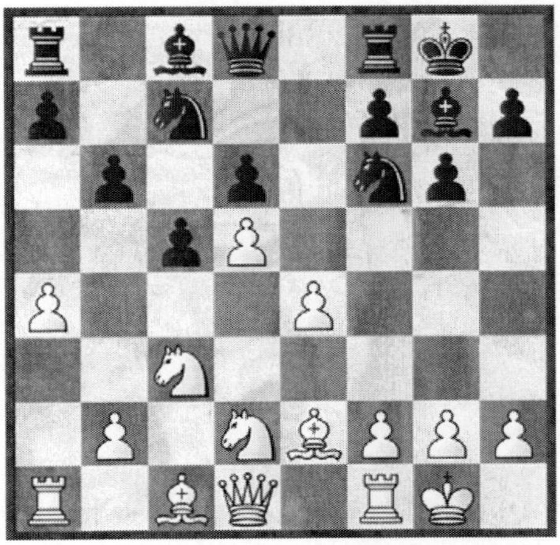

12.f3

A variante principal na Benoni Moderna é 12.♘c4 que permite o desenvolvimento do bispo da ala da dama.

12. ...	*♘d7*

Outras opções de desenvolvimento por parte das pretas: 12...♘h5 13.♘c4 *(13.f4 ♗d4+ 14.♔h1 ♕h4 15.♗xh5 ♕xh5 16.♕xh5 gxh5=* Kuljasevic – Pruess, EUA (internet) 2006*)* 13...♗a6 *(13...♗d4+ 14.♔h1 f5 15.g4 fxg4 16.fxg4 ♘f6 17.♗h6±)* 14.♗e3 *(14.g4 ♗d4+ 15.♔g2 ♘f6 16.♘a3±)* 14...f5 15.♕d2 ♕d7 *(15...fxe4 16.♘xe4 ♖f5!?∞ Δ* ♖xd5*)* 16.♖ac1 *(16.b3±)* 16...♖ae8 17.♖fe1?! *(17.♗h6 ♗xh6 18.♕xh6 ♗xc4 19.♗xc4 fxe4 20.fxe4 ♖xf1+ 21.♖xf1 ♕g7=)* 17...♗xc3! 18.♖xc3 *(18.♕xc3 fxe4 19.♗h6 ♖f5 20.fxe4 ♖xe4 21.♗d3 ♖xe1+ 22.♖xe1 ♖f6!∓)* 18...fxe4∓ Gaprindashvili – Oll, Keres Memorial (rápido) 1998; 12...♘fe8 13.♕b3 *(13.♘c4 ♗a6 14.♗e3 ♖b8 15.♕d2 ♗xc4 16.♗xc4 a6 17.♖ae1 b5 18.axb5 axb5 19.♗d3 c4 20.♗b1±* Gordon – Ward, Campeonato Britânico 2005*)* 13...♔h8 *(13...♗d4+ 14.♔h1 f5 15.♗d3 ♕h4 16.♘e2 ♗g7 17.♖d1±)* 14.♘c4 ♗a6 15.♘b5 ♗xb5?! *(15...♕d7)* 16.axb5 f5 17.♗f4± Nuesch – Quinn, Szeged 1994; 12...♖b8 13.♘c4 ♗a6 14.♗g5 *(14.♗f4 ♘h5 15.♗e3 ♕h4 16.♕e1±* Slepoy – Kapengut, URSS 1967*; 14.♘a3 ♗xe2 15.♕xe2±* Skogen – Stone, Troll Masters 1991*; 14.♕c2 ♗xc4 15.♗xc4±* Meyer – Foisor, Kiev (open) 2003*)* 14...♗xc4 (as pretas podem melhorar a variante com *14...♕d7 Δ* ♘h5) 15.♗xc4 a6 16.♕d3? (para evitar o temático sacrifício de peão em b5 e, ao mesmo, defender o peão branco em b2, as brancas deveriam jogar *16.♕e2±*) 16...♕c8 *(16...b5! 17.axb5 axb5 18.♘xb5 ♘xb5 19.♗xb5 ♕b6 20.♗c4 ♘d7=)* 17.f4? *(17.♗f4±)* 17...♕b7? *(17...b5! 18.axb5 axb5∓)* 18.e5! dxe5 19.♗xf6 ♗xf6 20.♘e4? *(20.d6! ♘e6 21.♘d5 ♗g7 22.f5! ♘f4 23.♘xf4 exf4 24.fxg6 hxg6 25.♖xf4 b5 26.♗d5 c4 27.♕f3 ♕b6+ 28.♔h1 ♕xd6 29.♖f1±)* 20...♗g7 21.♘d6 ♕a7? (as pretas poderiam evitar o ataque contra a ala do rei com *21...e4!=*) 22.fxe5 ♗xe5 *(22...f5 23.♘xf5+−; 22...f6 23.♘e4+−)* 23.♘xf7!+− ♗d4+ 24.♔h1 ♔g7 25.d6 ♘e8 26.♕d2 1-0 Lomakin – Ivanov, Ucrânia 2008

13.♘c4 ***♘e5***
14.♘e3

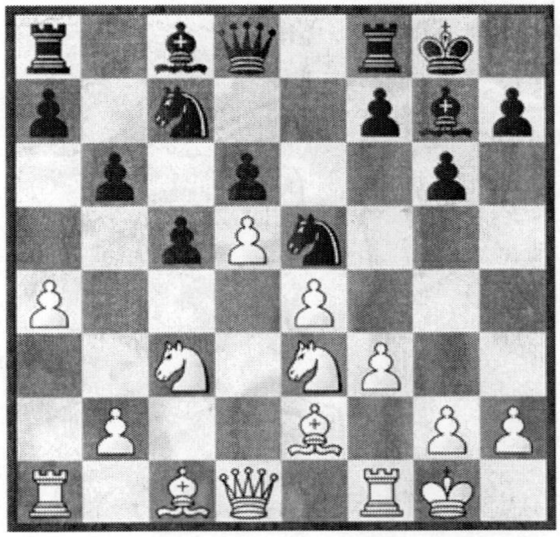

14. ... f5?!

Duvidoso avanço de peão. Após 14...♗a6 as brancas podem trocar os bispos e pressionar o peão preto com 15.♗xa6 ♘xa6 16.f4 ♘d7 17.♘c4 ♕e7 *(17...♗d4+ 18.♗e3±)* 18.♖e1⩲ Δ ♘b5

15.f4! ♘f7

Se 15...♘d7 as brancas podem fixar e atacar a debilidade com 16.exf5 gxf5 17.♗d3±

16.exf5 gxf5
17.♖f3±

17. ...	***♘h8***
18.♖b1	***♘g6***
19.♗d2	***♕f6***
20.♔h1	***♔h8***
21.♕c2	***♗b7***
22.♗d3	***♘e7***
23.♖g3	***♕f7***

Se 23...♗xd5 as brancas conseguem manter a vantagem com 24.♘cxd5 ♘cxd5 25.♕b3 ♘xf4 *(25...♕d4 26.♘c2 ♕f2 27.♖d1 ♘xf4 28.♗e3 ♘xd3 29.♕xd3 c4 30.♕xc4 ♖ac8 31.♕xc8 ♖xc8 32.♗xf2 ♖xc2 33.♔g1+−)* 26.♗c3 ♘xd3 27.♗xf6 ♘f2+ 28.♔g1 ♗xf6 29.♔xf2 f4 30.♖f3 ♗d4 *(30...fxe3+ 31.♔xe3 ♖ae8 32.♔d2 ♘c6 33.♕d5+−)* 31.♔f1 fxe3 *(31...♗xe3 32.g4±)* 32.♕e6±

24.♖g5

As brancas poderiam manter a vantagem com 24.♖e1.

a)24...♘cxd5 25.♘cxd5 ♗xd5 26.♘xd5 ♘xd5 27.♗c4 ♖ae8 *(27...♕b7 28.♖xg7! ♔xg7 29.♕d3 ♘f6 30.♗c3+−*28.♖xe8 ♖xe8 29.♖xg7! ♔xg7 30.♕b3+−;

b) 24...♖ae8 25.♘b5 ♘xb5 26.♗xb5 ♖d8 27.♖d1 ♖g8 *(27...♗d4 28.♗c3±)* 28.♗c3±

24. ...	***h6***

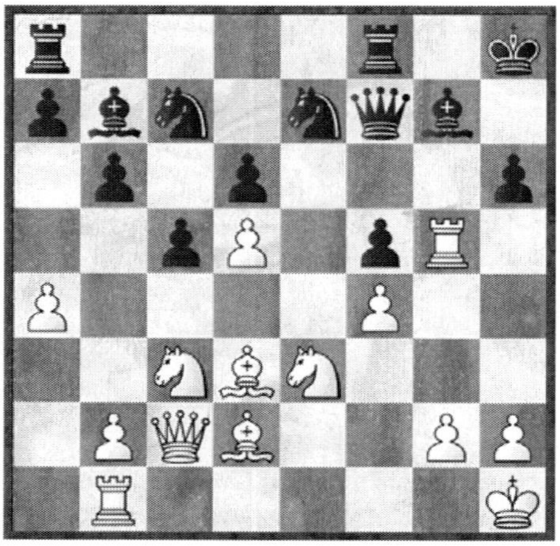

25.♘xf5?

As pretas conseguem defender a posição após o sacrifício das brancas com 25.♖xf5 ♘xf5 26.♘xf5 ♘xd5 27.♘b5 ♗c6 28.♘bxd6 ♕g6 29.♘xg7 ♕xd6 30.♘h5 ♗e8 31.♘g3 ♖d8 32.♗c4 ♕f6 33.♗xd5 ♖xd5 34.♗c3 ♖d4= Δ ♗xa4; Era melhor voltar a torre com 25.♖g3 ♘cxd5 26.♘cxd5 ♗xd5 27.♘xd5 ♘xd5 28.♗c4 ♕b7 29.♖d1 ♗d4 30.♗c3 ♖ae8 31.♗xd4+ cxd4 32.♕f2 ♘e3 33.♖xd4 ♘xc4 34.♖xc4±

25. ...	***hxg5***
26.♘xd6	***♕h5***
27.♘xb7	***♘cxd5!***
28.♘xd5	

A posição é claramente favorável às pretas, por exemplo: 28.♗e2 g4! 29.h3 *(29.♘e4 ♘xf4∓)* 29...♘xc3 30.♗xg4 *(30.bxc3 ♕d5∓)* 30...♕g6 31.♕xg6 ♘xg6 32.bxc3 ♘xf4∓

28. ...	***♘xd5***
29.♗g6	

29.♘d6 ♘xf4 30.♗c3 ♘xd3 31.♕xd3 ♕h7 32.♗xg7+ ♕xg7 33.♘f5 ♕f6∓

29. ...	***♕e2***
30.♖e1	

30.♗d3 ♕e7 31.♗a6 ♘xf4-+

30. ...	***♕f2***
31.♕d1	

31.♗e4 ♘xf4 32.♕d1 ♕d4-+ Δ ♖ae8

31. ...	***♘xf4***
32.♗xf4	***♖xf4***

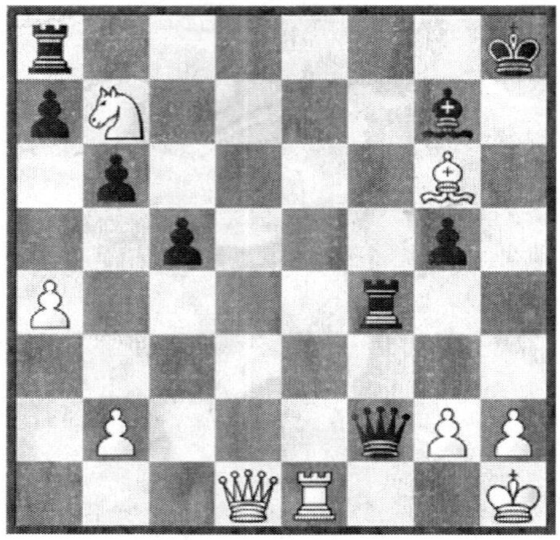

33.♘d6

33.♕h5+ ♔g8 34.♗h7+ ♔f8 35.♕d1 ♖d4-+; 33.♘d8 g4! 34.♗e4 ♖b8 35.♘e6 ♖f6 36.♘xg7 ♔xg7 37.♕xg4+ ♔f8 38.♖g1 ♕f4-+

33. ...	***g4!***
34.♘e4	***♕d4***
35.g3	***♕xd1***
36.♖xd1	***♖ff8***
37.♖d7	***♖ad8***
38.♖xd8	***♖xd8***
39.b3	***♖d1+***
40.♔g2	***♖b1***
41.♗f7	***♖b2+***
42.♔f1	***♖xh2***
43.♗e6	***♖b2***
44.♘d6	***♗d4***
45.♘c8	***♖f2+***
46.♔e1	***♖f3***

47.♗xg4	***♖xb3***
48.♘xa7	***♖xg3***
49.♗e2	***♔g7***
50.♘c8	***♗c3+***
51.♔d1	***♗a5***
52.♘d6	***♖g2***
53.♘f5+	***♔f6***
54.♘e3	***♖g1+***
55.♔c2	***♔e5***
56.♗b5	***♖g3***
57.♘c4+	***♔d4***
58.♔b2	***♖c3***
59.♘a3	***c4***
60.♗a6	***♔c5***
61.♘c2	***♖b3+***
62.♔a2	***♗c3***
63.♘e3	***♖b4***
64.♔a3	***♗b2+***

0-1

Mecking, Henrique – Leitão, Rafael [A70]

São Paulo (zonal–play–off), 2005

1.d4 ♘f6
2.c4 e6
3.♘f3 c5
4.d5 exd5
5.cxd5 d6
6.♘c3 g6
7.e4

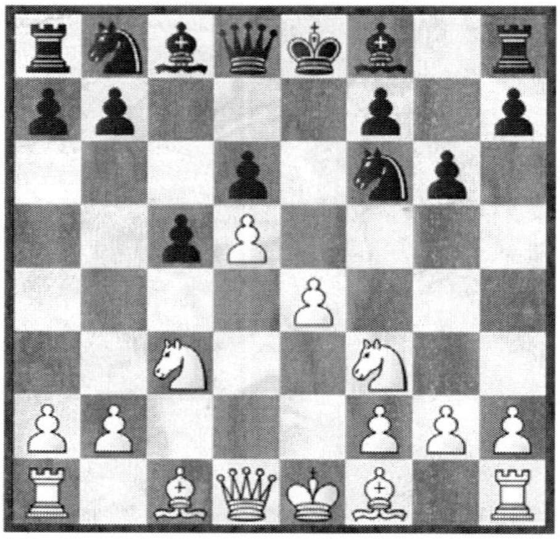

7. ... a6

As pretas podem completar o desenvolvimento da ala do rei com 7...♗g7 Δ 0-0, que é a opção normalmente mais utilizada nesta variante da Benoni Moderna.

8.a4

Mecking jogou várias vezes a variante 8.♕e2 ♗g4 *(8...♗g7 9.e5 dxe5 10.♕xe5+ ♔f8 11.♗f4 ♘bd7 12.♕c7 ♕e7+ 13.♗e2 ♘e8 14.♕a5 b6 15.♕a3 ♗b7 16.0-0±* (Δ ♖fe1) Mecking – Leitão, Brasil (ch) Internet 2008*)* 9.e5

a)9...dxe5 10.♕xe5+ ♕e7 11.♕xe7+ ♗xe7 12.♘e5 *(12.♗h6 ♘bd7 13.0-0-0 0-0-0=* Mecking – Kasimdzhanov, Corus B Wijk aan Zee

2009; 12...♘bd7 13.♘xg4 ♘xg4 14.♗f4 ♘ge5 15.0-0-0± Carlsen–Ivanchuk, Leon (rápido) 2009;

b) 9...♗xf3 10.gxf3 dxe5 11.♕xe5+ ♕e7 12.♕xe7+ ♗xe7 13.♗h6 ♗f8 *(13...♘bd7 14.0-0-0±)* 14.♗g5 ♗g7 *(14...♘bd7 15.0-0-0 h6 16.♗h4 0-0-0 17.♗h3±)* 15.0-0-0 0-0 16.♗h3 ♘bd7 17.♖he1± Mecking – Suba, Bazna 2008.

8. ... ***♗g4***
9.♗e2

9. ... ***♗xf3***

Mecking já havia enfrentado anteriormente a seguinte continuação 9...♗g7 10.0-0 0-0 11.♗f4 ♖e8 12.♘d2 ♗xe2 13.♕xe2 ♘h5 14.♗e3 ♘d7 15.g4 ♘hf6 16.f3 ♘e5 17.h3± (Δ f4) Mecking – Vasquez, Brasília (zonal) 1993

10.♗xf3 ***♘bd7***
11.♗f4

11.0-0 ♗g7 12.♗f4 ♕e7 13.♖e1 0-0 14.♕d2 ♖fe8 15.a5± Morovic – Rosito, Argentina (ch) 1995

11. ... ***♕e7***
12.0-0 ***♗g7***
13.♕c2

As brancas poderiam chegar à posição mencionada no comentário anterior com 13.♖e1 0-0 14.♕d2 ♖fe8 15.a5±

13. ... ***0-0***

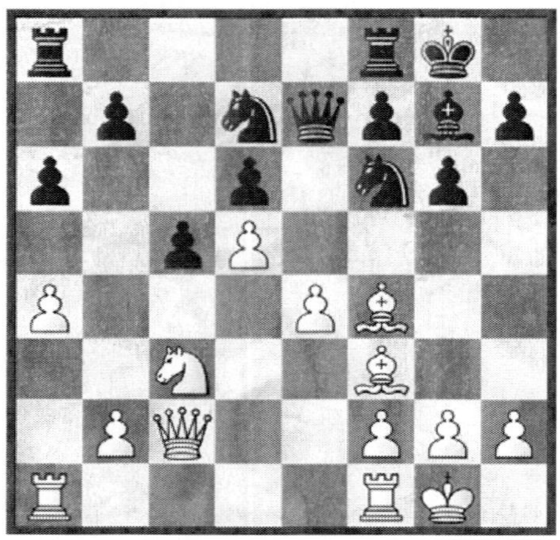

14.♖fe1

Outras continuações das brancas: 14.a5 h5 15.h3 ♖ab8 16.♖a4 ♖fc8 17.♗e2 ♘e8 18.♗c1 ♘c7 19.f4 b5 20.axb6 ♖xb6 21.e5⩲ Zufic – Cebalo, Pula (open) 2001;
14.h3

a) 14...♖ab8 15.a5 ♘e8 16.♖fe1 *(16.♕d2⩲)* 16...♘c7 17.♗e2 b5= Krush – Sherbakov, Presov 2000;

b) 14...♘e8 15.♗h2 *(15.a5±)* 15...♘c7 16.a5 ♖ab8 17.♖a2 b5 18.axb6 ♖xb6 19.♗e2 ♗d4= Perruchoud – Bauer, Biel 2009.

14. ... ***♖fe8***

14...h5 15.h3 ♘h7 16.♗e2 ♖fe8 17.♗f1 g5 18.♗d2 g4 19.e5 ♘xe5 *(19...♗xe5 20.♗d3 ♘hf8 21.♗f5 ♕f6 22.♗e3=∞)* 20.♕f5 ♘f6 21.♘e4 ♘xd5 22.♕xh5 ♘f6 23.♘xf6+ ♕xf6 24.hxg4⩲ Smirnov – Brodsky, São Petersburgo 2006

15.h3 ***h5***

Posteriormente, foi jogado 15...♖ac8 16.a5 c4 17.♖a4 ♘e5 18.♗e2 ♘fd7 19.♖b4± Babiy – Kostin, Sochi 2008

16.♗e2 ***♘h7***

16...♘xe4 17.♗f3 ♗xc3 18.bxc3 f5 19.♗xe4 fxe4 20.♖ab1 b6 21.c4±]

17.♗d3

17.♕d2 ♗d4 18.a5 ♘hf6 19.♗d3 ♘e5 20.♗f1±

17. ... ***♖ac8***
18.a5 ***♗d4***
19.♘e2

As brancas poderiam manter a vantagem com 19.♕d2±

19. ... ***♕f6***
20.♘xd4

As pretas conseguem simplificar a posição e levar para um final igualado após 20.♖a4 ♘e5 21.♖f1 *(21.♘xd4 ♕xf4 22.♘e2 ♕h4 23.♘g3 ♘f6=)* 21...♘xd3 22.♕xd3 ♗xb2 23.♖b1 ♗e5 24.♗xe5 ♕xe5 25.♖xb7 c4 26.♖xc4 ♖xc4 27.♕xc4 ♕xe4 28.♕xe4 ♖xe4=

20. ... ***♕xf4***
21.♘f3 ***♘g5***
22.♘xg5 ***♕xg5***
23.♕c1

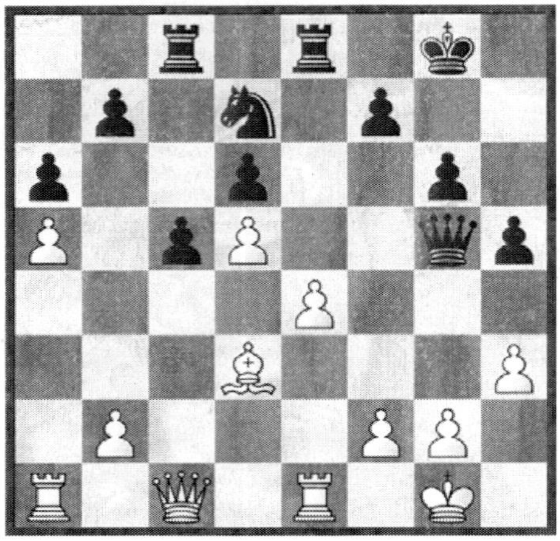

23. ... ♕f6

As pretas poderiam trocar as damas para pressionar o peão central com as torres dobradas após 23...♕xc1 24.♖axc1 ♖e7 25.f4 *(25.f3 h4 26.♔f2 g5=)* 25...♖ce8 26.♗c2 ♘f6 27.♗a4 ♖d8 28.♗c2 ♖de8=

24.♕c3 ♘e5
25.♗f1 ♔g7
26.♗e2 ♖h8
27.♖f1 g5
28.f4 gxf4
29.g3 f3

As pretas poderiam manobrar o cavalo para uma posição mais ativa após 29...♘g6 30.gxf4 *(30.♕xf6+ ♔xf6 31.gxf4 ♖ce8 32.♗d3 ♔g7=)* 30...♖ce8 31.♗d3 *(31.♕xf6+ ♔xf6 32.♗d3 ♔g7=)* 31...♕xc3 32.bxc3 ♖hg8 33.♖ab1 ♔h6 34.♔h2 *(34.♔h1 ♘h4=)* 34...♘h4 35.♖f2 c4 36.♗c2 f5!=

30.♗xf3 ♘xf3+
31.♖xf3 ♕xc3
32.bxc3 ♖he8
33.♖f4 ♖c7
34.♔f2 ♖e5
35.♖b1 ♖ce7
36.♔f3 f5!=

37.exf5

O final de torres está igualado, por exemplo: 37.c4 ♖xe4 38.♖xe4 ♖xe4 39.♖xb7+ ♔f6 40.♖d7 ♖xc4 41.♖xd6+ ♔e5 42.♖xa6 ♖c3+ 43.♔f2 ♔xd5=

37. ... ♔f6
38.g4

As brancas poderiam manter a igualdade com 38.♖h4 ♖e2 39.♖xh5 *(39.♖xb7 ♖7e3+ 40.♔f4 ♖e4+ 41.♔f3 ♖4e3+=)* 39...♖7e3+ 40.♔f4 ♖e4+ 41.♔f3 ♖4e3+=

38. ... ♖xd5

A posição preta estaria um pouco mais ativa com 38...♖e3+ 39.♔g2 ♖xc3 40.♖bf1 hxg4 41.hxg4 ♔g5 42.♖1f3 ♖c2+ 43.♔g3 c4∓

39.♖e4 ♖d3+
40.♔f4 ♖xe4+
41.♔xe4 ♖xh3
42.gxh5 ♖xh5
43.♖xb7 ♖h4+
44.♔d5 ♖a4
45.♔xd6 ♖xa5

46.♖c7	***♔xf5***
47.♖xc5+	***♖xc5***
48.♔xc5	

48. ...	***♔e6***

Os peões coroam ao mesmo tempo após 48...♔e4 49.c4 ♔d3! 50.♔d5 a5 51.c5 a4 52.c6 a3 53.c7 a2 54.c8♕ a1♕=

49.c4	***a5***
50.♔b5	***♔d7***
51.♔xa5	***♔c6***
52.♔b4	

½-½

Mecking, Henrique – Schmitz, Andreas Arnold [D22]

Festival Lodi (open), 2006

1.d4	***d5***
2.c4	***dxc4***
3.♘f3	***♘f6***
4.e3	***♗g4***

A variante mais jogado nesta posição é com 4...e6 para completar o desenvolvimento da ala do rei e não abrir mão do par de bispos.

5.♗xc4	***e6***
6.h3	***♗h5***
7.♘c3	***a6***

As pretas podem evitar a variante da partida com 7...♘bd7 8.0-0 ♗d6 *(8...♗e7 9.e4⩲)* 9.♗e2 *(9.e4 e5= Δ 0-0)* 9...0-0 10.♕b3⩲

8.g4	***♗g6***
9.♘e5	***♘bd7***
10.♘xg6	***hxg6***

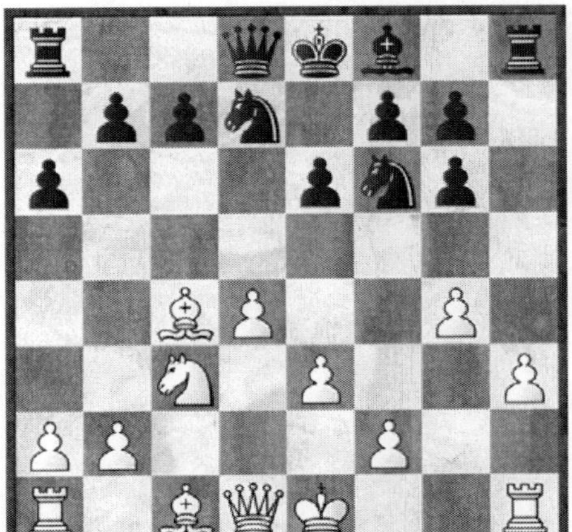

11.g5

As brancas podem completar o desenvolvimento da ala da dama com 11.♕f3 ♖b8 12.♗d2 c5 13.0-0-0 *(13.♖d1 b5=* Δ ♘b6*)* 13...b5 14.♗e2 cxd4 15.exd4 ♘b6 *(15...b4 16.♘e4±)* 16.♔b1 ♘fd5 17.♗d3± Larsen – Speelman, Hastings 1990/91

11. ... ♘d5
12.♘xd5

12.♕g4 ♘7b6 (as pretas podem melhorar a variante com *12...♘xc3!? 13.bxc3 ♗e7 14.f4 b5=* Δ c5) 13.♗b3 c5 14.dxc5 *(14.♘xd5 ♘xd5 15.dxc5 ♗xc5 16.♗d2 ♖c8 17.♖d1±* Petrosian – Polugaevsky, Moscou 1963) 14...♗xc5 15.♘xd5 *(15.♘e4 ♗b4+ 16.♗d2 ♗xd2+ 17.♘xd2 ♖c8=* Bjerke – Sapi, Hamar (open) 1982) 15...♘xd5 16.♗d2±

12. ... exd5
13.♗xd5 c6

14.♗f3

Antecedentes históricos desta posição mostram outra retirada de bispo com 14.♗b3 ♕xg5 15.♕f3 ♕f5 *(15...♗b4+ 16.♗d2 ♗xd2+ 17.♔xd2 ♕f5 18.♕xf5 gxf5 19.♔e2* (1/2 – 1/2 Ivkov – Tringov, Sarajevo 1967) *19...♘f6 20.♖ac1 ♖d8 21.♖c5 g6∓* Petrosian – Dzindzichashvili, Buenos Aires (ol) 1978; *15...♘f6 16.♗d2 ♕f5 17.♕g2 a5 18.0-0-0 ♗b4=* Petrosian – Ivkov, Ham–

burgo 1965*)* 16.♕xf5 gxf5 17.♗d2 ♘f6 *(17...g6 18.0-0-0 ♖h4=* Tal – Romanishin, URSS (ch) 1978*)* 18.♔e2 ♘e4 19.♖ag1 ♘xd2 20.♔xd2 ♖h4 1/2–1/2 Pomar – Flohr, Amsterdã 1966

14. ... ♕xg5

Esta posição já havia sido jogada na curta partida: 1/2–1/2 Furman – Hort, Madri 1973. Outra opção para as pretas seria continuar com 14...♗b4+ 15.♔f1 ♕xg5 16.♕b3 ♕b5+ 17.♗e2 ♕d5 18.♕xd5 cxd5 19.♔g2 ♖c8=

15.e4

Anteriormente havia sido jogado 15.♗d2 ♗d6 *(15...♗e7 16.♕c2 ♕f5 17.♗e4 ♕e6=* Atalik – Raetsky, Cappellela Grande (open) 2004*)* 16.♕e2 *(16.♕b3 ♕b5=; 16.♕c2 ♕f5=)* 16...0-0-0 17.0-0-0 ♘f6=

15. ... ♕a5+
16.♔f1 ♗e7

As pretas poderiam completar o desenvolvimento da ala da dama com 16...c5 17.d5 ♗d6 18.♔g2 0-0-0=

17.♔g2 ♗g5

Se 17...0-0-0 as brancas podem continuar o desenvolvimento com 18.♕b3± Δ ♗e3; Um plano, para evitar a pressão contra o roque grande das pretas, seria jogar 17...♖d8!? Δ ♔f8–g8

18.e5! ♗xc1
19.♖xc1 ♕xa2?!

Era melhor recusar o peão e continuar o desenvolvimento: 19...0-0 20.♕b3 ♕b5 21.♖c3±; 19...♘b6 20.♕b3 ♕b5 21.♖c3±

20.d5!±

20. ... ***0-0-0***

As brancas conseguiriam manter o peão na sétima fila após 20...0-0 21.dxc6 ♘xe5 22.cxb7 ♘xf3 *(22...♖ab8 23.♗d5 ♕xb2 24.♖e1+−)* 23.♕xf3 ♖ab8 24.♖c7 ♕xb2 25.♖e1+− Δ ♖ee7; Era melhor jogar 20...♖d8 21.dxc6 bxc6 22.♗xc6 ♕e6 23.♕d6 ♕xd6 24.exd6 0-0 25.♖hd1±

21.dxc6+− ***♘xe5***
22.cxb7+ ***♔b8***
23.♖c8+! ***♖xc8***
24.bxc8♖+ ***♔xc8***

24...♖xc8 25.♕d6+ ♔a7 26.♕d4++−

25.♕d6 ***♕xb2***
26.♗e4

26.♕xa6+ ♔c7 27.♖d1+−

26. ... ***♖d8***
27.♕c5+!

27.♕xa6+? ♔d7!=

27. ...	***♔d7***
28.♖d1+	***♔e8***
29.♗c6+	***♖d7***

29...♘xc6 30.♕xc6+ ♔e7 31.♕c7++−

30.♗xd7+

1-0

Mecking, Henrique – Vajda, Levente [A59]

Festival Lodi (open), 2006

1.d4	***♘f6***
2.c4	***c5***
3.d5	***b5***
4.cxb5	***a6***
5.bxa6	***♗xa6***
6.♘c3	***g6***
7.e4	***♗xf1***
8.♔xf1	***d6***
9.♘f3	***♘bd7***
10.g3	***♗g7***
11.♔g2	

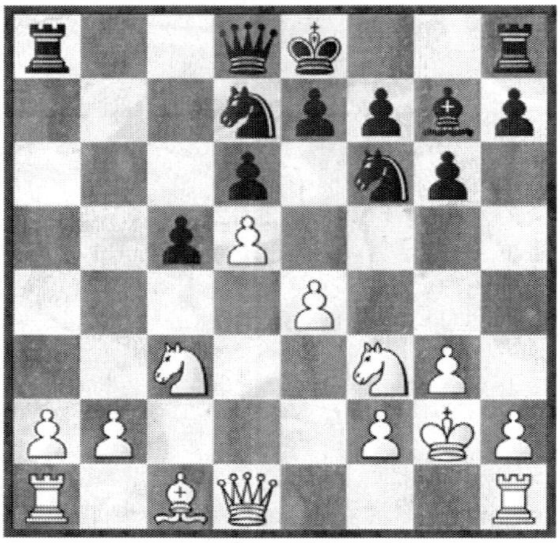

11. ...	***♕a5?!***

Normalmente as pretas completam o desenvolvimento da ala do rei com 11...0-0 para depois pressionar a ala da dama adversária com ♕a5, ♖fb8.

12.♖e1

As brancas poderiam ganhar um importante tempo para atacar a dama com 12.♗d2 0-0 13.a4± Δ ♘b5

12. ...	***♘g4***
13.♗d2	***♘ge5***
14.♘xe5	***♘xe5***
15.♕e2	***c4***
16.a4	***0-0***

As pretas poderiam jogar o cavalo numa posição mais ativa com 16...♘d3 17.♖eb1 0-0 18.♘b5± Δ ♗c3

17.♘b5	***♕b6***
18.♗e3	***♕b7***
19.♗d4	***♘d3***

20.♖eb1

As brancas poderiam sacrificar qualidade para ficar com dois peões passados após 20.♗xg7 ♘xe1+ 21.♖xe1 ♔xg7 22.♕xc4±

20. ...	***♗xd4***
21.♘xd4	***e5***

Oferecia melhores possibilidades de defesa continuar com 21...f5 22.♘e6 fxe4 23.♘xf8 ♖xf8 24.♖f1 ♕xd5 25.a5 e5 *(25...e3+ 26.f3±)* 26.a6 e3+ 27.f3±

22.b3! ***exd4***
23.bxc4 ***♘b4***
24.♕d2 ***♖fb8***

25.a5! ***♕e7***

Se 25...d3 as brancas seguem com 26.♔g1 h5 *(26...f5 27.e5 dxe5 28.♖a4 ♕e7 29.♖axb4 ♖xb4 30.♖xb4±)* 27.h4 ♕e7 28.♖xb4 ♖xb4 29.♕xb4 ♕xe4 30.♕c3 ♕e2 31.♖e1! ♕c2 *(31...♕a2 32.♔g2±)* 32.♕xc2 dxc2 33.♖c1 ♖xa5 34.♖xc2±

26.♖xb4 ***♖xb4***
27.♕xb4 ***♕xe4+***
28.♔g1 ***d3***
29.♕c3 ***♖c8***

Se 29...♕e2 as brancas seguem com 30.♖e1! ♕c2 *(30...♕a2 31.♔g2±)* 31.♕xc2 dxc2 32.♖c1 ♖xa5 33.♖xc2±

30.a6 ***♕e2***
31.a7 ***d2***
32.♕d4 ***♖a8***
33.♔g2 ***♕e1***
34.g4 ***g5***
35.h3

35. ... ***♕c1?***

As pretas poderiam defender a posição com 35...h6!? Δ ♔h7

36.c5! ***dxc5***
37.♕e5! ***♕c2***

Apesar da coroação preta com 37...d1♕ as brancas conseguem uma posição ganhadora ao coroar dama após 38.♖xc1 ♕xc1 39.♕b8+ ♖xb8 40.axb8♕+ ♔g7 41.♕e5+ ♔g8 42.d6 ♕d2 43.♕xc5+−

38.♕xg5+ ***♔f8***

38...♕g6 39.♕xd2+−

39.♕e5 ***♔g8***
40.♕b8+ ***♔g7***
41.♕xa8 ***♕e4+***
42.♔g1 ***♕e1+***
43.♖xe1 ***dxe1♕+***
44.♔g2 ***♕e4+***
45.♔g3 ***♕d3+***

45...♕e5+ 46.♔f3 ♕f6+ 47.♔g2+−

46.♔h4

1-0

Mecking, Henrique – Lupulescu, Constantin [A34]

Festival Lodi (open), 2006

1.c4	***♘f6***
2.♘c3	***c5***
3.♘f3	***d5***
4.cxd5	***♘xd5***
5.d4	***♘xc3***
6.bxc3	***g6***

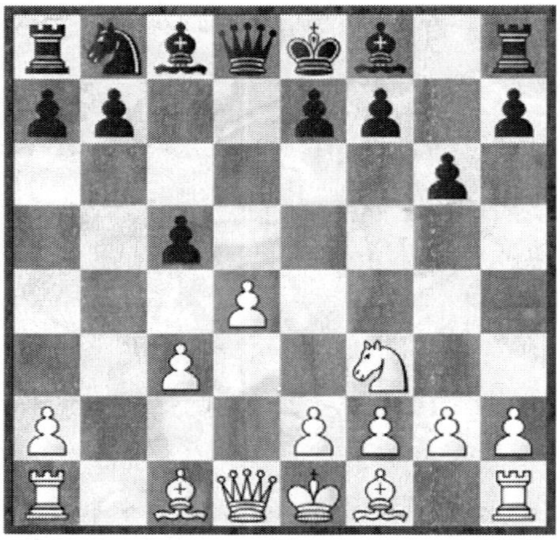

7.g3

As brancas optam pelo fianchetto na ala do rei. As variantes principais nesta posição são: 7.e3 ; 7.e4

7. ... ***♕a5***

Ambos os lados podem completar o desenvolvimento da ala do rei com 7...♗g7 8.♗g2 ♘c6 9.0-0

a)9...0-0 10.♗e3 ♗e6 11.♕a4 *(11.♖b1!?)* 11...♕a5=;

b) 9...cxd4 10.cxd4 ♘xd4 11.♘xd4 ♕xd4 12.♖b1 0-0;

b1) 13.♕xd4 ♗xd4 14.♗h6 ♖d8 15.♗xb7 ♖b8 16.♗xc8 ♖bxc8 *(16...♖dxc8 17.♖xb8 ♖xb8 18.♖d1 ♗c5=)* 17.♖fc1 ♗b6=;

b2) 13.♗e3 ♕c4 14.♕d2 ♗e6 15.♖xb7 ♖ad8 16.♕a5 ♕xe2 17.♖xe7 1/2 – 1/2 Ribli– Andersson, Wijk aan Zee 1983.

8.♗d2	***♗g7***
9.♗g2	***0-0***
10.0-0	***♕a6***

10...♘c6 11.d5 ♘e5 12.♘xe5 ♗xe5 13.♕b3 ♖d8= Δ ♖d6

11.♗g5

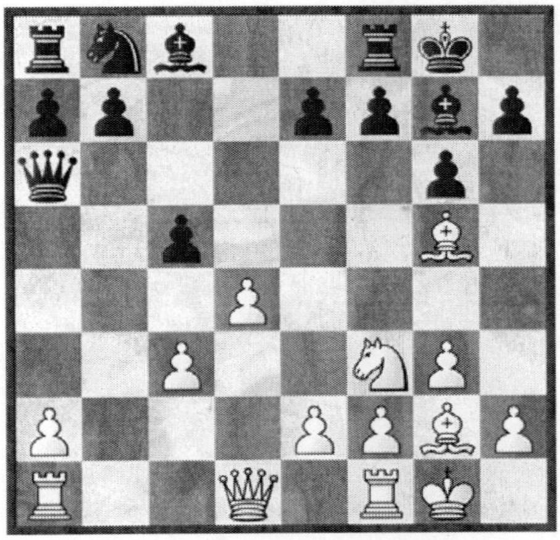

11. ...	***♖e8***

As pretas poderiam trocar os peões para pressionar o centro com 11...cxd4 12.cxd4 *(12.♘xd4 e5 13.♘b3 ♘c6=)* 12...♘c6 13.d5 ♖d8 14.e4 ♗xa1 15.♕xa1 f6 16.♗d2 ♗g4 *(16...♘a5 17.♗b4 ♖e8 18.♖c1=∞)* 17.dxc6 ♗xf3 18.♗xf3 ♖xd2 19.♕c3 ♖d3 20.cxb7 ♖f8 *(20...♖b8 21.♕c7 ♕d6 22.♖c1 ♕xc7 23.♖xc7 ♔f7 24.♗e2 ♖d4 25.♗a6 ♖b4 26.♔g2 ♔e6 27.♖c8 ♖8xb7 28.♗xb7 ♖xb7=)* 21.♕c7 ♖xf3 22.b8♕ ♖xb8 23.♕xb8+ ♔g7=

12.♕d2	***♘c6***
13.♗h6	***♗h8***

As pretas poderiam completar o desenvolvimento da ala da dama com 13...♗g4 14.♗xg7 ♔xg7 15.d5 *(15.♖fd1 ♖ad8=; 15.e3 ♖ad8=)* 15...♖ad8=

14.d5

14.e3 ♗e6 15.♕b2 ♖ac8 16.♖fd1 cxd4 17.cxd4 ♗d5=

14. ...	***♘a5***
15.e4	***♗d7***

As pretas poderiam manter a igualdade com 15...♘c4 16.♕d3 b5=

16.e5	***♘c4***
17.♕f4	

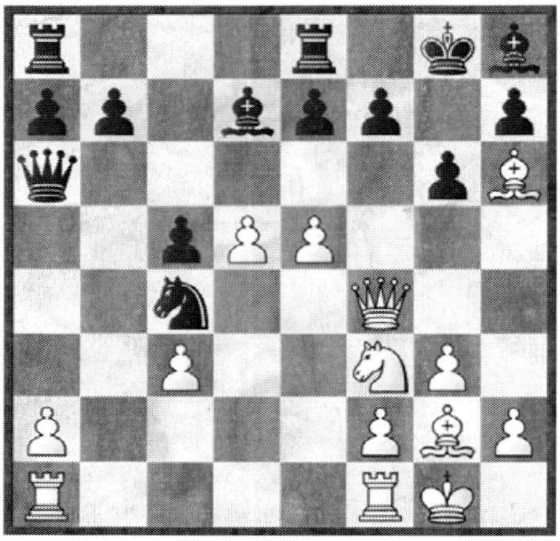

17. ...	***♕a4?***

Um erro que provoca a perda da partida. Era necessário defender a posição com 17...f6 18.e6 *(18.exf6 exf6 19.♖fe1 ♘d6=)* 18...♗a4 19.♘g5 ♘d6 *(19...♘e5 20.♘f7! ♘xf7 21.exf7+ ♔xf7 22.♖fe1±)* 20.♘f7! ♘xf7 21.exf7+ ♔xf7 22.♖fe1±

18.e6!+−	***fxe6***
19.dxe6	***♗xe6***
20.♖ae1	

As pretas não conseguem, ao mesmo tempo, defender o bispo e evitar o mate após 20.♘g5 ♗e5 *(20...♕d7 21.♖fe1+−)* 21.♕f3 ♕d7 22.♖fd1+−

20. ... ***♗f5***

20...♖f8 21.♗xf8 ♖xf8 22.♕h4 ♗f6 23.♘g5 ♗xg5 24.♕xg5+−

21.♘h4 ***♗xc3***

21...♘b6 22.♕xa4 ♘xa4 23.♘xf5 ♘xc3 *(23...gxf5 24.♗d5+ e6 25.♖xe6+−)* 24.♘xe7+ ♔f7 25.♘d5+−

22.♘xf5 ***gxf5***
23.♗d5+

1-0

Mecking, Henrique – Fedorchuk, Sergei [A22]

Festival Lodi (open), 2006

1.c4 ***♘f6***
2.♘c3 ***e5***
3.g3 ***♗c5***

Normalmente o plano das pretas é jogar 3...♗b4 para trocar as peças menores e dobrar os peões brancos.

4.♗g2 ***c6***

Se 4...0-0 5.♘f3 ♘c6 *(5...e4!? 6.♘g5 ♗xf2+ 7.♔xf2 ♘g4+ 8.♔g1 ♕xg5 9.♘xe4 ♕g6=)* 6.0-0 d6 seria uma Inglesa Assimétrica (A29).

5.e3

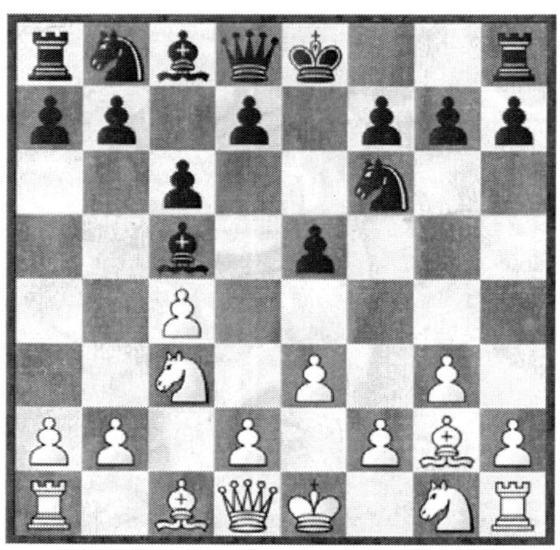

5. ... ***d6***

É melhor completar o desenvolvimento da ala do rei com 5...0-0 6.d4 exd4 7.exd4 ♗b6 *(7...♗b4 8.♘ge2 d5 9.cxd5 ♘xd5 10.0-0±* Lukacs – Nyback, Budapeste 2002*)* 8.♘ge2 *(8.♗e3 d5=)* 8...d5 9.cxd5 ♘xd5 10.♘xd5 cxd5 11.0-0 *(11.♗e3 ♘c6 12.0-0 ♗g4=)* 11...♗g4 12.h3 *(12.♗e3 ♘c6=)* 12...♗xe2 13.♕xe2 ♘c6= Miroshnichenko – Sokolovsky, Vororezh (open) 2007

6.d4	***exd4***
7.exd4±	***♗b4***
8.♕e2+	

As brancas poderiam completar o desenvolvimento da ala do rei e avançar os peões na ala da dama para ganhar vantagem de espaço com 8.♘ge2 0-0 9.0-0 ♖e8 10.a3 ♗a5 *(10...♗xc3 11.♘xc3±)* 11.b4±

8. ...	***♕e7***
9.♗d2	

9.♕xe7+ ♔xe7 10.♘ge2± Δ 0-0

9. ...	***♗e6***

9...♗f5 10.0-0-0 ♘bd7 11.♖e1 ♕xe2 12.♘gxe2 0-0-0 13.a3±

10.0-0-0

As brancas poderiam ganhar espaço no centro com 10.d5 ♗g4 *(10...cxd5 11.cxd5 ♗g4 12.♕xe7+ ♔xe7 13.♘ge2±)* 11.♕xe7+ ♔xe7 12.♘ge2 ♖e8 13.a3±

10. ...	***d5***
11.♘h3	***dxc4***
12.♖he1	***0-0***
13.♘f4	

13. ...	***♘bd7***

As pretas poderiam conseguir a igualdade na abertura com 13...♘a6 14.♘xe6 ♕xe6 15.♕xe6 fxe6 16.♖xe6 ♘c7 17.♖e2 ♖fe8 18.♖de1 ♔f7=

14.♘xe6	***♕xe6***
15.♕xe6	***fxe6***
16.♗h3	***♘b6***
17.f4	

As brancas poderiam aceitar o peão e controlar a coluna central com 17.♗xe6+ ♔h8 18.a3 ♗d6 19.f4 ♖ad8 20.♘e4 ♘xe4 21.♖xe4± Δ ♖de1

17. ...	***♖ad8***

É melhor trazer o rei mais para o centro com 17...♖fe8 18.♗xe6+ ♔f8 19.a3 ♗e7 20.♘e4 ♘xe4 21.♖xe4 ♘d5 22.♔c2 ♖ad8 23.♖de1±

18.♗xe6+	***♔h8***
19.♘e4!	***♗xd2+***
20.♖xd2	***♘xe4***
21.♖xe4	***g6***
22.♔c2	***a5***
23.♖de2	

Após a troca de peças menores, as brancas podem atacar o peão com 23.♖e5 ♘d5 *(23...♖d6 24.♔c3±)* 24.♗xd5 ♖xd5 *(24...cxd5 25.b3 cxb3+ 26.♔xb3±)* 25.a4± Δ ♔c3

23. ...	***♖d6***

24.b3

As brancas poderiam trocar um par de torres após 24.♔c3! ♘a4+ 25.♔xc4 b5+ 26.♔b3 ♖fd8 27.♗g4 ♖xd4 28.♖xd4 ♖xd4 29.♔c2± e, no final, torre e bispo coordenam melhor do que torre e cavalo.

24. ... ***cxb3+***
25.♗xb3 ***a4***
26.♗e6 ***♖fd8***
27.♔c3 ***♘d7***

As pretas poderiam manobrar o cavalo com 27...♘a8 28.♗c4 ♘c7 29.a3±

28.♗xd7

Era melhor manter as peças menores em jogo com 28.♗h3 ♘f6 29.♖e6 ♔g8 *(29...♖xe6 30.♗xe6 ♔g7 31.♔c4±; 29...♘d5+ 30.♔c4±)* 30.♖xd6 ♖xd6 31.♗g2±

28. ... ***♖8xd7***
29.g4 ***♖f7***
30.♖e7

O final de torres está igualado após 30.♔b4 ♖fd7 31.♖d2 ♖d5

32.♔xa4 c5 33.♔b5 cxd4+ 34.♔c4 d3 35.♖e8+ ♔g7 36.♖e7+ ♖xe7 37.♔xd5 ♖e2 38.♖xd3 ♖xa2=

30. ...	***♔g7***
31.♖2e4	***♖df6***
32.♖xf7+	***♔xf7***
33.♔b4	

33. ...	***b5?***

As pretas deixaram escapar a possibilidade de empatar o final com 33...g5! 34.fxg5 *(34.f5 ♖h6=)* 34...♖f2=

34.♔c5	***h6***
35.h3	***h5***
36.g5	

As pretas abandonaram diante da inevitável troca de torres. O final de peões transforma-se num final de damas que está ganho para as brancas de acordo com a variante: 36.g5 ♖e6 *(36...♖f5+ 37.♔xc6 b4 38.d5+−)* 37.♖xe6 ♔xe6 38.♔xc6 b4 39.d5+ ♔f7 40.d6 b3 41.axb3 axb3 42.d7 b2 43.d8♕ b1♕ 44.♕d5+! ♔e7 *(44...♔e8 45.♕b5+−; 44...♔f8 45.♔d7+−; 44...♔g7 45.♔d7+−)* 45.h4! ♔f8 *(45...♔e8 46.♕b5+−)* 46.♔d7+−

1-0

Mecking, Henrique – Saptarshi, Roy [D08]

Montcada (open), 2006

1.d4	***d5***
2.c4	***e5***
3.dxe5	***d4***
4.♘f3	***♘c6***
5.♘bd2	***♘ge7***
6.♘b3	***♘f5***
7.a3	

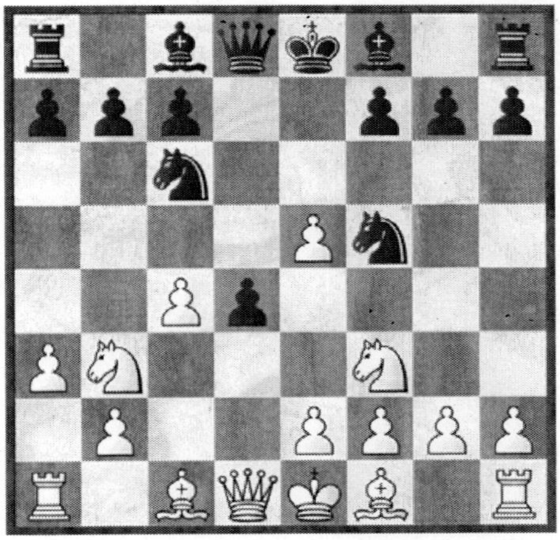

7. ... a5

No ano anterior havia sido jogada a variante 7...♗e7 8.g3 a5 9.♕d3 a4 10.♘bd2 h5 11.♗h3 g6 12.♘e4 h4 13.♗f4 hxg3 14.hxg3 ♘g7 15.♗g2 ♖xh1+ 16.♗xh1 ♗f5 17.♘fg5± Sokolov – Morozevich, Corus Wijk aan Zee 2005

8.e4

As brancas experimentaram outras alternativas nesta posição: 8.g4?! ♘h4! 9.♘bxd4 ♘xf3+ 10.♘xf3 ♕xd1+ 11.♔xd1 ♗xg4= De Rooij – Brandenburg, Holanda 2006; 8.♗g5 ♗e7 *(8...♕d7?! 9.g4±* Clery – Chetverik, La Fere (open) 2006*)* 9.♗xe7 ♕xe7 10.g4 ♘h4 11.♘xh4 ♕xh4 12.♗g2±; 8.e3 dxe3 9.♕xd8+ ♔xd8?! *(*melhor jogar *9...♘xd8)* 10.fxe3 a4 11.♘bd4

♗c5 12.♘xc6+ bxc6 13.♔f2 ♖b8 14.♗d3± Dubessay - Konstantinidis, EUA 2008

8. ... ***a4?***

As brancas ficam com um peão de vantagem e o par de bispos após 8...♘h4 9.♘bxd4 ♘xf3+ 10.♘xf3 ♕xd1+ 11.♔xd1 ♗c5 12.♔e1 ♗g4 13.♗e2 0-0-0 14.♗g5 ♖d7 15.♖d1 ♖xd1+ 16.♗xd1 ♗xf3 17.♗xf3 ♘xe5 18.♗e2±; Era melhor tomar ‘en passant’ o peão com 8...dxe3 9.♕xd8+ ♘xd8 10.fxe3 ♗e7 11.♘bd4 0-0 12.♗d2 *(12.g3±)* 12...♘h4 13.0-0-0 c5 14.♘xh4 ♗xh4 15.♘f3 ♗e7 16.♗d3±

9.exf5! ***axb3***
10.♗d3!

A posição é ganhadora conforme as análises nos próximos lances. Entretanto, não era viável tomar diretamente o peão com 10.♕xb3? ♗b4+! 11.♗d2 ♗xd2+ 12.♔xd2 ♗xf5 13.♗d3±

10. ... ***♘b4***

10...♗b4+ 11.♔f1 0-0 12.♕xb3+-

11.♕xb3

11.0-0 ♘xd3 12.♕xd3 ♗e7 *(12...c5 13.♖e1+-)* 13.♖e1 0-0 *(13...♖a6 14.f6+-)* 14.f6+-

11. ... ***♗d7***

11...♘xd3+ 12.♕xd3 ♗b4+ 13.♔e2 ♗e7 14.♖d1 c5 15.b4+-

12.♕d1 ***♘xd3+***
13.♕xd3 ***♗b4+***
14.♗d2 ***♗xd2+***
15.♔xd2

Era melhor manter a opção de roque pequeno, para colocar o rei em segurança, com 15.♕xd2 c5 *(15...♗xf5 16.♘xd4 ♗d7 17.0-0 0-0 18.♖ad1 ♕e7 19.♖fe1+-)* 16.♕f4 ♕a5+ *(16...0-0 17.0-0+-; 16...♕b6 17.0-0+-)* 17.♘d2 0-0 18.0-0+-

15. ... ***c5***
16.e6

As brancas poderiam proteger o próprio rei e atacar o roque adversário após 16.♖ae1 ♕b6 17.♔c1 0-0 18.f6 gxf6 19.exf6 ♕xf6 20.♖e5±

16. ... ***fxe6***
17.fxe6 ***♗xe6***
18.♖ae1 ***♖a6***
19.♖e5 ***0-0***

As pretas poderiam resistir mais e forçar um final de torres com 19...♕f6 20.♖xc5 0-0 21.♔c1 ♖d6 *(21...♗g4 22.♕xd4 ♗xf3 23.♕xf6 ♖axf6 24.gxf3 ♖xf3 25.♖c7±)* 22.♖e1 ♗f5 23.♕d2 ♗h3 24.♕g5 ♗xg2 25.♕xg2 ♕xf3 26.♕xf3 ♖xf3 27.♖c7±

20.♘g5! ***♖xf2+***

21.♔c1

21.♔e1 ♗f5 *(21...♕f6 22.♕xh7+ ♔f8 23.♕e4+−)* 22.♖xf5 ♖xb2 *(22...♖xg2 23.♕e4 ♖xg5 24.♖xg5+−)* 23.♖hf1 g6 *(23...♕e7+ 24.♔d1+−; 23...♕a5+ 24.♔d1+−)* 24.♖f8+ ♕xf8 25.♖xf8+ ♔xf8 26.♕f3++−

21. ...	***g6***
22.♘xe6	***♕b6***
23.b4!	***cxb4***

23...♕a7 24.♖e3! cxb4 *(24...dxe3 25.♕d8+ ♔f7 26.♕d7+ ♔f6 27.♘xc5+−)* 25.♕xd4 ♕xd4 26.♘xd4+−

24.♖f1!	***bxa3***
25.♖xf2	***♕b4***
26.♕f3	***♕xc4+***
27.♖c2	

1-0

Mecking, Henrique – Fier, Alexandr [A17]

Guarapuava, 2006

1.♘f3 ***♘f6***
2.c4 ***e6***
3.♘c3 ***b6***
4.e4 ***♗b7***
5.♗d3

5. ... ***d6***

As pretas podem lutar pelo controle do centro com 5...c5 6.0-0 ♘c6 7.e5 ♘g4 8.♗e4 f5 *(8...♕c8 9.♖e1 d6 10.exd6 ♗xd6 11.d4 cxd4 12.♘b5 ♗c5 13.♘fxd4±* Kortchnoi – Polugaevsky, Buenos Aires (m/3) 1980*)* 9.exf6 ♘xf6 10.♗xc6 ♗xc6 11.d4 ♗xf3 *(11...cxd4 12.♘xd4 ♗b7 13.♕a4±* Gulko – Baloshov, Lvov 1978*)* 12.♕xf3 cxd4 13.♘b5 ♖c8 14.b3 a6 *(14...♗c5= Δ 0-0)* 15.♘xd4 ♗c5 16.♗e3 *(16.♗b2±)* 16...0-0= Georgiev – Anand, Manila (izt) 1990

6.♗c2 ***c5***
7.0-0

Se 7.d4 cxd4 8.♘xd4 a6 9.b3 ♗e7 10.0-0 0-0 11.♗b2 chega-se à mesma posição do diagrama do lance 11.

7. ... ♗e7
8.d4 cxd4
9.♘xd4 0-0
10.b3 a6
11.♗b2

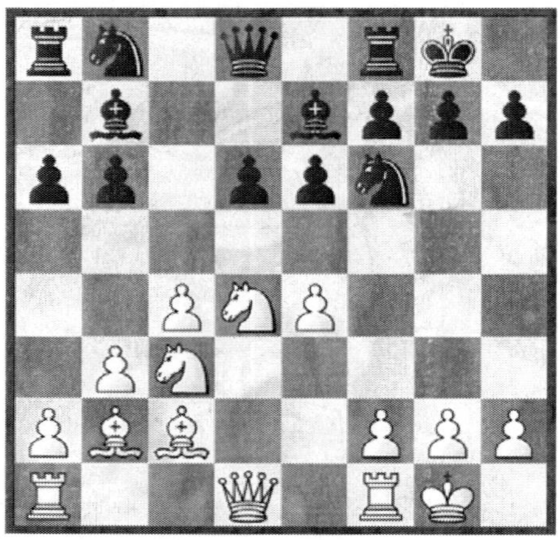

11. ... ♘bd7

Mecking havia enfrentado anteriormente a variante 11...♘c6 12.♔h1 ♕d7 13.♘xc6 ♗xc6 14.♕d3 b5 15.cxb5 ♗xb5 16.♘xb5 ♕xb5 17.♖ac1 ♖fd8 18.f3 ♘d7 19.♗b1 ♗f6 20.♗xf6 ♘xf6 21.♖fd1± Mecking – Polugaevsky, Lucerna (m/12) 1977

12.♕e2 ♕c7
13.♖ac1

13.♖ad1 ♖fe8 14.f4 ♖ac8 15.♔h1±

13. ... ♖fe8
14.♗b1

14.f4 ♖ac8 15.♔h1±

14. ... ♖ac8
15.♔h1 ♕b8
16.f4 ♗f8

17.♖ce1

17.♖cd1⩲

17. ... ***e5***

As pretas poderiam deixar a estrutura de peões flexível com 17...g6!? Δ ♗g7

18.fxe5 ***dxe5***
19.♘f5 ***b5***
20.cxb5 ***axb5***
21.♕xb5 ***♕a8***
22.♕e2 ***♗b4***

22...g6 23.♘g3 ♕a5 24.♖f3 ♗b4 25.♖c1⩲

23.♖c1 ***g6***
24.♘h6+ ***♔g7***

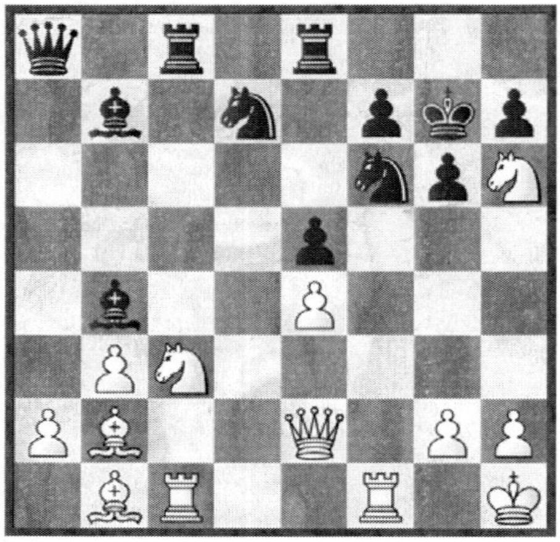

25.♘g4

As brancas poderiam pressionar a ala do rei com 25.♕d2 ♖c7 26.♕g5 *(26.♕e3±)* 26...♖ec8 27.♖f3 ♕a6 28.♗d3 ♕e6 29.♗c4 ♖xc4 30.bxc4 ♗xc3 31.♖cxc3 ♘xe4 32.♖xf7+ ♕xf7 33.♘xf7 ♘xg5 34.♘xg5±

25. ... ♗xc3
26.♗xc3

As brancas teriam xeque perpétuo após 26.♘xf6 ♘xf6 27.♕f3 ♗xb2 *(27...♘xe4 28.♗xe4 ♗xe4 29.♕xf7+ ♔h8 30.♕f6+ ♔g8 31.♕f7+ ♔h8=)* 28.♕xf6+ ♔g8 29.♕xf7+ ♔h8 30.♕f6+ ♔g8 31.♕f7+ ♔h8=

26. ... ♘xe4

As pretas poderiam forçar a troca dos bispos e pressionar os peões brancos em e4 e a2 com 26...♗a6 27.♗d3 ♗xd3 28.♕xd3 ♘c5 29.♕e2 ♘xg4 30.♕xg4 f6=

27.♗b2

As brancas poderiam jogar o surpreendente 27.♖cd1!

a)as pretas não poderiam aceitar a peça e dar o duplo de cavalo com 27...♘xc3?? por causa de 28.♖xd7! ♗xg2+ (as pretas levariam mate após *28...♘xe2 29.♖fxf7+ ♔h8 30.♖xh7+ ♔g8 31.♘f6+ ♔f8 32.♖df7#)* 29.♕xg2+−;

b) 27...♘ef6 28.♗b2± onde as brancas estão com o par de bispos e o plano de avançar o peão passado na ala da dama.

27. ... ♖xc1
28.♖xc1

28.♗xc1 f5 29.♗h6+ ♔h8 30.♖d1 ♘df6 31.♘xf6 ♘xf6=

28. ... h5

As pretas poderiam jogar de maneira mais ativa e sem debilitar a ala do rei com 28...♘ef6 29.h3 *(29.♘xf6 ♘xf6=; 29.♘e3 ♘b6=* Δ ♘bd5*)* 29...♘xg4 30.hxg4 *(30.♕xg4 ♘f6=)* 30...♘f6=

29.♘e3 ♘df6
30.♘c4 ♕b8

31.♖f1

Era necessário evitar o avanço do peão preto e manobrar as peças brancas para posições mais ativas com 31.♕e1 ♔g8 32.h3 ♗d5 33.♕e3 ♖e6 34.♗d3±

31. ... h4!
32.♔g1

As brancas teriam xeque-perpétuo após 32.♗xe4 ♘xe4 33.♕g4 *(33.♖f4 h3! 34.♖xe4 hxg2+ 35.♔g1 ♗xe4 36.♕xe4 ♕a7+ 37.♔xg2 ♕xa2=)* 33...♕a7 34.♕xh4 f6 35.a4 ♖h8 36.♕g4 ♘f2+ 37.♖xf2 ♕xf2 38.♕d7+ ♔h6 39.♕h3+ ♔g7 40.♕d7+ ♔g8=

32. ... h3

As pretas poderiam trocar as damas após 32...♕a7+ 33.♕e3 ♕xe3+ 34.♘xe3 h3 35.gxh3 ♘g5=

33.gxh3 ♗d5

33...♕a7+ 34.♕e3 ♕xe3+ 35.♘xe3 ♘g5=

34.h4

34.♗d3 ♕c8 35.h4 ♕h3 36.♘xe5 ♘g3 37.♕f2 ♘xf1 38.♗xf1 *(38.♕xf6+ ♔xf6 39.♘xg6+ ♔e6 40.♘f4+ ♔d6 41.♘xh3 ♘e3 42.♗a3+ ♔c6 43.♘f4 ♖g8+ 44.♔f2 ♘g4+ 45.♔e2⩱)* 38...♕e6=

34. ... ♕a7+?

As pretas poderiam trocar as peças menores após 34...♗xc4 35.bxc4 ♖h8 36.♗xe4 ♘xe4 37.♕xe4 ♕xb2= com o objetivo de empatar o final de peças pesadas.

35.♕e3!

35. ... ***♕c7***

Se 35...♕d7 as brancas ganhariam com 36.♘xe5 ♖xe5 37.♗xe5 ♕g4+ 38.♗g3 ♘xg3 39.hxg3 ♕h3 40.♖f3 ♗xf3 41.♕xf3 ♘h5 42.a4 ♘xg3 43.h5!+–

36.h3?

Diante da ameaça de ganhar o peão central, as brancas poderiam forçar a troca de damas com 36.♕b6! ♕xb6+ 37.♘xb6 ♗b7 38.♖d1 ♘g4 *(38...g5 39.♘c4+–; 38...♔h6 39.♘c4+–)* 39.♗xe4 ♗xe4 40.♘c4+–

36. ... ***♗xc4!***
37.♖c1

As brancas poderiam manter uma pequena vantagem no meio–jogo com 37.bxc4 ♕xc4 *(37...♘c5 38.♖f2±)* 38.h5±

37. ... ***♕b7***

As pretas poderiam ativar os cavalos com 37...♘d6! 38.bxc4 ♘xc4 39.♕f2 ♕c6 *(39...♖d8∓)* 40.♗d3 ♘e4!∓

38.♖xc4 ***♘d6***

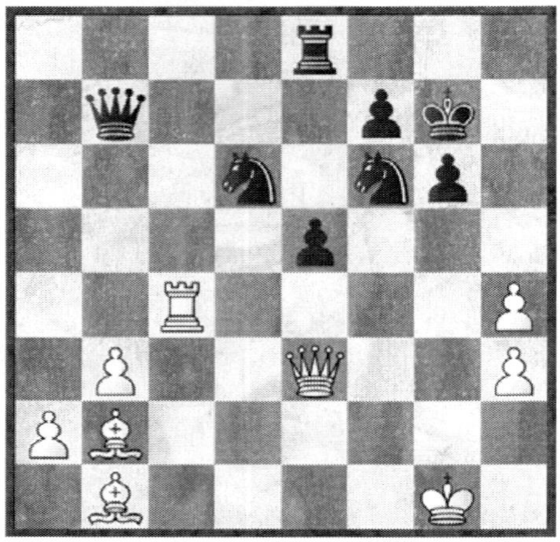

39.♖c1

As peças brancas poderiam ficar em posições mais ativas com 39.♖a4 ♕d5 40.♗d3±

39. ... ♕d5

Se 39...♘h5 as peças brancas estariam em posições mais ativas com 40.♔h2 ♔g8 41.♖g1 ♖e6 42.♖g2 f5 43.a4 ♘f4 44.♖f2±

40.♖e1

As brancas ganhariam um peão com 40.♕d3! ♕e6 *(40...♕xd3 41.♗xd3 ♘f5 42.♗xf5 gxf5 43.a4+−)* 41.♖c5 ♘f5 *(41...♘d7 42.♖c6+− ; 41...e4 42.♕d5+−)* 42.♖xe5 ♕b6+ 43.♔f1 ♖d8 44.♕c3±

40. ... ♔g8

40...♘b5 41.♗d3 ♘d4 42.♖f1 ♕d7 43.♔h2±

41.♗d3

Era melhor levar o rei para um lugar mais seguro com 41.♔h2 ♘h5 42.♕d3±

41. ... ♘h5!

42.♗f1

Os cavalos pretos agora estão muito ativos. Por exemplo, 42.♖e2 ♘f4 43.♖d2 ♕e6 44.♔h2 ♘f5 45.♗xf5 ♕xf5=

42. ... ♘f5
43.♕f2 ♕a5

43...♘hg3 44.♗g2 e4=

44.b4

44.a3 e4 45.b4 ♕d8 46.♗c1 ♘xh4 47.♗e2 ♘f3+ 48.♗xf3 exf3 49.♖xe8+ ♕xe8 50.♕xf3 ♕e1+ 51.♕f1 ♕g3+=

44. ... ♕xb4
45.♖xe5

As brancas poderiam manter a igualdade com 45.♗xe5 ♘f6 46.♗g2 ♕a5 47.♗g3 ♖xe1+ 48.♕xe1 ♕xa2=

45. ... ♖xe5
46.♗xe5 ♕e4

As peças pretas estão mais ativas do que as peças brancas após 46...♘xh4 47.♗a1 *(47.♗h2 ♕e4∓)* 47...♕e4∓

47.♕e2 ***♘e3***

As pretas poderiam restabelecer o equilíbrio material com 47...♕xh4!?

48.♔f2

As brancas entrariam numa interessante variante tática com 48.♗c3 ♘f4 *(48...♘g3 49.♕d3 ♕h1+ 50.♔f2 ♘e4+ 51.♔xe3 ♘xc3=)* 49.♕b5 ♔h7 50.♕e5 ♘e2+! 51.♔f2□ ♘d1+ *(51...♘xc3 52.♕xe4 ♘ed1+! 53.♔f3 ♘xe4 54.♔xe4 ♘c3+ 55.♔f4 ♘xa2=)* 52.♔e1 ♘exc3+□ 53.♕xe4 ♘xe4 54.♔xd1 ♘c3+ 55.♔d2 ♘xa2=

48. ... ***♕xe5***

As pretas poderiam jogar de maneira ativa com 48...♕f5+ 49.♔xe3 ♕xe5+ 50.♔d2 ♕b2+ 51.♔e1 *(51.♔e3 ♕a3+ 52.♔d4 ♘g7∓)* 51...♕b4+ 52.♔f2 ♕xh4+ 53.♔g1 ♕a4∓

49.♕xe3 ***♕f6+***
50.♔g1 ***♕xh4***
51.♕e8+ ***♔g7***
52.♕e5+ ***♔g8***

As pretas poderiam jogar diretamente 52...♔h7!?

53.♕e8+ ***♔g7***
54.♕e5+ ***♔h7!?***
55.♕e3 ***f5***

As pretas poderiam manobrar o cavalo para uma posição mais ativa após 55...♕a4∓ Δ ♘f4

56.♕a7+ ***♔h6***
57.♕e3+ ***f4***
58.♕c3 ***♕e7***
59.♕d4

As brancas poderiam igualar o final com 59.a4= Δ a5

59. ... ***♕a3***

As pretas poderiam evitar o xeque−perpétuo com 59...♔h7!?

60.♕h8+	***♔g5***
61.♕d8+	***♔h6***
62.♕h8+	

½-½

Mekhitarian, Krikor – Mecking, Henrique [B87]

Guarapuava, 2006

1.e4	***c5***
2.♘f3	***d6***
3.d4	***cxd4***
4.♘xd4	***♘f6***
5.♘c3	***a6***
6.♗c4	

Impressionante sacrifício de torre ocorreu após 6.♗e3 e6 7.g4 e5 8.♘f5 g6 9.g5 gxf5 10.exf5 d5 11.♕f3 d4 12.0-0-0 ♕c7 (normalmente as pretas jogam *12...♘bd7*) 13.♖xd4! exd4 14.♗xd4 ♕c6? (seria melhor jogar *14...♘bd7*) 15.♕e2+ ♔d7 16.♗xf6 *(16.♖g1+– Δ ♗g2)* 16...♗d6 17.♕d1 ♖e8 18.♗h3± (Δ ♘d5) J. Polgar – Mecking, Caxias do Sul (rápido) 2012

6. ...	***e6***
7.♗b3	***b5***

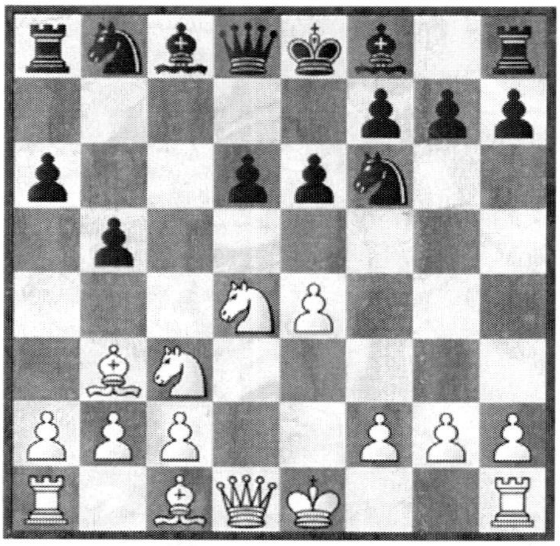

8.♗g5

Mecking enfrentou diversas vezes a variante 8.0-0 ♗e7 9.♕f3 ♕c7 10.♕g3 *(10.♖e1 0-0 11.♕g3 b4 12.♘a4 ♗d7 13.c3 ♕a5 14.cxb4 ♕xb4 15.♘c2 ♕a5 16.♘c3 ♘c6=* H.C. Van Riemsdijk – Mecking, Brasília (zonal) 1993*)*

a)10...0-0 11.♗h6 ♘e8 12.♖ad1 ♗d7 13.♘f3 b4 *(13...♘c6 14.♘e2 ♗f6*= Eraschenkov – Mecking, Canárias (blitz) 2004) 14.♘e2 ♘c6= A. Fernandes – Mecking, Dos Hermanas (blitz) 2004;

b) 10...♘c6 11.♘xc6 ♕xc6 12.♖e1 ♗b7 13.a3 ♖d8 *(13...0-0 14.♗h6 ♘e8 15.♗g5 ♗xg5 16.♕xg5 h6 17.♕e3 ♘f6 18.♖ad1 ♖fd8 19.f3 ♕c5*= Matsuura – Mecking, Campinas (Jogos Abertos) 1994*)* 14.f3 0-0 15.♗h6 ♘e8 16.♖ad1 ♗f6 17.♗g5 ♗xg5 18.♕xg5 ♘f6 19.♖d3 ♕c5+ 20.♕e3 ♕xe3+ *(20...♗c6 21.♕f2 ♖d7*= Zapata – Mecking, São José do Rio Preto (Jogos Abertos) 1995*)* 21.♖exe3 ♖d7= Zapata – Mecking, Amparo (Jogos Regionais) 1995

8. ...	***♗e7***
9.♕f3	

9. ...	***♕b6***

Anteriormente, Mecking havia jogado 9...♕c7 10.e5 ♗b7 11.exd6 ♗xd6 12.♕e3 0-0= Shabalov – Mecking, ACP (blitz) 2004

10.0-0-0

Outra opção é rocar pequeno após 10.♖d1 0-0 11.0-0 ♘bd7 12.♕g3 ♘h5 13.♕h4 ♗xg5 14.♕xg5 ♘hf6 15.♖fe1 ♗b7 16.♖e3 ♘e5 17.♖g3 ♘g6= Shabalov – Nakamura, Miami (open) 2007; Se 10.0-0 0-0 (as pretas evitam *10...♕xd4 11.e5! dxe5 12.♕xa8 ♕b6 13.♖ad1*

0-0 14.♕f3 ♗b7 15.♕g3 ♕c6 16.f3±) 11.♖ad1 ♘bd7 e chega-se à mesma posição analisada com 10.♖d1; As brancas podem adiar o roque e jogar 10.♗e3 ♕b7

a)11.a3?! ♘bd7 12.0-0 *(12.♘de2 ♘c5∓* Hortensius - Traistaru, EUA 2008*)* 12...♘c5∓;

b) 11.♕g3 11...♘bd7 12.f3 *(12.♕xg7 ♖g8 13.♕h6 ♘c5∓)* 12...0-0= Δ ♘e5.

10. ...	***♘bd7***
11.♖he1	***0-0***
12.♕g3	***♘c5***

13.♗h6

As brancas deveriam continuar com 13.f4 ♗b7 14.♗h6 ♘e8 15.f5 e5 *(15...♔h8!?)* 16.f6 *(16.♘d5 ♗xd5 17.♗xd5 ♖c8=)* 16...♗xf6 17.♘f5 ♘xb3+ 18.axb3 ♖d8 *(18...♖c8=; 18...b4 19.♘d5 ♗xd5 20.♖xd5 ♖c8=)* 19.♘d5 (as brancas podem melhorar a variante com *19.♘e3!?∞* Δ ♘cd5*)* 19...♗xd5! 20.♖xd5 ♔h8 21.♗g5 ♗xg5+ 22.♕xg5 f6∓ Shabalov - Wojtkiewicz, Nova Iorque (rápido) 2004

13. ...	***♘e8***
14.f4	***♔h8***

Com a inversão de lances, agora as pretas conseguiriam uma

pequena vantagem com 14...♗d7! (14...♗b7 seria uma transposição para a posição analisada no diagrama) 15.e5 *(15.f5 b4 16.fxe6 fxe6∓* (Δ ♘xb3+) Bosiocic – Hulak, Croácia 2006*)* 15...dxe5 16.fxe5 a5! 17.♗e3 *(17.♘e4 ♘xe4 18.♖xe4 a4 19.♖g4 g6! 20.♗xf8 ♗xf8∓* Philippe – Alsina Leal, Donostia 4 Nations 2008*)* 17...b4 *(17...a4 18.♗d5 ♖c8 19.♗f3 b4 20.♘e4 b3∓)* 18.♘ce2 ♕c7 19.♔b1 a4 20.♗c4 ♖c8∓

15.♗g5 — ***♗xg5***
16.fxg5

As brancas ficariam um pouco inferiores após 16.♕xg5 ♗b7 17.e5 dxe5 18.fxe5 *(18.♕xe5 ♘c7∓)* 18...h6 19.♕e7 *(19.♕g4 ♘c7∓)* 19...♔g8 20.a3 ♖c8∓

16. ... — ***f6***

Debilitamento desnecessário da ala do rei. As pretas poderiam igualar a posição com 16...♗d7 17.♕h4 b4 18.♘ce2 ♘xb3+ *(18...♘c7=)* 19.axb3 e5 20.♘f5 ♗xf5 21.exf5 f6= Δ fxg5

17.gxf6 — ***gxf6***
18.♕h4 — ***♖a7***
19.g4 — ***♖g7***

As brancas conseguiram uma pequena vantagem para o meio-jogo, por exemplo: 19...♖af7 20.♔b1 ♘c7 21.♖f1⩲; 19...♗d7 20.♘ce2 ♘xb3+ 21.♘xb3⩲

20.h3

20.♔b1 ♗d7 *(20...♘c7 21.♖f1⩲)* 21.♘ce2⩲ Δ ♘g3

20. ... — ***♗d7***

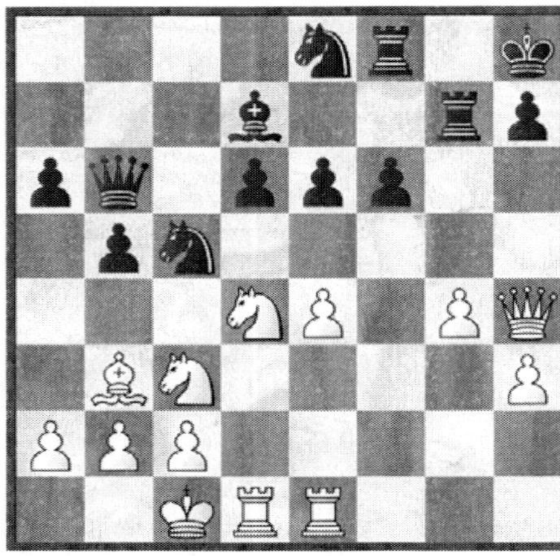

21.a3?!

Debilitamento desnecessário da ala da dama. As brancas poderiam manter uma pequena vantagem ao manobrar o cavalo com 21.♘ce2 a5 *(21...e5 22.♘f5 ♗xf5 23.exf5 ♘xb3+ 24.axb3 b4 25.♕h6±; 21...♘c7 22.♕h6 a5 23.♘f4 ♖ff7 24.a3 b4 25.axb4 ♘xb3+ 26.♘xb3 a4 27.♘d2 ♕xb4 28.♘d3±)* 22.♘f4 ♘c7 23.♕h6 ♕b8 *(23...a4?? 24.♘g6++−; 23...♖ff7 24.a3 a4 25.♗a2 b4 26.axb4 ♕xb4 27.♖e3±)* 24.♖g1 ♖fg8 *(24...a4 25.♘f5±; 24...♕d8 25.a3±)* 25.♕xf6 ♘xe4 26.♕h6 d5 27.♘h5±

21. ... a5!
22.♕h6

Agora, as pretas podem pressionar a ala da dama, por exemplo: 22.♗a2 b4∓; 22.♕g3 ♘c7∓

22. ... b4!
23.axb4 axb4

24.♘a2

As brancas estão claramente inferiores como demonstram os outros movimentos do cavalo: 24.♘a4 ♕a6 25.♘xc5 dxc5 26.♘f5 exf5 27.♖xd7 ♕a1+ 28.♔d2 ♕xb2∓ Δ fxg4; 24.♘ce2 e5! *(24...♘xe4?? 25.♘f4!+−*

a) 25.♗c4 d5! 26.♗xd5 exd4 27.♘f4 ♘e6∓;

b) 25.♘f5 ♘xb3+ 26.cxb3 ♗xf5 27.exf5 ♕c6+ 28.♔d2 *(28.♔b1 ♕e4+ 29.♔c1 ♔g8!-+)* 28...♕d5+ 29.♔e3 ♕xb3+ 30.♔f2 ♕xb2∓;

c) 25.♗d5 ♘c7 26.♘b3 ♘xd5 27.♘xc5 dxc5 28.exd5 *(28.♖xd5 ♗e6∓)* 28...♕a6∓

24. ... ***e5!***
25.♘f5

Oferecia maior resistência jogar 25.♘f3 ♘xb3+ 26.cxb3 ♗e6 27.♘d2 ♕a5 28.♔b1 ♖ff7∓

25. ...	***♗xf5***
26.exf5	

As pretas também teriam uma posição ganhadora após 26.gxf5 ♘xb3+ 27.cxb3 ♖fg8-+

26. ...	***♘xb3+***
27.cxb3	***♖ff7?***

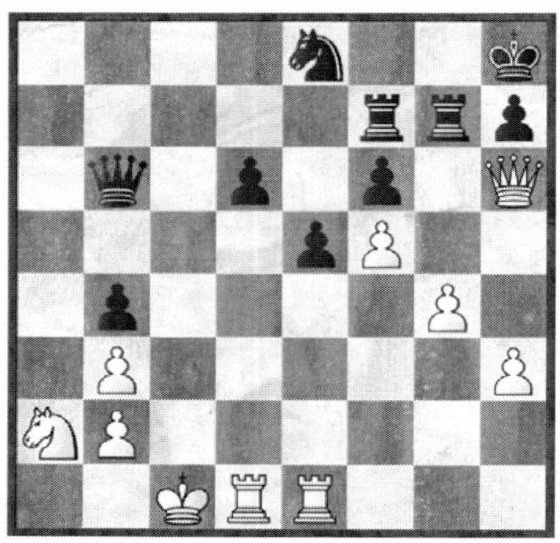

As pretas perderam um tempo importante para o ataque. A posição era ganhadora após 27...♕a5! 28.♔b1 ♘c7! 29.♘c1 *(29.♖e4 ♖a8-+* Δ d5*)* 29...♖a8-+ Δ ♘d5

28.♔b1?

As brancas perderam um tempo importante para defender a posição. Era necessário atacar diretamente o peão com 28.♕d2! ♖a7 *(28...♖b7 29.♔b1 ♖gd7 30.♖e4±)* 29.♕xb4 ♕xb4 *(29...♕d8 30.♔b1 d5=* Δ d4*)* 30.♘xb4 ♖gb7 31.♘d5 *(31.♘d3 ♖xb3=)* 31...♖xb3=

28. ...	***♖b7?***

As pretas poderiam retomar a vantagem com 28...♕a5!

a)29.♖e4 ♖a7!

a1) 30.♘xb4 ♕a1+ 31.♔c2 ♖ac7+ 32.♖c4 *(32.♔d2 ♕xb2+ 33.♔e1 ♕g2-+)* 32...♖xc4+ 33.bxc4 ♕a4+ 34.b3 ♕xb4-+

a2) 30.♘c1 d5! 31.♖e2 ♕a1+ 32.♔c2 ♖ac7+ 33.♔d2 ♕xb2+ 34.♔e1 ♕c3+ 35.♔f2 ♕c5+ 36.♔g2 d4-+;

b) 29.♘c1♖a7! 30.♔c2 *(30.♘d3 ♕a2+ 31.♔c2 ♖ac7+ 32.♔d2 ♕xb3∓)* 30...d5 31.♘d3 d4∓.

29.♖e4

As brancas poderiam jogar 29.♕d2 ♕a5 30.♖e4± chegando-se à mesma posição da partida após o lance 30 das brancas.

29. ...	***♕a5***

Se 29...♕c6 as brancas seguem com 30.♕e3 (melhor do que tomar o peão diretamente com *30.♖xb4 ♖xb4 31.♘xb4 ♕e4+ 32.♘c2 ♕f3=)* 30...♖gc7 31.♖c4±

30.♕d2±	***♖b5***
31.♖xb4	***♖a7***
32.♖a4	***♕b6***
33.♖xa7	***♕xa7***
34.b4	***♕b7***
35.♕e2	***♖b6***
36.♕c4	***♔g7***
37.♕d5	

As brancas poderiam conseguir vantagem de espaço na ala do rei com 37.h4± (Δ g5) a fim de pressionar a posição do rei preto.

37. ...	***♕xd5***
38.♖xd5	***h5!***

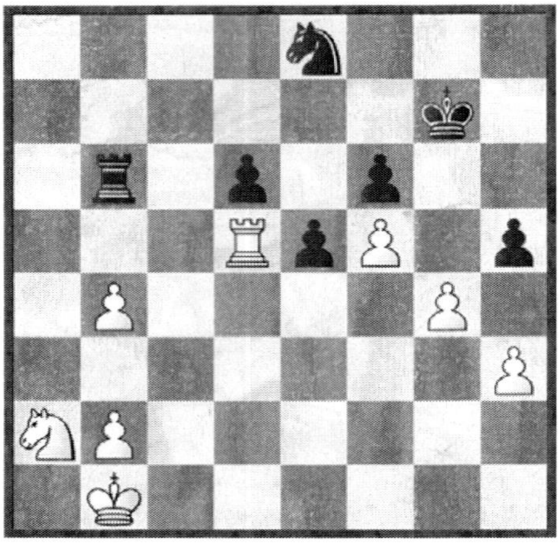

As pretas igualam o final, pois conseguem uma posição ativa para o rei.

39.♖a5	***hxg4***
40.hxg4	***♖b8***
41.b5	***♔h6***
42.♘c3	***♔g5***
43.♖a4	***♘c7***

As pretas poderiam jogar de maneira mais ativa com 43...d5! 44.♘xd5 ♖xb5 45.♘c3 *(45.♘e3 ♖b3 46.♘d5 ♖b5=)* 45...♖b8= Δ ♘d6

44.♖a7	***♘xb5***
45.♖g7+	***♔f4***
46.♘d5+	***♔f3***
47.♘xf6	***e4***
48.♖e7	***e3??***

Um grave erro. Era necessário jogar 48...♘a3+! 49.♔c1!? *(49.♔a2 ♘c4=; 49.♔a1 ♘c2+ 50.♔b1 ♘a3+ 51.♔c1!?* ver 49.♔c1!?*)* 49...♖c8+□ 50.♔d1 ♘c4□ 51.♖xe4 *(51.♘xe4 ♘xb2+ 52.♔e1 ♔xg4 53.f6 ♖f8 54.f7 ♘d3+ 55.♔d2 ♘e5 56.♘xd6 ♘xf7=)* 51...♘xb2+ 52.♔d2 ♘c4+ 53.♔c3 *(53.♔e1 ♘e3=; 53.♖xc4 ♖xc4 54.g5 ♖c5 55.g6 ♖xf5 56.g7 ♖g5 57.g8♕ ♖xg8 58.♘xg8=)* 53...♘e5+ 54.♔b4 *(54.♔d4 ♖c5=)* 54...♘d7 55.♘xd7 *(55.♖e8 ♖xe8 56.♘xe8 ♔xg4=)* 55...♔xe4 56.f6 ♔f4 57.f7 d5 *(57...♔xg4?? 58.♘f6+ ♔f5 59.♘e8+−)* 58.f8♕+ ♖xf8 59.♘xf8 ♔xg4=

49.g5?

Não havia necessidade do avanço do peão passado branco, pois o peão preto pode ser atacado pelo rei branco ativo após 49.♔c2! ♘d4+ *(49...d5 50.♔d3+−; 49...e2 50.♔d3+−)* 50.♔d3+−

49. ...	***♘d4***
50.♘d5	

50.♘d7 ♖b5 51.f6 ♖xg5 52.f7 ♖f5 53.f8♕ ♖xf8 54.♘xf8 e2 55.b4 ♘f5 56.♖xe2 ♔xe2 57.b5 d5 58.b6 ♘d6=

50. ...	***♘xf5***
51.♖e6	***♖b3***

51...e2 52.♘c3 ♘d4 53.♖f6+ ♔e3 54.♘xe2 ♔xe2 55.♖xd6=

52.♘c3	***♖b7***

52...d5 53.♔a2 *(53.♘xd5 e2 54.♘c3! ♖xc3 55.♖xe2!=)* 53...♖xc3 54.bxc3 e2 55.g6 ♔f2 56.♔b3 e1♕ 57.♖xe1 ♔xe1 58.♔b4 ♔d2 59.♔c5 ♘e7 60.g7 ♔xc3 61.g8♕ *(61.♔d6 ♘f5+ 62.♔xd5 ♘xg7=)* 61...♘xg8 62.♔xd5=

53.♔c1

As brancas poderiam manter a igualdade com 53.g6!=

53. ...	***♖e7***

As pretas poderiam pressionar com 53...♖h7!⇄ Δ ♖h1+

54.♖f6	***♔g4***
55.g6	***♔g5***

55...e2 56.♘xe2 ♖xe2 57.g7 ♘xg7 58.♖g6+ ♔f5 59.♖xg7=

56.♖f7	***♔xg6***
57.♖xe7	***♘xe7***
58.♔c2	***♔f5***
59.♔d3	***♔f4***
60.b4	***♔f3***

61.b5??

As brancas poderiam empatar o final com 61.♘e2 ♘d5 62.♘d4+ ♔f2 63.b5 ♘b6 64.♘e2=

61. ...	***♘d5!-+***
62.♘b1	***♔f2***
63.♘a3	***e2***
64.♘c2	***♘b4+***

0-1

Izquierdo, Daniel – Mecking, Henrique [E48]

Ayamonte (Ibero-Americano), 2006

1.d4	***♘f6***
2.c4	***e6***
3.♘c3	***♗b4***
4.e3	***0-0***

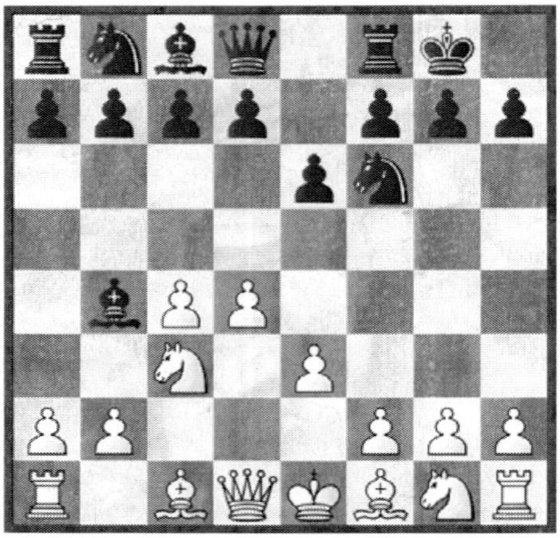

5.♗d3

No ano anterior, Mecking havia enfrentado a variante 5.a3 ♗xc3+ 6.bxc3 c5 7.♗d3 d5 8.cxd5 exd5 9.♘e2 b6 10.0-0 ♗a6 11.♗xa6 ♘xa6 12.♕d3 ♘c7= M. V. Santos – Mecking, Botucatu (Jogos Abertos) 2005

5. ...	***c5***

As pretas pressionam o centro e conseguem a igualdade após 5...d5 6.a3 *(6.♘f3)* 6...♗xc3+ 7.bxc3 dxc4 8.♗xc4 c5 9.♘e2 ♘c6 10.0-0 e5 11.♗b2 ♗e6 12.♗xe6 fxe6 13.a4 ♖f7= Mecking – Tsuboi, Memorial Antonio Rocha 2011

6.♘ge2	***d5***

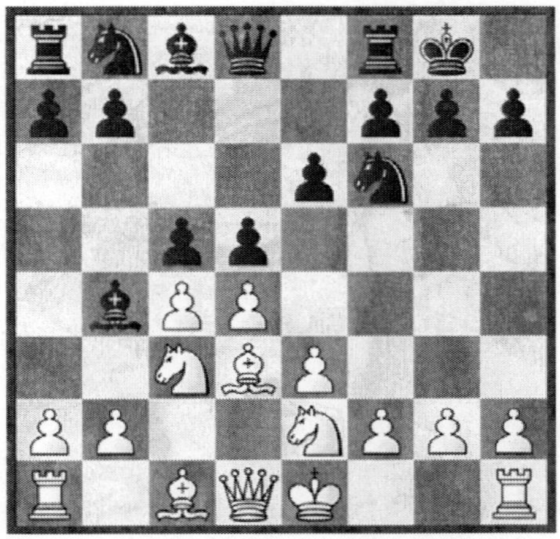

7.a3

Posição teórica da Nimzo–India, variante Rubinstein, onde as outras opções das brancas são trocar peões no centro ou completar o desenvolvimento da ala do rei: 7.cxd5 ; 7.0-0

7. ... cxd4

As pretas podem trocar os peões centrais com 7...dxc4 8.♗xc4 ♗a5 (*as pretas podem liquidar a tensão central com 8...cxd4 9.axb4 dxc3 10.♘xc3 ♕c7=* Δ ♖d8) 9.0-0 *(9.dxc5 ♕xd1+ 10.♔xd1 ♘g4 11.♘e4 f5 12.f3±)* 9...♕e7 *(9...cxd4=)* 10.d5 *(10.dxc5 ♕xc5 11.♗d3 ♕e7 12.b4±* Δ ♗b2*)* 10...♗xc3 *(10...exd5 11.♘xd5 ♘xd5 12.♗xd5 ♘d7=)* 11.♘xc3 exd5 12.♘xd5 *(12.♗xd5 ♖d8 13.e4±)* 12...♘xd5 13.♗xd5 ♗e6 14.♗xe6 *(14.e4 ♖d8 15.♗e3 ♗xd5 16.exd5 ♕d6 17.♕g4 ♘d7 18.♖ad1 ♘b6=)* 14...♕xe6= Ravi – Suba, Kuala Lumpur 1992

8.exd4

8.axb4 dxc3 9.♘xc3 ♘c6 10.b5 ♘b4 *(10...♘e5!?)* 11.0-0 ♘xd3 12.♕xd3 b6 *(12...♕c7!?)* 13.cxd5 *(13.♖d1±)* 13...♘xd5 14.♘xd5 *(14.♖d1 ♗b7=)* 14...♕xd5 15.♕xd5 exd5 16.♖d1 ♗e6= Hubner – Polugaevsky, Tilburg 1985

8. ... ♗xc3+

As pretas conseguem desenvolver a ala da dama após 8...dxc4 9.♗xc4 *(9.♗xh7+ ♘xh7 10.axb4 ♘c6=)* 9...♗e7 10.0-0 ♘c6 11.♕d3 b6 12.♖d1 *(12.♗e3 ♗b7=* Hort – Miles, Surakarta/Denpasar 1982*)* 12...♗b7= Letelier – F. Carvalho, Mar del Plata 1953

9.bxc3

As brancas ficariam com o peão central isolado após 9.♘xc3 dxc4 10.♗xc4 ♘c6 11.♗e3 ♗d7 12.0-0 ♖c8= Δ ♘e7

9. ... ***b6***
10.cxd5

10.♗g5 ♗a6 11.cxd5 exd5 12.0-0 h6 13.♗h4 ♖e8=

10. ... ***exd5***

Outra opção seria manter a grande diagonal aberta com 10...♕xd5 11.0-0 ♗a6=

11.0-0 ***♗a6***
12.♗c2

12.♖e1 ♗xd3 13.♕xd3 ♖e8 14.♗g5 ♘bd7=

12. ... ***♘bd7***

12...♖e8 13.♖e1 ♘c6=

13.♖e1 ***♕c7***

13...♖e8 14.f3 ♕c7 15.♗d2 ♘h5 16.♘c1 ♘f4 17.g3 ♘e6 18.♘d3 ♖ac8=

14.♗f4

14. ... ***♕c6***

Se as pretas jogassem 14...♗xe2 as brancas jogariam com par de bispos contra par de cavalos após 15.♕d2! (as brancas perderiam um peão após a troca de damas se jogassem *15.♗xc7?! ♗xd1 16.♖axd1 ♖fc8 17.♗d6 ♖xc3∓)* 15...♕c4 *(15...♕c6 16.♖xe2 ♘e4 17.♕e1± Δ* f3*)* 16.♖xe2 ♘e4 *(16...♖fc8 17.♖e3 ♘e4 18.♕e1⩲)* 17.♕e1⩲

15.♖c1

As brancas poderiam manobrar o cavalo para ativá-lo após 15.f3 ♘h5 16.♗d2 ♗c4 17.♘c1 ♖fe8 18.♘d3⩲

15. ... ***♖fe8***
16.♘g3 ***♖xe1+***
17.♕xe1 ***♖e8***
18.♕d1 ***♕e6***

As pretas controlariam a casa f5 com 18...g6=

19.h3

As brancas poderiam manobrar o cavalo com 19.♘f5 g6 20.♘e3 ♕c6=

19. ... ***g6***
20.♗d3 ***♗xd3***
21.♕xd3 ***a5***
22.c4 ***dxc4***

22...♖c8 23.cxd5 ♖xc1+ 24.♗xc1 ♕e1+ *(24...♘xd5=)* 25.♕f1 ♕xf1+ 26.♔xf1 ♘xd5 27.♔e2 b5 28.♘e4 ♘7b6 29.♘d6 b4 30.axb4 ♘xb4 31.♗a3 ♘4d5 32.g3 f5 33.♔d3 a4= com jogo ativo de peças, as brancas conseguem empatar o final.

23.♕xc4

Era melhor manter as damas no meio-jogo e tomar o peão com 23.♖xc4 b5 *(23...♘d5=)* 24.♖c1 b4=

23. ... ***♕xc4***
24.♖xc4 ***♖e1+***
25.♔h2 ***h5***

As peças pretas estão mais ativas e podem criar um peão passado distante com 25...♘d5 26.♗d2 ♖d1 27.♖c2 f5 28.♘e2 ♘7f6 29.f3 ♔f7∓

26.f3

26. ... ***♔g7***

Era melhor ganhar espaço na ala do rei e restringir a ação das peças brancas com 26...h4! 27.♖c8+ *(27.♘h1 ♘d5∓)* 27...♔h7 28.♘h1 ♖d1∓

27.♖c1?

As brancas poderiam jogar de maneira ativa e controlar a sétima fila com 27.♖c7! ♘d5 *(27...h4 28.♘e4 ♘d5 29.♖xd7 ♘xf4 30.♘g5=)* 28.♖xd7 ♘xf4 29.♘e4 ♖e2 30.♔g3 ♘xg2 31.♘g5=

27. ... ***♖xc1***
28.♗xc1 ***♘d5***

As pretas poderiam criar um peão passado distante, no final de peças menores, após 28...b5 29.♔g1 ♘d5 30.♔f2 *(30.♘e4 f5∓ Δ b4)* 30...f5 31.♔e2 ♘7b6 32.♔d3 b4∓

29.♔g1

29.♘e4 b5 30.♔g3 a4 31.♔f2 f5 32.♘d6 b4 33.axb4 ♘xb4 34.♔e2 ♘b6 35.g4 ♔f6∓ Δ ♔e6

29. ... ***♔f6***

29...b5 30.♔f2 f5 31.♔e2 ♘7b6 32.♔d3 b4∓

30.♔f2 ***♔e6***

Se agora 30...b5 as brancas podem trazer o rei rapidamente para o centro com 31.♔e2 ♔e6 32.♔d3 f5 33.♘e2 ♘7b6∓

31.♔e2 ***♔d6***

O rei branco está ativo no final e mais próximo do centro, mas as pretas ainda poderiam jogar 31...b5 32.♔d3 f5 *(32...♘7b6∓)* 33.♘e2 ♘7b6∓

32.♔d3

32.♘e4+ ♔c6 33.♔d3 b5∓

32. ... ***♔c6***

33.♔c4?

As brancas perdem um tempo que permite o ataque ao rei. Não há como impedir o avanço do peão com 33.♗d2?! b5! 34.♗xa5 *(34.♘e2 b4∓)* 34...♘f4+ 35.♔e4 ♘xg2∓; Era melhor ativar o cavalo com 33.♘e4 b5⩱

33. ... ***b5+!***
34.♔d3

34.♔b3 a4+ 35.♔a2 ♘7b6 36.♘e2 b4 37.axb4 ♘xb4+ 38.♔b1 *(38.♔a3 ♘c2+ 39.♔b2 ♘e1-+)* 38...♔b5 39.♗a3 ♔c4-+

34. ... ***b4***
35.axb4 ***♘xb4+!***

As pretas criam um peão passado de torre.

36.♔c4 ***♘b6+***
37.♔b3 ***♔b5***

O rei ativo apoia o avanço do peão passado.

38.♘e4 ***a4+***
39.♔c3 ***♘a2+***
40.♔b2 ***♘xc1***

41.♔xc1	***♔c4***
42.♘d6+	***♔b3***
43.♘xf7	***a3***
44.♔b1	***♘d5***
45.♘e5	***a2+***

0-1

Narciso, Marc – Mecking, Henrique [B56]

Ayamonte (Ibero–Americano), 2006

1.e4	***c5***
2.♘c3	***♘c6***
3.♘ge2	***d6***
4.d4	***cxd4***
5.♘xd4	***e6***
6.♗e3	***♘f6***
7.♕d2	***♗e7***
8.f3	***0-0***
9.g4	***d5***
10.g5	

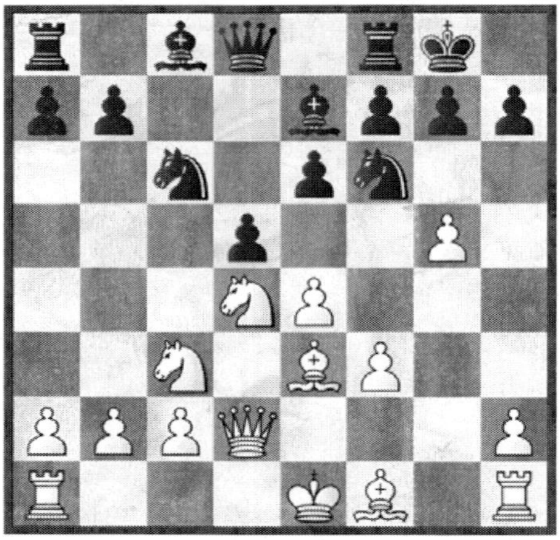

10. ...	***♘e8***

Lance inusual das pretas. Normalmente o cavalo é movida para h5 com ou sem a troca dos cavalos em d4, por exemplo: 10...♘xd4 11.♕xd4 ♘h5 12.0-0-0 *(12.♖g1 dxe4 13.♕xe4 g6 14.♗d3 ♕c7 15.0-0-0 ♗d7=* Wang Hao – Timofeev, Taiyuan (China) 2006*)* 12...♗xg5 13.exd5 *(13.♖g1 ♗xe3+ 14.♕xe3 ♕f6 15.exd5 ♕f4 16.♕xf4 ♘xf4 17.♗c4 exd5 18.♘xd5 ♗e6=)* 13...exd5 14.♘xd5 *(14.♖g1 ♗xe3+ 15.♕xe3 ♘f6=* Motylev – Kharlov, Dubai (open) 2002*)* 14...♗e6 15.♕e5 *(15.♗c4 ♗xd5 16.♗xd5 ♗xe3+ 17.♕xe3 ♕c7=)* 15...♗xe3+ 16.♘xe3 ♕b6 17.♖d6 ♕b4 18.a3 ♕f4 *(18...♕e1+ 19.♖d1 ♕f2 20.♗d3±)* 19.♕xf4 ♘xf4 20.♖d4 ♘h5 21.♗c4 ♖ac8 22.♖hd1 ♘f6=

11.♖g1 ***♘c7***
12.0-0-0 ***♗d7***
13.exd5

13. ... ***♘xd5?!***

Era necessário jogar 13...exd5 14.f4 ♖e8 15.♗g2 ♗g4 16.♖de1 ♕d7 17.♔b1±

14.♘xd5

As brancas ganhariam um peão com 14.♘xe6! ♗xe6 *(14...fxe6 15.♘xd5±)* 15.♘xd5±

14. ... ***exd5***
15.♔b1

As brancas deveriam avançar os peões na ala do rei com 15.h4 ♖e8 16.h5 ♗c5 *(16...♘e5 17.g6±; 16...♗b4 17.c3 ♗c5 18.g6±)* 17.♘xc6 ♗xe3 18.♘xd8 ♗xd2+ 19.♖xd2 *(19.♔xd2 ♖axd8 20.♗d3±)* 19...♖e1+ 20.♖d1 ♖xd1+ 21.♔xd1 ♖xd8 22.♗d3±

15. ... ***♖c8***

As pretas poderiam defender melhor a posição com 15...♖e8 16.h4 *(16.a3 ♗c5 17.♘xc6 ♗xe3 18.♘xd8 ♗xd2 19.♘xb7 ♗e3 20.♖g2*

♖ab8 21.♘a5 ♗h3 22.♖g3 ♗xf1 23.♖xf1 ♗b6 24.♘c6 ♖bc8 25.♘b4 ♖e2=; 16.♗f2!?) 16...♗b4 17.c3 ♗c5 *(17...♕e7 18.♘c2 ♗c5 19.♗xc5 ♕xc5 20.♗d3 ♘e5 21.♘d4±)* 18.♘xc6 ♗xe3 19.♘xd8 ♗xd2 20.♘xb7 *(20.♖xd2 ♖e1+ 21.♔c2 ♗f5+ 22.♔b3 ♖xd8 23.♖h1 d4=)* 20...♗f5+ 21.♔a1 ♗c2 22.♗b5 ♗xd1 23.♗xe8 ♗xf3=

16.h4 ***♖e8***

As brancas ampliariam a vantagem de espaço e poderiam pressionar a ala do rei adversária após 16...♘e5 17.h5±

17.♘xc6 ***bxc6***
18.♗d3!?

As brancas também poderiam manter a vantagem com 18.h5±

18. ... ***c5?***

Um erro que permite um golpe tático ganhador, as pretas poderiam jogar 18...♕c7 19.h5±; 18...g6 19.h5±; 18...♗d6 19.h5±

19.♗xh7+!+

19. ... ***♔xh7***
20.♕xd5 ***♗d6***

20...♗e6 21.♕e4+ ♔g8 22.♖xd8 ♖cxd8 23.g6+−

21.♕xd6 ♖xe3
22.g6+ ♔h8
23.gxf7 ♕f8
24.♕xd7 ♖e7
25.♖g5 ♖xf7
26.♖h5+ ♔g8
27.♕d5

27.♕d3 ♖xf3 28.♕h7+ ♔f7 29.♖hd5+−

27. ... ♕e7
28.♕d3 ♕e6
29.♕h7+ ♔f8
30.♖xc5 ♖e8

Não era possível tomar a torre com 30...♖xc5?? por causa do xeque−mate após 31.♕h8+ ♔e7 32.♕d8#

31.♕h8+ ♔e7
32.♕h5 ♔f8
33.b3 ♔g8
34.♖cd5 ♖ef8
35.♖d8 ♕f6
36.♕d5 ♔h7
37.♕e4+ ♔g8
38.♖xf8+ ♖xf8
39.♖d7

1-0

Vera, Reynaldo – Mecking, Henrique [E37]

Ayamonte (Ibero–Americano), 2006

1.d4 ***♘f6***
2.c4 ***e6***
3.♘c3 ***♗b4***
4.♕c2 ***d5***
5.a3 ***♗xc3+***
6.♕xc3 ***♘e4***
7.♕c2

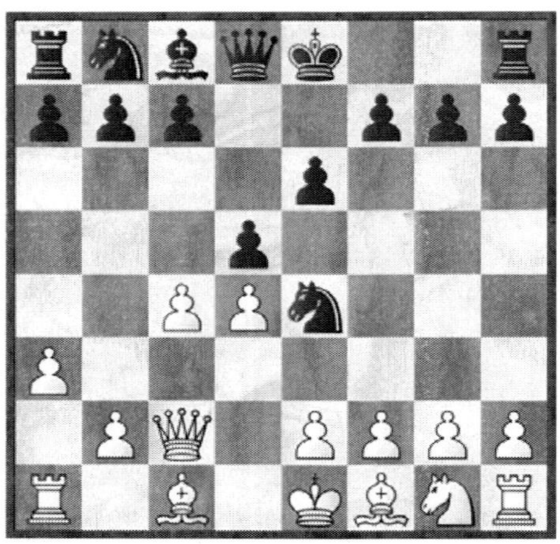

7. ... ***♘c6***

Normalmente, as pretas jogam para conseguir vantagem de desenvolvimento com 7...c5 8.dxc5 ♘c6 9.cxd5 exd5 10.♘f3 ♗f5 11.b4 0-0 12.♗b2 ♖e8 13.♖d1 b6 14.e3 *(14.♕a4!?)* 14...bxc5 15.♗b5 ♖e6 16.0-0 ♗g4 17.♖fe1

a) 17...♗xf3 18.gxf3 ♘g5 19.♕f5?! *(19.♔g2±)* 19...♘e7 *(19...♘e5∓)* 20.♕g4 ♖g6∓ (Δ f5) Lautier – Zhang Zhong, Taiyuan (China) 2004;

b) 17...♖c8 18.bxc5 ♗xf3 *(18...♘a5=)* 19.gxf3 ♖g6+ 20.♔f1 ♘g5 21.♗xc6 *(21.♔e2±)* 21...♖gxc6 22.♕f5 ♖xc5 23.♖e2 ♘e6 1/2 – 1/2 Zakhartson – Loginov, São Petersburgo 2002.

8.e3	***e5***
9.cxd5	

No ano seguinte, as brancas melhoraram a variante com 9.f3! ♘f6 *(9...♕h4+ 10.g3 ♘xg3 11.♕f2 ♘f5 12.cxd5 ♘a5 13.dxe5 ♘b3 14.♖b1⩲)* 10.dxe5 ♘xe5 11.cxd5 ♕xd5 12.e4! ♕e6 13.♘e2 c5 *(13...0-0 14.♘f4 ♕e7 15.♗e3 ♖d8 16.♗e2±)* 14.♘f4 ♕e7 15.♗e3 b6 16.♗e2 0-0 17.0-0 ♗b7 18.♖ad1± Khalifman – Kuzubov, Moscou 2007

9. ...	***♕xd5***

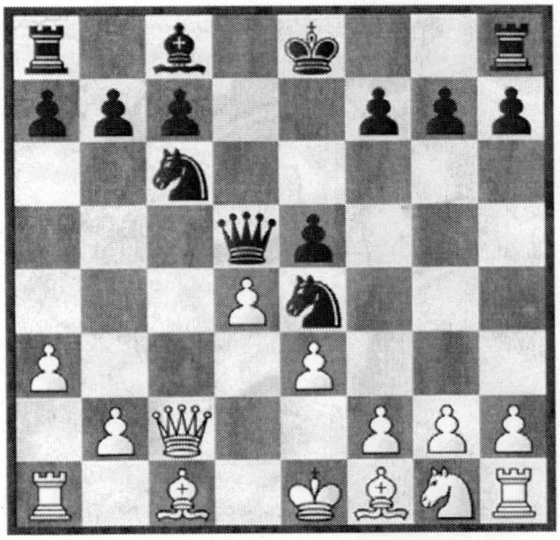

10.♗c4?!

As brancas poderiam continuar o desenvolvimento normal e entrar no meio-jogo sem damas após 10.♘f3 ♗f5! *(*uma melhora em relação a *10...♕a5+ 11.♘d2!± ♘d6 12.b4 ♘xb4 13.♕c3 ♘c6 14.♕xa5 ♘xa5 15.dxe5 ♘f5 16.♗b2 ♗e6?!* (16...0-0) *17.e4! ♘e7 18.♗c3! ♘ec6 19.f4 g6 20.♗e2 0-0-0 21.♔f2±* (Δ ♔e3) Vladimirov – Yudasin, Tilburg 1994*)* 11.♗c4 ♕a5+ 12.♗d2 ♘xd2 13.♕xd2 ♕xd2+ 14.♔xd2 exd4 15.exd4 *(15.♘xd4 ♘xd4 16.exd4 0-0-0 17.♔c3 f6=)* 15...0-0-0 16.♔c3 f6=

10. ...	***♕a5+***
11.b4	***♘xb4!***
12.♕xe4	***♘c2+***
13.♔e2	***♕e1+***

14.♔f3 ♘xa1
15.♗b2 0-0
16.♔g3 h6!

Se 16...♔h8? seguiria 17.dxe5!! ♗e6 18.♘f3 ♕xh1 19.♘g5 g6 20.♘xf7+!! ♖xf7 21.♗xe6 ♖g7 22.♗f7!+− (Δ e6) Atalik − Sax, Szeged 1997

17.h4 ♖e8!
18.♔h2 ♕xf2
19.♗xa1 ♗f5!
20.♕xb7

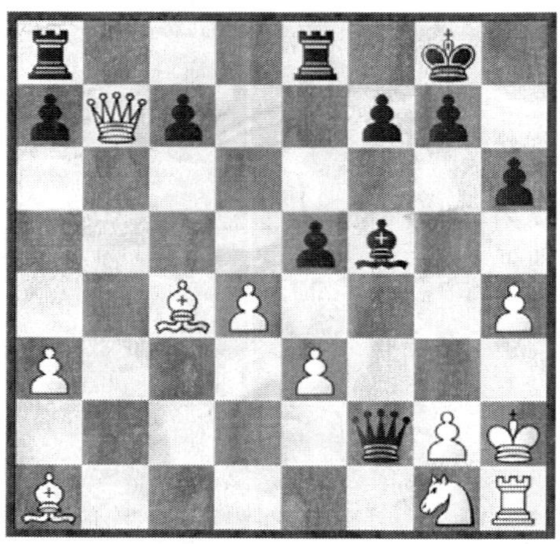

20. ... exd4

As pretas poderiam jogar de maneira mais ativa com a torre a fim de conseguir um final favorável após 20...♖ab8! 21.♕f3□ ♕c2! 22.♘h3 *(22.dxe5 ♖b1 23.♗c3 ♕xc3 24.♗xf7+ ♔f8! 25.♗xe8 ♕xe5+ 26.♕f4 ♕xf4+ 27.exf4 ♔xe8 28.♘f3 ♖xh1+ 29.♔xh1 c5∓)* 22...exd4 23.exd4 *(23.♗xd4 c5!∓)* 23...♕xc4 24.♕xf5 ♖b3 25.♘f4 *(25.♖f1 ♕e6∓)* 25...♖xa3∓

21.♘f3! ♗e4□
22.♕xc7! ♗xf3□
23.♕xf7+ ♔h8
24.♕xf3 ♕xh4+
25.♔g1

O final está empatado após a troca de damas com 25.♕h3 ♕xh3+ 26.gxh3 ♖ac8 27.♗d3 dxe3=

25. ...	***♕e1+***
26.♗f1	***♕xa1***
27.♖xh6+!	***gxh6***
28.♕f6+	

A presente partida seguiu exatamente todos os lances da partida Kasparov – Adams, Cesme 2004.

½-½

Vaganian, Rafael – Mecking, Henrique [D78]

King's Tournament Bazna, 2007

1.d4 ♘f6
2.♘f3 g6
3.c4 ♗g7
4.g3 c6
5.♘c3 d5
6.♕b3 0-0
7.♗g2 ♕b6
8.0-0 dxc4
9.♕xc4

9. ... ♘a6

Um antecedente histórico nesta posição é 9...♗e6 10.♕d3 *(10.♕a4 ♖d8 11.h3 ♘a6 12.e4 ♘c7 13.♕c2 ♕a6 14.♖d1±)* 10...♘a6 11.e4 ♖ad8 12.h3 ♘b4 13.♕e2 ♕a6 14.♕xa6 ♘xa6 15.♗e3± (Δ ♖fd1) Rubinstein – Grunfeld, Maehrisch Ostran 1923

10.e4 ♗g4

As pretas podem também atacar a dama com 10...♗e6 11.♕e2 ♕a5 *(11...♖fd8 12.♖d1±)* 12.h3 ♘c7 *(12...b5?! 13.♘e5±* Kytoniemi – Kornev, Copa Europeia (equipes) 2007*; 12...♖fd8 13.♗e3±)* 13.♗e3±

11.h3 ***♝xf3***

As pretas poderiam permanecer com o par de bispos e jogar 11...♗e6 12.♕e2 ♘c7 13.♗e3±

12.♗xf3±

12. ... ***♛b4***

As brancas conseguem uma pequena vantagem na abertura, se agora 12...e5 segue 13.d5 cxd5 *(13...♕b4 14.♕e2 cxd5 15.exd5 ♘c5 16.♗e3±)* 14.exd5 ♕d6 *(14...♘e8 15.♗e3 ♘d6 16.♕a4±)* 15.♖d1 ♖fc8 16.♕e2 ♘c5 17.♗e3± Δ ♖ac1

13.♗e2 ***♛xc4***
14.♗xc4 ***♞c7***

14...b5 15.♗d3 ♖fd8 16.e5 ♘d7 17.♗e4 ♖ac8 18.a3±

15.♗f4

15.♗e3 ♖fd8 16.♖fd1±

15. ... ***♜ac8***

15...♘e6 16.♗e3 ♖fd8 17.♖fd1±

16.♗b3

16.♖fd1 b5 17.♗d3 ♘e6 18.♗e3 ♖fd8 19.e5 ♘d7 20.♖ac1 ♘b6 21.♗e2±

16. ...	***♖fd8***
17.♖fd1	

17.♗e3 ♘b5 18.♘xb5 cxb5 19.e5 ♘d5 20.♖ac1 ♘xe3 21.fxe3 e6 22.♔g2± Δ ♔f3−e4

17. ...	***♖d7***

17...♘b5 18.♘xb5 cxb5 19.e5 ♘d5 20.♗d2± Δ ♖ac1

18.♖ac1	***♖dd8***

Era melhor dobrar as torres na coluna com 18...♖cd8 19.♗e3 a6 20.a4±

19.♔g2	***e6***
20.g4	***h6***
21.♗e3	***a6***

Se 21...♗f8 as brancas rompem o centro com 22.d5! exd5 23.exd5 ♘cxd5 24.♘xd5 ♘xd5 25.♗xd5 cxd5 26.♖xd5!±

22.f4

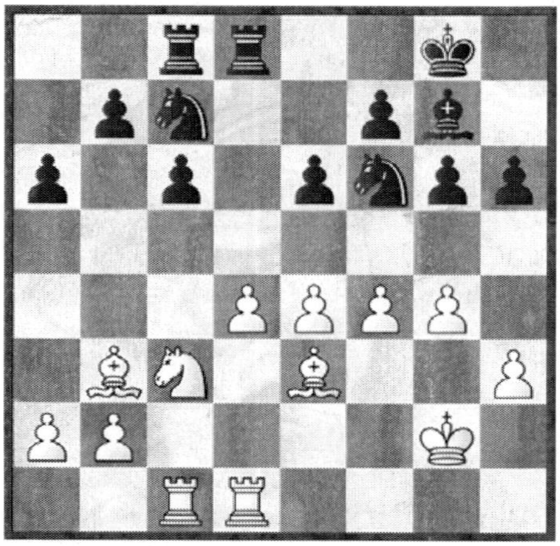

22. ... ♘b5
23.♔f3 ♘xc3
24.bxc3 b5

Se 24...♗f8 as brancas ampliam a vantagem de espaço no centro com 25.c4 ♗a3 26.♖c3 ♗b4 27.♖cd3 b5 28.f5± Δ e5

25.c4 a5

Era melhor defender a posição com 25...♗f8 26.f5 gxf5 27.gxf5 exf5 28.♖g1+ ♔h8 29.exf5 bxc4 30.♗xc4 ♘d5 31.♗f2±

26.a4

As brancas poderiam aproveitar a vantagem de espaço no centro e conseguir uma posição ganhadora para ativar o par de bispos com 26.e5! ♘e8 *(26...♘d7 27.cxb5 cxb5 28.♖xc8 ♖xc8 29.d5! exd5 30.♖xd5 a4 31.♗d1+−)* 27.cxb5 cxb5 28.♖xc8 ♖xc8 29.d5! exd5 30.♖xd5 a4 31.♗d1+−

26. ... bxc4

26...b4 27.e5 ♘d7 28.d5±; 26...♖b8 27.cxb5 cxb5 28.♖c5±

27.♖xc4 ♘d7
28.♖dc1 ♖b8
29.♗d1

As brancas ficariam com as peças ativas e permaneceriam com o par de bispos após 29.♗c2 ♘b6 30.♖xc6 ♗xd4 31.♗d2 ♖a8 *(31...♖bc8 32.♗d1±)* 32.♖d1±

29. ... ♘b6
30.♖xc6 ♗xd4
31.h4 ♗xe3
32.♔xe3 ♖d7
33.g5 hxg5
34.hxg5 ♔f8

34...♔g7 35.♗c2± Δ ♖d1

35.♖c7

35. ... ***♔e7***

As pretas poderiam defender melhor a posição com 35...♖dd8! 36.♖7c5 *(36.♖a7 ♔g8!=)* 36...♔g7 37.♖b5 *(37.♖xa5?? ♖xd1!-+)* 37...♖d6 38.♗e2 ♖a8 39.e5 ♘d5+ 40.♖xd5 ♖xd5 41.♗f3 ♖b8 42.♗xd5 exd5 43.♖d1±

36.♖1c5 ***♖a8***

Era melhor simplificar com 36...♖xc7 37.♖xc7+ ♔f8 38.♖c5 ♖a8 39.♗c2± final que favorece às brancas, pois torre e bispo coordenam melhor do que torre e cavalo.

37.♗e2!

O bispo ativo mostra-se decisivo no final.

37. ... ***♖a7***

As pretas perderiam uma peça após 37...♘xa4?? 38.♖xd7+ ♔xd7 39.♗b5++−; 37...♔d8 38.♖xd7+ ♔xd7 *(38...♘xd7 39.♖c6+− Δ ♗b5)* 39.♗b5+ ♔d8 40.♖c6+−

38.♖xa7 ***♖xa7***
39.♗b5

39. ... ♘a8

39...♘d7 40.♗xd7 ♔xd7 41.♔d4 ♔d6 42.♖b5+−

40.♔d4 f6

40...♘b6 41.♔e5+−; 40...♘c7 41.♔e5+−

41.♖c8 ♘c7
42.♔c5 e5
43.♔b6 ♘xb5
44.axb5

44. ...	***♖d7***
45.♖c6	***fxg5***
46.fxg5	***a4***
47.♖c3	***♖d4***
48.♔a7	***♖xe4***
49.b6	***♖b4***
50.b7	***♔d6***
51.b8♕+	***♖xb8***
52.♔xb8	***e4***
53.♖a3	***♔e5***
54.♔c7	***♔f4***
55.♔d6	***e3***
56.♖xa4+	***♔xg5***
57.♔e5	

1-0

Khalifman, Alexander – Mecking, Henrique [D18]

King's Tournament Bazna, 2007

1.♘f3	*♘f6*
2.c4	*c6*
3.d4	*d5*
4.♘c3	*dxc4*
5.a4	*♗f5*
6.e3	*e6*
7.♗xc4	*♗b4*
8.0-0	*0-0*

9.♘h4	***♗g4***
10.f3	***♗h5***

Seria duvidoso o lance 10...♘d5?! por causa de 11.fxg4! ♕xh4 12.e4! *(*uma melhora em relação ao conhecido *12.♕f3±* Tukmakov – Kupreichik, URSS (ch) 1981*)* 12...♘xc3 *(12...♗d6 13.h3±; 12...♘b6 13.♗e2±)* 13.bxc3 ♗xc3 14.♖a3! ♗b4 *(14...♗a5 15.♖b3!±)* 15.♖h3! ♕e7 16.g5±

11.g4	***♘d5***

11...♗g6 12.e4 ♘bd7 13.g5 ♘e8 14.♘xg6 hxg6 15.♗e3 ♘d6 16.♗e2± Polugaevsky – Torre, Biel 1989

12.♘g2 ***♗g6***
13.♘a2

13.♗d2 a5= Borisenko – Bagirov, URSS 1967; 13.♕b3 a5= Olafsson – Mednis, Reykjavik 1982

13. ... ***♗d6***

13...♗a5 14.e4± Roelvaag – Nielsen, Politiken Cup 2007; 13...a5 14.e4± Jonsson – Sigurdsson, Politiken Cup 2007; 13...♗e7 14.e4 ♘b6 15.♗b3 c5!? 16.a5 ♘6d7 17.d5 exd5 (era melhor aceitar o peão com *17...♕xa5∞*) 18.♗xd5± Miniboéck –Wadsack, Oberwart (open) 2002

14.e4 ***♘b6***
15.♗b3

15. ... ***e5***

Era melhor abrir o centro e trocar o bispo após 15...c5!? 16.a5 ♘c8 *(16...♘6d7 17.d5±)* 17.d5 (ou então sacrificá-lo por três peões após *17.h4 cxd4 18.h5 ♗xh5 19.gxh5 ♕xa5 20.f4 ♘c6=/∞)* 17...♕xa5 18.dxe6 ♕c7 19.exf7+ ♗xf7 (uma melhora em relação a *19...♔h8* [Gonzalez Garcia – Mestre Bellido, Sitges (open) 2009] *20.f4!±)* 20.♗xf7+ ♕xf7 21.♘c3 ♘c6 22.f4 ♖d8 23.♕d5 *(23.♕e1 ♘d4=; 23.♘e3 ♘b6=)* 23...♘b6 24.♕xf7+ ♔xf7= Δ ♘d4

16.dxe5

As brancas conseguiriam vantagem de espaço na ala da dama com 16.a5 ♘6d7 17.dxe5 ♗c5+ 18.♔h1 ♘xe5 *(18...♕xa5 19.e6±)* 19.f4 ♕xd1 20.♗xd1 ♘d3 21.f5 ♘f2+ 22.♖xf2 ♗xf2 23.♘b4 ♖e8 *(23...♖d8 24.♗c2 ♗xf5 25.gxf5±)* 24.♘d3 ♗d4 25.♖a4 c5 26.fxg6 hxg6 27.♗b3 ♘d7 28.♗d5±

16. ...	***♗xe5***
17.a5	***♘c8***

17...♗d4+ 18.♔h1 ♘c8 19.♘b4±

18.♕xd8	***♖xd8***
19.♗g5	

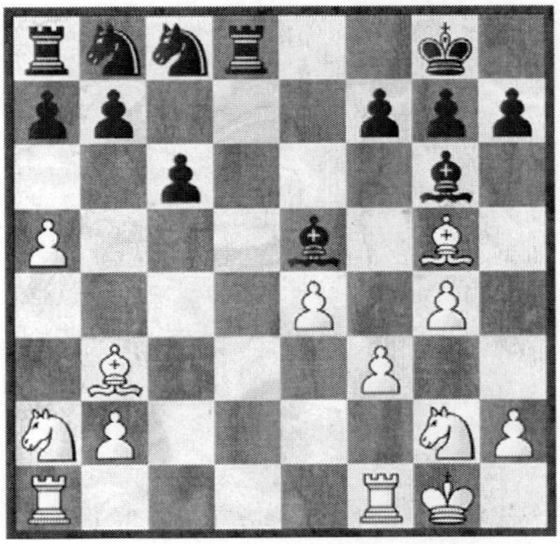

19. ...	***♖e8?!***

Era melhor manter o bispo numa posição mais ativa e a torre na coluna aberta com 19...♗d4+ 20.♔h1 ♖d7 21.♘c3 h6 22.♗e3±

20.♘c3	***♘a6***

20...♘d7 21.♖fd1 ♘c5 22.♗a2 ♘e6 23.♗e3±

21.♗f4

21.♗e3 ♘d6 22.♖fd1 ♖ed8 23.h4 h6 24.♘f4±

21. ... ***♘c5***

21...♗d4+ 22.♗e3 ♗xe3+ 23.♘xe3 ♘c5 24.♗a2 ♖d8 (se *24...♘d6* ver posição da partida após 24...♘d6*)* 25.♖fd1 ♘e7 26.♗c4 h5 *(26...b5 27.axb6 axb6 28.♖xa8 ♖xa8 29.b4 ♘e6 30.♖d6±)* 27.h3 hxg4 28.hxg4±

22.♗a2 ***♗d4+***
23.♗e3 ***♗xe3+***
24.♘xe3

24. ... ***♘d6***

As brancas controlam a coluna aberta, por exemplo: 24...♖d8 25.♖fd1 ♘e7 *(25...♘d6 26.b4±)* 26.♗c4 h5 *(26...b5 27.axb6 axb6 28.♖xa8 ♖xa8 29.b4 ♘e6 30.♖d6±)* 27.h3 hxg4 28.hxg4±; 24...h5 25.h3 ♘e7 *(25...♘d6 26.♖fd1 ♖ad8 27.♖d4±)* 26.♗c4 ♖ed8 27.♖fd1 hxg4 28.hxg4±

25.♖fd1 ***♖ad8***
26.♖d2 ***♘c8***
27.♖ad1 ***♖xd2***
28.♖xd2 ***♔f8***

28...h5 29.h3 hxg4 30.hxg4 ♔f8 31.b4±

29.♗c4 ***b5***

29...♔e7 30.b4 ♘e6 31.h4±

30.axb6

30.♘xb5 cxb5 31.♗xb5 ♘b3 32.♖d1 ♘xa5 33.♗xe8 ♔xe8 34.b4 ♘c6 *(34...♘b7 35.♖c1±)* 35.b5±

30. ... ***axb6***

30...♘xb6 31.b4 ♘xc4 32.♘xc4 ♘a6 33.b5 ♘b4 *(33...cxb5 34.♘xb5±)* 34.b6 axb6 35.♘xb6±

31.b4 ***♘b7***
32.♗a6 ***♘cd6***
33.♘a4 ***♗xe4***

Era melhor evitar as simplificações e jogar 33...b5 34.♘b6! f6 35.g5! fxg5 *(35...♔f7 36.gxf6 gxf6 37.♔f2±)* 36.e5! ♔e7 *(36...♖xe5?? 37.♘d7+!+−)* 37.♗xb7 ♘xb7 38.♖d7+ ♔e6 39.♖xb7 ♖f8 40.♔g2±

34.♗xb7 ***♘xb7***
35.fxe4 ***♖xe4***
36.♖d7! ***b5***

36...♖xe3 37.♖xb7 b5 38.♘c5+−; 36...♘c5 37.bxc5 b5 38.♔f2+−; 36...♖xb4 37.♖xb7 ♖xa4 38.♖xb6+−

37.♖xb7 ***bxa4***
38.♔f2+−

38. ...	***g6***
39.h3	***♔g7***
40.♔f3	***♖d4***
41.♔e2	***♖f4***
42.♘c2!	***h5***
43.gxh5	***gxh5***
44.♖e7	***♖h4***
45.♖e3	***♔f6***
46.♔d3	***♖f4***
47.♔c3	***♖f1***
48.♔d4	***♖d1+***
49.♔e4	***♔g5***

49...♖c1 50.♖c3 ♔e7 51.♖xc6 a3 52.♔d3 ♖h1 53.♖a6 ♖xh3+ 54.♘e3 ♖h1 55.♖xa3+−

50.♘d4	***♖c1***
51.♔e5	***f6+***
52.♔d6	***♖d1***
53.♔c5	***♖c1+***
54.♔b6	***♔f4***
55.♖a3	***♔e4***
56.♘xc6	***f5***
57.♖xa4	***f4***
58.b5+	***♔e3***
59.♘e5	***♖c8***

60.♖a3+	*♔e2*
61.♘f3	*♔f2*
62.♘h4	

1-0

Mecking, Henrique – Timman, Jan [D97]

King's Tournament Bazna, 2007

1.d4	***♘f6***
2.c4	***g6***
3.♘c3	***d5***
4.♘f3	

Na DefesaGrunfeld (D90), Mecking jogou 4.cxd5 ♘xd5 5.♗d2 ♗g7 6.e4 ♘xc3 7.♗xc3 0-0 8.♘f3 ♗g4 9.♗e2 c5 10.d5 e6 11.0-0 exd5 12.exd5 ♘d7 13.h3 ♗xf3 14.♗xf3 ♘e5 15.g3 ♕d6 16.♗g2 b5 17.b3 ♖ac8 18.f4 ♘d7 19.♗xg7 ♔xg7 20.♖c1 ♖fe8= Mecking – Dominguez, Campinas (Panamericano) 2013

4. ...	***♗g7***
5.♕b3	***dxc4***
6.♕xc4	***0-0***
7.e4	***♘a6***
8.♗e2	***c5***
9.d5	***e6***
10.0-0	***exd5***
11.exd5	

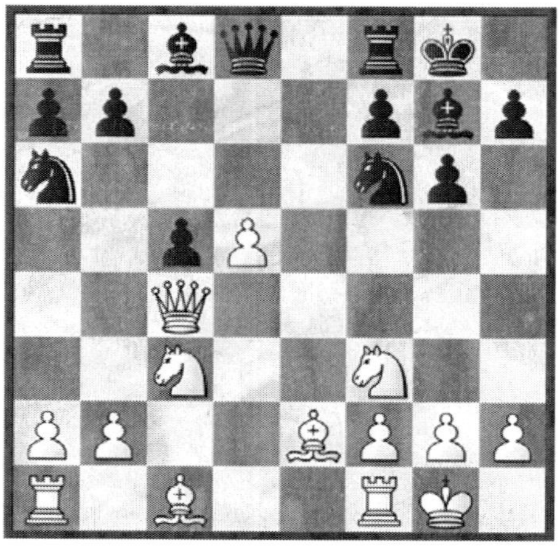

11. ...	***♗f5***

As pretas jogam a variante principal, as outras opções são consideradas inferiores: 11...b6 ; 11...♖e8; 11...♘b4

12.♖d1

As opções mais populares de desenvolvimento das brancas são: 12.♗f4 ; 12.♗e3 pois permitem jogar ♖ad1

12. ... ♖e8

12...♕b6 13.d6 ♖ad8 14.♘a4 ♕c6 15.♘e5 *(15.♗e3?! ♘e4∓* Anand – Kasparov, Frankfurt (rápido) 1999*)* 15...♕e4 *(15...♕e8!?* Δ ♘e4*)* 16.♕xe4 ♘xe4 17.♗xa6 ♗xe5 18.♗xb7 ♘xd6 19.♗f3 ♘c4 20.♗h6 ♘xb2 21.♖xd8 ♖xd8 22.♘xc5=

13.♗f4

13.d6 h6 14.♗f4 *(14.h3 ♘b4 15.♗f4 ♘d7 16.♖d2 a6 17.♕b3 b5 18.♕d1 c4=* Karpov – Kasparov, Sevilla (m/15) 1987*)* 14...♘d7 15.♖d2 ♘b4 16.♕b3 ♗e6 17.♗c4 ♘b6 18.♗xe6 ♖xe6 19.♘a4 ♘xa4 *(19...♖e4 20.♗g3±* Piket – Kasparov, Amsterdã 1995*)* 20.♕xa4 ♘c6= Reilly – Buyrne, Melbourne 1998

13. ... ♕b6

13...♘e4 14.♗d3 ♗xc3 15.bxc3 b5 16.♕xb5 ♘xc3 17.♕xa6 ♗xd3 18.♖xd3 ♘e2+ 19.♔h1 ♘xf4 20.♖d2 ♕d7= Granda Zuñiga – Macieja, Espanha 2007

14.♗d3

14.♗e5 ♕xb2 15.♖db1 ♗xb1 16.♖xb1 b5 17.♕xb5 ♕xb5 18.♗xb5 ♖xe5 19.♘xe5 ♘b4 20.d6 ♘e8 21.d7 ♘d6 22.♖e1 ♘c2 23.♖e2 ♘d4=

14. ... ♗xd3
15.♕xd3

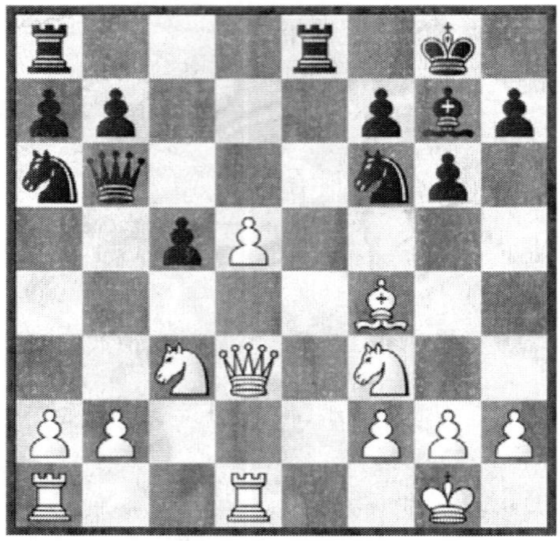

15. ... ♕xb2

Era melhor recusar o sacrifício de peão e continuar o desenvolvimento com 15...♖ac8 16.♖ab1 c4! 17.♕d4 ♕xd4 18.♘xd4 ♘b4 19.♘db5 ♖cd8 20.♘d6 *(20.♘xa7? ♘fxd5 21.♗g5 ♖d7∓)* 20...♖e7! 21.♘xc4 *(21.a3 ♘d3 22.♗g3 ♖ed7 23.♘xc4 ♘xd5! 24.♘b5! a6 25.♖xd3 axb5 26.♘e5 ♗xe5 27.♗xe5 f6=)* 21...♘bxd5! 22.♗g5 ♖ed7 23.♘e5 ♘xc3 24.♘xd7 ♘xd1 25.♘xf6+ ♔h8 *(25...♗xf6 26.♗xf6 ♖d6=)* 26.♘h5 ♖d5 27.♘xg7 ♖xg5 28.♖xd1 *(28.♘e8 ♖e5 29.♖xd1 ♖xe8 30.♔f1 ♖e7=)* 28...♔xg7 29.♖d7 ♖b5=

16.♖ab1 ♕a3

Era melhor trocar as damas e simplificar para defender a posição no final após 16...♘b4!? 17.♖xb2 ♘xd3 18.♖xd3 ♘e4 19.♘xe4 ♖xe4 20.♖xb7 ♖xf4 *(20...c4 21.♖a3 ♖xf4 22.♖bxa7±)* 21.g3±

17.♖xb7 c4

As brancas conseguem um peão de vantagem também após 17...♘h5 18.♗d2 ♖ab8 19.♖xa7 ♘b4 20.♖xa3 ♘xd3 21.g3±

18.♕xc4 ♖ec8
19.♖b3 ♖xc4
20.♖xa3 ♘b4

20...♖xf4 21.♖xa6 ♖c4 22.♘e2±

21.g3	***♘c2***
22.♖b3	***♘d7***
23.♘b5	***♘c5***

23...a6 24.♘d6 ♖b4 25.♘g5±

24.♖bb1	***a6***

25.♘c7

As brancas teriam um final ganhador também com 25.♘d6

a)se 25...♖c3 seguiria 26.♘g5! ♖f8 *(26...f6 27.♘e6+−)* 27.♖b6+−;

b) 25...♖a4 26.♖bc1 ♖xa2 27.♖d2 ♘b3 28.♖dxc2 ♘xc1 29.♖xc1 ♖a1 *(29...a5 30.♖c7+−)* 30.♖xa1 ♗xa1 31.♘c4+− Δ ♘b6; Δ d6.

25. ...	***♖d8***
26.♘e5	***♗xe5***
27.♗xe5	***♘d7***
28.♗d6	***♘d4***
29.♗e7?	

As brancas teriam um final ganhador com 29.♘xa6! ♘e2+ *(29...♘f5 30.♗f4+−; 29...♖a4 30.♘b8+−)* 30.♔g2 ♖a4 31.♘b8+−

29. ...	***♖c8!***
30.d6	***♘e2+!***
31.♔g2	***♘c3!***

32.♖bc1

O final de torres decorrente da variante 32.♖dc1 ♖4xc7 33.dxc7 ♘xb1 34.f3 *(*as brancas podem evitar o final de torres e jogar *34.♗b4!? ♘f8 35.♖xb1 ♖xc7 36.♖d1±* onde torre e bispo coordenam melhor do que torre e cavalo.*)* 34...♘b6 35.♖xb1 ♖xc7 36.♖xb6 ♖xe7 37.♖xa6 ♖e2+ está empatado pois a torre preta atacará o peão passado por trás.

32. ...	***♖4xc7***
33.dxc7	***♘xd1***
34.♖xd1	***♖xc7***
35.♖d6	***f5***
36.♖xa6	***♘b8***
37.♖a8	***♖xe7***
38.♖xb8+	***♔g7***
39.a4	***♖e4***
40.a5	***♖a4***
41.♖b7+	***♔h6***
42.♖b5	

O final de torres está empatado pois a torre preta ataca o peão passado por trás.

42. ... ♖a3
43.h3 ♔g5
44.♖c5 ♔h5
45.♖b5 ♔g5
46.♖d5 ♔h5
47.♖d7 ♖xa5

O final de três peões contra dois peões na mesma ala facilita o trabalho defensivo das pretas.

48.♖xh7+ ♔g5
49.h4+ ♔f6
50.h5 gxh5
51.♖xh5 ♔g6

Final teórico de empate (dois peões contra um peão na mesma ala).

52.♖h8 ♖a2
53.♖g8+ ♔f7
54.♖d8 ♔g6
55.♔f3 ♖a4

56.♖d6+ ♔f7
57.♖d2 ♔f6
58.♔g2 ♖a1
59.f3 ♖a3
60.♖b2 ♔g6
61.♖b6+ ♔f7
62.♔f2 ♔g7
63.♔e2 ♔f7
64.♖d6 ♔g7
65.♖d3 ♖a4
66.♔e3 f4+

As pretas sacrificam o peão e chegam a um final teórico de empate (dois peões dobrados) onde não é possível progredir a posição sem sacrificar um peão.

67.gxf4 ♔f6
68.♖d6+ ♔f5
69.♖d5+ ♔f6
70.♖d4 ♖a1
71.♖d6+ ♔f5
72.♖d5+ ♔f6
73.♖b5 ♖a4

½-½

Mecking, Henrique – Suba, Mihai [E11]

King's Tournament Bazna, 2007

1.d4 ***♘f6***
2.c4 ***e6***
3.♘f3 ***♗b4+***
4.♗d2

4. ... ***a5***

As opções das brancas são defender o bispo 4...♕e7 ; 4...c5; trocá-lo com 4...♗xd2+ ; ou voltar o bispo com 4...♗e7

5.♕c2

Dois anos antes, Mecking havia jogado a variante 5.g3 0-0 6.♗g2 d5 *(6...b6)* 7.♕c2 c6 *(7...♘bd7; 7...c5)* 8.0-0 ♘bd7 9.♗f4 *(9.a3 ♗xd2 10.♘bxd2 b6 11.e4±)* 9...♗e7 10.♘bd2 ♘h5 11.♖ac1 *(11.♗e3!?)* 11...♘xf4 12.gxf4 ♗d6= Mecking – Assumpção, São Paulo (zonal) 2005*(12...b6!?* Δ ♗b7, ♖c8*)*

5. ... ***d6***
6.♘c3 ***b6***

Outras continuações das pretas são: 6...0-0 7.e3 ♘bd7 *(7...b6* Δ ♗b7*)* 8.a3 ♗xc3 9.♗xc3 ♕e7 *(9...b6* Δ ♗b7*)* 10.b4 axb4 11.axb4

♖xa1+ 12.♗xa1 b6 13.♗e2 ♗b7 14.0-0 ♖a8 *(14...♗e4 15.♕b3±)* 15.♘d2 c5 16.dxc5 dxc5 17.b5 ♘f8 18.♖d1⩲ Nielsen – Hulak, Campeonato Europeu 2003; 6...0-0 7.a3 ♗xc3 8.♗xc3 ♘c6 9.e4 e5 10.dxe5 dxe5 11.♘xe5 ♕e8 12.f4 *(12.♘xc6 ♘xe4 13.♘e5 ♘xc3 14.♕xc3 f6 15.c5 ♕xe5+ 16.♕xe5 fxe5 17.♗c4+ ♔h8 18.0-0⩲ ♖f4 19.♗a2 ♗d7 20.♖ad1 ♗c6 21.♗d5 ♖d4 22.♗xc6 bxc6 23.♖xd4 exd4 24.♖d1 ♖d8 25.♔f1 h6 26.♔e2 ♖b8* 1/2 – 1/2 Boleslavsky – Simagin, Parnu 1947*)* 12...♘xe5 13.♗xe5 ♘g4 *(13...♕c6!? 14.0-0-0±)* 14.♗d4 ♗f5 15.♗d3 ♖d8 16.♗c5 ♖xd3 17.♕xd3 ♗xe4 18.♕e2 ♗d3 19.♕xe8 ♖xe8+ 20.♔d2 ♗xc4 21.♖he1± Ivkov – Korchnoi, Baden-Baden 1981; 6...♘c6 7.a3 ♗xc3 8.♗xc3 ♕e7 9.e4 e5 10.d5 ♘b8 11.♗e2 *(11.c5 0-0 12.cxd6 cxd6 13.♘d2 ♘bd7 14.♗e2 ♘c5 15.b4 axb4 16.axb4 ♖xa1+ 17.♗xa1 ♘a6 18.♕b3⩲* Carlsen – Ivanchuk, Amber (rápido) 2009*)* 11...0-0 12.0-0⩲ a4 13.c5 ♗g4 14.cxd6 cxd6 15.♘e1 *(15.h3⩲)* 15...♗xe2 16.♕xe2 ♘a6 17.♘d3 ♖ac8 18.f3 ♘d7 1/2 – 1/2 Portisch – Tal, World CupSkelleftea 1989; Se 6...♕e7 7.a3 ♗xc3 8.♗xc3 ♘c6 9.e4 e5 10.d5 ♘b8 ver a variante 6...♘c6.

7.e4	***♗b7***
8.♗d3	***♘bd7***
9.a3	

As brancas ficam com o par de bispos e vantagem de espaço no centro após 9.0-0 0-0 10.a3 ♗xc3 11.♗xc3⩲

9. ...	***♗xc3***
10.♗xc3⩲	

10. ... ♖a7

O plano de desenvolvimento da ala da dama é equivocado, era melhor completar o desenvolvimento da ala do rei com 10...0-0 11.0-0 ♘h5 *(11...c5 12.d5⩲)* 12.g3⩲; Conhecido nesta posição era 10...d5 11.exd5 exd5 12.0-0 0-0 13.c5 ♘e4 14.b4⩲ A. Santos – A. Vitor, Lisboa 2003; 10...h6 11.b3 *(11.0-0⩲)* 11...♘h5 *(11...0-0 12.0-0⩲)* 12.d5 *(12.g3⩲)* 12...e5 *(12...♘f4=)* 13.g3 ♘c5 14.♗e2 ♘f6 15.♘d2⩲ A. Figura – A. Breier, Berlim 2004

11.0-0 ♕a8
12.♘d2 c5

Se 12...e5 as brancas consolidariam a vantagem com 13.dxe5 dxe5 14.b4 0-0 15.f3± Δ ♖fd1

13.d5 e5
14.g3

As brancas poderiam pressionar pela coluna f com 14.f4 exf4 *(14...0-0 15.♘f3±; 14...♘g4 15.♖ae1±)* 15.♖xf4 ♘e5 *(15...0-0 16.♗xf6 ♘xf6 17.e5! dxe5 18.♖xf6! gxf6 19.♖f1! f5 20.♗xf5+–)* 16.♘f3 ♘fd7 17.♘xe5 dxe5 *(17...♘xe5 18.♕a4++–)* 18.♖f3 0-0 19.♖af1±

14. ... a4

Este avanço de peão cria uma debilidade que levará à derrota. Era melhor completar o desenvolvimento da ala do rei com 14...0-0 15.f4! ♘g4 *(15...♖e8 16.♘f3±; 15...♕e8 16.♘f3±)* 16.♖ae1± Δ ♘f3

15.f4 ♘g4
16.♖ae1

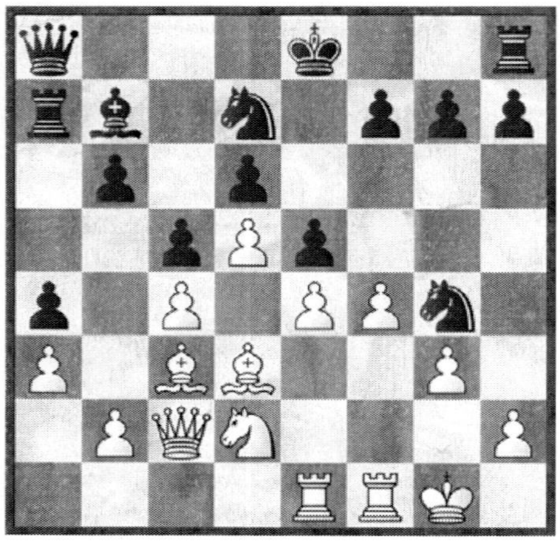

16. ... ***f6***

Era melhor completar o desenvolvimento da ala do rei com 16...0-0

17.♘b1! ***♘h6***

Se 17...0-0 as brancas continuariam com 18.f5! ♘h6 19.♗d2 ♘f7 20.♘c3+− Δ ♕d1, ♗c2−a4

18.♗d2! ***0-0***

A manobra das brancas é ganhadora, por exemplo: 18...exf4 19.gxf4 0-0 20.♘c3! ♕b8 *(20...♗a6 21.e5! fxe5 22.♗xh7+ ♔h8 23.♗d3+−)* 21.♘b5 ♖a8 22.e5! fxe5 23.♗xh7+ ♔h8 24.♗g6+−

19.♘c3! ***♖a6***
20.♕d1 ***♗c8***

Se 20...exf4 as brancas seguiriam com 21.gxf4 ♘f7 *(21...♕d8 22.♖f3 ♖f7 23.♖g3+−)* 22.♖f3 ♖e8 23.♖g3 ♖e7 *(23...g6 24.e5+−; 23...♘f8 24.♗c2+−)* 24.♗c2+−

21.f5+−

21. ... ♘b8

Se 21...♘f7 seguiria 22.♗c2+− Δ ♗xa4

22.♗xh6 gxh6
23.♘b5 ♖a5
24.♕g4+ ♔h8
25.♕h4 ♔g7
26.♘c7 ♕a7
27.♘e6+ ♗xe6
28.fxe6 ♕e7
29.♖f5 ♘a6
30.♖ef1 ♘c7
31.♗e2 ♖a7
32.♗h5 ♘xe6
33.dxe6 ♕xe6
34.♗e2 ♖af7
35.♖h5

1-0

Sokolov, Andrei – Mecking, Henrique [C99]

King'sTournament Bazna, 2007

Andrei Sokolov foi o vencedor do Torneio de Candidatos de 1986 e era o terceiro do ranking internacional em 1987 atrás de Garry Kasparov e Anatoly Karpov. Em 1987, Sokolov perdeu para Karpov no match (da chamada super–final do Torneio de Candidatos) que indicaria o desafiante ao título mundial contra Kasparov naquele mesmo ano.

1.e4	***e5***
2.♘f3	***♘c6***
3.♗b5	***a6***
4.♗a4	***♘f6***
5.0-0	***♗e7***
6.♖e1	***b5***
7.♗b3	***d6***
8.c3	***0-0***
9.h3	***♘a5***
10.♗c2	***c5***
11.d4	***♕c7***
12.♘bd2	***cxd4***
13.cxd4	***♘c6***

14.♘b3

Normalmente as brancas optam por jogar o cavalo, pois isso permite o desenvolvimento do bispo. Outra opção das brancas é 14.a3 ♘xd4 *(14...exd4; 14...♗d7; 14...♗b7)* 15.♘xd4 exd4 16.♘f3 ♗b7 17.♗f4 *(17.♗g5 ♖fe8 18.♖c1 ♕b6 19.♕xd4 ♕xd4 20.♘xd4* 1/2–1/2 Ljubojevic – Spassky, Nice (ol) 1974*)* 17...♖ac8 18.♘xd4 g6 19.♕f3 *(19.♖c1±)* 19...♕c5 *(19...♘h5=* Δ ♗f6*)* 20.♖ad1 d5 21.e5 ♘e4 22.♗h6 ♖fe8 23.♗b3 ♗f8 24.♗xf8 ♕xf8 25.♕f4 ♕e7 26.h4 h5 *(26...♘c5 27.♗a2±)* 27.♗a2 *(27.♖xe4! dxe4 28.e6! ♖c4□ 29.♗xc4 bxc4 30.exf7+ ♕xf7 31.♕g5 ♖f8 32.♖d2±* Δ ♘c2–e3*)* 27...♕xe5?? *(27...♘c5 28.b4±)* 28.♕xe5 ♖xe5 29.f3!+– F. Caruana – Mecking, Wijk aan Zee 2009

14. ...	***a5***
15.♗e3	***a4***
16.♘bd2	***♗e6***

A continuação normalmente mais utilizada pelas pretas é 16...♗d7

17.a3

As pretas conseguem controlar a coluna aberta após 17.d5 ♘b4 18.♗b1 ♗d7 19.a3 *(19.♘f1 ♖fc8⇄* Δ a3*)* 19...♘a6 20.♗d3 ♘c5 21.♖c1 ♖fc8 22.♘f1 ♕b8 23.♘g3 ♖a7= Δ ♖ac7

17. ...	***♖fc8***
18.♖c1	

18.d5 ♘a5 19.♖c1 ♗d7 20.♗d3 ♕b7=

18. ...	***♗d7***
19.♗d3	

19. ... ***♕b8***

Havia sido jogado anteriormente 19...♕b7 20.♕e2 b4 *(20...♖ab8)* 21.♘c4⩲ S. Solovjov – Brodsky – São Petersburgo 2005

20.♕e2 ***b4***

As brancas também conseguem manter uma pequena vantagem no meio–jogo após 20...exd4 21.♘xd4 ♘xd4 22.♖xc8+ *(22.♗xd4⩲)* 22...♕xc8 23.♗xd4⩲

21.♖c4

Havia sido jogado anteriomente as continuações: 21.dxe5 ♘xe5 *(21...dxe5?! 22.♘c4±)* 22.♘xe5 dxe5 23.♘c4 *(23.♖xc8+ ♗xc8 24.♘c4 ♘d7 25.♖c1⩲)* 23...♗c5 *(23...♖c6=)* 24.♗g5 ♘e8 *(24...♖c6=)* 25.axb4 ♗xb4 26.♖ed1 ♗e6 27.♘e3 ♖xc1 *(27...f6 28.♗h4 ♘d6=)* 28.♖xc1 h6 *(28...f6 29.♗h4 ♘d6=)* 29.♗h4 a3= Shirov – Tkachiev, Bastia (m/2–rápido–20minutos+5 segundos/lance) 2003; 21.♘c4 exd4 22.♗f4 *(22.♘xd4 ♘e5 23.♗f4⩲)* 22...♖e8 23.e5 dxe5 24.♘fxe5 ♘xe5 25.♗xe5 ♕b7 26.♕c2 bxa3 27.bxa3 ♕b3 *(27...♖ad8)*

a)28.♕e2 ♕b7 *(28...♗xa3 29.♖a1±)* 29.♖b1⩲;

b) 28.♕d2;

b1) 28...♗xa3 29.♖b1 *(29.♘xa3 ♕xa3 30.♗xf6 ♖xe1+ 31.♖xe1 gxf6 32.♗e4 ♖e8 33.♕h6=)* 29...♗b4 30.♕xb4 ♕xd3 31.♘b6 ♖xe5 32.♖xe5 ♖b8 33.♖be1±;

b2) 28...♗e6 29.♗xd4 ♗xc4 30.♗xc4 *(30.♖xc4 ♕xa3 31.♗c2± Δ ♗xa4)* 30...♕xa3= Shirov – Tkachiev, Bastia (m/3–rápido-10minutos+5segundos/lance) 2003.

21. ... d5

Era melhor jogar 21...bxa3 22.bxa3 exd4 23.♘xd4 h6 24.♖ec1± *(24.♖b1±)*

22.exd5 ♘xd5
23.dxe5

23. ... ♗e6

A posição das pretas é claramente inferior como demonstram as outras alternativas: 23...♘xe3 24.♕xe3 bxa3 25.bxa3 ♕a7 26.♕f4± Δ ♘g5, Δ ♘e4; 23...♘xe5 24.♖xc8+ ♗xc8 25.♗g5 ♘xd3 *(25...♘xf3+ 26.♘xf3+–)* 26.♕xd3 ♗e6 27.♗xe7 ♘xe7 28.♘g5 ♗f5 *(28...♘g6 29.♘xe6 bxa3 30.bxa3 fxe6 31.♕e4±)* 29.♕c4 ♕f8 30.♕xb4±

24.♘g5 ♗xg5

Se 24...♘xe3? as brancas seguiriam com 25.♗xh7+ ♔h8 *(25...♔f8 26.♘xe6+ fxe6 27.♕xe3+−)* 26.♘xe6 ♕xe5 27.♕f3! ♕f6 *(27...♔xh7 28.♖xe3+−; 27...♕xe6 28.♖xe3+−)* 28.♕xe3+−

25.♗xg5 ***h6***

Obviamente se 25...bxa3? seguiria 26.♗xh7+ ♔xh7 27.♕h5+ ♔g8 28.♖h4+−

26.♗h4 ***bxa3***
27.bxa3 ***♕b2***

28.f4?

As brancas poderiam manter o peão de vantagem com 28.♕e4! g6□ 29.♘b1! ♔h7 *(29...♖a5 30.♖ec1±; 29...♕b3 30.♗f1±)* 30.♖c2 ♕d4 31.♖d2±

28. ... ***♘ce7***
29.♗xe7 ***♘xe7***
30.♖xc8+ ***♖xc8***
31.♘e4?

Era necessário defender o peão com 31.♘b1! ♕xe2 *(31...♕b3 32.♗e4 ♗f5 33.♔h2 ♗xe4 34.♕xe4 ♖c4 35.♕a8+ ♖c8=)* 32.♖xe2 *(32.♗xe2 ♘d5=)* 32...♗c4 33.♗xc4 ♖xc4 34.♖f2 ♖c1+ 35.♖f1 ♖c2=

31. ...	***♕xa3***
32.♔h2	

32.♕d2 ♘f5 33.♔h2 *(33.g4 ♘d4∓; 33.♗b1 ♖b8∓)* 33...♖d8 34.♖d1 ♖d4∓ Δ ♕e7

32. ...	***♖c1***
33.♖d1	

33.♗c2 ♗b3∓

33. ...	***♕a1-+***
34.♘f2	***♖xd1***
35.♘xd1	***a3***
36.♕e4	***♕xd1***
37.♕h7+	***♔f8***
38.♕h8+	***♘g8***
39.♗h7	***f5***
40.exf6	***♕d7!***

0-1

Diamant, André – Mecking, Henrique [C92]

São Paulo (m/1), 28.09.2007

1.e4	***e5***
2.♘f3	***♘c6***
3.♗b5	***a6***
4.♗a4	***♘f6***
5.0-0	

Na Espanhola (C77), Mecking enfrentou a variante 5.♘c3 ♗e7 6.♗xc6 dxc6 7.♘xe5 ♘xe4 8.♘xe4 ♕d4 9.0-0 ♕xe5 10.♖e1 ♗e6 11.d3 ♕d5 12.b3 0-0 *(12...0-0-0!?* Δ h5–h4*)* 13.♗b2 ♖ae8= Dominguez – Mecking, Campinas (Panamericano) 2013

5. ...	***♗e7***
6.♖e1	***b5***
7.♗b3	***d6***
8.c3	***0-0***

9.h3

Na Espanhola (C91), Mecking enfrentou duas vezes a variante 9.d4 ♗g4 10.d5 ♘a5 11.♗c2 c6 12.h3 ♗c8 13.dxc6 ♕c7 14.♘bd2 ♕xc6 15.♘f1

a)5...♘c4 16.a4 g6 17.♕e2 ♗d7 18.♗d3 ♘h5 19.♗h6 ♖fc8 20.b3 ♘a5 21.axb5 axb5 22.♘e3 ♘f6 *(22...♘xb3 23.♘d5 ♗d8 24.♖ab1±)* 23.b4± Vallejo Pons – Mecking, Wijk aan Zee 2009;

b) 15...♗e6 16.♘g5 ♘c4 *(16...♗d7=)* 17.♘xe6 fxe6 18.a4 ♔h8 19.♕e2 ♘b6 20.axb5 axb5 21.♖xa8 ♘xa8 22.♗d3 ♘c7 1/2 – 1/2 Saldano Dayer – Mecking, Memorial Antonio Rocha 2011.

9. ... ***♗b7***
10.d4 ***♖e8***

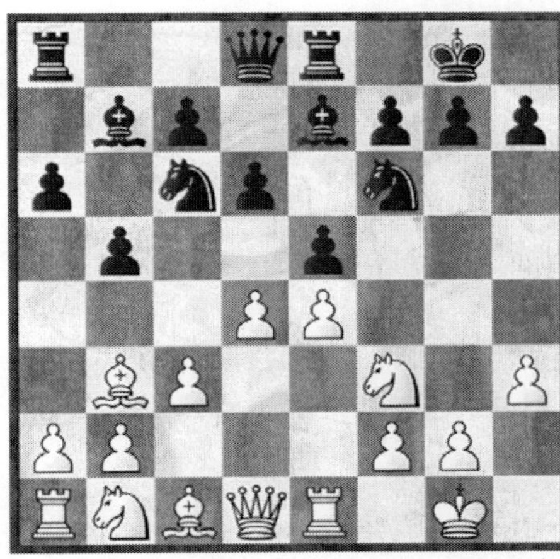

11.♘g5

Mecking enfrentou outras duas vezes a variante, mas sem a repetição de lances: 11.♘bd2 ♗f8.

a)12.a4 h6 13.♗c2 exd4 14.cxd4 ♘b4 15.♗b1 c5 16.d5 ♘d7 17.♖a3 c4 18.♘d4 ♕f6 19.♘2f3 ♘c5 20.axb5 axb5 21.♘xb5 ♖xa3 22.♘xa3 ♗a6 23.♖e3 ♖b8 24.♘h2 ♘cd3 25.♘g4 ♕d4 26.♘c2 ♘xc2 27.♗xc2 h5 28.♘h2 g6 29.♘f3 ♕b6 30.♗xd3 cxd3 31.♖e1 ♕b4 32.e5 dxe5 33.♘xe5 ♖c8⩱ Milos – Mecking, Memorial Najdorf 2001 *(33...♖b7!?)*;

b)12.d5 12...♘b8 13.♘f1 ♘bd7 14.♘g3 g6 15.a3 ♘b6 16.♗g5 c6 17.dxc6 ♗xc6 18.♕d2 ♘c4 *(18...♖a7= Δ ♖d7; 18...♖c8=)* 19.♕e2 h6 *(19...♘b6=)* 20.♗xf6 ♕xf6 21.♗xc4 bxc4 22.♕xc4 ♖ec8 23.♕e2

(23.♕d3±) 23...a5 24.♖ed1 *(24.b4±)* 24...♗a4 25.♖d2 ♕e7 26.♘f1 ♕b7 27.♖e1 ♖ab8 28.♘3h2 ♕b5 *(28...h5⩱)* 29.♕e3 ♕b6 30.♕d3 ♕b5 31.♕e3 ♕b6 1/2 – 1/2 XieJun – Mecking, Memorial Najdorf 2001.

11. ... ***♖f8***
12.♘f3

De acordo com a teoria de aberturas, a variante principal é 12.a4 para pressionar a ala da dama.

12. ... ***♖e8***
13.♘bd2

As brancas poderiam com 13.♘g5 ♖f8 forçar a repetição de lance.

13. ... ***♗f8***
14.d5

As brancas poderiam jogar 14.a4 para pressionar a ala da dama antes de decidir fechar ou não o centro com o avanço do peão de dama.

14. ... ***♘b8***
15.♘f1 ***♘bd7***
16.♘g3 ***♘c5***

As pretas podem igualar a abertura com 16...g6 17.♗e3 ♘c5 18.♗c2 c6 19.b4 ♘cd7 20.dxc6 ♗xc6 21.♗b3 ♘b6=

17.♗c2 ***c6***
18.b4

18.dxc6 ♗xc6 19.b4 ♘e6 *(19...♘cd7 20.a4=)* 20.♘g5 h6 *(20...♘f4 21.♗b3 ♖a7=)* 21.♘xe6 ♖xe6 22.a4 d5=

18. ... ***♘cd7***
19.dxc6 ***♗xc6***

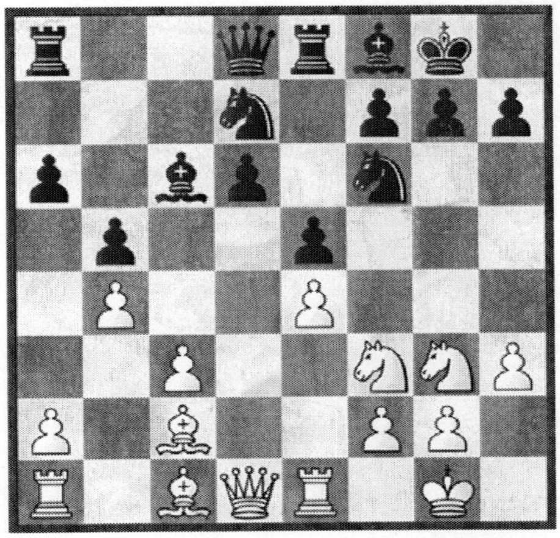

20.♗g5?!

Duvidosa continuação das brancas. Era possível manter a igualdade com 20.a4=

20. ...	***h6!***
21.♗xf6	

21.♗b3 a5 *(21...hxg5 22.♘xg5⩲)* 22.a3 ♕c7 *(22...hxg5 23.♘xg5⩲)* 23.♕d3 ♖ec8∓ Δ ♕b7

21. ...	***♘xf6⩱***

As pretas estão com o par de bispos, podem abrir o centro para ativar as peças e explorar o peão branco atrasado em c3.

22.♘h2	***d5***
23.♕f3	***♕c7***

As pretas poderiam manter o controle do centro com 23...d4 24.♖ed1 *(24.♗b3 ♖a7∓)* 24...g6∓ Δ ♗g7

24.♘g4	***♘xe4***

As pretas poderiam manter a pressão no centro com 24...♘xg4 25.hxg4 *(25.♕xg4 ♗d7∓; 25.exd5 e4 26.♕xg4 ♗d7∓)* 25...d4∓

25.♘xe4 ***dxe4***
26.♗xe4 ***♖ac8***
27.♖ad1

27.♖ac1 ♖e6 28.g3 *(28.♕e2 ♗xe4 29.♕xe4 ♕c6∓)* 28...♗xe4 29.♕xe4 ♕c6∓

27. ... ***♖e6***
28.♗xc6 ***♕xc6***
29.♖xe5

29.♘xe5 ♕xf3 30.♘xf3 ♖xe1+ 31.♘xe1 ♖xc3∓

29. ... ***♕xf3***
30.gxf3 ***♖ec6***

31.♖e3?

As brancas poderiam conseguir uma posição mais ativa para a torre com 31.♖d7 ♖xc3 32.♖a7 ♗xb4 33.♖xa6 ♖8c5 34.♖e8+ *(34.♖a8+ ♔h7 35.♖ee8 ♖a3∓; 34.♖e4 ♖a3 35.♖xa3 ♗xa3∓)* 34...♔h7 35.♖e4 *(35.♖aa8 ♖a3∓)* 35...♖a3∓

31. ... ***♖xc3***
32.♖xc3 ***♖xc3***
33.♖d8 ***f6!***

As pretas evitaram o xeque perpétuo que haveria após 33...g6? 34.♘f6+! ♔g7 35.♘e8+ ♔h8 *(35...♔g8 36.♘f6+ ♔g7=; 35...♔h7 36.♘f6+ ♔g7=)* 36.♘f6 ♔g7=

34.♘e3	***♔f7-+***

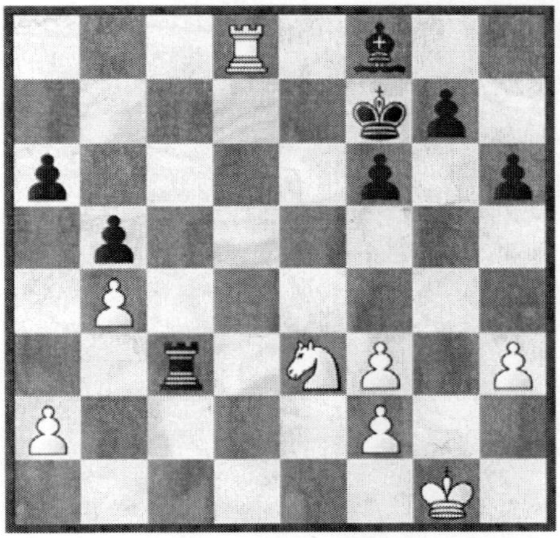

As pretas estão com um final ganhador, pois torre e bispo coordenam melhor do que torre e cavalo e, além disso, há debilidades que podem ser exploradas tanto na ala da dama como na ala do rei.

35.f4	***♗xb4***
36.♘d5	***♖c1+***
37.♔g2	***♗c5***
38.f5	***♖c2***
39.♖c8	***♖xf2+***
40.♔g3	***♗d4***
41.♖c7+	***♔g8***
42.♖c8+	***♔h7***
43.♘e7	***♖f1***
44.♔g2	***♖f2+***
45.♔g3	***♖f1***
46.♔g2	***♖f2+***
47.♔g3	***h5***
48.h4	***♖f1***
49.♖a8	***♗c5***

50.♔g2	*♖f4*
51.♖h8+	*♔xh8*
52.♘g6+	*♔h7*
53.♘xf4	*a5*
54.♔f3	*♔h6*
55.♘e6	*♗b6*
56.♘f4	*b4*
57.♔e2	*♗c7*
58.♘g6	*a4*
59.♔d3	*♗e5*
60.♘xe5	*fxe5*
61.♔c4	*b3*
62.axb3	*a3*

0-1

Mecking, Henrique – Diamant, Andre [A65]

São Paulo (m/2), 29.09.2007

1.d4	***♘f6***
2.c4	***g6***

Mecking ganhou uma interessante partida contra a variante 2...e6 3.♘c3 c5 4.d5 exd5 5.cxd5 d6 6.e4 a6 7.f4!? (o conhecido era *7.a4*) 7...♗g4 *(7...g6!? 8.e5 dxe5 9.fxe5 ♘fd7 10.♘f3 ♗g7 11.♗g5 ♕b6 12.♕e2 0-0 13.0-0-0±)* 8.♕a4+ ♘fd7 9.g3 ♗e7 10.h3 ♗h5 11.g4 ♗h4+ 12.♔e2 0-0 13.gxh5 b5 14.♕c2± (Δ ♘f3) Mecking – Andrés Rodríguez, Campinas 2011; A ordem normal de lances é 2...c5 3.d5 e6 4.♘c3 exd5 5.cxd5 d6 6.e4 g6 7.f3 ♗g7 8.♗g5 0-0 9.♕d2 ver o comentário para o diagrama no lance 9.

3.♘c3	***♗g7***
4.e4	***d6***
5.f3	***0-0***
6.♗g5	***c5***
7.d5	***e6***
8.♕d2	***exd5***

9.♘xd5!?

Normalmente não há a possibilidade deste lance de cavalo, pois o lance 9.cxd5 já foi realizado no lance 5 quando há a ordem normal de lances que foi visto no comentário ao lance 2.

9. ... ♗e6
10.♘e2 ♗xd5
11.cxd5 h6

Por transposição de lances, a posição transforma-se numa India de Rei - Variante Samisch (E81). Se agora 11...♘bd7 12.♘c3 a6 13.a4± Gulko - Dvoretzky, Vilnius 1975

12.♗e3

As pretas conseguem recuperar o peão e igualar a abertura após 12.♗xh6 ♘xe4! 13.fxe4 ♕h4+ 14.g3 ♕xh6 15.♕xh6 ♗xh6 16.♘c3=

12. ... ♘bd7

As brancas estão um pouco melhor na abertura, como demonstram as outras alternativas das pretas: 12...♘h5 13.g4 ♘f6 14.♘c3 *(14.0-0-0±)* 14...h5 15.h3 ♘bd7 16.♗e2 a6 17.0-0 b5 18.a4 b4 19.♘d1 ♘h7 20.f4 ♕h4 21.♔g2± Roos - Euler, Alemanha 2002; 12...b5 13.♘c3 *(13.♘g3±)* 13...b4 14.♘d1 ♘bd7 15.♗e2 h5 16.0-0 ♘h7 *(16...♘e5)* 17.♗f2 f5?! *(17...♘e5)* 18.exf5 gxf5 19.a3 a5 20.axb4 cxb4 21.♘e3± Postny - Damaso, Andorra (open) 2007

13.♘c3

As brancas estariam atrasadas no desenvolvimento após 13.♗xh6 ♘xe4! 14.fxe4 ♕h4+ 15.g3 ♕xh6 16.♕xh6 ♗xh6∓

13. ... a6

O conhecido nesta posição era 13...♖e8 14.♗e2 h5 15.0-0 a6 16.♖ac1 *(16.a4±)* 16...b5 17.b3 ♘b6 18.♔h1 b4 19.♘d1 ♕d7 (1/2 - 1/2 Magai - Mohr, Elista (ol) 1998) 20.♗d3± Δ ♕e2

14.a4±

As pretas teriam vantagem de desenvolvimento e peças mais ativas em troca do peão sacrificado após 14.♗xh6 ♘xe4! 15.♘xe4 ♕h4+ 16.g3 ♕xh6 17.♕xh6 ♗xh6 18.♘xd6 ♖fd8!⩱

14. ... ***♘h7***
15.♗e2

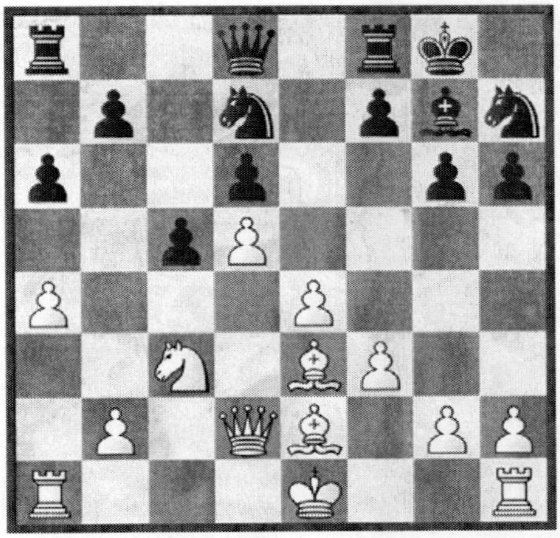

15. ... ***f5?!***

Era melhor trocar as damas e entrar no meio–jogo sem damas com 15...♕h4+ 16.♗f2 ♕g5 17.♕xg5 *(17.♗g3 ♕xd2+ 18.♔xd2±)* 17...hxg5 18.♔d2±

16.0-0± ***h5***
17.exf5 ***gxf5***
18.♖fe1 ***♕f6***
19.f4 ***♕g6***
20.♗f3 ***♖fe8***
21.♗f2 ***♘hf8***
22.♖xe8

22.♘e2 ♘f6 23.♕c2 ♘e4 24.♘g3 ♘xg3 25.♗xg3 ♗d4+ 26.♔h1 b5 27.♗h4±

22. ... ***♖xe8***
23.♖e1 ***♖xe1+***

23...♘f6 24.♗h4 ♘e4 25.♕d3 ♗d4+ 26.♔f1±

24.♕xe1 ***♗h6***
25.♘e2 ***♘f6***

As pretas poderiam controlar a grande diagonal e opor uma maior resistência defensiva com 25...♕f6 26.b4 h4 27.♗xh4 ♕b2 28.bxc5 ♘xc5 29.♗h5 ♘xa4 30.♕g3+ ♗g7 31.♕d3 ♕a1+ 32.♔f2 ♘b2 33.♕xf5 ♘d1+ 34.♔g3 ♕a3+ 35.♗f3 ♘e3 36.♕c8±

26.b4!+−

26. ... ***♘8d7***

26...♕e8 27.bxc5 dxc5 28.♕d1 b6 *(28...♘e4 29.d6*+− Δ ♕d5+*)* 29.a5+−; 26...c4 27.♕c1 ♕e8 28.♕xc4 ♕xa4 29.g3+− Δ ♘d4

27.♘g3 ***♗xf4***
28.♕e6+ ***♔h7***
29.♘xh5 ***♘xh5***
30.♕xd7+ ***♘g7***
31.bxc5 ***dxc5***
32.♕xb7 ***♕h6***
33.h3 ***♗e5***
34.♕b3 ***♕f4***

34...♕c1+ 35.♕d1 ♕xd1+ 36.♗xd1 c4 37.♗e2 c3 38.♗e3+−

35.g3	***♕b4***
36.♕xb4	***cxb4***
37.♗e2	***b3***

37...a5 38.♗c4 ♘e8 39.♗b6 ♘d6 40.♗d3+− Δ ♗xa5

38.♗xa6	***♘h5***
39.♗d3	***♔g6***
40.a5	***♘xg3***
41.a6	

1-0

Diamant, André – Mecking, Henrique [C96]

São Paulo (m/3–rápido), 30.09.2007

1.e4	***e5***
2.♘f3	***♘c6***
3.♗b5	***a6***
4.♗a4	***♘f6***
5.0-0	***♗e7***
6.♖e1	***b5***
7.♗b3	***d6***
8.c3	***0-0***
9.h3	***♘a5***
10.♗c2	***c5***
11.d4	***♘d7***

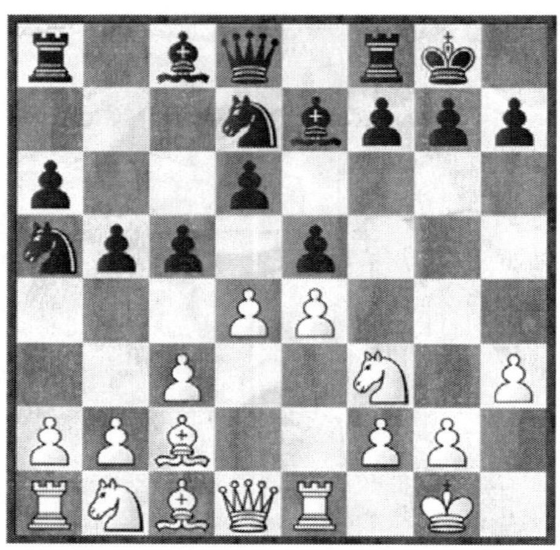

12.♘bd2

Dois anos depois, Mecking enfrentou a variante 12.♔h1 exd4 13.cxd4 ♖e8 14.♘c3 ♗b7 15.♗f4 ♘c4 16.b3 ♘cb6 17.♕d2 ♖c8 18.a3 cxd4 19.♘xd4 g6 20.♘de2 *(20.♖e3=)* 20...♗f8 21.f3 d5! 22.exd5 *(22.♗g5!?)* 22...♘xd5 *(22...b4!∓)* 23.♘xd5 ♗xd5 24.♘c3 ♖xe1+ 25.♖xe1 ♗e6 26.b4 ♕h4? *(26...♕f6∓)* 27.♖xe6! fxe6 *(27...♖xc3 28.♕xc3 fxe6 29.♗b3 ♔f7 30.♕e3±)* 28.♗g5? *(28.♕xd7+−)* 28...♕c4!= 29.♕xd7 ♕c6 30.♕xc6 ♖xc6 31.♗f6 ♗g7 32.♗e4 ♖xc3 33.♗xc3 1/2 – 1/2 David Navara – Mecking, Wijk aan Zee 2009

12. ...	***exd4***
13.cxd4	***♖e8***

No mesmo torneio de 2009, Mecking optou por outra continuação: 13...♘c6 14.d5 ♘ce5 15.a4 ♗b7 16.♘xe5 ♘xe5 17.f4 ♘g6 18.♘f3 ♖e8 19.g3 ♗f6 20.♖a3 *(20.axb5 axb5 21.♖xa8 ♕xa8 22.♔g2=)* 20...♕d7 21.♔h2 b4 22.♖a2 c4 23.b3 cxb3 *(23...♗c8∓ Δ* c3*)* 24.♗xb3 a5 25.♗b2 1/2 – 1/2 Volokitin – Mecking, Wijk aan Zee 2009

14.a4

Em 2008, Mecking enfrentou outras opções das brancas: 14.d5 ♗f6 15.♖b1 ♘b6 16.♘f1 ♘ac4 17.♘g3 ♘e5 18.♘h2 g6 19.♖f1 ♗h4 20.♘e2 c4 21.♘d4 ♘bd7 22.b4 ♗b7 *(22...♗f6∞)* 23.f4! ♘d3 24.♗xd3 cxd3 25.♕xd3 ♕e7 *(25...♘f6 26.f5!±)* 26.♘df3 ♗f6 27.♖e1± (Δ ♗b2) Short – Mecking, King'sTournament 2008; 14.♘f1 ♗b7 15.♘e3 cxd4 16.♘f5 ♗f8 17.♘3xd4 ♘e5 18.b3 ♖c8 19.♗d2 *(19.a4⩲)* 19...g6 20.♘h6+ ♔g7 21.♖c1 ♗e7 *(21...d5!=)* 22.♘g4⩲ Sokolov – Mecking, King'sTournament 2008

14. ...	***♗b7***
15.d5	***♗f6***
16.♖b1	***♖c8***

As pretas poderiam continuar o desenvolvimento da ala da dama com 16...♕c7 17.♘h2 *(17.b3 bxa4 18.bxa4 c4∞)* 17...♘e5 18.♘df3 ♘xf3+ 19.♘xf3 b4∞

17.b3	***bxa4***
18.bxa4	

18. ...	***♖b8***

Era melhor impedir o próximo lance das brancas com 18...c4!?∞

19.♗d3!±	***♘b6***
20.♕c2	***c4***
21.♗e2	***c3***
22.♘f1	***♘ac4***

Era melhor reorganizar a ala da dama com 22...♕c7 23.♘e3 ♗c8 24.♖b4±

23.♘e3	***♘b2***

A posição branca é claramente superior como demonstram as outras opções das pretas: 23...♘e5 24.♘xe5 ♗xe5 25.♘g4 ♗d4 26.♗e3 ♗xe3 27.♘xe3±; 23...♕c7 24.♗xc4 ♘xc4 25.♘g4±

24.♘g4	***♘6xa4***
25.♘xf6+	***♕xf6***
26.♖a1	***♘c5***

27.e5?

As brancas deixaram escapar uma grande vantagem no meio-jogo com 27.♗f1!± (Δ ♖a3) para continuar a pressão contra o peão preto.

27. ...	***dxe5***
28.♕xc3	***♘ba4***
29.♕c4	***e4!***
30.♘d4	

As pretas conseguem ganhar material com o avanço do peão central, por exemplo: 30.♗e3 exf3 31.♗xf3 ♘b2 32.♕xc5 ♘d3 33.♕c4 ♘xe1 34.♖xe1 ♕g6∓

30. ...	***♘d3***
31.♗xd3	***♘b6***
32.♕c7	

As pretas ficam com dois peões de vantagem no final após 32.♕c5 exd3 33.♗d2 ♘xd5∓

32. ...	***♘xd5***
33.♕g3	

33.♕c4 ♖ec8 34.♘c6 ♕xa1 35.♗d2 *(35.♕xe4 ♘f6 36.♘e7+ ♔h8*

37.♕e3 ♖e8-+) 35...♕b2 36.♗c1 ♕c3-+

33. ...	***♕xd4***
34.♖xe4	***♕xa1***

0-1

Mecking, Henrique – Diamant, André [E62]

São Paulo (m/4-rápido), 30.09.2007

1.d4 ♘f6
2.c4 g6
3.♘f3

Mecking jogou a India do Rei (E61): 3.♘c3 ♗g7 4.♘f3 d6 5.♗f4 0-0 6.e3 ♘h5 *(6...c5)* 7.♗g5 h6 8.♗h4 f5 *(8...♘d7!?* Δ c5*)* 9.♘d2 *(9.♗e2!?* Δ 0-0*)* 9...♘c6 *(9...♘f6=)* 10.♗e2 ♘f6 11.f4 e5 12.d5 *(12.fxe5 dxe5 13.d5±)* 12...exf4 13.exf4?! *(13.dxc6! fxe3 14.♘f3 bxc6 15.0-0 ♕e8=∞)* 13...♘d4! 14.0-0 c5= Roselli – Mecking, Campinas (Panamericano) 2013*(*era mais ativo jogar *14...♕e8!∓* Δ ♕e3; Δ ♘e4*)*

3. ... ♗g7
4.g3 d6
5.♗g2 0-0
6.0-0 ♘c6
7.♘c3 e5

A opção mais jogada pelas pretas é 7...a6

8.d5 ♘e7
9.e4 ♘d7
10.♘e1 f5
11.♘d3 ♘f6

12.f3

As brancas podem continuar o desenvolvimento com 12.♗g5 h6 *(12...fxe4 13.♘xe4 ♘f5 14.♖e1 h6 15.♘xf6+ ♗xf6 16.♗d2 ♔h7 17.♗c3 ♗d7 18.c5±* Karpov – J. Polgar, Las Palmas 1994*)* 13.♗xf6 ♗xf6 *(13...♖xf6 14.f4±)* 14.f4 *(14.♕d2±)* 14...exf4 15.♘xf4 ♗e5 *(15...c6=)* 16.exf5 ♗xf5 17.♕d2 c6= Karpov – Gelfand, Dos Hermanas 1994

12. ... ***h6***

As pretas poderiam desenvolver a ala da dama com 12...c6 13.♕b3 b6 (Δ ♗b7) 14.♗g5±

13.♗d2

As peças brancas ficariam melhor posicionadas com 13.♗e3 ♔h7 14.♕d2±

13. ... ***g5***
14.exf5 ***♗xf5***
15.♘f2

Era melhor jogar 15.♗e3± Δ ♕d2

15. ... ***c6***
16.dxc6 ***bxc6***

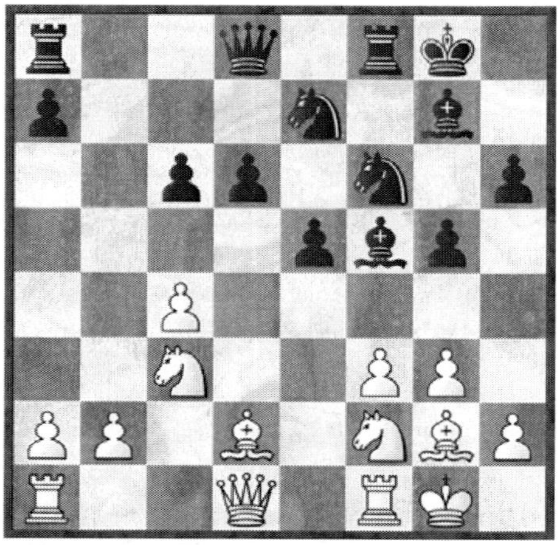

17.f4?!

Avanço de peão precipitado. Era melhor continuar o desenvolvimento com 17.♖c1 ♗g6 18.♖e1 ♖b8 19.b3 ♕c7=

17. ... exf4
18.gxf4 g4!
19.♗e3 h5

Também oferecia boas possibilidades jogar 19...♖b8 20.♕d2 ♕c7 21.♖fe1 *(21.♖ad1 ♗h7∓)* 21...♘g6 22.♖ad1 ♘h4∓

20.♘fe4 ♘xe4
21.♘xe4 d5

Também igualaria jogar 21...♗xb2 22.♖b1 ♗g7 23.♖b7 ♗c8 24.♖xa7 ♖xa7 25.♗xa7 ♕a5 26.♗f2 d5 27.♘g3 ♕xa2 *(27...h4!? 28.♘h5 ♗c3 29.♕e2 ♕b4∞)* 28.cxd5 ♘xd5 29.♘xh5 ♘xf4 30.♘xf4 ♖xf4 31.♗xc6 ♗e6=; As pretas poderiam jogar mais ativo com 21...♖b8! 22.♗d4 *(22.♘xd6 ♖xb2∓)* 22...♗xe4 23.♗xe4 d5! 24.♗xg7 *(24.cxd5 ♘xd5∓)* 24...♔xg7 25.♕d4+ ♖f6∓

22.cxd5 cxd5

A posição está igualada como demonstram as outras alternativas das pretas: 22...♗xe4 23.♗xe4 cxd5 24.♗c2 ♖c8 *(24...♗xb2 25.♕d3 ♖f7 26.♖ab1 ♗f6 27.♖b7± Δ ♖fb1)* 25.♕d3 ♖f7 26.♕h7+ ♔f8 27.f5!? ♗d4 *(27...♘g8 28.f6 ♘xf6 29.♕f5≅ Δ ♖ae1)* 28.♕h6+ ♗g7 29.♕h7=; 22...♘xd5 23.♗c5 ♖b8!? 24.♗xf8 ♕xf8 25.♖f2 ♖b4 26.♘g3 ♗d4 27.♕d2 ♗xf2+ 28.♕xf2 ♕f6 29.♕c5 *(29.♗xd5+ cxd5 30.♘xf5 ♕xf5 31.♕xa7 ♖xb2 32.♖e1 ♖b1=)* 29...♖xb2 *(29...♖xf4 30.♘xh5 ♕d4+ 31.♕xd4 ♖xd4=)* 30.♗xd5+ cxd5 31.♕xd5+ ♗e6 32.♘xh5 ♖g2+! 33.♕xg2 ♕xa1+ 34.♕f1 ♕xf1+ 35.♔xf1 ♗xa2 36.♘f6+ ♔f7 37.♘xg4 a5=

23.♘g3 ♗xb2
24.♘xf5 ♘xf5

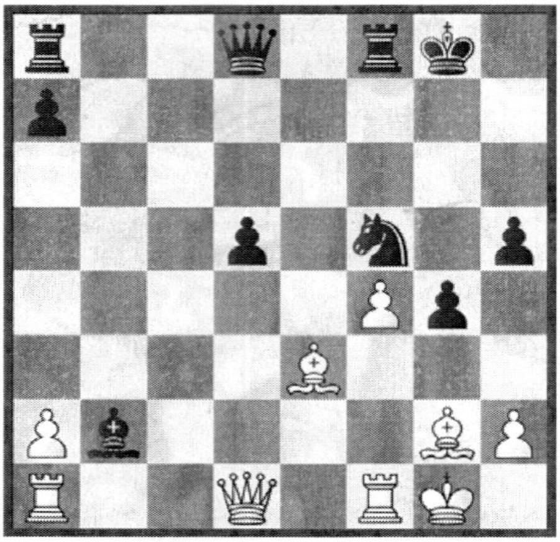

25.♕xd5+?

As brancas poderiam conseguir a igualdade com 25.♗xd5+! ♔g7 26.♗f2 ♗xa1 27.♕xa1+ ♔g6 28.♗xa8 ♕xa8 29.♖e1!= Δ ♕b1, ♖e5

25. ...	***♔h8***

As pretas deveriam trocar as damas e entrar no final com vantagem após 25...♕xd5 26.♗xd5+ ♔g7! 27.♗f2 *(27.♗xa8 ♘xe3 28.♖ab1 ♗d4 29.♖b4 ♘c2+ 30.♖xd4 ♘xd4∓; 27.♗c5 ♗xa1 28.♖xa1 ♖fc8 29.♗xa8 ♖xc5∓ Δ ♔f6)* 27...♗xa1 28.♗xa8 ♗d4 29.♗e4 *(29.♗xd4+ ♘xd4-+)* 29...♗xf2+ 30.♖xf2 ♘h4∓

26.♗f2	***♕xd5***
27.♗xd5	***♖ad8***

As pretas ainda manteriam alguma vantagem com 27...♗xa1 28.♗xa8 ♗d4∓

28.♖ad1	***♘e7***
29.♗c5?!	

As brancas conseguiriam a igualdade com 29.♗b3 ♖xd1 30.♖xd1 ♖xf4 31.♗xa7 ♘f5= Δ ♘d4

29. ...	***♖f5!***

30.♗xe7	***♖dxd5***
31.♖xd5	***♖xd5***

32.♔g2

As peças pretas estariam mais ativas do que as peças brancas após 32.h3 ♔g7 33.hxg4 ♔f7 34.♗g5 hxg4 (Δ ♔g6) 35.♖b1 ♖d2 36.f5 ♖c2∓

32. ...	***♖a5***

As pretas estariam melhores no final ao ativar o rei com 32...♔g7! Δ ♔g6

33.♖f2	***♗a3***
34.♗f6+	***♔g8***
35.h3	

½-½

Greenfeld, Alon – Mecking, Henrique [E17]

Passo Fundo (m/1), 16.04.2008

1.d4	***♘f6***
2.♘f3	***e6***
3.c4	***b6***
4.g3	***♗b7***
5.♗g2	***♗e7***
6.0-0	***0-0***
7.♖e1	

O lance 7.♘c3 caracteriza a India de Dama (E18–E19)

7. ...	***d5***
8.cxd5	***exd5***
9.♘c3	***♘a6***

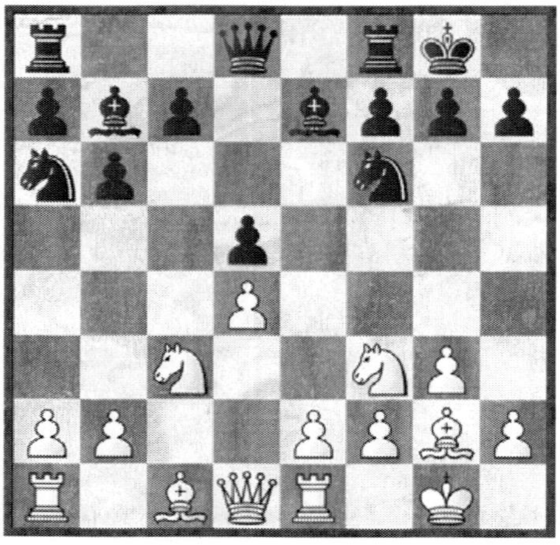

10.♗f4

As pretas conseguem completar o desenvolvimento da ala da dama e igualar a posição no caso das brancas jogarem 10.♘e5 c5 11.dxc5 *(11.♗f4 ♘e4 12.♘xe4 dxe4 13.dxc5 ♘xc5 14.♕c2 ♕c8 15.♖ed1 g5 16.♗e3 ♕e6 17.♘c4 ♖ac8⇄* (Δ f5–f4)Van Wely – Korchnoi, Hoogeveen 2001*)* 11...♘xc5 12.♗e3 ♖e8 13.♘d3 ♕d7 14.♘f4 ♖ad8 15.♗d4 ♘fe4= Bologan – Yemelin, Rússia 2004

10. ... ***c5***
11.♖c1

11.dxc5 ♘xc5 12.♖c1 ♘ce4 *(12...♘e6!?)* 13.♗e5 *(13.♘d4!?)* 13...♖e8 14.♗d4 *(14.♗h3 ♗c8=)* 14...♖c8 15.♗h3 ♖c4 16.♘xe4 ♘xe4= Lautier – Timman, Wijk aan Zee 2002

11. ... ***♖e8***

11...♘e4 12.a3 *(12.dxc5!? ∆ ♘d4)* 12...♖e8 13.dxc5 ♘axc5 14.♘d4 ♘xc3 15.♖xc3 ♗f6= Piket – Salov, Wijk aan Zee 1998

12.dxc5 ***bxc5***

Se 12...♘xc5 as brancas poderiam realizar uma longa manobra de cavalo com 13.♘b5 ♘h5 *(13...♘e6 14.♘c7 ♘xc7 15.♖xc7±; 13...♘fe4 14.♘fd4±)* 14.♗c7 ♕d7 *(14...♕c8?! 15.♗e5±)* 15.a4 ♘f6 *(15...♗f6?! 16.b4±)* 16.♗f4 ♘fe4 *(16...♘h5 17.♘e5 ♕d8 18.♗e3±)* 17.♘e5 ♕f5 *(17...♕d8 18.b4 ♘e6 19.♕b3±)* 18.♘d4 ♕f6 19.b4 ♘e6 20.♘xe6 ♕xe6 21.♖c7±

13.♕b3

13. ... ***♕b6***

As brancas estão um pouco melhor na abertura, por exemplo:

13...♘b4 14.a3 c4 15.♕d1 ♘a6 16.b4 cxb3 17.♕xb3± ♘c5 18.♕b1 ♕b6 19.♘d4±; 13...♕c8 14.♖ed1 h6 15.♖d2 ♖d8 16.♘h4 g5 17.♘f5 ♗f8 18.♗e5 ♕xf5 19.♕xb7 ♕xe5 20.♕xa6±

14.♕xb6

As brancas manteriam a vantagem com 14.♘d2 ♕xb3 15.♘xb3 ♖ad8 16.♘b5±

14. ... ***axb6***

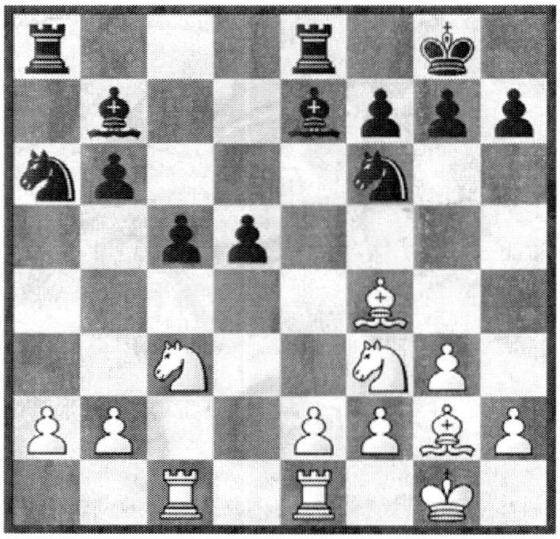

15.♘e5 ***♗d8***

As pretas poderiam evitar a manobra de cavalo, que ocorreu na partida, com 15...♖ab8!? 16.e3 h6 17.h4 ♗d8 18.♘d3 ♗c7=

16.♘c4 ***♖e7***
17.♘d6 ***♗c6***
18.♖ed1 ***♘c7***

Se 18...♖e6 seguiria 19.♗h3! ♖e7 20.♘f5 ♖e8 *(20...♖e6 21.a3±)* 21.♗g2±

19.♘c4 ***♘b5***
20.♘xb5

As torres brancas estariam ativas na coluna central após 20.♘xd5 ♘xd5 21.♗xd5 ♗xd5 22.♖xd5 ♘d4 23.♔f1 ♘xe2 24.♖cd1 ♘d4 25.♗e3 ♘e6 26.a4 ♗c7 27.b3±

20. ... ***♗xb5***
21.♘e3

21. ... ***♗c6***

As pretas poderiam fazer a transição para o final com 21...♖xa2 22.♘xd5 ♘xd5 23.♖xd5 ♖e8 24.b4 ♗xe2 25.bxc5 bxc5 26.♖dxc5 h6=

22.b4 ***c4?***

As pretas poderiam entrar no final teórico de torres após 22...♖xa2 23.bxc5 bxc5 24.♘xd5 *(24.♖xc5 ♗a4 25.♗xd5 ♗xd1 26.♗xa2 ♗xe2=)* 24...♘xd5 25.♗xd5 ♗xd5 26.♖xd5 ♖e8 27.e3 ♗e7 28.♗d6 ♗xd6 29.♖xd6 h5 30.♖xc5 g6=

23.♘xc4

As brancas poderiam eliminar o centro de peões pretos com 23.b5 ♗xb5 *(23...♗b7 24.♗g5 ♖e5 25.♗xf6 ♗xf6 26.♗xd5 ♗xd5 27.♘xd5 ♖xa2 28.♖xc4 h6 29.e4 ♖b2 30.f4 ♖e8 31.e5±)* 24.♘xd5 ♘xd5 25.♗xd5 ♖c8 *(25...♖xa2?? 26.♗xc4+−)* 26.♗xc4! ♗xc4 27.♖xc4! ♖a8 28.♖a4 ♖c8 29.e4±

23. ... ♖xe2

Se 23...♖xa2 as brancas ganhariam com 24.♘xb6! ♗xb6 25.♖xc6 ♗xf2+ 26.♔xf2 ♖exe2+ 27.♔f3 ♖f2+ 28.♔e3 g5 (28...♖ae2+ 29.♔d4 ♖xg2 30.♖c8+ ♘e8 *(30...♖e8 31.♖xe8+ ♘xe8 32.♖b1+−* Δ b5*)* 31.b5 ♖e4+ 32.♔c3 ♖a2 33.♖xd5 ♖a3+ 34.♔c2+−) 29.♗xg5 ♘g4+ 30.♔d4 ♖xg2 31.♔c5! ♘e5 32.♖d6+−

24.♘e3

As brancas poderiam fazer a transição para um final favorável com 24.♘xb6 ♗xb6 25.♖xc6 ♗xf2+ 26.♔f1 ♖exa2 27.b5! ♖e8 *(27...h6 28.♖xf6! ♗a7□ 29.b6! gxf6□ 30.bxa7 ♖8xa7 31.♖xd5±)* 28.♗xd5 ♘xd5 29.♖xd5±

24. ... ♗b7
25.a4

As brancas conseguiriam um final favorável com 25.♗g5 ♖exa2 26.♗xf6 gxf6 *(26...♗xf6 27.♘xd5 ♖b8 28.♘xf6+ gxf6 29.♖d6 ♗xg2 30.♔xg2±)* 27.♗xd5 ♗xd5 28.♘xd5± Δ ♖c6

25. ... ♖a2
26.♘xd5 ♘xd5
27.♗xd5 ♗xd5
28.♖xd5 ♖2xa4
29.♖e1 ♗f6
30.b5?!

Agora as pretas igualariam a posição com 30...♖d4!=. As brancas poderiam ter mantido a vantagem ao pressionar o peão da ala da dama com 30.♖e4! Δ ♖b5

½-½

Mecking, Henrique – Greenfeld, Alon [D16]

Passo Fundo (m/2), 17.04.2008

1.d4	***d5***
2.c4	***c6***
3.♘f3	***♘f6***
4.♘c3	***dxc4***
5.a4	***♗g4***
6.♘e5	***♗h5***

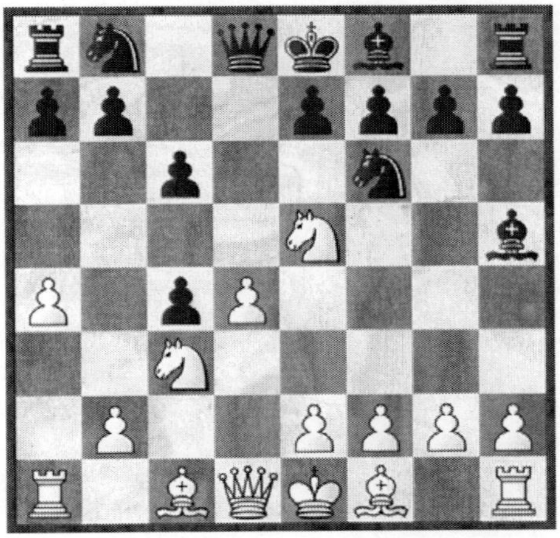

7.g3

As outras variantes utilizadas nesta posição são: 7.f3 ; 7.h3

7. ...	***e6***
8.♗g2	***♗b4***
9.0-0	

As brancas podem retomar o peão imediatamente com 9.♘xc4 ♘d5 10.♕b3 0-0 11.♗d2 *(11.0-0 ♗xc3 12.bxc3 ♗xe2 13.♖e1 ♗xc4 14.♕xc4 ♘d7 15.♕d3=∞; 11.e3!?)* 11...c5! 12.dxc5 *(12.♘xd5 exd5 13.dxc5 ♘c6 14.♗xb4 ♘d4 15.♕c3 dxc4=)* 12...♘c6 13.♘d6 *(13.♘xd5 exd5 14.♗xb4 ♘d4 15.♕c3 dxc4=)* 13...♘d4 14.♕d1 ♗xc3 15.bxc3 *(15.♗xc3 ♘xe2 16.♕d3 b6 17.♗xd5 exd5 18.♕xd5 ♘xc3 19.♕xh5 ♕e7+ 20.♔f1 bxc5 21.bxc3 ♕xd6=)* 15...♗xe2 *(15...♘xe2!?)* 16.♕b1 ♗f3∞ Ftacnik – Ree, Wijk aan Zee 1985

9. ... ***♘d5***
10.♗d2

Mecking havia jogado 10.♕c2 na terceira partida do match contra Nikolic em 1991.

10. ... ***0-0***

11.h3

O conhecido era 11.g4 ♗g6 *(11...♗xc3 12.bxc3 f6=)* 12.e4 ♘b6 13.a5 ♘c8 14.♕a4 ♘a6 15.♗e3 ♘d6 16.♘xg6 hxg6 17.e5 *(17.♖fd1±)* 17...♘c8= (Δ ♘e7) Miralles – Flear, Clichy 1986; Merece atenção a continuação 11.♘xd5!? ♗xd2□ 12.♘c7! ♕xc7 13.♕xd2 ♘d7 *(13...♘a6 14.♘xc4±; 13...♖d8 14.♘xc4±)* 14.♘xc4±

11. ... ***♘d7***

Também igualava jogar 11...a5 12.♘xc4 ♘b6=

12.♘xc4 ***♘5b6***
13.♘e4 ***a5***

Era melhor defender o bispo com 13...♕e7 14.b3 *(14.♖c1 ♖ad8=; 14.♘xb6 axb6=)* 14...♘d5=

14.♘xa5 ♗xa5
15.b4 ♘c4
16.bxa5 ♘xd2
17.♕xd2

17. ... ♕xa5

As pretas poderiam manter as damas no tabuleiro com 17...♕c7 18.♖fc1 ♖xa5 19.♘d6 ♖a6 20.♘c4 ♘b6 21.♘xb6 ♕xb6 *(21...♖xb6 22.a5±)* 22.a5⩲

18.♕xa5 ♖xa5
19.♖fb1 ♖b8
20.♘c3

As brancas poderiam colocar o cavalo numa posição mais ativa com 20.♘d6 ♖a7 *(20...♗xe2?! 21.♘xb7 ♖a7 22.♗xc6±)* 21.e4 f6 22.d5⩲

20. ... e5
21.dxe5 ♖xe5
22.♖b2 f6
23.♖d1

As brancas poderiam restringir a ação das pretas na ala da dama com 23.a5⩲

23. ...	***♗e8***
24.♘e4	

½-½

Greenfeld, Alon – Mecking, Henrique [E17]

Passo Fundo (m/3), 19.04.2008

1.d4	***♘f6***
2.♘f3	***e6***
3.c4	***b6***
4.g3	***♗b7***
5.♗g2	***♗e7***
6.0-0	

6.♘c3 ♘e4 7.♗d2 ♘xc3 8.♗xc3 d5 9.cxd5 exd5 10.♘e5 0-0 11.b4 ♘d7 12.♘xd7 ♕xd7 13.0-0 ♗a6 14.♖e1 f5 15.e3 ♗c4 16.♗f1 ♗xf1 17.♖xf1 a6 18.♗d2 ♗d6 19.a4 1/2 – 1/2 Mecking – Sunye Neto, São Paulo (zonal) 2005

6. ...	***0-0***
7.d5!?	

Sacrifício de peão para restringir o desenvolvimento da ala da dama das pretas.

7. ...	***exd5***
8.♘h4	***c6***
9.cxd5	***♘xd5***
10.♘f5	***♗f6***

Outra alternativa é avançar o peão central para conseguir mobilidade para as peças da ala dama após 10...♘c7 11.♘c3 d5 12.e4 ♗f6 13.exd5 ♘xd5 14.♘xd5 cxd5 15.♗f4=/∞ Shirov – Adams, Elista (m/4) 2007

11.♖e1	***♘e7***
12.♘d6	***♗a6***
13.♘c3	***♘c8***

Para impedir o desenvolvimento do bispo das brancas numa posição ativa, como na partida, era melhor jogar 13...♗e5 14.♗f4 ♗xf4 15.gxf4

a) 15...♘g6 16.e3 *(16.♕d4±)* 16...♘h4∞ Wojtaszek – Hernandez Carmenates, Memorial Capablanca 2008;

b) 15...♘c8 16.e4 *(16.♘ce4 f5 17.♘xc8 fxe4 18.♘d6=/∞)* 16...♘xd6 17.♕xd6 c5?! (era melhor *17...♖e8!?∞*) 18.♘d5 ♘c6 19.♘c7 ♗b7 20.♘xa8 ♗xa8 21.♖ad1± Romanisin – Csom, Erevan 1989.

14.♗f4	***♘xd6***

Se 14...g5 as brancas controlariam a coluna d com 15.♘xc8 gxf4 16.♘d6 ♗e5 17.♕d2 ♕e7 18.♖ad1±

15.♗xd6	***♖e8***

16.♕b3

As brancas poderiam jogar 16.e4⩲ (Δ e5) com o objetivo de manter a vantagem de espaço no centro e restringir a ação das peças pretas.

16. ... ♗b7?

As pretas poderiam ficar com dois peões de vantagem ao entrar na aguda variante 16...♖e6!? 17.♖ad1 ♗xc3 18.♕xc3 ♗xe2 19.♖d4 ♕e8 20.♕c2∞

17.♖ad1

Era melhor 17.♘e4 ♘a6 18.♖ad1 com a mesma posição da partida por inversão de jogadas.

17. ... ♘a6

As pretas poderiam jogar 17...♗xc3!? com a ideia de manobrar o cavalo por a6–c7–e6 para defender a posição.

18.♘e4	***♗e7***
19.♕c3	***♗f8***
20.♗xf8	***♖xf8***
21.♘d6	***♖b8***
22.b4	***♗a8***
23.♘f5	***♕g5***

As pretas poderiam entrar num meio-jogo sem damas após 23...♕f6 24.♕xf6 gxf6 25.♖xd7 ♘xb4 26.♖xa7 c5 27.a3±

24.e4	***d5***
25.h4	***♕f6***
26.♕xf6	***gxf6***
27.exd5	***cxd5***
28.a3	***♖fe8***
29.♖xe8+	***♖xe8***
30.♗xd5	

30. ... ***♗xd5***

Se 30...♘c7 as brancas teriam um final ganhador com 31.♗g2 ♔f8 *(31...♘b5 32.♖d3+−* Δ a4, ♖d7*)* 32.♖d7+−

31.♖xd5 ***♘b8***
32.♖d6

As brancas poderiam ganhar espaço na ala da dama e restringir a ação do cavalo preto com 32.b5 ♔f8 *(32...a6 33.a4+−)* 33.♔g2 ♖e5 *(33...a6 34.a4 ♖e4 35.♖d8+ ♖e8 36.♖d4+−)* 34.♖d8+ ♖e8 35.♖d2 ♖e5 36.g4 a6 37.f4 ♖e6 38.a4+− Δ ♔f3

32. ... ***♔f8***
33.♖xf6 ***♖e6***
34.♖xe6 ***fxe6***
35.♘d4

O final de cavalo está ganho com 35.♘e3 ♘c6 *(35...e5 36.♔g2+−* Δ ♔f3−e4*)* 36.g4 ♘d4 *(36...e5 37.g5+−)* 37.♔g2 ♔f7 *(37...e5 38.g5+−)* 38.f4+−

35. ... ***♔e7***
36.f4 ***a5***

37.♔f2

As brancas poderiam ganhar o final com 37.g4! axb4 38.axb4 ♘a6 *(38...♘d7 39.♔f2 ♔d6 40.♘b5+ ♔d5 41.♔e3 ♔c4 42.♘c7 ♔xb4 43.♘xe6+−)* 39.♘c2 ♔f6 40.♔f2 e5 41.♔f3 exf4 42.♔xf4+−

37. ...	***axb4***
38.axb4	***h5***
39.♔e3	

As brancas poderiam restringir a ação do cavalo com 39.b5!+−

39. ...	***♘a6***
40.b5?	

Agora o cavalo consegue ir para uma posição ativa. Era melhor jogar 40.♘c6+ ou; 40.♘c2

40. ...	***♘c7!***
41.♔d3	***♔f6***
42.♔e4	***♘e8!***
43.♔e3	***♘d6***
44.♔f3	***♘f5***
45.♘e2	***♘d6***
46.♘d4	***♘f5***
47.♘xf5	

As pretas empatariam o final de peões com 47...exf5=.

½-½

Mecking, Henrique – Greenfeld, Alon [E54]

Passo Fundo (m/4), 20.04.2008

1.c4	***♘f6***
2.♘f3	***e6***
3.♘c3	***d5***
4.d4	***♗b4***
5.e3	***c5***
6.♗d3	

6. ...	***cxd4***

Em outra partida curta, Mecking empatou após 6...0-0 7.0-0 dxc4 8.♗xc4 ♘bd7 9.♗d2 cxd4 10.exd4 b6 11.♕e2 ♗b7 12.♖ac1 *(12.♗d3)* 12...♗xc3 13.♗xc3 ♖c8 14.♗d3 ♘d5 15.♗d2 1/2 – 1/2 Mecking – Onischuk, Campinas (Panamericano) 2013

7.exd4	***dxc4***
8.♗xc4	***♕c7***

Se 8...0-0 9.0-0 b6 10.♕e2 ♗b7 11.♗d2 ♘bd7 chega-se à mesma posição mencionada no comentário anterior.

9.♕e2	***0-0***
10.0-0	***♘bd7***

11.♗d2	***♗xc3***
12.bxc3	***b6***

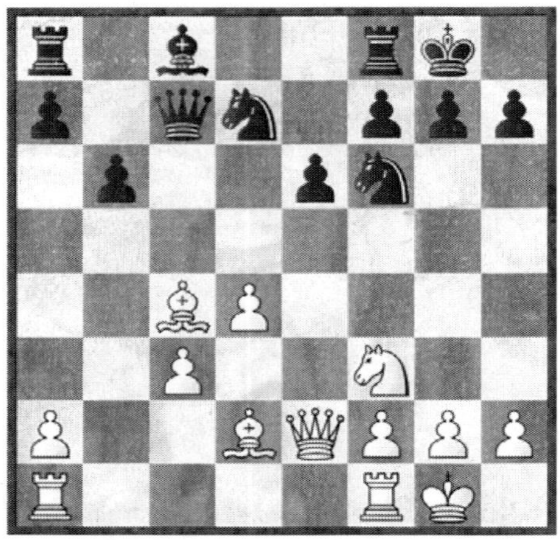

13.a4

Mecking ofereceu empate após jogar este lance. A posição era conhecida e outras continuações das brancas haviam sido jogadas pelo menos 10 vezes nos anos anteriores: 13.♖fe1 ♗b7 14.♗d3 ♘d5 15.♕e4 ♘5f6 16.♕e2 ♘d5 17.♕e4 ♘5f6 18.♕h4 ♗xf3 19.gxf3 ♕c6 20.♖e3 ♖fd8= Yusupov – Epishin, Bundesliga 1998; 13.♗b3 ♗b7 14.h3 ♘e4 15.♖ac1 ♘xd2 16.♘xd2 ♖ac8 17.♖fe1 ♕f4 18.♕e3 ♕xe3 19.fxe3 ♖fd8= Meister – Asrian, Moscou 2002; 13.♗d3 ♗b7.

a)14.♖fe1

a1) 14...♖fe8 15.c4 ♘f8 16.♘e5 ♘g6 17.f4 ♖ad8 18.♕f2 ♘e7 19.♖ad1 ♘f5 20.d5± Korobov – MiroshnichenkoUcrânia (ch) 2006;

a2) 14...♖fd8 15.♖ac1 ♖ac8 16.♗g5 ♕d6 17.♗a6 ♗xa6 18.♕xa6 ♕c7 *(18...h6=)* 19.c4 ♖e8 20.h3 1/2 – 1/2 Chuprikov – Kostin, Voronezh 2007;

a3) 14...♖ac8 15.♖ac1 ♕d6 16.h3 h6 17.♘e5 ♘xe5 18.♕xe5 *(18.dxe5?! ♕d5∓ Somogyi – Lorincz, Budapeste 2005)* 18...♕xe5 19.♖xe5 ♖c7=;

b) 14.c4;

b1) 14...♖fe8 15.♖fe1 ♖ad8 16.♖ad1 ♕c6 17.♗c1 ♘f8 18.♗g5?! *(18.♕b2±)* 18...♘g6?! *(18...♖xd4!∓)* 19.♗xf6 gxf6 20.♗e4 ♕xe4 21.♕xe4 ♗xe4 22.♖xe4 ♖c8= Lund – Andreev, Memorial Bykova 2007

b2) 14...h6 15.♖ac1 ♖ac8 16.♖fd1 ♖fd8 17.♘h4 ♕d6 18.♗e3 ♕a3= Ranieri de Luca –Megaranto, Castelldefels 2005;

c) 14.h3 ♖ac8 15.c4 ♗xf3 16.♕xf3 e5= (Δ e4) Ungureanu – Maric, Halkidiki 2007;

d)14.♖ac1;

d1) 14...♖fe8 15.♖fe1 ♘d5 *(15...♕d6 16.♗g5 ♖ac8 17.♗h4 ♘h5 18.♕e3 ♕f4 19.♗b5 ♗c6=* Sasikiran – Nisipeanu, Espanha (por equipes) 2006*)* 16.♕e4 ♘5f6 17.♕e2 ♘d5 18.♕e4 ♘5f6 19.♕e2 ♘d5 20.♕e4 ♘5f6 1/2 – 1/2 Sapi – Flesch, Hungria (ch) 1969;

d2) 14...♖ac8 15.♖fe1 ♖fd8 16.♗g5 h6 17.♗h4 ♖e8 *(17...♕d6=* Δ ♕a3*)* 18.♗g3± Karpov – Morozevich, Praga 2002.

½-½

Mecking, Henrique – Timman, Jan [E15]

King'sTournament Bazna, 2008

1.d4 ***♘f6***
2.c4 ***e6***
3.♘f3 ***b6***
4.g3 ***♗a6***
5.b3 ***b5***

A variante principal amplamente conhecida e jogada é 5...♗b4+ 6.♗d2 ♗e7 7.♗g2 c6 8.♗c3 d5 9.♘e5 ♘fd7 10.♘xd7 ♘xd7 11.♘d2 0-0 12.0-0 ♖c8 13.e4 c5 onde as pretas conseguem forçar a troca dos peões centrais.

6.cxb5 ***♗xb5***
7.♗g2

7. ... ***d5***

Outras respostas das pretas nesta posição são: 7...♗c6 8.0-0 a5 *(8...♕c8 9.♗g5±* Van Wely – Timoshenko, Ohrid 2001*; 8...♗e7 9.♗g5±* Alterman – Karpov, Tyniste Orlici 1995*)* 9.♗g5 d5 *(9...♗e7 10.♘c3 0-0 11.♖c1±)* 10.♘c3 ♘bd7 11.♘e5 ♗b7 *(11...♘xe5 12.dxe5 h6 13.♗xf6 gxf6 14.exf6 ♕xf6 15.e4 ♗b4 16.♘e2±)* 12.e4± Antic – Perunovic, Iugoslávia 2002; 7...♗b4+ 8.♗d2 a5 9.0-0 0-0 10.a3 ♗e7 *(10...♗xd2 11.♕xd2±* Δ ♘c3, e4*)* 11.♘c3 ♗a6 12.♕c2 d5

13.♖fc1 ♘bd7 14.e4± Karpov – Christiansen, Wijk aan Zee (m/3) 1993; 7...c5 8.0-0 ♗c6 9.♗a3 ♘a6 10.♘bd2 ♗e7 11.♖c1 cxd4 12.♗xe7 ♕xe7 13.♘c4 0-0 14.♕xd4 ♗xf3 *(14...d5 15.♘fe5 ♖fc8 16.♘xc6 ♖xc6 17.♘e5 ♖c7 18.♖xc7 ♕xc7 19.♘d3±* Van der Sterren – Timman, Holanda (ch) 1987*)* 15.♗xf3 d5 16.♘e5± Smyslov – Beliavsky, Tilburg 1984

8.0-0

8.♗a3 ♘bd7 *(8...♗xa3 9.♘xa3 ♗a6 10.b4±)* 9.♗xf8 ♔xf8 10.♘c3 ♗a6 11.0-0 g6 12.♖c1± Karpov – Dyson, Saint Martin 1992

8. ... ♘bd7
9.♘c3

9.♗a3 ♗xa3 10.♘xa3 ♗a6 11.♖c1 ♕e7 *(11...0-0 12.♘b1±)* 12.♘b1± Wells – Dautov, BadWorishofen 1997

9. ... ♗a6
10.♖e1

10.♘a4 ♗d6 11.♗b2 ♗b5 12.♘c3 ♗a6 13.♖c1 0-0 14.♘a4± Lputian – Gelashvili, Yerevan 2000

10. ... ♗b4

Se 10...♗d6 as brancas podem seguir com 11.e4 dxe4 12.♘g5 ♗b4 13.♗d2 ♗b7 14.♘cxe4 ♗xd2 15.♕xd2 ♘xe4 16.♘xe4 ♗d5 *(16...0-0 17.♖ac1±)* 17.♖ac1 *(17.♖ec1 0-0 18.♖c2± Δ ♖ac1; 17.♘d6+!? cxd6 18.♗xd5 ♖c8 19.♗b7 ♖c7 20.♗a6 0-0 21.♖ac1±)* 17...0-0 18.♕f4± (Δ ♖e2–c2) Orso – Medvegy, Hungria 2002

11.♗d2

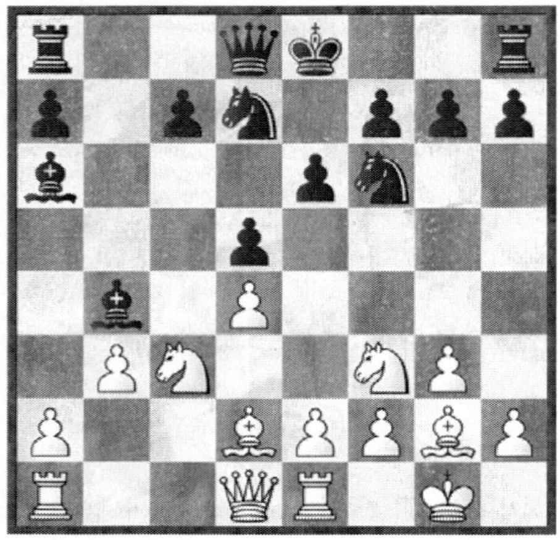

11. ... ***0-0***

Se 11...c5 as brancas podem seguir com 12.dxc5 *(12.a3 ♗xc3 13.♗xc3 0-0 14.♖c1 ♖c8 15.dxc5 ♘xc5 16.♗d4±)* 12...♗xc5 13.b4 *(13.♘a4 ♗e7 14.♖c1 0-0 15.♘d4±)* 13...♗xb4 14.♕a4 *(14.♘xd5! ♘xd5 15.♗xb4 ♘xb4 16.♕a4 ♖b8 17.a3 ♗b5 18.♕xb4 ♗xe2 19.♕a4 ♗xf3 20.♗xf3 0-0 21.♕xa7±)* 14...♕a5 15.♕xa5 ♗xa5 16.♘xd5 ♗xd2 17.♘xf6+ ♘xf6 18.♘xd2 ♖c8 19.♘b3 0-0 20.♘d4 ♖c7 *(20...♖fd8=)* 21.a4 ♖d8 22.e3 ♔f8 23.h3 ♖dc8 24.♘b5 ♗xb5 25.axb5⩲ 1/2 – 1/2 Anand – Karpov, Amber (às cegas/rápido) 1997

12.a3 ***♗e7***

12...♗d6 13.e4 ♘xe4 14.♘xe4 dxe4 15.♖xe4 ♗b7 16.♖h4 *(16.♖e1±)* 16...♗e7= Vassilev – Bojchev, Sofia 2004; 12...♗xc3 13.♗xc3 c5 14.♘d2 *(14.♖c1±)* 14...cxd4 15.♗xd4 e5 16.♗b2⩲ (Δ b4) Savchenko – Litwak, Unna (open) 2008

13.b4 ***♗b7***

13...♘e4?! 14.♘xe4 *(14.♖c1⩲* Ringwelski – Litwak, Unna (open) 2008*)* 14...dxe4 15.♘e5 ♘xe5 *(15...♗b7 16.♕c2±)* 16.dxe5 ♗b7 17.♕c2±; 13...c6 14.♕c2 ♖c8 15.e4 ♘xe4 16.♘xe4 dxe4 17.♖xe4⩲ (Δ ♖c1) 17...♗b7 1/2 – 1/2 Lalic– Spraggett, Salou (open) 2005

14.♘a4

O conhecido nesta posição era 14.♕c2 a5 *(14...♘b6 15.♘e5 ♘fd7 16.♘d3±)* 15.♘a4 *(15.bxa5±)* 15...axb4 16.♗xb4 ♖a7 *(16...♗a6=)* 17.♘b2± (Δ ♘d3) Abramovic – Beliavsky, Nova Gorica (open) 2000

14. ... ***♘e4***
15.♘c5

15.♗f4 a5 *(15...g5 16.♗e3±)* 16.♘c5±

15. ... ***♘dxc5***
16.bxc5

16. ... ***♗f6***

As brancas controlariam a coluna aberta após 16...♘xd2 17.♕xd2 ♗f6 18.♖ab1±; 16...f6 17.♕a4 ♘xd2 *(17...♕e8 18.♕a5 ♕c6 19.♖ab1±)* 18.♘xd2 ♕e8 19.♕a5 ♕d7 20.♖ab1±

17.♗e3

17.♗f4 ♗c6 *(17...♕e7 18.♕a4±)* 18.♘e5 ♗xe5 19.dxe5±

17. ... ***♗c6***

17...♕e8 18.♕c2 ♗c6 19.♘e5±

18.♕c2

18.♘e5 ♗xe5 19.dxe5 f6 20.♕d4±

18. ... ***♖b8***
19.♖ab1

19.♘e5 ♗xe5 20.dxe5 f6 21.♖ab1±

19. ... ***♕e7***

19...♕d7 20.♘e5 ♗xe5 21.dxe5 f6 22.exf6 ♘xf6 23.♗d4±

20.♖xb8

20.♘e5 ♗xe5 21.dxe5±

20. ... ***♖xb8***
21.♖b1

21.♘e5 ♗xe5 22.dxe5 ♕d8 23.♖b1 h6 *(23...♖xb1+ 24.♕xb1±)* 24.♖xb8 ♕xb8 25.f3 ♘g5 26.♗d4±

21. ... ***♕e8***
22.♘e5

22.♖xb8 ♕xb8 23.♘e5 ♗xe5 24.dxe5 h6 25.f3 ♘g5 26.♗d4±

22. ... ***♗xe5***

22...♖xb1+ 23.♕xb1 ♗b5 24.♕b4 ♗xe2 25.f3 ♗g5 26.♗xg5 ♘xg5 27.♕d2 ♗b5 28.♕xg5 f6 29.♕f4 fxe5 30.♕xe5± Δ ♗h3

23.dxe5 ***h6***

23...♖xb1+ 24.♕xb1 ♘c3 25.♕d3 ♘a4 26.♕a6 ♕a8 27.♗d4 ♕b7 28.♕xb7 ♗xb7 29.e3±

24.f3

24.♖xb8 ♕xb8 25.f3 ♘g5 26.♗d4⩲

24. ... ***♖xb1+***

24...♘g5 25.♗d4 ♘h7 *(25...♖xb1+ 26.♕xb1⩲)* 26.♖xb8 ♕xb8 27.e3⩲

25.♕xb1 ***♘c3***

26.♕d3

As brancas poderiam manter a vantagem com 26.♕c2! ♘b5 *(26...♘a4 27.f4⩲)* 27.♕d3 a5 28.a4 ♘a7 29.♕a6⩲ Δ ♕xa5

26. ... ***♘a4***
27.♕b3

27.♕a6 ♘c3 28.♕xa7 *(28.f4 ♕a8=; 28.♗f1 ♗b5 29.♕xa7 ♘xe2+ 30.♔g2 ♕c6=; 28.♗d2 ♗b5 29.♕xa7 ♘xe2+ 30.♔f2 ♕c6 31.a4 ♗c4=)* 28...d4 29.♗d2 ♘xe2+ 30.♔f2 ♘c3 31.♕xc7 ♕a8⯹

27. ... ***♗b5***
28.♗f1 ***a5***

As pretas poderiam manter a igualdade com 28...♕c6 29.♕b4 a5!=

29.♗d4 ***♕c6***
30.e3 ***♗xf1***
31.♕b8+ ***♔h7***
32.♕b1+ ***♔g8***

32...g6 33.♕xf1 ♔g7 34.g4± Δ h4

33.♕b8+ ***♔h7***
34.♕b1+ ***♔g8***
35.♕xf1 ***♕b7***
36.♕d3 ***g6***

Se 36...h5 as brancas seguiriam com 37.h4± Δ g4

37.g4 ***♔f8***
38.h4 ***c6***
39.h5

39. ... ***♕b5??***

O erro fatal no controle de tempo. Era necessário jogar 39...gxh5 40.gxh5±

40.♕xb5 ***cxb5***
41.c6

e as pretas abandonaram, pois as brancas ameaçavam jogar 42.g5! para criar um peão passado na ala do rei.

1-0

Vaganian, Rafael – Mecking, Henrique [D78]

King's Tournament Bazna, 2008

1.d4	***♘f6***
2.♘f3	***g6***
3.c4	***♗g7***
4.g3	***c6***
5.♗g2	***d5***
6.♕b3	***0-0***
7.0-0	***♕b6***
8.♘c3	***♗f5***
9.♘e5	***♗e6***

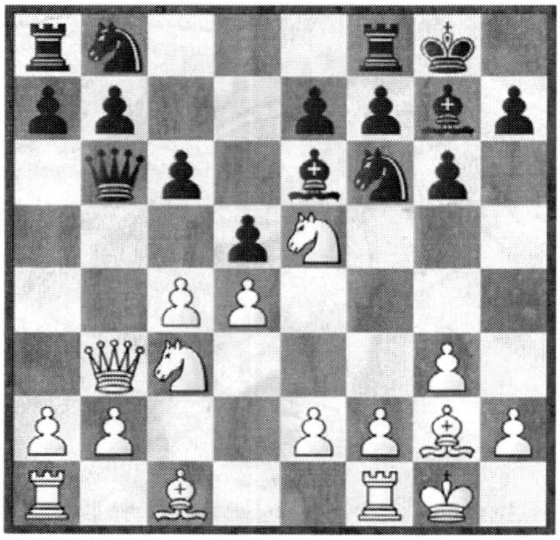

10.c5

Duvidosa a continuação 10.♖d1?! dxc4! 11.♘xc4 ♕a6! 12.d5□ cxd5 13.♘xd5 ♘xd5 (as pretas conseguem ativar as torres após *13...♘c6!∓*) 14.♗xd5 ♗xd5 15.♖xd5 ♘c6 16.♗e3!= (Δ ♖ad1) Goldin – Beshukov, Rússia (ch) 1996; Merece atenção a variante 10.♕d1!? ♘a6 11.cxd5 ♘xd5 12.♘a4 ♕c7 13.e4 ♘b6 14.♗f4 g5 15.♘xb6 *(15.♗e3 ♖ad8 16.♘xb6 axb6 17.f4 gxf4 18.gxf4 f6=)* 15...♕xb6 *(15...axb6 16.♗e3 c5=)* 16.♗e3 ♕xb2? *(16...c5 17.d5 ♗xe5 18.dxe6 ♕xe6 19.♗xg5±)* 17.♖b1 ♕c3 *(17...♕a3 18.♖xb7+−; 17...♕xa2 18.♖xb7+−)* 18.♖xb7+− Wojtkiewicz – Kaminski, Wisla 1992

10. ...	***♕xb3***
11.axb3	***♘fd7***
12.♘xd7	

As brancas poderiam evitar a troca e jogar 12.♘f3=

12. ...	***♘xd7***
13.♖d1	***♗f5***
14.b4	***a6***

15.f3

As brancas poderiam evitar o avanço do peão central das pretas com 15.f4!?

15. ...	***e5!∓***
16.♗e3	

O plano das pretas é abrir a coluna central e aproveitar que as peças pretas estão mais ativas do que as peças brancas, por exemplo: 16.e3 exd4 17.exd4 ♖fe8 18.♔f2 ♘f8∓ Δ ♘e6

16. ...	***♖ae8***
17.♗f2	

17.h3 exd4 18.♗xd4 ♘e5 19.♖ac1 *(19.g4 ♗c2∓)* 19...♖e7 20.b3 *(20.g4 ♗e6∓)* 20...g5 21.♖d2 ♖fe8∓

17. ... exd4
18.♗xd4 ♘e5
19.♖ac1 g5
20.♔f2 g4
21.f4 ♘c4
22.b3

22.♗xg7 ♔xg7 23.♖d4 ♘e3 24.♗e4 ♗xe4 25.♔xe3 ♖e6∓

22. ... ♘a3
23.♗xg7 ♔xg7
24.♖d2 ♘b5

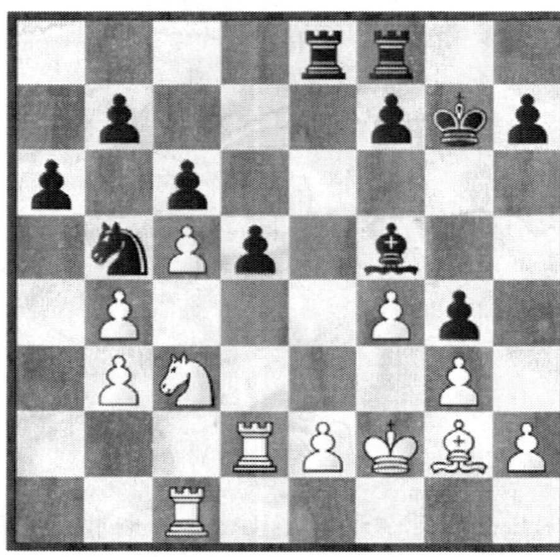

25.e3?!

Era melhor trocar os cavalos para poder ativar a torre após 25.♘xb5 axb5 26.♖a1 h5 27.♖a7 ♖e7∓

25. ... ♘xc3
26.♖xc3 ♖e6∓
27.♖d4 ♖fe8
28.♗f1 h5
29.♗g2 ♔g6
30.♗f1 h4
31.♗g2

31.gxh4 ♔h5 32.♗g2 ♔xh4∓

31. ...	***hxg3+***
32.hxg3	***♗e4***
33.♗xe4+	***♖xe4***
34.♖cd3	***♔f5***
35.♖c3	***f6***

35...♖h8 36.♔g2 ♖xd4 37.exd4 ♔e4-+

36.♖cd3	***♖4e7***
37.♖c3	***♖h8***

0-1

Mecking, Henrique – Khalifman, Alexander [D17]

King's Tournament Bazna, 2008

1.d4 d5
2.c4 c6
3.♘f3 ♘f6
4.♘c3 dxc4
5.a4 ♗f5
6.♘e5 ♘bd7
7.♘xc4

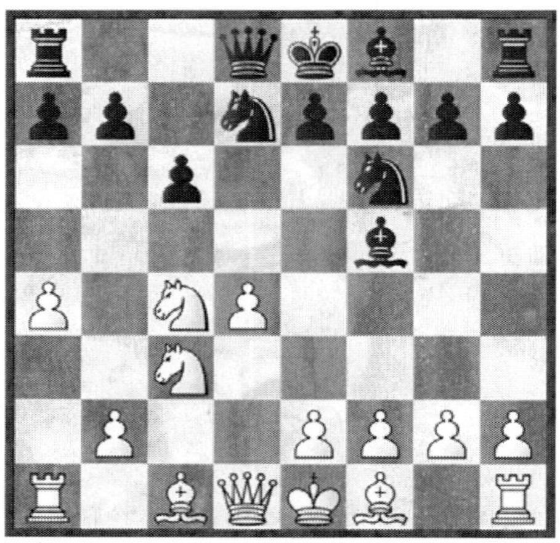

7. ... ♕c7

7...♘b6 8.♘e5 e6 9.f3 ♘fd7 10.♘xd7 ♘xd7 11.e4 ♗g6 12.♗e3 ♗d6 13.♗e2 ♕c7 14.♔f2 0-0= Mecking – Megaranto, Calvia (ol) 2004

8.g3 e5
9.dxe5 ♘xe5
10.♗f4 ♘fd7
11.♗g2 g5

Nesta posição, as pretas conseguem obter a igualdade com 11...♖d8 12.♘xe5 *(12.♕c1 f6 13.0-0 ♗e6 14.♘e4 ♗e7 15.a5* [Gipslis – Sakharov, Moscou 1966] *15...♗xc4! 16.♕xc4□ f5!=)* 12...♘xe5 13.♕b3 ♗d6 14.♘e4 ♗xe4 15.♗xe4 ♕b6 *(15...♘g4 16.♗xd6 ♖xd6*

17.0-0 0-0 18.♖ad1 ♖fd8=) 16.♕xb6 axb6 17.0-0-0 ♔e7= Mecking – Fernandes, Ibero–Americano 2006; 11...f6 12.0-0 0-0-0 13.♕c1 *(13.♘xe5 ♘xe5 14.♕b3 ♕f7 15.♕xf7 ♘xf7 16.♖fd1 ♗d6=)* 13...♘c5 14.♗xe5 fxe5 15.♕e3 ♘b3 16.♖ad1 ♗c5 17.♕xe5 ♕xe5 18.♘xe5 ♖he8 19.♘c4 *(19.♘f7 ♖d2=; 19.♖xd8+ ♔xd8=)* 19...♗e6= Avrukh – Hector, Politiken Cup 2009

12.♘e3

Provavelmente, a melhor opção das brancas seja aceitar o peão e deixar as pretas com o par de bispos após 12.♘xe5 gxf4 13.♘xd7 0-0-0 *(13...♕xd7 14.♕xd7+ ♗xd7 15.gxf4±; 13...♗xd7 14.♕d4 ♖g8 15.0-0-0±* Nielsen – Hector, Middelfart (rápido) 2003*)* 14.♕d4 ♕xd7 15.♕xf4 ♗d6 16.♕h6 *(16.♕c1 ♔b8⩱* Kramnik – Anand, Rússia – Resto do Mundo (rápido) 2002*)* 16...♗c7 17.a5 *(17.♖d1±)* 17...a6 18.0-0 ♕e6⩱ Piket – Van Wely, Holanda 2002

12. ...	***gxf4***
13.♘xf5	***0-0-0***

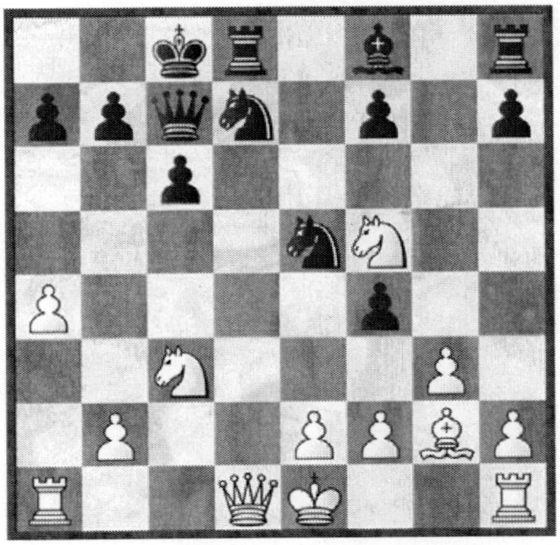

14.0-0

O contra–jogo na coluna h é suficiente para igualar a posição após 14.♕c2 ♘c5 15.0-0 fxg3 16.hxg3 a5 17.♖fd1 h5 18.♖xd8+ ♕xd8 19.♖d1 ♕f6 20.♕d2 ♔b8 21.♗h3 (Mikhalevski – Ni Hua, Edmonton (open) 2009) 21...♘g6!= Δ h4

14. ... ***♘g6***

14...♘c5 15.♕c2 fxg3 16.hxg3 a5 17.♖fd1 h5 18.♖xd8+ ♕xd8 19.♖d1 ♕f6 20.♕d2 ♔b8 21.♗h3 ♘g6!= Δ h4

15.a5

As brancas poderiam jogar de maneira ativa para manter uma vantagem posicional com 15.♕b3!? ♘c5 16.♕c2 ♘e6 *(16...h5 17.b4 ♘e6 18.b5±)* 17.♖ad1±

15. ... ***a6***

As pretas poderiam jogar 15...♔b8= sem debilitar a ala da dama.

16.♕d4 ***♔b8***

As pretas poderiam propor a troca de damas com 16...♕e5 17.♕xe5 *(17.♕e4 ♘c5=)* 17...♘dxe5=

17.♖fd1 ***♗c5***
18.♕c4 ***♕e5***
19.♘h6

As brancas poderiam jogar de maneira mais ativa na coluna d com 19.♘d4 fxg3 *(19...♘f6? 20.♘xc6+! bxc6 21.♗xc6 ♔a7 22.♘d5+−)* 20.hxg3 ♗xd4 21.♖xd4 ♕e7 22.♖ad1 ♘de5 23.♕b3 ♖xd4 24.♖xd4 ♖d8 25.♕d1⩲

19. ... ***♕h5***
20.♘xf7

20. ... ***♘ge5***

As pretas poderiam igualar o final com 20...fxg3! 21.hxg3 ♘ge5! 22.♘xe5 ♘xe5 23.♖xd8+ *(23.♕h4 ♕xh4 24.gxh4 ♘c4!=)* 23...♖xd8 24.♕h4 ♕xh4 25.gxh4 ♘c4!=

21.♘xe5	***♘xe5***
22.♖xd8+	***♖xd8***
23.♕xf4	***♖f8***
24.♗f3!	***♗xf2+***

25.♔g2!	***♖xf4***
26.♗xh5	***♖f8***
27.♖a4	***♗c5***

Apesar dos bispos de cores opostas, as brancas poderiam pressionar o peão preto da ala do rei após 27...♗e1 28.♗f3 ♔c7 *(28...♘xf3 29.exf3±)* 29.♖h4 ♖f7 30.♗e4⩲

28.♘e4

28.♗f3 ♖f7 29.♖e4 ♗d6 30.♘d1 ♔c7 31.♘e3⩲

28. ...	***♗e7***
29.e3	

29.♗f3 ♖d8 30.♘f2 ♖d2 31.♖e4 ♗f6 32.b4⩲

29. ...	***♖d8***

As pretas poderiam igualar a posição com 29...♘d3!=

30.♗e2	***♔c7***
31.h4	***h6***

As pretas poderiam colocar a torre numa posição mais ativa com 31...♖d5= Δ h6 para bloquear o avanço na ala do rei.

32.h5

As brancas poderiam ativar a torre com 32.♖d4⩲

32. ...	***♘d3***
33.♗xd3	

Torre e bispo coordenam melhor que torre e cavalo e, mesmo com um peão a menos para as pretas, o final está empatado após 33...♖xd3.

½-½

Flores, Diego – Mecking, Henrique [E54]

Brasília (m/5), 05.12.2008

1.c4	***♘f6***
2.♘c3	***e6***
3.d4	***♗b4***
4.e3	***0-0***
5.♗d3	***c5***
6.♘f3	***d5***
7.0-0	***cxd4***
8.exd4	***dxc4***
9.♗xc4	***b6***

10.♗g5

Outras opções principais nesta posição da Nimzo-India são 10.♖e1 ; 10.♕e2

10. ...	***♗b7***
11.♖c1	

Outras alternativas para continuar o desenvolvimento são: 11.♘e5 ♘bd7 12.♘xd7 ♕xd7 13.♗xf6 gxf6 14.d5 ♗xc3 15.bxc3 ♗xd5 16.♕g4+ ♔h8 17.♕d4 ♕d8 18.♗xd5 exd5 19.♖fe1=∞ Simonet – Schandorff, Bled (ol) 2002; 11.♕d3 ♘bd7 12.♖ad1 ♗xc3 *(12...♖c8=)* 13.bxc3 ♕c7 *(13...♖c8=)* 14.♗b3 ♗e4 *(14...♘e4=)* 15.♕e3 ♕b7

(15...♗d5=) 16.c4! ♖fe8 17.♖fe1± Gluzman – Rogers, Austrália (ch) 1997; 11.♕e2 ♗xc3 12.bxc3 ♘bd7 13.♘e5 *(13.♗d3 ♕c7= Δ ♖ac8)* 13...♕c7 *(13...♖c8=)* 14.♘xd7 ♘xd7 15.♖ac1 h6 *(15...♕c6 16.f3±; 15...e5 16.♖fd1±)* 16.♗h4 ♖fe8 *(16...♕f4 17.♗g3±; 16...♖ac8 17.♗d3±)* 17.♖fe1± Khamrakulov– Rodshtein, Dresden (ol) 2008

11. ...	***♘c6***
12.♗d3	

As brancas optaram por outras continuações nesta posição com 12.a3 ♗e7 13.♕d3 ♘d5 *(13...h6=)* 14.♗xd5 exd5 *(14...♗xg5 15.♘xg5 ♕xg5 16.f4 ♕e7 17.♗e4±)* 15.♗xe7 ♘xe7 16.♖fe1 ♖c8 17.h4 h6 18.h5± Ivanchuk – Karpov, Linares 1991; 12.♖e1 ♗e7 13.a3 ♖c8 14.♗a2 ♘d5 15.♗d2 ♘xc3 16.♗xc3 ♗f6 *(16...♘a5= Δ ♗d5)* 17.d5!± Speelman – Levitt, Londres 1992

12. ...	***♗e7***

O conhecido nesta posição era 12...♘e7 13.a3 *(13.♕e2 ♘ed5=; 13.♖e1 ♘ed5=; 13.♗xf6 gxf6 14.♕e2 ♖c8=)* 13...♗xc3 14.bxc3 ♘g6 15.♖e1 *(15.♕e2 ♖c8=)* 15...♖c8 16.h4 *(16.♕e2 ♕d7=)* 16...♕d6 17.♘d2 h6 *(17...♘f4=)* 18.♗xf6 gxf6 19.♗e4 ♗a6 20.♗xg6 *(20.♕a4 b5 21.♕b4±)* 20...fxg6 21.♕b3 ♕d5 22.♕c2 1/2–1/2 Korchnoi – Gelfand, Biel 2001.

13.♗b1	***♖c8***
14.a3	***♖e8***
15.♕d3	

15. ... g6

Obviamente se 15...h6? as pretas estariam sob ataque após 16.♗xf6 ♗xf6 17.d5! ♘e5 *(17...♘e7 18.d6+−; 17...exd5 18.♕h7+ ♔f8 19.♗f5±)* 18.♕h7+ ♔f8 19.♘xe5 ♗xe5 20.♖cd1 ♗xd5 *(20...♕h4 21.g3±; 20...♕g5 21.g3±)* 21.♘xd5 exd5 22.♗f5±

16.♖fe1

16.♗a2 ♘g4 17.♗xe7 ♘xe7 18.♖fd1 ♘f5 19.d5 exd5 20.♗xd5 ♗xd5 21.♘xd5 *(21.♕xd5 ♕xd5 22.♖xd5 ♘f6=)* 21...♖xc1 22.♖xc1 ♕d6 23.h3 ♘e5 24.♘xe5 ♕xe5=

16. ... ♘a5

16...♘d5 17.♘e4 ♗xg5 18.♘exg5 f6 19.♘e4 ♘ce7=

17.♗a2 ♘g4

As pretas poderiam manter a igualdade com 17...♘d5 18.♗xd5 *(18.♘xd5 ♗xg5 19.♖xc8 ♕xc8 20.♘xb6 ♕d8 21.♘a4 ♗xf3 22.gxf3 ♘c6=; 18.♘e4 ♖xc1 19.♖xc1 ♗xg5 20.♘exg5 f6 21.♘e4 ♘c6=)* 18...exd5 19.♗xe7 ♖xe7 20.♖xe7 ♕xe7 21.♖e1 ♕f8 22.♘d2 *(22.♕b5 ♕d6=; 22.♕e2 ♘c4=)* 22...♖e8=

18.♗xe7

As brancas poderiam conseguir uma pequena vantagem também com 18.♗f4 ♗d6 *(18...♘f6 19.b4 ♘c6 20.d5⩲)* 19.♗xd6 ♕xd6 20.h3 ♗xf3 *(20...♘f6 21.♘e5 ♘c6 22.♖cd1⩲)* 21.♕xf3 ♕h2+ 22.♔f1 ♘h6 23.g4⩲

18. ... ♖xe7

Se 18...♕xe7? seguiria 19.d5! ♕d7 *(19...♕c5 20.♕d2+−)* 20.h3 ♘f6 21.♘e5 ♕d8 22.dxe6 fxe6 23.♕g3!+−

19.d5

19.h3 ♘f6 20.♘e5 a6 *(20...♘c6 21.♕e3⩲)* 21.♕g3⩲

19. ... ***exd5***
20.♘xd5

As brancas poderiam manter sua pequena vantagem com 20.♖xe7 ♕xe7 21.b4! d4 *(21...♘e5 22.♘xe5 ♕xe5 23.bxa5 d4 24.♘e2 ♖xc1+ 25.♘xc1 ♕e1+ 26.♕f1 ♕xa5 27.♕e2±)* 22.♖e1 ♕d7 23.♘e4 ♗xe4 24.♕xe4 ♘c4 25.h3 ♘f6 26.♕h4±

20. ... ***♖xe1+***
21.♖xe1 ***♗xd5***

22.♗xd5?

Era melhor trocar as damas e entrar no final com 22.♕xd5 ♕xd5 23.♗xd5 ♘f6 24.♗a2 ♖c2 25.♘e5 ♖xb2 26.♗xf7+ ♔g7=

22. ... ***♘f6***
23.♗e4

Mecking aceitou empate numa posição claramente melhor, pois havia 23...♘c4! e as pretas ganhariam um peão com vantagem no final.

½-½

Mecking, Henrique – Flores, Diego [E64]

Brasília (m/6), 06.12.2008

1.d4	***♘f6***
2.c4	***g6***
3.♘f3	***♗g7***
4.g3	***0-0***
5.♗g2	***d6***
6.0-0	***c5***
7.d5	***♘a6***
8.♘c3	***♘c7***
9.e4	

Outra alternativa para as brancas nesta variante da India da Dama é 9.a4 Δ a5; Δ e4

9. ...	***♗g4***

10.a4

As brancas ficam com o par de bispos e uma pequena vantagem de espaço no centro após 10.h3 ♗xf3 11.♕xf3 ♘d7 *(11...a6 12.a4 b5 13.axb5 axb5 14.♖xa8 ♕xa8 15.cxb5 ♕a5 16.e5±* Nikolic – Torre, Wijk aan Zee 1984*; 11...♖b8 12.a4 a6 13.a5 e6 14.♗f4 exd5 15.exd5 b5 16.axb6 ♖xb6 17.♘a4 ♖b8 18.g4±* Nikolic – Damljanovic, Bled 1991*)* 12.♗g5 ♖b8 13.♕e2± Nikolic – Smirin, Tilburg 1992

10. ... ***e6***
11.♗f4

11.h3 ♗xf3 12.♕xf3 ♘d7 13.♗f4⩲

11. ... ***exd5***
12.cxd5 ***♘h5***
13.♗e3 ***♘f6***
14.♗g5

14.h3 ♗xf3 15.♕xf3 ♖e8 16.♗g5 h6 17.♗f4⩲

14. ... ***♖e8***

Outras alternativas das pretas comprovam a pequena vantagem das brancas na abertura: 14...h6 15.♗e3 ♖e8 16.h3 ♗d7 17.♘d2⩲; 14...♕d7 15.♕b3 ♖ab8 16.♘d2⩲

15.h3 ***♗xf3***
16.♗xf3⩲

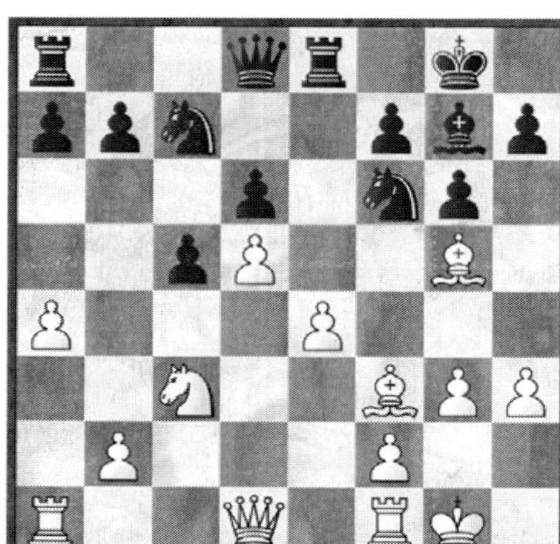

16. ... ***♕e7***
17.♕d2 ***♕f8***
18.♖fe1 ***♘d7***
19.♗e2 ***a6***

Seria ilusório ganhar o peão com 19...♗xc3 20.bxc3 ♖xe4 por causa da posição ativa das peças brancas após 21.♗g4! ♖xe1+ 22.♖xe1 f6 *(22...f5 23.♗e7 ♕f7 24.♗xd6 ♕xd5 25.♕xd5+ ♘xd5 26.♗f3 ♘xc3 27.♖e7 ♘f6 28.♗xc5 ♘ce4 29.♗d4 ♖d8 30.♗xa7 ♖d7 31.♖xd7 ♘xd7 32.♗d4±)* 23.♗xd7 fxg5 24.♕xg5 ♕f3 25.♖e7 *(25.c4 ♖f8 26.♕d2±)* 25...♖f8 26.♕d2±

20.♕c2 ♖ab8
21.♔g2 ♘e5
22.a5 b5
23.axb6 ♖xb6
24.♖a2 ♖eb8
25.♖ea1 ♕e8

As pretas poderiam jogar diretamente 25...♕c8!? Δ ♕b7

26.♗c1 ♕c8
27.♖a5

27.♘a4 ♖6b7 28.f4 ♘d7 29.♘c3±

27.... ♕b7
28.♘a4 ♖b3
29.♘xc5

As brancas poderiam manter uma pequena vantagem com 29.♗d2 f5 30.f4 ♘d7 31.♗c4 fxe4 32.♕xe4±

29.... dxc5
30.♖xc5 ♘e8
31.♗xa6

As brancas deveriam manter o controle da casa f3 e manobrar as torres com 31.♖a4!? Δ ♖c3

31.... ♕e7!

As brancas conseguiram três peões pela peça sacrificada, mas as peças pretas estão muito ativas na posição.

32.♖c8?

Um erro que perde a partida. Era melhor permitir que as pretas devolvessem a peça por dois peões após 32.♖c3 ♖3b4! 33.f4 ♘d7 34.e5 ♘xe5! 35.♕e2 ♘d6 *(35...♕d6 36.fxe5 ♗xe5∓)* 36.fxe5 ♗xe5 37.♖e3 f6∓

32. ... ♘f3!-+

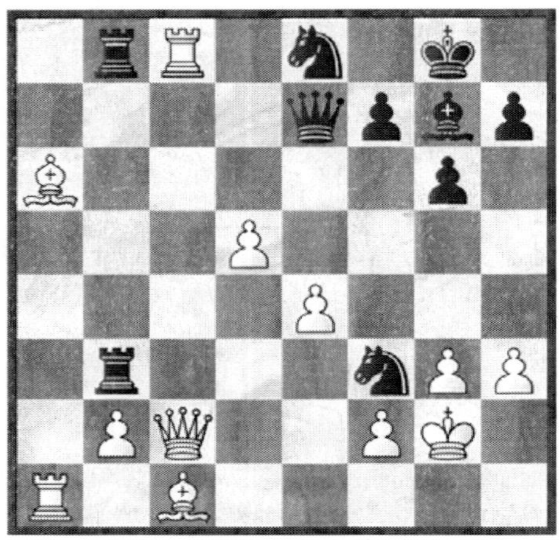

33.♗e3

33.♕c4 ♘d4! 34.♖xb8 ♕xe4+ 35.♔h2 ♖xb8-+; 33.♗f4 ♘d4! 34.♕b1 ♖xc8 35.♗xc8 ♖xb2 36.♖a7 *(36.♕xb2 ♕xe4+ 37.f3 ♘xf3-+)* 36...♖xf2+ 37.♔xf2 ♕xa7-+

33. ... ♖xc8

33...♖xb2 34.♕d3 ♖xc8 35.♗xc8 ♘e5-+

34.♕xb3

34.♗xc8 ♖xb2 35.♕d1 *(35.♖a7 ♘e1+-+; 35.♕d3 ♘e5-+)* 35...♘d4 36.♕d3 ♘c2-+

34. ... ♕xe4
35.♔f1 ♖c2

35...♘d4 36.♗xd4 ♗xd4 37.♗xc8 ♕h1+ 38.♔e2 ♕xa1-+

36.♗d3

36.♕d3 ♘d2+ 37.♔g1 ♖xb2 38.♕xe4 ♘xe4-+

36. ... ♘d2+!

37.♗xd2	***♕h1+***
38.♔e2	***♖xd2+***
39.♔xd2	***♕xa1***
40.d6	***♕a5+***
41.♔e2	***♕e5+***
42.♔f1	***♕xd6***
43.♕b5	***♕e5***
44.♕c6	***♘d6***
45.b3	***♕d4***
46.♕a8+	***♗f8***
47.♕f3	***h5***
48.g4	***h4***
49.♔g2	***♗e7***
50.♕e3	***♕d5+***
51.♕f3	***♕xb3***
52.♔g1	***♗g5***
53.♔g2	***♔g7***
54.♔g1	***♕b4***
55.♕d5	***♕f4***
56.♔g2	***♗f6***
57.♔g1	***♗d4***

0-1

Mecking, Henrique – Sasikiran, Krishnan [D45]

Corus B Wijk aan Zee, 2009

1.d4	***d5***
2.c4	***c6***
3.e3	***♘f6***
4.♘c3	***e6***
5.♘f3	***a6***
6.♕c2	***c5***

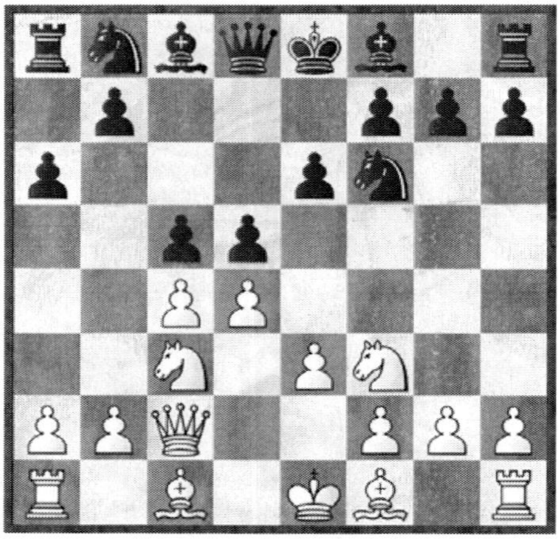

7.cxd5

7.dxc5 ♗xc5 8.a3 *(8.cxd5 exd5 9.♗e2 ♘c6 10.0-0 0-0 11.♖d1 ♗d6 12.h3 ♗e6=)* 8...dxc4 9.♗xc4 b5 10.♗d3 *(10.♗e2 ♘bd7 11.0-0 0-0 12.b4 ♗e7=)* 10...♘bd7 11.b4 *(11.♘e4 ♗e7=)* 11...♗e7 12.♗b2 ♗b7 13.♖d1 0-0 14.0-0 ♖c8 *(14...♕c7? 15.♘d5!±* Sakaev – Izoria, Moscou 2003*)* 15.♕b1 ♕b6=

7. ...	***exd5***
8.♗e2	***♘c6***
9.0-0	***♗e6***
10.dxc5	

10.♖d1 ♘b4 11.♕d2 *(11.♕b1 ♕c8 12.e4 ♘xe4 13.♖e1 ♗e7 14.♘xe4 dxe4 15.♕xe4 0-0 16.a3 ♕c6=* Dreev – Jakovenko, Rússia (ch) 2005*)* 11...♘e4 12.♘xe4 dxe4 13.♘e5 cxd4 14.exd4

♗d6 15.a3 ♘d5 16.♕c2 f5 17.f3 0-0 *(17...♗xe5 18.dxe5 ♕b6+ 19.♔h1±; 17...♕c8 18.♘c4 0-0 19.fxe4 ♘b6 20.e5 ♗xe5 21.dxe5 ♘xc4 22.♗xc4 ♕xc4 23.♕xc4 ♗xc4=)* 18.fxe4 ♖c8 19.♗c4?! *(19.♕d3±)* 19...♗xe5! 20.exd5 ♗xd5?? *(20...♗xh2+! 21.♔xh2 ♗f7!∓ Δ ♕c7–c4)* 21.♗xd5+ 1-0 Grischuk– Svidler, Amber (rápido) 2006

10. ... ♗xc5
11.♖d1 ♕e7

11...♘b4 12.♕d2 0-0 13.a3 ♘c6 14.b4 ♗a7 *(14...♗b6 15.♗b2 ♕e7 16.♖ac1±* Belozerov – Rublevsky, Rússia 2004*)* 15.♗b2 ♕e7 16.♖ac1 ♖ac8=

12.a3 0-0
13.b4 ♗d6
14.♗b2 ♖ac8
15.♖ac1 ♖fd8
16.♕b1

16. ... a5

As pretas poderiam jogar 16...♗b8!? de maneira profilática para defender a posição.

17.bxa5

As brancas poderiam aproveitar para atacar simultaneamente as duas alas com 17.♘b5 axb4 *(17...♗b8 18.♘g5±)* 18.♘xd6 ♕xd6 19.♘g5 bxa3 20.♗xf6 gxf6 21.♕xh7+ ♔f8 22.♘xe6+ ♕xe6 23.♖b1±

17. ...	***♗xa3***
18.a6	

As brancas poderiam manter a pressão contra o peão isolado central após 18.♗xa3 ♕xa3 19.♕xb7 ♘xa5 20.♕b6 ♘b3 *(20...♖d6 21.♕a7 ♖d7 22.♕a6 ♖dc7 23.♖a1 ♕xc3 24.♕xa5±)* 21.♖b1 ♖b8 22.♕a6 ♕xa6 *(22...♕f8 23.♘b5 ♘c5 24.♕a3±; 22...♕e7 23.♘e5±)* 23.♗xa6 ♘c5 24.♗e2±

18. ...	***♗xb2***
19.♕xb2	***bxa6***
20.♗xa6	***♖b8***
21.♕e2	

21. ...	***♘b4***

As pretas poderiam igualar a posição com 21...h6 22.♗b5 *(22.♗d3 ♘b4=; 22.h3 ♕b4=)* 22...♖dc8=

22.h3	***♘e4***

22...♘xa6 23.♕xa6 ♖a8 *(23...h6 24.♘d4±)* 24.♕d3 h6 *(24...♖dc8 25.♘d4±)* 25.♘d4±

23.♘d4 ***♖d6***

23...♘d6 24.♕f3 ♘xa6 *(24...♕g5 25.♗f1⩲)* 25.♘c6 ♕e8 26.♘xd5 ♗xd5 27.♖xd5 ♘c7 28.♘xb8 ♘xd5 29.♘c6 ♘c7 30.♘xd8 ♕xd8 31.♕c6⩲

24.♗d3

24.♘xe4 ♖xa6 *(24...dxe4 25.♘xe6 ♖xa6 26.♘c5 ♖c6 27.♕c4 ♘d3 28.♖b1 ♖xb1 29.♖xb1 g6 30.♕d4±)* 25.♘c5⩲

24. ... ***♗d7***
25.♗b5 ***♗xb5***

25...g6 26.♗xd7 ♖xd7 27.f3 ♘xc3 28.♖xc3⩲

26.♘dxb5

26. ... ***♖f6?***

Era melhor manter a defesa do peão central com 26...♖d7 27.♖b1⩲; 26...♖dd8 27.♖d4±

27.♘xe4 ***dxe4***

Se 27...♕xe4 as brancas ganham o peão central com 28.♖d4 ♕e7 29.♕d2 ♖c6 30.♖xc6 ♘xc6 31.♖xd5±

28.♖c7 **♕e5**

Se 28...♕e6 as brancas ganham o peão central com 29.♖b7 ♖f8 *(29...♕c8 30.♖xb8 ♕xb8 31.♘c3 ♖e6 32.♕c4±)* 30.♘d4 ♕d6 31.♕g4 ♖d8 *(31...♖e8 32.♘f5+−)* 32.♕xe4±

29.♕c4 **h5?**

Era necessário criar uma casa de fuga, mas sem debilitar tanto o flanco do rei, com 29...h6 30.♘d6

a) 30...♖d8 31.♖xf7! ♕e6 *(31...♖xf7 32.♕xf7+ ♔h7 33.♕f4+−)* 32.♖xg7+! ♔xg7 33.♕c7+ ♖d7 34.♘e8+! ♕xe8 35.♖xd7+ ♖f7 36.♖xf7+ ♕xf7 37.♕c3++−;

b)30...♕e6 31.♘xe4 ♖g6 32.♔h2±.

30.♘c3

As brancas ganhariam com 30.♘d6! ♖d8 *(30...♕e6 31.♘xe4+− Δ* ♕xe6*)* 31.♖xf7! ♕e6 *(31...♖xf7 32.♕xf7+ ♔h7 33.♕c7+−)* 32.♖xg7+! ♔xg7 33.♕c7+ ♖d7 34.♘e8+! ♕xe8 35.♖xd7+ ♖f7 36.♖xf7+ ♕xf7 37.♕c3++−

30. ... **♘d3**
31.♘xe4

31. ...	***♖g6?***

Era possível defender a posição e levar para um final de torres com 31...♖e6□ 32.♕c3 ♕xe4 33.♕xd3 ♕xd3 34.♖xd3± Δ ♖dd7

32.♕xf7+	***♔h7***
33.♖e7	***♕b5***
34.h4	***♘e5***
35.♕f5	***♕***
36.♘g5+	***♔h8***
37.♖f1	***♕b2***
38.♕xe5	

1-0

Fier, Alexandr – Mecking, Henrique [A13]

São Paulo (m/1), 23.09.2009

1.c4 ***e6***
2.♘f3 ***d5***
3.b3 ***♘f6***
4.♗b2 ***♗e7***
5.g3 ***dxc4***

Normalmente as pretas completam o desenvolvimento da ala do rei com 5...0-0

6.bxc4 ***b6***
7.♗g2 ***♗b7***
8.0-0 ***c5***
9.e3

As brancas podem preparar o avanço do peão central com 9.d3 0-0 10.♘bd2 ♘fd7 11.e4 a6 12.e5 b5 13.♕e2 ♘c6 14.h4?! *(14.♖fd1=)* 14...♘b6 15.♘e4 ♘a4∓ Salov – Eingorn, URSS (ch) 1988

9. ... ***0-0***
10.d3 ***♘c6***
11.♕e2 ***♖c8***
12.♘c3

12. ... ♕c7

Já havia sido jogado anteriormente: 12...♘a5 13.♖fd1 a6 14.♖ab1 ♕c7 15.♗a1 ♘d7 16.♘d2 ♗xg2 17.♔xg2 ♖fd8= Kirov – Helmers, Makarczyk Memorial 1978; 12...♖c7 13.♖fd1 ♕a8 14.♘e1 ♖d8 15.f4 ♘e8 16.g4 ♗f6 17.♖ab1 ♖cd7=Baudin – Aglave, Bélgica 2006

13.♘d2

O conhecido nesta posição era 13.♖ad1 ♖fd8 14.♘e1 a6 15.f4 ♘a7 16.g4 b5 17.g5 ♘e8= (Δ ♘d6) D'Amore – Karkanaque, Elista (ol) 1998

13. ... ♖cd8
14.♖ad1 ♖d7
15.f4 ♘b4
16.♘f3

16. ... ♗xf3

Seria uma perda de tempo voltar o cavalo para defender a casa e5 com 16...♘c6 pois as brancas conseguiriam manter sua pequena vantagem com

a) 17.♘b5 ♕b8 *(17...♕d8 18.♘e5 ♘xe5 19.♗xb7 ♖xb7 20.fxe5±)* 18.♘e5 ♘xe5 19.fxe5±) 17...♘xe5 18.fxe5.

b) 17.♘e5 ♗xg2 *(18...♘e8 19.♘e4⩲)* 19.exf6! ♗xf1 20.♖xf1 ♗xf6 *(20...gxf6? 21.♕g4+ ♔h8 22.♘e4+−)* 21.♖xf6! ♖fd8 *(21...gxf6? 22.♕g4+ ♔h8 23.♘d5+−)* 22.♖f1⩲

17.♗xf3 ***a6***

Era melhor dobrar as torres na coluna semiaberta com 17...♖fd8 18.d4 cxd4 19.exd4 *(19.♖xd4 a6 20.♖fd1 ♘c6=; 19.♘b5 d3 20.♖xd3 ♕c8=)* 19...♘c6 20.♘b5 ♕c8 21.d5 exd5 22.cxd5 ♘b4 *(22...♘xd5 23.♗g4 ♗c5+ 24.♔h1 ♘e3 25.♗xd7 ♖xd7 26.♖xd7 ♕xd7 27.♖f3⩲)* 23.d6 ♗xd6 24.♖xd6 ♖xd6 25.♖c1 ♕e6 26.♘xd6 ♕xd6 *(26...♖xd6 27.♗e5=∞)* 27.♗e5=∞

18.a3 ***♘c6***
19.g4 ***♘e8***

As brancas conseguiram vantagem de espaço, por exemplo: 19...♖fd8 20.g5 ♘e8 21.♘e4⩲

20.♕g2

20.♘e4 ♘d6 21.♕g2⩲

20. ... ***♘a5***
21.♘e4

21. ... ♘d6

Era melhor dobrar as peças pesadas e pressionar o peão atrasado na coluna central com 21...♕d8 22.♕e2 ♘d6 23.g5⩲

22.♕h3

A vantagem das brancas é clara com demonstra a variante 22.f5 ♘xe4 *(22...exf5 23.gxf5 f6 24.♘g3±; 22...♕d8 23.f6 ♗xf6 24.♘xf6+ gxf6 25.♕h3±)* 23.fxe6 ♘d2 *(23...fxe6 24.♗xe4±)* 24.exd7 ♘xf1 25.♖xf1 ♕xd7 26.♗d5±

22. ... ♕d8

Agora o lance de dama é uma perda de tempo. Era melhor jogar: 22...f6 23.♘xd6 ♖xd6 24.♗e4±; 22...♘c6 23.♘xd6 ♖xd6 24.♗e4±

23.♘xd6 ♖xd6

24.♗e5

As brancas poderiam realizar o assalto final ao flanco do rei com 24.g5! f6 *(24...♘c6 25.♗e4 g6 26.♕h6 e5 27.♖f3+−; 24...♕e8 25.♗e4 g6 26.♗e5 ♘c6 27.♕h6+−; 24...g6 25.♕h6 f6 26.e4 ♖xd3 27.♗g4+−)* 25.e4 e5 *(25...fxg5 26.e5!+−)* 26.♗g4! ♘c6 *(26...fxg5 27.♗xe5+−; 26...exf4 27.♖xf4 fxg5 28.♖xf8+ ♗xf8 29.♗f5+−)* 27.♗e6+ ♔h8

28.♗f5 h6 29.♕h5 fxg5 30.fxe5 ♖xd3 31.e6! ♖d4 32.♗xd4 cxd4 *(32...♘xd4 33.♕g6 ♖xf5 34.♕xf5+−)* 33.♕g6 ♖xf5 34.♖xf5+−

24. ...	***♖d7***
25.♗e4	***g6***

25...h6 26.♖b1 ♖xd3 27.g5! ♗xg5 28.♗xd3 ♕xd3 29.fxg5 ♘xc4 *(29...hxg5 30.♖bd1±)* 30.gxh6 ♘xe5 31.♕g3±

26.♖b1

26. ...	***♖e8***

26...f6 27.♗c3 ♖xd3 28.♗xd3 ♕xd3 29.♗xa5 bxa5 30.g5±; 26...f5 27.gxf5 exf5 28.♗d5+ ♖xd5 29.cxd5±; 26...♖xd3 27.f5! ♗h4 *(27...exf5 28.gxf5+−)* 28.fxe6 ♘xc4 29.exf7+ ♖xf7 30.♖xf7 ♘xe5 31.♗xd3 ♘xf7 32.♗xa6±

27.g5

As brancas poderiam manter a vantagem com 27.♗a1! ♗f8 28.f5 exf5 *(28...e5 29.♗c3 ♗g7 30.♗d5+−)* 29.gxf5 g5 *(29...♖xe4 30.fxg6+−; 29...♕g5+ 30.♔h1+−)* 30.♕g2±

27. ...	***♗f8***

As pretas poderiam aproveitar a oportunidade para defender

melhor a posição com 27...♖xd3!? 28.♗xg6 *(28.♗xd3 ♕xd3=∞)* 28...fxg6 29.♕xe6+ ♔f8 30.f5! ♗f6□ 31.♗xf6 ♖xe6 32.♗xd8 ♖c6 *(32...gxf5 33.♖xf5+ ♔g7 34.♖xb6 ♖xb6 35.♗xb6 ♘xc4 36.♗xc5 ♘xe3 37.♖f3 ♖d1+ 38.♔f2±)* 33.fxg6+ ♔g7 34.♗xb6 ♘xc4 35.♖f6! ♖xf6 36.gxf6+ ♔xg6 37.♗xc5 ♘xe3 38.♖b6 a5 39.♖b5 ♘c4 40.♗e7±

28.♗f6

As brancas poderiam manter a vantagem com 28.♖f3! ♗g7 *(28...h5 29.gxh6 ♔h7 30.♖g3+−)* 29.♗xg7 ♔xg7 30.♕h6+ ♔g8 31.♖h3 f5 32.gxf6 ♕xf6 33.♖xb6 ♕a1+ 34.♔g2 ♕a2+ 35.♔g3±

28. ... ♕c7?

O erro decisivo. As pretas poderiam defender melhor a posição com 28...♗e7□ 29.♗a1 ♖xd3!? 30.♗xg6 *(30.♗xd3 ♕xd3=∞)* 30...fxg6 31.♕xe6+ ♔f8 32.f5! ♗f6□ 33.♗xf6 ♖xe6 34.♗xd8 ♖c6 *(34...gxf5 35.♖xf5+ ♔g7 36.♖xb6 ♖xb6 37.♗xb6 ♘xc4 38.♗xc5 ♘xe3 39.♖f3 ♖d1+ 40.♔f2±)* 35.fxg6+ ♔g7 36.♗xb6 ♘xc4 37.♖f6! ♖xf6 38.gxf6+ ♔xg6 39.♗xc5 ♘xe3 40.♖b6 a5 41.♖b5 ♘c4 42.♗e7±

29.♖f3+−

29. ... ♗g7
30.♗xg7 ♔xg7
31.♕h6+ ♔h8
32.♖h3 f5

33.gxf6	***♖f7***
34.♗xg6	***♖xf6***
35.♕xh7+	***♕xh7***
36.♖xh7+	***♔g8***
37.♗xe8	***♔xh7***
38.♖xb6	***♔g7***
39.♗a4	

1-0

Mecking, Henrique – Fier, Alexandr [E43]

São Paulo (m/2), 24.09.2009

1.d4	***♘f6***
2.c4	***e6***
3.♘c3	***♗b4***
4.e3	***0-0***
5.♘f3	

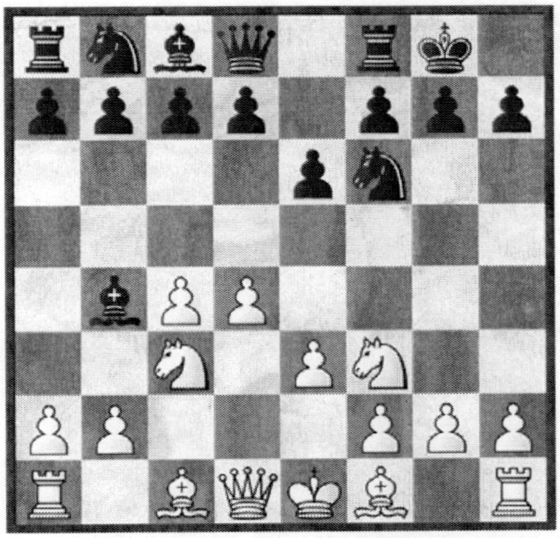

5. ...	***b6***

O lance principal na Nimzo–India (E51-E59) é 5...d5 ; também pode–se jogar 5...c5 Nimzo–India (E50)

6.♗d2

Se 6.♗d3 d5 haveria a transposição para uma Nimzo–India (E52)

6. ...	***♖e8***

As pretas poderiam jogar 6...♗b7 para transpor para Nimzo–India (E21)

7.♗d3	***♗b7***
8.0-0	***c5***

Nesta posição da Nimzo–India (E43) também é conhecida a variante 8...d6 9.a3 ♗xc3 10.♗xc3± ♘bd7 *(10...♘e4 11.♗e1± f5 12.♕c2 ♘d7 13.♘d2 ♘ef6 14.f3 c5 15.♗f2 ♖c8 16.♖fe1 cxd4 17.exd4 ♘d5 18.♗f1 ♕g5 19.♔h1 h5 20.♕d1 ♘f4 21.♖e3?! ♕f6= 22.g3 ♘g6 23.♕e2 h4 24.♖e1* 1/2 – 1/2 Hellsten – Cordova, Santiago 2006*)* 11.♘d2 *(11.b4 e5 12.♘d2±)* 11...e5 *(11...c5 12.b4⩲* Moiseenko – Pavlovic, MonarchAssurance 2004*)* 12.d5 *(12.b4⩲)* 12...b5 *(12...a5!?)* 13.e4 ♘c5 14.♕e2 bxc4 15.♘xc4 ♗a6 *(15...c6!?)* 16.♗b4 ♘fd7 *(16...♗xc4 17.♗xc4 ♘fxe4 18.♗b5 ♖e7 19.♗c6 ♖b8 20.♖ac1 a5 21.♗xa5 ♘b3 22.♕xe4 ♘xa5 23.b4 ♘b3 24.♖cd1 ♘d4=)* 17.♗c2 c6?! *(17...♘b6 18.b3±)* 18.dxc6 ♘b6 19.♗xc5 dxc5 20.♗d3 ♕d4 *(20...♘xc4 21.♗xc4 ♗xc4 22.♕xc4 ♕b6 23.b4±)* 21.♖ac1 ♖ad8 22.c7! ♖d7 *(22...♕xd3 23.cxd8♕ ♕xd8 24.♖fd1+–)* 23.♖fd1 ♘a4 24.♗b1 ♘c3 25.bxc3! 1-0Gulko – Kuzmin, URSS (ch) 1981

9.a3

9. ... ***cxd4***

Antecendente conhecido nesta posição era 9...♗xc3 10.♗xc3 d6 11.♖e1 *(11.b4±)* 11...♘bd7 *(11...♘e4!?)* 12.e4 cxd4 13.♘xd4 ♘e5 *(13...♘c5 14.f3±)* 14.b3 a6 15.a4 *(15.♗c2±)* 15...♕c7 16.♖c1 *(16.♗b2±)* 16...♖ad8 *(16...♘xd3 17.♕xd3 ♘d7 18.f3±)* 17.♗b1 ♘g6 18.♗b2 ♕b8 19.♖e3 ♗a8 20.♘e2⩲ Graf – Psakhis, Tilburg (rápido) 1994

10.exd4

As brancas ficariam com o par de bispos em posição ativa após 10.axb4! dxc3 11.♗xc3 h6 *(11...d6 12.♗c2±; 11...d5 12.c5±)* 12.e4 d6 13.e5±

10. ... ♗f8

Outra opção era simplificar a posição com 10...♗xc3 11.♗xc3 ♘e4 12.♖c1 ♘xc3 13.♖xc3⩲

11.♖e1	***d6***
12.♗g5	***♘bd7***
13.♘d2	***♕c7***
14.♖c1	***g6***
15.f3	***♗g7***

16.♘de4

As brancas poderiam manter a vantagem com 16.b4 a6 *(16...♖ac8 17.♘b3⩲)* 17.♘b3⩲

16. ... a6

As pretas poderiam igualar a posição com 16...♘xe4 17.♗xe4 ♗xe4 18.♖xe4 *(18.♘xe4 f5=)* 18...h6 19.♗h4 *(19.♗f4 ♘f6=)* 19...a6=

17.♗f4

17.♘xf6+ ♘xf6 18.♕d2 ♖ac8 19.♕f2±

17. ... ***♘xe4***
18.♗xe4

18. ... ***♖ad8?***

Um erro que provoca a perda de um peão. Era necessário trocar os peões no centro com 18...♗xe4 19.♘xe4 e5 20.dxe5 dxe5 21.♗e3 ♘c5 22.♕c2 ♖ed8=

19.♗xb7 ***♕xb7***
20.♘e4± ***♕a8***

20...♕a7 21.♘xd6 ♖e7 22.b4 ♘f6 23.c5±

21.♘xd6 ***♖e7***

21...♖f8 22.♕d2 ♘f6 23.♗e5 ♕c6 24.c5±

22.b4

As brancas poderiam aproveitar para atacar as torres com 22.♗g5 ♗f6 *(22...f6 23.♗f4 ♘f8 24.b4 ♖ed7 25.c5+−)* 23.♕d2 ♕c6 *(23...♗xg5 24.♕xg5 f6 25.♕h4+−)* 24.♘e4 ♗xg5 25.♕xg5+− Δ c5

22. ... ♘b8

As pretas ainda poderiam resistir mais tempo com 22...♘f6 23.d5 *(23.c5±)* 23...♘h5 *(23...♘e8 24.♘xe8 ♖exe8 25.d6+−; 23...♕a7 24.dxe6 ♖xe6 25.♖xe6 fxe6 26.♕e2+−)* 24.♗g5 f6 *(24...♗f6 25.♗xf6 ♘xf6 26.♘e4 ♘xe4 27.fxe4±)* 25.♖xe6 ♖xe6 26.dxe6 ♗f8 *(26...fxg5 27.e7+−; 26...♕a7 27.♕d5+−)* 27.c5 fxg5 28.e7! ♗xe7 29.♕b3+ ♔h8 30.♘f7+ ♔g7 31.♘xd8 ♕xd8 *(31...♗xd8 32.♖d1!+−)* 32.♖d1 ♕c7 33.♕e6 ♘f4 34.♕d7 *(34.♕xb6 ♕e5 35.c6±)* 34...♕e5 35.cxb6±

23.d5! e5

23...♕a7 24.dxe6 ♖xe6 25.♖xe6 fxe6 26.♕e1+−

24.c5!+−

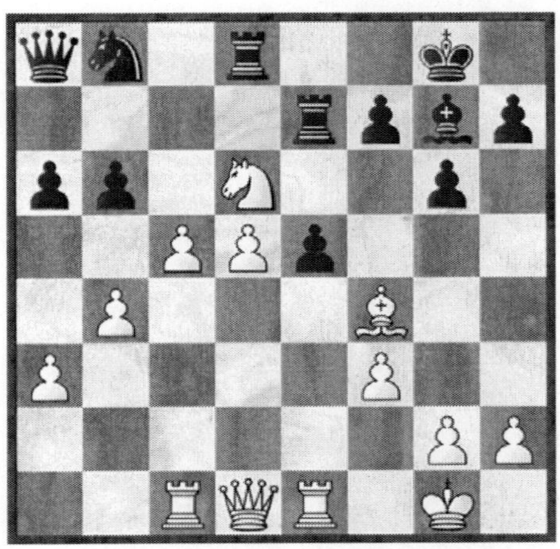

24. ... bxc5
25.bxc5 a5
26.♗g5 f6
27.♗e3 ♘a6
28.♕b3 ♘c7
29.♖ed1 ♔h8
30.♖b1 a4
31.♕b7 ♕xb7
32.♖xb7 ♗f8
33.♖bb1 ♔g8

34.♘e4	***♖f7***
35.d6	***♘e6***
36.c6	***f5***
37.♘c5	***♘xc5***
38.♗xc5	***♖c8***
39.♗b4	

1-0

Fier, Alexandr – Mecking, Henrique [D31]

São Paulo (m/3), 26.09.2009

1.d4	***d5***
2.c4	***e6***
3.♘c3	***c6***

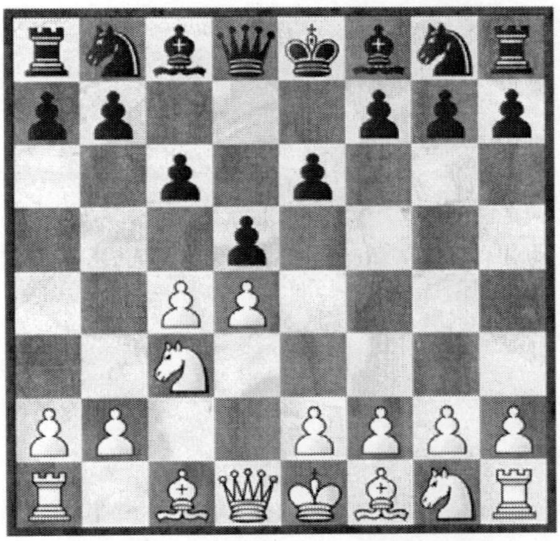

4.♘f3

Mecking jogou, tanto de brancas como de pretas, a variante: 4.e4 dxe4 5.♘xe4 ♗b4+ 6.♘c3

a)6...e5 7.♗e3 ♘e7 8.dxe5 ♕a5 9.♗d2 ♕xe5+ 10.♗e2 ♗g4 11.h3 ♗xe2 12.♕xe2 *(12.♘gxe2 0-0 13.0-0±)* 12...♘d7 13.♘f3 ♕xe2+ 14.♘xe2 ♗xd2+ 15.♔xd2 0-0-0= Mecking – Markus Ragger, C.C. Bahia Feliz 2011;

b) 6...♘f6 7.♘f3 c5 8.a3 *(8.♗e2 ♘c6 9.♗e3 ♘e4 10.♖c1 cxd4 11.♘xd4 0-0 12.0-0 ♘xc3 13.bxc3 ♗e7 14.♘xc6 bxc6 15.♕xd8 ♖xd8*= Mecking – Matsuura, Brasil (ch) 2011*)* 8...♗xc3+ 9.bxc3 ♕a5 10.♗d2 ♘e4 11.♗d3 ♘xd2 12.♕xd2 0-0 13.0-0 cxd4 14.cxd4 ♕xd2 15.♘xd2 ♖d8 16.♘b3;

b1) 16...♘c6 17.♖ad1 *(17.♖fd1 b6=)* 17...a5=;

b2) 16...♗d7 17.♗e4 ♗c6 (1/2 – 1/2 Milos – Mecking, Guarapuava

2006) 18.d5! exd5 19.cxd5 ♗b5 *(19...♗e8? 20.♘a5+−; 19...♗a4? 20.♘c5+−; 19...♗d7?! 20.♘a5±)* 20.♖fb1 ♘d7 21.d6 ♗a6 22.♖d1 ♖ac8 23.♘a5 ♘c5 24.♗f3± Δ ♖ac1.

4. ...	***dxc4***
5.e3	***b5***
6.a4	***♗b4***
7.♗d2	***a5***
8.axb5	***♗xc3***
9.♗xc3	***cxb5***
10.b3	***♗b7***

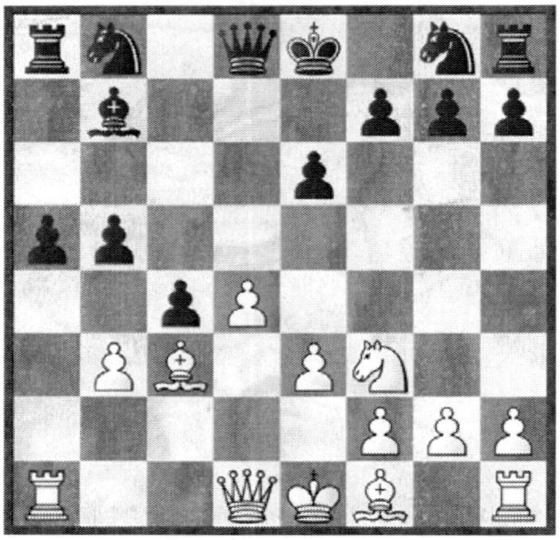

11.d5

A outra variante principal ocorre com 11.bxc4 b4 12.♗b2 ♘f6 13.♗d3 ♘bd7 14.0-0 0-0 que leva para uma posição complexa com amplas opções para as brancas.

11. ...	***♘f6***
12.bxc4	***b4***
13.♗xf6	***♕xf6***
14.♕a4+	***♘d7***
15.♘d4	***♔e7***

15...e5 16.♘b3 e4 17.♘d4 ♔e7 18.♗e2 *(18.♕b5 ♕b6 19.♘f5+ ♔d8 20.♕xb6+ ♘xb6* (Papenin − Berezin, Ucrânia 2001) *21.♘d6 ♔c7 22.♘xe4 a4∞)* 18...♖hc8 *(18...♕b6 19.♘f5+!±)* 19.0-0 ♘c5∞

16.d6+	***♔xd6***
17.♖d1	

17. ...	***♔c7***

No mesmo ano foi jogado 17...♘c5 (Gupta – Ashwin, SubicBay 2009) 18.♘b3+ ♔e7 19.♘xc5 ♕c3+ 20.♖d2 *(20.♔e2 ♕xc4+ 21.♔e1 ♕c3+ 22.♔e2=)* 20...♖hd8 21.♕c2 ♖xd2 22.♕xd2 ♕a1+ 23.♕d1 ♕c3+ 24.♕d2=

18.♘b5+	***♔c8***
19.♘d6+	***♔c7***
20.♘b5+	***♔c8***
21.♘d6+	

½-½

Mecking, Henrique – Fier, Alexandr [D13]

São Paulo (m/4), 27.09.2009

1.d4	***d5***
2.c4	***c6***
3.cxd5	***cxd5***
4.♘f3	***♘f6***
5.♘c3	***♘c6***
6.♗f4	***♘h5***

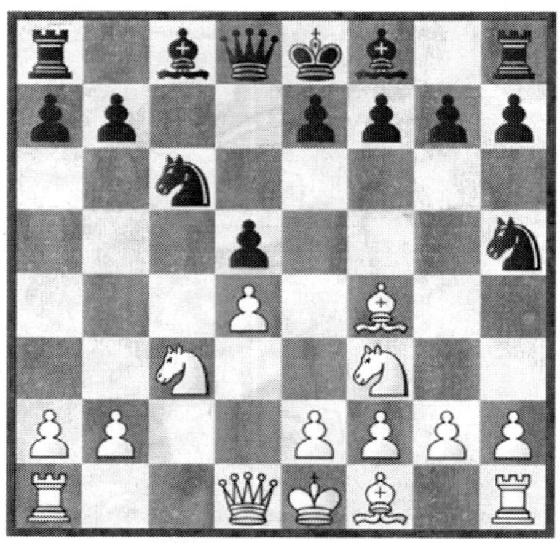

7.♗d2

As pretas ficam com o par de bispos e controlam o centro após 7.♗e5 f6 8.♗g3 ♘xg3 9.hxg3 e5 10.e3 *(10.dxe5?! d4!∓)* 10...♗b4 11.dxe5 fxe5= De La Rosa – Hamdouchi, Genebra (open) 2008

7. ...	***a6***

Outro plano das pretas é desenvolver a ala do rei com 7...♘f6

a) 8.♖c1 e6 *(8...g6 9.♗f4 ♘h5 10.♗e5 f6 11.♗g3 ♗g7 12.e3 0-0? 13.♘xd5!±* Mecking – Nahuel Diaz, São Caetano do Sul (Jogos Abertos) 2009*)* 9.e3 ♗d6 10.♗d3 0-0 11.0-0 ♗d7= Cvitan – Keitlinhaus, Alemanha 1998;

b) 8...e3 e6 9.♗d3 ♗d6 10.0-0 0-0= Akhmetov – Bezgodov, Samara 2002; 7...e6 8.e3 ♗d6 9.♖c1 0-0= Votava – Morozevich, Alemanha 1999.

8.e3 ***♗g4***
9.♗e2 ***♗xf3***

A posição estaria igualada após ambos os lados completarem o desenvolvimento da ala do rei com 9...e6 10.h3 ♗xf3 11.♗xf3 ♘f6 12.♖c1 ♗d6 13.0-0 0-0=

10.♗xf3 ***♘f6***
11.0-0 ***e6***

12.♖c1

As pretas deveriam jogar de maneira ativa, no caso das brancas avançarem o peão central com 12.e4!? dxe4 13.♘xe4 ♗e7 *(13...♘xd4?! 14.♘xf6+ gxf6 15.♗xb7±; 13...♕xd4?! 14.♘xf6+ gxf6 15.♕b3 ♕d7 16.♖fd1±)* 14.♘xf6+ ♗xf6 15.d5!? *(15.♗e3 0-0=)* 15...♘d4 16.♖e1 0-0 17.♗b4 ♖e8 18.dxe6 *(18.d6 ♘xf3+ 19.♕xf3 a5 20.♗a3 b5 21.♗c5 ♖c8 22.♕e3 ♗g5=)* 18...♖xe6 19.♖xe6 ♘xe6= Δ ♕b6

12. ... ***♗e7***

O melhor plano para as pretas era continuar o desenvolvimento com 12...♗d6!? Δ 0-0, ♕e7

13.♘a4 ♘d7

As brancas conseguem uma pequena vantagem posicional na ala da dama, por exemplo: 13...0-0 14.♕b3 ♖b8 15.♘c5±

14.b4 0-0
15.♘c5± ♘xc5

15...♕c7 16.♗e2 g6 17.f4 ♖fc8 18.♕b3 ♖ab8 19.a4±

16.bxc5 f5

16...g6 17.♖b1 ♖b8 18.♕a4 e5 19.♖b6 ♕d7 20.♖fb1±

17.♖b1 ♕d7
18.♗e2 g5?!

Era melhor manter a posição fechada e jogar 18...♗f6 e não permitir que as brancas ativassem as torres e o par de bispos.

19.f4 gxf4
20.♖xf4 ♔h8
21.♖f3 ♗g5
22.♗e1 f4
23.exf4 ♖xf4

24.♖xf4

Era melhor dobrar as torres na coluna e pressionar a ala da dama com 24.♖fb3!

a) se 24...♖a7?! segue 25.♗d2! ♖xd4 26.♕f1!;

a1)26...♗e7 27.♗g5! e5 *(27...♗xc5 28.♔h1!+−)* 28.♖h3! ♕e6 29.♖h6 ♕g8 30.♗f6+! ♗xf6 31.♖xf6+−

a2) 26...♕g7 27.♗xg5 ♕xg5 28.♕f8+ ♕g8 29.♕f6+ ♕g7 30.♕xe6+;

b) 24...♖xd4 25.♗c3 ♕g7 26.♗xd4 ♕xd4+ 27.♕xd4+ ♘xd4 28.♖3b2 e5 29.♔f1 ♖f8+ Δ ♖xb7 30.♔e1±;

c) 24...♖f725.♗h5 ♖g7 26.♖xb7 ♕xb7 27.♖xb7 ♖xb7 28.♗c3 ♖ab8 29.♕d3 ♖b1+ 30.♔f2 ♖f8+ 31.♔g3±.

24. ...	***♗xf4***
25.♖b3	***♕g7***

25...♖f8 26.♗f3 *(26.g3 ♗h6 27.♗f2 ♗g7 28.♖f3 ♖xf3 29.♗xf3⩲)* 26...♕c7 27.g3 ♗h6 28.♔g2 ♗g7 29.♗f2⩲

26.♗f2	***♖g8***
27.♗f1	

27.g3 ♗g5 28.♗h5 ♗f6 29.♖d3 ♖f8 30.♔g2⩲

27. ...	***♖f8***
28.g3	***♗g5***
29.♗g2	

29.♔g2 ♗f6 30.♖d3 ♗e7 *(30...♕e7 31.♗e2⩲)* 31.♕e2⩲

29. ...	***♖f5***

Seria duvidoso o sacrifício de qualidade com 29...♖xf2?! 30.♔xf2

a) se 30...♗f6 seguiria 31.♗h3! ♘xd4 *(31...♗xd4+ 32.♔g2 ♗xc5 33.♕h5+−)* 32.♖b6 ♗d8 33.♖b1+−;

b) 30...♘xd4 31.♖b6 ♘c6 *(31...♗e7 32.♖xb7 ♕f6+ 33.♔g1 ♗xc5 34.♖b8+ ♔g7 35.♔h1±; 31...♗d8 32.♖b1 ♘b5 33.♕f3 ♗e7 34.♗h3! ♗xc5+ 35.♔g2 ♘d4 36.♕h5 b6 37.♖e1 ♕f6 38.♖f1±)* 32.♗h3! ♗e7 33.♔g2 ♗xc5 34.♖b1±.

30.h4

As brancas poderiam melhor a posição das peças com 30.♗h3 ♖f8 31.♔g2± Δ ♖f3

30. ...	***♗f6***

As pretas poderiam manobrar as peças e defender a posição com 30...♕f7 31.♗e1 ♗f6 32.♖d3 ♗g7 33.♗h3 ♖f6 34.♗c3⩲

31.♗h3	***♖f4***
32.♖xb7	***♕xb7***
33.gxf4	***♘xd4***
34.♗xd4	***♕g7+***
35.♔h2	***♗xd4***
36.♗xe6	***♗xc5***
37.♗xd5	

37. ...	***♗f2***

As pretas poderiam trocar as damas com 37...♕d4!? para jogar o final de bispos de cores opostas.

38.♕f3

As brancas poderiam manter o peão de vantagem com 38.♕b3!?

38. ...	***♗xh4***
39.♗c4	***♗d8***
40.♕d5	***♕f8***
41.♔g3	***a5***
42.♔f3	***♔g7***
43.♕d7+	***♗e7***
44.♗d3	***♕f7***

As pretas poderiam evitar a perda do peão com 44...h5=

45.♕g4+	***♔h8***
46.♕c8+	***♔g7***
47.♕c3+	***♗f6***
48.♕xa5	***♕b7+***
49.♗e4	***♕d7***
50.♕e1	***h5***
51.♕g1+	***♔f8***
52.♕c5+	***♔g7***
53.♕g1+	***♔f8***
54.f5	***♕d6***
55.♕c1	***♔g7***
56.♕g1+	***♔f8***
57.♕c1	***♔g7***
58.a4	***♕h2***
59.♕f4	***♕h1+***
60.♔e2	***♕a1***
61.♕g3+	***♔f8***
62.♗d5	***♕b2+***
63.♔f1	***♕b1+***
64.♔g2	***♕xf5***
65.♕b8+	

½-½

Lima, Darcy – Mecking, Henrique [C95]

São Caetano do Sul (Jogos Abertos), 2009

1.e4 e5
2.♘f3 ♘c6
3.♗b5 a6
4.♗a4 ♘f6
5.0-0 b5
6.♗b3 ♗e7
7.♖e1 d6
8.c3 0-0
9.h3 ♘b8
10.d4 ♘bd7
11.♘bd2 ♗b7
12.♗c2 ♖e8
13.♘f1 ♗f8
14.♘g3 g6

15.a4

No mesmo ano, Mecking enfrentou a variante 15.b3 exd4 *(15...d5=)* 16.cxd4 c5 17.d5 ♗g7 18.♗f4 *(18.♗g5 ♕c7=)* 18...♘xd5!? 19.exd5 ♖xe1+ 20.♕xe1 ♕f6 *(20...♗xa1 21.♕xa1 ♕f6 22.♕c1 ♗xd5 23.♘e4 ♗xe4 24.♗xe4±)* 21.♖d1 ♕xf4 22.♕e7 ♗c8 23.♕d8+ ♗f8 24.♘e4=∞ Diamant – Mecking, Rio de Janeiro (zonal) 2009

15. ... ***exd4***

No mesmo ano, Mecking jogou a continuação 15...c5 16.d5 c4 17.♗g5 h6 18.♗e3 ♘c5 19.♕d2 ♔h7 *(19...h5)* 20.♖f1 *(20.♘h2)* 20...♘fd7 21.♘h2 ♕h4 22.♘g4 ♗g7 23.♔h2 ♖f8 24.f4?! *(24.f3!?)* 24...h5! 25.♘f2 exf4 26.♗xf4 ♗e5∓ J. Bittencourt – Mecking, Rio de Janeiro (zonal) 2009

16.cxd4 ***c5***
17.d5

A posição está igualado, por exemplo: 17.♗g5 ♕b6=; 17.♗f4 ♖c8=

17. ... ***♕c7***
18.b3 ***♗g7***
19.♖a2 ***♘b6***

As pretas poderiam manter a igualdade no meio–jogo ao abrir a coluna com 19...c4 20.bxc4 ♕xc4 21.♗b3 ♕c7= Δ ♘c5

20.♗b2 ***♘fd7***

Era melhor voltar o cavalo com 20...♘bd7 Δ ♖e7, ♖ae8

21.♗xg7 ***♔xg7***

22.♕d2 ***h6?***

As pretas não só perdem um tempo como debilitam desnecessariamente a ala do rei após a troca dos bispos. Era melhor jogar 22...♘e5 23.♘xe5 ♖xe5 24.axb5 *(24.♘f1± Δ ♘e3)* 24...axb5 25.♖xa8 ♗xa8 26.♘f1± Δ ♘e3

23.♘h4! ***♖h8***

As brancas manobram o cavalo para atacar a ala do rei, por exemplo: 23...♕d8 24.♘gf5+ gxf5 25.♘xf5+ ♔g8 26.♖e3+− *(26.♘xd6+−)* ; 23...♖e5 24.f4 ♖ee8 25.f5 ♘e5 *(25...♖e5 26.fxg6 fxg6 27.a5 ♘c8 28.♘xg6 ♔xg6 29.♘f5+−)* 26.fxg6 fxg6 27.♘gf5+ gxf5 *(27...♔g8 28.♕xh6+−)* 28.♘xf5+ ♔g8 29.♕xh6+−

24.a5! ***♘c8***

25.f4

As brancas tinham uma combinação ganhadora com 25.♘hf5+! gxf5 *(25...♔f8 26.♘xh6 ♘e5 27.♗d1+− Δ ♘g4)* 26.♕c3+! f6 *(26...♔h7 27.e5! b4 28.♕e3+−; 26...♘e5 27.♘xf5+ ♔g8 28.f4 b4 29.♕a1! ♘e7 30.fxe5 ♘xf5 31.exf5 dxe5 32.♖xe5+−)* 27.♘xf5+ ♔f7 *(27...♔f8 28.♘d4! ♔f7 29.♘e6 ♕b8 30.♗d1! ♖h7 31.♕g3+−)* 28.♗d1! ♖h7 *(28...h5 29.♕g3+−; 28...♘e5 29.♕g3+−)* 29.♗h5+ ♔f8 *(29...♔g8 30.♕g3+ ♔h8 31.♗g6+−)* 30.♘d4! ♔e7

31.♘e6 ♕b8 32.♕g3 ♘a7 *(32...♘f8 33.♕g8+−)* 33.♘g7! ♔d8 34.♘f5+−

25. ... ***♕d8***
26.♘f3 ***♖e8***

Se 26...♘e7 as brancas seguiriam com 27.f5! ♘f6 *(27...♖e8 28.e5±)* 28.fxg6 fxg6 29.b4! ♘d7 *(29...cxb4 30.♘d4±)* 30.e5±

27.e5! ***dxe5***

As brancas utilizam a vantagem de espaço no centro para restringir a posição das pretas, por exemplo: 27...♘e7 28.♘e4 ♘f5 *(28...♘c8 29.♖aa1±; 28...dxe5 29.♘d6±)* 29.g4 ♘h4 30.♗d1 ♘xf3+ *(30...dxe5 31.♘d6±)* 31.♗xf3±

28.fxe5 ***♘e7***
29.e6!

29. ... ***♘f6***

Era melhor impedir o surgimento de outra debilidade na ala do rei e jogar agora 29...♘xd5 30.exd7 ♖xe1+ *(30...♕xd7 31.♗e4±)* 31.♕xe1 ♕xd7 32.♗e4±

30.exf7+− ***♖f8***
31.d6 ***♘ed5***

No caso da tomada do cavalo com 31...♗xf3 as brancas atacariam a ala do rei após 32.♖xe7 ♖xf7 33.♕d3+−

32.♘h4

32.♗xg6 ♔xg6 *(32...♖h8 33.♘e5+−)* 33.♘e5+ ♔h7 *(33...♔g7 34.♘f5+ ♔h8 35.♕xh6+ ♘h7 36.♕g7#)* 34.♕c2+ ♔h8 35.♘g6+ ♔g7 36.♘f5+ ♔xf7 37.♘e5+ ♔e6 *(37...♔e8 38.♘g7#; 37...♔g8 38.♘xh6++−)* 38.♘c6++−

32. ...	***♗c8***
33.♗xg6	***♖h8***
34.♖e5	***♖a7***

1-0

El Debs, Felipe – Mecking, Henrique [E04]

São Caetano do Sul (Jogos Abertos), 2009

1.♘f3	***♘f6***
2.c4	***e6***
3.g3	***d5***
4.d4	***dxc4***
5.♗g2	

5. ...	***b5***

A variante principal na Abertura Catalã (E04) é 5...♗e7 6.0-0 0-0 7.♕c2 a6 8.a4 *(8.♕xc4 b5 Δ ♗b7)* 8...♗d7 9.♕xc4 ♗c6 Δ ♗d5; Δ ♘bd7

6.♘e5

As brancas ficam com compensação pelo peão sacrificado após 6.a4 c6 7.0-0 ♗b7 8.♘e5 a6 9.♘c3 ♘d5 10.e4 ♘xc3 11.bxc3 ♘d7 12.f4?! *(*as brancas podem melhorar a variante com *12.♗f4⩱)* 12...♗e7! 13.♘g4 ♕b6 *(13...0-0∓; 13...h5!?* Δ h4*)* 14.e5 h5 15.♘e3 g6 16.♕f3 0-0-0 17.♖f2 ♕c7 18.♖fa2 ♘b6 19.axb5 cxb5 20.♕e2 ♔d7 21.♗xb7 1/2 – 1/2 Carlsen – Korneev, Gausdal 2005

6. ...	***♘d5***

Se 6...♗b4+ as brancas continuariam o desenvolvimento com 7.♘c3 ♘d5 8.♗d2=∞ Δ 0-0

7.a4

Outra opção seria 7.0-0 ♗b7 *(se 7...c6 8.a4* e a posição é a mesma da partida*)* 8.a4 a6 9.b3 cxb3 10.axb5 axb5 11.♖xa8 ♗xa8 12.♕xb3 c6 13.♘c3 ♗e7 14.♗a3=∞

7. ... ***c6***

Se 7...♗b4+ as brancas seguiriam com 8.♗d2 ♗xd2+ 9.♕xd2 f6 *(9...c6 10.axb5 cxb5 11.♘c3 f6 12.♘xb5±)* 10.♘g4 b4 11.e4 c3 *(11...♘e7 12.e5!±* Δ exf6*)* 12.bxc3 ♘xc3 13.e5! *(13.♘xc3 bxc3 14.♕xc3 e5=)* 13...♘d5 14.exf6 gxf6 15.♕h6⩲

8.0-0 ***♗b7***
9.e4 ***♘f6***

10.d5!

As brancas abrem a grande diagonal. Uma melhora em relação a 10.axb5 cxb5 11.♘c3 a6 12.d5 ♗e7 *(12...♗d6!=* Δ 0-0*)* 13.b3 *(13.♗f4±)* 13...♘fd7 *(13...b4!?∞)* 14.♘g4?! *(14.♘xd7 ♘xd7 15.bxc4±)* 14...cxb3! 15.♗b2 *(15.♕xb3 h5! 16.♘e3 ♘c5∓)* 15...♘c5 16.♘e2 0-0 17.♘f4 f6 *(17...♘bd7∓)* 18.♖c1 *(18.♗a3!?∞)*

18...e5! 19.♖xc5 exf4 20.♖c1 ♗d6∓ Sargissian – Werle, Wijk aan Zee 2007

10. ... cxd5

Outra alternativa seria completar o desenvolvimento da ala do rei com 10...♗e7 11.axb5! *(11.♘xc6 ♘xc6 12.dxc6 ♗xc6 13.axb5 ♗xe4 14.♕xd8+ ♗xd8 15.♘d2 ♗xg2 16.♔xg2 0-0 17.♘xc4 ♘d5=)* 11...cxb5 12.♘c3 a6 13.♗f4! 0-0 *(13...♕b6 14.♗e3! ♕d8 15.b3±)* 14.♘xc4 bxc4 15.d6! ♘c6 *(15...♖e8 16.dxe7 ♕xe7 17.♕e2±)* 16.dxe7 ♘xe7 17.♖a4±

11.exd5 ♘xd5

12.axb5

Outra opção das brancas é jogar 12.♘c3 b4? *(12...♘d7 13.♗xd5 ♗xd5 14.♘xf7! ♔xf7 15.♘xd5 ♘f6 16.♘xf6 ♕xd1 17.♖xd1 gxf6 18.♖d7+ ♔g6 19.axb5 ♗c5 20.♖a4 ♖hd8 21.♖xd8 ♖xd8 22.♖xc4± Δ ♔g2)* 13.♘xd5 ♗xd5 *(13...exd5 14.♗g5!+–)* 14.♗g5! ♗e7 *(14...♕xg5 15.♗xd5 ♕xe5 16.♗xa8 ♕xb2 17.♖c1 ♗e7 18.♖xc4 0-0 19.♖c7±)* 15.♗xe7 ♔xe7 *(15...♕xe7 16.♗xd5 exd5 17.♕xd5+–)* 16.♕h5 g6 17.♕h4+ f6 18.♗xd5! exd5 19.♖fe1 g5 20.♕h6 fxe5 21.♖xe5+ 1-0 Raetsky – Sofrigin, Leukerbad (open) 2002

12. ... ♕c7

O conhecido nesta posição era 12...♗e7 13.♘xc4 0-0 *(13...♘d7 14.♘a5 ♕b6 15.♘xb7 ♕xb7 16.♘c3 ♘7b6 17.♗e3 ♖d8 18.♕g4 0-0 19.♗d4 g6 20.♘xd5 ♘xd5 21.♕e2 ♕b8 22.♗xa7 ♕d6 23.♖fd1±)* 14.♘a5! ♕b6 15.♘xb7 ♕xb7 16.♘c3+- Vladimirov – Gedevanishvili, URSS 1978; As pretas podem melhorar a variante com 12...♗b4!? 13.♕d4 *(13.♗d2 ♗xd2 14.♘xd2 ♘d7 15.♘dxc4 ♘xe5 16.♘xe5 0-0 17.♕e2 ♕d6 18.♖fc1±; 13.♘xc4 0-0 14.♗d2 ♗xd2 15.♘bxd2 ♕c7 16.♖c1 ♘d7 17.♘e4 ♖ad8 18.♕d4±)* 13...♕f6 14.♗e3 ♘d7 15.♘xd7 ♕xd4 16.♗xd4 ♔xd7 17.♗xg7 ♖hg8 18.♗c3 ♗xc3 19.♘xc3±

13.♕e2

As brancas poderiam jogar de maneira mais ativa na posição com 13.♗xd5! ♗xd5□ *(13...exd5 14.♖e1! ♗e7 15.♘c3! ♕d8 16.♗g5! 0-0 17.♗xe7 ♕xe7 18.♘g6+−)* 14.♗f4!

a) 14...♗d6 15.♘c3! ♗xe5 16.♘xd5 ♕b7 17.♗xe5 ♕xd5 18.♕xd5 exd5 19.♗xg7 ♖g8 20.♖fe1+ ♔d8 *(20...♔d7 21.♗c3+−)* 21.♗c3+−;

b) 14...♕b7□ 15.♘c3!

b1) 15...♗e7 16.♘xd5 exd5 17.♖e1 0-0 18.♘c6! ♗f6 *(18...♘xc6 19.bxc6 ♕b4 20.♕xd5+− Δ c7)* 19.♕xd5 ♘xc6 20.bxc6 ♕xb2 21.♖ad1+−;

b2)15...♗g2□ 16.♖e1 ♗b4 *(16...♗e7 17.♕g4+−; 16...♗c5 17.♘xf7! ♕xf7 18.♔xg2 0-0 19.♕e2±)* 17.♕a4 ♗xc3 18.♘xc4 0-0 19.♘d6±

13. ... ♗b4

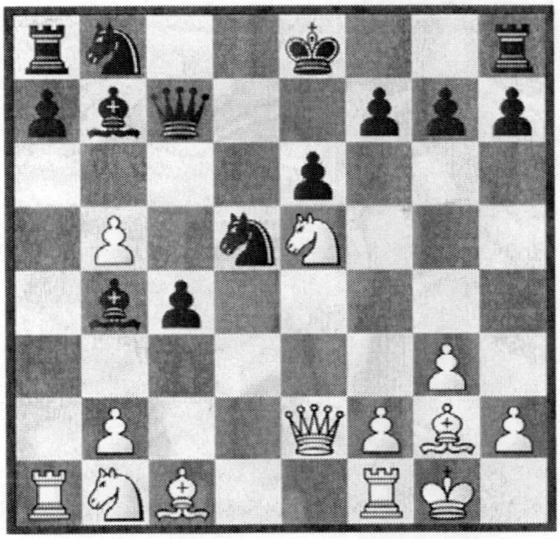

14.♘xc4

As brancas teriam uma pequena vantagem com 14.♗d2 ♗xd2 15.♘xd2 a6 16.♘dxc4 0-0 17.♗xd5 ♗xd5 *(17...exd5 18.♘a5±)* 18.b6 ♕b7 19.♕e3±

14. ... 0-0
15.♗d2 ♗xd2
16.♘bxd2 a6!
17.bxa6

As pretas igualaram a posição, por exemplo: 17.♘e3 ♘xe3 18.♕xe3 ♗xg2 19.♔xg2 ♘d7 20.bxa6 ♖xa6! 21.♖xa6 ♕b7+ 22.♘e4 ♕xa6=

17. ... ♖xa6

17...♘xa6 18.♕e5 ♕xe5 19.♘xe5 ♘ab4= Δ f6

18.♖ac1 ♖c8

As pretas poderiam manter a igualdade com 18...♘c6 19.♘b3 ♖a2 20.♖fd1 ♘cb4=

19.♘b3± ♕d8
20.♘e3

20.♘e5 ♖d6 21.♘c5 ♗a6 22.♘xa6 ♘xa6 23.♗xd5 exd5 24.♕g4 ♖c7 25.b4±

20. ... ♖d6
21.♘c5

21. ... ♗a8

As brancas estão um pouco melhor no meio-jogo, por exemplo: 21...♗a6 22.♘xa6 ♘xe3 23.♖xc8 ♕xc8 24.♕xe3 ♘xa6 *(24...♕xa6 25.♖c1±)* 25.♖c1±; 21...♘xe3 22.♘xb7 ♖xc1 23.♖xc1 ♖d1+ 24.♖xd1 ♕xd1+ 25.♕xd1 ♘xd1 26.b4±

22.♘xd5 exd5

Se 22...♗xd5 as brancas seguiriam com 23.♗xd5 ♖xd5 24.♘xe6!±

23.♖fe1

As brancas poderiam jogar de maneira ativa com 23.♗h3 ♕e8□ 24.♕d3 ♖cd8□ 25.♖fe1 ♕f8□ 26.b4!±

23. ... ♘c6
24.♗h3

As brancas poderiam manter a vantagem com 24.b4! ♘d4 *(24...♘xb4? 25.♘b7!!+−)* 25.♕d3 ♘e6 26.♗h3±

24. ...	***♖b8***
25.♖a1	***g6***
26.♘a6	***♖b6***
27.♘c7	

27.♕d2 ♗b7 *(27...♘e5 28.♖xe5 ♖xa6 29.♖c1±)* 28.♘c5 ♖b5 29.♖ac1⩲

27. ...	***♕xc7***
28.♖xa8+	***♖d8***
29.♖xd8+	***♕xd8***
30.♗g2	

½-½

Mecking, Henrique – Milos Jr, Gilberto [E42]

Caxias do Sul (open), 2010

1.d4	***♘f6***
2.c4	***e6***
3.♘c3	***♗b4***
4.e3	***b6***
5.♘ge2	***c5***
6.a3	***♗a5***
7.♖b1	***♘a6***

8.f3

Outras alternativas para as brancas são: 8.♗d2 0-0 9.d5 *(9.♘g3 ♗b7= 10.♗d3 d5 11.cxd5 cxd4 12.exd4 ♗xc3 13.bxc3 ♕xd5=* Brumen – Shariyazdanov, Pula 2001*)* 9...♗b7 10.♘f4 ♗xc3 11.♗xc3 ♘e4 12.♕c2 ♘xc3 13.♕xc3 ♘c7 14.♖d1 d6= Jelling – Nielsen, Dinamarca 1995; 8.♕a4 ♗b7 9.♗d2 ♗c6 10.♕c2 0-0 11.♘g3 ♗b7 12.d5 ♗xc3 *(12...d6 13.♗d3 ♖c8 14.0-0±* Korobov – Fedorchuk, Alushta 2002*)* 13.♗xc3 exd5 14.cxd5 ♘xd5 15.♘f5 ♘xc3 16.♕xc3 ♕g5 17.♘d6 ♘c7 (Babula – Sax, Pula 2001) 18.♘xb7 ♕d5 19.♘xc5 bxc5=; 8.♘g3 ♗b7 9.♗d3 ♗xg2 *(9...♗xc3+ 10.bxc3 ♗xg2 11.♖g1 ♗b7 12.e4⩱* Korchnoi – Timman, Ubeda 1997*)* 10.♖g1 ♗b7 11.♗d2⩱ Peralta – Gómez Esteban, San Sebastián 2006; 8.♘f4 0-0 *(8...♘e4! 9.♗d2 ♗xc3 10.♗xc3 ♗b7= Δ ♘xc3)* 9.♗d3 ♗b7 10.0-0 ♗xc3 11.bxc3 ♗e4 12.f3 ♗xd3 13.♘xd3 ♕c8 14.♕a4±

Groszpeter – Gurevich, Bourgoin–Jallieu 1982; 8.g3 ♗b7 *(8...cxd4 9.exd4 ♗b7 10.d5 ♗xc3+ 11.♘xc3 0-0∞)* 9.d5 b5 10.♗g2 bxc4 11.0-0 ♗xc3 *(11...0-0 12.e4± Δ ♕a4)* 12.♘xc3 exd5 13.♘xd5 ♘xd5 14.♗xd5± Gurevich – Rashkovsky, URSS (ch) 1986

8. ... 0-0
9.♘g3

9.d5 exd5 10.cxd5 b5!? 11.♔f2 b4 12.♘b5 d6 13.e4 *(13.axb4 ♘xb4 14.♘ec3 ♗b6∓* Aleksandrov – Milos, Shenyang 2000*)* 13...♕b6 14.axb4 cxb4+ *(14...♗xb4 15.♘ec3±* Aleksandrov – Agrest, Ohrid 2001*)* 15.♘bd4 ♘c5=

9. ... d5

10.♗d3

10.♗d2 ♖e8 11.dxc5 bxc5 12.♗d3 ♘b8 13.b4 ♗b6 14.0-0 ♘c6=; 10.♔f2 ♗xc3 *(10...♕e7= Δ ♖d8)* 11.bxc3 ♗b7 12.♗d2 ♕c8 *(*era melhor manobrar o cavalo após *12...dxc4 13.♗xc4 ♘b8=* Δ ♘c6*)* 13.cxd5 ♘xd5 *(13...exd5)* 14.e4 ♘e7 15.♗e3± Sitnik– Sax, Nova Gorica (open) 2002

10. ... cxd4
11.exd4 dxc4
12.♗xc4 ♕c7

As pretas poderiam igualar a posição com 12...♘d5 13.♘ge2 *(13.♕d3 ♘xc3 14.bxc3 ♘c7 15.0-0 ♘d5=)* 13...♘xc3 14.♘xc3 b5!? 15.♗xb5 ♘c7 16.♗c6 ♖b8 17.b4 ♗b6 18.♘e4 *(18.♘e2 ♗a6=)* 18...♗xd4 19.♗b2 ♗xb2 20.♖xb2 ♕xd1+ 21.♔xd1 ♖b6=

13.♕d3

13.♕e2 b5!? 14.♗xb5 ♘d5 15.♕d3 ♗xc3+ 16.bxc3 ♘xc3 17.♗f4 ♕xf4 18.♕xc3 ♖b8 19.0-0 ♘c7=

13. ...	***♗xc3+***
14.bxc3	***♘b8***
15.♘e2	

Ambos os lados poderiam completar o desenvolvimento com 15.♗g5 ♘bd7 16.0-0 h6 17.♗d2 ♗b7 18.♗a2 *(18.♗b5 a6 19.♗xd7 ♘xd7 20.c4 ♖ac8 21.♖fc1 ♖fd8=)* 18...♖ac8 19.c4 ♖fd8=

15. ...	***♗b7***

As pretas poderiam pressionar o centro com 15...♘bd7 16.0-0 ♗b7 17.♗d2 *(17.♗f4 e5=; 17.♗a2 e5=; 17.♗b5 e5=)* 17...♖fe8 18.♖fe1 e5=

16.♗f4	***♕e7***
17.a4	***♘c6***
18.0-0	***♖fd8***
19.♗a2	***♖ac8***
20.♖fd1?!	

As brancas poderiam manter a igualdade com 20.♗g5 h6 21.♗h4 ♘a5 22.♖fc1= Δ c4

20. ...	***♘a5∓***

21.♗g5

As brancas estão um pouco inferiores na posição do diagrama. Por exemplo: 21.♖dc1 ♘d5 22.♗d2 *(22.♗e5 ♕g5 23.♔f2 h5∓* Δ h4*; 22.♗g3 h5∓* Δ h4*)* 22...♕a3 23.♖a1 ♘b4 24.♕xh7+ ♔xh7 25.♗b1+ ♔g8 26.♖xa3 ♘c4 27.♗g5 *(27.♖b3 ♘d5∓)* 27...♘xa3 28.♗xd8 ♘d5 29.c4 ♖xc4 30.♖xc4 ♘xc4∓

21. ... ♗d5

21...h6 22.♗xf6 *(22.♗h4 g5 23.♗g3 ♗d5∓)* 22...♕xf6∓

22.♗xd5 ♖xd5
23.♖b5

23.♗h4 ♖h5∓; 23.♕a6 ♕b7∓

23. ... ♘c4
24.♖a1

24.♖xd5 exd5 25.♖e1 h6 26.♗h4 ♖e8∓; 24.♗xf6 ♕xf6 25.♖b4 ♘a5 26.g3 ♖d7∓

24. ... h6
25.♗h4

25.♗xf6 ♕xf6 26.♖b4 ♕f5∓

25. ... a5

25...g5 26.♗g3 ♖dd8 27.♖b4 ♘a5∓ Δ ♘d5

26.♖bb1

26.♖xd5 exd5 27.♖e1 ♖e8∓

26. ... g5

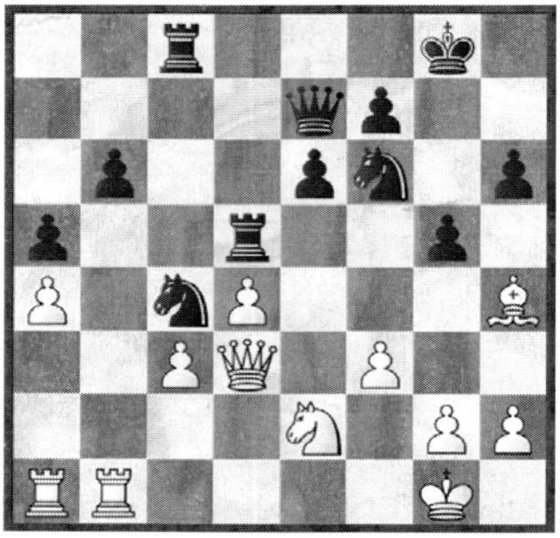

27.♗f2

27.♗g3 e5 28.♕f5 ♕d7∓

27. ... ♘h5

27...♖d7 28.♖b3 ♘d5∓

28.g4 ♘g7

As pretas poderiam manter a vantagem com 28...♘f6 29.♖b3 ♖dd8 30.♘g3 ♕d7∓

29.♘g3 f5

Era melhor manobrar o cavalo com 29...♘e8 Δ ♘f6

30.♘f1 ***♕c7***
31.♘e3

As brancas poderiam igualar a posição com 31.♖b3= Δ ♘e3

31. ... ***♘xe3***
32.♕xe3 ***f4***
33.♕e4 ***♕xc3***
34.♖a2 ***♖d6***

As pretas poderiam manter a igualdade após 34...♕c6 35.♖ab2 ♕xa4 36.♖xb6 ♕e8 37.♖b7 *(37.♖a6 ♖a8=)* 37...♖d7 38.d5!? ♖cd8 39.dxe6 ♕xe6 40.♖xd7 ♖xd7 41.♖b8+ ♔f7 42.♕h7 a4 43.♖a8 ♕c6 44.♖a5 ♖d5 45.♖a7+ ♖d7 46.♖a5 ♖d5=

35.♖ab2 ***♕c6***

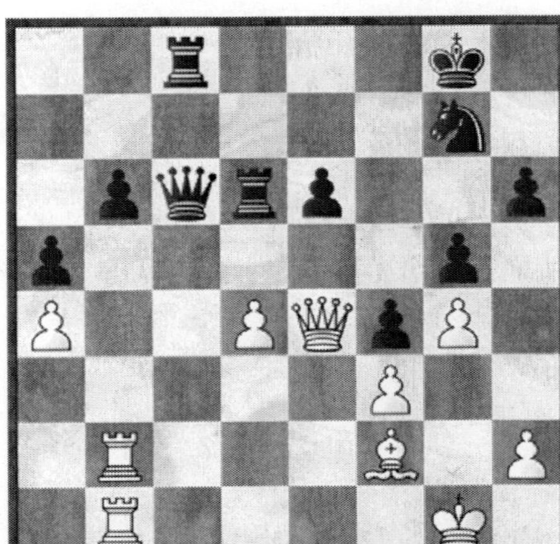

36.♕xc6?

As brancas poderiam empatar o final com 36.♖xb6 ♕xb6 *(36...♕xe4 37.fxe4 ♖xb6 38.♖xb6 ♖c4 39.d5 exd5 40.exd5 ♖xa4 41.♖xh6 ♖a1+ 42.♔g2 ♖d1=)* 37.♖xb6 ♖xb6 38.d5 ♖c1+ *(38...♖b2 39.dxe6 ♖cc2 40.e7 ♖xf2 41.e8♕+ ♘xe8 42.♕xe8+ ♔g7=)* 39.♔g2 ♖b2 40.dxe6 ♖cc2 41.♕a8+ ♔h7 42.♕e4+ ♔g8=

36. ...	***♖cxc6***
37.♔g2	***♘e8***

As pretas estariam melhores no final após 37...♔f7 38.d5 ♖xd5 39.♖xb6 ♖c4∓

38.d5!?	***♖xd5***
39.♖xb6	***♖xb6***
40.♖xb6	***♘d6***
41.♗e1	***♔f7***
42.♗xa5?!	

Torre e bispo coordenam melhor do que torre e cavalo. Portanto, as brancas não deveriam trocar as peças menores, mas sim procurar trocar peões com 42.h4!? para simplificar o final e defender-se numa posição um pouco inferior para as brancas.

42. ...	***♖xa5***
43.♖xd6	***♖xa4***
44.♖d7+	***♔f6***
45.♖h7	***♔g6***
46.♖e7	***♖a2+***
47.♔g1	***♖e2***
48.♔f1?	

Era necessário evitar a aproximação do rei adversário e jogar 48.♖e8

48. ...	***♔f6!***

0-1

Mecking, Henrique – Santos, Marcus Vinicius [E43]

I Memorial Antonio Rocha, 2011

1.d4	***♘f6***
2.c4	***e6***
3.♘c3	***♗b4***
4.e3	***b6***
5.♗d3	***♗b7***

6.♘ge2?!

O desenvolvimento normal na abertura é 6.♘f3 Δ 0-0

6. ... ***♗xg2***

Recusar o peão permite que as brancas completem o desenvolvimento da ala do rei após 6...0-0 7.0-0±

7.♖g1 ***♗f3!***

Se 7...♗e4 as brancas poderiam seguir com 8.a3 ♗xc3+ 9.♘xc3 ♗xd3 *(9...♗g6 10.e4=∞)* 10.♕xd3 ♘h5 11.e4=∞ Dzindzichashvili – De Firmian, Nova Iorque 1996

8.♕c2

As brancas ficam inferiores em outras alternativas: 8.♕b3?! ♗f8 *(8...♘c6!∓)* 9.e4 d6 *(9...♘c6∓)* 10.♖g3!=∞ Harakis – Bar, Budapeste 2000; 8.♗d2?! ♗d6 *(8...♗xc3 9.♗xc3=∞ ♘e4?!* (9...g6) *10.♗xe4 ♗xe4 11.♖xg7±* Clery – Edouard, França 2009*)* 9.♖xg7 ♘g4∓; 8.♖xg7 ♗xc3+ *(8...♘h5∓)* 9.bxc3 ♘h5 *(9...♘e4=* Georgiev – Genov, Bulgária (ch) 1999*)* 10.♖xh7 ♖xh7 11.♗xh7 ♕h4∓ Δ ♘c6, 0-0-0; 8.♖g3 ♗xc3+ 9.bxc3 ♗e4!∓ Zsinka – Grosar, Austria (ch) 1996

8. ... ♘c6

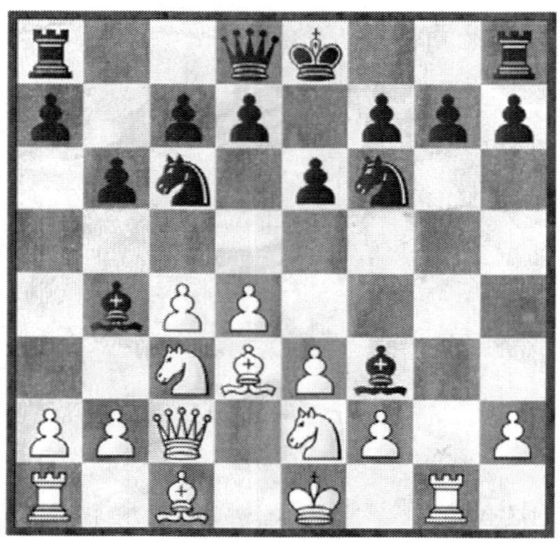

9.♖xg7

As pretas optam por devolver o peão e continuar o desenvolvimento da ala da dama. Não há boas alternativas para as brancas, por exemplo: 9.♗d2?! ♗d6! *(9...♕e7 10.a3 ♗xc3* (10...♗d6!) *11.♗xc3 0-0-0 12.♖xg7=* Persson – Handre, Estocolmo 2000*)* 10.0-0-0 *(10.a3 g6∓)* 10...♘b4-+ Roubaltk – Rafaja, Stare Mesto (open) 2007; 9.♖g3 ♗h5 10.a3 ♗xc3+ 11.♘xc3 ♗g6 12.f4 0-0∓ Van Kooten – Van Delft, Hoogeveen 2008

9. ... ♘h5

As pretas poderiam jogar de maneira ativa com 9...♗d6 10.♘g1 *(10.a3?! ♗xh2∓; 10.h3 ♘b4 11.♕b1 ♕e7∓* Δ 0-0-0*)* 10...♘b4 11.♕d2 *(11.♕b1 ♗h5 12.♖g2 c5∓)* 11...♗h5 12.♖g2 ♕e7∓ Δ 0-0-0

10.♖g1 ♕h4
11.♗d2 0-0-0

As pretas poderiam manter o controle do centro antes de completar o desenvolvimento da ala da dama com 11...f5 12.0-0-0 0-0-0∓

12.♗e4 ♗xe4

As pretas ainda poderiam manter uma pequena vantagem na abertura com 12...♗xe2! 13.♘xe2 ♗xd2+ 14.♔xd2 ♘f6∓ Δ ♖hg8

13.♕xe4 ♕xe4
14.♘xe4

14. ... ♗xd2+

As pretas poderiam igualar a posição com 14...♖hg8 15.♗xb4 *(15.0-0-0 ♗e7=)* 15...♖xg1+ 16.♘xg1 ♘xb4 17.♔e2 f5 18.♘g3 ♘f6=

15.♔xd2± h6
16.♘2g3 ♘g7

16...♘xg3 17.hxg3 d5 18.cxd5 ♖xd5 19.♘c3±

17.♘f6 ♖df8
18.♖g2

As brancas poderiam jogar de maneira mais ativa com 18.♘ge4 ♘f5 *(18...♘e8 19.♘xe8 ♖xe8 20.♘f6 ♖ef8 21.♖g7±)* 19.♔c3 ♘ce7 20.d5 d6 21.♖ad1±

18. ... ***♔d8***

Para a posição não ficar tão restringida, as pretas poderiam propor a troca de um par de cavalos com 18...♘e8 19.♘ge4 ♘xf6 20.♘xf6 h5 21.♖g7 *(21.♖ag1 ♖h6 22.♘e4 d5 23.cxd5 exd5 24.♘g5 ♔d7 25.♘f3⩲)* 21...♘e7 22.♖ag1 ♘f5 23.♖7g5 ♖h6 24.♘e4⩲

19.♖ag1 ***♔e7***

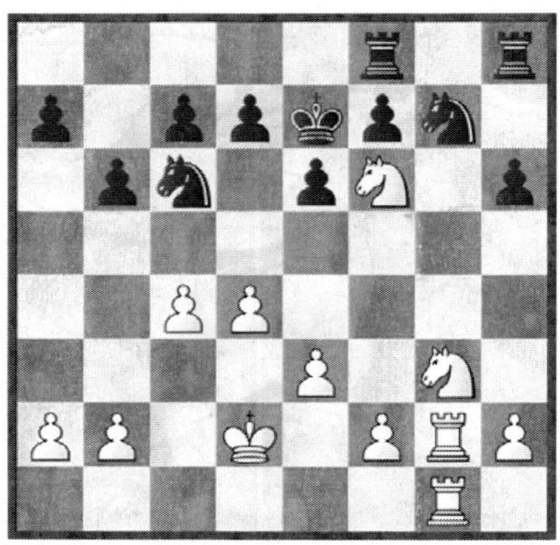

20.♘gh5

As brancas poderiam apoiar o cavalo com 20.♘ge4 ♘f5 21.♔c3±

20. ... ***♘e8***

Era melhor trocar um par de cavalos com 20...♘xh5 21.♘xh5 d5 22.cxd5 *(22.♖c1 ♔d6 23.♘f6 ♘e7 24.e4 dxe4 25.c5+ bxc5 26.♘xe4+ ♔d5 27.♘f6+ ♔d6 28.♖xc5±)* 22...exd5 23.♖g4 ♘d8 24.♖f4 ♘e6 25.♖f5 c6 26.♘f6⩲

21.♘e4

As brancas poderiam controlar a sétima fila com 21.♘xe8 ♖xe8 *(21...♔xe8 22.♖g7±)* 22.♖g7±

21. ...	***f5!***
22.♘c3	***♔f7***

Se 22...e5?! as brancas conseguem manter a vantagem com 23.d5 ♘a5 24.b3 ♘b7 25.f4±

23.♘f4	***♘e7***
24.♘d3	***d6!***
25.♘f4	***♖fg8***
26.d5	***exd5***
27.cxd5	***♖xg2***
28.♖xg2	

28. ...	***♖g8***

As pretas poderiam manter as torres no tabuleiro e jogar 28...♘f6 29.a4 ♖c8 30.♖g3 a6 31.♔d3±

29.♖xg8	***♔xg8***
30.f3	***♔f7***
31.♔e2	***c6***

31...♘f6 32.♔d3 a6 33.♔d4±

32.dxc6 ♘xc6

As pretas poderiam evitar o próximo lance das brancas com 32...♘c7 33.b4 ♘xc6 34.b5 ♘e5 35.♔f2±

33.♘b5 a6
34.♘c3 ♘f6

As pretas deveriam buscar contra-jogo na ala da dama com 34... b5!? Δ b4

35.♘fd5± ♘d7
36.b4

As brancas teriam uma clara vantagem no final com 36.♘c7!± Δ ♘3d5

36. ... ♘e7

As pretas poderiam defender a posição com 36...♘f6!? para lutar pelo empate no final.

37.♘xe7 ♔xe7
38.♘d5+ ♔f7
39.f4

39. ... ***a5***

Tanto o cavalo como o rei são peças ativas no final após 39...b5 40.♔d3±

40.♔d3!+−	***axb4***
41.♔c4!	***♔e6***
42.♘c7+	***♔e***
43.♔xb4	***♘f6***
44.♔b5	***♔d7***
45.♘a8	***♘g4***
46.♘xb6+	

1-0

Flores, Diego – Mecking, Henrique [A36]

I Memorial Antonio Rocha, 2011

1.c4	***♘f6***
2.♘c3	***g6***
3.e4	***d6***
4.g3	***c5***
5.♗g2	***♘c6***
6.♘ge2	***♗g7***
7.d3	***0-0***
8.0-0	***♗d7***

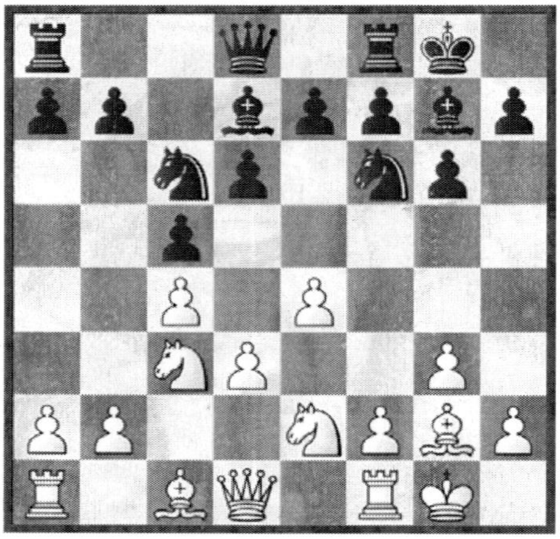

9.h3

Outro plano das brancas é preparar o avanço dos peões na ala da dama: 9.♖b1 a6 10.a3 a5 11.h3 ♘e8 12.♗e3 ♘d4 13.b4 axb4 14.axb4 b6 15.♔h2 *(15.bxc5 ♘xe2+ 16.♘xe2 bxc5 17.♕d2 ♕c8 18.♔h2 ♖a3=)* 15...♘c7 16.f4 *(16.bxc5 bxc5 17.♕c1=)* 16...♘xe2 17.♘xe2 ♘a6 18.b5 *(18.bxc5 bxc5 19.♗d2 ♘b8 20.♗c3 ♘c6=)* 18...♘b4 19.♘c1 ♖a3 20.♖b3 ♖a1∓ Markowski – Efimenko, Campeonato Europeu (play–off/rápido) 2008; 9.a3 ♘e8 10.♗e3 ♘c7 11.♖b1 a5 12.♕d2 ♘e6 13.♘b5 a4 14.f4 ♘ed4 15.♘exd4 ♘xd4 16.♘xd4 1/2 – 1/2 Teske – Flores, Espanha 2007

9. ...	***♖b8***

As pretas podem manobrar o cavalo com 9...♘e8 10.g4 *(10.♗e3 ♘d4=)* 10...♘c7 11.f4 ♖b8 12.f5 b5!∓ 13.♘xb5 ♘xb5 14.cxb5 ♖xb5 15.♘c3 ♖b8 16.g5 *(16.♕c2 e6∓)* 16...♘e5 *(16...♘d4∓)* 17.♘d5 *(17.♕e2 f6∓)* 17...e6!∓ 18.f6 exd5 19.fxg7 ♔xg7 *(19...♖e8∓)* 20.d4 cxd4 21.♕xd4 ♕b6 *(21...dxe4∓)* 22.♕xb6 ♖xb6 23.exd5 ♗f5= Szabo – Gligoric, Zurique (ct) 1953

10.♗e3	***♘e8***
11.d4	***cxd4***
12.♘xd4	***♘c7***

O conhecido nesta posição era 12...a6 13.♖c1 *(13.♕d2±)* 13...♘xd4 *(13...♕c8 14.♔h2 ♘xd4 15.♗xd4 ♕xc4 16.♗a7 ♖d8 17.♘d5 ♕xa2 18.♗b6 ♖a8 19.♘xe7+ ♔h8 20.♗d4=∞)* 14.♗xd4 b5 15.c5 ♗xd4 16.♕xd4 e5 17.♕e3± Kovacevic – Bohak, Ptuj (open) 2008

13.♖c1

13. ...	***♘e6***

As pretas poderiam igualar a abertura com o avanço do peão lateral após 13...♗xd4 14.♗xd4 b5! 15.cxb5 *(15.b3 ♘xd4 16.♕xd4 ♘e6 17.♕xa7 bxc4 18.bxc4 ♘c5 19.♖b1 ♖a8 20.♕b6 ♗e6=)* 15...♘xd4 16.♕xd4 ♘xb5 17.♘xb5 ♖xb5=

14.♘b3

As brancas poderiam conseguir vantagem de espaço no centro com 14.♘xe6 ♗xe6 15.b3 ♕a5 16.♕d2 ♖bc8 *(16...♖fd8 17.f4±)* 17.f4⩲

14. ...	***b6***
15.♕e2	

15.f4 ♘c5 16.f5 ♗e5 17.♔h2 a5=

15. ...	***♖c8***

15...a5 16.f4 ♘c5 17.♖fd1 ♕c8 18.♔h2 ♖e8=

16.♖fd1	***♕c7***
17.f4	***♗xc3***

Um erro estratégico abrir mão do bispo do fianchetto. Era melhor jogar 17...♕b7=

18.♖xc3⩲	***♘c5***

19.♘c1

19.♘xc5 dxc5 *(19...bxc5 20.e5⩲)* 20.♖cd3 ♖cd8 *(20...♖fd8 21.b3⩲)* 21.f5⩲

19. ... ***f6***

19...♘a4 20.♖cd3 ♘b4 21.♖d4 ♖fd8 22.a3 ♘c6 23.♖4d2⩲

20.♕d2

20.b3 ♗e6 21.♘d3±

20. ... ***a5***
21.♘e2

21.♘d3 ♘xd3 22.♕xd3 ♘b4 23.♕b1⩲

21. ... ***♔h8***
22.♖cc1 ***♗e6***

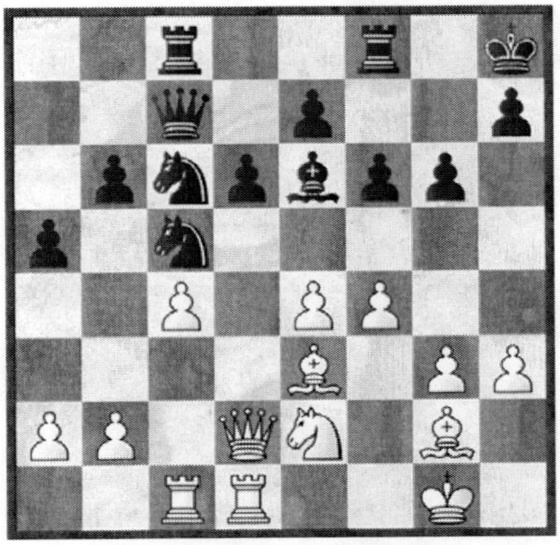

23.♘c3!?

Um interessante sacrifício de peão para ficar com o par de bispos contra o par de cavalos. As brancas também poderiam manter a vantagem com 23.g4 ♗f7 24.b3⩲ Δ ♘c3–d5

23. ... ***♗xc4***
24.♘d5 ***♗xd5***
25.exd5 ***♘b8***

25...♘d8 26.b3 ♕d7 *(26...♘f7 27.a3±)* 27.♗d4 ♔g7 28.♖c3 e5 29.dxe6 ♘dxe6 30.♗e3 ♖fd8 31.g4±

26.♗d4 ***♔g8***

26...♘ba6 27.♖c3 ♕d7 28.♖e1 ♘c7 29.♖ce3 ♖ce8 30.♕e2 ♖f7 31.b3±

27.♖e1 ***♔f7***

Era melhor manobrar defensivamente a posição com 27...♘ba6 28.♖e3 ♕d7 29.♖ce1 ♖f7 30.♕e2 ♖e8 31.b3 ♘c7 32.a3 ♘b5 33.♗b2± Δ b4

28.♖c3 ***♘bd7***
29.♗f1

As brancas poderiam ampliar a vantagem com 29.♖ce3 ♖fe8 30.♕e2 ♕d8 31.b3 ♖c7 32.a3± Δ b4

29. ... ***f5***
30.g4! ***♘f6***

31.♕e2?

As brancas jogaram a dama na casa errada. Era necessário jo–

gar 31.♕f2! fxg4 *(31...♘xd5? 32.♗c4 ♕c6 33.♕h4 ♖c7 34.♗xc5 ♕xc5+ 35.♔h2 ♖fc8 36.♖ec1+−; 31...♘fe4? 32.♕h4 e5 33.dxe6+! ♔xe6 34.gxf5+ gxf5 35.♗c4+ d5 36.♕h6+ ♔e7 37.♖xe4+ ♘xe4 38.♗xd5 ♘xc3 39.♕e6+ ♔d8 40.♗xb6+−; 31...♕d7 32.♕h4±; 31...♕b7 32.♕h4 ♘cd7 33.♖ce3±)* 32.♖ce3! ♖ce8 *(32...♖fe8 33.♕h4+−; 32...gxh3 33.♕h4 h5 34.♗xh3+− Δ ♕g5; 32...g3 33.♕xg3 ♖ce8 34.♕h4+− Δ ♗b5)* 33.♕h4 ♔g8 34.hxg4±

31. ... ***♘fe4?***

Cegueira dupla. As pretas ganhariam um peão com 31...♘xd5! 32.♗xc5 *(32.♕c4 e6-+)* 32...♘xf4! 33.♕d2 *(33.♕e3 dxc5 34.gxf5 gxf5 35.♗c4+ e6! 36.♗xe6+ ♘xe6 37.♕xe6+ ♔g7-+)* 33...dxc5 34.♖ce3 ♖ce8∓

32.gxf5! ***♘xc3***

Se 32...♖g8 as brancas seguiriam com 33.fxg6+ ♖xg6+ *(33...hxg6 34.♖e3+−; 33...♔xg6 34.♔h2+−)* 34.♔h2 ♘xc3 *(34...♕d7 35.f5+−; 34...♘f6 35.♖e3+−)* 35.♕h5 ♔g8 36.f5+−

33.bxc3 ***♕d7***

Se 33...♖g8 as brancas colocariam o próprio rei em segurança e continuariam o ataque com 34.♔h2! ♕d7 *(34...♔f8 35.fxg6 hxg6 36.f5!+−; 34...♖cf8 35.fxg6+ hxg6 36.f5!+−)* 35.fxg6+ hxg6 *(35...♔xg6 36.♕f3+−; 35...♖xg6 36.♕h5+−)* 36.f5!+−

34.fxg6+ ***hxg6***
35.f5! ***♔g8***

Se 35...♖g8 as brancas seguiriam com 36.♔h2! ♔e8 *(36...gxf5 37.♕h5+ ♔f8 38.a4!+−; 36...♖cf8 37.♕e3+−)* 37.fxg6+−

36.fxg6 ***♕f5***

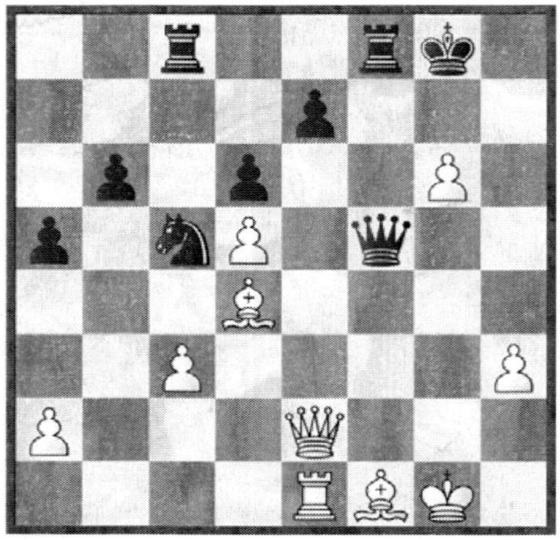

37.♕g2?

As brancas manteriam uma clara vantagem com 37.♕e3! ♖f6 *(37...♕xg6+ 38.♔h2! ♖f7 39.♗a6! ♘xa6 40.♖g1 ♕xg1+ 41.♕xg1+ ♔f8 42.♗e3!+−)* 38.♗xf6 exf6 39.♔h1 *(39.♕h6 ♕g5+ 40.♕xg5 fxg5 41.♖e7±)* 39...♖c7 *(39...♕xd5+ 40.♗g2 ♕e5 41.♕d2+−)* 40.♕h6 ♖e7 *(40...♕xd5+ 41.♗g2+−)* 41.♕h4 ♕d7 *(41...♕xd5+ 42.♔g1+−)* 42.♖xe7 ♕xe7 43.♔g2±

37. ... ***e5!***
38.dxe6 ***♘xe6***

39.♖xe6?

As brancas poderiam empatar a partida com 39.♗d3! ♕xd3 40.♖xe6 ♖xc3! 41.♗xc3 ♕xc3=

39. ...	***♕xe6***
40.♗d3	***♖xc3!***
41.♕b7	***♕e1+***
42.♔g2	***♕d2+***

0-1

Mecking, Henrique – Mareco, Sandro [E54]

I Memorial Antonio Rocha, 2011

1.d4	***♘f6***
2.c4	***e6***
3.♘c3	***♗b4***
4.e3	***0-0***
5.♗d3	***d5***
6.♘f3	***c5***

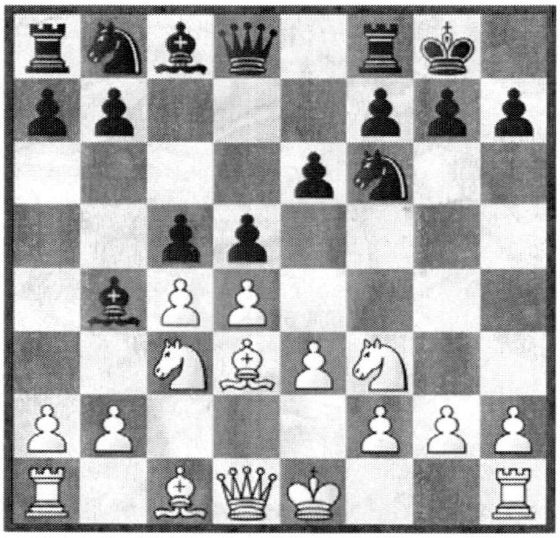

7.0-0	***cxd4***
8.exd4	***dxc4***
9.♗xc4	
10.♕b3	

Uma alternativa pouco explorada nesta posição da Nimzo–India. As continuações mais jogadas são: 10.♗g5 ; 10.♖e1; 10.♕e2

10. ...	***♗xc3***
11.bxc3	

11. ... ♗b7

Outras opções de desenvolvimento das pretas são: 11...♕c7 12.♘e5 *(12.♗a3 ♖d8 13.♘e5 ♘c6 14.♘xc6 ♕xc6 15.♖fd1 ♗b7=* Agdestein – Hausen, Bundesliga 2001*)* 12...♗a6 13.♗xa6 ♘xa6 14.c4 ♘c5 15.dxc5 *(15.♕f3±)* 15...♕xe5= Norwood – Wells, Lloyds Bank (open) 1984; 11...♘bd7 12.♗f4 *(12.♘g5 ♗b7 13.♘xf7 ♖xf7 14.♗xe6 ♕e8 15.♗a3 ♘f8=)* 12...♗b7 13.♗e2

a) 13...♖e8 14.a4 ♘h5 15.♗e3 ♕c7 16.a5 *(16.g3±)* 16...♘f4 1/2–1/2 Neverov – Nisipeanu, Campeonato Europeu 2009);

b) 13...♘d5 14.♗d6 ♖e8 15.c4 ♘e7 16.♖fd1 (Bischoff – Tischbierek, Bundesliga 1997) 16...♘f5=; 11...♘c6 12.♗e2 *(12.♕c2 ♗b7 13.♕e2 ♕d6 14.♗d2 ♖ac8=* Witt – Filip, Havana (ol) 1966*)* 12...♗b7 13.♗g5 ♕d6 *(13...♖c8 14.♖fd1 ♘a5 15.♕a3 ♕c7 16.♗xf6 gxf6=* Jimenez Villena – Estremera, Andorra (open) 2001*)* 14.♗xf6 gxf6 15.♖fd1 ♘a5 16.♕c2 ♖fc8= Aleksandrov – Grigoriants, Campeonato Europeu 2005*(*é preferível a outra torre *16...♖ac8=* Δ ♖fd8*)*.

12.♗a3!?

Alguns antecedentes nesta posição eram: 12.♗e2 ♘c6 13.♗g5 ♕d6 *(13...♖c8=)* 14.♗xf6 gxf6 15.♖fd1 *(15.♖ac1 ♖ac8=)* 15...♖fd8 *(15...♘a5=* Δ ♖ac8*)* 16.♕b5 *(16.c4!?)* 16...♕f4

(16...♖ac8=) 17.♕h5 *(17.♖d3 ♘e7= Δ ♘f5)* 17...♖d5 *(17...♘e7=)* 18.♕h3 ♔f8? *(18...♘e7=)* 19.♕xh7± Moos – Schellman, Dresden (open) 2009; 12.♘e5 ♕c7 (12...♘c6 13.♘xc6 ♗xc6 14.♗e2 b5?! *(14...♖e8=)* 15.♗a3 ♖e8 16.♗xb5 ♗xb5 17.♕xb5± Pokojowczyk – Pytel, Polônia (ch) 1980) 13.♗a3 ♖e8 14.♗b5 ♘c6 15.♖fe1 *(15.♗xc6 ♗xc6*= Larsen – Petrosian, Las Palmas 1975*)* 15...♖ed8 *(15...♖ac8)* 16.♗xc6 ♗xc6 17.♗e7 ♖dc8 18.♗xf6 gxf6 19.♘xc6 ♕xc6 20.♖e3 ♔h8= Onischuk – Zvjaginsen, Poikovsky 2006

12. ...	***♖e8***
13.♗b5	***♗c6***

As pretas poderiam sacrificar um peão para jogar o final de peças pesadas com bispos de cores opostas e manter o controle da grande diagonal após 13...♘bd7 14.♘e5 *(14.♘d2 ♕c7=)* 14...a6 15.♗xd7 ♘xd7 16.♘xd7 ♕xd7 17.♕xb6 e5!⩱

14.♗e2	***♘bd7***
15.c4⩲	

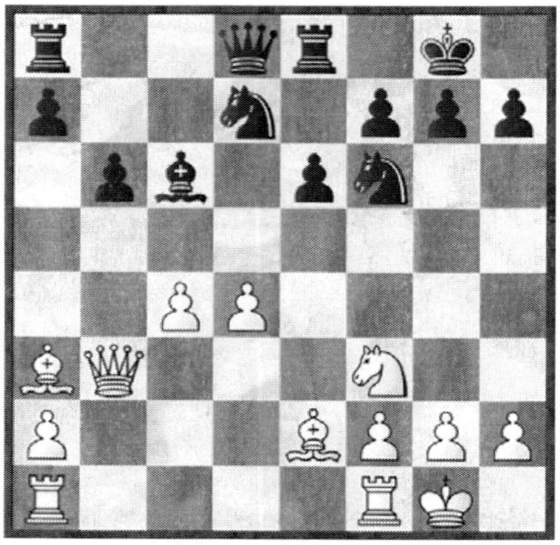

15. ...	***♕c7***
16.♖fe1	***♖ad8***
17.♗b2	***♘f8***

17...h6 18.♖ad1⩲

18.♘e5 ♗a8
19.♗f1 ♘g6
20.f3 ♘h4

20...♘xe5 21.♖xe5 h6 22.♖ae1±

21.♗d3

As brancas poderiam manter as peças ativas com 21.♖ad1 ♘d7 22.♘g4 ♗b7 23.♕c3 f6 24.♘f2 ♖c8 25.♘e4±

21. ... ♘d7

As pretas poderiam jogar os cavalos de maneira ativa com 21...♘h5! 22.♗e4 ♘f4! 23.♗xa8 ♖xa8 24.g3 ♘h3+ 25.♔f1 *(25.♔h1 ♘f2+ 26.♔g1 ♘h3+ 27.♔h1 ♘f2+=)* 25...f6 26.gxh4 *(26.♘g4 h5! 27.♘f2 ♘xf2 28.♔xf2 ♘f5 29.♔g2 ♖ac8=)* 26...fxe5 27.♖xe5 ♖ac8=∞

22.♘xd7

22. ... ♖xd7?!

Era melhor tomar a peça, mas colocar as peças dobradas na coluna central com 22...♕xd7 23.♗c2 *(23.♕c2 h6 24.♕f2 ♘f5 25.♗xf5 exf5 26.d5±)* 23...♗c6 24.♕d3 ♘g6 25.a4±

23.♕c2	***♔h8***

A posição ativa do par de bispos e o avanço do peão central garantem uma clara vantagem para as brancas: 23...♗xf3 24.♗xh7+ ♔h8 25.gxf3 ♘xf3+ *(25...f5 26.♗xf5 ♘xf5 27.♖ad1±)* 26.♔h1

a) 26...♘xd4 27.♕d3 ♘f5 28.♕h3 ♕c6+ 29.♔g1 ♕c5+ 30.♔f1 ♕xc4+ 31.♖e2 ♕f4+ *(31...♘e3+ 32.♕xe3 ♔xh7 33.♕g5 g6 34.♖c1+−)* 32.♔g1 ♘h4 33.♗c2+− Δ ♖f1;

b) 26...♘xe1 27.♖xe1±.

23...♘g6 24.d5 ♕d8 *(24...♖ed8 25.♕c3 f6 26.♗xg6 hxg6 27.♖xe6±)* 25.♕c3 f6 26.♗c2±; 23...h6 24.d5 b5 *(24...♕d8 25.♕f2±; 24...♖dd8 25.♕f2±)* 25.♕f2±

24.♕f2±	***♕d8***
25.d5	***b5***
26.♗c2	***♖g8***

26...bxc4 27.♗a4 ♘f5 28.♗xd7 ♕xd7 29.dxe6 fxe6 30.♗e5± Δ ♖ab1; 26...a6 27.♖ad1 ♘g6 28.dxe6 ♖xe6 29.♖xe6 ♖xd1+ 30.♗xd1 fxe6 31.♗b3±

27.dxe6	***fxe6***
28.♖ad1+−	***♖xd1***
29.♖xd1	***♕g5***
30.♕g3!	

30. ... ♕e7

As pretas poderiam trocar as damas com 30...♕xg3 mas as brancas teriam um final ganho após 31.hxg3 ♘f5 *(31...♘g6 32.cxb5+−; 31...♘xf3+ 32.gxf3 ♗xf3 33.♖f1 ♗e2 34.♖f7 ♗xc4 35.♖xa7+−)* 32.♗xf5 exf5 33.cxb5+− Δ ♖d7

31.♖d7

1-0

Mecking, Henrique – Vallejo Pons, Francisco [E42]

Garbo's (C.C. Bahía Feliz) Av, 2011

1.d4	***♘f6***
2.c4	***e6***
3.♘c3	***♗b4***
4.e3	***b6***
5.♘ge2	***c5***
6.a3	***♗a5***
7.♖b1	***♘a6***

Posição extensamente analisada com diagrama na partida Mecking – Milos, Caxias do Sul (open) 2010

8.♘g3	***0-0***

As pretas podem controlar a grande diagonal com 8...♗b7 9.♗d3 ♗xg2 *(9...♗xc3+ 10.bxc3 ♗xg2 11.♖g1 ♗b7 12.e4*⩱ Korchnoi – Timman, Ubeda 1997*)* 10.♖g1 ♗b7 11.♗d2⩱ Peralta – Gómez Esteban, San Sebastián 2006

9.♗d3	***cxd4***

O conhecido nesta posição era 9...d5 10.cxd5 *(10.0-0!?)* 10...♘xd5 11.♗d2 ♘xc3 12.bxc3 ♘c7 13.0-0 1/2 – 1/2 Babula – Epishin, Bundesliga 1999

10.exd4	***♗xc3+***
11.bxc3±	***♘c7***

12.0-0

As brancas podem jogar um meio-jogo sem damas após 12.♘h5 ♘xh5 13.♕xh5 f5 *(13...g6 14.♕e5 d6 15.♕g3 e5 16.0-0±)* 14.♗g5 ♕e8 15.♕xe8 ♖xe8 16.♔d2±

12. ...	***♗a6***

As brancas ficariam com vantagem de espaço no centro e peças mais ativas após 12...d5 13.cxd5 ♘cxd5 14.♘e2 ♗b7 15.c4 ♘e7 16.♗f4±

13.♗g5

As brancas poderiam controlar as duas colunas com 13.c5 ♗xd3 14.♕xd3 bxc5 *(14...♘ce8 15.♗e3±)* 15.dxc5± Δ ♗f4

13. ...	***h6***
14.♗xf6	***♕xf6***

15.c5

As brancas teriam iniciativa na ala do rei com 15.f4 d5 16.cxd5 ♗xd3 17.♕xd3 ♘xd5 18.f5±

15. ... ♗xd3
16.♕xd3 ♘d5

As pretas poderiam igualar a posição com 16...♕e7 17.♘e4 *(17.cxb6 axb6 18.♖xb6 ♖xa3⇄ Δ ♘d5)* 17...♘e8 18.cxb6 axb6 19.♖xb6 ♖xa3=

17.♘e4 ♕g6
18.c4

18.f4 ♘f6 19.f5 exf5 20.♘xf6+ ♕xf6 21.♖xf5 *(21.♕xf5 ♕xf5 22.♖xf5 ♖fc8=)* 21...♕g6 22.♖bf1 ♖fe8=

18. ... ♘e7

As pretas poderiam igualar a posição com 18...♘f4 19.♕f3 ♘h3+ 20.♔h1 *(20.♕xh3 ♕xe4=)* 20...♘g5 21.♘xg5 ♕xg5 22.cxb6 axb6 23.♖xb6 ♕d2=

19.cxb6

As brancas poderiam controlar as colunas com 19.♖fd1 ♖ab8 20.♖b5 bxc5 21.dxc5±

19. ...	***axb6***
20.♖xb6	***d5!***
21.cxd5	***♘xd5***
22.♖b3	***♖fd8***

23.♕f3

23.♖e1 ♖a4 24.g3 ♘f4 25.♕f3 ♖dxd4 26.♕xf4 ♖xe4 27.♖xe4 ♖xe4=

23. ...	***♖a4***
24.♖d1	***♘e7***
25.♘g3	***♖axd4***
26.♖xd4	***♖xd4***
27.h3	***♘d5***
28.♕h5	

As brancas poderiam igualar o final com 28.♖b8+ ♔h7 29.♖b7 ♘f4 30.♔h2 e5 31.♖e7 ♖d3 32.♕a8 ♖d8!? 33.♕f3 *(33.♕xd8?? ♕c6!-+)* 33...f6=

28. ...	***♕f6***

As peças pretas estão mais ativas no final após a troca de damas com 28...♕xh5 29.♘xh5 ♖d1+ 30.♔h2 ♖d2 31.♔g1 ♖a2∓

29.♕f3

29.♖b8+ ♔h7 30.♕e2 g6 31.♕c2 ♖f4 32.♕c8 h5∓

29. ... ♕e5

30.♖d3?

Um erro que permite a penetração da dama. Era necessário defender a primeira fila com 30.♖b1 g6 31.♘f1 ♔g7∓

30. ... ♕e1+
31.♔h2

31.♘f1 ♖xd3 32.♕xd3 ♘f4!-+

31. ... ♖f4
32.♖d1

32.♕e2 ♕xe2 33.♘xe2 ♖xf2-+

32. ... ♕xf2
33.♕xf2 ♖xf2
34.♖a1

34.♘e4 ♖a2 35.♖d3 g5-+

34. ...	***♘f4***
35.♔h1	***♖xg2***
36.♘f1	

36.♘h5 ♖f2 37.♘xf4 ♖xf4 38.a4 ♖b4 39.a5 ♖b7 40.a6 ♖a7-+

36. ...	***e5***
37.a4	***♖g6***
38.a5	***♖a6***
39.♔h2	***♘e6***
40.♘e3	***♘d4***
41.♘c4	***f6***
42.♖b1	***♖c6***
43.♖b4	***♔h7***
44.♖a4	***♖a6***
45.♖b4	***♘c6***
46.♖b6	

46. ...	***♘xa5***

As pretas ganhariam com 46...♖xb6! 47.axb6 ♔g6 48.b7 ♔f5 49.♘a5 ♘b8 50.♔g3 ♔e6 51.♘c4 g6-+

47.♖xa6	***♘xc4***
48.♔g3	***♘e3***

As pretas poderiam levar o rei para uma posição mais ativa com 48...♔g6 Δ ♔f5

49.♔f3	***♘f5***
50.♖a1	***♔g6***
51.♔e4	***♘g3+***
52.♔f3	***♘h5***
53.♔e4	

53. ...	***♘f4***

As pretas ganhariam com 53...♔g5-+ Δ ♔h4

54.♖a3

54.♖g1+ ♔f7 55.♖g3 *(55.h4 ♘g6 56.h5 ♘f4 57.♖h1 ♔e6-+)* 55...♔e6 56.♖xg7 ♘xh3-+; 54.h4 ♘e2! 55.♖a7 *(55.♔e3 ♘d4! 56.♔e4 ♔h5-+)* 55...♘g3+ 56.♔f3 ♘f5 57.♔g4 h5+ 58.♔h3 ♔h6-+

54. ...	***h5?***

O rei ativo era decisivo no final após 54...♔h5! 55.♔f5 *(55.♖g3 g6-+)* 55...♔h4-+

55.h4!	***♘e6***
56.♖g3+	***♔f7***

57.♖a3	***♘d4***
58.♖a7+	***♔g6***
59.♖a2	***♔h6***
60.♖a6	***♘e2***
61.♖a3	***♘f4***
62.♖b3	***♔h7***
63.♔f5	***♘g6***

64.♖b4

As brancas poderiam defender o peão com 64.♖h3 para manter restringida a posição das peças pretas.

64. ...	***♘e7+!***
65.♔e6	***♘g8***

As pretas poderiam manobrar o cavalo e avançar o peão passado com 65...♘c6! 66.♖b2 ♘d4+! 67.♔f7 ♘f5! 68.♖g2 *(68.♖b4 ♔h6-+)* 68...e4∓ Δ e

66.♖b1

Outra opção era voltar o rei com 66.♔f5 para manter restringida a ação das peças pretas.

66. ...	***♘h6***
67.♖a1	***♘g4***

68.♔f5?!

Era melhor fazer um lance de espera com 68.♖a4!? pois as brancas devem preparar-se para se 68...♔h6 69..♖a8 para manter restringida a ação das peças pretas.

68. ...	***♔h6!***
69.♖a8?	

As pretas conseguem uma posição ativa para o rei e podem avançar os peões após 69.♖a3 g6+! 70.♔e4 g5! 71.♔f5 gxh4 72.♖b3 e4! 73.♔xe4 ♔g5∓

69. ...	***♘e3+!***
70.♔e6	

70.♔e4 ♘g2! 71.♖h8+ ♔g6-+

70. ...	***♘g2!***
71.♔f7	

71.♖a4 ♔g6 72.♖b4 *(72.♔d5 ♔f5-+)* 72...♘f4+ 73.♔d6 ♔f5-+

71. ...	***♘xh4***
72.♖h8+	***♔g5***
73.♔xg7	***f5***

74.♖g8	*e4*
75.♔f7+	*♔f4*
76.♔f6	*e3*
77.♖e8	*♘f3*
78.♖a8	*e2*
79.♖a4+	*♔g3*

0-1

Nyzhnyk, Illya – Mecking, Henrique [D76]

Garbo's (C.C. Bahía Feliz) Av, 2011

1.d4 ♘f6
2.c4 g6
3.♘f3 ♗g7
4.g3 d5
5.cxd5 ♘xd5
6.♗g2 ♘b6
7.♘c3 ♘c6
8.e3 0-0
9.0-0 ♖e8

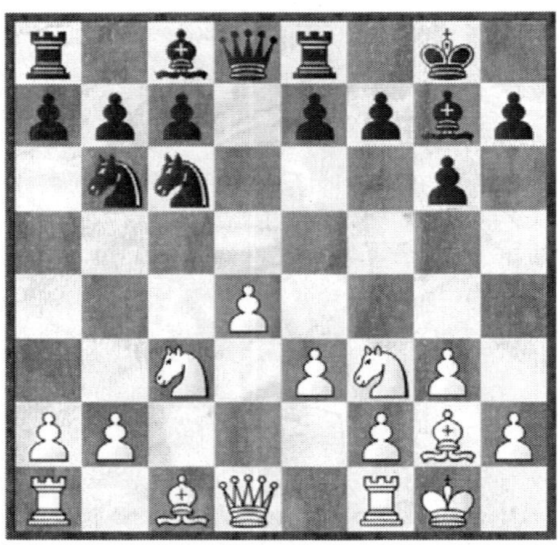

10.♖e1

Posição teórica na qual as outras opções principais das brancas são: 10.d5 ; 10.b3; 10.♘e1

10. ... a5

Outra opção das pretas é pressionar o centro com 10...e5 11.d5 ♘a5 *(11...♘e7 12.e4±)* 12.e4 c6 13.b3 *(13.a4 cxd5 14.exd5 ♗g4 15.h3 ♗xf3 16.♗xf3 f5= Δ e4; 13.♗g5 f6 14.♗e3 ♘ac4=; 13.♗f1 cxd5 14.exd5 ♗g4=)* 13...cxd5 14.exd5

a)14...♗g4 15.♗a3 e4 16.♘xe4 ♕xd5 *(16...♘xd5 17.♖c1±* Navara

– Ivanchuk, Praga (rápido) 2009*)* 17.♕xd5 ♘xd5 18.♖ac1± Tkachiev – Iordachescu, Campeonato Europeu 2007;

b) 14...e4 15.♘xe4 ♖xe4 *(15...♘xd5 16.♗g5 f6 17.♗d2 ♘c6 18.♖c1±* Tkachiev – Mikhalevski, Campeonato Europeu (blitz) 2007*)* 16.♖xe4 ♗xa1 17.♗d2 ♗f5 18.♖e1 ♗f6 19.♗xa5 ♕xd5 20.♕xd5 ♘xd5 (Gagunashvili – Sutovsky, Rishon Le Ziyyon (blitz) 2006) 21.♖d1±.

11.♕e2

No mesmo ano, Mecking enfrentou a variante 11.♕c2 e5 12.♘xe5 ♘xe5 13.dxe5 ♗xe5 14.f4 ♗g7 15.e4 c6 *(15...♗d4+ 16.♗e3±)* 16.♗e3± ♘c4 17.♗f2 ♕d2 18.♕xd2 ♘xd2 19.e5 ♗g4 *(19...♗e6 20.♖ad1±)* 20.h3 ♗f3 *(20...♗e6 21.♖ad1±)* 21.♖e3 *(21.♖ac1 ♖ad8 22.♖c2±)* 21...♗xg2 22.♔xg2 f6 23.♖d3 ♘c4 (1/2 – 1/2 Leitão – Mecking, Memorial Antonio Rocha 2011) 24.b3 ♘a3 25.exf6 ♗xf6 26.♖ad1±

11. ...	***♗e6***

As pretas podem sacrificar um peão para conseguir jogo ativo para as peças com 11...e5 12.♘xe5 ♘xe5 13.dxe5 ♗xe5 14.f4 *(14.e4 ♗e6=)* 14...♗xc3 15.bxc3 ♗f5!? 16.♗xb7 ♖b8 17.♗f3 ♗e4 (era melhor *17...♗d3!⩱*) 18.♗xe4 ♖xe4 19.♖b1± Ljubojevic – Grischuk, Villarrobledo (open–rápido) 2009

12.♖d1

No mesmo ano, Mecking enfrentou a variante 12.♘d2 ♘b4 13.♖d1 c6 14.a3 ♘a6 *(14...♘4d5=)* 15.♖b1 a4 *(15...♘c7=* Δ ♘bd5*)* 16.b3 axb3 17.♘xb3 ♘d5 18.♗d2 b6 19.♖dc1 ♘ac7 *(19...♘xc3 20.♗xc3 ♗d5=)* 20.a4± Mekhitarian – Mecking, Brasil (ch) 2011

12. ...	***♗c4***
13.♕c2	***♘b4***
14.♕b1	***e5***

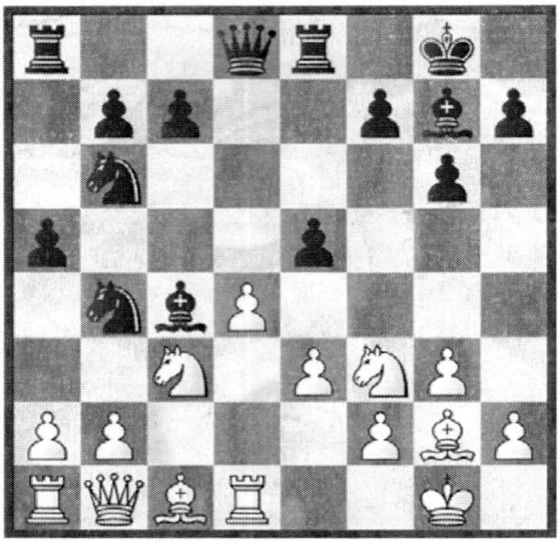

15.a3

As brancas ficariam com um peão de vantagem e a posse do par de bispos após o sacrifício de qualidade com 15.♘xe5 ♗xe5 16.b3 ♗d3 17.♖xd3 ♘xd3 18.♕xd3 c6 *(18...c5 19.♘b5⩱)* 19.♗b2⩱

15. ...	***exd4!***
16.axb4	***dxc3!***
17.♖xd8	***♖axd8***
18.♕c2	

As peças pretas estão mais ativas do que as peças brancas após 18.bxc3 ♖d1+ 19.♗f1 ♖xf1+ 20.♔g2 axb4! 21.♕xb4 ♖d1∓ Δ ♗d5

18. ...	***axb4***
19.♘d2□	

Único lance, outras opções levariam rapidamente à derrota: 19.♘d4 ♖xd4!-+; 19.bxc3 b3!-+

19. ...	***cxd2***
20.♗xd2	***♖a8***
21.♖d1	

Era melhor eliminar um par de torres do tabuleiro e defender a posição após 21.♖xa8 ♖xa8 22.h4 ♖a2 23.♗c1 h5 24.♕d2 ♖a1 25.♔h2 ♗e6∓

21. ... ***♖a2!***
22.♗c1□ ***b3!***
23.♕d2

23.♕b1 ♘a4 24.♗f1 *(24.♗xb7 ♘xb2-+; 24.♖d2 ♗c3-+)* 24...b5-+

23. ... ***♗e6!***

24.♗f1

As brancas ainda poderiam defender a posição com 24.♕b4 ♖a1 25.♖f1 *(25.♗f3 ♖b8 26.♔g2 ♘c4∓)* 25...♖b8 26.♗f3 *(26.f4 ♘a4∓; 26.e4 ♘c4∓; 26.♕c5 ♘a4∓)* 26...♘c4∓

24. ... ***♘a4!***
25.♕b4

25.♗b5 ♘xb2 26.♗xe8 *(26.♗xb2 ♖xb2-+)* 26...♘xd1 27.♕xd1 ♖a1! 28.♔g2 ♗c3!-+

25. ... ***♖a1!***
26.♗e2

26.♖e1 ♘xb2 27.♗xb2 ♖xe1 28.♗xg7 *(28.♕xe1 ♗xb2-+)* 28...♖d1 29.♔g2 ♔xg7-+

26. ... ***c5?***

Um erro que compromete a vitória. As pretas teriam uma posição ganhadora com 26...♖a8 27.♕xb7 *(27.♕d2 ♗f6 28.e4 c5-+)* 27...♘xb2 28.♖f1 *(28.♗xb2 ♗xb2-+)* 28...c5-+

27.♕b5□ ***♖a8***

27...♖b8 28.♖f1 ♘xb2 29.♗xb2 ♗xb2 30.♗c4 ♖xf1+ 31.♔xf1 ♗xc4+ 32.♕xc4 b5 33.♕xb3 ♗g7∓

28.♔g2 ***♘xb2***

28...b6 29.e4 ♘xb2 30.♗xb2 ♗xb2 31.♖d6 ♖e1 32.♖xe6 fxe6∓ Δ ♗d4

29.♗xb2 ***♗xb2***

30.♖xa1?

Um erro que leva à derrota. As brancas poderiam defender a posição com 30.♖d6□ ♗f6 31.♖xe6□ b2 32.♖b6 b1♕ 33.♕xb1 ♖xb1 34.♖xb1 ♖b8∓

30. ...	***♗xa1!***

Se 30...♖xa1? seguiria 31.♗c4! ♗xc4 32.♕xc4 ♖a3 33.♕xc5=

31.♕xc5

31.♕xb7 ♖d8 32.♕b6 ♖d2-+

31. ...	***♗g7***
32.♗d3	***b2***
33.♕b5	***h5***
34.♕xb7	***♖d8***
35.♗e4	***♗f5***
36.♗xf5	***gxf5***

0-1

Fier, Alexandr – Mecking, Henrique [E97]

Brasil (ch), 2011

1.d4	***♘f6***
2.c4	***g6***
3.♘c3	***♗g7***
4.e4	***d6***
5.♘f3	***0-0***
6.♗e2	***e5***

7.0-0

7.♗e3 ♘g4 8.♗g5 f6 9.♗c1 *(9.♗h4)* 9...♘c6 10.0-0 *(10.d5)* 10...f5 11.d5 ♘e7 12.b4 *(12.♘g5±)* 12...♘f6 13.♗g5 ♘xe4 14.♘xe4 fxe4 15.♘d2 h6= Trois – Mecking, São José do Rio Preto (Jogos Abertos) 1995

7. ...	***♘c6***
8.d5	

8.♗e3 ♘g4 9.♗g5 f6 10.♗h4 g5 *(10...h5 11.d5±* (Δ h3) Granda Zuñiga – Mecking, Garbo's (C.C. Bahía Feliz) Av 2011*)* 11.♗g3±

8. ...	***♘e7***
9.b4	***♘h5***
10.♖e1	***a5***

Outra alternativa das pretas na India de Rei é manobrar o cavalo após 10...f5 11.♘g5 ♘f6 e as brancas apoiam o centro com peão ou peça menor: 12.f3 , 12.♗f3

11.bxa5 ***♖xa5***
12.a4 ***♘f4***

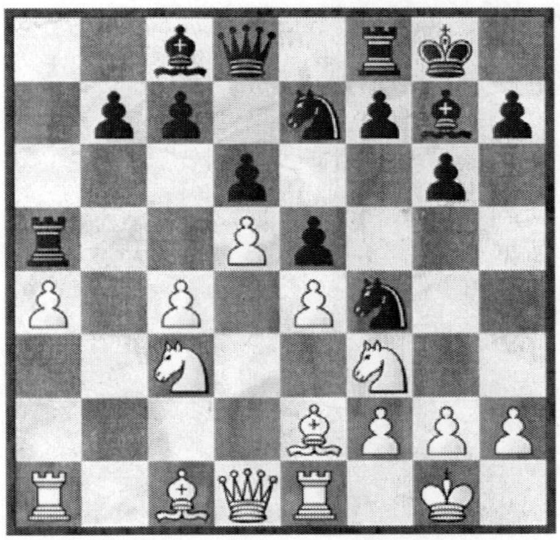

13.♗a3

As brancas podem desenvolver a torre por a3 após 13.♗f1 c5 *(13...f5 14.♖a3±* Bareev – Spasov, Elista (ol) 1998*)* 14.♖a3± Topalov – Nijboer, Wijk aan Zee 1998

13. ... ***f5***
14.♗b4 ***♘xe2+***

As pretas poderiam igualar a posição após 14...fxe4 15.♘xe4 *(15.♗xa5?! ♘xe2+ 16.♘xe2 exf3 17.gxf3 ♖xf3∓)* 15...♖a8=

15.♕xe2 ***♖a6***
16.c5 ***fxe4***
17.♘d2

Se 17.♘xe4?! seguiria 17...♗g4∓

17. ... ***♘f5***

Se 17...e3 as brancas poderiam abrir a coluna e consolidar o centro com 18.fxe3 c6 *(18...♘f5 19.♖f1±)* 19.e4±

18.♘dxe4	***♘d4***
19.♕b2	***♗f5***

As pretas poderiam jogar de maneira mais ativa na ala do rei com 19...♖f4 20.cxd6 cxd6 21.f3 ♗f5!?∞ Δ ♗h6; Δ ♖h4

20.cxd6

As brancas poderiam conseguir uma vantagem no meio–jogo com 20.♗a3 ♕b8 *(20...♗xe4 21.♘xe4 ♖f7 22.cxd6 cxd6 23.♗b4± Δ ♗c3)* 21.f3 ♖d8 22.♖eb1±

20. ...	***cxd6***
21.♘b5	***♘xb5***
22.axb5	***♖xa1***
23.♕xa1	***♗xe4***
24.♖xe4	***♕c7***

Após as trocas, o final está igualado.

25.♕d1	***♖a8***
26.g3	***♗f8***
27.♕b3	***♖a1+***

A torre preta mais ativa garante a igualdade no final após a troca de damas com 27...♖c8 28.♔g2 ♕c2 29.♕xc2 ♖xc2= Δ ♖b2

28.♔g2	***♖c1***
29.♗d2	***♖c2***

O bispo branco está um pouco mais ativo em relação ao bispo preto.

30.♗e3±	***♖c3***
31.♕d1	***♖c4***
32.♕g4	***♖xe4***
33.♕xe4	***♕d7***
34.♕c4	***♗e7***
35.g4	***♗d8***
36.h3	***♔f7***
37.♔f3	***♔e8***
38.♔e2	***♕c7***
39.♕b3	

Não há como penetrar na posição defensiva das pretas após a troca de damas 39.♕xc7 ♗xc7=

39. ...	***♕a5***
40.b6	***♔d7***
41.♔f3	***♔e8***
42.♔g3	***♔d7***
43.h4	***♔e8***
44.♔g2	

44. ...	***♕a6?!***

Era melhor jogar 44...♔d7

45.h5

As brancas poderiam fazer um ataque simultâneo nas duas alas com 45.♕b4! ♔d7 *(45...♗e7 46.♕c3+−)* 46.h5! ♗e7 47.hxg6 hxg6 48.g5± Δ ♕e4

45. ...	***♕a5***
46.♔h2	***♔f7***
47.h6	***♔e8***
48.♔g2	***♔d7***
49.♔h3	***♔e8***
50.f4	

As brancas poderiam repetir a posição com 50.♔g2 ♔d7=

50. ...	***exf4***

As pretas poderiam ganhar o peão após 50...♕e1 51.g5 ♕h1+ 52.♔g3 exf4+ 53.♗xf4 ♕g1+ 54.♔f3 ♗xb6 55.♕c3⩱ mas as brancas controlariam a grande diagonal.

51.♗xf4	***♕e1***
52.♕e3+	

52.♕e3+ ♕xe3+ 53.♗xe3 g5 54.♔g3 ♔f7 55.♔f3 ♔g6 56.♔e4= e o final de bispos está empatado, pois o peão h6 não pode ser capturado por causa da entrada do rei branco em f5.

½-½

Mecking, Henrique – Santiago, Yago [D36]

Brasil (ch), 2011

1.d4 d5
2.c4 e6
3.♘c3 ♘f6
4.cxd5 exd5
5.♗g5 c6
6.e3 ♗e7
7.♗d3 0-0
8.♕c2 ♘bd7

9.♘ge2

A outra opção é o desenvolvimento com 9.♘f3 Δ 0-0

9. ... b6

O plano normal das pretas nesta posição é jogar 9...♖e8 Δ ♘f8; Um antecedente histórico nesta posição é 9...h6 10.♗h4 ♖e8 11.f3 *(11.0-0 ♘e4=)* 11...c5 12.0-0 a6 *(12...c4 13.♗f5 ♘f8=)* 13.♖ad1 *(13.dxc5!?)* 13...b5 14.♗f2?! *(14.♗xf6 ♘xf6 15.dxc5 ♗xc5 16.♘xd5 ♗xe3+ 17.♘xe3 ♕b6 18.♘c3 ♕xe3+ 19.♕f2 ♕xf2+ 20.♖xf2 ♗e6=)* 14...c4∓ Botvinnik – Larsen, Noordwijk 1965*(*outra opção seria *14...b4∓* Δ c4*)*

10.0-0	***♗b7***
11.♖ad1	***♖e8***
12.♗h4	

12. ... ***♘f8***

As pretas poderiam manter a igualdade com 12...b5= As pretas ameaçam tanto avançar diretamente o peão com b4 como preparar o avanço com a5–b4. Outro plano é jogar h6 que prepara o lance ♘b6–c4.

13.f3± ***♘g6***

se 13...g6 as brancas conseguem vantagem de espaço no centro com 14.e4 ♘e6 15.e5±

14.♗f2	***b5***
15.♘g3	***♗f8***
16.h3	***♘d7***
17.e4	

Era melhor 17.a3 a5 18.♘f5±

17. ... ***♘f4***

As pretas poderiam igualar com 17...b4!? 18.♘ce2 *(18.♘a4 ♘f4! Δ g6)* 18...♖c8= Δ c5

18.exd5 ♘xd3
19.♕xd3 b4
20.dxc6 ♗xc6

21.d5

As brancas teriam uma posição mais ativa no meio-jogo ao manter o peão de vantagem com 21.♘ce4 ♕a5 22.♖fe1

a) se 22...♕xa2?! seguiria 23.d5!

a1)23...♘e5 24.♕d4 ♗b5 *(24...♗d7 25.♘h5+-)* 25.♘f5+-;

a2) 23...♗a4 24.♖a1 ♕b3 25.♕a6 ♘b6 26.d6! ♗d7 *(26...♗c6 27.♘f5±)*27.♘h5±;

b)22...♘b6 23.b3⩲

21. ... ♘e5!
22.♕c2

As pretas recuperariam o peão e igualariam a posição após 22.♕b1 ♗b7 23.♘ce4 ♗xd5 24.♘h5 ♗xe4! *(24...♗e7 25.♘f4⩲)* 25.♕xe4 ♕g5 26.♘g3 ♘g6=

22. ... ♗d7

23.♘ce2	***♖c8***
24.♕b1	***♕a5***

As pretas poderiam jogar de maneira mais ativa com o cavalo para obter compensação pelo peão sacrificado após 24...♘c4! 25.♗xa7 ♕a5 26.♗d4 ♘e3! 27.♗xe3 ♖xe3 28.♘d4 *(28.d6 ♖e6 29.♖fe1 ♖xd6⩱)* 28...♖ee8 29.♘b3 *(29.♖f2 ♕xd5 30.♘df5 ♗xf5 31.♘xf5 ♕a5⩱ Δ g6)* 29...♕b6+ 30.♔h1 *(30.♔h2? ♗b5!∓ Δ ♗d6)* 30...♕h6 31.♖d2 ♕h4 *(31...♕f4 32.♘e2 ♕h6⩱)* 32.♘e2 ♗d6 33.♕e1 ♕h6 34.♕f2 ♖e3⩱

25.b3	***♕a6***
26.♘d4	***♘g6***
27.♘df5	

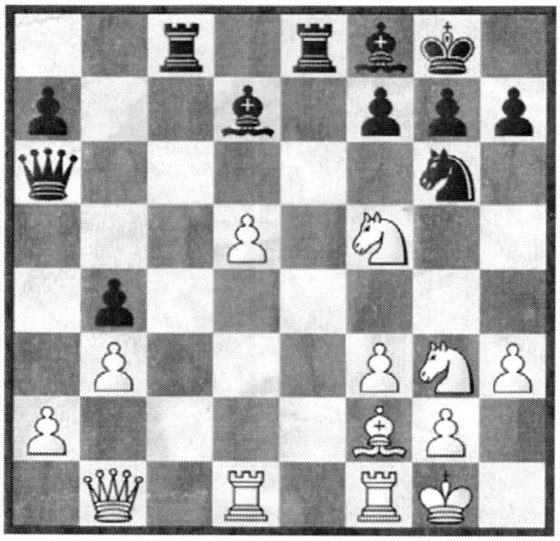

27. ...	***♗b5***

Era melhor 27...♘f4 sendo que as brancas conseguiriam uma pequena vantagem no final após 28.d6! *(28.♖d4 ♘e2+ 29.♘xe2 ♖xe2 30.d6 ♖cc2 31.♘g3 ♖b2=)* 28...g6 *(28...♕b5 29.♖fe1 ♖xe1+ 30.♗xe1 ♖e8 31.♗f2±)* 29.♘e7+ *(29.♘e3 ♖ed8= Δ ♗xd6)* 29...♗xe7 30.dxe7 ♗b5 *(30...♖xe7 31.♖d4±)* 31.♖fe1 ♘d3 32.♕a1! ♘xe1 *(32...♘xf2 33.♔xf2± Δ ♔g1)* 33.♘e4! ♘xf3+ 34.gxf3 ♖xe7 35.♘f6+ ♔f8 36.♘xh7+ ♔g8 37.♘f6+ ♔f8 38.♘d5 f6 39.♘xe7 ♔xe7 40.♕d4±

28.♖fe1	***♖xe1+***

As brancas estão com um clara vantagem na posição, outras defesas para as pretas seriam: 28...♖ed8 29.♖d4 ♖d7 *(29...♗c5 30.♕b2±)* 30.d6 ♗xd6 31.♘xd6 ♖xd6 32.♖xb4 ♖d5 *(32...♖d2 33.a4±)* 33.♕b2± Δ ♖d4; 28...♘f4 29.d6 ♘d3 *(29...g6 30.♘e7+ ♗xe7 31.♖xe7 ♖xe7 32.dxe7 ♘d3 33.♕a1 f5 34.♕d4±;* se *29...♖xe1+ 30.♗xe1* ver posição da partida após 30.d6!*)* 30.♖xe8 ♖xe8 31.♗d4 ♗xd6 32.♘xg7 ♖d8 33.♘e4! ♗f4 34.♕a1 ♖xd4 35.♕xd4 ♗e5 36.♕d8+ ♔xg7 37.♖xd3 ♗xd3 38.♕g5+ ♔f8 39.♕xe5 ♗xe4 40.♕xe4±

29.♗xe1 ***♘f4***
30.d6! ***♘d3***

Se 30...♗d3 as brancas seguiriam com 31.♘e7+ ♗xe7 32.dxe7 ♕e6 33.♗f2! ♕d7 *(33...♕xe7 34.♖xd3 ♘xd3 35.♕xd3±)* 34.♗e3 ♕xe7 35.♖xd3 ♘xd3 36.♕xd3 ♖c3 37.♘f5 ♖xd3 38.♘xe7+ ♔f8 39.♗c5±

31.♘e4 ***♘xe1***
32.♖xe1

32. ... ***♖d8***

Oferecia uma maior resistência a complicada variante 32...g6 33.♘f6+ ♔h8 34.d7

a) 34...♗xd7 35.♘xd7 gxf5 36.♕xf5 ♕g6 37.♕xg6 fxg6 *(37...hxg6 38.♘xf8 ♖xf8 39.♖e7+−)* 38.♘xf8 ♖xf8 39.♖e7+−;

b) 34...♖d8 35.♕b2 gxf5 36.♖e8 ♕b6+ 37.♔h2! ♖xe8 38.dxe8♕ ♗xe8 39.♘xe8+;

b1) 39...f6 40.♕xf6+ ♔g8 *(40...♕xf6 41.♘xf6+−)* 41.♕xb6 axb6 42.♘f6++− Δ ♘h5;

b2)39...♔g8 40.♘f6+ ♔h8 41.♘d5+ ♗g7 42.♕xg7+! ♔xg7 43.♘xb6 axb6 44.♔g3!+− Δ ♔f4;

c) 34...♖b8 35.♖e8 ♖xe8 36.dxe8♕ ♗xe8 37.♘xe8 ♕b6+ 38.♔h1□ ♔g8 *(38...gxf5 39.♕xf5+−)* 39.♕a1 gxf5 40.♘f6+ ♔h8 41.♘d5+ ♗g7 42.♕e1 ♕c6 43.♕xb4 h5 44.♕c4 ♕e6 45.♕c5±

33.♕c1

33.♘e7+ ♗xe7 *(33...♔h8 34.♘g5+−)* 34.dxe7 ♖e8 35.♕d1+−

33. ...	***h6***
34.♘e7+	***♗xe7***
35.dxe7	***♖e8***
36.♕c5	***♗e2***
37.♔f2	***♗b5***
38.♘d6	***♕xa2+***
39.♔g1	***♕d2***
40.♖e4	***f5***
41.♕xb5	***♕c1+***
42.♔h2	

1-0

Mecking, Henrique – Di Berardino, Diego [E58]

Brasil (ch), 2011

1.d4 ♘f6
2.c4 e6
3.♘c3 ♗b4
4.e3 0-0
5.♗d3 d5
6.♘f3 c5
7.0-0 ♘c6
8.a3 ♗xc3
9.bxc3

9. ... ♕c7

As pretas podem trocar os peões, antes de jogar a dama, com 9...dxc4 10.♗xc4 ♕c7 na Nimzo–India (E59) e, diante da ameaça indireta que há sobre o bispo branco, normalmente as brancas escolhem uma das retiradas: ♗e2, ♗d3, ♗b5, ♗a2.

10.♗b2

10.cxd5 exd5 11.a4 *(11.♘h4 ♘e7 12.a4 ♖e8 13.♗a3 c4 14.♗c2 ♘g6 15.♘f5 ♘e4 16.♗xe4 ♖xe4 17.♘g3 ♖e8 18.♕h5 ♕c6 19.a5 ♘f8*= Panno – Korchnoi, Palma de Mallorca 1969*)* 11...♖e8 12.♗a3 c4 13.♗c2 ♘e4 14.♗xe4 ♖xe4 15.♘d2 ♖e8 16.e4 ♗e6 *(16...dxe4*

17.♖e1 ♗f5 18.♘xc4 ♖ad8 19.♘e3 ♗c8 20.♕h5 ♕a5 (20...b6=) *21.♕xa5 ♘xa5 22.d5! b6 23.♗b4±* Lautier – Kramnik, Mônaco (rápido) 1998*)* 17.♖e1 *(17.e5 ♕a5=* Van der Sterren – Cifuentes, Holanda (ch) 1996*; 17.f3 ♖ad8=* Dumitrache – Monroy, Guingamp 2007*)* 17...dxe4 *(17...♖ad8=)* 18.♘xe4 ♗d5 19.♘d6 ♖ed8 20.♘f5 ♗e6 21.♘e3 f5 22.♕f3 *(22.♕c2±)* 22...♕a5 23.♖ec1 ♖ac8 24.♕g3 ♕c7 (1/2 – 1/2 Gligoric – Komarov, Iugoslávia 1998) *(*seria melhor *24...♖d7=)* 25.♕xc7 ♖xc7 26.f4±

10. ... ♖e8

As pretas poderiam transpor para a Nimzo–India (E59) após 10...dxc4 11.♗xc4 e5= Δ ♗f5

11.h3

Outras alternativas para as brancas são: 11.cxd5 exd5 12.c4 dxc4 13.♗xc4 cxd4 14.♘xd4? *(14.exd4=)* 14...♘xd4 15.♖c1 *(15.♕xd4 ♖e4!-+)* 15...♘c6 16.♗xf6 gxf6 17.f4 ♔h8 18.♕h5 ♖g8 19.♗d3 ♖g7 20.♕h6 ♕e7 21.f5 ♗d7 22.♗e2 ♘e5 0-1 Singh – Bakre, India (ch) 2003; 11.♖c1 dxc4 12.♗xc4 e5 13.♘g5 ♘d8 14.f4 *(14.♕c2±)* 14...exf4 15.♖xf4 *(15.exf4=)* 15...h6 16.♘f3 ♘g4 17.dxc5 ♕xc5 *(17...g5 18.♖d4 ♘xe3∓)* 18.♕d4 ♕xd4 19.cxd4 g5 20.♗b5? *(20.♖xg4! ♗xg4 21.♘e5=* Δ *♖f1)* 20...♖xe3 21.d5 gxf4 22.a4 a6 23.♗c4 ♖e8 0-1 Hjelmaas – Gabrielsen, Noruega (ch) 2009; 11.♕c2 dxc4 *(11...♘a5=)* 12.♗xc4 e5 13.♘g5 ♘d8 14.d5 ♕d6 *(14...♗d7!?)* 15.e4 *(15.♗b5* Δ c4*)* 15...♘d7 16.♖fe1 ♘b6 17.♗f1 ♕g6 *(17...♗d7!?)* 18.♘f3± Sapi – Haag, Hungria (ch) 1966

11. ... ♘a5

O conhecido nesta posição era 11...dxc4 12.♗xc4 b6 13.♕e2 ♗b7 14.♖ac1 ♘e7 *(14...♘a5 15.♗b5 ♖ed8=)* 15.♖fd1 ♘g6 16.♗a2 *(16.♗b3)* 16...♕c6 17.c4 *(17.♘e1=* Δ f3*)* 17...cxd4 18.♖xd4 *(18.♗xd4)* 18...e5! 19.♖dd1 ♘e4∓ Kasimdzhanov – Groszpeter, Neckar (open) 2004

12.cxd5 exd5
13.♘e5

13. ...	***♖xe5***

As pretas sacrificaram a qualidade por um peão, mas poderiam igualar a abertura com 13...♘c4 14.♗xc4 *(14.♖b1 ♗e6=)* 14...dxc4 15.♕e2 *(15.♘xc4? cxd4∓)* 15...♗e6 16.e4 *(16.♘xc4? cxd4∓)* 16...♖ad8=

14.dxe5	***♕xe5***
15.♕a4⩲	***b6***
16.♕f4	***♕e6***
17.f3	***♗d7***

Ambos os lados poderiam completar o desenvolvimento com 17...♗b7 18.♖ad1 ♖e8 19.♖fe1⩲

18.♖fe1	***♘b3***
19.♖ad1	***c4***
20.♗b1	***♘c5***
21.e4	***dxe4***

21...♖e8 22.e5 ♘h5 23.♕e3 ♗a4 24.♖d4⩲

22.fxe4	***♗b5***
23.♖d6	

23.e5 ♘d5 24.♕d4 ♘c7 25.♗a2 ♖e8 26.♕h4 h6 27.♖d8⩲

23. ... ♕e7
24.e5 ♘e8

24...♘fd7 25.♗f5 ♖e8 26.♗xd7 ♘xd7 27.e6 f6 28.♖e3 ♘e5 29.♕d4±

25.♖dd1

As brancas poderiam controlar a grande diagonal e manter a vantagem com 25.♕f3 ♖b8 26.♖d4 g6 27.♗a2±

25. ... ♘c7
26.♗c1 ♘7e6
27.♕f5 ♘d3
28.a4 ♗a6
29.♖f1

29. ... ♖f8

As pretas teriam compensação pelo sacrifício após 29...♘ec5 30.♗xd3 *(30.♗a3 ♖e8⩱)* 30...cxd3 31.♗a3 ♖e8⩱

30.♖f3 ♕c5+

30...g6 31.♕f6 ♕c5+ 32.♗e3 ♕xe5 33.♕xe5 ♘xe5 34.♖f2 ♘d3 35.♖a2± Δ a5; 30...♘ec5 31.♖g3 g6 32.♗g5 ♕e6 33.♕xe6 ♘xe6 34.♗h6± Δ ♖e3, g4

31.♗e3 ***♕d5***

Era melhor defender a posição com 31...♕c7 32.♖df1 ♗b7 33.♖g3! ♖d8 34.♗h6! g6 35.♕f6 ♖d7 *(35...♘dc5 36.♖g4⩲* Δ ♖d4*)* 36.♕xe6 ♕c5+ 37.♗e3 fxe6 38.♗xc5 ♘xc5 39.♗c2⩲

32.♖df1 ***♗c8***

Se 32...♗b7 as brancas conseguem vantagem clara após 33.♖g3! ♕e4 34.♕xe4 ♗xe4 35.♖g4 ♗g6 36.♖xc4 ♘xe5 37.♖h4±; Se 32...♕d7 as brancas seguiriam com 33.♖g3! g6 *(33...♖c8 34.♖xg7+! ♔xg7 35.♗h6+!+−; 33...♕e7; 33...♕e7 34.♕f6 ♖e8 35.♗c2±)* 34.♕f6 ♖c8 *(34...♖e8 35.♖gf3! ♖e7 36.♗h6 ♘dc5 37.♗f5!+−)* 35.♗h6 ♖c7 *(35...♖c5 36.♖g4±* Δ ♖d4*)* 36.♖g4 ♕e7 37.♔h2±

33.♖g3!

33. ... ***♗b7***

As brancas conseguem uma posição de forte ataque contra a ala do rei das pretas: 33...♘ef4 34.♖xg7+! ♔xg7 35.♕f6+ ♔g8 36.♗xf4 ♕d8 *(36...♕e6 37.♕h4+−; 36...♗b7 37.♕g5+ ♔h8 38.♗xd3+−)* 37.♕h6+−; 33...♔h8 34.♗h6! ♕c5+ *(34...♕xe5 35.♗xd3 ♕xf5 36.♗xf5 gxh6 37.♖g4+−)* 35.♔h2 ♕xe5 36.♗xd3 ♕xf5 37.♗xf5 gxh6 38.♖g4+−; 33...g6 34.♗xd3 cxd3 *(34...♕xd3 35.♕f2 ♕d7 36.♖f3±; 34...♘g7 35.♕f6 cxd3 36.♖gf3±)* 35.♗h6 ♘g7 36.♕xd3 ♕xd3

37.♖xd3 ♗a6 38.♖d7 ♗xf1 39.♔xf1±; 33...♕d8 34.♕f6! ♕d5 *(34...♔h8 35.♕xd8 ♘xd8 36.♗d4±)* 35.♗xd3 ♕xd3 36.♕e7! ♗d7 *(36...♕d7 37.♕xd7 ♗xd7 38.♖a1±)* 37.♖f6! ♗c8 38.♖f2 ♕d1+ *(38...♕d7 39.♕xd7 ♗xd7 40.♖a2±)* 39.♖f1 ♕d7 40.♕xd7 ♗xd7 41.♖a1±

34.♗h6!+−	***♔h8***
35.♕xe6	

1-0

El Debs, Felipe – Mecking, Henrique [E92]

Brasil (ch), 2011

1.♘f3 ♘f6
2.c4 g6
3.♘c3 ♗g7
4.e4 d6
5.d4 0-0
6.♗e2 e5
7.♗e3

As outras variantes principais são completar o desenvolvimento da ala do rei com 7.0-0 ; e fechar o centro com 7.d5

7. ... ♘g4
8.♗g5 f6

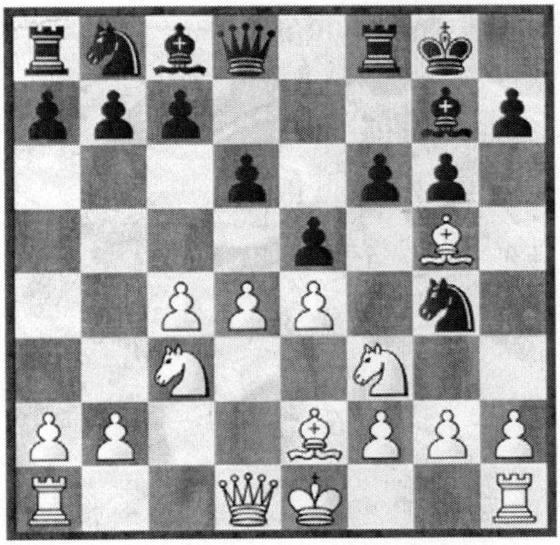

9.♗c1

9.♗h4 g5 10.♗g3 ♘h6 *(10...♘c6 11.d5±)* 11.dxe5 dxe5 *(11...fxe5 12.h3±)* 12.♕d5+ *(12.♕b3 g4 13.♖d1 ♗d7 14.♘h4 ♘c6 15.♘d5±)* 12...♘f7 13.h4 *(13.0-0-0±)* 13...c6 14.♕xd8 *(14.♕c5 ♘a6 15.♕a3 ♗e6 16.hxg5 fxg5 17.♘d2 ♕d6 18.♕xd6 ♘xd6 19.0-0-0±)* 14...♖xd8 15.hxg5 fxg5 16.♖d1 ♖xd1+ 17.♘xd1 *(17.♔xd1!? Δ ♔c2)* 17...♘d7 18.♘e3 ♘c5= El Debs – Mecking, Bauru (Jogos Abertos) 2012

9. ... ♘c6

9...exd4 10.♘xd4 f5 11.h3 ♘h6 *(11...♘e5 12.exf5 gxf5 13.0-0±* Ivanchuk – Radjabov, Gotemburgo 2005*)* 12.♗xh6 ♗xh6 13.exf5± Volkov – Efimenko, Moscou 2004; 9...f5 10.exf5 ♗xf5 11.♗g5 ♕e8 12.♘d5 (Zacurdajev – Solovjov, São Petersburgo 2007) 12...♖f7 13.0-0⩲

10.h3

10.d5 ♘e7 11.h3 ♘h6 12.h4 ♘f7 13.h5 g5 *(13...f5 14.hxg6 ♘xg6 15.♕c2±* Kruppa – Shchekachev, São Petersburgo 1999*)* 14.♗e3 h6 15.♘d2 f5 16.exf5 ♘xf5 17.♘de4⩲ Solak – Srebrnic, Portoroz 2003

10. ... exd4

10...♘h6 11.d5 ♘d4 *(11...♘e7 12.0-0⩲)* 12.♘xd4 exd4 13.♕xd4 f5 14.♕e3 ♖e8 15.0-0±

11.♘xd4 ♘h6

Outras alternativas das pretas são: 11...♘xd4 12.♕xd4 ♘e5 13.♕d5+ ♔h8 14.♗e3 f5 15.exf5 ♗xf5 16.0-0± Hort – Sigurjonsson, Reykjavik 1978; 11...♘ge5 12.♘xc6 bxc6 *(12...♘xc6 13.0-0 f5 14.exf5 ♗xf5 15.♗e3 ♕h4 16.♕d5+ ♔h8 17.♖ad1 ♖ae8 18.♕d2±* Spraggett – Sznapik, Dortmund 1984*)* 13.f4 ♘f7 *(13...♘d7 14.0-0 ♖b8 15.♕c2 f5 16.exf5 gxf5 17.♗e3±* Sahovic – Gufeld, Jurmala 1978*)* 14.0-0 f5 15.exf5 *(15.♗f3±)* 15...♗xf5 16.♗f3 ♕b8 17.♔h1 ♕b6 18.♕d2 ♕b4 19.♗xc6 ♕xc4 20.♗b5= (Δ ♕d5) El Debs – Mecking, Caxias do Sul 2012

12.♗e3 f5

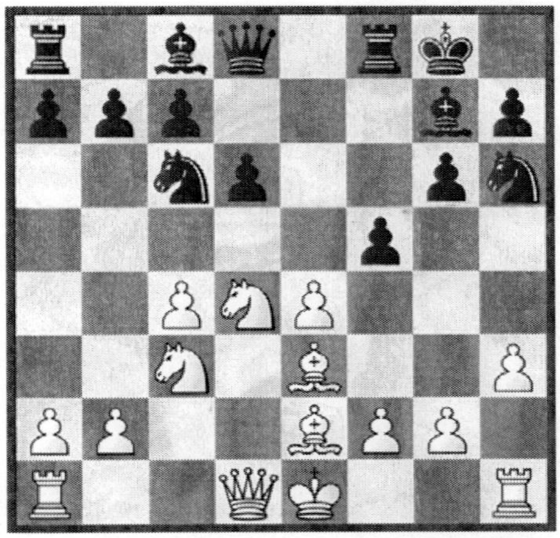

13.♘xc6 ***bxc6***
14.♕d2 ***♘f7***
15.exf5!?

As brancas melhoram a variante. O antecedente histórico nesta posição era a duvidosa continuação 15.c5?! fxe4∓ 16.♘xe4? *(16.cxd6 cxd6∓ Δ d5)* 16...d5! 17.♘g5 ♖b8! 18.♘xf7 ♖xf7 19.♗d4 ♕h4!-+ Scheeren − Diesen, Amsterdã 1977

15. ... ***gxf5***

Era melhor tomar o peão com 15...♗xf5 16.0-0 ♕c8 *(16...♖e8 17.♖fe1±)* 17.♖fe1±

16.0-0 ***♗d7***
17.c5

Era melhor deixar o centro aberto para ativar o bispo na grande diagonal após 17.♖ae1 ♖e8 18.f4 c5 *(18...a6 19.♗f3±)* 19.♗f2 ♖b8 *(19...♗c6 20.♘d5±)* 20.♗f3±

17. ... ***d5***
18.f4 ***♕f6***
19.♖fd1

19.♖f3 ♘d8 20.♖g3 ♘e6 21.♖e1 ♔h8 *(21...d4? 22.♗c4!+−)* 22.♗f2±

19. ...	***♖ab8***
20.♖ac1	***♘d8***
21.b3	***♘e6***
22.♗f3	***a5***

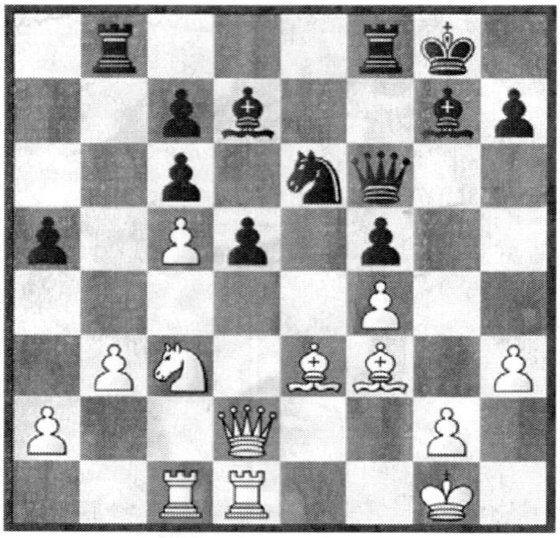

23.♗xd5?!

Era melhor manter a posição inalterada com 23.♔h2± para depois começar a manobrar as peças para posições mais ativas.

23. ...	***cxd5***
24.♘xd5	***♕f7***
25.c6	***♗e8***
26.♕xa5	***♖d8!***
27.b4	

O sacrifício de peça menor por três peões é duvidoso por causa da posição ativa da torre preta e do cavalo preto na coluna d, por exemplo: 27.♔h2 ♖d6 28.♕b5 ♘d4! 29.♗xd4 ♖xd5 30.♕b4 ♗xd4 31.♖xd4 ♕e6∓; 27.♕a4 ♘d4! 28.♗xd4 ♖xd5 29.♗xg7 ♖xd1+ 30.♖xd1 ♔xg7∓

27. ...	***♘d4!***

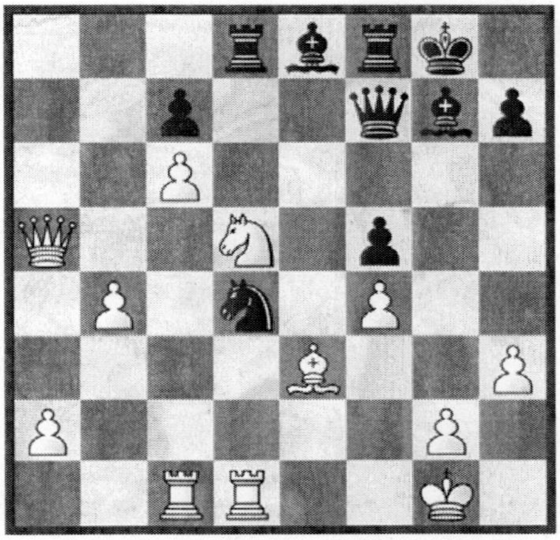

28.♗xd4

Era melhor defender o cavalo com 28.♖c5 ♘xc6 29.♕a3 ♖d6 *(29...♘xb4 30.♕xb4 c6 31.♕b6 ♖xd5 32.♖cxd5 cxd5 33.♗c5 ♕h5 34.♖e1 ♕h4 35.♖f1 ♕f6 36.♕b8 ♕c6 37.♗xf8 ♗xf8∓)* 30.♕c1 ♗d7 31.b5 ♗e6 32.♖xc6 ♗xd5 33.♖xc7 ♕g6∓

28. ... ♖xd5
29.♕a7

Após as trocas, as pretas ficam com uma peça de vantagem: 29.♕xd5 ♕xd5 30.♗xg7 ♕xa2 31.♗xf8 ♔xf8∓

29. ... ♗xc6
30.♖xc6

30.♗xg7 ♖xd1+ 31.♖xd1 ♕xg7 32.♕f2 *(32.♖d2 ♕c3-+)* 32...♕c3-+

30. ... ♕e8!
31.♕a4 ♗xd4+

31...♖xd4 32.♕b3+ ♔h8 33.♖xc7 *(33.♖c4 ♕e4-+)* 33...♖xd1+ 34.♕xd1 ♕e3+ 35.♔h1 ♕xf4-+

32.♔h1

32. ... ***♗b6***

Era mais forte jogar agora 32...♕e4! 33.♖xc7 *(33.♕b3 ♔h8-+)* 33...♖fd8 34.♖c4 ♕xf4 35.♕b3 ♔h8-+

33.♕b3 ***♕xc6***
34.♖xd5 ***♔g7***
35.♖d1

35.b5 ♕c1+ 36.♖d1 ♕c5 37.♖d7+ *(37.a4 ♖d8∓)* 37...♔f6 38.♕b2+ ♔e6 39.♖d1 ♖d8∓

35. ... ***♖f6***
36.a4 ***♖g6***

36...♕e4 37.♕c3 ♕xf4 38.a5 ♗a7 39.b5 ♔g6∓

37.♕b2+

37.♕d5 ♗f2 38.a5 ♕xd5 39.♖xd5 ♗e1 40.♖b5 ♖c6∓

37. ... ***♔h6!***
38.a5 ***♗e3!***
39.♖f1

39.b5 ♕e4 40.a6 c6! 41.♖e1 ♕xf4 42.bxc6 *(42.b6 ♗d4!-+)* 42...♕g3 43.♖f1 f4! 44.♕e2 *(44.c7 f3!-+)* 44...♖xc6-+

39. ...	***♕c4***
40.♖f3	***♗xf4***
41.♕f2	***♕c1+***
42.♕f1	***♕xf1+***
43.♖xf1	***♗d2!***
44.♖a1	

44.♖b1 c5 45.bxc5 ♗xa5-+

44. ...	***♗xb4***
45.a6	***♖g8!***

0-1

Mecking, Henrique – Vescovi, Giovanni [A53]

Brasil (ch), 2011

1.d4	***d6***
2.e4	***♘f6***
3.f3	***c6***
4.c4	***e5***
5.♘e2	***♘bd7***
6.♘bc3	***♗e7***
7.♗e3	***0-0***
8.♕d2	

As pretas já completaram o desenvolvimento da ala do rei. Por isso, as brancas deveriam optar por fechar o centro ou continuar o desenvolvimento da ala do rei, por exemplo: 8.d5 cxd5 9.cxd5 ♘h5 10.♕d2 a5= *(10...♘b6 11.b3±* Stoppel – Matanovic, Havana (ol) 1966*)* ; 8.♘g3 d5 *(8...♘e8 9.♕d2 g6 10.d5±* Karolyi – Pribyl, Tallinn 1985*)* 9.dxe5 *(9.cxd5 cxd5 10.exd5 exd4 11.♗xd4 ♘b6=)* 9...♘xe5 10.cxd5 cxd5 11.♘xd5 1/2–1/2 Dreev – Rashkovsky, Kazan 1995

8. ...	***d5!***

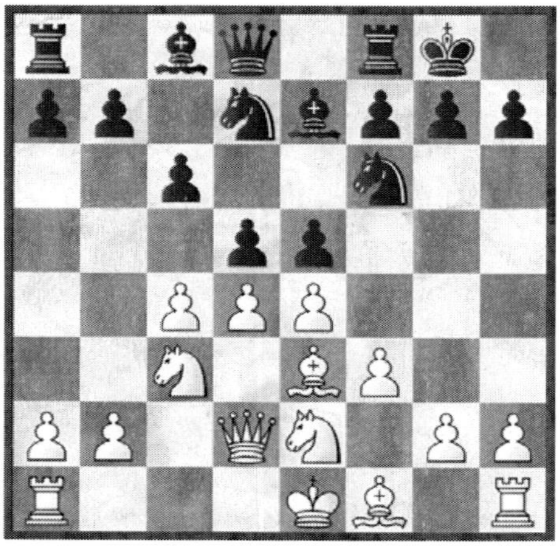

9.♘g3

As pretas assumem a iniciativa na abertura por causa da vantagem de desenvolvimento na ala do rei, por exemplo: 9.cxd5 cxd5

a) 10.0-0-0 dxe4 11.♘g3 *(11.fxe4 b5!∓; 11.♘xe4 ♘xe4 12.fxe4 ♘f6 13.♘c3 ♘g4∓)* 11...exd4 12.♗xd4 *(12.♕xd4 exf3∓)* 12...♘c5 *(12...exf3 13.gxf3=∞)* 13.♕c2 *(13.fxe4 ♘e6∓)* 13...♗d7∓ Δ ♖c8;

b) 10.♘xd5 ♘xd5 11.exd5 exd4;

b1) 12.♕xd4 ♖e8∓;

b2) 12.♘xd4 ♘b6 13.d6 *(13.0-0-0 ♘xd5∓)* 13...♕xd6∓;

b3) 12.♗xd4 ♘b6;

b3a) 13.♘c3 ♘xd5 14.♘xd5 *(14.♗xg7 ♖e8 15.♗e2 ♘b4!∓)* 14...♕xd5∓ Lahlum – Likavsky, Arctic Chess Challenge 2008;

b3b) 13.g3 ♘xd5 14.♗g2 ♗b4 15.♘c3 ♕e7+ 16.♔f2 ♖d8 17.♕e2 ♗e6∓;

c) 10.exd5 exd4;

c1) 11.♘xd4 ♘b6 12.d6 *(12.♗e2 ♘bxd5∓)*

c1a) 12...♕xd6 13.♘db5 *(13.♗e2*= Δ 0-0*)* 13...♕c6 14.♘d4 ♕d6 15.♘db5 ♕c6 16.♘d4 1/2 – 1/2 Jakobsen – Berg, Dinamarca (ch) 1982;

c1b) 12...♗xd6!13.♘db5 *(13.0-0-0 ♘bd5∓)* 13...♗e5 14.0-0-0 *(14.♕xd8 ♖xd8 15.♔f2 ♘bd5∓)* 14...♕xd2+ 15.♗xd2 *(15.♖xd2 ♗e6∓)* 15...a6 16.♖e1 ♗b8 17.♘d4 ♖d8∓;

c2)11.♗xd4 ♘b6 12.♘f4 *(12.♖d1 ♘fxd5 13.♗xg7 ♔xg7 14.♘xd5 ♘xd5 15.♕xd5 ♕xd5 16.♖xd5 ♗e6 17.♖b5 ♖fe8!∓; 12.♗xb6 ♕xb6 13.0-0-0 ♖d8∓)* 12...♘bxd5 *(12...♘fxd5!∓)*;

c2a) 13.♗c4?!

c2a1)13...♘xf4! 14.♕xf4 ♘h5! 15.♕d2 ♗g5 16.♕f2 *(16.♕d1 ♗f5!∓)* 16...♘f4! 17.0-0 *(17.♘e4 ♗h3!!-+; 17.♖d1 ♗h3!!∓)* 17...♗e6∓;

c2a2) 13...♘b4 14.0-0-0 ♕c7 15.♗b3 a5∓ Mihajlovic – Vojinovic, Belgrado 2004;

c2b) 13.♖d1!=;

c2c) 13.♘fxd5♘xd5 14.♗xg7 *(14.♖d1 ♗g5∓)* 14...♖e8 15.♗e2 ♘e3 *(15...♘b4!∓)* 16.♗h6 ♘xg2+ 17.♔d1 *(17.♔f2? ♕b6+! 18.♔xg2 ♕g6+ 19.♔f1 ♗h3+ 20.♔e1 ♕g2 21.♕f4 ♕xh1+ 22.♔d2 ♖ad8+ 23.♔c2 ♕g2*-+ Novikov – Dorfman, URSS (ch) 1984*)* 17...♗h3!∓; 9.exd5 cxd5 *(9...♘b6)* 10.0-0-0 *(*se *10.cxd5* ver 9.cxd5*)* 10...dxc4 11.♘g3 exd4 12.♕xd4 ♕a5! *(12...♘b6* (1/2 – 1/2 Gasanov – Matjushin, Memorial Geller (open) 2005) *13.♕xd8 ♗xd8 14.♗xb6 ♗xb6 15.♗xc4 ♖e8 16.♖he1 ♖xe1 17.♖xe1 ♔f8=)* 13.♕xc4 *(13.♗xc4 ♘b6 14.♗b3 ♗e6 15.♗xe6 fxe6 16.♔b1 ♖ac8∓)* 13...♘b6 14.♕b5 ♕xb5 15.♗xb5 ♗e6∓ Δ ♘fd5, ♖ac8, ♖fd8

9. ... ***dxe4***

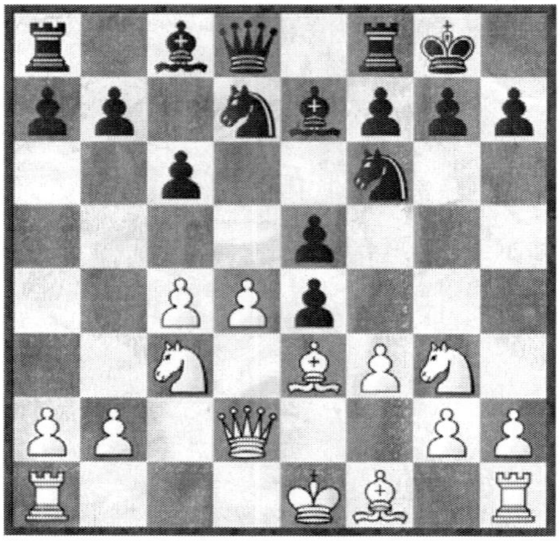

10.♘cxe4

10.0-0-0 exd4 *(10...exf3 11.gxf3*∞ Δ ♖g1*)* 11.♗xd4 ♘c5∓

10. ... ***♘xe4***
11.♘xe4

11.fxe4 exd4 12.♗xd4 ♘c5∓

11. ... ***♘f6***

As pretas deveriam aproveitar a vantagem de desenvolvimento e atacar a ala do rei adversária com 11...f5! 12.♘c3 ♗h4+ 13.♗f2 *(13.♔d1 f4∓; 13.g3 f4∓)* 13...♗g5∓

12.♘g3?!

Agora não há tempo para completar o desenvolvimento da ala do rei. Era melhor simplificar a posição com 12.dxe5 ♘xe4 13.fxe4 ♖e8 *(13...♕c7 14.♕c3 ♗g4 15.♗d3 f6 16.0-0 ♕xe5 17.♕xe5 fxe5=; 13...♕xd2+ 14.♗xd2 ♖e8 15.♗e2 ♗h4+ 16.g3 ♗d8 17.♗c3 ♗c7 18.0-0-0 ♗h3 19.♗f3 ♗xe5=)* 14.0-0-0 ♗g4 15.♗e2 ♕xd2+ 16.♖xd2 ♗xe2 17.♖xe2 ♗d8 18.♗f4 ♗c7 19.♖d1 ♗xe5=

12. ... exd4
13.♗xd4

13.♕xd4 ♕a5+ 14.♗d2 ♕a4 15.♗e2 ♖d8∓ Δ ♗b4

13. ... ♗b4!∓

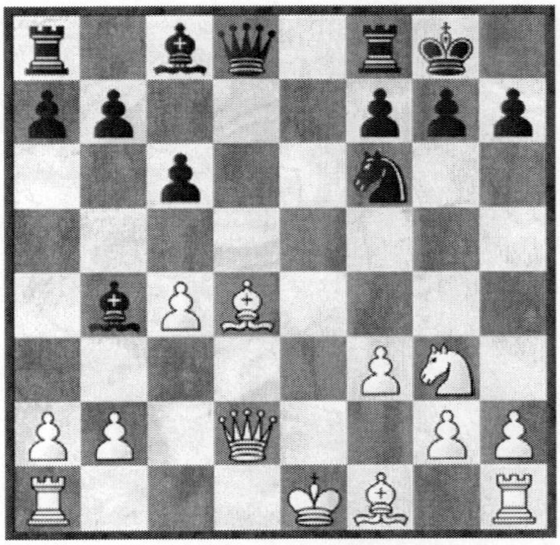

14.♕xb4

14.♗c3 ♗xc3 15.♕xc3 ♖e8+ 16.♗e2 h5 17.0-0 *(17.♖d1 ♕e7∓)* 17...h4∓

14. ... ♕xd4
15.♖d1

15.♗e2 ♖e8 16.♖d1 ♕e3 17.♕a3 *(17.♕c3 ♕c5∓)* 17...♕xa3 18.bxa3 h5 19.h4 ♗d7 20.♔d2 *(20.♔f2 ♖e5∓; 20.0-0 g6∓)* 20...c5 21.♗d3 ♗c6 22.♖he1 g6∓

15. ... ***♕e5+***
16.♔d2

O monarca branco ficaria mais seguro na ala do rei após 16.♔f2 ♖e8 17.♕c3 ♕c5+ *(17...♕xc3 18.bxc3 ♗e6 19.♗e2 g6∓)* 18.♕d4 ♕a5∓

16. ... ***♖d8+***

As pretas poderiam pressionar o rei branco na ala da dama e impedir o desenvolvimento da ala do rei após 16...♗f5 17.♘xf5 *(17.♗d3 ♕f4+ 18.♔c3 ♗xd3 19.♖xd3 ♖fd8∓)* 17...♕xf5 18.♕b3 ♖ad8+ 19.♔c1 ♖fe8∓

17.♗d3 ***♕f4+***

As pretas poderiam completar o desenvolvimento da ala da dama com 17...♗e6 18.♔c2 ♖d7 19.♖he1 ♕g5 20.♔b1 ♖ad8 21.♗c2 g6∓

18.♔c2 ***♘d5***

As pretas poderiam completar o desenvolvimento da ala da dama com 18...♗e6 19.♕a5 g6 20.b3 b5 21.♕c3 bxc4 22.♗xc4 ♖xd1 23.♖xd1 ♘d5 24.♗xd5 cxd5 25.♔b2 ♖c8∓

19.♕d2 ***♘e3+***

20.♔b1	***♗e6***
21.♖he1	***♖xd3!***
22.♕xd3	***♘xd1***
23.♖xd1	***h6***
24.b3	

As pretas evitariam a troca de damas para manter a vantagem após 24.♕d4 ♕g5! 25.b3 *(25.♘e4 ♗f5∓)* 25...a5∓

24. ...	***♕h4***
25.♘f1	***a5***
26.♕d4	***♕h5***
27.g4	

As pretas avançariam os peões na ala da dama após 27.♔b2 b5 28.c5 a4∓

27. ... ***♕h4***

As pretas conseguiriam uma clara vantagem com 27...♕h3 28.♕f2 *(28.♕e4 h5 29.♘e3 a4∓; 28.♕f4 ♕g2 29.♖e1 ♕f2 30.♕e3 ♕h4 31.♖e2 a4∓)* 28...h5 29.gxh5 b5 30.cxb5 a4∓

28.♘g3?!

As brancas ganhariam um peão e poderiam defender-se melhor com 28.♕b6 a4 29.♕xb7 ♖c8 30.♕a7 h5∓

28. ... ♕xh2
29.♘h5 f6
30.♕d6

O final de torre e bispo contra torre e cavalo é favorável às pretas após a troca das damas com 30.♕b2 ♕xb2+ 31.♔xb2 ♔f7 32.♔c3 a4∓

30. ... ♕xd6
31.♖xd6 ♖e8∓

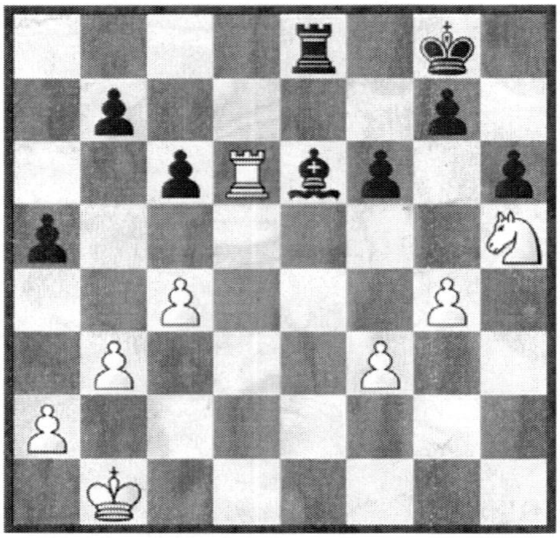

32.♘g3 ♔f7
33.♔c2

33.♖d4 b5 34.♘e4 *(34.cxb5 cxb5∓)* 34...♔e7 35.♘d6 *(35.♘c5 ♗c8∓)* 35...♖d8 36.c5 ♖h8 37.♖e4 ♔d7 38.♖d4 ♗d5 39.f4 ♔e6 40.♖d3 h5 41.gxh5 ♖xh5 42.♖e3+ ♔d7 43.f5 ♖g5∓

33. ... ♔e7

33...a4 34.♖d4 axb3+ 35.axb3 g6∓

34.♖d2 b5
35.cxb5

35.♔c3 ♖a8 36.♖e2 ♔f7∓

35. ...	***cxb5***
36.♔b2	

36.♖e2 ♔f7 37.♔d2 ♖d8+ 38.♔e3 a4∓

36. ...	***♖d8***
37.♖xd8	***♔xd8-+***

O peão de vantagem na ala do rei é decisivo no final.

38.♘e2	***♗d5***
39.♘d4	***g6***
40.♔c3	***b4+***
41.♔d3	***♔e7***
42.♔e3	***♔d6***
43.♘e2	***♗e6***
44.♘f4	***f5***
45.♘xg6	***fxg4***
46.fxg4	***♗xg4***
47.♔d4	***h5***

Após as trocas na ala do rei, as pretas conseguem um peão passado distante.

48.♔c4	***♗e2+***
49.♔d4	***♔c6***
50.♘h4	***♗g4***
51.♔c4	***♗e6+***
52.♔d4	***♔b5***
53.♔e5	***♗g4***
54.♘g2	***♗f3***
55.♘e3	***♗e2***
56.♔e4	***♔c5***
57.♘f5	***♗g4***
58.♘e3	***♗e6***
59.♔e5	***♗g8***
60.♘f1	***♗h7***
61.♘d2	***♗d3***
62.♔f4	***♔d4***
63.♘f3+	***♔c3***
64.♘e5	***♗b1***
65.♘c6	***♗xa2***
66.♘xa5	***♗xb3***
67.♘c6	***♗d1***

0-1

Barbosa, Evandro – Mecking, Henrique [C45]

Brasil (ch), 2011

1.e4	***e5***
2.♘f3	***♘c6***
3.d4	***exd4***
4.♘xd4	***♘f6***
5.♘xc6	***bxc6***
6.e5	***♕e7***
7.♕e2	***♘d5***

8.♘d2

Mecking havia enfrentado anteriormente a variante 8.h4 d6 9.exd6 *(9.c4 ♘b6 10.exd6 cxd6 11.♘c3 ♗e6 12.b3 ♖d8 13.♗b2 ♕c7 14.g3 ♗e7 15.♗g2 0-0 16.0-0 ♖fe8 17.♖fe1 ♗f6=)* 9...cxd6 10.♗g5 ♕xe2+ *(10...f6 11.♗d2 ♔f7=)* 11.♗xe2 h6 *(11...♖b8 12.♘c3 ♘xc3 13.bxc3 ♗e7 14.♔d2 ♗e6=)* 12.♗d2 ♗e7 13.♗f3 *(13.c4 ♘b6 14.♘c3 ♗e6 15.b3 0-0-0 16.0-0-0 ♖he8 17.♗f3 ♔b7 18.♗e3 d5=)* 13...♗f6 *(13...♖b8 14.♗xd5 cxd5 15.♗c3 0-0 16.♘d2 ♗d8 17.0-0-0 ♗b6 18.♘f3 ♗xf2 19.♖xd5 ♗c5=)* 14.♘c3 ♖b8 15.♗xd5 cxd5 16.0-0-0 (Murariu – Mecking, King'sTournament 2008) 16...♗e6=

8. ...	***g6***

9.c4

Outras opções das brancas são: 9.♘e4 ♗g7 10.c4 *(10.♗g5? ♕xe5∓ 11.♗f6?? ♘xf6* 0-1 Dutton – McMahon, Llodys Bank (open) 1991*; 10.f4 0-0∓)* 10...f5 11.exf6 ♘xf6 12.♘xf6+ ♗xf6 13.♕xe7+ ♔xe7 14.♗d3 d5=; 9.♘f3 ♕b4+ *(9...♗g7 10.c4 ♘b6=)* 10.♕d2 ♖b8= *(10...♕e4+ 11.♔d1!?∞* Tomczak – Chojnacki, Poznan (open) 2009*)*

9. ... ***♗a6***

Após 9...♘b6 as brancas conseguem um final um pouco favorável com 10.♘e4! ♗g7 11.♗g5 ♕b4+ *(11...♕xe5?? 12.♗f6!* 1-0 Bratko – Logar, SLO Cup Otocec 2009*)* 12.♕d2 ♕xd2+ 13.♔xd2±

10.♘f3

Outras alternativas das brancas são: 10.♕e4 f5

a) 11.♕d4 ♘b4 12.♕c3 c5 *(12...♗g7 13.♘f3 c5∓)* 13.♗e2 ♗g7 14.f4 *(14.♘f3 d6∓)* 14...d6∓ Hansen – Almasi, Tilburg 1994;

b) 11.exf6♘xf6 12.♕xe7+ ♗xe7= Khamrakulov – Perez Candelario, Memorial Ruy Lopez 2004; 10.b3 ♗g7 11.♗b2 0-0 12.0-0-0 ♖fe8= Leko – Micic, Dortmund 1991.

10. ... ***♕b4+***

10...♗g7 11.♗g5 ♕b4+ *(11...f6 12.exf6 ♕xe2+ 13.♗xe2 ♘xf6 14.0-0-0 0-0-0 15.♖he1±* Sveshnikov – Samolins, Letônia (ch) 2006*)* 12.♕d2 ♕xd2+ 13.♔xd2 h6 14.cxd5 *(14.♗h4 ♘f4= Δ ♘e6)* 14...♗xf1 15.♖axf1 hxg5 16.dxc6 g4 17.♘e1 ♗xe5 18.♘d3 ♗d6 19.♖e1+ ♔d8 20.cxd7 ♔xd7 21.♘e5+ ♗xe5 22.♖xe5 ♖ab8=

11.♔d1

As brancas ficariam com o desenvolvimento atrasado após 11.♘d2 ♗g7 12.♕e4 f5! 13.♕d4 *(13.exf6+ ♔f7! 14.a3 ♕a5 15.♗e2 ♖he8 16.♕d3 ♗xf6 17.g3 ♘b6 18.0-0 ♕e5 19.♖e1 d5 20.♘f3 ♕e4∓)* 13...0-0∓

11. ...	***♘b6***
12.b3	***♗g7***

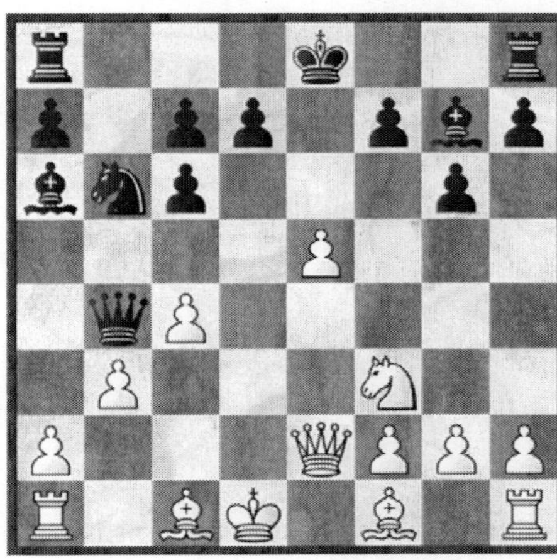

13.♕d2	***♕xd2+***

As pretas poderiam manter as damas no tabuleiro e jogar uma posição mais aguda após 13...♕e7 14.♔c2 0-0 15.♗b2 ♗b7 16.h4 a5 17.h5 a4∞

14.♗xd2	***d6***
15.c5	

As brancas poderiam manter a igualdade com 15.♔c2 0-0

(15...dxe5 16.♘xe5!± Δ *♖e1)* 16.♖e1 ♖fe8 17.exd6 *(17.♗f4 d5=; 17.♗c3 ♘d7 18.exd6 ♖xe1 19.♗xe1 cxd6=)* 17...♖xe1 18.♗xe1 *(18.♘xe1 cxd6=)* 18...cxd6=

15. ...	***♗xf1***
16.♖xf1	***dxe5***
17.cxb6	***e4!***
18.♖c1	***exf3***

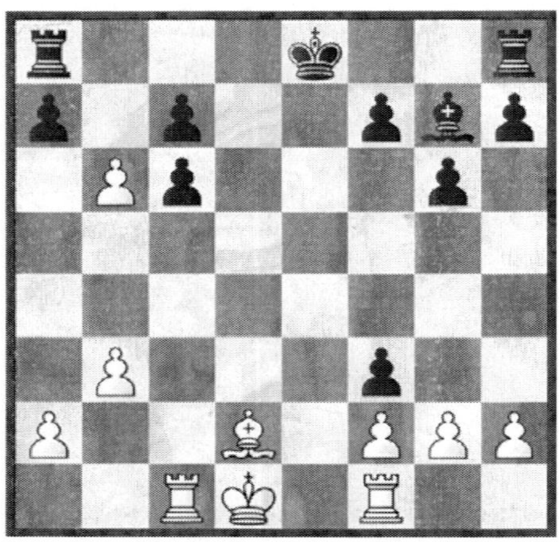

19.♖e1+

As brancas poderiam entrar no final de torres com um peão a menos após 19.b7! ♖b8 20.♖e1+ ♔d7 21.♗c3 ♗xc3 *(21...♗h6 22.♗xh8 ♗xc1 23.♔xc1 ♖xh8 24.g4 ♖b8 25.♖e3 ♖xb7 26.♖xf3=)* 22.♖xc3 ♖xb7 *(22...fxg2?? 23.♖d3#!)* 23.♖xf3=

19. ...	***♔d7***
20.bxc7?	

As brancas ficam agora com um peão a menos e claramente inferiores no final. Era necessário jogar 20.b7! ♖ae8 21.gxf3 *(21.g4 ♖xe1+ 22.♔xe1 ♖b8 23.♗c3 ♗h6 24.♖d1+ ♔e6 25.♖d3 ♖xb7 26.♖xf3 ♗g5∓)* 21...♖xe1+ 22.♔xe1 ♖b8 23.♖d1 ♔e6 *(23...♔e7 24.♗e3 ♖xb7 25.♖c1=)* 24.♖c1 ♔d5 25.♗e3 ♖xb7 26.♖d1+ ♔e6 27.♖c1=

20. ...	***fxg2∓***
21.♗f4	

As pretas também ficariam com um peão de vantagem após 21.♔e2 ♖he8+ 22.♔f3 ♔xc7 23.♔xg2 ♗d4∓

21. ...	***♖he8***
22.♔c2	***♖xe1***

As pretas também poderiam optar por jogar diretamente 22...♗d4∓ sem trocar as torres.

23.♖xe1	***♗d4***
24.♖d1	

As peças pretas estão mais ativas do que as peças brancas após 24.♖g1 ♖e8 25.♗g3 ♗b6 26.♔d3 f5 27.♖xg2 ♖e1∓

24. ...	***c5***
25.b4	

A torre branca poderia ficar mais ativa no final após 25.♖g1 ♖e8 26.♔d3 ♗xf2 27.♖xg2 c4+ 28.bxc4 ♗b6∓

25. ...	***♔c6***

As pretas poderiam ativar a torre e colocar o rei em segurança após 25...♖e8 26.bxc5 ♔c8-+

26.♖g1

Oferecia maior resistência jogar 26.bxc5 ♗xc5 27.♖g1 ♗xf2 28.♖xg2 ♗b6 29.♔d1 ♖c8 30.♖c2+ ♔d7 31.♖d2+ ♔e6 32.♖c2 *(32.♖e2+ ♔f5-+)* 32...g5 33.♗xg5 ♖xc7∓

26. ...	***cxb4***
27.♖xg2	***♗b6***

28.♔b3 ♗xc7
29.♗xc7 ♔xc7
30.♔xb4 ♖e8
31.♖g3 ♖e4+

A posição ativa da torre na sétima fila também leva a uma posição ganhadora para as pretas após 31...♖e2 32.♖f3 f5 33.a4 ♔d6 34.♖h3 *(34.♔b5 ♔e5 35.♔a6 f4 36.a5 ♔e4 37.♖h3 ♖xf2 38.♖xh7 f3 39.♔xa7 ♖g2 40.a6 f2 41.♖f7 ♖xh2-+)* 34...h5 35.♖g3 *(35.f3 ♔e5 36.♔b5 ♔f4-+)* 35...♖xf2 36.♖xg6+ ♔e5 37.♖a6 ♖xh2 38.♖xa7 h4 39.a5 h3-+

32.♔c5 ♖f4
33.♖a3 ♖xf2?

Era necessário aproveitar os reis em oposição e dar um xeque intermediário com 33...♖f5+! 34.♔d4 ♖xf2 35.♔e3 *(35.♖xa7+ ♔b6 36.♖e7 ♖xa2 37.♖xf7 ♖xh2-+)* 35...♖xh2 36.♖xa7+ ♔d6 37.♖xf7 ♔e5-+ Δ h5

34.♖xa7+ ♔b8

35.♖a6?

As brancas deveriam manter o rei preto cortado na primeira fila e jogar de maneira ativa com 35.♖e7!

a) 35...♖c2+ 36.♔b6 ♖b2+ 37.♔c6 ♖xa2 38.♖xf7 ♖xh2 39.♖g7!=;

b) 35...♖xa2 36.♖xf7 ♖xh2 37.♖g7!=;

c) 35...h5 36.h4 ♖f4 *(36...f5 37.♖g7=)* 37.♔b5 ♖xh4 *(37...f5 38.♖g7=)* 38.♖xf7 ♖e4 *(38...g5 39.♖g7=)* 39.♖g7!= Δ a4−a5;

d) 35...g5 36.a4 ♖xh2 *(36...g4 37.a5 ♖xh2 38.♖xf7 h5 39.a6=; 36...h5 37.a5 ♖xh2 38.♖xf7 g4 39.a6=)* 37.♖xf7 g4 *(37...h5 38.♔b6 ♖b2+ 39.♔c6=)* 38.a5= Δ a6.

35. ...	***♔b7***
36.♖b6+	***♔c7***
37.♖a6	***♔d7***

O final de dois peões contra um está ganho para as pretas após 37...h5 38.h4 ♖f5+ 39.♔d4 ♖f4+ 40.♔e5 ♖xh4 41.♖f6 *(41.♖a7+ ♔b6 42.♖xf7 ♖g4-+)* 41...♖g4 42.♖xf7+ ♔c6-+

38.h3	***♖f3***

As pretas ganhariam o peão com o xeque intermediário após 38...♖f5+ 39.♔b4 ♖f3-+ Δ ♖xh3

39.♔d5

39.a4 ♖xh3 40.♖f6 ♔e7 41.♖f1 ♖a3 42.♔b4 ♖a2 43.♔b3 ♖d2 44.a5 f5 45.a6 h5 46.a7 *(46.♖a1 ♖d8-+)* 46...♖d8 47.♖a1 ♖a8-+; 39.♖a7+ ♔e6 40.h4 ♖c3+ 41.♔b6 *(41.♔d4 ♖h3-+)* 41...f5! 42.♖xh7 f4 43.a4 ♖b3+! 44.♔c6 ♖a3 45.♔b5 *(45.h5 g5-+)* 45...f3 46.♖h8 ♔e7-+

39. ...	***♔e7***
40.h4	***♖f5+***
41.♔e4	***♖h5***
42.a4	***♖xh4+***
43.♔e5	***h5***
44.a5	***♔f8***
45.♖a8+	***♔g7***
46.a6	***♖a4***
47.a7	***h4***
48.♔d5	***h3***

0-1

Mecking, Henrique – Hungaski, Robert [A67]

Caxias do Sul (open), 2012

1.d4	***♘f6***
2.c4	***c5***
3.d5	***e6***
4.♘c3	***exd5***
5.cxd5	***d6***
6.e4	***g6***
7.f4	***♗g7***
8.♗b5+	***♘fd7***
9.a4	

9. ...	***♕h4+***

No mesmo torneio, Mecking enfrentou a variante 9...0-0 10.♘f3 ♘a6 11.0-0 ♘c7 12.♗d3 ♘f6 *(12...b6* Δ *♗a6)* 13.h3 a6 *(13...♖e8 14.♖e1±)* 14.♖e1 ♖b8 15.♗f1 b5 16.e5! ♘fe8 *(16...♘h5 17.axb5 axb5 18.g4 ♘g3 19.♗g2 h5 20.♔h2 h4 21.♗e3±)* 17.axb5 axb5 18.♗e3 b4 *(18...♗b7 19.♖a7±)* 19.♘e4± Mecking – Boere, Caxias do Sul (open) 2012

10.g3	***♕d8***
11.♘f3	***0-0***

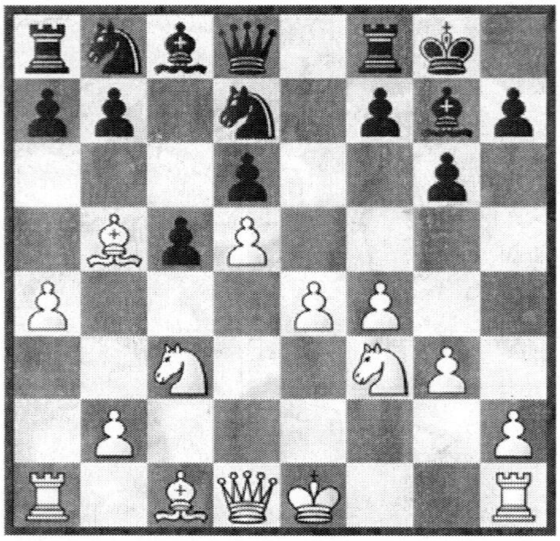

12.♔f2

As brancas podem optar por completar o desenvolvimento da ala do rei com 12.0-0 ♘a6 *(12...a6 13.♗c4±)* 13.f5 ♘f6 14.♗f4 *(14.fxg6 hxg6 15.♗g5±)* 14...gxf5 15.e5 ♘e4 *(15...dxe5 16.♘xe5 ♘b4=)* 16.♖e1 ♘b4 17.♗c4 a6? *(17...dxe5 18.♘xe5 ♘d6∞)* 18.a5? *(18.e6±)* 18...dxe5 19.♘xe5 ♖e8? *(19...♘d6=)* 20.♘xe4! fxe4 *(20...♗xe5 21.♘xc5 ♗xf4 22.gxf4 ♖xe1+ 23.♕xe1 ♘c2 24.♕g3+ ♔f8 25.♖c1+−)* 21.♖xe4 ♗f5 *(21...♗xe5 22.♗xe5 ♗f5 23.♖g4+ ♗g6 24.♗c3 ♕e7 25.♕f1+−)* 22.♘xf7!+− Sasikiran − Berg, Varsóvia (Najdorf Memorial) 2008

12. ...	***♘a6***

Anteriormente havia sido jogado 12...♘f6 13.h3 ♘a6 14.♔g2 *(14.e5 ♘e8 15.♔g2±)* 14...♘b4 15.♖e1 a6 16.♗f1 ♖e8= Mc Entee − Luther, Okie Masters 2006

13.♔g2	***♘b4***
14.h3	***a6***
15.♗c4	***b6***
16.♖e1	***♖e8***
17.♕b3	***♘f6?***

Para manter a igualdade, era necessário completar o desenvolvimento da ala da dama com 17...♗b7 18.♗e3 ♕c7 19.♖ad1 ♖ad8=

18.e5!

18. ... ***♕d7***

O cavalo branco consegue penetrar na defesa preta após 18...♘d7 19.♘e4 dxe5 20.♘d6±

19.g4

As brancas poderiam manter uma clara vantagem de espaço, no centro, ao defender o peão atacado na ala do rei com 19.♖h1! dxe5 *(se 19...♘h5 20.g4 dxe5 21.fxe5 ♗xe5* ver 19...dxe5*)* 20.fxe5 ♘h5 *(20...♘fxd5 21.♘xd5 ♘xd5 22.♗xd5 ♗b7 23.♗xb7 ♕xb7 24.♗f4 ♗xe5 25.♗xe5 ♖xe5 26.♖he1±)* 21.g4 ♗xe5 22.gxh5 ♕f5 *(22...♗d6 23.♗d2 ♕f5 24.♖ae1±)* 23.♘xe5 ♖xe5 *(23...♕xe5 24.♗d2 ♕xh5 25.♖af1±)* 24.♕d1 ♕f6 25.♕f3 *(25.♖f1 ♕h4 26.♕f3 ♗xh3+ 27.♕xh3 ♕xc4 28.hxg6 hxg6 29.♗f4±)* 25...♖f5 26.♕g3± Δ ♖f1

19. ... ***♘xg4!***
20.hxg4

As brancas poderiam jogar um lance intermediário, antes da tomada do cavalo, para manter uma pequena vantagem com 20.e6! fxe6 21.hxg4 *(21.dxe6 ♕c6 22.hxg4 ♗b7 23.♗e2 ♘d3 24.♖f1±)* 21...e5 22.♘h2 ♗b7 23.♖f1⩲

20. ... ♕xg4+
21.♔f2

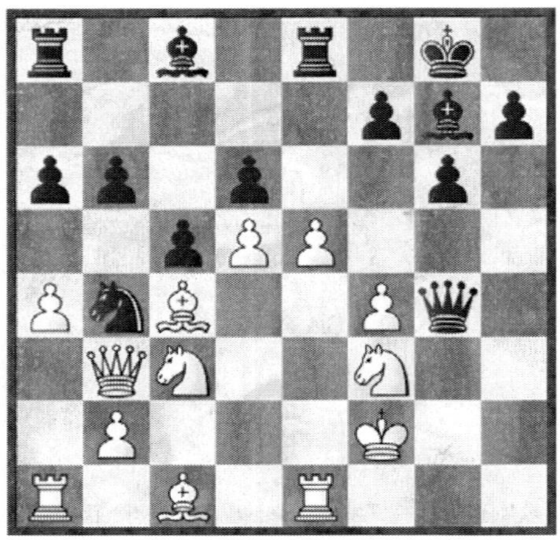

21. ... ♗f5

A posição também está igualada após 21...dxe5 22.♗d2 ♗f5 23.♖g1 ♕h5 24.♖h1 *(24.♖g5 ♗c2=)* 24...♗c2=

22.♘e4

22.♖g1 ♕h5 23.♖g5 ♕h3 24.♖g3 *(24.♗f1 ♘d3+ 25.♗xd3 ♗xd3 26.♕d1 c4=∞)* 24...♕h5 25.♖g5 ♕h3=

22. ... dxe5

22...♗xe4 23.♖xe4 ♗xe5 24.♘xe5 ♖xe5 25.♖xe5 dxe5=∞

23.♖g1 ♕h5
24.♘g3

24.♖g5 ♕h3 25.♖g3 ♕h5 26.♖g5 ♕h3=

24. ... ♕g4
25.♘e4 ♕h5
26.♘g3 ♕g4
27.♘e4 ♕h5

½-½

Granda Zuñiga, Julio – Mecking, Henrique [A29]

Campinas (m/1), 11.09.2012

1.c4	***e5***
2.g3	***♘f6***
3.♗g2	***d5***
4.cxd5	***♘xd5***
5.♘c3	***♘b6***
6.d3	

Ambos os lados podem completar o desenvolvimento da ala do rei, de acordo com a teoria de aberturas, após 6.♘f3 ♘c6 7.0-0 ♗e7 8.a3 *(8.d3 0-0=; 8.♖b1 0-0=)* 8...0-0=

6. ...	***♗e7***
7.♗e3	***0-0***
8.♖c1	***f5***
9.♘f3	***♘c6***
10.0-0	***♗e6***
11.a3	

11. ...	***f4***

Outra opção conhecida era 11...♔h8 12.b4 a6= Vaganian – Petursson, Reykjavik 1990*(*melhor do que *12...a5 13.b5*± Ivanchuk – Morozevich, Leon 2009*)*

12.♗xb6?!

Um erro estratégico abrir mão do par de bispos. Melhor jogar 12.♗d2

a) 12...♕d7 13.♘e4⩲ Knop – Kwasnik, Hessenliga 1993;

b) 12...♔h8 13.♘e4⩲ Tavoularis – Vass, Budapeste 2005;

c) 12...♘d4 13.♘xe5 ♗b3?! *(13...fxg3 14.hxg3⩲)* 14.♕e1 fxg3 15.fxg3!± Kurayan – Funtikov, Memorial Geller 1998;

d) 12...g5 13.♘e4 ♘d7 *(13...g4? 14.♖xc6! bxc6 15.♘xe5+–* Canda – Arosemena, Turim (ol) 2006*)* 14.♖xc6 bxc6 15.♗c3⩲ Aronian – Del Rio Angelis, Linares 1998;

e) 12...a5!? 13.♘e4 ♗d5 14.♗c3 ♘d7 15.♗h3 a4∞;

f) 12...a6 13.♘e4 ♕e8 14.♘c5 ♗xc5 15.♖xc5 ♘d7 16.♖c1 ♕h5=

12. ...	***axb6***
13.♘e4	***♔h8***

14.♖c3

As brancas também estariam levemente inferiores após o sacri–

crifício de qualidade por dois peões com 14.♖xc6 bxc6 15.♘xe5 ♗d5 16.gxf4 ♖xf4 17.♕c1 ♖h4 18.♘xc6 ♕e8∓

14. ... ♗d5
15.♘fd2 ♕d7

As pretas poderiam restringir a ação das brancas na ala da dama com 15...b5∓

16.e3 ♗e6

16...b5∓

17.♕c2

17.b4 b5∓

17. ... ♖ac8

As pretas poderiam manter uma pequena vantagem no meio-jogo com 17...♗g4 18.♘f3 ♕e6 19.b4 b5∓

18.♖c1 fxe3

Após triplicar as peças pesadas na coluna c , as brancas igualam a posição, por exemplo: 18...♕e8 (Δ ♕h5) 19.b4=

19.fxe3 ♘a7

19...♕e8 20.b4=

20.♘c4 ♘b5
21.♖b3 ♘d6

21...♕e8 (Δ ♕h5) 22.♕e2 ♖d8=

22.♘exd6

As brancas ficariam com qualidade a menos após 22.♘xe5?! ♕e8 23.♖c3 ♘b5 24.♖c4 ♗xc4 25.♘xc4 ♘d6 26.♘cxd6 ♗xd6∓

22. ... ♗xd6

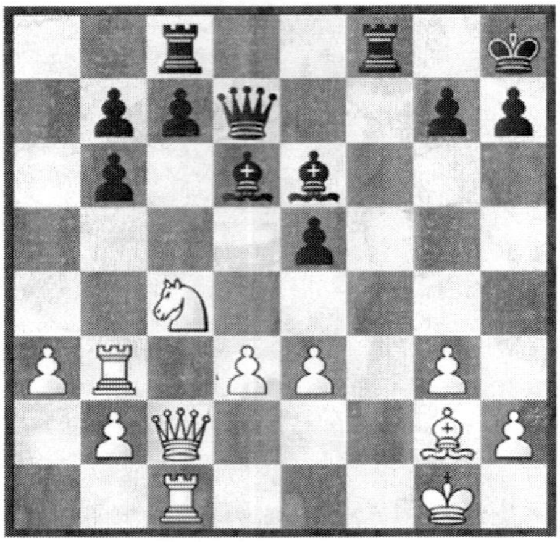

23.♖c3	***♗xc4***
24.dxc4	

As brancas também manteriam a igualdade com 24.♖xc4 c6 25.♖h4 ♕e8=

24. ...	***♖cd8***
25.♖d1	***♕c8***

As pretas manteriam a igualdade com 25...c6 26.♖cd3 ♕e6 27.♕b3 ♗c7=

26.♗e4

As brancas conseguiriam vantagem de espaço na ala da dama com 26.♖cd3± Δ b4

26. ...	***g6***
27.♖cd3	***♗e7***
28.♕c3	***♖xd3***
29.♖xd3	***♗f6***

Outra opção 29...c6 30.♖d2 *(30.♕xe5+ ♗f6 31.♕d6 ♗xb2=)* 30...♕e6 31.♖f2 ♖xf2 32.♔xf2 ♔g7=

30.♕b4	***♔g7***

31.♕d2 c6
32.♔g2 ♕g4
33.♖d7+ ♖f7
34.♖xf7+ ♔xf7

O final de damas com bispos de cores opostas está empatado.

35.♕d3 ♔e8
36.b4 ♕d7
37.♕e2 ♔f7
38.a4 ♗e7
39.b5 ♔g7
40.h4 ♗b4
41.h5 cxb5
42.cxb5 ♕d2
43.♕xd2 ♗xd2
44.hxg6 hxg6
45.♔f3 ♔f6
46.♗xb7 g5

½-½

Mecking, Henrique – Granda Zuñiga, Julio [D30]

Campinas (m/2), 12.09.2012

1.d4	***d5***
2.c4	***c6***

Na quarta partida do match, no Gambito da Dama Aceito (D20), Granda Zuñiga optou por continuar com 2...dxc4 3.e4 ♘f6 *(as pretas podem manter o controle do centro com 3...e5 4.♘f3 exd4 5.♗xc4 ♘c6 6.0-0 ♗e6=)* 4.e5 ♘d5 5.♗xc4 ♘b6 6.♗d3 ♘c6 7.♘e2 g6 *(7...♗g4 8.f3 ♗e6 9.♘bc3 ♕d7 10.♘e4±)* 8.♘bc3 ♗g7 9.a3 *(9.0-0 0-0 10.♗e4±)* 9...0-0 10.♗e3 ♗e6 11.♗e4 ♗c4 12.b3 ♗xe2 13.♘xe2 ♘d5 14.♕d3 e6 15.0-0 *(15.h4± Δ h5)* 15...♘ce7 16.♘c3 *(16.♗d2±)* 16...♘xc3 *(16...c6=)* 17.♕xc3 ♘d5 (Δ c6=) 18.♕c4 1/2 – 1/2 Mecking – Granda Zuñiga, Campinas (m/4) 2012

3.♘f3	***♘f6***
4.e3	***e6***

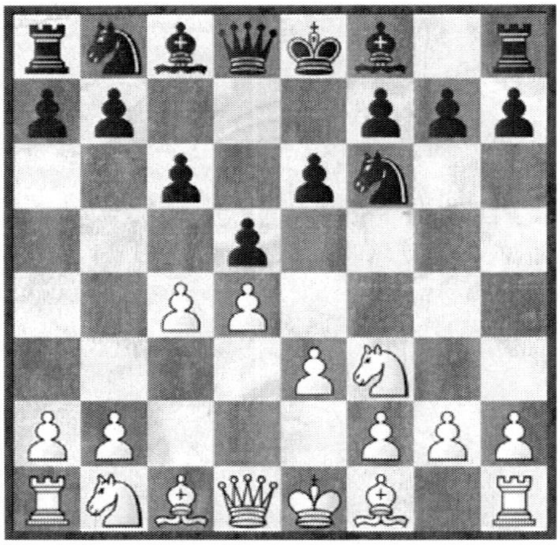

5.b3

O plano mais comum das brancas é continuar o desenvolvimento com 5.♗d3 seguido de ♘bd2, 0-0 a fim de apoiar o avanço do peão central.

5. ...	***♘bd7***
6.♗d3	***♗d6***

As pretas podem igualar a posição após o avanço do peão central com 6...♗b4+ 7.♘bd2 e5 8.dxe5 ♗c3 9.♖b1 ♘xe5 10.♘xe5 ♗xe5 11.♕c2 0-0= Drozdovskij − Gupta, Dubai 2008

7.♗b2	***b6***

Se 7...0-0 as brancas podem continuar com 8.♘bd2 b6 9.0-0 ♗b7 10.♘e5± Δ f4 com vantagem de espaço.

8.♘bd2

8.♘e5 ♗b7 *(8...♘xe5 9.dxe5 ♗b4+ 10.♗c3 ♗xc3+ 11.♘xc3 ♘d7 12.f4 ♕h4+ 13.g3 ♕e7=)* 9.f4 *(9.0-0 0-0=)* 9...0-0 *(9...♗b4+ 10.♗c3 ♗e7 11.0-0 0-0 12.♘d2 c5=)* 10.0-0 c5= Zhumabaev − Sargissian, Moscou (open) 2009

8. ...	***♗b7***
9.0-0	***0-0***
10.♘e5	***c5***

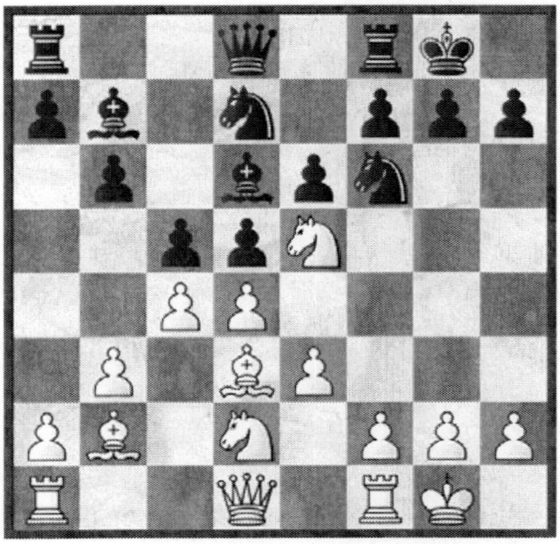

11.cxd5	***exd5***

As pretas controlam a casa 'e4' e evitam o salto de cavalo branco no centro, pois se 11...♘xd5 seguiria 12.♘e4! ♗b8 *(12...♗e7 13.♘xd7 ♕xd7 14.dxc5 f5 15.♘d6±; 12...♗c7 13.♘xd7 ♕xd7 14.dxc5 f5 15.♘d6±)* 13.♘xd7 ♕xd7 14.dxc5 f5 15.♘d6±

12.f4

12.♕e2 ♕e7 13.f4 ♖ac8=

12. ...	***♕e7***
13.♕e2	***♖fc8***

As pretas poderiam continuar o desenvolvimento com a outra torre após 13...♖ac8=

14.♘df3

As brancas poderiam pressionar a ala da dama com 14.a4!? Δ a5

14. ...	***♘e4***
15.♘xd7	***♕xd7***
16.dxc5	

16.♖fd1 f6 17.♖ac1 ♕f7=

16. ...	***♘xc5***
17.♖ac1	

17.♘g5 ♘xd3 18.♕xd3 f5=

17. ...	***♘xd3***
18.♕xd3	***f6***
19.♖xc8+	***♖xc8***
20.♖c1	

½-½

Granda Zuñiga, Julio – Mecking, Henrique [B51]

Campinas (m/3), 13.09.2012

1.e4 c5
2.♘f3 d6
3.♗b5+

3. ... ♘c6

Mecking jogou outras continuações nesta posição: 3...♘d7 4.d4 cxd4 5.♕xd4 a6 6.♗xd7+ ♗xd7 7.♗g5 h6 8.♗h4 ♖c8= Kindermann – Mecking, C.C. Bahia Feliz 2011; 3...♗d7 4.♗xd7+ ♘xd7 *(4...♕xd7 5.c4 ♘f6 6.♘c3 ♘c6 7.0-0 g6 8.d4 cxd4 9.♘xd4 ♗g7 10.♘de2 0-0=* Randazzo – Mecking, Montcada (open) 2006*)* 5.0-0 ♘gf6 6.♕e2 e6 7.b3 ♗e7 8.♗b2 0-0 9.c4 e5 10.♘c3 ♘e8 11.♘e1 ♘c7 12.♘c2 ♗f6 13.♘e3 ♘e6 14.g3 g6 15.♕d3 ♘d4 16.♘cd5 ♗g7 17.f3 1/2 – 1/2 G. Hernandez – Mecking, Calvia (ol) 2004

4.0-0

Se 4.♗xc6+ bxc6 5.0-0 e5= as pretas controlam o centro.

4. ... ♗d7

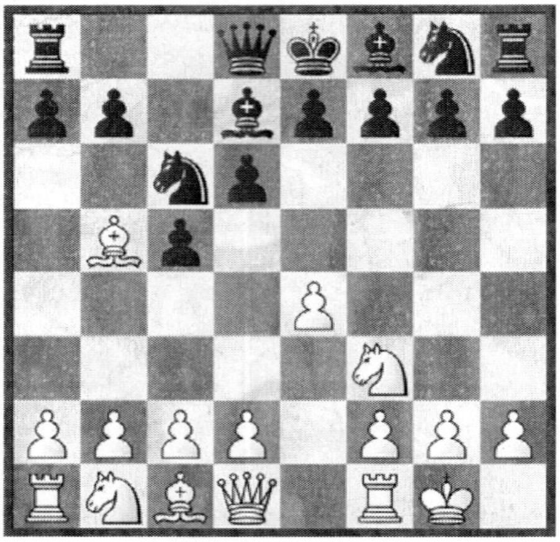

5.♖e1

5.c3 a6 *(se 5...♘f6* as brancas podem seguir com *6.♖e1 a6 7.♗f1 ♗g4 8.d4!* cuja posição é analisada no comentário para o lance 7*)* 6.♗a4 *(6.♗xc6 ♗xc6 7.♖e1 ♘f6=)* 6...♘f6 7.d4 *(7.♖e1 b5 8.♗c2 e5=)* 7...♘xe4 8.d5 ♘e5 9.♘xe5 dxe5 10.♖e1 ♘f6 11.c4 ♗xa4 12.♕xa4+ ♕d7= Δ e6

5. ... a6

Era melhor continuar o desenvolvimento da ala do rei com 5...♘f6 6.h3 *(6.c3)* 6...a6 *(6...e6 7.c3 ♘e5 8.♗xd7+ ♕xd7 9.d4 ♘xf3+ 10.♕xf3 cxd4 11.cxd4 d5 12.e5 ♘e4 13.♕b3 ♗e7 14.♘d2 ♘xd2 15.♗xd2 0-0 16.♖ac1 ♖ac8=* Palac – Cheparinov, Dresden 2007*)* 7.♗f1 e6 *(7...g5 8.d4 g4 9.d5 gxf3 10.dxc6 ♗xc6 11.♕xf3±* Adams – Hamdouchi, Tripoli 2004*)* 8.c3 *(8.b3 ♗e7 9.♗b2 0-0 10.d3 b5=* Stefansson – Tiviakov, Esbjerg 2002*)* 8...♗e7 9.♘a3 *(9.d4 cxd4 10.cxd4 d5 11.e5 ♘e4=* YuShaoteng – BuXiangzhi, China 2006*)* 9...0-0 10.♘c2 ♘e5 11.d3 ♘xf3+ 12.♕xf3 ♗a4 13.♕e2 ♗c6 14.g3 d5 15.e5 ♘d7 16.h4 ♕b6∞ Leko – Topalov, Dortmund 2001

6.♗f1

As brancas conseguiriam uma pequena vantagem na abertura com 6.♗xc6 ♗xc6 7.d4 cxd4 8.♘xd4 ♘f6 9.♘xc6 bxc6 10.♕f3 ♕c7

11.b3 e5 12.♘d2 ♗e7 13.♘c4 0-0 14.♗g5± Grischuk – Mitón, Moscou 2002

6. ... ♗g4

Se 6...♘f6 as brancas podem seguir com 7.c3 ♗g4 8.d4! cuja posição é analisada no próximo comentário.

7.h3

As brancas podem jogar de maneira ativa no centro com 7.c3 ♘f6 8.d4! *(8.d3 e6 9.♘bd2 ♗e7 10.h3 ♗h5 11.g4 ♗g6 12.♘h4 ♘d7 13.♘g2 e5*= Campora – Spangenberg, Buenos Aires 1995*; 8.h3 ♗xf3 9.♕xf3 g6 10.♕d1 ♗h6 11.♘a3 0-0 12.♘c2 e5*= Sutovsky – Tiviakov, Leon 2001*)* 8...cxd4 *(8...♗xf3 9.gxf3*⩲ Kotronias – Kuijf, Wijk aan Zee 1992*)* 9.cxd4.

a) 9...e6?! 10.d5 ♘e5 11.♗e2 *(11.♕b3!±)* 11...♗xf3 12.♗xf3⩲ 1/2 – 1/2 Sax – Akopian, Saint Vincent 2005;

b) 9...e5 10.d5 ♘d4 11.♗e3 ♘xf3+ 12.gxf3⩲ 1/2 – 1/2 Homero Holmes – Kramnik, Pamplona 1992;

c) 9...d5 10.exd5 *(10.e5 ♘d7 11.♘c3 e6*= Jansa – Sloth, Herning 1991*)* 10...♗xf3 *(10...♘xd5 11.h3 ♗xf3 12.♕xf3 e6 13.♘c3*⩲ Tisdall – Petursson, Reykjavik 1989*)* 11.♕xf3;

c1) 11...♘xd5? 12.♘c3 ♘f6 *(12...♘xc3 13.bxc3*+– Δ d5*)* 13.d5+–;

c2) 11...♘xd4 12.♕f4! ♕xd5 *(12...♘b5 13.♘a3! ♘xa3 14.bxa3 ♘xd5 15.♕f3 e6 16.♗b2±)* 13.♘c3 ♕d7 14.♖d1 0-0-0 15.♗e3 e5 16.♕xe5 ♘c6 17.♕g5±;

c3)11...♕xd5 12.♕xd5 ♘xd5 13.♘c3⩲ , sendo que as brancas estão com o par de bispos e vantagem de desenvolvimento.

7. ... ♗xf3
8.♕xf3 g6

As pretas podem completar o desenvolvimento da ala do rei com 8...♘f6 9.♘c3 e6= Δ ♗e7, 0-0

9.c3 ♗g7

10.d3

As brancas podem optar por desenvolver a ala da dama: 10.a4

a) 10...e6 11.♘a3 *(11.d3!?)* 11...♘ge7 12.♘c2 0-0= (Δ d5) Janovsky – Alekseev, KirishiCup (rápido) 2007;

b) 10...♘f6 11.d3 0-0 12.♗g5 b5 13.♕d1 b4= Real de Azua – Liascovich, Argentina 2002.

10.♕d1 e6 *(10...♘f6 11.d4 cxd4 12.cxd4 e5 13.d5 ♘d4 14.♗e3 ♘d7 15.♘d2 0-0 16.♘b3 ♕b6 17.♖c1*± Jakovenko – Satyapragyan, Mundial (sub–20) 2002*; 10...e5 11.a4 ♘ge7 12.♘a3 0-0 13.♘c4 d5 14.exd5 ♘xd5 15.g3 ♕c7 16.♗g2*± Shahade – Braylovsky, São Francisco 1999*)* 11.d3 ♘ge7 12.♘d2 b5 *(12...0-0 13.♘f3 b5 14.a3 ♕b6 15.♗e3 d5*= Nevednichy – Lopez Martinez, Andorra (open) 2002*)* 13.♘f3 ♕b6 14.♗e3 0-0= Ponomariov – Topalov, Las Vegas (rápido) 1999; 10.♘a3 ♘f6 11.♘c2 *(11.♘c4 0-0 12.d3 b5*= Ljubojevic – Korchnoi, Barcelona 1989*)* 11...♘d7 (1/2 – 1/2 Baklan – Eljanov, Neckar (open) 2005) 12.♖b1 *(12.♕d1 ♕b6*= Seul – Paschall, Bermuda 2003*)* 12...♕b6 13.b3 0-0= Shabalov – Kudrin, EUA (ch) 2007

10. ... ***♘f6***

Contra o avanço do peão lateral, as brancas conseguem uma

pequena vantagem na abertura com a volta da dama após 10...b5 11.♕d1 b4 *(11...♘f6 12.d4±; 11...e6 12.♗e2±; 11...e5 12.a4±)* 12.♕a4± Lauterbach – Dworakowska, Hamburgo 1999

11.♗e3

Outras opções para continuar o desenvolvimento são: 11.♕d1 0-0 12.♘d2 b5 *(12...♖e8 13.♘f3 e5=)* 13.♘f3 b4 *(13...e5)* 14.d4 *(14.cxb4 ♘xb4 15.d4!±)* 14...bxc3 15.bxc3 d5! 16.e5 ♘e4= Bologan – Grischuk, Foros Aerosvit 2006; 11.♘d2 0-0 12.♕d1 e5 *(12...b5)* 13.g3 *(13.♘c4 b5 14.♘e3 a5=)* 13...♕c7 *(13...b5=)* 14.♗g2 *(14.♘c4* Δ ♘e3*)* 14...♖ad8 15.a4 *(15.♘c4* Δ ♘e3*)* 15...d5 *(15...b5)* 16.exd5 ♘xd5 17.♘c4± Bologan – Moiseenko, Trípoli 2004

11. ... ♘d7

Após 11...0-0 as brancas podem completar o desenvolvimento e reorganizar suas peças com 12.♘d2 *(12.♘a3 b5=)* 12...♘d7 13.♕d1 *(13.♘b3 b5=; 13.h4 h5=* Δ e6, ♗f6*)* 13...b5 14.a3 *(14.♘f3±)* 14...♕b8 15.♘f3± (Δ d4) Delchev – Malakhov, Benidorm (rápido) 2006

12.♘d2 0-0
13.♕d1

Após o avanço 13.h4 b5 *(*as pretas podem impedir a progressão do peão branco com *13...h5=* Δ e6, ♗f6*)* 14.a3 *(14.h5!?)* 14...a5 *(14...h5=)* 15.h5 b4 16.♖ac1± J. Polgar – Gelfand, George Max (m/8–rápido) 2003

13. ... b5
14.a3

As brancas poderiam jogar de maneira mais ativa com 14.♘f3 b4 *(14...♘de5 15.♘xe5 ♘xe5 16.a4±)* 15.d4 *(15.♕a4 ♕c7 16.d4±)* 15...bxc3 16.bxc3 ♕a5 17.♕c2 ♖fc8 18.♖ec1 ♘a7 19.♕d3± Bogner – Balogh, Grundfos Young Masters 2005

14. ... a5
15.♘f3 ♘de5

As pretas podem restringir a ação das brancas na ala da dama com 15...a4= Δ ♘a5

16.♘xe5	***♘xe5***
17.a4	***bxa4***

Se 17...b4 as brancas conseguem vantagem de espaço com 18.d4 ♘d7 19.♗b5 bxc3 20.bxc3±

18.♖xa4

As brancas poderiam ativar a dama com 18.♕xa4 ♕c7 19.d4 ♘d7 20.♗b5 ♘b6 21.♕a3±

18. ...	***♘c6***
19.♖a3	

As brancas poderiam ativar a torre com 19.d4 cxd4 20.cxd4 ♘b4 21.♖a3 ♕d7 22.♖c3±

19. ...	***♖b8***
20.♕a4	

As brancas poderiam defender o peão com 20.♖e2!? Δ ♖d2

20. ...	***♖b6***
21.♖b3	***♖xb3***
22.♕xb3	***♕a8***
23.♖a1	

A troca de torres simplificou a posição e ajudou na defesa da posição preta, por exemplo: 23.♕a4 ♖b8 24.♖e2 ♕b7=

23. ...	***♖b8***
24.♕c2	***♕b7***

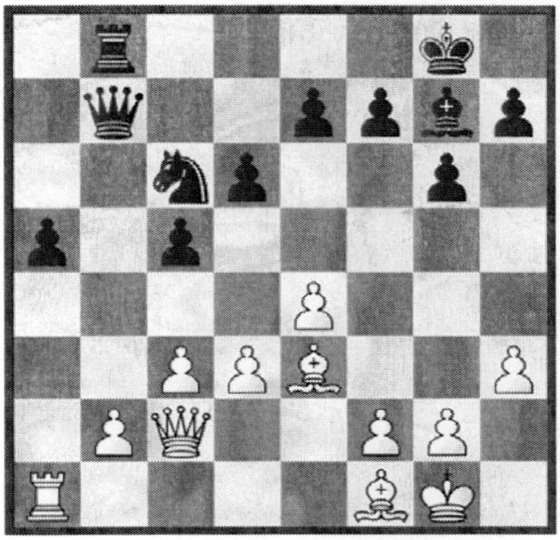

25.♗c1

As brancas podem defender o peão lateralmente com 25.♖a2 e6 26.g3 *(26.♗e2 ♗d4!?∞)* 26...♗f6=

25. ... ***h5***

As pretas poderiam manter a igualdade no meio-jogo com o avanço do peão central após 25...e6 26.♗e2 d5=

26.♗e2 ***♔h7***

Agora, as brancas podem ativar o bispo, por exemplo: 26...e6 27.♗d1±; 26...♕c7 27.♗d1±; 26...♕b6 27.♗d1±

27.♕d2 ***♕b6***
28.♗d1± ***♘e5***
29.♗c2 ***♘c6***
30.♖a3 ***e6***
31.♖b3

As brancas poderiam ativar o bispo com 31.♗a4±

31. ... ***♕c7***
32.♖xb8 ***♕xb8***

33.g4

As brancas poderiam conseguir vantagem de espaço no centro com 33.♗a4 ♕b7 34.b3± Δ f4

33. ...	***hxg4***
34.hxg4	***d5***
35.f4	***d4***
36.♗a4	***♕b6***
37.c4	***♘b4***
38.b3	***♕d8***
39.g5	***f6***

As pretas podem posicionar a dama na coluna aberta após manobrar com 39...♕h8 40.♗a3 ♔g8 41.♗xb4 axb4 42.♕h2= e o final de damas com bispos de cores opostas está empatado.

40.♕h2+	***♔g8***
41.gxf6	***♗xf6***
42.♗d2	***♔f7***

Obviamente se 42...♘xd3?? seguiria 43.♕g3+−

43.e5	***♗g7***
44.♕g3	***♕h8***
45.♗xb4	***axb4***

O final de damas com bispos de cores opostas está empatado.

46.♗c6 ♗f8
47.♗e4 ♕h6
48.♔g2 ♗e7
49.♕g4 ♕h5
50.♗f3 ♕xg4+
51.♗xg4 ♗d8
52.♔f3 ♗e7

½-½

Fier, Alexandr – Mecking, Henrique [A45]

Bauru (Jogos Abertos), 2012

1.d4	***♘f6***
2.♗g5	***c5***
3.♗xf6	***gxf6***
4.d5	***♕b6***
5.♕c1	

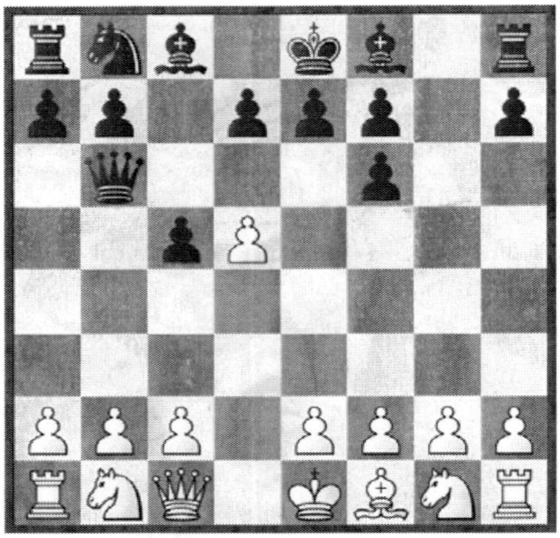

5. ...	***♗g7***

Normalmente as pretas jogam 5...f5 para controlar a casa e4 e deixar aberta a grande diagonal para o bispo preto.

6.c4

Outra opção das brancas seria manter a grande diagonal fechada: 6.c3 e6 7.e4 *(seria melhor 7.♘a3=)* 7...f5∓ Alburt – Savon, URSS (ch) 1972; 6.♘a3 f5 7.c3 d6 8.♘c4 *(seria melhor 8.e3 a6 9.♕c2 ♘d7 10.♘f3 ♘f6=)* 8...♕a6 9.♕f4 b5∓ J. Garcia Correa – G. Garcia, Carlos Torre Mem (open) 2002

6. ...	***f5***

As pretas poderiam continuar o desenvolvimento com 6...d6 7.♘c3 f5 8.e3 ♘d7 9.♘f3 ♘f6 10.♕c2 ♘e4=; Outra opção seria jogar

6...♕b4+ 7.♘d2 (há o sacrifício de peão após *7.♘c3 ♕xc4 8.e4 ♕b4 9.a3 ♕b6 10.♘ge2 d6 11.♘g3=∞)* 7...f5 8.♖b1 ♘a6 *(8...d6 9.a3 ♕a5 10.e3 ♘d7=* Comas – Manik, Batumi 1999*)* 9.a3 ♕a5 10.♘gf3 d6 11.e3 ♗d7 12.♗d3 ♖c8 *(*as pretas poderiam igualar a posição com *12...e5=)* 13.0-0⩲ Hernandez León – Komljenovic, ElSauzal (rápido) 2007

7.♘c3	***♕a5***

As pretas poderiam continuar o desenvolvimento com 7...d6 8.e3 ♘d7 9.♘f3 ♘f6 10.♕c2 *(10.♘d2 ♗d7=* Δ 0-0-0*)* 10...♘e4 11.♖c1 ♘xc3 12.bxc3 e6 *(12...e5!?)* 13.♗d3 ♗d7 14.dxe6 fxe6 15.e4 0-0-0 *(15...fxe4 16.♗xe4 ♕a6=; 15...f4!?)* 16.exf5 exf5 17.0-0⩲ Bartel– Wojtaszek, Polônia (ch) 2006

8.e3	***♗xc3+***
9.bxc3	***d6***
10.♗d3	

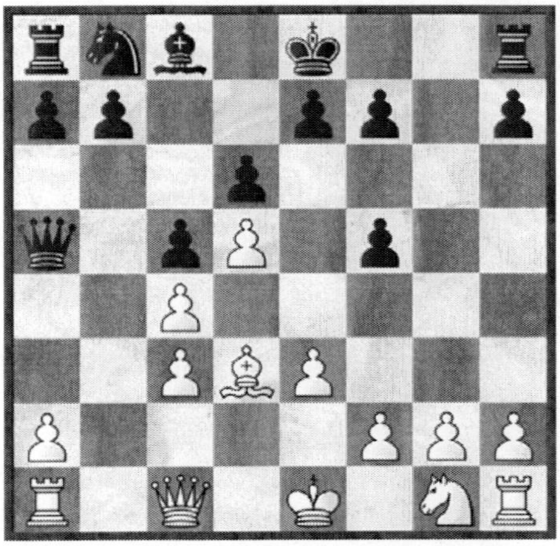

10. ...	***e6***

Os antecedentes nesta posição eram: 10...e5 11.f3! ♕d8 12.g3 *(12.♘e2 ♕h4+ 13.g3 ♕h3 14.♕c2⩲)* 12...♕g5 *(12...h5!?* Δ h4*)* 13.f4 ♕h5 *(13...♕h6!?* Δ e4*)* 14.♗e2 ♕h6 15.fxe5 dxe5 16.♘f3 e4?! *(16...♘d7 17.♘h4 ♘f6 18.0-0⩲)* 17.♘h4± Dresen – Schinke, Alemanha 2005; 10...♘d7 11.♘e2 *(11.♘f3⩲* Δ ♘d2*)* 11...♕a4 12.♗xf5 *(12.0-0 ♘e5 13.♕b1 ♘xc4 14.♘g3 h5 15.♘xf5 ♖g8∞* Δ a6; Δ b5*)*

12...♕xc4 13.♕d2?! *(13.♘f4!?)* 13...♘e5 14.♗xc8 ♖xc8 *(14...♘d3+! 15.♔f1 ♖xc8 16.♖d1 ♘e5∓)* 15.0-0= Rahman – Chatterjee, Dhaka 2008; As pretas poderiam experimentar 10...♖g8!? como alternativa na posição.

11.♘e2

Outras possibilidades de desenvolvimento das brancas são: 11.♕c2 ♘d7 *(11...♖g8 12.♘e2 ♘d7 13.0-0±)* 12.♘f3 ♖g8 13.0-0 ♘b6 14.e4±; 11.♘f3 ♘d7 *(11...♖g8 12.0-0±)* 12.0-0 ♘f6 13.♘d2 ♕c7 14.♖e1 ♗d7 15.e4±

11. ...	***♘d7***
12.0-0	***♘e5***
13.♗c2	

As brancas poderiam continuar o desenvolvimento com o objetivo de ativar a torre pela coluna semi-aberta após 13.♕c2 ♗d7 *(13...♘xd3 14.♕xd3 e5 15.♘g3±; 13...♕a6 14.♘f4±)* 14.a4 ♘xd3 *(14...♘g6 15.♖fb1 0-0-0 16.♕b2 ♕a6 17.♘f4 ♘xf4 18.exf4±; 14...♕a6 15.♘f4 ♘xd3 16.♕xd3 0-0-0 17.♖fd1 e5 18.♘h5±; 14...0-0-0 15.♘f4 ♖hg8 16.♗e2±)* 15.♕xd3 e5 *(15...♕a6 16.♘f4 0-0-0 17.♖fd1±)* 16.♖fb1 0-0-0 17.♘g3±

13. ...	***♗d7***
14.e4!?	

As pretas conseguiriam completar o desenvolvimento da ala da dama após 14.♗b3 ♕a6 15.♘f4 ♘xc4 16.dxe6 fxe6 17.♕d1 0-0-0 18.♗xc4 ♕xc4 19.♕xd6 ♖he8=

14. ...	***fxe4***

As pretas ficariam sem a possibilidade de rocar grande após 14...♘xc4?! 15.♕g5!±

15.♕g5	***♕d8***
16.♕g7	

16. ... ♔e7

O rei não fica bem posicionado no centro. Era melhor jogar 16...♖f8! 17.♖ab1 *(17.♕xh7 exd5 18.cxd5 f5=)* 17...♘xc4 18.dxe6 *(18.♗xe4 ♘d2 19.dxe6 fxe6 20.♗g6+ hxg6 21.♕xg6+ ♖f7 22.♕g8+ ♖f8 23.♕g6+ ♖f7=)* 18...fxe6 19.♕xh7 *(19.♗xe4 ♘d2 20.♗g6+ hxg6 21.♕xg6+ ♖f7 22.♕g8+ ♖f8 23.♕g6+ ♖f7=; 19.♖xb7 d5 20.♕xh7 ♘d6 21.♕g6+ ♖f7=)* 19...♕f6 20.♖xb7 0-0-0 21.♖xa7 d5 22.♖a8+ ♔c7 23.♖a7+ ♔c8=

17.♕g5+

As brancas poderiam manter a vantagem também com 17.dxe6 ♗xe6 *(17...♖g8 18.♕h6 ♗xe6 19.♗xe4±)* 18.♗xe4 h6 19.♘f4 ♗xc4 20.♗xb7 ♕g8 21.♘d5+ ♗xd5 22.♕xg8 ♖hxg8 23.♗xd5±

17. ... f6
18.♕h4

Outra possibilidade seria 18.♕g7+ ♘f7 19.dxe6 ♗xe6 20.♗xe4 ♕g8 21.♕g3 ♕xg3 22.♘xg3 ♗xc4 23.♖fe1±

18. ... ♕g8
19.♗xe4

As brancas poderiam jogar de maneira mais ativa com 19.♘g3!

exd5 *(19...♕g4 20.♕xg4 ♘xg4 21.dxe6 ♗xe6 22.♗xe4±; 19...♕g5 20.♕xe4 f5 21.♕e2±)* 20.cxd5 ♕g4 21.♕xg4 ♗xg4 *(21...♘xg4 22.♗xe4± Δ ♘f5)* 22.♘xe4±

19. ...	***♕g5***
20.♕xg5	***fxg5***
21.f4	

As brancas ficariam inferiores após 21.dxe6?! ♗xe6 22.f4 *(22.♗xb7 ♖ab8 23.♗d5 ♘xc4∓)* 22...gxf4 23.♘xf4 ♗xc4 24.♗xb7 ♗xf1 25.♗xa8 ♖xa8 26.♖xf1 ♖b8∓

21. ...	***♘xc4***

As pretas igualariam a posição após 21...exd5 22.♗xd5 *(22.cxd5 gxf4 23.♘xf4 ♖af8=)* 22...gxf4 23.♘xf4 ♗c6 24.♘e6 ♖ae8=

22.dxe6	***♗xe6***
23.♖fe1	

O final estaria igualado após 23.fxg5 ♖ag8 24.♗xb7 ♖xg5 25.♘f4 ♖f8=

23. ...	***d5***

O lance 23...h6!? seria uma possibilidade a ser melhor explorada pelas pretas.

24.♗d3	***h6***

As pretas conseguiriam levar o rei para um lugar seguro após 24...♖ae8 25.♗xc4 dxc4 26.fxg5 ♔d6 27.♘g3 ♔c6=

25.♘g3	***gxf4***
26.♘h5?!	

As brancas igualariam a posição com 26.♗xc4 dxc4 27.♘h5 ♖hf8 28.♖e4 ♖ad8 29.♖ae1 ♖d6 30.♘xf4 ♖f6 31.♘h5 *(31.♖xc4?! ♖d1! 32.♖xd1 ♗xc4 33.♘d5+ ♗xd5 34.♖xd5 b6∓ Δ ♔e6)* 31...♖g6 32.♘f4 ♖f6=

26. ...	***♖hf8***
27.♗xc4	***dxc4***

As pretas conseguiriam uma pequena vantagem no final após 27...f3! 28.♖eb1 *(28.♗xd5 f2+! 29.♔h1 f1♕+ 30.♖xf1 ♖xf1+ 31.♖xf1 ♗xd5∓; 28.gxf3 dxc4 29.♖e4 ♖xf3 30.♖ae1 ♖g8+ 31.♔h1 ♖g6 32.♘f4 ♖xf4 33.♖xf4 b5∓)* 28...dxc4 29.♖xb7+ ♔d6 30.♖h7 ♖h8 31.♖xh8 ♖xh8 32.gxf3 ♖f8∓ Δ ♗d5

28.♖e4

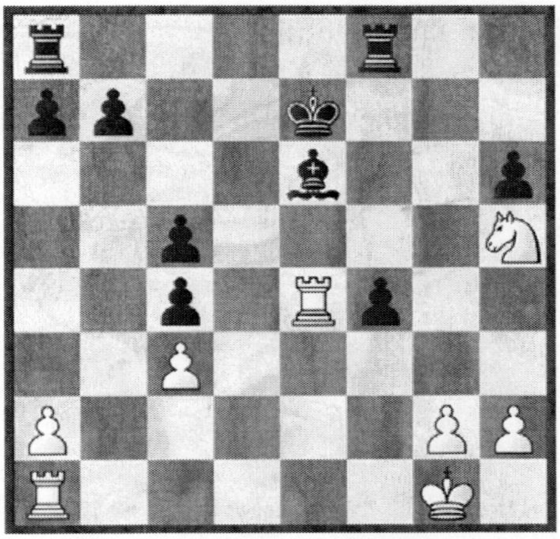

28. ... ♔f7

As pretas igualariam a posição com 28...♖ad8 29.♘xf4 ♖f6 30.♖ae1 ♖d6 31.♘h5 ♖g6 32.♘f4 ♖f6=

29.♖f1

O final de torres está empatado após 29.♖ae1 ♗g4 30.♖xf4+ ♔g6 31.♖xg4+ ♔xh5 32.♖g7 ♖ae8 33.♖xe8 ♖xe8 34.♖xb7 ♖e3 35.♖xa7 ♖xc3=

29. ... ♗d5?

Um erro de cálculo. Era melhor jogar 29...♗d7 30.♖xc4 b6 31.♖cxf4+ ♔e7 32.♖e4+ ♔d6 33.♘f6 ♖f7 34.♘xd7 ♖xf1+ 35.♔xf1 ♔xd7= com final de torres empatado.

30.♖e5!

As pretas provavelmente só haviam analisado as tomadas de peão com 30.♖exf4+? ♔e7!∓; 30.♖fxf4+? ♔g8!=

30. ...	***♗c6***
31.♖xf4+	***♔g8***
32.♖g4+	***♔h8***
33.♖g6	***♖f7***

34.♘f6

34.♖xh6+ ♖h7 *(34...♔g8? 35.♖g5++−)* 35.♖d6 ♖f8 *(35...♖g8 36.♖xc6 bxc6 37.♘f6+−; 35...♖c8 36.♖xc5+−)* 36.♖f5!!+−

34. ...	***♖d8***
35.h3	

35.h4 ♖d1+ *(35...♖xf6 36.♖xf6 ♔g7 37.♖f4+−)* 36.♔h2 ♖xf6 37.♖xf6 ♔g7 38.♖f4+−

35. ...	***♖xf6***
36.♖xf6	***♔g7***
37.♖f2	

37.♖f4 ♖d2 *(37...♖d3 38.♖xc5 ♖xc3 39.♖cxc4+−; 37...♖d1+ 38.♔f2+− Δ* ♖xc4, ♔e3*)* 38.♖g4+ ♔f7 39.a4! ♖a2 *(39...♗xa4 40.♖f4+ ♔g8 41.♖xc4+−)* 40.♖f5+ ♔e7 41.♖h5+−

37. ... ***♖d3***
38.♖c2 ***♗a4***
39.♖ce2

39. ... ***♖xc3***

As pretas poderiam jogar 39...♗c6!? para defender melhor a posição.

40.♖xc5

As brancas ganhariam um peão após 40.♖e7+ ♔f6 41.♖xb7+−

40. ... ***♖c1+***

Era melhor manter o bispo na grande diagonal com 40...♗c6!? para defender melhor a posição.

41.♔h2

O rei branco ficaria mais ativo no final após 41.♔f2! ♗c6 *(41...♔f6 42.♖a5 ♗c6 43.♖xa7+−)* 42.♔e3! ♖c3+ 43.♔d4! ♖g3 44.♖xc4+−

41. ... ***♗c6***
42.g4

As brancas poderiam ativar o rei no final após 42.♔g3! ♔g6 *(42...♔f6 43.♔g4+−)* 43.♖f2! ♖c3+ *(43...a6 44.♔f4+−)* 44.♔f4+−

42. ... ***♖c3***
43.♖f2 ***♖c1***

Era melhor deixar o rei branco cortado e jogar 43...♔g6!?

44.h4

As brancas poderiam ativar o rei após 44.♔g3! Δ ♔h4

44. ... ***c3***

As pretas poderiam voltar a manter o rei cortado com 44...♖c3!?

45.h5

As brancas poderiam ativar o rei com 45.♔g3! Δ ♔f4

45. ... ***a6***

45...♗e4 46.♖c7+ ♔g8 47.♖f4 ♗c6 *(47...♖h1+ 48.♔g3+−)* 48.♖d4+−

46.♔g3! ***♔g8***

46...♗e4 47.♖f4 ♗c6 48.♔f2 ♖c2+ 49.♔e3 ♖xa2 50.♖xc3 ♖a1 51.♖d3+−

47.♔f4 ***♔f7***

48.♖e2

As brancas ganhariam mais rapidamente após 48.♔e5+ ♔g7 49.♔d4+−

48. ...	***♖f1+***

As pretas poderiam apoiar o avanço do peão para a sétima fila com 48...♗a4 mas brancas conseguiriam posições ativas para as peças com 49.♖e3! c2 50.♔e5!+− Δ ♖ec3

49.♔e3	***♖f3+***
50.♔d4	***♖f4+***
51.♔xc3	***♖xg4***
52.♖f5+	***♔g8***
53.♖e7	***♖g5***

53...♖g3+ 54.♔d4 ♖g4+ *(54...♖g2 55.♖ef7+−)* 55.♔e5 ♖g1 56.♔d6 ♖d1+ 57.♔c7+

54.♖xg5+	***hxg5***
55.h6	***g4***
56.♖g7+	***♔h8***
57.♖xg4	***♔h7***
58.♖h4	***b5***
59.♔b4	***♗f3***

60.♔a5	***♗e2***
61.♔xa6	***♗c4***
62.a4	

A partida foi eleita a melhor do ano de 2012, em votação dos jurados do Prêmio Tabuleiro de Ouro do website "Vida em Miniatura" http://vidaemminiatura.blogspot.com.br/

1-0

Coelho, Luis Henrique – Mecking, Henrique [B51]

Bauru (Jogos Abertos), 2012

1.e4 c5
2.♘f3 d6
3.♗b5+ ♘d7
4.c3 ♘gf6
5.♕e2 a6
6.♗a4 e5
7.0-0 ♗e7
8.d4

8. ... 0-0

As pretas poderiam igualar a posição ao desenvolver as duas alas com 8...b5 9.♗c2 0-0= Δ ♗b7

9.♖d1

As brancas conseguem vantagem de desenvolvimento com 9.dxe5 dxe5 *(9...♘xe5 10.♘xe5 dxe5 11.c4!± Δ ♘c3)* 10.c4! ♘b6 11.♖d1 ♕c7 12.♗b3 ♗g4 13.♘c3± (Δ ♗e3) Ehlvest – Neverov, Campeonato Europeu 2001

9. ... b5
10.♗c2 ♕c7

11.a4 ***♖b8***

As pretas podem continuar o desenvolvimento da ala da dama com 11...♗b7 12.dxe5 dxe5 *(12...♘xe5 13.axb5 axb5 14.♖xa8 ♖xa8 15.♘a3 b4 16.cxb4 cxb4 17.♘b5 ♕c4=)* 13.axb5 axb5 14.♖xa8 ♖xa8 15.♘a3 b4 16.♘c4 h6= Delchev - Svidler, Calvia (ol) 2004

12.♘a3

A posição está igualada, por exemplo: 12.axb5 axb5 13.♘a3 ♗a6=

12. ... ***c4***

12...cxd4 13.cxd4 bxa4 14.♗xa4 ♗b7=

13.♗d2

13.axb5 axb5 14.♘h4 ♖e8 *(14...g6 15.♘f3±)* 15.♘f5 ♗f8=

13. ... ***♖e8***

14.b3?!

Uma imprecisão das brancas que compromete o controle do centro. Era melhor jogar 14.axb5 axb5 15.♖e1 h6=

14. ... d5!
15.axb5

As pretas também conseguem uma grande vantagem após 15.dxe5 ♘xe5 16.♗f4 ♗g4∓

15. ... exd4

As pretas poderiam manter uma grande vantagem com 15...axb5 16.dxe5 *(16.bxc4 ♗xa3 17.♖xa3 dxe4∓)* 16...♘xe5 17.♗f4 ♗g4∓

16.♘xd4 ♗xa3

As pretas poderiam manter a pressão no centro com 16...♗d6!?

a) 17.h3?! cxb3 18.♗xb3 *(18.♘xb3 ♘xe4∓)* 18...♘c5∓;

b) 17.g3 cxb3 18.♗xb3 *(18.♘xb3 ♘e5∓)* 18...♘c5 19.♗c2 ♖a8∓ Δ ♘cxe4.

17.♖xa3 axb5

18.♕f3?!

As brancas deixaram passar a oportunidade de neutralizar a vantagem das pretas com 18.b4!? dxe4 *(18...♘xe4 19.f3 ♘d6 20.♕f2⩱)*

19.♖a5 ♘e5 20.♘xb5 ♖xb5 21.♖xb5 ♗g4 22.♕e3 ♗xd1 23.♗xd1 ♖a8 24.♖c5 ♕b8=

18. ... ***dxe4***

As pretas conseguiriam manter o controle do centro após 18...♘xe4 19.♗xe4 dxe4 20.♕f4 ♘e5∓

19.♕f4 ***♘e5***
20.bxc4

A posição está um pouco inferior para as brancas, como demonstram as variantes: 20.♖da1 b4 21.♖a7 ♕d6∓; 20.♕g3 ♗d7 21.♖da1 ♖b7∓

20. ... ***bxc4***
21.♗xe4?

O erro que perde a partida. Era melhor seguir com 21.♖da1 ♖b7∓ ou; 21.h3 ♖b2∓

21. ... ***♘xe4***
22.♕xe4 ***♗g4!***

23.♖e1

As pretas conseguem conectar as torres e controlar a casa f3 com o bispo para um ataque contra o roque das brancas, por exemplo: 23.♖da1 ♘f3+! 24.gxf3 ♖xe4 25.fxe4 ♗h3-+

23. ...	***♘f3+!***
24.gxf3	***♖xe4***
25.♖xe4	

25.fxe4 ♗h3-+

25. ...	***♗h3-+***
26.♖a1	***♕b6***
27.♗f4	***♕b1+***
28.♖e1	***♕g6+***
29.♗g3	***h5***
30.♘e2	***h4***
31.♘f4	***♕f5***
32.♘xh3	***hxg3***
33.♔g2	***gxf2***

0-1

Mecking,Henrique - Granda Zuñiga,Julio [E19]

III Floripa Chess Open 2017

Após os quatro empates ocorridos no match de 2012, Mecking e Granda Zuñiga voltaram a se enfrentar em movimentada partida que terminou em empate num final de torre.

1.d4	**♘f6**
2.c4	**e6**
3.♘f3	**b6**
4.g3	**♗b7**
5.♗g2	**♗e7**
6.0-0	**0-0**
7.♘c3	**♘e4**
8.♕c2	**♘xc3**
9.♕xc3	

9. ...	**♘a6**

Normalmente, as pretas continuam o desenvolvimento da ala da dama com 9...c5 10.♖d1 *(10.b3 ♗f6 11.♗b2 cxd4 12.♘xd4 ♗xg2 13.♔xg2 ♘c6=* Beliavsky - Adams, Belgrado 1995*)* 10...d6 *(10...♗f6 11.♕d3 ♘c6 12.dxc5 bxc5 13.♕xd7 ♕b6 14.♗f4 ♖ad8*

15.♕c7 ♖xd1+ 16.♖xd1 ♕xb2 17.♘g5± Tal - Korchnoi, Moscou (m/3) 1968*; 10...cxd4 11.♕xd4 ♗f6 12.♕d3 ♘a6 13.♗e3 ♘c5 14.♗xc5 bxc5 15.♕xd7 ♕b6⩲* Stohl - Medvegy, Alemanha 2007*)* 11.b3 *(11.♗f4 ♘d7 12.dxc5 ♘xc5 13.♖ac1 ♖c8 14.b4 ♘e4 15.♕a3* (Drasko - Gligoric, Sarajevo 1986) *15...a5 16.bxa5 ♖a8=* Δ ♖xa5*)* 11...♗f6 (11...♘d7 12.♗b2 ♘f6 *(12...♗f6=)* 13.d5 exd5 14.cxd5 ♖e8 15.e4± Bareev - J. Polgar, Elista (m/4) 2007) 12.♗b2 ♕c7 *(12...♕e7 13.♕c2 ♘c6 14.e4 e5 15.d5 ♘d4∞* Timman - Adams, Londres 2007*)* 13.♕c2 *(13.♕d2 ♖d8 14.dxc5 dxc5 15.♕f4 ♘a6 16.♕xc7 ♘xc7 17.♗xf6 gxf6 18.♘e1 ♗xg2 19.♔xg2 ♔f8=* Hort - Karpov, Buenos Aires 1980*)* 13...♘d7 14.♖d2 ♖fd8 15.♖ad1 ♖ac8 *(15...h6!?)* 16.dxc5 dxc5 17.♘e1 *(17.♗xf6 ♘xf6 18.♘e5!±)* 17...♗xg2 18.♘xg2 ♗xb2 19.♕xb2 ♘b8= Karpov - Balashov, Hannover 1983

10.b3	**d5**
11.cxd5	

As brancas optaram por fixar o peão central e controlar a coluna c semi-aberta, em vez de continuar o desenvolvimento com 11.♗b2 Δ ♖fd1, ♖ac1

11. ...	**exd5**
12.♗b2	**♖e8**
13.♖fd1	**♗f8**
14.♕d2	**♕d6**
15.♖ac1	**♖ad8**
16.e3	**♘b8**

Os dois lados completaram o desenvolvimento e, agora, começam as manobras de meio-jogo.

17.♘e5

As brancas ficariam com o bispo mal após 17.b4 c6!? (Se 17...♕xb4?! as brancas conseguem dobrar as torres na coluna c após 18.♖xc7! ♕xd2 19.♖xd2 ♖e7 *(19...♖d7 20.♖c1 f6 21.♖dc2±)* 20.♖c1 ♖ee8 *(20...f6 21.♖dc2±)* 21.♖dc2±) 18.a3 ♘d7=

17. ... ♘d7
18.♘xd7 ♖xd7
19.♗h3 ♖dd8
20.♕c2 c6
21.a4 h5

As pretas poderiam manobrar o bispo com 21...♗c8 22.♗g2 ♗g4 23.♖e1 ♖c8=

22.♗g2 ♕e6

23.h4 ♕g4

Outra alternativa seria fixar a estrutura de peões da ala da dama com 23...a5 24.♖e1 ♕g4=

24.♖e1 ♗b4
25.♗c3 ♗xc3
26.♕xc3 ♖d6

As brancas teriam uma pequena vantagem posicional com o bispo ativo na grande diagonal após 26...g5 27.hxg5 ♕xg5 28.e4!? dxe4 29.♗xe4 *(29.♖xe4 ♖xe4 30.♗xe4 ♕f6=)* 29...h4 *(29...♕f6 30.♕f3±)* 30.b4±

27.♕c2

As brancas poderiam jogar de maneira ativa na ala da dama, por exemplo: 27.b4!? Δ b5; 27.a5!? Δ axb6, ♖a1

27. ...	**g5**
28.hxg5	**♕xg5**
29.♗h3	**♖f6**

As pretas manteriam a igualdade da posição com o avanço de peão na ala do rei após 29...h4!? 30.♕f5 *(30.♔h1* (Δ ♖g1) *30... c5=)* 30...♕xf5 31.♗xf5 hxg3 32.fxg3 ♖f6 33.g4 ♗c8=

30.♔h2	**♔g7**
31.♖g1	**♗c8**
32.f4	**♕h6**
33.♗xc8	**♖xc8**

Após a troca dos bispos, os dois lados continuam as manobras de peças pesadas na ala do rei.

34.♔g2	**♖e8**
35.♖ce1	**♖g8**
36.♖h1	**♔f8**
37.♖h3	

Era mais seguro jogar 37.♔f2= para evitar o avanço do peão de torre adversário.

37. ...	**h4!**

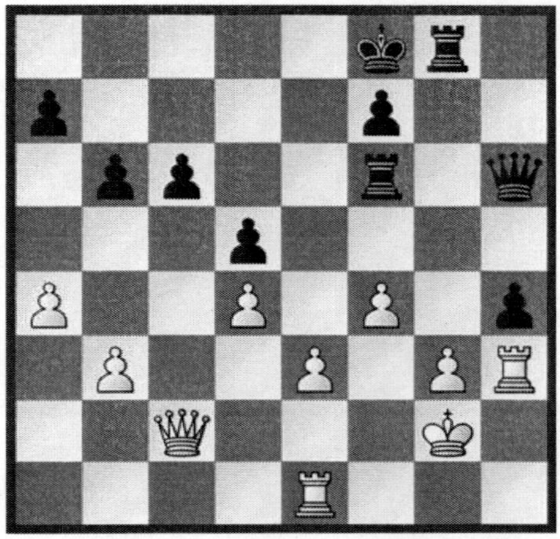

38.♖f1	**♖g4**

As pretas poderiam manter uma pequena pressão no meio-jogo, ao dobrar as torres, com 38...♖fg6! 39.♖f3 ♕h7!∓

39.♖f3	**♕g6**
40.♕xg6	**♖fxg6**

Após a troca das damas, o final de torre está empatado.

41.b4	**♔e7**
42.♔f2	**♖xg3**
43.♖fxg3	**hxg3+**
44.♔g2	

O final de peões está empatado após 44.♖xg3 ♖xg3 45.♔xg3 a5 46.bxa5 bxa5 47.♔g4 ♔f6 48.f5 ♔g7=

44. ...	**♔d6**
45.f5	**♖g5**
46.♖h6+	**♔d7**
47.♖f6	**♖g7**
48.b5	

Havia opções mais seguras para manter a igualdade: 48.♖h6 a5 49.bxa5 bxa5=; 48.a5 bxa5 49.bxa5 ♔c7= *(49...a6=)*

48. ...	**cxb5**
49.axb5	**♔e7**
50.♖c6	

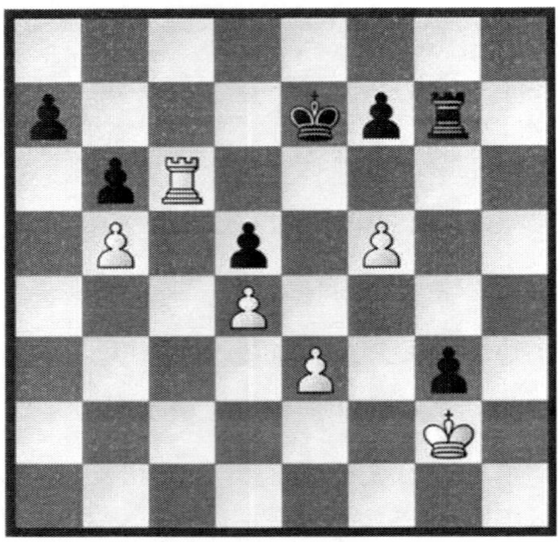

50. ...	**♔d7**

As pretas poderiam jogar a torre de maneira ativa e ficar com um peão de vantagem no final após 50...♖g8!? 51.♖h6 *(51.♖c7+ ♔f6! 52.♖xa7 ♖e8!∓* Δ ♖xe3; Δ ♔xf5*; 51.♖c1 ♔f6! 52.♖f1 ♖e8! 53.♖f3 ♖c8 54.♔xg3 ♔g5 55.♖f1 ♖c3 56.♔f3 ♖a3∓* Δ ♔xf5*; 51.f6+ ♔d7 52.♖c1 ♔e6 53.♖f1 ♖g6 54.♖f4 ♖xf6 55.♔xg3□ ♖h6∓)* 51...♖g5 52.♖c6 ♖xf5 53.♖c7+ ♔e6 54.♔xg3 *(54.♖xa7 ♖f2+ 55.♔xg3 ♖b2∓* Δ ♖xb5*)* 54...♖f1 55.♖xa7 ♖b1∓ Δ ♖xb5

51.♖c3	**♔e7**
52.♖c7+	

Se 52.♖c6 ♖g8!? conforme analisado no comentário anterior; Se 52.♖a3 ♔f6 53.♖xa7 ♔xf5 54.♖b7 ver o próximo comentário.

52. ...	**♔f6**
53.♖d7	

As brancas ficariam com um peão a menos, mas conseguiriam igualar o final após 53.♖xa7 ♔xf5 54.♖b7 ♔e4 55.♖xb6 ♔xe3 56.♖f6! ♖g8 57.b6! ♖b8 58.♔xg3 ♖b7 *(58...♔xd4 59.♔f4=)* 59.♖d6 ♔xd4 *(59...♔e4 60.♔f2=)* 60.♖c6!= com um final de torre empatado, de acordo com o tablebases de 7 peças.

53. ...	**♔xf5**
54.♖xd5+	**♔e6**

As pretas poderiam jogar o rei de maneira ativa no centro com 54...♔e4!? (Δ ♔d3–c4) com o objetivo de capturar o peão adversário, em b5, para ficar com dois peões passados na ala da dama contra dois peões passados centrais das brancas, após sacrificar o peão em f6 para desviar a torre branca, pois as pretas possuem um peão de vantagem (passado na ala do rei) no final de torre.

55.♖e5+	**♔d6**
56.♖f5	**♔e6**
57.♖e5+	**♔d6**
58.♖f5	

½-½

Mecking,Henrique - Shirov,Alexei [D79]

III Floripa Chess Open 2017

As partidas de Shirov são sempre interessantes, pois podem acontecer lances inesperados que mostram sua criatividade e conduzem para caminhos surpreendentes, como ocorreu aqui no lance 20.

1.♘f3 d5
2.g3 g6
3.♗g2 ♗g7
4.d4 ♘f6
5.0–0 0–0
6.c4 c6
7.cxd5 cxd5
8.♘c3 ♘e4

9.♕b3

Outras alternativas para as brancas: 9.♘e5 ♗f5 10.♕b3 ♘c6 11.♖d1 ♘a5 12.♕xd5 ♘xc3 13.bxc3 ♕xd5 14.♗xd5 ♖ad8 15.♗f3 ♗xe5 16.e4 ♗xe4 17.♗xe4 (Mamedyarov - Ivanchuk, Nalchik 2009) 17...♖d7!=; 9.♘d2 f5 10.♘dxe4 dxe4 11.♕b3+ ♔h8

12.♖d1 ♘c6 13.♗e3 ♗d7 14.♖ac1 ♖c8 15.♕a3 ♕a5!= Ivanchuk - Kasparov, Linares 1998; 9.♘xe4 dxe4 10.♘e5 ♕d5 *(10...♘d7 11.♘xd7 ♗xd7 12.♗xe4 ♗h3 13.♗xb7 ♖b8 14.♗g2 ♗xg2 15.♔xg2 ♗xd4 16.f3* 1/2 - 1/2 Vaganian - Svidler, Mainz (Rápido) 2002*)* 11.♗e3 *(11.b3 ♘c6 12.♗b2 ♗e6 13.e3 ♖fd8 14.♘d3 f5 15.♘f4 ♕d7=* Salov - Gelfand, Linares 1991*)* 11...♘d7 12.♘d3 *(12.♕c2 ♘xe5 13.♗xe4 ♕c4 14.dxe5 ♕xc2 15.♗xc2 ♗xe5 16.♗e4 ♗e6=* Kosyrev - Yandemirov, São Petersburgo 2001*)* 12...♘f6 13.♕a4 ♘g4 14.♘f4 ♕d6 15.♗d2 ♕xd4 16.♕xd4 ♗xd4 17.♗xe4 ♗xb2 18.♖ab1 ♗a3= Granda Zuñiga - Krasenkow, Madri 1998

9. ... **♘c6**
10.♗e3

A outra opção é desenvolver o bispo pela ala da dama após 10.e3 ♘xc3 11.bxc3 *(11.♕xc3 ♗f5∓)* 11...b6 *(11...♘a5!?* Δ b6, ♗b7*)* 12.♘d2 e6 *(12...♗e6!?* Δ ♕d7, ♖ac8*)* 13.♗a3 ♖e8 14.c4 *(14. e4 ♘a5 15.♕b5 ♗d7∓* Huzman - Ruck, Panormo 2002*)* 14...♗a6 *(14...♘a5!?)* 15.♖fc1 ♘a5 16.♕a4 ♘xc4 17.♘xc4 ♗xc4 18.♖xc4 dxc4 19.♗xa8 ♕xa8 20.♖c1 ♖c8 21.♖xc4 a6=

10. ... **♘a5**
11.♕b4 **♘xc3**
12.♕xc3 **♗f5**
13.♖fc1 **♕b6**
14.b3 **♖fc8**
15.♕d2 **♘c6**
16.♘e5 **♘b4**

Os dois lados completaram o desenvolvimento. Agora, o plano das brancas é avançar os peões na ala do rei e pressionar o centro. Enquanto isso, as pretas buscam jogo ativo na coluna aberta.

17.g4!? **♗e6**
18.h3 **a5**
19.f4 **f6**
20.a3 **♖c2!?**

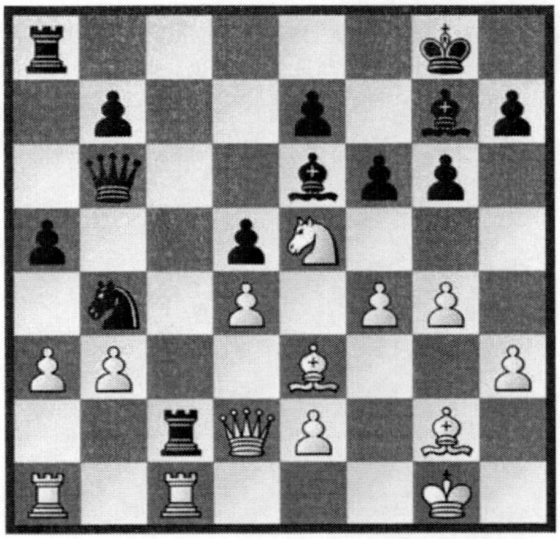

Agora, as pretas jogam no estilo Shirov, um lance típico do que aparece em seu clássico livro Fire on Board (1997).

21.♘d7

As brancas poderiam manter a igualdade com 21.♖xc2 ♘xc2 22.♕xc2 fxe5 23.fxe5 ♗xe5 24.♕d3 ♗d6 25.a4 ♖c8=

21. ... ♖xc1+

Seria mais interessante jogar 21...♗xd7!? com a ideia de ativar o outro bispo e depois controlar a coluna aberta, com a torre, após 22.♖xc2 ♘xc2 23.♕xc2 e6∓ Δ ♗f8; ♖c8

22.♖xc1

As brancas poderiam buscar a igualdade no meio-jogo com 22.♕xc1!? ♗xd7 23.axb4 ♖c8 24.♕d2 *(24.♗xd5+ e6 25.♗c4 ♕xb4 26.♕d2 ♕xd2 27.♗xd2 b5 28.♗d3 a4∓)* 24...e6 *(24...axb4 25.♗xd5+ e6=)* 25.bxa5 *(25.♖xa5 ♗f8∓)* 25...♕xb3 26.♖a2= Δ ♖b2

22. ... ♗xd7

23.axb4 e6∓

24.bxa5

As peças pretas estão um pouco mais ativas na ala da dama após 24.♖a1 ♗f8 25.bxa5 ♕xb3∓

24. ... ♖xa5

25.f5

As pretas ativam o bispo para controlar a diagonal a3–f8 após 25.♕c3 ♗f8∓ Δ ♗d6

25. ... ♕xb3

Era melhor dobrar as peças pesadas com 25...♖b5∓ Δ ♖xb3

26.♖c7!⩲

26. ... ♖a1+

Merecia atenção a continuação 26...♖a2!? também com sacrifício da dama branca após 27.♕c1 *(27.♕d3 ♕xd3 28.exd3 ♗c6 29.♖c8+ ♔f7 30.♖c7+ ♔g8=)* 27...♗f8! 28.♖xd7 ♖c2! 29.♕xc2 ♕xc2 30.fxe6! ♕xe2 31.♗f2!⩲

27.♔f2 **♖a2**
28.♕xa2 **♕xa2**
29.♖xd7 **gxf5**
30.gxf5 **♕c2**
31.fxe6 **♕f5+!**
32.♔g1 **♗f8!**
33.♗xd5 **♗e7!**
34.♗g2

Havia xeque perpétuo após 34.♖xe7 ♕xd5 35.♗h6 ♕xd4+ 36.♔f1 ♕d1+ 37.♔f2 ♕d4+ 38.♔f1=; As brancas poderiam jogar de maneira mais ativa para prolongar a luta com 34.♗f3!? ♔f8 35.d5 ♕xh3 36.♗f2!$\overset{\infty}{=}$ a fim de evitar o imediato xeque perpétuo que ocorreu na partida.

34. ... **♔f8!=**
35.d5 **♕e5!**
36.♔f2 **f5!**
37.♗h6+ **♔e8**
38.♗f3 **♕h2+!**
39.♔e3 **♕g1+**
40.♔d3 **♕b1+**
41.♔d4 **♕b2+**
42.♔d3 **♕b3+**
43.♔d4 **♕b4+**
44.♔d3 **♕b3+**
45.♔d4 **♕b2+**

½-½

Mecking,Henrique - Rodi,Luis Ernesto [A77]

I Open Internacional DUCHAMP 2017

Uma grande vitória de Mecking. Ele aproveita a vantagem de espaço no centro e a descoordenação das peças pretas, após a imprecisão ocorrida no lance 17.

1.d4	**♘f6**
2.c4	**c5**
3.d5	**e6**
4.♘c3	**exd5**
5.cxd5	**d6**
6.♘f3	

A ordem normal dos lances é 6.e4 g6 7.♘f3 ♗g7 8.♗e2 0–0 9.0–0 ♖e8 10.♘d2 a6 11.a4 ♘bd7 12.♖e1 ♘e5 13.♘f1 ♖b8 chegando-se à mesma posição do diagrama no lance 13.

6. ...	**g6**
7.♘d2	**♘bd7**
8.e4	**a6**
9.a4	**♗g7**
10.♗e2	**0-0**
11.0-0	**♖e8**
12.♖e1	**♘e5**

As brancas conseguem vantagem de espaço na ala da dama após 12...♖b8 13.a5± *(13.♗f1 ♘e5*= Donner - Velimirovic, Havana 1971*)*

13.♘f1

As pretas podem avançar os peões na ala do rei para manobrar o cavalo após 13.h3 g5 14.♘f1 h6 15.♘e3 ♘g6 16.♗d3 (Ivanchuk - De Firmian, Biel 1989) 16...♘e5=

13. ...	**♖b8**

Outra opção para as pretas é 13...b6 14.f4 ♘ed7 15.♗c4 *(15.♕c2!?)* 15...♖b8 16.h3 b5 17.axb5 axb5 (Am. Rodríguez - Le. Ortega, Cuba (ch) 1982) 18.♗xb5 ♘xe4 19.♖xe4 ♖xe4 20.♘xe4 ♖xb5 21.♘xd6 ♖b6=

14.h3!?

Outras variantes são: 14.♘e3 ♘ed7 15.♕c2 ♕e7 16.♘c4 ♘e5 17.♗f4 ♘xc4 18.♗xc4 ♘g4 19.h3 ♗e5 20.♗xe5 ♘xe5=; 14.f4 ♘ed7 (Van der Sterren - Chandler, Arnhem/Amsterdã 1983) 15.♗c4 b5 16.axb5 axb5 17.♗xb5 ♘xe4 18.♖xe4 ♖xe4 19.♘xe4 ♖xb5 20.♘xd6 ♖b6=

14. ... **♕c7**

15.♗e3 **♘ed7**

As pretas poderiam desenvolver com 15...b6!? Δ ♗b7

16.♘d2 **♘f8**

A manobra de cavalo não ajuda a concluir o desenvolvimento. Era melhor jogar 16...b6!? Δ ♗b7

17.♕c2

As brancas teriam vantagem de espaço na ala da dama com 17.a5!? Δ ♘c4

17. ... ♗d7?!

Agora, a posição das pretas fica muito restringida. Era melhor jogar 17...b6!?

18.a5± ♕d8

As brancas estariam com uma clara vantagem após 18...h6 (Δ g5) 19.♘c4 ♗b5 20.♘xb5 axb5 21.♘d2± Δ a6

19.♗f4 ♕e7
20.♗h2 ♖ed8
21.f4 ♘e8
22.♘f3 ♘c7
23.e5!

As manobras das brancas na ala do rei permitem agora o avanço do peão central. A vantagem de espaço conquistada no centro e o posicionamento ativo das peças mostram-se decisivos para o ganho de material.

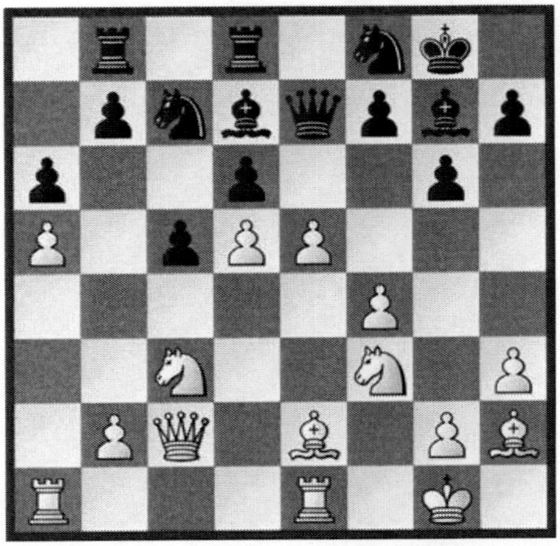

23. ... ♘b5

Se 23...dxe5 seguiria 24.fxe5+– Δ d6; Se 23...♗f5 seguiria 24.♕b3 h5 25.♗g3! ♖e8 *(25...♕d7 26.♗c4+–)* 26.♗h4 ♕d7 27.♗c4+–

24.♗xb5! axb5

Se 24...♗xb5 seguiria 25.f5! dxe5 26.♘xe5+–

25.♕f2!+-	**♖bc8**

As brancas dominam o centro e possuem uma posição ganhadora após 25...dxe5 26.fxe5+–; 25...♗f5 26.♖ad1! b4 *(26...♕d7 27.g4! b4 28.gxf5! bxc3 29.f6!+–)* 27.♘b5! dxe5 28.fxe5+–

26.♗g3!	**f6**
27.a6	

Era bem mais forte continuar com 27.♗h4+– Δ ♘e4

27. ...	**bxa6**
28.♖xa6	**dxe5**

Se 28...♗f5 as brancas seguiriam com 29.exf6! ♕b7 30.fxg7 ♕xa6 31.gxf8♕+ ♖xf8 32.♘g5+–

29.fxe5	**fxe5**
30.♗h4	

As brancas optaram por ganhar a qualidade, mas também poderiam capturar o peão central após 30.♘xe5 ♖e8 31.♘e4+– Δ ♘d6

30. ...	**♕f7**
31.♗xd8	**♖xd8**
32.♘xe5	**♕xf2+**
33.♔xf2	**b4**
34.♘d1	**♗b5**
35.♘c6!	

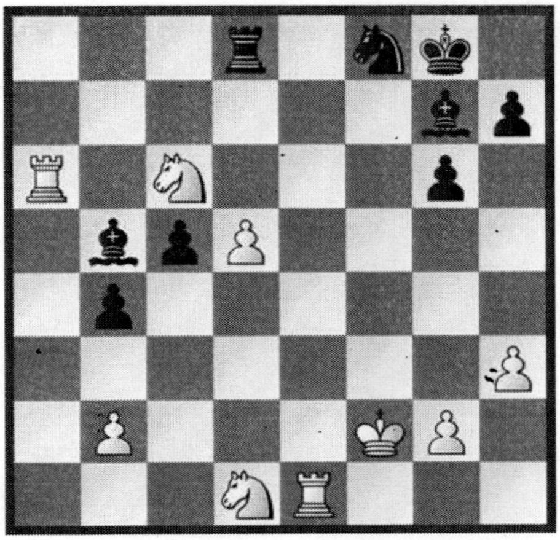

35. ... ♖d7

Se 35...♖xd5 as brancas seguiriam com 36.♘e7+ ♔h8 *(36...♔f7 37.♘xd5 ♗xa6 38.♖e7+ ♔g8 39.b3*+– Δ ♘1e3*)* 37.♘xd5 ♗xa6 38.♖e8+– Δ ♘1e3; Se 35...♗d4+ as brancas seguiriam com 36.♔f3! ♖xd5 37.♘e7+ ♔f7 38.♖a5 ♖d7 39.♖xb5 ♖xe7 40.♖xe7+ ♔xe7 41.♔e4+– Δ b3

36.♖b6	**♗c4**
37.d6	**♖f7+**
38.♔g1	**♘d7**
39.♖b7	**♔f8**
40.♘d8	**♗d4+**
41.♔h1	**♗d5**
42.♘xf7	**♗xb7**
43.♖e7	**♗c6**
44.♘d8	**♗d5**
45.♘e6+	**♗xe6**
46.♖xe6	**♘b6**
47.b3	**c4**

48.bxc4	**b3**
49.d7	**♘xd7**
50.♖d6	

1-0

Nery Junior,José Antonio - Mecking,Henrique [B96]

Brasil (ch) 2017

A Final do Campeonato Brasileiro de 2017 foi disputada no Rio de Janeiro, em fevereiro de 2018. O sistema foi de matches eliminatórios com 16 jogadores. Nas oitavas de final, Mecking ganhou de José Antonio Nery Junior por 3 a 1 (+2=2), após o desempate em partidas rápidas.Há uma importante posição teórica, após o lance 9, na abertura (B96) que abre para diferentes caminhos. Mecking jogou a posição três vezes de pretas (na partida principal e em outras duas partidas que constam nos comentários). Nesta partida do Campeonato Brasileiro, na fase de oitavas de final, as pretas cometem um erro no lance 19 e a partida termina num inesperado empate no lance 21, após outro equívoco das pretas.

1.e4	**c5**
2.♘f3	**d6**
3.d4	**cxd4**
4.♘xd4	**♘f6**
5.♘c3	**a6**
6.♗g5	**e6**
7.f4	**♘bd7**
8.♕f3	**♕c7**
9.0-0-0	**b5**

10.e5

Outra possibilidade é a troca de peças menores, antes do avanço do peão central, com 10.♗xf6 ♘xf6 11.e5 ♗b7 12.♕h3 (O sacrifício de um cavalo com a dama branca atacada pelo bispo preto na grande diagonal é um erro, pois não há tempo de montar um ataque após 12.♘dxb5? axb5 13.♘xb5 *(13.♗xb5+ ♘d7∓)* 13...♕b8–+ 14.♕c3 ♘e4 15.♕d4 d5 16.b4 ♗c6 17.♘d6+ ♘xd6 18.exd6 ♗xd6 0–1 M. Baeta - Mecking, I Open Internacional Duchamp 2017) 12...dxe5 13.♘cxb5! ♕b6 *(13...axb5 14.♗xb5+ ♔e7 15.fxe5 ♕xe5 16.♖he1 ♘e4 17.♘c6+ ♗xc6 18.♗xc6 ♕g5+ 19.♕e3 ♖xa2 20.♖d7+ ♔f6 21.♗xe4 ♖a1+ 22.♔d2 ♖xe1 23.♕xg5+ ♔xg5 24.♔xe1 f5= Δ* ♔f6*)* 14.fxe5! ♘e4 *(14...♘d5 15.♘a3± Δ ♘c4)* 15.♗c4 ♘f2 *(15...axb5? 16.♗xb5+ ♔e7 17.♖hf1!+–)* 16.♕b3 0–0–0! 17.♘d6+ *(17.♗xe6+ fxe6 18.♘a7+! ♕xa7 19.♕xe6+ ♔c7 20.♕f7+ ♔b6 21.♕xf2 ♗c5□ 22.b4! ♗xd4 23.♖xd4 ♔c7□ 24.♖d7+ ♔b8□ 25.♕xa7+ ♔xa7 26.♖hd1 ♖xd7 27.♖xd7≅)* 17...♖xd6 18.exd6 ♕xb3 19.♘xb3 ♘xh1 20.♘c5 ♗xg2 *(20...♗c6! 21.♗xa6+ ♔b8 22.b4≅)* 21.♗xe6+! ♔d8□ 22.♗xf7! g6 23.♘e6+ *(23.♔b1! ♗c6 24.♖d2!⩲)* 23...♔d7□ 24.♘c5+ ♔c6 *(24...♔d8!=)* 25.d7! ♗xc5?? *(25...♗h6+□ 26.♔b1 ♔xc5□ 27.d8♕ ♖xd8 28.♖xd8⩲ Δ* ♗g8*)* 26.♗e8! 1–0 Haznedaroglu - Kraemer, Olomouc Jihlavanka Cup GM-B, 2007

10. ...	**♗b7**
11.♕h3	**dxe5**

12.♘xe6	**fxe6**
13.♕xe6+	**♗e7**
14.♗xb5	**axb5**
15.♘xb5	**♕b6**

As pretas também podem optar por 15...♕c6 16.♘d6+ ♔d8 17.fxe5 ♔c7 *(17...♘d5? 18.♗xe7+ ♘xe7* (Hiramine - Tomiello, III Floripa Chess Open 2017) *19.♖hf1!+– Δ* ♖f3; Δ ♖f7*)* 18.♗xf6 *(18.♕xe7?! ♘d5! 19.♖xd5□ ♕xd5 20.♖d1 ♕xe5 21.♘xb7□ ♕xe7 22.♗xe7 ♖xa2 23.♘d6 ♖a1+ 24.♔d2 ♖xd1+ 25.♔xd1 ♘e5 26.♘f5 ♔d7 27.♗c5 ♔c6∓)* 18...gxf6 19.♕xe7 ♖xa2 20.♘xb7 ♖a1+ 21.♔d2 ♕d5+ 22.♔e2 ♕e4+ 23.♔d2=

16.♘d6+	**♔d8**

17.♗xf6

A captura do bispo é equivocada com 17.♘xb7+? pois segue 17...♕xb7 18.fxe5 *(18.♗xf6 ♗xf6 19.♖xd7+ ♕xd7 20.♖d1 ♕xd1+ 21.♔xd1 exf4∓ Δ ♔c7)* 18...♖a6! 19.♖xd7+ ♘xd7 20.♕xe7+ ♔c8 21.♕xg7 *(21.a3 ♕e4!–+)* 21...♖e8–+ G. Gildardo - Wang Pin, Linares (open) 1998; A captura imediata do peão central após 17.fxe5? permite que as pretas coloquem o bispo numa posição ativa com 17...♗d5!! (É um erro jogar 17...♔c7? pois as brancas ficam com clara vantagem após 18.♗xf6! (melhor do que 18.♕xe7? ♖xa2 19.♘c4 *(19.b3 ♘d5!–+)* 19...♖a1+ 20.♔d2 ♕d4+ 21.♔e2 ♕xc4+ 0–1 R. C. Souza - Mecking, III Floripa Chess Open 2017) 18...gxf6 19.♕xe7 ♕e3+ *(19...♖xa2 20.b3□* (Δ ♘c4) *20...♕f2□ 21.♕xd7+! ♔xd7 22.♘e4+ ♔e6 23.♘xf2 fxe5 24.♘d3±)* 20.♔b1 ♕xe5 21.♕f7 ♗c6 22.♖he1±) 18.♘f7+ *(18.♖xd5 ♘xd5 19.♗xe7+ ♘xe7 20.♘f7+ ♔c7 21.♕d6+□ ♕xd6 22.exd6+ ♔c6 23.♘xh8 ♘f5 24.♘f7 ♖xa2∓)* 18...♔e8! (18...♔c7 19.♕xb6+ ♘xb6 20.♘xh8 ♖xa2 *(20...♘g8!? 21.h4 ♖xa2 22.♔b1 ♖a8 23.♖h3 ♗a2+ 24.♔c1 ♗e6=)* 21.exf6 ♘c4 22.♔b1 ♖xb2+ 23.♔a1 gxf6 24.♖he1⩲ (Romero Arraya - Egger, Pedro Donoso - Memorial - 2001) *(24.♖xd5⩲* Δ ♖hd1*)*) 19.♕xb6 *(19.♘d6+? ♕xd6!–+)* 19...♘xb6 20.♘xh8 ♘g4 *(20...♘e4!? 21.♗xe7 ♔xe7 22.♖he1 ♖xa2∓* Δ ♖a8*)* 21.♗xe7 ♔xe7 22.♖d4 *(22.♖he1 ♖xh8∓* Dinic - Bratovic, Budva 2003*)* 22...♘xe5! *(22...♗e6∓* Sahl - Urkedal, Noruega 2006*)* 23.♖e1 ♔d6! 24.b3 ♖xh8 25.c4 ♖a8 26.♖e2 ♘bxc4 27.bxc4 ♘xc4∓

17. ... ♗xf6

As pretas podem igualar a posição também com a captura de peão após 17...gxf6 18.♘f7+ *(18.♘xb7+ ♕xb7 19.♖xd7+ ♕xd7 20.♖d1 ♕xd1+ 21.♔xd1=)* 18...♔e8 19.♘d6+ ♕xd6!? *(19...♔d8 20.♘f7+ ♔e8 21.♘d6+* 1/2 - 1/2 Bock - Riedel, Bad Ems (open) 2004*)* 20.♖xd6 ♘c5! 21.♕f5 ♗e4! 22.♕h5+ ♗g6 23.♕d1 *(23.♕f3 ♗e4 24.♕h5+ ♗g6=)* 23...♖xa2! *(23...♘b3+? 24.♔b1 ♖c8 25.♖d3! ♘d4 26.g4!+–* Laarhoven - Otte, Holanda 2008*)* 24.♔b1 ♖a7 25.♕d5 ♗xd6 26.♕xd6 ♔f7 27.♕xc5 ♖ha8 28.b4 ♖a1+ 29.♔b2 ♖8a2+ 30.♔b3 ♖a3+ 31.♔b2=

18.♘f7+

As brancas conseguem compensação pela peça sacrificada após 18.fxe5 ♗g5+ *(18...♗xe5 19.♘xb7+! ♔c8 20.♕xd7+ ♔b8 21.♘c5 ♖xa2 22.♘b3□ ♖xb2 23.♖d5□ ♖c8 24.♖b5 ♖cxc2+ 25.♔d1 ♖d2+ 26.♘xd2 ♖xb5=)* 19.♔b1 ♔c7 20.♘e8+ ♔b8 21.♕xd7 ♖a7 *(21...♗xg2* (Kozhuharov - K. Georgiev, Bulgária 2001) *22.♖hg1! ♗f3 23.♖xg5 ♗xd1 24.e6 ♖a7 25.♖b5 ♖xd7 26.exd7 ♕xb5 27.d8♕+ ♔a7 28.♕d4+ ♔b8 29.♕d8+ ♔a7=)* 22.♕d6+ *(22.♖d6?? ♕a5! 23.♕e6 ♕a4!–+* Δ ♗e4*)* 22...♕xd6 23.♘xd6 ♗f4 24.♘xb7 ♖xb7 25.♖he1 *(25.c3 ♗xe5 26.♔c2⯹)* 25...♗xh2 26.e6⯹

18. ... ♔c8

19.♖d6!

As brancas ficam claramente inferiores após 19.♕xd7+? ♔b8 20.♘xh8 *(20.♖d6 ♕b4 21.♖xf6 gxf6 22.a3 ♕xf4+ 23.♔b1 ♖c8 24.♘d6 ♖a7 25.♘xc8 ♗xc8 26.♕d6+ ♖c7∓)* 20...♖xa2–+ 21.b3 e4 22.♖he1 ♗c3 0–1 Jacek - Malisauskas, Koszalin (open) 2009

19. ... ♕e3+?

Um erro das pretas. Era necessário defender a posição com 19...♕b5! 20.c4! *(20.fxe5?! ♗xe5 21.♘xe5 ♕xe5 22.♕xd7+ ♔b8 23.♖e6 ♕g5+! 24.♔b1 ♕d5! 25.♖e8+ ♖xe8 26.♕xe8+ ♗c8∓)* 20...♕a4 21.♖hd1 *(21.fxe5 ♗e7!? 22.♕xe7□ ♕xc4+ 23.♔d2 ♕b4+ 24.♔c1=)* 21...♗e4!? 22.♖1d2□ ♖a7 *(22...♔b8 23.♖b6+! ♘xb6 24.♕xb6+ ♗b7 25.♕d6+!=)* 23.♖b6! ♗e7!? *(23...♕xa2 24.♘d6+ ♔c7□ 25.♘e8+ ♔c8!=)* 24.♘xe5□ ♗b4 25.♖xb4□ ♕xb4 26.♘xd7 ♕xd2+□ 27.♔xd2 ♖xd7+ 28.♔c3 ♗xg2= Δ ♖f8

20.♔b1 ♔b8

21.♖xd7± ♖f8?

Empate numa posição perdida, após 22.♕d6+ ♔a7 23.♕d5 ♕b6 24.♘d6 ♖ab8 25.♘xb7 ♖xb7 26.♖xb7+ ♕xb7 27.♕c5+ ♕b6 28.♕xf8+–, que levaria à eliminação de Mecking nas oitavas de final. A única defesa para as pretas era jogar agora 21...♖a6□ 22.♖d6! ♗xg2

a) se 22...♖c8 as brancas teriam uma posição ganhadora após 23.♖xa6 ♕e2□ 24.c4! ♕xg2 *(24...♗xa6 25.♕xa6 ♖xc4 26.♕b6+ ♔a8 27.♕a5+ ♔b8 28.a3+–)* 25.♖d1 ♗xa6 26.♕xa6 ♕g6+ 27.♔a1 ♕xf7 28.♖d6! ♖c7□ 29.fxe5! ♗g5 *(29...♗h4 30.c5!+– Δ e6)* 30.c5! ♖a7 *(30...h5 31.a4! ♖b7 32.c6! ♖a7 33.♕b5+ ♔c8 34.c7! ♖xc7 35.e6!+–; 30...♖b7 31.c6! ♖a7 32.♕b5+ ♔c8 33.a3+–)* 31.♖b6+! ♖b7 32.e6! ♕f3 33.♖xb7+ ♕xb7 34.♕xb7+ ♔xb7 35.b4!+– Δ ♔b2–c3–d4;

b) 22...♗c8 23.♕d5 ♗b7□ 24.♕b5! ♖xd6□ 25.♘xd6 ♕a7□ 26.fxe5 ♗e7 27.♖d1 ♖d8 28.a3±;

23.♖hd1! *(23.♖xa6? ♗xh1!=)* 23...exf4□ 24.♖xa6 ♕xe6 25.♖xe6 ♖f8□ 26.♘d6 f3□ 27.♘e4 ♗h4□ 28.♖d7 f2□ 29.♘xf2 ♗xf2 30.♖xg7 ♗d5 31.♖e2! *(31.♖ee7? ♗d4! 32.c4□ ♗xc4 33.♖xh7 ♗d3+ 34.♔c1 ♗xh7 35.♖xh7 ♖f2=)* 31...♗c4 *(31...♗h4 32.♖g1±)* 32.♖e4! *(32.♖xf2? ♖xf2 33.b3 ♗e6 34.♖xh7 ♗f5=)* 32...♗d5 33.♖b4+! *(33.♖ee7? ♗d4! 34.c4□ ♗xc4 35.♖xh7 ♗d3+ 36.♔c1 ♗xh7 37.♖xh7 ♖f2=)* 33...♔c8 34.b3±

½-½

Toth,Christian - Mecking,Henrique [A47]

Brasil (ch) 2017

Nas quartas de final, Mecking venceu Christian Toth por 2,5 a 1,5 (+1=3), após o desempate em partidas rápidas.A primeira partida rápida do desempate na fase de quartas de final do Campeonato Brasileiro estava equilibrada até o lance 15, quando então as brancas não encontraram as melhores respostas nos lances 16 e 18 para igualar e depois defender a posição.

1.d4	**♘f6**
2.♗f4	**e6**
3.♘f3	**b6**
4.e3	**♗b7**
5.♗d3	**♘h5**

As pretas podem continuar o desenvolvimento com 5...c5 6.c3 ♗e7 7.h3 0–0 8.0–0 d5 9.♘bd2 ♕c8 10.♖e1 ♗a6 11.♗c2 ♖d8 12.♘e5 ♘c6= Gulko - Browne, Nova Iorque 1988

6.♗g5

Outra opção é jogar 6.♗g3 ♗e7 7.c4 d6 *(7...c5)* 8.♘c3 c5 *(8...♘d7)* 9.♗e4 *(9.d5!?)* 9...♗xe4 10.♘xe4 0–0 11.dxc5 *(11.0–0 d5=)* 11...♘xg3 12.hxg3 bxc5= (Δ f5) Bronstein - Reshko, URSS 1971

6. ...	**♗e7**
7.♗xe7	**♕xe7**
8.0-0	**f5**
9.c4	**♘f6**
10.♘c3	**0-0**
11.d5	

As brancas poderiam completar o desenvolvimento com 11.♖e1 ♘e4 12.♖c1 ♘a6 13.a3 c5=

11. ... ♘a6
12.a3 ♘c5
13.b4 ♘ce4
14.♕b3 ♘xc3
15.♕xc3 exd5

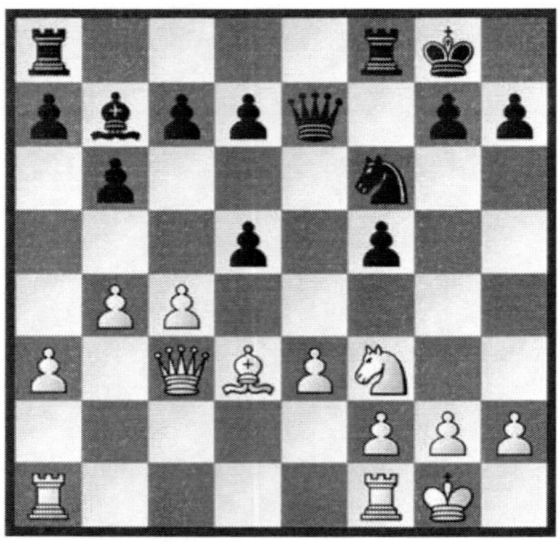

16.♗xf5

As brancas poderiam manter a igualdade da posição com 16.cxd5! ♘xd5 *(16...♖ac8!?)* 17.♗c4 ♔h8 *(17...c6 18.♖fd1=; 17...♖ac8 18.♖fd1 c6 19.♖ac1=)* 18.♗xd5 ♗xd5 19.♕xc7 ♗xf3 20.gxf3 f4!? 21.exf4 ♖ac8 22.♕xa7 *(22.♕e5 ♕f7 23.♖ad1 ♖ce8=)* 22...♖c6 23.♖ad1 ♖g6+ 24.♔h1 ♕e2 25.♕b7 ♖c6 26.♔g2 ♖g6+ *(26...h6!?=∞)* 27.♔h1=

16. ... ♘e4!∓
17.♗xe4 ♕xe4
18.c5?

Um sério erro. Era necessário tomar o peão central. O objetivo é preparar a devolução da qualidade na coluna central, logo depois que ocorrer o sacríficio das pretas em f3, conseguindo assim defender a posição após 18.cxd5 ♖xf3! *(18...♗xd5 19.♕e5 ♕xe5*

20.♘xe5 d6 21.♖fd1 ♗xg2 22.♘d7 ♖fd8 23.♘xb6 axb6 24.♔xg2 c5=) 19.gxf3 ♕xf3 20.♖ad1 ♗xd5 *(20...♖f8 21.♕e5 ♗a6 22.♕g3 ♕h5 23.♖d4 ♗xf1 24.♔xf1 ♕f5=)* 21.♖xd5 ♕xd5 22.♕xc7 ♖f8 23.♖c1 *(23.♕c2 ♕f3! 24.♕d1 ♕f5 25.f3 d5!∓)* 23...♕f3! 24.♕c4+ d5!∓

18. ... ♖xf3!∓

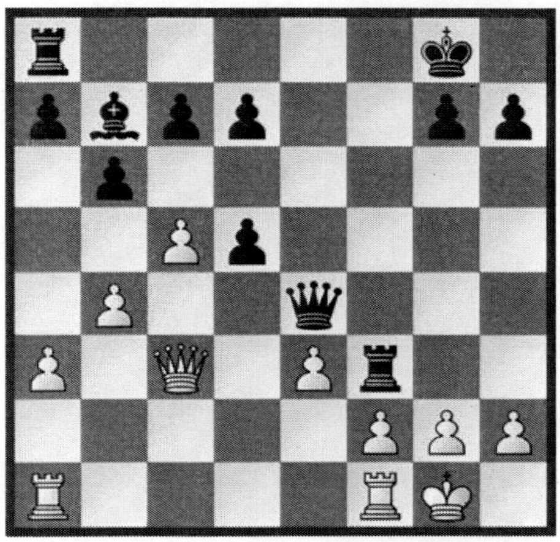

19.gxf3 ♕xf3

20.♕d4 ♖f8

21.♕d1 ♕e4

As pretas poderiam jogar diretamente 21...♕f5!∓

22.♕d4 ♕f3

23.♕d1 ♕f5!

24.♕d4

As pretas conseguem uma clara vantagem pelo sacrifício de qualidade após 24.f3 ♕g5+ 25.♔h1 ♕xe3 26.♕e1 d4 27.♕xe3 dxe3 28.♖fe1 *(28.♔g2 e2 29.♖f2 bxc5 30.bxc5 ♖e8 31.♖e1 ♗a6–+* Δ *♖e5)* 28...♗xf3+ 29.♔g1 e2 30.cxb6 cxb6 31.♔f2 ♖f5 32.♖ac1 a5∓

24. ... ♗a6

As pretas também recuperam a qualidade com posição ganhadora após 24...bxc5 25.bxc5 ♗a6 26.f3 ♗xf1 27.♖xf1 c6–+

25.f3 ♗xf1
26.♖xf1 ♖f6-+

27.♔h1

O final de dama e torre é ganhador para as pretas após 27.cxb6 axb6 28.a4 ♖g6+ 29.♔h1 ♖c6–+ Δ ♖c4

27. ... b5

As pretas optam por manter a posição fechada na ala da dama. Mas a posição também seria ganhadora após 27...bxc5 28.bxc5 c6–+ Δ ♖e6

28.♕d2 c6
29.♕e2 ♖e6
30.♖e1 h6
31.♔g2

As peças pretas ficariam em posições ativas de bloqueio dos peões adversários após 31.e4 ♕f4 32.♕d3 ♖e5–+

31. ...	**♕e5**
32.♕d2	**♕g5+**
33.♔h1	**♖g6**
34.♕f2	**h5**

Outro plano para as pretas seria penetrar na ala da dama com 34...♕f6–+ Δ ♕c3

35.h4

As peças pretas ficariam em posições ativas com a troca dos peões centrais após 35.e4 dxe4 36.fxe4 ♕g4 37.♖e3 ♖f6–+

35. ...	**♕f5**

O final de torres está ganho para as pretas com a troca de damas após 35...♕g3 36.♕xg3 ♖xg3 37.♖f1 ♖h3+ 38.♔g2 ♖xh4–+

36.♔h2	**♕e5+**

As pretas poderiam penetrar na ala da dama após 36...♖f6 37.♖f1 *(37.♔g2 ♕d3–+)* 37...♕e5+ 38.♔h3 ♕c3–+

37.♔h3	**♕f5+**

Outro plano é penetrar na ala da dama com 37...♕c3–+

38.♔h2	**♔h7**
39.♖d1	

O final de damas é ganhador para as pretas com a troca de torres após 39.♖g1 ♖xg1 40.♔xg1 ♕d3–+

39. ...	**♔h8**
40.♖e1	**♕f6**
41.♔h3	**♕c3**
42.♖g1	**♖xg1**
43.♕xg1	**♕f6**

Outro plano ganhador seria avançar o peão central com 43... d4 44.exd4 ♕xf3+ 45.♔h2 ♕e2+ 46.♔h3 ♕e6+ 47.♔h2 ♕a2+ 48.♔h1 ♕xa3–+

44.♕g3

As brancas poderiam evitar a queda do peão central, mas as pretas penetrariam na ala da dama após 44.♕f2 ♕f5+ 45.♔g2 ♕g6+ 46.♔h2 ♕d3–+

44. ... ♕e6+
45.♔h2 ♕xe3
46.♔g2 ♔h7

O avanço do peão central ganharia mais rapidamente após 46...♕e2+ 47.♔h1 *(47.♔h3 d4–+)* 47...d4–+

47.♕d6 ♕e2+

O rápido avanço do peão central definiria rapidamente a partida, pois as brancas não conseguiriam evitar a coroação do peão após 47...d4 48.♕xd7 d3 49.♕f7 d2 50.♕xh5+ ♔g8 51.f4 ♕e1–+

48.♔g3 ♕e1+
49.♔g2 ♕xh4
50.♕xd7 ♕f6
51.♕d6 ♔g6
52.♕d7 a6
53.♕e8+ ♔h6
54.♕h8+ ♔g5
55.♕e8 ♔f4
56.♕b8+ ♕e5
57.♕f8+ ♔e3
58.♕d6 ♕g5+
59.♔f1 ♔xf3

0-1

Mekhitarian,Krikor Sevag - Mecking,Henrique [A30]

Brasil (ch) 2017

Em uma das semifinais do Campeonato Brasileiro de 2017, realizado no Rio de Janeiro em fevereiro de 2018, Henrique Mecking foi derrotado por Krikor Mekhitarian por 0,5 a 1,5 (=1–1).Mecking cometeu duas imprecisões no meio-jogo. Primeiro, a casa fraca no centro é ocupada pela dama adversária numa posição ativa. Depois, a troca das damas permite que as brancas conduzam uma memorável vitória no final de torre.

1.♘f3	**♘f6**
2.g3	**g6**
3.b3	**♗g7**
4.♗b2	**b6**
5.♗g2	**♗b7**
6.0-0	**c5**
7.c4	**0-0**
8.d4	**cxd4**
9.♕xd4	

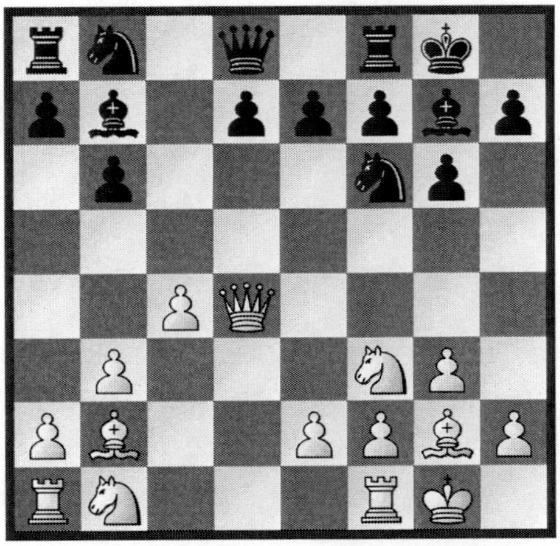

9. ...	**♘c6**

Outra opção de desenvolvimento na ala da dama é 9...d6 Δ ♘bd7

10.♕f4

Outras opções de movimento da dama branca são: 10.♕h4 h6 11.♘e5 *(11.♗xf6 exf6 12.♘c3=)* 11...♕c7 12.♘a3 *(12.♘d3=)* 12...g5 13.♕h3 ♘xe5 14.♗xb7 ♕xb7 15.♗xe5 ♕e4= Ribli - Enklaar, Wijk aan Zee 1973; 10.♕d2 d5!? 11.cxd5 ♕xd5 12.♘d4 ♘e4 13.♘xc6 ♕xc6 14.♗xg7 ♔xg7 15.♕e3 ♕c5 16.♕xc5 ♘xc5= Barcza - L. Steiner, Budapeste 1948.

10. ...	**♕b8**

As pretas poderiam realizar imediatamente o avanço do peão central com 10...d5!? 11.♖d1 ♕b8=

11.♕d2	**♘e4**
12.♕c1	**♘e5**

As pretas poderiam jogar de maneira mais ativa com a dama na ala do rei após 12...♗xb2 13.♕xb2 ♕d6!? 14.♘c3 *(14.♘fd2 ♕f6 15.♕xf6 ♘xf6=)* 14...♕f6 15.♖ac1 d6=

13.♘c3	**♘xc3**

As brancas estariam com uma pequena vantagem posicional após 13...♘xf3+ 14.♗xf3 ♘xc3 15.♗xc3 ♗xc3 16.♕xc3± Δ ♖ad1

14.♗xc3	**♘xf3+**
15.♗xf3	**♗xf3**

Em vez de dobrar os peões brancos na ala do rei, as pretas poderiam chegar à mesma variante do comentário anterior para seguir com 15...♗xc3 16.♕xc3 d6 17.♖ad1 ♕c7 (Δ ♖ac8) 18.♖d4± Δ ♖fd1

16.exf3	**♗xc3**
17.♕xc3±	

Agora, as brancas podem posicionar as torres de maneira ativa nas duas colunas centrais semi-abertas para pressionar os peões adversários. Enquanto isso, a dama controla a grande diagonal a1–h8.

17. ...	**♕b7**

Em vez de colocar a dama na grande diagonal, as pretas poderiam posicioná-la na coluna semi-aberta com 17...♕c7!? (Δ d5) 18.♖ad1 ♖ad8 (Δ d5) 19.♕e3 d6 20.♖fe1 e6 21.♕h6±

18.♖fe1	**d6**
19.♖ad1	**♖ad8**
20.h4	**h5**
21.♖d4	**♔h7**

Após 21...e5 as brancas mantêm as peças ativas na coluna d com 22.♖d5 ♖fe8 23.♕d2 ♕c7 24.♖d1 ♖e6 25.a4± Δ a5; Δ f4

22.♕d3	**♕d7**

23.♔g2

Outra opção seria 23.f4!? Δ ♖d5

23. ... ♖de8

As pretas poderiam mover a outra torre com 23...♖fe8!?

24.♖d5 f5

As pretas poderiam fazer um lance de espera com 24...♔g7 (ou 24...♔g8) antes de debilitar a estrutura de peões na ala do rei.

25.♕e3

As brancas poderiam pressionar a posição restringida das pretas com 25.b4!? (Δ c5) para aproveitar a situação da dama preta em d7.

25. ... e6
26.♖d3 d5?!

As brancas manobram as peças pesadas nas duas colunas semi-abertas. Também era inferior 26...f4?! 27.♕e5± porque a dama branca consegue uma posição ativa no centro.; Uma posição de difícil condução para as pretas, mas parece que seria melhor jogar agora 26...e5!? 27.c5 *(27.♖d5 ♖e6 28.f4±; 27.♖ed1 ♖e6 28.c5 bxc5 29.♕xc5±)* 27...bxc5 28.♕xc5 ♖e6 29.♕d5 ♖f7 30.b4± e as brancas teriam uma maioria de peões na ala da dama.

27.♕e5± ♕f7
28.♖c1 dxc4
29.♖xc4

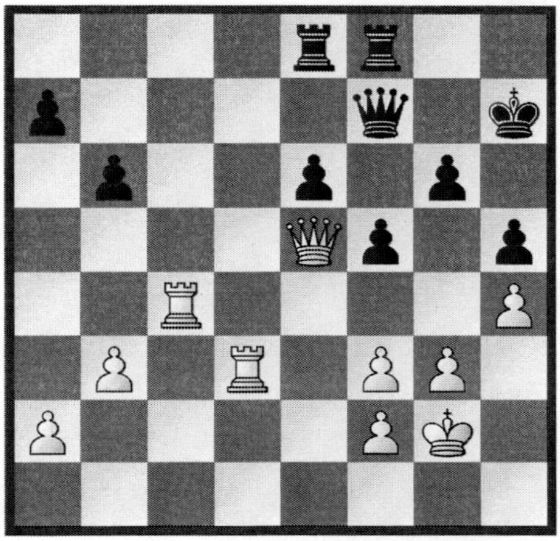

As brancas dominam as duas colunas abertas e estão com a dama ativa no centro.

29. ... ♖e7

Se 29...♖c8 as brancas dobram as torres na coluna central após 30.♖cd4 ♖c7 31.f4±

30.f4 ♕g7

31.♖d6 ♕xe5?!

Oferecia uma maior resistência jogar 31...♖fe8!? Δ ♖c7. O plano seria sacrificar o peão preto em e6, ao trocar as quatro torres, a fim de jogar o final de dama com um peão a menos.

32.fxe5 ♔h6

33.f4! ♔g7

34.♖cc6 ♔f7

Após a troca das damas e o bloqueio dos peões na ala do rei, a vitória das brancas depende de um plano multiescalonado. Primeiro, levar o rei até a ala da dama.

35.♔f2 ♖b8
36.♔e3 ♖be8
37.♔d4 ♖b8
38.♔c4 ♖be8
39.♔b5 ♖b8
40.♔a6+- ♖a8

Segundo, avançar os peões na ala da dama e forçar uma troca de peões para criar uma debilidade.

41.b4 ♖b8
42.a4 ♖a8
43.♖d4 ♔e8
44.♖dd6 ♔f7
45.a5 bxa5
46.bxa5 ♖b8

Terceiro, trocar um par de torre.

47.♖c3 ♔e8
48.♖dc6 ♔d8
49.♖3c5 ♖a8
50.♖b5 ♖c8
51.♖xc8+ ♔xc8

Quarto, capturar o peão na ala da dama.

52.♖c5+ ♔d8
53.♖c6 ♔e8
54.♖c8+ ♔f7
55.♖a8 ♖d7
56.♖xa7

1-0

Della Morte,German - Mecking,Henrique [B81]

XIV American Continental 2019

Uma partida bem movimentada que caminhava para o empate até o lance 26. Entretanto, os erros nos lances 27 e 31 de ambos os jogadores mostram que o resultado da partida poderia ser diferente do empate.

1.e4	**c5**
2.♘f3	**d6**
3.d4	**cxd4**
4.♘xd4	**♘f6**
5.♘c3	**e6**
6.g4	**h6**
7.g5	

No mesmo torneio, Mecking enfrentrou a variante 7.♖g1 ♘c6 8.♗e3 ♗d7 *(8...♗e7)* 9.h4 h5 10.gxh5 ♘xh5 11.♘xc6 ♗xc6 12.♕d2 ♘f6 13.♗g5 a6 14.0–0–0 ♕c7 15.♕d4 ♗e7 16.a4 ♖c8 17.♗e2 ♕a5 18.♗d2? *(18.f4= Δ f5; 18.f3=)* 18...♕e5! 19.♕xe5 dxe5 20.♖xg7 ♘xe4 21.♘xe4 ♗xe4 22.♗c3 *(22.c3 ♗xh4∓)* 22...♗xh4∓ Rodi - Mecking, XIV American Continental 2019

7. ...	**hxg5**
8.♗xg5	**♘c6**

9.♘b3

Outras opções de desenvolvimento das brancas são: 9.♗g2 ♗d7 10.♘b3 a6 11.♕e2 ♕c7 12.0–0–0 0–0–0 13.h4 ♔b8 14.h5 ♗e7 15.f4 ♘g8 16.♘d4 ♗f6 17.♘f3 ♘ge7 18.♗xf6 gxf6 19.♕d2 ♖h6= (Δ ♖dh8) J. Polgar - Salov, Buenos Aires 1994; 9.♕d2 ♕b6 10.♘b3 a6 11.0–0–0 ♗d7 *(11...♕c7 12.♗g2 ♗d7 13.h4 ♘e5 14.f4 ♘c4 15.♕d4 ♘h7 16.f5 ♘xg5 17.hxg5 ♖xh1 18.♖xh1* (Psakhis - Sandipan, Pardubice 2002) *18...♕d8=)* 12.h4 *(12.f4 0–0–0 13.♗g2 ♗e7 14.♔b1 ♘g4 15.♗xe7 ♘xe7 16.♕xd6 ♕xd6 17.♖xd6 ♘g6⩱* Razuvaev - Tal, Moscou 1982*)* 12...♕c7 *(12...♘e5 13.♗e2 ♖c8 14.f4±* Hubner - Kavalek, Torino 1982*; 12...♖c8 13.♖h3 ♕c7 14.f4 b5=* Timman - Salov, Amsterdã 1989*)* 13.♗e2 b5 14.a3 (A. Ivanov - Anikav, URSS (ch) 1979) 14...♘e5= Δ ♘c4

9. ...	**a6**
10.h4	

Os dois lados podem completar o desenvolvimento da ala dama após 10.♗g2 ♕c7 11.♕e2 ♗d7 12.0–0–0 0–0–0=

10. ...	**b5**
11.a3	**♗b7**
12.f4	

As brancas poderiam completar o desenvolvimento da ala da dama com 12.♕e2= Δ 0–0–0

12. ...	**♗e7**

Outra opção seria ficar com o rei no centro após 12...♖c8 13.♕e2 ♕b6=

13.♖h3	**♕c7**

Aproveitando que o rei branco está no centro, as pretas poderiam jogar 13...♘h5!? 14.♗xe7 *(14.♗e2 ♕b6! 15.♔d2 g6!∓)* 14...♕xe7 15.♕d2 ♕f6 16.f5 ♖d8 17.0–0–0 ♕h6=

14.♕d2

As brancas poderiam completar melhor o desenvolvimento da ala da dama com 14.♕e2!? Δ 0–0–0

14. ... 0-0-0

Outra opção seria ficar com o rei no centro após 14...b4!? 15.axb4 ♘xb4=

15.♕f2

As pretas poderiam jogar de maneira ativa no centro após 15.0–0–0 d5! 16.♗xf6 ♗xf6 17.exd5 exd5 18.♕f2 (18.♘xd5?! ♖xd5! 19.♕xd5 ♘d4! 20.♖c3 *(20.♕xd4 ♗xd4 21.♖xd4 ♕e7∓)* 20...♗xd5 21.♖xc7+ ♔xc7 22.♘xd4 ♗a8∓) 18...♘e7 19.♘c5 ♗xh4 20.♖xh4 ♖xh4 21.♕xh4 ♕xc5 22.♕g4+ ♔c7 23.♕xg7 d4! 24.♖d3 ♖g8! 25.♕xd4 ♕xd4 26.♖xd4 ♘f5! 27.♖d1 ♘e3 28.♖e1 ♖g1 29.♖xe3 ♖xf1+ 30.♔d2 ♖xf4 31.♖e7+ ♔b6 32.♔e3=

15. ... d5

16.e5

As brancas poderiam simplificar a posição com 16.exd5 ♘xd5 *(16...exd5 17.♗xf6 ♗xf6 18.0–0–0=)* 17.♘xd5 exd5 *(17...♖xd5 18.♗xe7 ♕xe7 19.♗g2 ♖d6 20.♖d1=)* 18.♗xe7 ♕xe7+ 19.♗e2 ♖de8 20.♖h2= Δ 0–0–0

16. ... d4

17.exf6 gxf6

18.♗xf6 ♗xf6

19.♘e4 ♗e7
20.0-0-0 ♖d5

As pretas poderiam pressionar a ala da dama com 20...b4!? e as brancas deveriam jogar de maneira ativa para igualar a posição com 21.♘ec5 bxa3 22.bxa3 ♕b6 *(22...a5 23.a4=)* 23.♘xb7 ♗xa3+ 24.♔b1 ♔xb7 25.♗g2 ♗e7 *(25...♔c7 26.♗xc6 ♔xc6 27.♖xd4 ♖xd4 28.♕xd4 ♕xd4 29.♘xd4+ ♔d5 30.♘xe6! ♔xe6 31.♖xa3 ♖xh4 32.♖xa6+ ♔f5=* Δ ♖xf4*)* 26.♖xd4 ♗f6 27.♗xc6+ ♔xc6 28.♖c4+ ♔b7 29.♕xb6+ ♔xb6 30.h5=

21.♗e2

Era melhor desenvolver o bispo pela grande diagonal com 21.♗g2 ♖f5 22.♖f1= Δ ♘g3

21. ... ♔b8∓
22.♖f1

As pretas estão com uma pequena vantagem também após 22.♔b1 ♖f5∓

22. ... f5

As pretas conseguiriam vantagem de espaço tanto na ala da dama como no centro após 22...a5!? 23.♔b1 a4 24.♘bd2 f5 25.♘g5 e5!∓ Δ e4

23.♘ed2

23.♘g5 e5!∓ Δ e4

23. ... a5

As pretas poderiam jogar de maneira ativa no centro com 23...♖c8! 24.♔b1 e5! 25.fxe5 ♘xe5 26.♘xd4 *(26.♕xf5? d3!–+; 26.♖c1 ♕d7∓)* 26...♘g4 27.♗xg4□ fxg4 28.♖c3 ♕e5 29.♖xc8+ ♔xc8∓ Δ g3

24.♗f3! ♖d6

A torre preta ficaria melhor posicionada com 24...♖d7! 25.♗xc6 ♕xc6 26.♘f3 *(26.♘xd4?! ♕g2! 27.♕e3 ♗f6! 28.♘4b3□ ♖c8!* (Δ ♕d5; Δ ♕g7) *29.♖g1 ♕c6! 30.c3□ ♕d6!∓* (Δ ♗xc3; Δ a4)*;*

26.♘xa5 ♕g2! 27.♖b3 ♗xh4 28.♕xg2 ♗xg2 29.♖xb5+ ♔a7 30.♖g1 ♗d5 31.♘ac4 ♗f2≅ Δ ♖c7) 26...♕b6 27.♘e5 *(27.♘bxd4? ♖c8!∓)* 27...♖c7=

25.♗xc6 **♗xc6**

26.♘xd4±

26. ... **♗f6**

Era melhor 26...♖hd8 e as brancas poderiam manter uma pequena vantagem posicional com 27.♘2b3±

27.♘4f3?

As brancas poderiam ganhar um peão no meio-jogo com o intuito de jogar o final após 27.♘xb5! ♗xb5 28.♖b3! ♕b7 *(28...♕b6 29.c4 ♗xh4 30.♕xb6+ ♖xb6 31.a4± Δ ♖xb5; 28...♖b6 29.a4 ♗xh4 30.♕e3 ♖c8 31.♕xb6+ ♕xb6 32.♖xb5 ♕xb5 33.axb5±; 28...♖d5 29.a4 ♖c8 30.c4 ♕d6 31.♖e1± Δ ♖e2)* 29.a4 ♗xh4 *(29...♗xf1 30.♖xb7+ ♔xb7 31.♕xf1 ♖xh4 32.♘b3±)* 30.♕g1 ♖d5 31.c4 ♕c7 32.♕e3 ♖hd8 33.♖xb5+ ♖xb5 34.axb5±

27. ... **♖c8?**

Uma cegueira dupla. As pretas, com o par de bispos numa posição aberta, deixaram escapar a pressão contra o rei adversário na ala da dama com 27...♖hd8! 28.♔b1 *(28.♘e5? ♖xd2 29.♕xd2*

♖xd2 30.♔xd2 ♗xe5 31.fxe5 ♗g2–+; 28.♕e2 b4! 29.axb4 axb4 (Δ ♗xf3, ♕a5, ♖a6) *30.♘b3 ♖d5!* (Δ ♗b5; Δ ♕xf4) *31.♕e3 ♗a4!–+)* 28...b4! 29.♕e3 ♗b5 30.♖c1 bxa3 31.♕xa3 ♖b6!∓

28.♘e5! **♗xe5**

29.fxe5 **♖d5**

As pretas teriam compensação pelo peão a menos, por causa da pressão na ala da dama, após 29...♗d5! 30.♖c3 ♖c6 31.♖xc6 ♕xc6 32.c3 *(32.♘b1 b4!⩱)* 32...b4!⩱

30.♘f3

As brancas poderiam devolver o peão de vantagem para ganhar tempo e avançar o peão passado na ala do rei com 30.♖g1!± Δ h5–h6–h7

30. ... **b4!**

31.axb4?

Novamente uma cegueira dupla. As brancas poderiam defender a posição com 31.♖d1! ♖xd1+ *(31...bxa3 32.bxa3 ♖b5!? 33.♘d4□ ♗e4! 34.♘xb5 ♕xc2+ 35.♕xc2 ♖xc2+ 36.♔b1 ♖d2+ 37.♔c1 ♖c2+ 38.♔b1=)* 32.♔xd1 bxa3 33.bxa3 ♗e4 34.♘e1 ♕xe5=

31. ... axb4?

As pretas deixaram escapar a vitória com o lance intermediário 31...♗a4!! 32.b3 *(32.c3 ♖cd8!–+)* 32...♗xb3! 33.♘d4 *(33.♘g5 ♗c4!–+)* 33...♖xd4 34.♖xb3 a4! 35.♖b2 ♕xe5 36.♔b1 *(36.♕e1 ♖e4! 37.♕f2 ♖c6!–+* Δ a3*)* 36...♖c3! 37.♖c1 *(37.h5 a3!–+; 37.♖g1 ♕e4–+)* 37...♕e4–+

32.♘d4! ♗a4

33.♖d1 ♕xe5

As pretas igualariam a posição no final de torres após 33...♕a7 34.♖d2 ♖c4 *(34...♗xc2 35.♘c6+ ♖xc6 36.♕xa7+ ♔xa7 37.♖xc2=)* 35.♘b3 ♕xf2 36.♖xf2 ♗xb3 37.h5! ♖dc5 38.♖xb3 ♖h4=

34.♖e3 ♕c7

35.♖xe6 ♖cd8

36.♖e2

O final de torres está empatado após 36.♖a6 ♖xd4 *(36...♗b5 37.♖a1!±)* 37.♖xd4 ♖xd4 38.♖xa4 ♕f4+ 39.♕xf4+ ♖xf4 40.h5 *(40.♖a5 ♖xh4 41.♖xf5 ♔c7=)* 40...♖h4 41.h6 ♔b7 42.♔d2 *(42. h7 ♖xh7 43.♖xb4+ ♔c6=)* 42...♔b6 43.h7 ♖xh7 44.♖xb4+ ♔c5=

36. ... ♕c4!

37.♕g3+ f4!

38.♕xf4+ ♔a8
39.♕f3 ♗c6!
40.♖ed2

As brancas poderiam manter a torre em posição ativa na coluna e, por exemplo: 40.♖e6 ♖xd4 41.♖xd4 ♗xf3 42.♖xd8+ ♔b7 43.♖e7+ ♔b6 44.♖d6+ ♗c6 45.♖ee6 ♕f1+ 46.♔d2 ♕f4+=; 40.♖e7 ♕a6 41.♔b1□ ♕b6 42.♖e4 *(42.♖e6 ♖xd4 43.♖xd4 ♗xf3 44.♖xb6 ♖xd4 45.c3 bxc3 46.bxc3 ♖xh4=)* 42...♖xd4 43.♖exd4 ♗xf3 44.♖xd8+ ♔a7 45.♖1d7+ ♗b7 46.h5 b3 47.cxb3 ♕c5=

40. ... ♕a6

Merecia atenção capturar o cavalo com 40...♖xd4!? para entrar no final de dama e bispo contra duas torres, sem a necessidade de dar um xeque perpétuo como nas análises anteriores ou na posição final da partida, pois não há coordenação de ataque das peças brancas.

41.♔b1□ ♖xd4
42.♖xd4 ♗xf3
43.♖xd8+ ♔a7
44.♖8d7+ ♔b6
45.♖1d6+ ♗c6
46.♖f6 b3
47.♖dd6 bxc2+
48.♔xc2 ♕c4+
49.♔d2 ♕b4+
50.♔c2 ♕c4+
51.♔d2

½-½

Mecking,Henrique - Perdomo,Leandro [E81]

XIV American Continental 2019

As brancas deixaram passar a oportunidade de igualar a posição no lance 14. As pretas não conseguiram consolidar a vantagem no lance 17, pois não jogaram uma variante mais forte. O momento crucial da partida ocorreu entre os lances 28 e 29, quando as pretas não encontraram a melhor defesa e depois as brancas não apoiaram o avanço do peão passado, com o cavalo, na ala da dama rumo à vitória.

1.d4	**♘f6**
2.c4	**g6**
3.♘c3	**♗g7**
4.e4	**d6**
5.f3	**0-0**
6.♗e3	**♘bd7**
7.♕d2	

Dois anos antes, Mecking jogou a variante 7.♗d3 c5 8.♘ge2 a6 9.♕d2 ♕a5 *(9...b6)* 10.0–0 ♖e8 *(10...cxd4 11.♘xd4 ♘e5 12.♗e2 ♗d7 13.b3±)* 11.b3 ♖b8 *(11...cxd4 12.♘xd4 ♘e5 13.♗e2 ♗d7 14.a3±)* 12.a4 cxd4 13.♘xd4 ♘e5 14.♗e2 ♗d7 15.♖ab1 ♘c6 16.♖fd1 ♖bc8?! *(16...♘xd4 17.♗xd4 ♕b4 18.♕b2±)* 17.♘xc6 ♗xc6 18.b4!± ♕c7 19.a5 ♘d7 20.♘b5 *(20.♖dc1± Δ ♘b5)* 20... axb5 21.cxb5 ♗xe4!? 22.b6? *(22.fxe4 ♗c3 23.♕d3±)* 22...♗c3! 23.♕c1 ♕b8 *(23...♕d8! 24.fxe4 ♗xb4 25.♕b2 ♗xa5∓)* 24.fxe4 ♗xb4 25.♕b2 ♗c5∓ Mecking - M. Larrea, Open Internacional DUCHAMP 2017 (se *25...♗xa5?* seguiria *26.♕b5!±* atacando as duas peças menores.)

7. ...	**c5**
8.d5	**♘e5**
9.♗g5	**a6**
10.f4	**♘ed7**
11.♘f3	**b5**
12.cxb5	**♕a5**
13.e5	

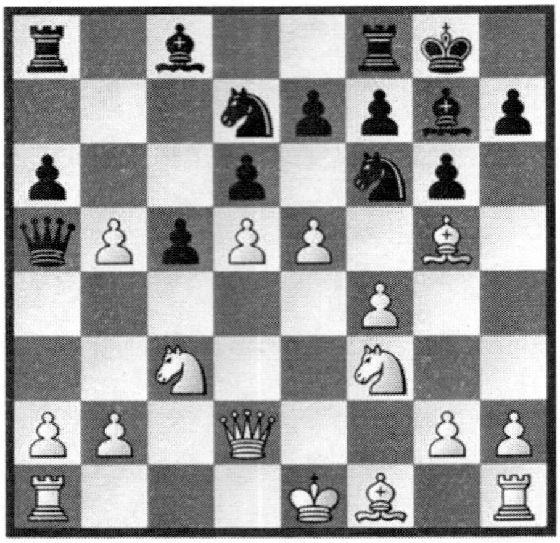

13. ... ♖e8!?

A troca dos peões centrais permite que as brancas fiquem com vantagem de espaço após 13...dxe5 14.fxe5 ♘g4 15.♗xe7 ♖e8 16.d6 ♘gxe5 *(16...♗h6 17.♘g5 ♘gxe5 18.♘d5!±)* 17.♘xe5 ♗xe5!? *(17...♘xe5* (Gottschalk - Priebe, Rostock 2002) *18.♘d5!±)* 18.♗e2 axb5 19.0–0⩲

14.♗e2

Um plano melhor para as brancas é manter a tensão central e realizar um avanço lateral na ala da dama para apoiar o peão, em b5, com 14.a4! ♘b6 *(14...dxe5 15.fxe5⩲ Δ e6; 14...♕b4 15.♗d3 dxe5 16.fxe5⩲* Δ e6*)* 15.bxa6 ♗xa6 16.♗xa6 ♕xa6 *(16...♖xa6 17.0–0⩲)* 17.a5 ♘c4 *(17...h6 18.♗h4 dxe5 19.fxe5 ♘c4 20.♕e2 ♘g4 21.♗g3 ♖eb8 22.♖a2 ♖b4=)* 18.♕e2 ♖eb8 19.♘d2 *(19.♖a2 ♘g4=)* 19...♘xd2 *(19...♘xb2 20.♕xa6 ♖xa6 21.exf6 exf6 22.♗h4⩲)* 20.♕xa6 ♖xa6 21.♔xd2 dxe5 *(21...♖xb2+? 22.♔c1! ♖xg2 23.exf6 exf6 24.♗h4 f5 25.♗e1!±)* 22.♔c2 exf4 23.♗xf4 ♖ba8 24.♗c7 ♖c8=

14. ... axb5!

Trocar os peões centrais permite que as brancas tenham clara vantagem após 14...dxe5?! 15.fxe5 ♘g4 16.e6! ♘de5 *(16...fxe6 17.0–0±)* 17.0–0± Moebius - Hesse, Alemanha Oriental (ch) 1980

15.♘xb5

Conhecido era 15.exf6 exf6 16.♗h4 b4! 17.♘d1 ♗a6! 18.♘e3 c4!∓ Wallace - Kovalev, Moscou (ol) 1994; As pretas conseguem clara vantagem com jogo ativo no centro após 15.♗xb5 ♘e4! 16.♘xe4 *(16.♕e2 ♘xc3 17.bxc3 ♗a6 18.♗xa6 ♕xa6 19.♕xa6 ♖xa6∓)* 16...♕xb5 17.♗xe7 ♖xe7 18.♘xd6 ♕a6! 19.♔f2 *(19.♘xc8 ♖xc8 20.d6 ♖e6 21.♔f2 f6 22.♕d5 ♖ce8 23.♖he1 fxe5 24.fxe5 ♕a8∓)* 19...c4! 20.♖hd1 *(20.♘xc8 ♖xc8∓* Δ *♘c5; 20.♖hc1 f6!∓; 20.♘e4 ♗b7∓; 20.♖ac1 ♘c5∓* Δ *♕xa2)* 20...♘c5! 21.♔g1 *(21.♘xc8? ♖xe5!!–+* Δ *♘e4+)* 21...♗g4∓ Δ ♗xf3; As brancas poderiam defender melhor a posição com 15.♗xf6 exf6 16.e6 *(16.♘xb5 dxe5∓)* 16...fxe6 17.dxe6 *(17.♘xb5 exd5∓)* 17...♖xe6 18.f5 gxf5 19.0–0 ♘b6 20.♗xb5 d5!∓ Δ d4

15. ... ♘xd5

As pretas poderiam trocar as damas para atacar os peões brancos e controlar o centro após 15...♕xd2+ 16.♘xd2 *(16.♔xd2 ♘xd5* (Δ h6) *17.exd6 ♗xb2 18.♖ab1 ♗g7 19.a3 exd6 20.♘xd6 ♖e6 21.♘xc8 ♖xc8∓)* 16...♘xd5 17.♗f3 ♖b8!? 18.a4 *(18.♗xd5 ♖xb5∓* Δ h6*)* 18...♗b7∓ Δ dxe5

16.♖d1

As brancas também estão inferiores após: 16.0–0 ♕xd2 17.♘xd2 ♗a6∓; 16.♕xa5 ♖xa5 17.♖d1 ♘7b6∓

16. ... ♘7b6

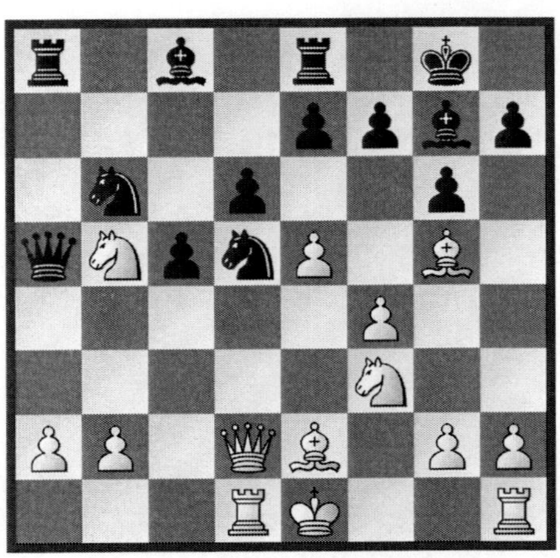

17.exd6

A troca de damas levaria a uma posição de vantagem clara para as pretas, pois os peões brancos da ala da dama estariam indefesos após 17.♕xa5 ♖xa5 18.exd6 h6! 19.♗h4 *(19.♗xe7 ♖xa2 20.♔f2 ♖xb2∓)* 19...exd6 20.♘xd6 ♖f8 21.0–0 ♘xf4∓

17. ... exd6

As pretas deveriam jogar agora 17...h6! para explorar a fraqueza do peão branco, em f4, forçando a retirada do bispo com 18.♗h4 *(18.♗xe7 ♗d7!∓; 18.♕xa5 ♖xa5∓)* 18...exd6 19.♘xd6 *(19.♕xa5 ♖xa5 20.♘xd6 ♖f8 21.0–0 ♘xf4∓)* 19...♗a6! 20.♘xe8 ♖xe8 21.♘e5 *(21.♕xa5?? ♖xe2+ 22.♔f1 ♘e3+ 23.♔g1 ♖xg2#; 21.0–0 ♕xd2 22.♖xd2 ♖xe2 23.♖fd1 ♘xf4 24.♖xe2 ♘xe2+ 25.♔h1 ♘f4 26.♖d6 ♗f1!∓)* 21...♕a4! (Δ ♘xf4) 22.0–0 *(22.♗xa6 ♕xa6 23.♕e2 ♕a5+! 24.♕d2 ♕b5! 25.a4 ♕a6! 26.♕e2 ♕xa4∓)* 22...♗xe2 23.♕xe2 ♘xf4∓

18.♘xd6 ♗a6
19.♘xe8 ♖xe8
20.♘e5

As pretas estariam melhores no final, após a troca de damas, se as brancas completassem o desenvolvimento da ala do rei com 20.0–0 ♕xd2 21.♖xd2 ♖xe2∓

20. ... ♕xd2+?!

Seria melhor 20...♕xa2! pois as pretas ficariam com uma pequena vantagem no final após 21.b4 *(21.♗f3 h6! 22.♔f2□ ♘b4! 23.♗h4 g5!∓)* 21...♕a4! 22.♗xa6 ♕xa6 23.bxc5□ ♗f8 *(23...♗xe5 24.fxe5 ♖xe5+ 25.♔f2 ♘c4 26.♕xd5□ ♖xd5 27.♖xd5 f6!∓)* 24.♖c1 ♕a3! 25.h4 ♗xc5 26.♖h3 ♕xh3! 27.gxh3 ♗b4 28.♖c6 ♗xd2+ 29.♔xd2 ♖f8! 30.♘g4 h5 31.♘f6+ ♘xf6 32.♖xf6 *(32.♖xb6 ♘d5 33.♖d6 ♘c7∓)* 32...♘d5 33.♖d6 ♘c7∓

21.♖xd2 ♗xe2

A simplificação no centro levaria para um final favorável às brancas após 21...♗xe5 22.fxe5 ♖xe5 23.h4! ♘c4 *(23...f6 24.♔d1! ♗xe2+ 25.♖xe2 ♖xe2 26.♔xe2 fxg5 27.hxg5±)* 24.♖xd5! ♖xd5 25.0–0! ♖e5□ 26.♖f2 ♖e6□ 27.♗f4±

22.♖xe2 f6

As brancas ficariam com um peão de vantagem passado na ala da dama, no final de torre e cavalo contra dois cavalos e bispo, após 22...h6 23.♗xh6 ♗xh6 24.♘g4 *(24.g3 ♗g7 25.♔f2±)* 24...♖xe2+ 25.♔xe2 ♗g7 26.b3 ♘xf4+ 27.♔f3±

23.♘d3 ♖xe2+

As brancas ficariam com dois peões passados na ala da dama, mas as pretas teriam um jogo ativo de peças para bloquear o avanço e, ao mesmo tempo, tentar criar um peão passado na ala do rei após 23...♘e3 24.♗h4 ♘xg2+ 25.♔f1 ♖xe2 26.♔xe2 ♘xh4 27.♘xc5 ♗f8 28.♘d3 ♘f5 29.♖c1 ♗d6 30.♔f3 ♔f7 31.♔e4 ♘e7 32.b4 h6 33.h3 *(33.b5±)* 33...f5+ 34.♔f3 *(34.♔d4 g5 35.fxg5 hxg5 36.b5±)* 34...g5 35.b5±

24.♔xe2 fxg5

Se 24...c4 as brancas teriam uma clara vantagem no final após 25.♗h4 cxd3+ 26.♔xd3 ♘xf4+ *(26...f5 27.♔c2 ♘xf4 28.♗f2±)* 27.♔e4! ♘fd5 *(27...♘xg2? 28.♗f2+– Δ ♔f3; 27...♘e6 28.♗f2±)* 28.♔d4! ♘f4 *(28...f5+? 29.♔c5! ♗xb2 30.♗d8! ♗a3+ 31.♔c6!+– Δ ♗xb6)* 29.♗g3! ♘e6+ *(29...♘e2+ 30.♔d3 ♘xg3 31.hxg3 f5 32.b3!+– Δ a4–a5)* 30.♔d3 f5 *(30...♔f7 31.b4!±)* 31.♗f2!±

25.♘xc5 ♘xf4+

26.♔f3 ♗xb2

27.a4!?	**♘c4**
28.♖d1	**♗a3?**

Uma posição difícil para as pretas, como demostram outras variantes: 28...♘e5+ 29.♔e4! ♘h5 (Δ ♘f6+) 30.♖f1! ♘c4 *(30...♘c6 31.♔d5±)* 31.♔d3 ♘a5 *(31...♘e5+ 32.♔c2 ♗a3 33.♘e4±)* 32.♘e6 ♘f4+ 33.♘xf4 gxf4 34.♔e4±; 28...♗f6 29.♖c1! ♘a5 *(29...♘e5+ 30.♔e4!+– Δ a5)* 30.♘e4 ♗e7 31.♖c8+ ♔f7 *(31...♔g7 32.♖c7 ♔f8 33.♘xg5 ♗xg5 34.♖c5±)* 32.♘xg5+ ♗xg5 33.♖c5±; A única alternativa viável parece ser o sacrifício de um peão na ala do rei e, assim, permitir que o rei negro tenha uma posição ativa no centro para manobrar as peças menores contra o peão passado branco na ala da dama após 28...♔f7!? 29.♘b3 *(29.♖d7+ ♔g8!? 30.♖d8+ ♔f7 31.♘b3⩲)* 29...♗c3! *(29...♘e5+ 30.♔e4!± Δ a5)* 30.♖d7+ ♔e6 (Δ ♘d5, ♘e5–c6) 31.♖xh7⩲

29.g3?

As brancas deixaram escapar a vitória com o rápido avanço do peão de torre, na ala da dama, apoiado pelo cavalo após 29.♘b3! ♘e6 *(29...♘e5+ 30.♔e4!* (Δ a5) *30...♘g4 31.♖d8+! ♔f7 32.a5! ♘f6+ 33.♔f3!+–* Δ a6–a7*; 29...♗d6 30.a5! g4+ 31.♔e4! ♘e2 32.♖e1+–; 29...♔f7 30.a5! ♔e7 31.a6!+–* Δ a7*; 29...♗b4 30.♖d4! ♘e5+ 31.♔e4! ♗c3 32.♖d8+! ♔f7 33.♖c8+–)* 30.a5! g4+ *(30...♗d6 31.a6!+–)* 31.♔e2! ♗d6 *(31...♘d6 32.a6!* (Δ a7) *32...♘b5 33.♖d7!+–)* 32.g3! ♔f7 33.a6! ♔e7 34.a7 ♘b6 *(34...♘c7 35.♘d4+–)* 35.♘d4+–

29. ...	**♗xc5**
30.gxf4	**gxf4**
31.♖c1	**♘e5+**

As pretas poderiam igualar o final com 31...♘d2+! 32.♔xf4 ♗d6+ 33.♔e3 ♘b3 34.♖c8+ *(34.♖b1 ♘a5 35.♖b5 ♗c7=)* 34...♔g7 35.h3 ♘a5 36.♖a8 ♗b4=

32.♔e4	**♘d7**
33.♖d1	**♘f6+**
34.♔xf4	**♗b4**
35.h3	

As brancas poderiam jogar a torre de maneira ativa com 35.♖b1!? ♗d6+ 36.♔f3 ♗c7□ 37.h3 ♔f8 38.♖b7± (Δ ♖a7; a5) para controlar a sétima fila e avançar o peão da ala da dama.

35. ... **♔f7=**

O plano das pretas é controlar o avanço do peão adversário na ala da dama e ativar o rei com o objetivo de coordenar a captura com apoio das peças menores.

36.♖a1	**♗d2+**
37.♔f3	**♗a5**
38.♖b1	**♔e6**
39.♖b5	**♗c7**
40.a5	**♘d7**
41.a6	**♗b6**
42.♖b2	**♔d6**
43.♔f4	**♔c6**
44.♖a2	**♗a7**
45.♖e2	**♘c5**
46.♖e7	**♔b6**
47.♖xh7	**♔xa6**
48.♔g5	**♘e6+**

Os jogadores concordaram com o empate, pois agora seguiria 49.♔xg6 ♘f4+ 50.♔f5 ♘xh3 51.♖xh3 ♔b7= (Δ ♔a8).

½-½

Henrique Mecking – 70 anos (2ª edição)

Henrique Mecking não participou de torneios da CBX e da FIDE no ritmo Clássico, durante quatro anos (2013-2016), sem contar a eventual participação em Jogos Regionais e Jogos Abertos, no estado de São Paulo, que não valem rating CBX e FIDE. Desde então, Mecking jogou em quatro torneios de tipo open, no ritmo Clássico, mas não participou de nenhum torneio fechado. Ele continua ministrando simultâneas e tem intercalado com a participação em alguns torneios oficiais também nos ritmos de jogo Rápido e Blitz. Onde a partida disputada vale rating de acordo com cada ritmo de jogo, sendo que ela não é anotada pelos jogadores e nem fica registrada se a partida não for filmada e tampouco utilizado tabuleiro digital com sensor de movimento das peças para os lances de xadrez.

III Floripa Chess Open ocorreu em janeiro de 2017. O torneio open foi disputado em 10 rodadas com 400 jogadores. Os primeiros colocados foram 1-2) Axel Bachmann e Alexei Shirov com 8,5 pontos; 3-5) Julio Granda Zuñiga, Gilberto Milos e Renato Quintiliano, 8,0 pontos. Henrique Mecking terminou na 15ª colocação no grupo de jogadores (13º - 33º) com 7,0 pontos.

I Open Internacional DUCHAMP in Rio - Grupo MASTER ocorreu em novembro de 2017. O torneio open foi disputado em 9 rodadas com 63 jogadores. O vencedor foi Neuris Delgado com 7,5 pontos seguido por Henrique Mecking com 7,0 pontos.

A Final do Campeonato Brasileiro de 2017 foi disputada no Rio de Janeiro, em fevereiro de 2018. O sistema foi de matches eliminatórios com 16 jogadores. Nas oitavas de final, Mecking ganhou de José Antonio Nery Junior por 3 a 1 (+2=2), após o desempate em partidas rápidas. Nas quartas de final, Mecking venceu Christian Toth por 2,5 a 1,5 (+1=3), após o desempate em partidas rápidas. Na semifinal, Mecking foi derrotado por Krikor Mekhitarian por 0,5 a 1,5 (=1-1). A final foi vencida por Alexandr Fier contra Krikor Mekhitarian por 2,5 a 0,5 (+2=1), em melhor de quatro partidas. Mecking terminou em 3º lugar, como já havia ocorrido em sua participação anterior em 2011.

XIV American Continental Chess Championship foi disputado em São Paulo, em julho de 2019. O torneio open foi disputado em 11 rodadas com 216 jogadores. Os primeiros colocados foram 1−4) Eduardo Iturrizaga, Neuris Delgado, Yuri Gonzalez e Sergio Duran com 8,5 pontos. Henrique Mecking terminou na 18ª colocação no grupo de jogadores (13º − 26º) com 7,5 pontos.

Aberto do Brasil - I Niterói Chess Open ocorreu em agosto de 2019. O torneio open foi disputado em 7 rodadas com 121 jogadores. Os primeiros colocados foram 1−3) Felipe El Debs, Evandro Barbosa e Leandro Perdomo com 6,0 pontos. Henrique Mecking terminou na 11ª colocação no grupo de jogadores (8º − 19º) com 5,0 pontos.

Em virtude da pandemia de covid−19, Mecking dedicou−se a jogar partidas principalmente pela internet no ritmo de jogo Blitz, durante os anos de 2020 e 2021, além de conciliar seu tempo com a participação em missas e orações e à pregação religiosa, como afirmou ao apresentador Danilo Gentili, em sua entrevista para a televisão no programa The Noite (04/10/2021). Ainda em outubro, Henrique Mecking lançou o livro *Partidas e Finais de Xadrez do Grande Mestre Mequinho*, onde rememora sua carreira desde os tempos antigos até atuais. Em 23 de janeiro de 2022, Henrique Mecking completou 70 anos. Ele mantém uma alimentação natural e se trata com homeopatia. Ministra cursos de xadrez e segue entre os primeiros lugares no ranking do Brasil nos ritmos de jogo Rápido e Blitz.

REFERÊNCIA BIBLIOGRÁFICA

FILGUTH, Rubens *Mequinho: O Perfil de um Gênio*. Promochess, Curitiba, 1983.

GORDON, Stephen *Henrique Mecking: Latin Chess Genius*. Thinker Press, Davenport, 1993.

MECKING, Henrique *Como Jesus Cristo Salvou a Minha Vida*. Edições Loyola, São Paulo, 2003. 6 edição.

MECKING, Henrique & CALDEIRA, Adriano *Mequinho: O xadrez de um grande mestre*. Ciranda Cultural, São Paulo, 2010.

BIBLIOGRAFIA COMPLEMENTAR

ChessBase - DataBase de Partidas

Encyclopaedia of Chess Openings (A,B,C,D,E)

Small ECO - (Terceira Edição, 2010)

Wikipédia - Internet

CURTA METRAGEM E ENTREVISTA

CURTA METRAGEM: Mequinho de Felipe Nepomuceno (2004, preto & branco, 10 minutos)

ENTREVISTA: Vida em Miniatura - Rádio Xadrez: RX26 (24/12/2010)

Impressão e acabamento
Gráfica da Editora Ciência Moderna Ltda.
Tel: (21) 2201-6662